crítica da razão cínica

Peter Sloterdijk

crítica da razão cínica

tradução
Marco Casanova
Paulo Soethe
Pedro Costa Rego
Mauricio Mendonça Cardozo
Ricardo Hiendlmayer

3ª edição

Estação Liberdade

Título original: *Kritik der zynischen Vernunft*
Copyright © Suhrkamp Verlag Frankfurt am Main 1983
Copyright © Editora Estação Liberdade, 2012, para esta tradução

Revisão da tradução	Marco Casanova
Preparação de texto	Rodrigo Petronio
Revisão	Thiago Blumenthal
Editores assistentes	Fábio Bonillo e Paula Nogueira
Digitalização de imagens	Antonio Kehl
Composição	B. D. Miranda
Imagem de capa	Lyonel Feininger: *Dunas com raio de luz II,* 1944.
	Latinstock | © Albright-Knox Art Gallery/ Corbis
Editores	Angel Bojadsen e Edilberto F. Verza

A TRADUÇÃO DESTE LIVRO CONTOU COM APOIO
DO INSTITUTO GOETHE, QUE É FINANCIADO PELO
MINISTÉRIO DAS RELAÇÕES EXTERIORES DA ALEMANHA

CIP-BRASIL. CATALOGAÇÃO-NA-FONTE
SINDICATO NACIONAL DOS EDITORES DE LIVROS, RJ

S643c
Sloterdijk, Peter, 1947-
    Crítica da razão cínica / Peter Sloterdijk ; tradução de Marco Casanova, Paulo Soethe, Maurício Mendonça Cardozo, Pedro Costa Rego e Ricardo Hiendlmayer. – São Paulo : Estação Liberdade, 2012.
    720 p.

    Tradução de: Kritik der zynischen Vernunft
    Índice
    ISBN 978-85-7448-209-5

    1. Cinismos. 2. Filosofia. I. Título.

12-2378   CDD: 183.4
                                                      CDU: 17

Todos os direitos reservados à Editora Estação Liberdade. Nenhuma parte da obra pode ser reproduzida, adaptada, multiplicada ou divulgada de nenhuma forma (em particular por meios de reprografia ou processos digitais) sem autorização expressa da editora, e em virtude da legislação em vigor.

Esta publicação segue as normas do Acordo Ortográfico da Língua Portuguesa, Decreto nº 6.583, de 29 de setembro de 2008.

Editora Estação Liberdade Ltda.
Rua Dona Elisa, 116 | 01155-030 | São Paulo-SP
Tel.: (11) 3660 3180 | Fax: (11) 3825 4239
www.estacaoliberdade.com.br

Sumário

Prefácio   11

PRIMEIRA PARTE
Análise: cinco considerações prévias   29

1. Cinismo: crepúsculo da falsa consciência   31
2. Esclarecimento como diálogo — Crítica à ideologia como prosseguimento do diálogo fracassado por outros meios   38
3. Os oito desmascaramentos — Revisão crítica   53
       I. Crítica da revelação   53
       II. Crítica da ilusão religiosa   57
       III. Crítica da ilusão metafísica   68
       IV. Crítica à superestrutura idealista   71
       V. Crítica da ilusão moral   76
       VI. Crítica da transparência   85
       VII. Crítica da ilusão natural   92
       VIII. Crítica da ilusão privada   100
4. Depois dos desmascaramentos: crepúsculo cínico. Esboços para a autorrevogação do *éthos* do Esclarecimento   121
       I. Obstrução esclarecida do Esclarecimento   121
       II. Rupturas do Esclarecimento   129
          1. A refração temporal   130
          2. A ruptura partidária   133
          3. A ruptura setorial   133
          4. A ruptura das inteligências   134
       III. A lembrança de portas semiabertas   136
       IV. Elegia marxista: Althusser e a "ruptura" em Marx   139
       V. Sentimento vital à meia-luz   149
5. Em busca da insolência perdida   153
       I. A filosofia grega da insolência: *kynismos*   153
       II. Mijar contra o vento idealista   156
       III. Neo-*kynismos* burguês: as artes   161
       IV. O cinismo como insolência que trocou de lado   164
       V. Teoria do agente duplo   168
       VI. História social insolente   171
       VII. Encarnação ou cisão   175

VIII. Psicopolítica da sociedade esquizoide	177
IX. Felicidade desfaçada	182
X. Meditação sobre a bomba	187

SEGUNDA PARTE
Cinismo no processo do mundo — 195

I. Seção principal fisionômica — 197

A. Sobre a psicossomática do espírito do tempo — 199
   1. Língua para fora — 201
   2. Boca retorcida em sorriso malicioso — 203
   3. Boca amarga, fechada — 204
   4. Boca, às gargalhadas, escancarada — 204
   5. Boca serena, em silêncio — 205
   6. Os olhos e o olhar — 206
   7. Seios — 208
   8. Bundas — 209
   9. Peido — 213
   10. Merda, dejeto — 214
   11. Órgãos genitais — 215

B. Gabinete dos cínicos — 218
   1. Diógenes de Sínope: Homem-cão, filósofo, inútil — 219
   2. Luciano, o zombeteiro ou A crítica troca de lado — 236
   3. Mefistófeles ou O espírito que sempre nega e a vontade de saber — 243
   4. O Grande Inquisidor ou O homem de Estado cristão como caçador de Jesus e o nascimento da doutrina das instituições a partir do espírito do cinismo — 253
   5. O impessoal ou O mais real sujeito do cinismo difuso moderno — 270

II. Seção principal fenomenológica — 291

A. Os cinismos cardinais — 293
   1. O cinismo militar — 296
   2. O cinismo de Estado e o cinismo do predomínio — 310
   3. O cinismo sexual — 338
   4. O cinismo médico — 359
   5. O cinismo religioso — 372
   6. O cinismo do saber — 387

B. Os cinismos secundários 403
1. Minima Amoralia — Confissão, chiste, crime 403
2. Escola da arbitrariedade — Cinismo da informação, imprensa 411
3. Cinismo da troca... ou a dureza da vida 422

III. Seção principal lógica 439

A. Empiria negra — O Esclarecimento como organização de um saber polêmico 441
1. Saber bélico e espionagem 444
2. Polícia e ótica da luta de classes 451
3. Sexualidade: o inimigo encontra-se dentro-abaixo 456
4. Medicina e suspeição corporal 460
5. O nada e a metafísica da autoconservação nua e crua 465
6. Espionagem da natureza, lógica de artilharia e metalurgia política 469

B. Polêmica transcendental. Meditações heracliteanas 478
1. Polêmica contra o *id* ou pensar o diabo 483
2. Metapolêmica para a fundamentação das dialéticas europeias entre polêmica e rítmica 492

IV. Seção principal histórica 511

O sintoma de Weimar. Modelos de consciência da modernidade alemã 513

1. Cristalização weimariana. Transição de um tempo da memória para a história 517

2. Caotologia dadaísta. Cinismos semânticos 522
Excurso 1: O crepúsculo do blefe 535
Excurso 2: Os cães do gelo. Sobre a psicanálise do cínico 539

3. A república do faz de conta. Cinismos políticos I: a luta prossegue 546

4. O front e o nada. Cinismos políticos II: dialética populista e dissolução do front 551

5. Mortos sem testamento. Cinismos políticos III: preocupações com os túmulos de guerra no interior vazio 557

6. Conspiradores e simuladores. Cinismos políticos IV: mentalidade como desinibição 563
Excurso 3: O cão sanguinário racional. Uma elegia social-democrata 569

7. Despersonalização e alienação. Cinismos funcionalistas I	574
8. Próteses — Do espírito da técnica. Cinismos funcionalistas II	585
Excurso 4: O quarto império — antes do terceiro	599
Excurso 5: Protética total e surrealismo técnico	603
9. Algodiceia política. Cosmologias cínicas e ausência de dor	606
10. Pedindo um Napoleão que venha de dentro. Cinismos políticos V: treino para homens de fatos	617
11. A "hora lúcida". Grandes confissões de uma consciência dividida	626
12. A república alemã dos vigaristas. Sobre a história natural da ilusão	633
Excurso 6: O coueísmo político. Politização da mentira	640
Excurso 7: Análise espectral da burrice	646
Excurso 8: Atores e personagens	649
13. Opa — estamos nós vivos? Cinismos neo-objetivos e histórias da vida difícil	653
Excurso 9: Cinismo dos meios de comunicação e treinamento na arbitrariedade	667
Excurso 10: Gente no hotel	671
14. Crepúsculo pós-coito. Cinismo sexual e histórias de um difícil amor	673
15. As duplas resoluções de Weimar ou a objetividade em relação à morte	680
Epílogo. O choque pleural. Sobre o arquétipo do riso de Weimar	690
Conclusão. A caminho de uma crítica da razão subjetiva	695
Referência bibliográfica e agradecimentos	713
Crédito das ilustrações	715

Todas as notas são do autor, exceto quando indicado com N.T. e N.E.

Prefácio

Toque os tambores e não tema
E beije a vivandeira!
Esta é toda a ciência,
Este é dos livros o mais profundo sentido.
      Heinrich Heine, *Doutrina*

A grande falha das cabeças alemãs consiste no fato de elas não terem nenhum sentido para a ironia, para o cinismo, para o grotesco, para o desprezo e o escárnio.
      Otto Flake, *Teuto-francês*, 1912

Há um século a filosofia está morrendo. No entanto, ela não consegue morrer porque sua tarefa não foi cumprida. Assim, sua despedida precisa se delongar de maneira aflitiva. Onde não pereceu em meio a uma mera administração do pensamento, ela se arrasta por aí em uma agonia cintilante, na qual lhe vem à cabeça aquilo que esqueceu de dizer durante sua vida. Em face do fim, ela queria se tornar sincera e revelar seu último segredo. E confessa: os grandes temas não passaram de subterfúgios e meias-verdades. Estes belos passeios vãos — Deus, universo, teoria, práxis, sujeito, objeto, corpo, espírito, sentido, nada — não significam nada. São substantivos para os jovens, para os *outsiders*, para clérigos e sociólogos.

"Palavras, palavras — substantivos. Elas só precisam abrir as asas e milênios caem em seu voo." (Gottfried Benn, *Epilog und lyrisches Ich* [Epílogo e o eu lírico])

A última filosofia disposta a realizar uma confissão trata de algo desse gênero na rubrica histórica — juntamente com os pecados da juventude. Seu tempo passou. Em nosso pensamento, não há mais nenhuma chispa do desenvolvimento dos conceitos e dos êxtases da compreensão. Nós somos esclarecidos, nós somos apáticos. Não se fala mais de um *amor* à sabedoria. Não há nenhum saber mais, do qual se pudesse ser amigo (*philos*). Aquilo que sabemos, não chegamos à ideia de amá-lo, mas nos perguntamos como é que conseguimos conviver com ele sem nos petrificarmos.

O que é exposto aqui sob um título que faz alusão a grandes tradições é uma meditação sobre a sentença "saber é poder". Foi ela que no século XIX se tornou o coveiro da filosofia. Ela resume a filosofia e ao mesmo tempo sua primeira confissão, com a qual começa a sua agonia secular. Com ela termina a tradição de um saber que, como seu nome indica, era uma teoria erótica — amor à verdade e verdade do amor. Do cadáver da filosofia descendem no século XIX as ciências modernas e as teorias do poder — como politologia, como teoria das lutas de classe, como tecnocracia, como vitalismo — em cada figura armada até os dentes. "Saber é poder." Essa sentença coloca seu foco por trás da politização inevitável do pensamento. Quem a enuncia, revela, por um lado, a verdade. Todavia, ao exprimi-la, quer alcançar ao mesmo tempo mais do que a verdade: ele quer intervir no jogo do poder.

No mesmo momento em que Nietzsche começou a iluminar em toda e qualquer vontade de saber uma *vontade de poder*, a antiga social-democracia alemã conclamou seus membros a participar da competição pelo saber, que é poder. Onde as intelecções de Nietzsche queriam ser "perigosas", frias e desprovidas de ilusões, a social-democracia se arrogava pragmática — e trazia à tona uma alegria cultural pequeno-burguesa. Os dois falavam de poder: Nietzsche, na medida em que minava vitalisticamente o idealismo burguês; a social-democracia, na medida em que procurava conquistar, por meio da "formação", uma articulação com as oportunidades de poder da burguesia. Nietzsche ensinava já um realismo, que deveria facilitar às gerações burguesas e pequeno-burguesas uma despedida dos disparates idealistas, que obstruíam a vontade de poder; a social-democracia aspirava a uma participação em um idealismo que até então tinha portado em si a promessa do poder. Em Nietzsche, a burguesia pôde estudar os refinamentos e as grosserias inteligentes de uma vontade de poder que perdera todos os ideais, quando o movimento dos trabalhadores olhou obliquamente para um idealismo, que se mostrava ainda mais adequado para a sua ingênua vontade de poder.

Por volta de 1900, a ala radical dos homens de esquerda tinha acolhido o cinismo senhorial correto. A competição entre a consciência cínico-defensiva dos antigos detentores do poder e a consciência utópico-ofensiva dos novos detentores de poder criou o drama político-moral do século XX. Na corrida pela consciência mais rígida dos fatos duros, o diabo e o belzebu instruíram-se mutuamente. A partir da concorrência das consciências surgiu o lusco-fusco característico do presente — o estar mutuamente à espreita das ideologias, a assimilação das oposições, a modernização do engodo — em suma, aquela situação que coloca o filósofo no vazio, situação essa na qual mentirosos chamam mentirosos de mentirosos.

Nós farejamos uma segunda atualidade de Nietzsche, depois que a primeira onda, a onda fascista de Nietzsche, baixou. Uma vez mais fica claro como a civilização ocidental vestiu o seu costume cristão. Depois das décadas de reconstrução e depois das utopias e "alternativas", tudo se dá como se um elã ingênuo repentinamente tivesse se perdido. Catástrofes são produzidas, novos valores encontram uma forte pausa, assim como todos os analgésicos: novos valores têm pernas curtas. Consternação, proximidade entre os cidadãos, manutenção da paz, qualidade de vida, consciência da responsabilidade, caráter benéfico para o meio ambiente — estas coisas não correm bem. É possível esperar. O cinismo já está à espreita nos bastidores — até que o palavreado passe e as coisas tomem o seu curso. Em verdade, nossa modernidade monótona sabe "pensar" inteiramente "de maneira histórica", mas vem há muito tempo colocando em dúvida se vive em uma história plenamente dotada de sentido. "Nenhuma necessidade de uma história do mundo".

O eterno retorno do mesmo, o pensamento subversivo de Nietzsche — cosmologicamente insustentável, mas frutífero em termos de morfologia cultural — toca em uma nova penetração de temas *kynikoi*[1], que tinham se desdobrado pela última vez na era imperial romana, um pouco também no Renascimento, e alcançado aí a vida consciente. O mesmo: este é o sinal de que uma vida sóbria, orientada pelo prazer, está batendo à porta, uma vida que tem de aprender a contar com os dados. Estar preparado para tudo — isto nos torna invulneravelmente inteligentes. Vida, apesar da história; redução existencial; falsa sociabilização; ironia em relação à política; desconfiança em relação aos "projetos". Uma cultura neopagã que

---

1. O autor se vale da palavra *Kynismus* quando trata do cinismo filosófico antigo, e utiliza a forma *Zynismus* (*cinismo*), mais corrente em alemão, para designar o fenômeno do cinismo moderno. Para reproduzir essa distinção, a edição espanhola utilizou o neologismo *quinismo* para distingui-lo de *cinismo*. Optamos por manter a grafia grega nas ocorrências referentes à acepção antiga e adotamos, para a outra acepção, o termo corrente do português, *cinismo*. Esta também foi a opção da edição norte-americana, traduzida e organizada por Michael Eldred e Andreas Huyssen. O termo alemão *Zynismus*, *cinismo*, denota a mudança de perspectiva do conceito na modernidade, em relação à tradição cínica antiga, dos *kynikoi*. Como Sloterdijk propõe, há um momento da história em que o *kynismos* se transforma em *cinismo*, ou seja, a crítica "troca de lado". Isso quer dizer: a crítica "assume a lógica dos senhores". A potência *kynikē* do mundo antigo se transforma, em sua versão moderna, em cinismo. Portanto, o termo *cínico* e seus derivados referem-se, nesta tradução, ao conceito usual *Zyniker*, em alemão. A grafia grega designa a forma originária do termo em grego e a sua significação no âmbito do pensamento antigo, até a sua viragem, demarcada por Sloterdijk. Tal viragem, porém, não exclui a manutenção de manifestações *kynikai*. Afinal, na concepção do autor, a modernidade é especialmente marcada por uma ambivalência essencial, cujo eixo de estruturação é uma dinâmica cínica-*kynikē*. [N.E.]

não acredita em uma vida depois da morte precisa procurar, por isso, uma vida antes da morte.

A autodesignação decisiva de Nietzsche, com frequência desconsiderada, é a de um "cínico"; com isso, ao lado de Marx, ele se transformou no mais notável pensador do século. No "cinismo" de Nietzsche se apresenta uma relação modificada com o "dizer a verdade": trata-se de uma relação de estratégia e tática, de suspeita e desinibição, de pragmatismo e instrumentalismo: tudo isso sob o controle de um eu político que pensa de início e em última instância em si mesmo, que internamente manobra e externamente se encoraça.

O violento impulso antirracionalista nos países ocidentais reage a um estado espiritual, no qual todo pensamento se tornou estratégia; ele manifesta náusea diante de uma determinada forma de autoconservação. Esse nojo é um sobressaltar-se sensível ante o sopro frio de uma realidade na qual saber é poder e poder, saber. Ao escrever, pensei em leitores, desejei-me leitores, que experimentam as coisas assim; para eles, o livro poderia ter alguma coisa a dizer.

A antiga social-democracia tinha anunciado o lema "saber é poder" como uma receita praticamente racional. Não tinha muita coisa em mente com isso. Sabia apenas que precisaria aprender algo correto para tê-lo melhor mais tarde. Uma crença pequeno-burguesa na escola tinha ditado a sentença. Essa crença hoje se encontra em deterioração. Somente junto aos nossos jovens médicos cínicos, uma clara linha de estudo conduz ainda ao padrão de vida elevado. Quase todos os outros vivem com o risco de aprenderem no vazio. Quem não busca o poder também não vai querer seu saber, seus armamentos do saber; e quem recusa os dois já não é mais secretamente sequer um cidadão desta civilização. Inúmeros homens não estão mais prontos a acreditar que se precisaria primeiro "aprender algo", para tê-lo algum dia mais tarde melhor. Neles, acredito, cresce uma intuição que no *kynismos* antigo se mostrava como uma certeza: seria preciso primeiro em algum momento as coisas serem melhores para poder aprender algo racional. A socialização por meio de instrução, tal como acontece aqui em nossa terra, é o embrutecimento *a priori*, segundo o qual quase nenhum aprendizado oferece mais a perspectiva de que tais coisas em algum momento se tornariam melhores. A inversão da relação entre vida e aprendizado fica no ar: o fim da crença na educação, o fim da escolástica europeia. Isso que é igualmente sinistro tanto para conservadores quanto para pragmáticos, tanto para *voyeurs* do ocaso quanto para pessoas bem-intencionadas. No fundo, nenhum homem acredita

O neo-"cínico" Nietzsche, pensador da ambivalência.

mais no aprendizado como modo de resolução dos "problemas" de amanhã. Muito mais provável, quase certamente, é o contrário: que ele os desencadeie.

Por que uma "crítica da razão cínica"? Como eu me desculpo ante a objeção de ter escrito um livro grosso, em tempos nos quais livros mais finos já são experimentados como presunção? Distingamos, como é próprio, ensejo de razão e de motivação.

O ensejo

Comemorou-se em 1981 o ducentésimo aniversário da publicação da *Crítica da razão pura* de Immanuel Kant — uma data histórica mundial. Jamais deve ter havido um jubileu no qual as coisas transcorreram de maneira tão seca quanto neste. Trata-se de uma data festiva sóbria, os eruditos ficam entre si. Seiscentos pesquisadores da obra de Kant, reunidos em Mogúncia: isto não gera nenhuma reunião carnavalesca, quando muito flâmulas sem fim. Útil seria uma fantasia: imaginar o que aconteceria se o festejado aparecesse em pessoa entre os contemporâneos... Não são tristes essas festas nas quais os convidados esperam secretamente que o comemorado possa ser impedido de vir, pois aqueles que se reportam a ele acabariam ficando envergonhados caso ele aparecesse? Como é que nos encontraríamos diante do olhar penetrantemente humano do filósofo?

Quem seria capaz de dar a Kant uma visão panorâmica da história a partir de 1795, ano no qual o filósofo tinha publicado o seu escrito *À paz perpétua*? Quem teria nervos para informá-lo sobre o estado do Esclarecimento — a saída do homem da "menoridade por sua própria culpa"? Quem seria suficientemente frívolo para lhe explicar as teses marxistas de Feuerbach? Imagino que o bom humor de Kant nos ajudaria a sair da paralisia. Mal ou bem, ele era um homem do século XVIII, um século no qual mesmo os racionalistas não eram tão rígidos quanto os que o são hoje se fazem passar por descontraídos.

Quase ninguém se ocupou com Kant sem tocar no enigma de sua fisionomia. Com a regra de ouro romana *mens sana in corpore sano*, não se compreende sua aparência. Se é pertinente dizer que o "espírito" procura o corpo adequado, então no caso de Kant o espírito precisa ter sido um espírito que sabia encontrar prazer em ironias fisionômicas e em paradoxos psicossomáticos — um espírito que, em um pequeno corpo seco, inseriu uma grande alma, sob costas curvadas, um caminhar ereto, e em um ânimo hipocondriacamente compulsivo, um humor sociável, tranquilo e cordial, como se feito para ser esfregado no nariz dos posteriores veneradores do vital e do atlético.

O enigma fisionômico de Kant só muito tangencialmente se desvenda em sua pessoa: ele se resolve melhor em sua posição histórico-espiritual e histórico-sensível. A era do Esclarecimento impele ao ponto de ruptura a dialética entre entendimento e sensibilidade. O rastro de tais tensões atravessa a obra de Kant. Na linguagem de suas obras centrais aparece a violência, que o processo de pensamento, sobretudo em uma cabeça alemã, inflige ao sensível. O fato de um poeta como Gottfried Benn, ele mesmo marcado pelo espírito do século da ciência natural, ter podido reagir a tal violência, repreendendo o filósofo como um "estuprador do espírito", mostra como o cinismo moderno pode se colocar contra a grandeza de antigos solos ressonantes de intelecções pertinentes, ou seja, de um conhecimento que aponta para a relação notoriamente partida entre intelecto e sensibilidade. Robert Musil, seguramente uma garantia de racionalidade mesmo para além dos limites nos quais a racionalidade se sente segura, reteve a vivência de uma leitura de Kant em um trecho digno de consideração de seu *O jovem Törless*:

> Törless tinha comprado para si logo pela manhã a edição de bolso daquele volume, que tinha visto com seu professor, e utilizou a primeira pausa para começar a leitura. Mas diante de tantos parênteses e notas de pé de página, não entendia uma palavra, e quando seguia as frases cuidadosamente com os olhos, tudo se passava como se uma velha mão ossuda girasse o seu cérebro em voltas de parafuso, para retirá-lo de sua cabeça.
> Ao parar mais ou menos uma meia hora depois, esgotado, só tinha chegado até a segunda página e havia suor em sua testa.
> Em seguida, porém, cerrou os dentes e leu ainda mais uma página, até que o intervalo chegou ao fim.
> À noite, contudo, já não podia mais tocar no livro. Medo? Nojo? — não sabia direito. Só uma coisa o afligia de modo ardentemente claro: o fato de o professor, esse homem que não parecia ser de nada, ter o livro completamente aberto em sua sala, como se se tratasse para ele de uma diversão diária. (pp. 84-85)

A terna empiria desse esboço desperta a compreensão para duas coisas: a fascinação do livro e a dor que ele inflige no sensível jovem leitor. Um contato livre com o pensamento kantiano, como pensamento filosófico puro e simples, não porta em si o risco de expor a jovem consciência a um envelhecimento violento e repentino? O que é eliminado da jovem vontade de saber em uma filosofia que dá vertigens com os seus ósseos movimentos de aparafusagem? Aquilo que queremos saber é encontrado no fim superior do parafuso? Não é provável que na sua cabeça estejamos tão transtornados que nos daremos por satisfeitos com aquilo que, então, acreditamos saber? E o que deve significar o fato de homens, para os quais o pensamento kantiano serve como um "divertimento diário", parecerem "não ser de nada"? Significa que a filosofia não deixa para trás mais nenhum rastro na vida e a realidade efetiva é uma coisa e a filosofia, irremediavelmente outra?

A partir do estilo do filósofo intuímos figuras fisionômicas, nas quais a razão escondeu aspectos de sua essência. Ser "racional" significa se colocar em uma relação particular, quase nunca feliz, com o sensível. "Sê racional" significa praticamente o seguinte: não confie nos teus impulsos, não ouça o teu corpo, aprenda a te controlares — começando com a tua própria sensibilidade. Todavia, intelecto e sensibilidade são inseparáveis. A sudorese de Törless depois de duas páginas da *Crítica da razão pura* contém tanta verdade quanto todo o kantismo. É a concebida atuação de *physis* e *logos*, um sobre o outro, que é filosofia, não o que é falado. No futuro, só um fisionomista poderá ser um filósofo que não mente. Um pensar fisionômico oferece uma oportunidade para a evasão do reino das cabeças cindidas e, por isso, más. Anunciar uma nova crítica da razão pura significa também pensar em uma fisionômica filosófica; mas isso não é o mesmo que temos em Adorno, não é o mesmo que aparece na *Teoria estética*, ela é antes uma teoria de uma consciência com pele e cabelos (e dentes).

Do modo como as coisas estão, não há nenhuma razão para uma publicação comemorativa. Ao contrário, há antes ensejo para uma festa por escrito que, por sua ocasião, por simpatia pelo autor, seja capaz de abrir um arco. "Não quero dizer como as coisas estão./ Quero te mostrar como a coisa está." (Erich Kästner)

A razão

Se o desconforto na cultura é aquilo que estimula a crítica, então nenhum tempo seria tão apropriado para a crítica quanto o nosso. Todavia, nunca foi tão forte a tendência do impulso crítico para se deixar tomar por pesadas indisposições. A tensão entre aquele que quer "criticar" e aquilo que teria de ser criticado é tão excessiva, que nosso pensamento se torna cem vezes mais rabugento do que seria preciso. Nenhuma faculdade de pensamento mantém o passo com o elemento problemático. Por isso, a autorrenúncia da crítica. Na indiferença em relação a todos os problemas reside o derradeiro pressentimento de como seria estar à altura deles. Como tudo se tornou problemático, tudo se mostra por toda parte como indiferente. É preciso seguir esse rastro. Ele conduz para onde se pode falar de cinismo e de "razão cínica".

Falar de cinismo significa expor um escândalo espiritual, um escândalo moral à crítica; articuladas a isso, as condições de possibilidade do escandaloso são desenroladas. A "crítica" realiza um movimento que, de início, descarrega seu interesse positivo e negativo sobre a coisa mesma, a fim de se deparar, por fim, com estruturas elementares da consciência moral, que ganham voz "para além de bem e mal". O tempo é cínico em todos os fins: é característico do tempo desenvolver o nexo entre cinismo e realismo a partir das bases. O que tinha em vista Oscar Wilde, ao afirmar de modo esnobe: "Não sou de maneira alguma cínico, só faço uma experiência — isto é praticamente o mesmo"? Ou Anton Tchekhov, que declarou o sombrio como sendo o que há de melhor: "Nenhum cinismo é capaz de ultrapassar a vida"?

No curso das reflexões, a ambiguidade do conceito de crítica se resolve; em um primeiro momento, crítica significa realizar juízos e fundamentá-los, julgar, condenar; em seguida: levar a termo uma investigação das bases das formações judicativas. No entanto, caso se esteja falando da "razão" cínica, então essa fórmula se coloca *de início* totalmente sob a proteção da ironia.

O que uma *crítica* ainda pode realizar? O que ela ainda tem a fazer em tempos tão cansados da teoria? Escutemos primeiro a resposta de Walter Benjamin:

> Loucos, que lastimam a decadência da crítica. Pois sua hora já passou há muito tempo. Crítica é uma coisa própria ao distanciamento correto. Ela se acha em casa em um mundo no qual se depende de perspectivas e prospectos e onde ainda era possível assumir um ponto de vista. As coisas, entretanto, atacaram de maneira por demais ardente a sociedade humana. A "isenção" e a "visão livre" são mentiras, se é que elas não se tornaram a expressão totalmente ingênua de uma incompetência chã... (*Einbahnstrasse* [*Via de mão única*], 1928/1969, p. 95).

Em um sistema que se sente como uma coisa intermediária entre prisão e caos, não há nenhum ponto de vista de descrição, nenhuma perspectiva central de uma crítica concludente.

No mundo poliperspectivamente partido, de fato as "grandes visadas" pertencem em seu todo mais aos espíritos simples, não aos esclarecidos, educados pelo dado. Nenhum acontecimento se dá sem o efeito de destruir o pensamento do ponto de vista e sem dissolver morais perspectivistas convencionais; psicologicamente, isso implica a dispersão do eu — literária e filosoficamente, a decadência da crítica.

Ora, mas como se explica a contradição de que a mais importante crítica ao Renascimento feita no século XX se ligue ao nome de Walter Benjamin, um pensador que, por um lado, expôs de maneira concludente que a hora da crítica passou, e, por outro lado, participou com estímulos inabarcavelmente amplos da escola da Teoria Crítica? É impossível, ele nos diz, assumir um "ponto de vista", porque as coisas agora nos acossam. A partir do ponto de vista da ausência de pontos de vista, porém, algo que precisaria ser determinado de maneira mais detida, a crítica progrediu e ganhou formas maximamente impressionantes. A partir de onde, portanto, ela fala? Com que perspectivas? Em nome de quem?

Acho que a Teoria Crítica encontrou um eu provisório para a crítica e um "local", que confere suas perspectivas de uma crítica verdadeiramente decisiva — um local com o qual a teoria do conhecimento tradicional não conta. Gostaria de denominá-lo o *a priori* da dor. Essa não é a base de uma nobre crítica distanciada, que chega a grandes visões panorâmicas, mas uma postura de uma proximidade extrema — a micrologia.

Se as coisas nos acossam de maneira ardente, precisa surgir uma crítica que dê expressão ao arder. Não se trata aqui de uma questão de distância correta, mas de proximidade correta. O sucesso da palavra "consternação" cresceu a partir desse solo; ela é a semente da Teoria Crítica, que ganha hoje novas formas, mesmo entre pessoas que quase não ouviram nada sobre ela. Junto aos "perplexos": não seria estimulante experimentar onde eles encontram seu padrão crítico? De resto, no maneirismo da "perplexidade" retornam também as falhas da fonte esquecida.

Como a soberania das cabeças é sempre uma soberania falsa, a nova crítica se prepara para meter-se de cabeça em todo o corpo. O Esclarecimento quer ir de cima a baixo — em termos biopolíticos tanto quanto psicossomáticos. Descobrir o corpo vivo como um corpo que sente o mundo significa assegurar para o conhecimento filosófico do mundo uma base realista. Foi isso que a Teoria Crítica tinha começado a fazer, de maneira hesitante, frequentemente cifrada e de modo estetizante, escondida em todo tipo de situações espinhosas.

A Teoria Crítica baseava-se na pressuposição de que, em meio à "dor do mundo", sabemos *a priori* algo sobre esse mundo. O que percebemos dele ordena-se em um sistema de coordenadas psicossomáticas de dor e prazer. A crítica é possível, na medida em que a dor nos diz o que é "verdadeiro e falso". Nesse caso, a Teoria Crítica levanta a pressuposição tanto agora como antes "elitista" de uma sensibilidade não destruída. Isso caracteriza sua força e sua fraqueza; é o que fundamenta sua verdade e limita seu campo de validade. De fato, é preciso trazer à tona tal sentido elitista. Contra sua vontade, ele se aproxima da toxina da normalidade em um país de cabeças-duras e almas encouraçadas. Não se pode tentar convencer certos adversários; há uma universalidade da "verdade", que se mostra como um álibi da ausência de compreensão; onde a capacidade da razão não se funda em uma automeditação sensível, onde nenhuma argumentação baseada na teoria da comunicação, por mais sólida que ela seja, conseguirá trazer a verdade dialogicamente à tona.

Nesse ponto "sensível", a Teoria Crítica se defrontou antes de tudo com os lógicos dentre seus adversários. Com certeza, há pensadores cujas cabeças são tão enérgicas, cujas estruturas nervosas são tão enrijecidas, que todo o princípio da Teoria Crítica precisa se mostrar como deplorável para eles. Teoria "sensível" é algo suspeito. De fato, seus fundadores, Adorno em primeira linha, tinham um conceito exclusivamente restrito do sensível: a pressuposição nunca racionalizável de uma irritabilidade psíquica extrema e de uma instrução estética; sua estética caminhava no limiar da náusea em relação a tudo e a cada coisa. Quase nada do que ocorria no mundo "prático" ficava sem lhe causar dor e quase nada era poupado da suspeita de brutalidade. Para ela, tudo estava de algum modo encadeado à "vida falsa", por uma relação de cumplicidade, na qual "não havia nada certo". Ela desconfiava sobretudo daquilo que tinha a aparência de prazer e se assemelhava a um acordo, entendido como engodo, recaída e "falso" relaxamento. Em particular na pessoa de Adorno, era inevitável se começar a pressentir o rastro da reação de seus excessos. A encarnação da razão, que a Teoria Crítica tinha trabalhado previamente com uma sensibilidade extrema, não pôde se deter nos limites em que ela havia sido encerrada pelos seus iniciadores. Os fatos de hoje em dia mostram quantos rostos podem acolher a crítica a partir de uma vitalidade corporal.

Adorno está entre os pioneiros de uma crítica renovada do conhecimento, que conta com um *a priori* emocional. Em sua teoria atuam temas dotados de um espírito criptobudista. Quem sofre sem se enrijecer compreenderá; quem pode *ouvir* música se vê claramente em alguns segundos projetado para o interior do outro lado do mundo. A certeza de o real estar efetivamente escrito com a pena da dor, da frieza e da rigidez marcou o acesso dessa filosofia ao mundo. Em verdade, ela não acreditava senão muito pouco na mudança para melhor, mas não cedia à tentação de se embotar e de se habituar com o dado. Permanecer sensível era uma postura por assim dizer utópica: manter aguçados os sentidos para uma felicidade que não virá, mas à qual nos mantemos de prontidão, nos protege dos recrudescimentos mais malévolos.

Em termos políticos e nervosos, a teoria estética, a teoria "sensível", se funda em uma atitude de censura oriunda de uma mescla de sofrimento, desprezo e fúria em relação a tudo o que tem *poder*. Ela se estiliza e se transforma no espelho do mal do mundo, da frieza burguesa, do princípio do domínio, do negócio sujo e de sua motivação pelo lucro. É do mundo do masculino que ela se recusa a participar categoricamente. Inspira-se em um *não* arcaico ao mundo dos pais, dos legisladores e dos homens de negócios. Seu preconceito diz que, desse mundo, só poderia surgir um poder mau contra o vivente. E aqui se funda a estagnação da Teoria Crítica. O efeito ofensivo da recusa se esgotou há muito tempo. O elemento masoquista suplantou o elemento criativo. O impulso da Teoria Crítica amadurece e se torna capaz de explodir os parênteses do negativismo. Por sua vez, ela encontrou seus adeptos entre aqueles que a tinham acompanhado em seu *a priori* da dor. Não obstante, em uma geração que começou a descobrir o que seus pais tinham feito ou tolerado, havia muitos desses adeptos. Como eles eram muitos, houve de novo na Alemanha a partir da metade dos anos de 1960 um fio fino de uma cultura política — uma contenda pública sobre a vida justa.

A ressurreição do grande impulso depende de uma automeditação por parte da inteligência inspirada um dia por ela. Na crítica sensível é preciso denominar um ressentimento paralisante. A recusa se nutre de uma fúria originária contra a "masculinidade", contra aquele sentido cínico para os fatos, que os positivistas, tanto os políticos quanto os científicos, manifestam. A teoria de Adorno revoltou-se contra os traços colaboracionistas que estavam presos à "atitude prática". A partir das artes do equilíbrio conceitual, procurou construir um saber que não fosse poder. Buscou refúgio no reino das mães, junto às artes e às nostalgias cifradas. "Proibição às imagens" — não pisar com a planta do pé. O pensamento defensivo caracteriza seu estilo — a tentativa de defender uma reserva, onde as lembranças da felicidade estão ligadas exclusivamente a uma utopia do feminino. Em um escrito antigo, certa vez, Adorno revelou quase sem encobrimento o seu segredo teórico-cognitivo-emocional. Em algumas linhas de rasgar o coração, ele se exprimiu em relação ao choro com a música de Schubert, dizendo como lágrima e conhecimento se encontravam em conexão. Temos em vista com essa música, uma vez que não somos como ela, algo perfeito, que se volta para a doçura perdida da vida, tal como uma citação distante.

A felicidade precisa ser sempre pensada como algo perdido, apenas como a *bela estrangeira*. Ela não pode ser mais do que um pressentimento, para o qual nos arremetemos com lágrimas nos olhos sem nos aproximarmos. Todo o resto pertence de um modo ou de outro à "vida falsa". O que domina é o mundo dos pais, que sempre estão terrivelmente de acordo com o granito das abstrações, um granito assentado e transformado em sistema. Em Adorno, a negação do masculino chegava a tal ponto que ele só manteve uma letra do nome do pai: W. O caminho para o *Wiesengrund* [para o fundo do campo], porém, não precisa ser justamente um caminho da floresta.[2]

Desde a dissolução do movimento estudantil vivenciamos uma monotonia da teoria. Há, em verdade, mais erudição e "nível" do que nunca, mas as inspirações são surdas. O otimismo de "outrora", segundo o qual os interesses vitais poderiam ser mediados por empenhos teórico-sociais, se extinguiu amplamente. Sem esses empenhos, repentinamente se mostra o quão entediante pode ser a sociologia. Para as fileiras do Esclarecimento, depois do fracasso do acionismo "de esquerda", do terror e de sua multiplicação no antiterror, o mundo vem girando em círculo. Ele tinha procurado possibilitar a todos um trabalho de luto em relação à história alemã e acabou em melancolia. A crítica parece ter se tornado ainda mais

---

2. Sloterdijk brinca na passagem acima com o significado do nome paterno de Adorno e com a conhecida hostilidade histórica entre Adorno e Heidegger. A palavra *Wiesengrund* significa literalmente o *fundo* ou o *solo do campo*. Nesse sentido, há no nome uma imagem ligada ao campo e à floresta. Por sua vez, *Holzweg* é o título de uma das obras mais famosas de Heidegger: *Caminhos de floresta*. [N.T.]

impossível do que Benjamin pensava. A "atmosfera" crítica é internalizada em um pequeno serviço de jardinagem, no qual se cultivam íris benjaminianas, flores do mal pasolinianas e beladonas freudianas.

A crítica, em todo e qualquer sentido da palavra, anima inteiramente dias turvos. Irrompeu uma vez mais um tempo da crítica às máscaras, no qual as posturas críticas foram subordinadas aos papéis profissionais. Criticismo com uma responsabilidade restrita, balela sobre esclarecimento como fator de sucesso — uma postura no ponto de corte de novos conformismos e de antigas ambições. Já em Kurt Tucholsky era possível pressentir, "outrora", o vazio de uma crítica que procurava superacentuar sua própria desilusão. Tal postura crítica sabia que o sucesso estava longe de ser um efeito. Escrevia-se de maneira brilhante, mas isso não ajudava em nada, e é possível auscultar tal fato a partir daí. Dessa experiência que se tornou quase universal se alimentam os cinismos latentes de esclarecedores atuais.

Uma pitada de pimenta na crítica adormecida sob as máscaras foi colocada por Pasolini, na medida em que ele ao menos esboçou uma fantasia elucidativa: a fantasia de *corsário* — escritos de piratas. O intelectual como corsário — eis aqui um sonho nada mau. Quase ainda não nos vimos assim. Um homossexual deu o sinal contra a eliminação da crítica. Andar por aí aos saltos no cordame cultural tal como Douglas Fairbanks, com um sabre em punho, ora vencedor, ora vencido, incalculavelmente lançado de um lado para o outro nos mares do mundo da alienação social. As pancadas são dadas para todos os lados. Como a fantasia é amoral, ela cai moralmente como uma luva. Pontos de vista sólidos não podem ser assumidos por piratas, uma vez que eles se encontram a meio caminho entre fronts alternantes. Talvez a imagem de Pasolini sobre a inteligência corsária possa nos levar a refletir sobre Brecht — tenho em vista aqui o Brecht jovem, mau, não aquele que acreditou na necessidade de horas de aula na galera comunista.

Digno de cumprimento no mito dos corsários parece ser o elemento ofensivo. Duvidosa seria apenas a ilusão de que a inteligência teria seu fundamento na rixa enquanto tal. Na verdade, tanto quanto Adorno, Pasolini é um derrotado. É o *a priori* da dor: o fato de as coisas mais simples da vida se mostrarem tão pesadas para alguém — que abre criticamente os seus olhos. Não há nenhuma grande crítica sem um grande defeito. Aqueles dura e culturalmente feridos são os que encontram em grandes empenhos algo capaz de produzir uma cura e assim continuam girando a roda da crítica. Adorno dedicou um ensaio conhecido a Heinrich Heine, *A ferida Heine*. Essa não é nenhuma outra ferida senão aquela que perfura toda crítica significativa. Sob as grandes realizações críticas modernas há feridas abertas por toda parte: a ferida Rousseau, a ferida Schelling, a ferida Heine, a ferida Marx, a ferida Kierkegaard, a ferida Nietzsche, a ferida Spengler, a ferida Heidegger, a ferida Theodor Lessing, a ferida Freud, a ferida Adorno. Da cura de si, levada a cabo por parte de grandes feridas, surgem críticas. Estas servem às épocas como pontos de unificação da experiência de si. Cada crítica é um trabalho pioneiro na dor do tempo e um pedaço de uma cura exemplar.

Não tenho a ambição de ampliar este honroso hospital militar de teorias críticas. Já é tempo de uma nova crítica dos temperamentos. Onde quer que o Esclarecimento apareça como uma "ciência triste", ele estará fomentando, a despeito de sua vontade, o entorpecimento melancólico. Por isso, a crítica da razão cínica promete mais um trabalho de divertimento, no qual se encontra desde o princípio decidido que ela não é tanto um trabalho, mas muito mais um relaxamento do trabalho.

A motivação

Devem ter notado: há um rastro de consideração exagerada na fundamentação para que ela possa ser totalmente verdadeira. Aceito a impressão de que se trataria de uma tentativa de salvação para o "Esclarecimento" e para a Teoria Crítica; os paradoxos do método salvador cuidam para que essa não permaneça como uma primeira impressão.

Se parece de início que o Esclarecimento desembocaria na desilusão cínica, então a página é logo virada e a investigação do cinismo se transforma na fundamentação de uma boa ausência de ilusões. O Esclarecimento sempre significou de saída desilusão no sentido positivo, e, quanto mais progride, tanto mais próximo se acha um instante no qual a razão nos conclama a tentar uma afirmação. Uma filosofia a partir do espírito do *sim* também inclui o *sim* ao *não*. Não se trata nesse caso de nenhum positivismo cínico, de nenhuma atitude "afirmativa". O *sim*, que tenho em vista, não é o *sim* de um vencido. Se se esconde nele algo da obediência, então seria da única obediência que podemos supor em relação a homens esclarecidos, a obediência a uma experiência própria.

A neurose europeia concebe a felicidade como uma meta e o empenho racional como caminho até ela. É preciso quebrar sua compulsão. É preciso dissolver o vício crítico do aprimoramento, e isso em favor do bem, do qual nos desviamos tão facilmente em longas marchas. De maneira irônica, a meta do empenho maximamente crítico é o deixar-se levar mais desprendido.

Não muito tempo antes da morte de Adorno, houve uma cena em um auditório da Universidade de Frankfurt que se ajusta como uma chave à análise do cinismo aqui iniciada. O filósofo estava justamente em vias de começar sua preleção, quando um grupo de manifestantes o impediu de subir ao tablado. Algo desse gênero não era incomum no ano de 1969. Nesse caso, porém, algo obrigou as pessoas a olharem mais atentamente. Entre os desordeiros se fizeram notar algumas estudantes que, em protesto, desnudaram seus seios diante do pensador. De um lado se achava a carne nua, que exercia uma "crítica", de outro o homem amargamente desiludido, sem que praticamente nenhum dos presentes tivesse experimentado o significado de crítica — cinismo em ação. Não foi a violência nua que emudeceu o filósofo, mas a violência da nudez.[3] Justo e injusto, verdadeiro e falso foram misturados nessa cena de maneira inextricável, de uma maneira que é pura e simplesmente típica para cinismos. O cinismo ousa se mostrar com verdades nuas, que mantêm algo falso no modo como são expostas.

Onde encobrimentos são constitutivos de uma cultura, onde a vida em sociedade está submetida a uma compulsão à mentira, na efetiva enunciação da verdade surge um momento agressivo, um desnudamento involuntário. Todavia, o impulso ao desentranhamento é, a longo prazo, o mais forte. Em primeiro lugar, a nudez radical e o desvelamento das coisas nos livram da compulsão para a imputação desconfiada. Querer aceder à "verdade nua" é um tema da sensibilidade desesperada, que se dispõe a rasgar o véu das convenções, mentiras, abstrações e discrições a fim de chegar *às coisas mesmas*. Quero perseguir esse tema. Uma mistura de cinismo, sexismo, "objetividade" e psicologismo forma a atmosfera na superestrutura do Ocidente: uma atmosfera de crepúsculo, boa para corujas e para a filosofia.

Com base em meus impulsos encontro uma adoração infantil por aquilo que se chamava em um sentido grego filosofia — do que de resto é concomitantemente culpada uma tradição familiar marcada pela veneração.

---

3. Retornarei a este ponto na Quinta Consideração Prévia.

Com frequência minha avó, filha de um professor e oriunda de uma casa idealista, dizia de maneira orgulhosa e respeitosa para o nosso bem que tinha sido Kant que escrevera a *Crítica da razão pura* e Schopenhauer, *O mundo como vontade e representação*. E talvez houvesse mais no mundo de tais livros mágicos, que não se consegue ler, por serem difíceis demais, mas que se precisa admirar de fora como algo completamente grandioso.

Não há nenhuma filosofia na qual a "velha mão ossuda" gire nosso cérebro em voltas de parafuso, retirando-o de nossa cabeça? O sonho que sigo é o sonho de ver uma vez mais florescer a árvore moribunda da filosofia — em um florescimento sem desilusão, coberta com bizarras flores de pensamento, vermelhas, azuis e brancas, brilhando nas cores do início, tal como outrora na luz primeva grega — quando a *theoria* começou e quando, de modo incrível e repentino como tudo o que é claro, a compreensão encontrou sua linguagem. Será que somos realmente velhos demais em termos culturais para repetirmos tais experiências?

O leitor está convidado a tomar lugar por um momento sob essa árvore, que não pode existir propriamente. Prometo não prometer nada, sobretudo nenhum novo valor. A crítica da razão cínica quer, para citar a caracterização dada por Heinrich Heine às comédias de Aristófanes, seguir a "ideia profunda da aniquilação do mundo", sobre a qual se baseia a gaia ciência, "e que nela, como uma árvore mágica fantasticamente irônica, surja uma joia de pensamentos florescentes, ninhos de rouxinol cantante e macacos trepadores". (*Os banhos de Lucca*)[4]

Munique, verão de 1981

---

4. Heinrich Heine, *Sämtliche Schriften* [Obras completas], Klaus Briegleb (org.), Munique, 1969, vol. II, p. 466.

PRIMEIRA PARTE

Análise: cinco considerações prévias

1. Cinismo: crepúsculo da falsa consciência

Os tempos são duros, mas modernos.
Provérbio italiano

E não se via mais ninguém por detrás de tudo. Todas as coisas giravam incessantemente em torno de si mesmas. Os interesses mudavam a toda hora. Em parte alguma, objetivo algum (…). Os guias perderam a cabeça. Estavam exauridos ao extremo e senis... Cada ser humano no mundo começava a perceber: não dá mais certo... O postergar do colapso ainda apontava um caminho...
Franz Jung, *A conquista das máquinas*, 1921

O mal-estar na cultura assumiu uma nova qualidade: ele aparece como um difuso cinismo universal. A crítica à ideologia tradicional está atônita diante dele. Ela não vê na consciência cinicamente desperta um ponto de partida para o esclarecimento. O cinismo moderno apresenta-se como o estado de consciência que se segue às ideologias ingênuas e ao esclarecimento dessas ideologias. Nele, o esgotamento gritante da crítica ideológica tem a sua razão de ser. Tal crítica permaneceu mais ingênua do que a consciência que ela quis desmascarar; em sua racionalidade bem-comportada, ela não acompanhou as mudanças da consciência moderna rumo a um realismo múltiplo e refinado. A sequência de formas da falsa consciência até agora — mentira, erro, ideologia — está incompleta; a mentalidade atual força o acréscimo de uma quarta estrutura — a do fenômeno cínico. Falar de cinismo significa tentar adentrar a antiga estrutura da crítica à ideologia por um novo acesso.

Caracterizar o cinismo como fenômeno universal e difuso atenta contra o uso da língua; numa visão abrangente, o cinismo não é difuso, mas marcante; não é universal, mas peculiar e altamente individual. Os epítetos incomuns parafraseiam algo da nova compleição do cinismo, que o faz ao mesmo tempo controverso e inatacável.

A Antiguidade conhece o cínico (melhor: o *kynikos*) como um excêntrico aberrante e como um provocativo moralista turrão. Diógenes no barril é visto como um patriarca do tipo. Desde então, ele figura no livro ilustrado dos tipos sociais como trocista desagregador, como individualista mordaz e ignóbil, que declara não precisar de ninguém e que não é amado por ninguém, porque não permite que se aproximem dele incólumes, sob seu crasso olhar desfaçado. De acordo com sua origem social, ele é uma figura urbana que mantém sua conduta na engrenagem da antiga metrópole. Seria possível referir-se a ele como a mais antiga manifestação de inteligência desclassificada ou plebeia. Sua virada cínica contra a arrogância e contra os segredos morais das instituições da alta civilização pressupõe a cidade, com seus sucessos e fracassos. Apenas na cidade, como imagem reversa, a compleição do cínico pode cristalizar-se em toda a sua plenitude, sob a pressão do falatório público e do amor-ódio gerais. E só a cidade — embora o cínico, ostentativo, lhe vire as costas — pode acolhê-lo no grupo dos originais a quem ela devota a simpatia que nutre por individualidades urbanas e *sui generis*. O solo moderno do cinismo encontra-se não só na cultura da cidade, mas também na esfera palaciana. As duas cunham um realismo maldoso, de onde os homens assimilam o sorriso oblíquo da franca imoralidade. Tanto em uma quanto em outra se acumula nas cabeças inteligentes e desenvoltas um saber distinto, que se movimenta de maneira elegante entre meros fatos e fachadas convencionais. Vindos bem debaixo, da inteligência urbana desclassificada, e bem de cima, do topo da consciência política, sinais testemunham uma ironização radical da ética e da convenção social, como se, por assim dizer, demonstrassem que as leis comuns existem somente para os tolos e penetram o pensamento sério, enquanto nos lábios dos que sabem das coisas desponta aquele sorriso fatal e prudente. Mais precisamente: são os poderosos que sorriem assim, enquanto os plebeus *kynikoi* fazem ouvir uma gargalhada satírica. No espaço amplo do saber cínico, os extremos se defrontam: Eulenspiegel encontra Richelieu; Maquiavel, o sobrinho de Rameau; os ruidosos *condottieri* da Renascença, os cínicos elegantes do rococó; empresários inescrupulosos, desiludidos abandonando o barco; estrategistas de sistema escaldados, renegados sem ideal.

Desde que a sociedade burguesa começou a estabelecer a ponte entre o saber de cima e o aqui debaixo, e anunciou a ambição de erigir a sua imagem de mundo totalmente com base no *realismo*, os extremos fundiram-se um no outro. Hoje, o cínico apresenta-se como um tipo das massas: um caráter social medíocre na superestrutura elevada. Ele é o tipo vulgar — não só porque a civilização industrial avançada produz o solitário amargurado como fenômeno de massa. Pelo contrário, as próprias cidades grandes tornaram-se borras difusas, cuja força para criar *figuras públicas* universalmente aceitas se perdeu. A pressão por individualização diminuiu na atmosfera da cidade grande e na mídia. Assim, o cínico moderno — como há na Alemanha em grande quantidade, principalmente desde a Primeira Guerra Mundial — não fica mais à margem. Ele definitivamente não entra em cena como um tipo plasticamente evoluído. O cínico de massa moderno perde o ímpeto individual e poupa-se do risco de evidenciar-se. Há muito renunciou a expor-se à atenção e ao escárnio alheio para provar sua originalidade. O homem com o "olhar mau" e claro desaparece na multidão; apenas o anonimato torna-se o grande espaço do descaminho cínico. O cínico moderno é um associal integrado, páreo para qualquer *hippie* na falta de ilusões subconscientes. A ele próprio, seu olhar mau e claro não surge como defeito pessoal ou como mania amoral a ser justificada por ele mesmo. Instintivamente, ele compreende seu modo de existir não mais como algo que tem a ver com ser-mau, mas enquanto partícipe de uma maneira de ver, coletiva e realisticamente conformada. Essa é a forma corrente por meio da qual as pessoas esclarecidas não se veem como aquelas que continuam sendo tolas. Parece mesmo haver algo de saudável nisso — exatamente em favor disso fala a vontade de autoconservação. Trata-se da postura daqueles que se conscientizaram que os tempos da vaidade se foram.

Psicologicamente, o cínico do presente deixa-se compreender como um caso limite de melancolia, que mantém seus sintomas depressivos sob controle e, em certa medida, pode permanecer apto para o trabalho. Sim, é isso que importa ao cinismo moderno: a capacidade de trabalho de seus representantes — apesar de tudo, e mesmo depois de tudo. Há muito os postos-chave da sociedade pertencem ao cinismo difuso, em diretorias, parlamentos, conselhos, gerências, leitorados, consultórios, faculdades, chancelarias e redações. Certa amargura refinada acompanha seu agir. Pois cínicos não são bobos, e olham simplesmente para o nada e novamente para o nada a que tudo conduz. Entretanto, seu aparato psíquico é suficientemente elástico para integrar em si, como fator de sobrevivência, a dúvida perene acerca da própria atividade. Sabem o que fazem, mas o fazem porque as ramificações objetivas e os impulsos de autoconservação a curto prazo falam a mesma língua e lhes dizem que, se assim é, assim deveria ser. Dizem-lhes também que, de qualquer maneira, ainda que eles não o fizessem, outros o fariam, talvez pior. Desse modo, o novo cinismo integrado tem frequentemente o sentimento compreensível de ser vítima e fazer sacrifícios. Sob a fachada dura desse jogo árduo, ele facilmente leva muitos a infortúnios nocivos e às lágrimas. Nisso há algo de tristeza acerca de uma "inocência perdida" — a tristeza de um saber melhor, contra o qual todo agir e todo trabalho estão direcionados.

Isso resulta em nossa primeira definição: cinismo é a *falsa consciência esclarecida*.[1] Ele é a consciência infeliz modernizada, da qual o Esclarecimento se ocupa ao mesmo tempo com êxito e em vão. Ele aprendeu sua lição sobre o Esclarecimento, mas não a consumou, nem a pôde consumar. Ao mesmo tempo bem instituída e miserável, essa consciência não se sente mais aturdida por nenhuma crítica ideológica; sua falsidade já está reflexivamente conformada.

"Falsa consciência esclarecida": escolher tal formulação significa aparentemente desferir um golpe contra a tradição do Esclarecimento. A frase mesma é um cinismo em estado cristalino. Contudo, ela manifesta uma pretensão objetiva de validação; o ensaio em questão desenvolve o teor dessa pretensão e sua necessidade. É lógico que se trata de um paradoxo, pois como é que uma consciência esclarecida poderia ser ao mesmo tempo falsa? É disso que se trata aqui.

Agir contra o "saber melhor" é hoje a relação superestrutural em nível global; tal agir sabe-se sem ilusões e, apesar disso, depreciado pelo "poder das coisas". Assim, o que na lógica é tomado como paradoxo e na literatura como chiste surge, na realidade, como um estado de coisas. Isso constitui um novo posicionamento da consciência diante da "objetividade".

"Falsa consciência esclarecida": essa fórmula não se quer episódica, mas um ponto de partida sistemático, como modelo diagnóstico. Assim, ela se obriga a revisar o Esclarecimento; deve demonstrar claramente sua relação com o que a tradição chama de "falsa consciência"; mais ainda, deve reconsiderar a trajetória do Esclarecimento e o trabalho da crítica ideológica em cujo decurso foi possível que a "falsa consciência" absorvesse o Esclarecimento. Tivesse o ensaio um propósito histórico, este seria o de descrever a modernização da falsa consciência. Mas o propósito da apresentação como um todo não é histórico, mas fisionômico: trata-se da estrutura de uma falsa consciência reflexivamente suprimida. Entretanto, gostaria de salientar que a estrutura não é assimilável sem situá-la em uma história política de reflexões contenciosas.[2]

Sem sarcasmo, nos dias de hoje não pode haver relação saudável entre o Esclarecimento e sua própria história. Só temos a escolha entre um

---

1. A primeira "suspensão" desta definição encontra-se na Quinta Consideração Prévia; a segunda, na Seção Principal Fenomenológica.

2. Ver os Seis Cinismos Cardinais da Seção Principal Fenomenológica.

pessimismo "lealmente" vinculado às origens, que lembra a decadência, e uma falta de respeito serena na continuação das tarefas primordiais. Diante disso, só na infidelidade resta fidelidade ao Esclarecimento. Em parte, isso se explica pela postura dos herdeiros que se voltam aos tempos "heroicos" e mantêm-se necessariamente mais céticos diante dos resultados. No ser-herdeiro há sempre certo "cinismo postural" — típico das histórias de herança dos capitais de família. Claro que essa postura retrospectiva não esclarece por si só o tom singular do cinismo moderno. No Esclarecimento, a decepção não é de forma alguma apenas um sinal de que os epígonos podem, e devem, ser mais críticos que os fundadores. O ranço característico do cinismo moderno é de natureza essencial — uma disposição da consciência que padece de esclarecimento e que, instruída pela experiência histórica, não admite otimismos baratos. Novos valores? Não, obrigado. Após as esperanças obstinadas, propala-se a monotonia dos egoísmos. No cinismo novo coopera uma negatividade aclarada que quase não nutre esperanças por si mesma, quando muito um pouco de ironia e compaixão.

Em última instância, trata-se dos limites sociais e existenciais do Esclarecimento. Imposições da sobrevivência e desejos de autoafirmação humilharam a consciência esclarecida. Ela padece da imposição de aceitar relações previamente dadas, das quais desconfia, de ter que se adaptar a elas e, por fim, até mesmo resolver seus negócios.

Para sobreviver, deve-se ir para a escola da realidade. Por certo. A linguagem dos que têm as melhores intenções chama isso de tornar-se adulto. E há nisso algo de verdadeiro. Mas não é tudo. Sempre um tanto inquieta e irascível, a consciência partícipe olha ao redor à procura de ingenuidades perdidas, para as quais não há mais retorno, porque conscientizações são irreversíveis.

Foi certamente Gottfried Benn, ele mesmo um dos mais proeminentes porta-vozes da estrutura moderna do cinismo, que forneceu a esse mesmo cinismo a formulação do século, inequívoca e desavergonhada: "Ser tolo e ter trabalho: isso é a felicidade." A inversão do sentido da frase apenas demonstra seu conteúdo pleno: ser inteligente e, todavia, realizar seu trabalho — eis aí a consciência infeliz em sua forma modernizada, acometida de esclarecimento. A consciência não pode tornar a ser "tola" e ingênua — inocência não se restabelece. A consciência apega-se à fé na força de coesão entre as relações às quais se vê atrelada por seu instinto de autoconservação. Se assim for, que seja. Com um salário líquido de dois mil marcos por mês, começa silencioso o Contra-Esclarecimento; ele aposta que cada um que tenha algo a perder arranje-se por conta própria com sua consciência infeliz ou a encubra com "atividades engajadas".

O cinismo novo não se faz mais perceptível de maneira gritante como conviria ao seu conceito; e precisamente porque é vivido sob uma compleição privada que absorve e assimila a situação do mundo. Ele se cerca de discrição — uma palavra-chave para a alienação charmosamente mediada, como logo veremos.[3] O ato de conformar-se ciente de si mesmo, que sacrificou o melhor conhecimento às "imposições", não vê mais razão em despojar-se de maneira ofensiva e espetacular. Há uma nudez que não mais desmascara, e na qual nenhum "fato nu" se manifesta para oferecer chão seguro ao exercício de um realismo sereno. O acochambramento neocínico com o já-existente tem algo de lastimável; nada mais de soberanamente despido. Por isso, também não é muito fácil, do ponto de vista metódico, fazer manifestar-se o cinismo difuso e de perfil vago. Ele se recolheu em um aclaramento [*Abgeklärtheit*] acabrunhado, que internaliza como mácula o saber de que dispõe e que não se presta mais a ataque algum. As grandes manifestações ofensivas do atrevimento cínico tornaram-se raras; em seu lugar, surgiram desavenças e falta energia para o sarcasmo. Gehlen considera que hoje nem mesmo os ingleses podem ser mordazes, porque as reservas de insatisfação teriam se esgotado, e o valer-se das provisões, começado. O mau humor, que vem após as ofensivas, nada acrescenta ao Esclarecimento.

Esta é uma das razões pelas quais, na Segunda Parte deste livro, há certo exagero no emprego de "material cínico" da República de Weimar — considerando, em todo caso, que documentos mais antigos também estão em questão. Na Seção Principal Histórica, denominada "O sintoma de Weimar", procuro delinear uma fisionomia de época. Trata-se da característica de um século, cujo primeiro herdeiro foi o fascismo e o segundo somos nós hoje.

Falar da República de Weimar ainda significa embrenhar-se na experiência social de si mesmo. Pelas razões dadas, a República de Weimar estava cinicamente disposta, como nenhuma outra anterior; ela produziu uma abundância de cinismos admiravelmente articulados, que podem ser lidos como exemplos clássicos. Ela sente a dor da modernização mais intensamente, e exprime suas desilusões de maneira mais penetrante e fria do que toda a atualidade ainda seria capaz. Encontramos nela formulações extraordinárias da consciência infeliz moderna — inteiramente atual até hoje, e talvez somente agora assimilável em sua conformação mais geral.

---

3. Cf. o Segundo Desmascaramento, a Crítica da Ilusão Religiosa.

Uma crítica da razão cínica permaneceria um jogo de miçangas acadêmico caso não buscasse uma relação entre o problema da sobrevivência e o perigo do fascismo. De fato, a questão da "sobrevivência", da autoconservação e da autoafirmação, com vistas à qual todo cinismo esboça respostas, toca o âmago do problema das garantias de subsistência e de planejamento futuro em nações modernas. Em várias investidas tento determinar o lugar lógico do fascismo alemão nos meandros do cinismo moderno e reflexivo. Diante disso, pode-se dizer de antemão que nele confluem dinâmicas tipicamente modernas de autoafirmação regressiva, de medo de desagregação psicocultural e de frieza racional neo-objetiva com uma venerável corrente de cinismo soldadesco, que, em solo alemão, e especialmente em solo prussiano, possui uma tradição tão macabra quanto fortemente arraigada.

Talvez tais considerações sobre o cinismo enquanto quarta figura da falsa consciência ajudem a superar a perplexidade peculiar à crítica genuinamente filosófica a respeito da assim chamada ideologia fascista. A filosofia como "disciplina" não possui tese própria sobre o "fascismo teórico", porque esse fascismo lhe parece na verdade abaixo de qualquer crítica. As explicações do fascismo como niilismo (Rauschning entre outros) ou como produto do "pensar totalitário" permanecem dilatadas e imprecisas. Salientou-se suficientemente o caráter "impróprio", irrefletido e desordenado da ideologia fascista, e tudo o que ela quis "defender" está há muito tempo à mercê de uma crítica radical das ciências particulares — psicologia, politologia, sociologia, historiografia. As declarações programáticas do fascismo não se prestam à filosofia "nem mesmo" como ideologia substancial a ser tomada a sério, com a qual uma crítica detida realmente devesse extenuar-se. Mas aí está o ponto fraco — a crítica. Ela se detém sobre adversários sérios e, nessa atitude, desvia-se do objetivo de formular o modelo ideológico de "sistemas" vagos e "levianos". Por isso, até hoje, a crítica não está à altura da mistura moderna de cinismo e opinião. Porém, como no momento questões de autoconservação social e individual são discutidas no âmbito de tais misturas, há boas razões para nos ocuparmos da sua composição. Devemos nos versar sobre as questões da autoconservação na mesma linguagem em que nos versamos sobre o autoaniquilamento. Nisso parece atuar a mesma lógica da retratação da moral. Eu a chamo de lógica da "estrutura cínica", isto é, o ato de se autodesmentir, próprio à ética da alta cultura. Seu aclaramento tornará mais explícito o que significa escolher aquilo que se quer viver.

2. Esclarecimento como diálogo — Crítica à ideologia como prosseguimento do diálogo fracassado por outros meios

Quem fala de cinismo faz-nos lembrar dos limites do Esclarecimento. Nesse aspecto, lidar com os focos do cinismo de Weimar, abstraindo-se do privilégio da clareza e da distinção, pode ser algo rico em perspectivas mesmo em termos histórico-filosóficos. A República de Weimar não se encontra no curso da história alemã apenas como produto do desenvolvimento de um Estado nacional retardado, pesadamente sobrecarregado pela herança guilhermina, ou seja, pelo espírito de um sistema público cinicamente não liberal, mas também como exemplo de um "Esclarecimento fracassado".

Expôs-se frequentemente que e por que os pré-combatentes de um Esclarecimento republicano àquela época nunca puderam ser outra coisa senão uma minoria desesperadamente benevolente de representantes da razão ante forças contrárias quase invencíveis: correntes maciças de um Contra-Esclarecimento e de um ódio à inteligência; uma falange de ideologias antidemocráticas e autoritárias, que sabiam se organizar de maneira eficaz em termos publicistas; um nacionalismo agressivo com traços de luxúria vingativa; uma confusão insolúvel de conservadorismos de cabeça dura, pequeno-burgueses descuidados, pequenas religiões messiânicas, direções políticas apocalípticas e, desse modo, de recusas tanto realistas quanto psicossomáticas em relação às suposições de uma modernidade desagradável. As feridas da Primeira Guerra Mundial contagiaram cada vez mais a crise intumescente; o nietzschianismo continuava pululando, como um estilo de pensamento maximamente marcado pelo mau humor teuto-narcisista e pela ligação de veneta, arrogante, "protestante" com a "pérfida realidade". No clima de excitações em crise formou-se uma oscilação psicológica penetrante entre medo do futuro e ressentimento, entre pseudorrealismos frágeis e condições psíquicas provisórias. Se há uma época que exige uma psicopatologia histórica, essa época inclui os quinze anos entre a queda do Império e o estabelecimento do nacional-socialismo.

A aparência continua tendo aqui necessariamente razão: quem pretendia empreender esclarecimento nesta sociedade encontrava-se em um lugar perdido. Por enumeráveis razões, as forças do Esclarecimento eram fracas demais. O Esclarecimento nunca pôde firmar um *laço efetivo* com os meios de comunicação de massa, e a maioridade nunca foi um ideal do monopólio industrial e de suas associações. Também, como poderia ser?

Evidentemente, o Esclarecimento foi quebrado pela resistência de poderes opostos. Seria falso, porém, considerar isso apenas como uma questão de aritmética do poder. Pois tal aritmética, simultaneamente, se quebra junto a uma resistência *qualitativa* presente na consciência adversária. Essa consciência reage irada ao convite para a discussão, à conversa "analítica" sobre a verdade; para o próprio discurso já vige o ressentimento, pois nesse caso as visões, valores e formas da auto-afirmação tradicionais são colocados em jogo. A interpretação dessa resistência como fundamento ideológico tornou-se um tema central do Esclarecimento.

Não é apenas na modernidade que o Esclarecimento passa a ter algo em comum com uma consciência hostil, entrincheirada em posições firmemente esclarecidas. Em princípio, o front pode ser perseguido retroativamente até os dias da Inquisição. Se é verdade que saber é poder, tal como nos ensinou o movimento dos trabalhadores, então também é verdadeiro que nem todo saber é saudado com boas-vindas. Como não há em parte alguma verdades das quais possamos nos apossar sem luta e como todo conhecimento tem de escolher o seu lugar na estrutura de poderes hegemônicos e de contrapotências, os meios de criar validade para os conhecimentos parecem ser quase mais importantes do que os próprios conhecimentos. Na modernidade, o Esclarecimento se mostra como um complexo tático. A exigência de que seja possível uma universalização do racional o atrai para a esteira da política, da pedagogia, da propaganda. Com isso, o Esclarecimento reprime conscientemente o realismo cru de doutrinas mais antigas sobre a sabedoria, para as quais não estava fora de questão a massa ser tola e a razão ser apenas para poucos. Um elitismo moderno precisa se cifrar democraticamente.

Não é nossa tarefa aqui desenrolar historicamente o obscurecimento do Esclarecimento. Sabemos que ele encontrou uma forma de, apesar de inúmeras resistências e contradições, com vistas às suas próprias realizações e planos, lidar de maneira preponderantemente produtiva com os obstáculos, aspirando sempre seguir em frente, nutrido do fermento da dúvida de si. Por mais intensas que fossem as calcificações e os reveses do desenvolvimento, ele pôde de qualquer modo acreditar que tinha a lei do progresso ao seu lado. Grandes nomes do tempo testemunham grandes conquistas: Watt, Pasteur, Koch, Siemens. Pode-se recusar suas realizações de maneira rabugenta. Isso seria um gesto oriundo do estado de humor, não da justiça. A imprensa, o trem, o auxílio social, a penicilina: quem poderia contestar que essas notáveis inovações estão no "jardim do humano". De qualquer modo, porém, desde as atrocidades técnicas do século XX, de Verdun aos gulags, de Auschwitz a Hiroshima, a experiência escarnece de todos os otimistas. Consciência histórica e pessimismo parecem desembocar no mesmo ponto. E as catástrofes, que não aconteceram e que crepitam sobre suas bases, alimentam as dúvidas onipresentes da civilização. O final do século XX nos impele sobre a onda de um futurismo negativo. "Já se contou com o pior", ele "só" precisa agora acontecer.

Gostaria de restringir a princípio o tema do Esclarecimento insatisfeito a um ponto: a questão acerca dos meios de poder do Esclarecimento em face de uma consciência adversária. Indagar sobre "os meios de poder" já é de certa maneira incorreto, uma vez que, para o Esclarecimento, a questão é essencialmente a concordância livre. O Esclarecimento é aquela "doutrina" que não busca alcançar a sua imposição graças a uma pressão extrarracional. Um de seus polos é a razão; o outro, o diálogo livre daqueles que se encontram empenhados pela razão. Seu cerne metodológico e seu ideal moral é, ao mesmo tempo, o consenso *voluntário*. O que se tem em vista com isso é o fato de a consciência adversária não mudar de posição sob a influência de nenhuma outra coisa senão do argumento elucidativo.

Trata-se de um acontecimento sublimemente pacífico no qual, sob o choque de fundamentos plausíveis, posições opiniáticas antigas, que se tornaram insustentáveis, são alijadas. Com isso, o Esclarecimento porta em si uma cena originária utópica: um idílio de paz epistemológica, uma visão bela e acadêmica — a visão do diálogo livre dos interessados pelo conhecimento, sem qualquer coerção. Aqui se reúnem indivíduos livres, não os escravizados por sua própria consciência e tampouco os oprimidos por convenções sociais, para um diálogo dirigido à verdade e sob as leis da razão. A verdade, que quer ser difundida pelos esclarecedores, emerge de uma adesão obtida sem a inserção de estruturas de poder às fundamentações mais fortes. O protagonista ou descobridor de um pensamento esclarecido deu esse passo apenas um momento antes; com certeza, por seu lado, sob o sacrifício de uma opinião anterior.

2. Esclarecimento como diálogo

Franz Wilhelm Seiwert, *Discussão*, 1926.

O processo do Esclarecimento tem, por conseguinte, dois lados: a adesão à melhor posição e a despedida das opiniões prévias. Com isso, uma ambivalência dos sentimentos está dada: um ganho e uma dor. A utopia do diálogo crítico afetuoso prevê essa dificuldade. A dor torna--se suportável sob a consciência de que ela possa ser acolhida de maneira colegial e voluntária como preço pago pelo elemento comum. O "perdedor" pode se ver como o vencedor propriamente dito. Assim, o diálogo esclarecido em essência não é outra coisa senão uma luta de trabalho entre as opiniões e um diálogo investigativo entre quem se coloque *a priori* sob uma regra de paz, pois eles não têm como sair do encontro senão como vencedores, como vitoriosos do conhecimento e da solidariedade. Por isso, a cisão da opinião prévia é suposta como consolável.

Um idílio acadêmico, como disse. Ao mesmo tempo, a ideia reguladora de todo Esclarecimento, que não está disposto a abdicar da visão de uma reconciliação. O fato de a realidade efetiva possuir uma aparência diversa não pode espantar ninguém. Nas confrontações do Esclarecimento, o que está em questão é tudo menos a verdade: posições de preponderância, interesses de classe, posições escolares, estabelecimentos de desejos, paixões e a defesa de "identidades". Estes dados prévios de maneira tão intensa conferem uma forma ao diálogo esclarecido, que seria mais apropriado falar de uma consciência de guerra do que de um diálogo de paz. Os adversários não se encontram uns frente aos outros sob o domínio de um contrato de paz de antemão acordado. Acham-se antes em uma concorrência entre repressão e aniquilação; não são livres em relação aos poderes que levam suas consciências a falar desse modo e não de outro.

Diante desses fatos sóbrios, o modelo dialógico comporta-se de uma maneira antes irreal. Ele leva o princípio ultrapragmático, *primum vivere, deinde philosophari*[4], valer apenas condicionadamente; pois sabe muito bem que sempre há novas situações, nas quais o "filosofar" é a única coisa que continua auxiliando a vida.

É natural ridicularizar o "antirrealismo metodológico" da ideia de diálogo, e uma parte deste livro procura mesmo auxiliar o riso em relação a toda e qualquer forma de o idealismo tosco alcançar o seu direito; mas, se todas as contradições forem acolhidas, então retornar-se-á a este início, com a certeza de uma consciência que percorreu todos os infernos do realismo. Manter a ficção salutar do diálogo livre é uma das tarefas derradeiras da filosofia.

Naturalmente, o próprio Esclarecimento foi o primeiro a perceber que não conseguia "seguir adiante" apenas com um diálogo racional e verbal. Ninguém tem como sentir de maneira mais aguda do que ele a interrupção, os pressupostos vitais desfigurados, o fracasso do diálogo. No início da crítica à ideologia também se encontra efetivamente um espanto quanto à dificuldade de escuta do adversário — um espanto que cede rapidamente lugar a um despertar realista. Quem não quer escutar faz com que o outro o sinta. O Esclarecimento nos lembra o quão

---

4. Em latim no original: *primeiro viver, depois filosofar*. [N.T.]

facilmente a linguagem aberta pode conduzir para o campo de concentração e as prisões. As *potências hegemônicas*[5] não deixam tão facilmente que se fale junto com elas e não se sentam voluntariamente à mesa com os seus inimigos — elas preferem vê-los atrás das grades. Mas mesmo a *tradição*, se é que se pode falar tão alegoricamente sobre ela, não sente a princípio nenhum interesse em abrir o espaço para o direito à voz dos esclarecedores. Desde tempos imemoriais, no que diz respeito a todo e qualquer sentimento humano, o antigo sempre foi considerado como o verdadeiro, o novo sempre como questionável. Esse sentimento "arcaico" em relação à verdade precisou ser ultrapassado pelo Esclarecimento, antes de algo novo poder se tornar elucidativo para nós como algo verdadeiro. Anteriormente, as potências hegemônicas políticas e intelectuais se encontravam ligadas como que obviamente em um front conservador e experimentavam uma aversão a todas as inovações. Onde quer que ocorressem reformas espirituais, penso sobretudo nos movimentos monásticos da Idade Média e nas revoluções religiosas do século XVI, elas se entendiam como "revoluções conservadoras", que obedeciam a um impulso de retorno às origens. Por fim, segundo potências hegemônicas e tradições, as cabeças sempre já cheias demais formavam uma terceira instância, que não gostava de ouvir o espírito de renovações esclarecedoras. Elas se deparavam com o Esclarecimento em meio à resistência de hábitos inertes e pontos de vista comprovados, que tinham ocupado o espaço da consciência e que só eram levados em situações de exceção a ouvir uma razão diversa da tradicional. De qualquer modo, o receptáculo do saber não pode ser preenchido

---

5. Incessantemente, designo neste livro todo e qualquer poder que impera como uma potência hegemônica, a fim de dar expressão ao fato de que esse poder nunca é ou apenas tem poder, mas sempre "cavalga", por assim dizer, um poder contrário. Em uma teoria realista do poder, a onipotência e a impotência só vêm à tona quase como ideias "matemáticas" de poder, como a grandeza infinita e a pequenez infinita de poder. Onipotência e impotência não podem se encontrar contrapostas. Só há contraposição possível entre potência hegemônica e poder contrário. O que se "apresenta" aí possui poder, um *quantum* positivo de energia, que está centrada em corpos conscientes e que se prolonga sobre os seus instrumentos e armas. Por isso, a lógica do tudo ou nada, no campo político, é perigosa, e, sim, fatídica. No princípio de Siéyès: "Qual é a terceira classe? Nada. O que ela quer se tornar? Tudo", realiza-se uma autoestilização devastadora do poder contrário, uma logicização falsa da luta política, por meio da qual a parte gostaria de se transformar em "todo". Será que esse conceito de poder falso é uma herança geral da oposição de esquerda? Nele fracassa ainda a nova filosofia francesa que, rumando por antigas vias, confunde onipotência e impotência e é ludibriada por uma ontologia maniqueísta do mau poder estatal.

plenamente duas vezes. A crítica esclarecida reconhece em tudo aquilo que "já se encontra presente" nas cabeças o seu inimigo mortal interior; ela lhe dá um nome desprezível: *preconceitos*.

O Esclarecimento procurou fazer o melhor possível diante dessa situação. Como nada lhe tinha sido presenteado, ele desenvolveu, quase desde o início, ao lado do convite pacífico ao diálogo, uma segunda postura combativa. Batem nele. Por isso, ele bate de volta. Algumas trocas de golpes são hoje tão antigas que não faria sentido algum perguntar quem começou a pancadaria. A história da crítica à ideologia significa em grande parte a história deste segundo gesto polêmico, a história de um grande revide. Tal crítica, como *teoria da luta*, serve ao Esclarecimento de maneira dupla: como arma contra uma consciência calcificada, conservadora e autossuficiente, e como instrumento do exercício e da autoconsolidação. O *não* do adversário ao diálogo proposto pelo Esclarecimento cria um fato tão poderoso que se torna um problema teórico. Quem não quer tomar parte no Esclarecimento precisa ter suas razões — e provavelmente razões diversas das que apresenta. A resistência torna-se ela mesma objeto do Esclarecimento. Assim, surge do adversário necessariamente um "caso", um objeto, de sua consciência. Como ele não gosta de falar conosco, é preciso falar sobre ele. Como acontece em todo posicionamento de luta, porém, o adversário não é pensado a partir daí como eu, mas como aparato, no qual em parte abertamente, em parte veladamente, trabalha um mecanismo de resistência, que o torna desprovido de liberdade e o torna culpado por equívocos e ilusões.

Crítica à ideologia significa o prosseguimento polêmico do diálogo fracassado por outros meios. Ela esclarece uma guerra da consciência, mesmo onde se arroga não tão séria e "não polêmica". A regra de paz já se coloca fora de jogo. Vem à tona o fato de não haver nenhuma intersubjetividade que não se pudesse mostrar do mesmíssimo modo como interobjetividade. Ao bater e ao receber de volta uma pancada, os dois partidos tornam-se reciprocamente objetos subjetivos.

Considerada rigorosamente, a crítica à ideologia não quer simplesmente "bater", mas operar de maneira precisa, tanto no sentido cirúrgico quanto no sentido militar: quer abater o adversário nos flancos, decapitá-lo, descobrir criticamente suas intenções. Descoberta significa aqui trazer à luz o mecanismo da consciência falsa e não livre.

Em princípio, o Esclarecimento só conhece dois fundamentos de nadidade: *equívoco* e *má vontade*. Em todos os casos, essa má vontade pode conquistar uma dignidade de sujeito, pois apenas quem mente conscientemente para o adversário possui a "opinião falsa" de que é um eu. Caso se suponha um erro, então a opinião falsa se baseia não em um eu, mas em um mecanismo que falsifica o correto. Só a mentira retém a sua própria responsabilidade, enquanto o erro, uma vez que mecânico, permanece em uma "inocência" relativa. Mas rapidamente o erro se divide em dois fenômenos diversos: no erro simples, que se baseia nas ilusões lógicas ou sensíveis e é facilmente corrigível; e o erro tenaz, sistemático, inculcado nas próprias bases da vida, que se chama, então, ideologia. Assim, surge a clássica série de formas da consciência falsa: *mentira, erro, ideologia.*

Toda luta conduz necessariamente a um coisificação mútua dos sujeitos. Uma vez que o Esclarecimento não pode abdicar de sua pretensão de impor uma intelecção melhor contra a consciência que o bloqueia, ele precisa ir às últimas consequências, "operar" *por trás* da consciência do adversário. Por isso, a crítica à ideologia conquista um traço cruel, se é que ele se reconhece efetivamente como cruel, que não quer ser outra coisa senão a reação à crueldade da "ideologia". Aqui se mostra melhor do que em qualquer outro lugar o fato de a crítica "filosófica" à ideologia ser em verdade herdeira de uma grande tradição *satírica*, na qual o tema do desmascaramento, da exposição, do desnudamento sempre foi utilizado como arma. Mas a crítica moderna à ideologia se libertou — essa é a nossa tese — das poderosas tradições cômicas do saber satírico, que se enraízam filosoficamente no cinismo antigo. A crítica moderna à ideologia agora aparece sob a peruca séria do cinismo e até mesmo no marxismo e, com maior razão ainda, na psicanálise, veste terno e gravata, a fim de não lhe faltar nada à conquista da respeitabilidade burguesa. Ela se despiu de sua vida como sátira, a fim de conquistar para si o seu lugar nos livros como "teoria". Da forma viva de uma polêmica calorosa ela se retraiu para o interior das posições de uma guerra fria entre as consciências. Heinrich Heine foi um dos últimos autores do Esclarecimento clássico a combater literariamente em uma sátira aberta o direito da crítica à ideologia a uma "crueldade justa" — e a esfera pública *não* o seguiu nessa empreitada. O aburguesamento da sátira e a sua transformação em crítica à ideologia era tão inexorável quanto o aburguesamento conjunto de suas oposições em geral.

Uma crítica à ideologia, que se tornou séria, imita em seu procedimento a intervenção cirúrgica: cortar o paciente com o escalpo crítico e, em seguida, operar de maneira propriamente desinfetada. O adversário é seccionado diante dos olhos de todos, até que a mecânica de seu erro

O simulacro relativo à vaidade (a segunda imagem mostra a visão que temos quando levantamos o saiote). Mateus Greuter, 1596.

venha à tona. As camadas superiores de revestimento da pele se tornam refinadamente asseadas e as peles superiores são afastadas, de tal modo que os filamentos nervosos dos temas "propriamente ditos" sejam destacados e preparados. A partir daí, o Esclarecimento não chega a ficar, na verdade, satisfeito. Não obstante, em sua insistência em suas próprias pretensões, torna-se mais bem aparelhado para um futuro mais distante. O que está em jogo na crítica à ideologia não é mais trazer para o seu lado o adversário depois da vivisseção; o interesse está voltado para o seu "cadáver", para o preparado crítico de suas ideias, ideias que se encontram nas bibliotecas dos esclarecedores e nas quais se pode ler sem dificuldade o quão falsas elas são. O fato de não ocorrer com isso nenhuma aproximação em relação ao adversário é evidente. Quem já não se dispunha de antemão a se meter com o Esclarecimento, com razão ainda maior não vai querer que isso aconteça agora, no momento em que o adversário já foi dissecado e desmascarado. Naturalmente, na visão lógica de jogo dos esclarecedores, é possível alcançar ao menos uma vitória a partir daí: seja por uma via breve ou longa, apologeticamente o adversário será levado a falar.

Irritado pelos ataques e "desmascaramentos", o contraesclarecedor começará um dia a empreender por sua vez "um esclarecimento" sobre os esclarecedores, a fim de difamá-los humanamente e voltá-los socialmente para a vizinhança dos criminosos. Ele os chamará, então, na maioria das vezes, de "elementos". A palavra é involuntariamente escolhida de modo primoroso — pois não soa promissor querer lutar contra os elementos. Não se conseguirá evitar que as potências comecem algum dia a se mostrar indiscretas em suas contracríticas. Nesse caso, elas abandonam, de maneira cada vez mais excitada, algo de seus segredos; os ideais culturais elevados e universalmente reconhecidos são então revogados insidiosamente. Na compulsão à confissão de potências enfraquecidas se encontra, como resta mostrar, uma das raízes da estrutura cínica moderna.

Nolens volens, o "Esclarecimento insatisfeito" se entrincheirou neste front. Ameaçado por seu próprio cansaço e infiltrado pela necessidade de seriedade, já se dá com frequência por satisfeito ao conquistar *confissões* involuntárias de seu adversário. Sim, com o tempo, a visão experiente consegue decifrar por toda parte "confissões", e até mesmo quando a potência hegemônica atira primeiro, ao invés de negociar, não será difícil ver as balas como revelações de uma fraqueza fundamental; é assim que se manifestam os poderes, para os quais nada lhes ocorre e que, para se manterem, não se fixam mais em outra coisa senão em seus nervos fortes e em seus executivos.

A argumentação pelas costas e por meio da cabeça do adversário fez escola na crítica moderna. O gesto do desmascaramento marca o estilo de argumentação da crítica à ideologia — e isto desde a crítica à religião no século XVIII até a crítica ao fascismo no século XX. Por toda parte, mecanismos extrarracionais da opinião são descobertos: interesses, paixões, fixações, ilusões. Isso ajuda um pouco a aliviar a contradição escandalosa entre a unidade postulada da verdade e a pluralidade fática das opiniões — se é que essa contradição já não precisa ser eliminada. Verdadeira sob tais pressupostos seria aquela teoria que tanto fundamentasse da melhor maneira possível suas teses, quanto conseguisse alijar todas as posições contrárias essenciais e tenazes. Nesse ponto, como se reconhece facilmente, o marxismo oficial possui a maior de todas as ambições, uma vez que coloca a melhor parte de sua energia teórica na pretensão de exceder todas as teorias não marxistas, desmascarando-as como "ideologias burguesas". É só assim, por meio de uma presunção

Grafite no muro de Berlim. "Nascemos para sermos livres". Crítica à ideologia como inscrição em defesa do outro.

permanente, que os ideólogos conseguem "viver" de algum modo com a pluralidade de ideologias. De fato, crítica à ideologia significa a tentativa de construir uma hierarquia entre uma teoria desmascaradora e uma desmascarada; o que está em questão na guerra entre as consciências é a posição superior, ou seja, a síntese de pretensões de poder e de intelecções melhores.

À medida que, em meio ao negócio crítico e contra os hábitos acadêmicos, também se luta sem hesitação por meio de argumentos ligados à pessoa, as universidades se comportaram reservadamente com cuidado ante o procedimento próprio à crítica à ideologia. Pois o ataque lateral, o *argumentum ad personam*, é mal visto no interior da "comunidade acadêmica". A crítica séria procura pelo adversário em sua melhor forma; honra a si mesma, ao superar o rival na plena posse de sua racionalidade. Por tanto tempo quanto possível, o corpo de eruditos procurou defender a sua integridade contra a luta cerrada de desmascaramentos crítico--ideológicos. A regra implícita poderia muito bem ser: não desmascarai, para que vós não sejais desmascarados. Não é por acaso que os maiores representantes da crítica — os moralistas franceses, os enciclopedistas, os socialistas, a saber, Heine, Marx, Nietzsche e Freud — permaneceram *outsiders* da república dos eruditos. Atua em todos eles um componente satírico, polêmico, que nunca consegue se esconder completamente sob a máscara da seriedade acadêmica. Gostaríamos de utilizar estes sinais da falta de seriedade sagrada, que continua sendo um dos *índices* mais seguros da verdade, como guia para a crítica da razão cínica. Encontramos em Heinrich Heine um *compagnon de route*, no qual confiavelmente não podemos confiar. Heine ofereceu-nos o artifício até hoje não superado de unir teoria e sátira, conhecimento e entretenimento. Seguindo o seu rastro, gostaríamos de tentar unir aqui uma vez mais as capacidades veritativas da literatura, da sátira e da arte com aquelas do "discurso científico".

O direito da crítica à ideologia a argumentar tendo em vista a pessoa foi reconhecido até mesmo pelo mais rigoroso absolutista da razão, por J. G. Fichte, que Heine de maneira pertinente coloca em paralelo com Napoleão, ao dizer que o tipo de filosofia que escolhemos depende do tipo de homem que somos. Nas condicionalidades humanas típicas da opinião, essa crítica insere o seu ferrão de maneira misericordiosamente serena ou terrivelmente séria. Ataca o erro pelas costas e arranca as suas raízes fincadas na vida prática. Esse procedimento não é propriamente modesto, mas sua imodéstia se desculpa com o princípio da unidade da verdade. O que o ponto de partida vivissectório exige que venha à tona é a vergonha incessante das ideias diante dos interesses que se encontram à sua base: algo humano-demasiadamente humano; egoísmos, privilégios de classe, ressentimentos, manutenção dos poderes hegemônicos. Sob tal iluminação, o sujeito adversário aparece minado tanto psicológica quanto político-sociologicamente. Por conseguinte, só se compreende o seu ponto de vista caso se acolha em suas autoexposições aquilo que em verdade ainda se encontra por trás e por debaixo delas. Assim, a crítica à ideologia alcança uma pretensão que a coloca em contato com a hermenêutica: a pretensão de compreender um "autor" melhor do que ele mesmo se compreende. Aquilo que soa de início arrogante nessa pretensão pode ser metodologicamente justificado. De fato, o outro percebe com frequência coisas em mim que escapam à minha consciência — e vice-versa. Ele tem a seu favor a vantagem da distância, que eu só posso frutificar ulteriormente para mim por meio de reflexos dialógicos. Naturalmente, isso pressuporia o funcionamento do diálogo, algo que justamente não acontece no processo da crítica à ideologia.

Uma crítica à ideologia, contudo, que não se confesse claramente adepta de sua identidade como sátira, pode facilmente se transformar de um instrumento de descoberta da verdade em um instrumento da mania de sempre ter razão. De maneira por demais frequente, ela perturba a capacidade de negociar ao invés de abrir novos caminhos para essa capacidade. Isso explica, abstraindo-se o afeto universalmente antiescolástico e anti-intelectual, uma parte do desconforto atual com a crítica à ideologia.

Assim, uma crítica à ideologia que se apresenta como ciência, porque não pode ser sátira, acaba se enredando sempre cada vez mais em soluções sérias radicais. Uma dessas soluções é a tendência peculiar de tal crítica a buscar abrigo na psicopatologia. Uma consciência falsa aparece em primeira linha como uma consciência doente. Quase todos os trabalhos importantes do século XX sobre o fenômeno da ideologia batem nesta tecla — e isto de Sigmund Freud, passando por Wilhelm Reich até Ronald Laing e David Cooper, sem que possamos nos esquecer de Joseph Gabel, que levou adiante a analogia entre ideologia e esquizofrenia da maneira mais ampla possível. Aquelas posturas que se proclamam da boca para fora como as mais saudáveis, as mais normais e as mais naturais são aquelas que caem sob a suspeita de serem as posturas doentias. O empréstimo materialmente bem fundamentado que se faz à crítica à psicopatologia corre o risco de gerar uma alienação cada vez mais profunda dos adversários; ela coisifica e desrealiza o outro. Por fim, o crítico da ideologia encontra-se diante da consciência adversária como um patologista moderno extremamente especializado que, em verdade, pode dizer de maneira precisa de que tipo de perturbação doentia se trata, sem saber, contudo, nada sobre terapias, porque isto não recai sobre o seu campo de atuação. De maneira semelhante a alguns médicos corrompidos pela profissão, tais críticos interessam-se pelas doenças, não pelos pacientes.

A mais sóbria coisificação maximamente sóbria de toda e qualquer consciência adversária emergiu da crítica à ideologia articulada com Marx, por mais que precisemos deixar de lado a reflexão sobre o fato de isso ter-se realizado por meio de um uso correto ou de um abuso. Em todo caso, a coisificação radical do adversário é uma consequência fática do realismo econômico polêmico, por meio do qual a teoria marxista se distingue. Todavia, um tema adicional entra aqui em jogo: se todos os outros desmascaramentos da consciência falsa reconduzem a fatores obscuros da totalidade humana (mentira, maldade, egoísmo, repressão, tensão, ilusão, quimera etc.), então o desmascaramento marxista se depara com algo não subjetivo: as leis do processo político como um todo. Não se toca de modo algum em "fraquezas humanas" quando se criticam ideologias de maneira político-econômica. Ao contrário, nos deparamos com um mecanismo social abstrato, no qual os indivíduos possuem funções distintas como membros de classes: como capitalista, como proletariado, como funcionário intermediário, como servo do sistema. Nem na cabeça, nem nos membros do sistema, porém, impera clareza quanto à natureza do todo. Cada um de seus membros é mistificado com vistas a um modo correspondente à sua posição. Mesmo o capitalista não encontra, apesar de sua experiência prática com o capital, *nenhuma* imagem verdadeira do nexo conjunto, mas permanece um epifenômeno necessariamente ilusório do processo do capital.

Aqui surge um segundo rebento do cinismo moderno. Tão logo eu, para falar com uma formulação marxista, assumo uma "consciência necessariamente falsa", a espiral da coisificação experimenta outro giro. Exatamente os erros que precisariam estar presentes para que o sistema pudesse funcionar, indo ao encontro do colapso, estariam, então, nas cabeças das pessoas. Reluz na visão do crítico marxista do sistema uma ironia *a priori* condenada ao cinismo. Pois ele admite que as ideologias, que se mostram como uma consciência falsa ao serem vistas a partir de um ângulo externo, se revelam como pertencentes à consciência correta ao serem vistas a partir de um ângulo interno. As ideologias vêm à tona meramente como os erros adequados nas respectivas cabeças: "a falsa consciência correta". Ouve-se ressoar a definição do cinismo da Primeira Consideração Prévia. A diferença reside no fato de o crítico marxista abrir espaço para que a "falsa consciência correta" se esclareça ou seja esclarecida — por meio do marxismo. Com isso, é o que ele acha, ela se transformaria em uma consciência verdadeira, não em uma "consciência falsa esclarecida", como a fórmula do cinismo dizia. Teoricamente, a perspectiva da emancipação é mantida aberta. Toda teoria sociológica sistemática que trata a "verdade" de maneira funcionalista, e aqui me adianto, guarda em si um potencial cínico poderoso. E como toda inteligência contemporânea está vinculada ao processo de tais teorias sociológicas, elas se enredam inexoravelmente nos cinismos senhoriais latentes ou explícitos dessas formas de pensamento. O marxismo, tomado em sua origem, conservou, contudo, uma ambivalência entre perspectivas coisificadas e emancipatórias. Teorias sistêmicas não marxistas sobre a sociedade abdicam ainda da última sensibilidade. Ligadas a correntes neoconservadoras, elas decretam que membros úteis da sociedade humana têm de internalizar de uma vez por todas certas "ilusões corretas", porque sem elas nada funciona propriamente.

Procura-se prever a ingenuidade dos outros, *capital fix being man himself*. É sempre um bom investimento aduzir ingênuas disposições de trabalho, independentemente de para quê. Os teóricos do sistema e os estrategistas da conservação estão desde o princípio para além das crenças ingênuas. Todavia, para aqueles que acreditam nisso, vale o seguinte: interrupção da reflexão e valores firmes.

Quem coloca à disposição os meios para uma reflexão libertadora e convida as pessoas a se servirem desses meios se mostra para os conservadores como um vagabundo sem consciência e ávido por poder, ao qual se repreende dizendo: "São os outros que fazem o trabalho". Ora, mas para quem?

3. Os oito desmascaramentos — Revisão crítica

Esboçarei em seguida oito casos de uma crítica esclarecida e desmascaradora à ideologia, cujos modos polêmicos de procedimento fizeram escola. Trata-se das figuras historicamente mais exitosas do desmascaramento — exitosas, porém, não no sentido de a crítica ter realmente "destruído" o criticado. Os efeitos da crítica são normalmente diversos daqueles que tinham sido visados. Forças sociais hegemônicas, que procuram se manter, revelam-se na defensiva, quando todo o resto não ajuda e quando incapazes de aprendizado. Uma história social do Esclarecimento precisa voltar a sua atenção para os processos de aprendizado das potências hegemônicas autodefensivas. Um problema cardinal da história da ideologia aponta para as superposições das "consciências falsas", que só aprendem com seus críticos o que significam a suspeita e o desmascaramento, o cinismo e o "refinamento".

Nossa revisão crítica mostra o Esclarecimento *en marche*, em uma investida serena e irresistível contra ilusões velhas e novas. O fato de a crítica não poder "abrir o jogo" no embate com os seus adversários é algo que ainda precisa ser mostrado. Gostaríamos de observar como é que se formam, aqui e ali, na própria crítica, posições iniciais para novos dogmatismos. O Esclarecimento não penetra na consciência social simplesmente como um portador de luz desprovido de qualquer problematicidade. Onde quer que ele exerça seu efeito, surge um lusco-fusco, uma profunda ambivalência. Nós caracterizaremos essa ambivalência como a atmosfera na qual, em meio a um novelo de autoconservação fática, acontece a cristalização cínica juntamente com um autodesmentido moral.

I. Crítica da revelação

> *Como? O milagre seria apenas um erro de interpretação?*
> *Uma falta de filologia?*
> Friedrich Nietzsche, *Para além do bem e do mal*

Para a civilização cristã, a escritura sagrada obtém um valor predominante por meio da ideia de que se trataria de uma obra oriunda do ditado divino. O entendimento humano precisaria se submeter a esse ditado

Heinrich Hoerle, *Máscaras*, 1929.

tanto quanto os sentidos precisariam se curvar à visão de um "milagre", que acontece diante de seus olhos. Revestida pelas diversas línguas maternas, fala a partir do texto sagrado a "voz" do divino, teologicamente: o Espírito Santo.

O livro mostra-se "sagrado" enquanto um texto que se enraíza no absoluto. Por conseguinte, nenhuma interpretação seria suficiente para esgotar a sua superabundância de sentido, superabundância essa que se renova nas épocas humanas. A exegese não seria outra coisa senão a tentativa tão vã quanto necessária de preencher este oceano de significado com a colherinha de nosso entendimento. Ora, todas as inserções de sentido e aplicações permaneceriam em última instância meramente humanas e inúteis, sem a suposição de que o texto mesmo seria inspirado divinamente. É só essa crença que eleva a escritura a uma posição única. Trata-se, em uma palavra, da crença na natureza revelada da Bíblia, crença por meio da qual a Bíblia se transforma pura e simplesmente em livro sagrado. De maneira tão ingênua e radical quanto possível, ela se anuncia na doutrina da "inspiração verbal" — doutrina segundo a qual o Espírito Santo teria ditado imediatamente para os escritores humanos e entrado em suas penas, sem tomar o desvio por suas consciências finitas. No início da teologia encontra-se uma *écriture automatique*. As "opiniões" religiosas "privadas" de um Mateus ou de um Paulo seriam naturalmente interessantes, mas não imperativas; elas permaneceriam posições de consciência esgotáveis e humanamente limitadas. Somente a hipostasia teológica, a elevação à voz do Espírito Santo no ditado a Mateus ou a Paulo, volta o texto para a fonte do sentido ilimitado.

O Esclarecimento procura saber exatamente o que está em jogo com essa pretensão. Questiona, de maneira inocente e subversiva, as provas, as fontes e os testemunhos. De início, afirma que gostaria muito de acreditar em tudo, contanto que encontrasse alguém que o convencesse. Aqui se mostra o fato de os textos bíblicos, considerados filosoficamente, permanecerem as únicas fontes de si mesmos. Seu caráter enquanto revelação é sua própria pretensão. Nessa pretensão, a recepção pode acreditar ou não; e a Igreja, que eleva esse caráter de revelação ao nível do grande dogma, desempenha neste caso ela mesma o papel de uma receptora.

Lutero já tinha repelido com um biblicismo radical a pretensão à autoridade característica da Igreja. Essa rejeição repete-se em um plano mais elevado no próprio biblicismo. Pois texto continua sendo texto, e toda e qualquer afirmação de que ele seria um texto inspirado por Deus só pode ser, por sua vez, uma afirmação humana, falível. Em meio a toda e qualquer tentativa de apreender a fonte absoluta, a crítica se depara com fontes relativas, históricas, que nunca conseguem outra coisa senão afirmar o absoluto. Os milagres, dos quais fala a Bíblia, a fim de legitimar o poder de Deus, são apenas relatos de milagres, para os quais não há mais nenhum meio e nenhuma via de comprovação. A pretensão à revelação permanece presa em um círculo filológico.

Em sua defesa dos escritos de Reimarus, *Über den Beweis des Geistes und der Kraft* [Sobre a demonstração do espírito e da força], apresentada em 1777, Lessing expõe classicamente o desmascaramento da pretensão da revelação como uma mera pretensão. A tese principal é: "Verdades históricas contingentes nunca podem se tornar a demonstração de verdades racionais necessárias." Suas consequências:

> Portanto, se eu não tenho como contrapor nada historicamente ao fato de Cristo ter ressuscitado um morto, preciso por isso considerar verdadeiro que Deus tenha um filho feito de sua mesma essência? Qual a relação entre a minha incapacidade de objetar algo significativo contra os testemunhos de Cristo com a obrigatoriedade de acreditar em algo contra o que minha razão se opõe?

Se não tenho nada a contrapor historicamente ao fato de esse mesmo Cristo ter ressuscitado dos mortos, será que preciso por isso considerar verdadeiro que justamente esse Cristo ressuscitado teria sido o filho de Deus?

O fato de esse Cristo, a cuja ressurreição não consigo contrapor nada relevante em termos históricos, se arrogar por isso como o filho de Deus, o fato de seus discípulos então terem tomado como o filho de Deus: acredito com prazer e de todo coração. Pois essas verdades, enquanto verdades de uma e mesma classe, se seguem de maneira totalmente natural umas das outras.

No entanto, aquela verdade histórica, ao saltar para o interior de uma classe totalmente diversa de verdades e ao exigir de mim que eu conforme todos os meus conceitos metafísicos e morais a partir dela, requisita de mim que, na medida em que não tenho como contrapor nenhum documento crível à ressurreição de Cristo, a partir disso eu altere todas as minhas ideias fundamentais acerca da essência da divindade; se isso não for uma *metábasis eis állo génos* (passagem para outro gênero lógico), então não sei o que Aristóteles pode ter entendido por isto.

Diz-se naturalmente: o mesmo Cristo, de quem tu precisas deixar viger o fato de ele ressuscitar os mortos e o fato de ele mesmo ter ressuscitado dos mortos, afirmou que Deus teria um filho dotado da mesma essência que a dele e que esse filho seria *ele*.

Isso estaria muito bem. Não fosse o fato de tudo o que é dito sobre esse mesmo Cristo não ser, contudo, mais do que historicamente certo.

Caso se quisesse seguir um pouco mais adiante e dizer: "Claro que sim! Isso é mais do que historicamente certo; pois é assegurado por historiógrafos inspirados que não tinham como errar".

Então, infelizmente, também seria apenas historicamente certo o fato de esses historiógrafos terem sido inspirados e não terem podido errar.

Esse é o túmulo amplo e antipático, para além do qual eu não posso ir, por mais frequente e seriamente que eu possa tentar dar um salto. Se alguém puder me ajudar a ir além, contudo, por favor, faça isso. Eu o peço, eu o imploro. Ele merece uma recompensa divina por mim.

O saber humano é obrigado a recuar para o interior dos limites da história, da filologia e da lógica. Aparece algo da dor desse recuo em Lessing, que afirma de maneira bem crível que seu coração gostaria de permanecer mais crente do que sua razão lhe permitia. Com a questão "de onde se pode saber algo assim?", o Esclarecimento arranca as raízes do saber da revelação de maneira francamente elegante, sem uma agressividade particular. Com a melhor das boas vontades, a razão humana não tem como encontrar no texto sacralizado mais do que hipóteses históricas, feitas pelo homem. Com um questionamento crítico filológico simples, a pretensão de absolutidade da tradição é aniquilada.

Por mais irresistível que possa ser a crítica histórico-filológica à Bíblia, o absolutismo da fé característico da religião organizada não quer tomar conhecimento de que está suspenso segundo as regras da arte. Continua simplesmente "existindo"; em verdade, não como se nunca tivesse havido essa suspensão e esse desmascaramento, mas de tal modo que não se poderia retirar daí nenhuma consequência a não ser a de que os críticos precisam estudar e excomungar. Foi somente depois da crítica fundamental da modernidade que a teologia subiu completamente na barca dos loucos da assim chamada fé e se afastou cada vez mais da margem da crítica literal. No século XIX, as igrejas deram o sinal para a fusão do irracionalismo pós-crítico com a reação política. Como todas as instituições preenchidas pela vontade de sobreviver, elas souberam resistir à suspensão de suas bases. O conceito de "existência" tem a partir de agora o cheiro da toxina do cristianismo, a sobrevivência apodrecida do criticado apesar da crítica.[6] Com os cínicos, os teólogos têm desde sempre algo a mais em comum: o sentido para a pura autoconservação. No tonel de uma dogmática esburacada, eles se estabeleceram até bem pouco tempo como em sua morada.

II. Crítica da ilusão religiosa

A ilusão sempre vai mais longe do que a suspeita.
La Rochefoucauld

De maneira estrategicamente astuta, a crítica esclarecida do fenômeno religioso se concentra nos atributos de Deus; ela só se atém secundariamente à espinhosa "questão acerca da existência". O problema, no fundo, não é se Deus "existe". O essencial é saber o que tem em mente quem afirma a sua existência e descreve a sua vontade, constituída de tal e tal modo.

---

6. Para tanto é válida a polêmica clássica de Bruno Bauer *Theologische Schamlosigkeit* [Sem-vergonhice teológica], 1841, In: *Feldzüge der reinen Kritik* [Batalhas da crítica pura], H. M. Sass (org.), Frankfurt, 1968.

Portanto, o importante é experimentar inicialmente o que se pretende saber de Deus, além de sua existência. Quanto a esse ponto, as tradições religiosas fornecem material. Como Deus não ocorre "empiricamente", a subordinação dos atributos de Deus à experiência *humana* desempenha o papel decisivo na crítica. A doutrina de Deus que é própria às religiões não tem nenhuma possibilidade de escapar desse ataque — a não ser que ela opte por uma radical teologia dos mistérios ou, de maneira mais consequente, pela tese mística do Deus sem nome. Essa consequência correta em termos de filosofia da religião ofereceria uma proteção suficiente diante da questão de detetive do Esclarecimento, diante da questão acerca das fantasias humanas sobre Deus, que brilham nos seus atributos. Todavia, com a recusa mística, a religião não pode se tornar uma instituição social; a religião vive do fato de apresentar narrativas sedimentadas (mitos), atributos padronizados (nomes e imagens), bem como formas de lidar estereotipadas com o sagrado (rituais), e isso segundo formas que retornam confiavelmente.

Assim, não é preciso senão considerar mais detidamente essas apresentações para poder seguir o rastro do segredo de sua fabricação. O texto bíblico oferece para os críticos da religião a referência decisiva. Em Gênesis (1:27): "E criou Deus o homem à sua imagem: à imagem de Deus o criou". Sem dúvida alguma, essa relação imagética também pode ser interpretada inversamente. A partir daí, não há qualquer enigma quanto a de onde provêm as imagens; o homem e sua experiência são a matéria de que são feitos os sonhos oficiais de Deus. O olho religioso projeta representações terrenas para o céu.

Uma dessas projeções elementares — como poderia ser diferente? — provém do campo representativo da *família* e da *geração*. Nas religiões politeístas, encontram-se romances familiares confusos, com frequência bastante frívolos, e assuntos ligados à procriação relativos às divindades, como se pode facilmente estudar a partir dos deuses olímpicos gregos, egípcios e hinduístas. O fato de a imaginação humana ter procedido de maneira por demais decente em meio à ilustração das populações celestes é algo que ninguém jamais afirmará. Até mesmo a doutrina cristã da Trindade, uma doutrina sublime e tão complexa, não se mantém completamente isenta de fantasias ligadas à família e à procriação. Sua finesse particular, contudo, fez com que Maria engravidasse do Espírito Santo. A sátira reconheceu esse desafio. Deve-se evitar com isso o fato de existir entre pai e filho um laço sexualmente fundado. O Deus cristão pode muito bem procriar, mas não copular — razão pela qual o credo diz com um caráter verdadeiramente sublime: *genitum, non factum*.[7]

A ideia da *autoria*, da criação, que se atribui em particular aos deuses do alto e do interior da terra, é uma ideia bem próxima à ideia de geração. Aqui se imiscui a experiência humana da produção, enraizada em uma empiria camponesa e artesanal. Em seu trabalho, o homem experimentou a si mesmo de maneira modelar como criador, como autor de um novo efeito, anteriormente inexistente. Quanto mais progride a mecanização do mundo, tanto mais se transpõe a representação de Deus da intuição biológica da geração (procriação) para a produção; de maneira correspondente, o Deus gerador foi se tornando cada vez mais um fabricante do mundo, o produtor originário.

A terceira projeção elementar é a projeção da *assistência* — no que concerne às imaginações constitutivas da vida religiosa talvez a projeção mais importante. A maior parte dos apelos religiosos volta-se para Deus como o auxiliador nas indigências da vida e da morte. Mas como a assistência divina pressupõe o poder de Deus sobre os fenômenos mundanos, a fantasia do auxiliador se mistura com as experiências humanas da proteção, do abastecimento e do governo. A imagem popular do Cristo o mostra como o bom pastor. No curso da história da religião, foram atribuídos aos deuses as áreas de seu domínio e de sua responsabilidade, seja sob a forma de uma elevação setorial acima de um elemento natural como o mar, o rio, o vento, a floresta e os grãos, seja sob a forma de um domínio universal sobre o mundo criado. Experiências políticas penetram de maneira inconfundível essas projeções; o poder de Deus encontra-se em analogia com funções de chefia e com funções imperiais. A religião da sociedade feudal oculta ao menos sua projeção política de Deus, na medida em que insere sem hesitação Deus como o marechal supremo e o interpela com o título feudal "senhor"; em inglês, ainda hoje se diz *my Lord*.

Da maneira mais ingênua possível, o antropomorfismo ou o sociomorfismo vêm à tona quando se tenta construir representações imagéticas dos deuses. Por isso, religiões e teologias refletidas promulgaram proibições rigorosas de imagens: elas reconheceram o perigo inerente à coisificação. O judaísmo, o Islã e mesmo certas facções "iconoclastas" do cristianismo exerceram nesse caso uma abstenção inteligente. Já a sátira do Esclarecimento tinha se divertido com as divindades africanas, para as

---

7. Em latim no original: *gerado, não feito*. [N.T.]

quais uma pele negra era tão autoevidente quanto os olhos puxados para os ídolos asiáticos. Ela escarneceu dessas divindades imaginando como é que os leões, os camelos ou os pinguins representariam o seu amado Deus: como leão, como camelo e como pinguim.

Com essa descoberta dos mecanismos projetivos, a crítica à religião entregou nas mãos do movimento do Esclarecimento uma arma poderosa. Sem grande esforço é possível mostrar que o mecanismo da projeção é no fundo sempre o mesmo, sem levar em conta se se tratava de ingenuidades sensíveis como os olhos puxados e a barba branca do vovô ou de atributos sutis como a personalidade, a primeira autoria, a permanência ou a antevisão. Em tudo isso, a crítica à religião deixa sem ser tocada a questão acerca da "existência de Deus". Pertence à sua cadência racional não abandonar o âmbito delimitado pela questão: o que posso saber? A crítica, por sua vez, só sofreu uma recaída, ao saltar com enunciados metafisicamente negativos por sobre os limites do saber e começar a se confessar partidária de um ateísmo desastrado. Os representantes das religiões organizadas puderam constatar satisfeitos a partir de então uma aproximação da "visão de mundo ateísta" ante a visão de mundo teológica; pois onde uma contradição frontal se encontra estagnada, não há qualquer progresso para além das duas posições — e instituições para as quais o que está em jogo é sobretudo a sua autoconservação não precisam de nada além disto.

Ao lado do desmascaramento antropológico das projeções divinas, o Esclarecimento conhece desde o século XVIII uma *segunda estratégia* subversiva, na qual podemos descobrir o germe de uma teoria moderna do cinismo. Ela ficou conhecida com o nome de *teoria do engodo sacerdotal*. Com essa teoria, o Esclarecimento lançou um primeiro olhar instrumental para as religiões, na medida em que perguntou: a quem interessa a religião e que função ela realiza na vida da sociedade? Os esclarecedores nem sempre estavam dispostos a dar uma resposta a essa pergunta — uma resposta aparentemente simples. Não obstante, não precisavam senão olhar retrospectivamente para mil anos de política religiosa cristã desde Carlos, o Grande, até o cardeal Richelieu, para que pudessem deduzir dos rastros de sangue da violência religiosa dissimulada a resposta:

> Todas as religiões foram erigidas sobre o solo do medo. O mau tempo, o trovão, as tempestades... são as causas desse medo. O homem, que se sentia impotente diante desses eventos naturais, buscava refúgio em seres que

eram mais fortes do que ele. Foi só mais tarde que *homens ambiciosos, políticos e filósofos refinados* conseguiram retirar da credulidade do povo a sua vantagem. Para esta finalidade, inventaram uma pluralidade de deuses tão fantásticos quanto terríveis, que não serviam a nenhum outro fim senão ao de estabelecer e manter o seu poder em relação às pessoas. Assim, surgiram as diversas formas culturais que, por fim, não tinham outra coisa por meta senão cunhar uma espécie de legalidade transcendental sobre uma ordem social um dia existente... O cerne de todas as formas culturais consistia no sacrifício que o particular tinha de fazer para o bem da comunidade... Assim, não é de se espantar que, em nome de Deus, a maioria esmagadora de todos os homens tenha sido oprimida por um pequeno grupo de pessoas que firmaram um laço efetivo com o temor religioso.

Thérèse Philosophe: Ein Sittenbild aus dem XVIII. Jahrhundert, vefasst von dem intimen Freund Friedrichs des Grossen, dem Marquis d'Argens. [Tereza Filósofa: uma imagem moral oriunda do século XVIII, redigida pelo Marquês de Argento, amigo íntimo de Frederico, o Grande], traduzido por Fürstenauer, Darmstadt, s/d. A atribuição de autoria permanece obscura, uma vez que ela se apoia meramente em uma observação do Marquês de Sade; citação pp. 111-112.

Trata-se de uma teoria da religião instrumentalista, que não conhece nenhuma digressão. Em verdade, ela também coloca a gênese das religiões na conta do desamparo humano (projeção do auxiliador). Nessa projeção, porém, é essencial o impulso para a lógica instrumentalista abertamente reflexiva. Encontra-se à base da questão acerca da função e da aplicação da religião a dinamite crítico-ideológica do futuro, o cerne da cristalização do cinismo reflexivo moderno.

É fácil para o esclarecedor dizer para que há a religião: em primeiro lugar, para o domínio do medo ante a vida, e, em segundo lugar, para a legitimação de ordens sociais repressivas. Isso implica ao mesmo tempo a série histórica, tal como o texto acentua expressamente: "Somente mais tarde...". Os exploradores e utilizadores da religião precisam ser de um calibre diferente do calibre do povo que acredita de maneira simples e temerosa. De maneira correspondente, o texto escolhe suas expressões: fala-se de "homens ambiciosos" e de "políticos e filósofos refinados". Não há como levar suficientemente a sério a expressão "refinado". Ela tem por meta uma consciência arreligiosa, que utiliza a religião como um instrumento de dominação. Ela tem apenas a tarefa de estabelecer de maneira duradoura uma silenciosa prontidão para o sacrifício no interior dos súditos.

O esclarecedor supõe que os dominantes sabem disso e deixam que isso aja a seu favor com um cálculo consciente. Refinamento não significa aqui outra coisa. A consciência dos detentores do poder emergiu da autoilusão religiosa; todavia, a ilusão pode ser trabalhada a seu favor. Ela não acredita, mas deixa que acreditem. Muitos precisam ser os estúpidos para que os inteligentes permaneçam em pequeno número.

Afirmei que essa teoria da religião própria ao Esclarecimento representa a primeira construção lógica do moderno cinismo senhorial reflexivo.[8] Não obstante, essa teoria não pôde esclarecer a sua própria estrutura e envergadura, tendo perecido no curso do desenvolvimento teórico. Em geral impera a concepção segundo a qual a crítica à ideologia só teria encontrado pela primeira vez a sua forma válida em Marx, forma essa na qual continuaram trabalhando os sistemas de Nietzsche e Freud, entre outros. A opinião manualesca sobre a teoria do engodo sacerdotal diz que seu ponto de partida teria sido insuficiente e, com razão, teria sido superado pelas formas mais maduras da crítica sociológica e psicológica à consciência. Isso não é senão parcialmente correto. É possível mostrar que a teoria do engodo sacerdotal abrange uma dimensão diante da qual as críticas sociológicas e psicológicas não apenas fracassam, mas também permaneceram em geral cegas, justamente quando ela começa a se manifestar no interior de seu próprio âmbito: a *dimensão refinada*.

A teoria do engodo é reflexivamente mais complexa do que a teoria do desmascaramento, que diz respeito à economia política e à psicologia profunda. Essas duas teorias do desmascaramento colocam o mecanismo de produção da ilusão *por trás* da consciência falsa: se é iludido, ilude-se. A teoria do engodo, em contrapartida, parte do fato de que se pode considerar de maneira bipolar o mecanismo do erro. Não apenas se pode sofrer de ilusões, mas também se pode utilizar as ilusões contra os outros, sem que se seja iludido. Foi justamente isso o que os pensadores do Rococó e do Esclarecimento tiveram em vista — pensadores dentre os quais não foram poucos os que se ocuparam com o *kynismos* antigo (por exemplo, Diderot, Christoph Martin Wieland). Por falta de uma terminologia mais desenvolvida, eles denominaram essa estrutura de "refinamento", algo que se encontra em

---

8. Já há antecessores dessa doutrina na sofística grega: Crítias.

conexão com a "ambição"; tanto o "refinamento" quanto a ambição se mostram como qualidades, que eram correntes na esfera palaciana e citadina daquela época. Em verdade, essa teoria do engodo significa uma grande descoberta lógica: um avanço da crítica à ideologia em direção ao conceito de uma *ideologia reflexiva*. Todas as outras críticas à ideologia possuem claramente uma tendência acentuada para amparar a "consciência falsa" dos outros e para considerá-la obnubilada. A teoria do engodo, em contrapartida, projeta o nível de uma crítica que concede ao adversário uma inteligência no mínimo congênere. Ela se apresenta seriamente em rivalidade com a consciência adversária, ao invés de comentá-la de cima. Desde o final do século XVIII, por isso, a filosofia mantém nas mãos o início de um fio que conduz a uma crítica multidimensional à ideologia.

Retratar o adversário como um enganador desperto e reflexivo, como um "político" refinado, é ao mesmo tempo ingênuo e refinado. Assim, chega-se à construção de uma consciência refinada por meio de uma consciência ainda mais refinada. O esclarecedor excede o impostor, na medida em que re-flete sobre as suas manobras e procede de maneira desmascaradora. Se o padre ou o governante enganador se mostram como uma cabeça refinada, ou seja, como um cínico senhorial moderno, então o esclarecedor se revela diante deles como um metacínico, como um irônico, como um satírico. Ele pode acompanhar reconstrutivamente e de maneira soberana as maquinações da ilusão que se processam na cabeça do adversário e fazê-lo saltar pelos ares rindo: vós não estais querendo me fazer passar por estúpido, não é? Isso é praticamente impossível sem uma certa situação de embate reflexivo, no interior da qual as consciências fazem frente uma à outra. Nesse clima, o Esclarecimento conduz a um treinamento de desconfiança, que aspira ao extrapolamento da ilusão por meio da suspeita.

A rivalização da suspeita com a ilusão também pode se mostrar na citação acima. O que há de particularmente engraçado nesta situação só se torna compreensível quando se sabe quem está falando. O falante é um padre esclarecido — um daqueles abades modernos e hábeis do século XVIII, que dotam os romances galantes do tempo com as suas aventuras eróticas e com as suas conversações racionais. Em certa medida, como expertos da consciência falsa por profissão, ele é escolado em jogar conversa fora. A cena está configurada como se esse clérigo tivesse esquecido em sua crítica ao clero que ele também estava falando de si;

com maior razão ainda fala através dele o autor (provavelmente) aristocrático. Ele se colocou do lado da razão, sobretudo porque a razão não levanta nenhuma objeção em relação aos seus desejos *sexuais*. O palco das exposições picantes e das críticas em relação à religião é o recanto de amor que ele acabou de compartilhar com a Madame C. E nós todos: a narradora Tereza, o receptor de suas anotações de confiança e o público íntimo, encontramo-nos por trás da cortina, em volta da cama, e vemos e ouvimos concomitantemente os sussurros esclarecidos. Estes têm tudo o que levam o ouvir e o ver a transcorrerem, naturalmente, como disse certa vez Heinrich Mann, em seu *Henrique IV*, "com grande vantagem para os outros sentidos".

O foco das reflexões do abade busca alijar os obstáculos religiosos para a "volúpia". A dama adorável tinha acabado de provocá-lo: "Pois bem, como as coisas se comportam em relação à religião, meu caro? A religião nos proíbe as alegrias da volúpia de maneira bem decidida, com exceção do estado do casamento." A citação acima fornece uma parte da resposta do abade. Ele lança mão do desmascaramento da proibição religiosa em favor de sua própria sensibilidade — não obstante, com a reserva da rigorosa *discrição*. Aqui vem à tona, no argumento super-refinado do esclarecedor, a sua própria ingenuidade. O monólogo prossegue no seguinte diálogo:

> — Vê bem, minha cara, tu tens aqui o meu sermão sobre o capítulo religião. Nada além do fruto de vinte anos de consideração e reflexão. Sempre tentei separar a verdade da mentira, tal como a razão o ordena. Por isso, acredito que deveríamos chegar à conclusão de que o prazer, o qual nos liga, adorável amiga, um ao outro de maneira tão terna, é puro e inocente. A *discrição*, com a qual nos entregamos a ele não garante que ele não fere nem a Deus, nem aos homens? Naturalmente, sem essa discrição, tais prazeres poderiam causar um terrível escândalo... Por fim, nosso exemplo seria apropriado para confundir as almas jovens e ignorantes e induzi-las erradamente ao descaso para com os deveres que elas têm perante a sociedade...
>
> — Mas — objetou a Madame —, ao que me parece, e com razão, se nossos prazeres são tão inocentes assim, como eu estou disposta a acreditar, por que não deveríamos, então, deixar que todo mundo soubesse de sua existência? Que mal há em compartilharmos os frutos dourados do prazer com os nossos próximos?... Tu mesmo não me disseste sempre que não pode haver felicidade maior para o homem do que tornar os outros felizes?

Segredo com observador galante. Gravura segundo um quadro de Baudouin por volta de 1780, detalhe.

— Com certeza disse isso, minha cara — admitiu o abade. — Mas isso não significa de modo algum que temos o direito de desvelar à plebe tais segredos. Tu não sabes que os sentidos dessa gente são suficientemente toscos, para abusar daquilo que parece sagrado para nós? Não se pode compará-los com aqueles que estão em condições de pensar racionalmente... Entre dez mil pessoas não há nem mesmo vinte que consigam pensar logicamente... Esta é a razão pela qual precisamos lidar cautelosamente com nossas experiências. (pp. 113-115)

Todo poder hegemônico, levado um dia a falar, não consegue deixar de alardear aos quatro ventos seus segredos escolares. Se a discrição estiver assegurada, então ele pode ser fabulosamente sincero. Aqui, na boca do abade, esse poder se levanta e se transforma em uma confissão verdadeiramente clarividente, na qual já ressoa uma boa parte da teoria da cultura freudiana e reichiana. Mas o privilegiado esclarecido também sabe muito bem o que aconteceria se todos pensassem como ele. Por isso, o saber agora desperto das cabeças senhoriais estabelece para si mesmo limites; antevê um caos social, se as ideologias, os temores religiosos e

A curiosidade castigada. Aventura verdadeira e hidráulico-cômica. Gravura de G. de Cari.

as adaptações desaparecessem das cabeças dos muitos. Ele mesmo, desprovido de ilusões, reconhece a imprescindibilidade funcional da ilusão para o *status quo* social. Assim, o Esclarecimento trabalha nas cabeças que reconheceram o surgimento do poder. Sua precaução e sua discrição são completamente realistas. Ele contém uma sobriedade de tirar o fôlego, na qual reconhece que os "frutos dourados do prazer" só florescem no *status quo* que coloca no colo as oportunidades de individualidade, sexualidade e luxo para os poucos. Não sem uma referência a tais segredos de um poder amolecido, Talleyrand achava que a doçura da vida só era conhecida por aquele que tinha vivido antes da Revolução.

Será que deve significar alguma coisa o fato de ser a dama voluptuosa e ávida de aprendizado que exige para todos ingenuamente (?) os frutos doces do prazer, lembrando-nos da felicidade do compartilhamento, enquanto o abade realista insiste no segredo até que a "plebe" esteja madura para tal compartilhamento? Talvez ressoe na senhora a voz do feminino, do princípio democrático, da generosidade erótica — Madame Sans--Gêne na política. Ela não vê como considerar elucidativo o fato de o prazer ser parco no mundo, nem percebe por que aquilo que é tão frequente precisaria ser buscado por tantos desvios.

Na abertura de seus *Contos de fada de inverno*, Heinrich Heine articulou-se com esse argumento da generosidade. Colocou a "antiga canção da renúncia", que os governantes levam o povo estúpido a cantar, em seu lugar no sistema da repressão:

> Conheço o jeito, conheço o texto,
> Conheço também os senhores autores;
> Sei que eles beberam secretamente o vinho
> E pregaram publicamente a água.

Aqui temos os temas reunidos: a "crítica textual", o argumento em relação à pessoa, o ultrapassamento refinado do refinamento; o que vai além disso é a virada entusiasmante do programa cínico senhorial para a canção popular.

> Cresce aqui embaixo pão suficiente
> Para todos os filhos dos homens.
> Também rosas e murtas, beleza e prazer
> E não menos vagens.
>
> Sim, vagem para qualquer um
> Logo que os grãos florescem!
> Os céus deixemos para os anjos.
> Para os anjos e para os pardais.

No universalismo poético de Heine aparece a resposta adequada do Esclarecimento clássico para o cristianismo: essa resposta toma o cristianismo *conscientemente* ao pé da letra, ao invés de largá-lo às ambiguidades da fé. O Esclarecimento surpreende a religião, na medida em que a considera mais seriamente em seu *éthos* do que essa considera a si mesma. Assim, reluzem as palavras de ordem da Revolução Francesa no começo da modernidade como a supressão de todas a mais cristã do cristianismo. É o elemento inexcedivelmente racional e conforme ao homem nas grandes religiões que faz com que essas religiões emirjam sempre novamente de seu germe apto ao renascimento. Na medida em que percebem isso, todas as formas de crítica dissolutórias se veem advertidas a assumir uma posição de cautela em relação aos fenômenos religiosos. As psicologias profundas deixaram claro que não é apenas nas quimeras religiosas que a ilusão se encontra em obra, mas também no *não* à religião em geral. A religião pode ser contabilizada entre aquelas "ilusões" que possuem um futuro *ao lado* do Esclarecimento, pois nenhuma crítica meramente negativa e nenhuma desilusão lhe faz totalmente justiça. Talvez a religião seja de fato uma "psicose ontológica" incurável (Ricœur), e as fúrias da crítica dissolutória acabam se cansando diante do eterno retorno do dissolvido.

III. Crítica da ilusão metafísica

Nas duas primeiras críticas, observamos o esquema de operação do Esclarecimento: autocerceamento da razão, acompanhado por visões renovadas dos limites junto aos quais nos concedemos, com "discrição", esse "pequeno tráfego de fronteira" sob a égide de cauções privadas. No caso da crítica à metafísica, no fundo as coisas não são de maneira alguma diversas; tal crítica não tem como fazer outra coisa senão apresentar a razão humana em seus próprios limites. Ela se segue à reflexão de que a razão seria em verdade capaz de colocar questões metafísicas, mas não seria capaz de decidi-las de maneira pertinente por sua própria força. O grande feito do Esclarecimento kantiano foi ter mostrado que a razão só funciona de modo confiável sob as condições do conhecimento empírico.[9] Com tudo aquilo que transcende a experiência, ela acaba se excedendo de acordo com a sua natureza. Reside em sua essência querer mais do que pode. Segundo a crítica lógica, portanto, proposições frutíferas sobre objetos para além da experiência não são mais possíveis. Em verdade, impõem-se inexoravelmente ao pensamento as ideias centrais metafísicas de Deus, da alma, do universo. Não obstante, elas não podem ser tratadas de maneira conclusiva com os meios dados do pensamento. Subsistiria uma perspectiva, caso elas fossem empíricas; no entanto, como elas não o são, não há nenhuma esperança para a razão de fechar algum dia "o balanço" em relação a esses temas. O aparato racional é erigido, em verdade, para um avanço em direção a esses problemas, mas não para retornar com respostas claras e inequívocas desses voos no "além". A razão está por assim dizer sentada atrás de grades,

---

9. A ampliação da crítica kantiana sempre se apoiou na estreiteza de seu conceito fisicamente orientado de experiência. Onde quer que se tenha ido além de Kant, isso se deu em nome de um conceito mais rico, que foi estendido para fenômenos históricos, simbólico-culturais, emocionais e reflexivos.

Tráfego metafísico de fronteira.

através das quais acredita alcançar visões metafísicas; aquilo que lhe ocorre de início como "conhecimento" revela-se, à luz da crítica, como autoilusão. Ela acaba caindo necessariamente nas malhas da ilusão, que ela mesma criou sob a forma das ideias metafísicas. Na medida em que reconhece seus próprios limites e seu próprio jogo vão com as ampliações de seus limites, ela tem o seu próprio esforço desmascarado como vão. Esta é a forma moderna de dizer: sei que nada sei. Esse saber não significa positivamente outra coisa senão o saber dos limites do saber. Quem prossegue, então, em especulações metafísicas, se revela como um transgressor de limites, é desmascarado como "um pobre diabo nostálgico em relação ao inatingível".

Todas as alternativas metafísicas possuem o mesmo valor e não têm como ser decididas: determinismo *versus* indeterminismo; finitude *versus* infinitude; existência de Deus *versus* inexistência de Deus; idealismo *versus* materialismo etc. Com uma necessidade lógica em todas as questões como essas, sempre há (no mínimo) duas possibilidades que são tão bem ou tão mal fundamentadas. Não se precisa, não se deve e não se tem mais o direito de "decidir", uma vez que se reconhecem essas duas possibilidades como reflexos da estrutura racional. Pois toda decisão implica uma recaída metafísica, dogmática. Naturalmente, é preciso distinguir aqui: o pensamento metafísico lega ao Esclarecimento uma herança infinitamente valorosa, qual seja, a lembrança do nexo entre reflexão e emancipação, que permanece válida mesmo que os grandes sistemas tenham ruído. Por isso, o Esclarecimento sempre foi ao mesmo tempo lógica e, mais do que lógica, sempre foi uma lógica reflexiva. Autoesclarecimento só é possível para aquele que reconhece de que *totalidade* mundana ele é uma "parte". Foi por isso que, naturalmente, com a discrição intelectual aconselhável, as filosofias sociais e naturais assumiram a herança da metafísica.

Essa é, ao mesmo tempo, a razão pela qual o Esclarecimento não pode significar o mesmo que uma teoria dos erros de pensamento, que possui uma longa tradição, desde Aristóteles até a tardia crítica anglo-saxã à linguagem. O que está em questão no Esclarecimento não é nunca apenas o desmascaramento de projeções, de metábases, de falácias, de uma mistura de tipos lógicos, de uma confusão de proposições de base e de interpretações etc., mas, sobretudo, a *autoexperiência do ser humano* no trabalho que se precisa para dissolver criticamente imagens de mundo e autoimagens ingênuas. A tradição propriamente dita do Esclarecimento experimenta, por isso, constantemente um estranhamento em face do moderno cinismo lógico-positivista, que buscou aprisionar completamente o pensamento no tonel da análise pura. Todavia, vale a pena esclarecer os fronts. Os positivistas lógicos, que ridicularizam os grandes temas da tradição filosófica como "pseudoproblemas", radicalizam uma tendência peculiar do Esclarecimento. O abandono dos "grandes problemas" é inspirado *kynicamente*. Wittgenstein no fundo não é o Diógenes da lógica moderna e Carnap, claramente, o anacoreta do deserto da empiria? Tudo se dá como se eles tivessem querido expor o mundo, desleixadamente inclinado ao falatório, à expiação de sua ascese intelectual rigorosa, esse mesmo mundo para o qual a lógica e o empirismo não significam nenhuma revelação derradeira e que prossegue intocado em sua avidez por "ficções úteis", comportando-se como se o sol girasse em torno da terra e como se as miragens de um pensamento "inexato" fossem sempre de qualquer modo exatamente suficientes para a nossa vida prática.

IV. Crítica à superestrutura idealista

A crítica marxista dá um passo claro para além de todas as críticas precedentes: ela visa a uma "crítica" integral das "mentes". Ela não tolera mais que se coloquem as cabeças uma vez mais no todo de corpos que vivem e trabalham; esse é o sentido da dialética entre teoria e práxis, entre cérebro e mão, entre cabeça e estômago.

A crítica marxista se deixa guiar por uma visão realista dos processos sociais de trabalho. O que se acha nas cabeças, ela nos diz, permanece "em última instância" determinado pela função social das cabeças no interior da manutenção do trabalho social conjunto. Por isso, a crítica econômico-social tem pouco respeito por aquilo que as consciências mesmas dizem sobre si. Seu tema continua sendo descobrir o que "objetivamente" é o caso. Ela inquire todas as consciências com vistas àquilo que estas sabem sobre a sua própria posição na estrutura de trabalho e dominação. E como ela encontra a maior ignorância, conquista justo aqui o seu ponto de ataque. Uma vez que o trabalho social está submetido a uma divisão de classes, a crítica marxista coloca todas as consciências à prova com vistas àquilo que elas realizam como "consciência de classe" e àquilo que elas, por si mesmas, sabem disso.

No sistema da sociedade burguesa, é possível distinguir três consciências de classe objetivas: a consciência de classe da burguesia (classe detentora do capital), a consciência de classe do proletariado (classe dos produtores) e a consciência de classe dos funcionários intermediários ("classe" média) — com a qual a consciência dos trabalhadores da superestrutura, um grupo de cientistas, juízes, padres, artistas e filósofos dotado de um perfil de classe obscuro, se mistura de maneira ambígua.

Com vistas aos trabalhadores intelectuais tradicionais, chama imediatamente a atenção o fato de esses trabalhadores conceberem normalmente as suas atividades de maneira completamente diferente daquela que precisariam compreender segundo o modelo marxista. Os trabalhadores intelectuais não sabem praticamente nada sobre o seu papel na administração do trabalho social. Eles permanecem muito distantes do "solo dos fatos", vivem com as cabeças nas nuvens e veem a esfera da "produção efetiva" de uma distância irreal. Assim, segundo Marx, eles existem em um mundo marcado por uma mistificação global idealista. O "trabalho" intelectual, só essa denominação já é um ataque, procura esquecer que, em um sentido específico, ele também é trabalho. Ele se habituou a não perguntar mais pela sua conjugação com o trabalho material, manual e executivo. Assim, toda a tradição clássica de Platão até Kant desconsidera a subestrutura social da teoria: economia escravista, servidão, relações de súditos no trabalho. Ao contrário, ela se reporta a experiências intelectuais autônomas, que motivam sua efetuação: aspiração à verdade, consciência da virtude, vocações divinas, absolutismo da razão, engenhosidade.

Em contrapartida, é preciso reter o fato de que o trabalho é uma relação vital elementar, com a qual uma teoria daquilo que é real e efetivo tem que contar. Onde ele se mostra além disto, como se estivesse contrafeito, e procura saltar por sobre essas bases, tem lugar um desmascaramento. Esse desmascaramento compreende-se como "ligação com a terra", como *grounding*. O típico gesto de desmascaramento da crítica marxista é, por isso, a inversão: colocar a consciência da cabeça nos pés. Pés designam aqui o saber do posicionamento no processo de produção e na estrutura de classes. Uma consciência que não quer conhecer seu "ser social", sua função na totalidade, e, por isso, insiste na mistificação, na divisão idealista, precisa ser considerada como desmascarada. Nesse sentido, a crítica marxista trata, por ordem, das mistificações da religião, da estética, da justiça, do bem-estar, da moral, da filosofia, da ciência.

Ao lado da crítica à consciência mistificada, a teoria marxista envolve uma variante rica em consequências da crítica à ideologia que marcou o estilo crítico do marxismo, sua penetração polêmica. Como teoria das máscaras, ela distingue *a priori* pessoas como indivíduos e como portadores de funções de classe. Nesse caso, permanece um pouco obscuro de que lado está respectivamente a máscara do outro: se o individual é a máscara da função ou a função é a máscara da individualidade. A maioria dos críticos decidiu-se, com boas razões, em favor da versão anti-humanista, em favor da concepção de que a individualidade seria a máscara da função. Assim, pode haver capitalistas simplesmente íntegros em termos humanos, como o prova a história da filantropia burguesa, contra a qual polemizaram intensamente os críticos marxistas. Eles só são humanos, porém, como mascaramentos meramente individuais de sua inumanidade social. De acordo com o seu ser social, eles permanecem, apesar disso, personificações do interesse no lucro, máscaras ligadas ao caráter do capital. Sim, em alguns aspectos, para os agitadores, eles são piores do que os mais terríveis exploradores, porque alimentam as mistificações patriarcais do trabalhador. O reflexo dessa teoria é fornecido pela teoria "burguesa" dos papéis, que concebe as funções sociais ("papel") como máscaras, com as quais a individualidade se cobre para, na melhor das hipóteses, até mesmo "brincar" com elas.

Naturalmente, a consciência trabalhadora também é de início mistificada. Sua educação sob os princípios das ideologias dominantes não permite nenhuma outra possibilidade. Ao mesmo tempo, ela se encontra na posição de partida para todo e qualquer realismo: porque faz o trabalho imediato. Com um instinto realista, ela pressente o engodo que parte das cabeças "daqueles que se encontram aí em cima". Ela se acha sobre o solo nu e cru. Por esta razão, Marx atribui à consciência trabalhadora, de maneira estranhamente otimista, um processo de aprendizado extraordinário, em cujo transcurso o proletariado conquistaria para si, por meio do trabalho, uma visão sóbria de sua posição social e de seu poder político, e, assim, converte essa consciência em uma práxis revolucionária, como quer que essa venha a se estabelecer. Na conversão, a consciência conquista uma nova qualidade.

Aqui, o Esclarecimento proletário realiza o salto de uma transformação teórica para uma transformação prática; ele abandona o caráter privado de "meros" pensamentos falsos ou corretos, a fim de se organizar publicamente como uma consciência de classe nova, correta; ela seria correta porque compreende seu interesse vital e se elabora combativamente a partir da exploração e da repressão. O Esclarecimento se consumaria *praticamente* — como suspensão da sociedade de classes. Aqui se mostra o caráter fundamentalmente ambíguo da "teoria" marxista. Se por um lado, ela coisifica toda consciência, transformando-a em uma função do processo social, por outro, ela quer possibilitar a libertação da consciência em relação à mistificação. Caso se compreenda o marxismo como teoria da libertação, então se acentua a formação emancipatória da consciência do proletariado e de seus aliados. Essa visão ganha o espaço aberto, o cerne da "subjetividade" formadora da classe reprimida (supostamente) derradeira. Se essa classe se liberta de sua posição embrutecida, então ela cria o pressuposto para a emancipação real (da exploração do trabalho). A autolibertação do escravo precisaria conduzir, em uma dialética ideal, para a libertação do senhor em relação às obrigações do ser-senhor. Quem quiser ver Marx como "humanista", acentuará esse aspecto. Seu cerne é a antropologia do trabalho. O trabalhador só conquistaria a "si mesmo", se conseguisse desfrutar dos produtos, junto aos quais ele esgotava sua energia, e a mais-valia não precisasse mais ser deixada sob o poder

La folie des hommes ou le monde à rebours (A loucura dos homens ou o mundo de ponta cabeça).

do ser dominante. Nesse modelo de pensamento como autoapropriação do sujeito produtivo em seus produtos vem à tona a emancipação. (Naturalmente, gostaríamos de saber o que o vem a ser propriamente o idealismo, caso isto não devesse ser pensado de maneira idealista.)

Em um segundo aspecto, a partir da crítica marxista, vem à luz um ponto de partida "anti-humanista". Seu acento não se acha sobre a dialética da libertação, mas sobre os mecanismos da mistificação universal. Se toda mistificação é falsa, exatamente como corresponde à sua posição no processo de produção e no processo de dominação, ela permanece necessariamente encarcerada em sua falsidade, enquanto o processo está em curso. E o marxismo afirma diariamente e a toda hora que está em um curso pleno. Com isso, o funcionalismo velado da teoria marxista vem à tona. Para ele, não há até hoje nenhuma sentença mais aguda do que a célebre formulação acerca da "consciência necessariamente falsa". Sob essa ótica, a consciência falsa é coisificadamente inserida no sistema dos adumbramentos objetivos. Ser falso é função processual.

Aqui, o cinismo do sistema marxista se toca intimamente com o cinismo dos funcionalistas burgueses, só que com presságios equivocados. Pois os funcionalistas só consideram o funcionamento dos sistemas sociais de ação quando certas normas, posturas e representações de metas basilares dos membros dos sistemas são acolhidas e obedecidas em meio a uma identificação cega; assim, reside no próprio interesse sistemático o fato de essas identificações serem concebidas, e, sim, por vezes até mesmo revogadas elasticamente por aqueles indivíduos em particular que experimentam um desvio, para que o sistema não perca sua capacidade de adaptação a novas situações, em razão de sua grande inflexibilidade. Nessa medida, uma certa necessidade de ironia e um pequeno ângulo revolucionário seriam francamente indispensáveis para todo e qualquer sistema que se encontra em desenvolvimento. Naturalmente, o funcionalismo não recusa à consciência humana apenas o direito à emancipação. Ao contrário, ele nega o sentido de tal emancipação em relação a normas e coerções: pois a emancipação conduz, de acordo com ele, diretamente para o nada, para um individualismo vazio, para o caos anônimo e para a perda estrutural das sociedades. As ordens sociais socialistas do bloco oriental demonstram de maneira tão drástica quanto possível o fato de que haveria nisso algo de verdadeiro. Elas levam a termo a demonstração funcionalista no interior do labor social: elas provam o fato de que a existência social "ordenada" só seria pensável em meio à cápsula das mentiras finalistas funcionais. Na política cultural e na roupagem ética de trabalho e militarismo dos países socialistas, vem à tona de modo aterradoramente agudo o cinismo funcional da doutrina marxista da ideologia. Neles, a ideia de liberdade de um Esclarecimento existencial, reflexivo, vegeta em um nível bárbaro; e não é de se espantar que a resistência emancipatória, que se denomina de maneira algo infeliz dissidência, se articule como oposição *religiosa*. No socialismo, pratica-se oficialmente a proibição individual à reflexão, com a qual os conservadores e neoconservadores do Ocidente sonham há muito tempo. Com uma radicalidade de tirar o fôlego, eles convertem em prática a disciplina valorativa; o elemento da digressão mínima também vem sendo entrementes planejado de maneira oficial, desde que se tem jeans produzido por indústrias nacionalizadas e jazz de Dresden. Considerando estruturalmente, as ditaduras partidárias do Leste formam o paraíso do conservadorismo do Ocidente. Não foi à toa que, com admiração, o grande conservador Arnold Gehlen prestou um tributo à União Soviética, o que pode ser comparado ao fato de Adolf Hitler ter olhado de soslaio, com um secreto respeito, para o aparato da Igreja católica.

O funcionalismo marxista permanece estranhamente cego para o seu próprio refinamento. Ele utiliza, modernizando a ilusão, os fatores de verdade da doutrina socialista como um novo meio de vinculação ideológica. A modernização da mentira funda-se no refinamento esquizoide; mente-se, na medida em que se diz a verdade. Exercita-se uma divisão da consciência, até que pareça normal o fato de o socialismo, outrora uma língua da esperança, se tornar o muro ideológico, por trás do qual desaparecem esperanças e perspectivas.

É somente na crítica marxista à ideologia que é possível descobrir antecipadamente o rastro do refinamento cínico posterior. Se a ideologia significava de fato "uma consciência necessariamente falsa" e, dito sem ironia, não era outra coisa senão a mistificação correta na cabeça certa, então é de se perguntar com certeza como é que o crítico pretende escapar do círculo vicioso das ilusões. Passando ele mesmo para o lado do enganador? A crítica dialética vê a si mesma como a única luz na noite das "falsidades corretas". No entanto, com isso ela exige de um pensamento frutífero mais do que ele pode dar. A descoberta do trabalho e a lógica da produção, por mais fundamentais que sejam, não fornecem nenhuma chave geral para todas as questões da existência, da consciência, da verdade e do saber. Por isso, a contracrítica "burguesa" enfrentou na maioria das vezes um jogo fácil com o marxismo em seu ponto mais fraco: o nível rudimentar de sua teoria da ciência e do conhecimento.

V. *Crítica da ilusão moral*

As raízes do Esclarecimento moral remontam da maneira mais ampla possível aos primórdios históricos — e isso por boas razões. Pois é na ordem moral que se decide a questão mais profunda de todo Esclarecimento: aquela questão acerca da "vida boa". O fato de o homem não ser realmente aquilo que pretende ser é um tema primordial do pensamento crítico-moral. Em seu ataque àqueles que julgam de maneira impiedosa, Jesus forneceu o modelo: "Como ousas dizer ao teu irmão: 'Deixa-me tirar o argueiro da tua vista', tendo tu uma trave na tua? Hipócrita..." (Mateus, 7, 1-5).

Já a crítica presente no Novo Testamento conta com uma duplicação "refinada": lobos em pele de cordeiro, moralistas com uma trave na vista, farisaísmo. Desde o primeiro momento, essa crítica da moral procede de maneira metamoral: psicologicamente. Ela já conta com o fato de que a aparência moral "exterior" engana. Uma consideração mais detida mostraria como o moralista não serve em verdade à lei, mas dissimula a própria ausência de leis, na medida em que critica nos outros essa ausência. A passagem Mateus (7, 4) contém a psicanálise *in nuce*. O que me irrita no outro sou eu. Não obstante, enquanto eu não vejo a mim mesmo, não reconheço minhas projeções como uma reflexão exterior de minha trave, mas como a degradação do mundo. Sim, a "parcela real da projeção", tal como os psicanalistas de hoje o diriam, não deve a princípio me interessar. Por mais degradado que o mundo possa realmente ser, de início os únicos erros que me concernem são os meus. O que Jesus ensina é uma autorreflexão revolucionária: começar consigo mesmo e, então, caso os outros devam ser efetivamente "esclarecidos", avançar com um exemplo próprio em sua direção. Naturalmente, na ordem normal do mundo, as coisas transcorrem de outro modo: os senhores da lei começam com os outros e permanece incerto se eles chegam a si mesmos. Reportam-se a leis e ordens, que pretendem tão vigentes como absolutas. Todavia, os lobos em pele de cordeiro desfrutam da consideração dessas leis e dessas ordens quase de fora e de cima; só eles, uma vez que são legisladores, pressentem o halo de liberdade acima da instituição da lei. Os verdadeiros cordeiros são obrigados a se colocar sob a égide do ou-ou. Pois "nenhum Estado pode ser feito" com reflexão e com ironia em relação à ordem. Estados são sempre *também* aparatos coercitivos, que não trabalham, quando os cordeiros começam a falar em primeira pessoa, e quando os súditos se libertam das convenções por meio da reflexão. Logo que "os lá de baixo" conquistam uma consciência da ambivalência, entra areia no funcionamento do todo: Esclarecimento contra o automatismo da obediência e da realização.

A ética da reflexão cristã, o retorno a si mesmo em todos os juízos, traz consigo um material explosivo em termos políticos. Como a "liberdade de um homem cristão" suspende toda crença ingênua nas normas, cooperação cristã e coexistência cristã não são mais possíveis com base no caráter civil (*civitas*), ou seja, com base na comunidade coercitiva, mas apenas com base na sociabilidade (*communitas, societas*: comunismo, socialismo). O Estado real precisa de sujeitos cegos, enquanto a sociedade não consegue se compreender senão como comuna de individualidades despertas. Com isso, ganha corpo um parentesco profundo entre cristianismo e comunismo, do qual o anarquismo dos séculos XIX e XX nos lembra; pois as regras, segundo as quais a vida da comuna anárquica se ordena, são autovinculações livres, não leis heterônomas, hierarquicamente impostas. A comuna sonha com uma renovação permanente da lei por meio do acordo.

A ideia originária de igreja ainda abarca em si algo desse modelo de *communio*. Naturalmente, esse modelo logo se decompôs rapidamente em meio à transição para a religiosidade organizada; mais tarde, continuou sobrevivendo de maneira desmundanizada e parcial nos movimentos ordenadores. A Igreja oficial, contudo, recaiu cada vez mais na paródia pública e se desenvolveu em meio a um aparato coercitivo de fabulosas dimensões. Por mais de mil anos, essa esquizofrenia foi racionalizada por Agostinho, mestre da Igreja, com a sua teoria dos "dois reinos": o reino de Deus e o reino terreno — teoria na qual insiste ainda o monge agostiniano Lutero. O fato de Agostinho empregar nesse caso o conceito de *civitas* para a comunidade religiosa sinaliza a sua corrupção política. De modo curioso e, contudo, compreensível, pode parecer que só nos movimentos democráticos modernos um pensamento primitivamente cristão entrou uma vez mais no jogo político. As democracias ocidentais são no fundo paródias permanentes do anarquismo religioso, estruturas mistas peculiares a partir de aparatos coercitivos e ordenações da liberdade. Nelas vale a regra: um pseudoeu para cada um.

Aqui se enraíza ao mesmo tempo a ironia católica no mundo moderno. Pois o catolicismo ergue-se com a sua doutrina e com a sua organização absolutista como um bocado arcaico em uma ordem social liberalmente distendida. Ele só continua se mostrando *contra o mundo* no sentido de manter o seu laço perverso com os poderes políticos centrais, tal como ele o tinha firmado com o Império Romano ocidental e com o absolutismo dos séculos XVIII e XIX. É por isso que os poderes centrais de hoje, os quais aprenderam um pouco o jogo liberal, se sentem facilmente um tanto embaraçados com o Vaticano abertamente autoritário: o catolicismo só foi resgatado das concordatas e levado de volta para o cerne da bruta modernidade pelo fascismo de Mussolini.

Esse aperitivo talvez seja útil para que possamos compreender a situação inicial da posterior crítica à moral. Em sua história, o cristianismo revoga a sua própria estrutura moral, a autorreflexividade superior às convenções. Ele mesmo se torna, em uma palavra, uma organização coercitiva convencional. Com isso, do ponto de vista livre, característico da metaética, a qual deixa a visão clara do efetivamente real *e* um amor plenamente racional lhe dizerem o que seria preciso fazer, o catolicismo recai no ponto de vista superficial do *tu deves*. Originariamente empregado contra o farisaísmo, seu sucesso político o transformou na ideologia hipócrita que viu o mundo.

Na Europa, sabe-se disso desde a Idade Média de uma maneira bastante generalizada. Distingue-se desde então os lobos nas peles dos cordeiros cristãos dos cordeiros e das exceções que, apesar do cristianismo, perceberam algo da oportunidade cristã. Desde o fim da Idade Média, ou seja, desde que há documentos escritos para a voz do povo e para o seu realismo, uma boa parte do povo não se deixa mais enganar em relação a essa divisão da moral. O monge lascivo, o príncipe da Igreja, ávido por guerras, o cínico cardeal e o papa corrupto são tipos permanentes do realismo popular; nenhuma crítica "teórica" conseguiu acrescentar algo de essencial a este ponto de partida satírico. O desmascaramento clerical faz parte do catolicismo como o riso faz parte da sátira. No riso, toda teoria é antecipada.

Não obstante, a crítica à moral não progrediu como riso — e isso está em conexão com o papel do protestantismo na renovação do moralismo. O catolicismo pode se satisfazer em última instância com a sátira clerical. O protestantismo, contudo, precisa levar adiante a crítica moral até as raias do desmascaramento do profano, do pseudocristão, ou seja, de qualquer um. O Esclarecimento francês ainda dirige a sua sátira moral contra o pessoal do espetáculo católico: as freiras, os padres, as virgens por demais castas e os prelados por demais santos. Os ataques de Heinrich Heine também estão voltados contra o catolicismo e podem permanecer satíricos. Tudo isso é inofensivo, comparado à crítica à moralidade laica internalizada de maneira protestante. O quão benevolentes são os escárnios mordazes de Diderot em relação à crítica ao cristianismo feita pelo filho de um pastor protestante: Friedrich Nietzsche! Há uma clara diferença de grau e mesmo uma queda em termos de saúde entre o Esclarecimento católico-romano e o Esclarecimento germânico-protestante. Pois as verdadeiras complicações da existência religiosa permanecem reservadas no catolicismo em última instância ao clero. Nos países protestantes, a crítica à moral leva necessariamente ao autodesmascaramento de sociedades e classes inteiras. Em tais países, em particular na Alemanha do Norte e na América, o Esclarecimento moral não é, por isso, pensável sem componentes social-masoquistas. (O seu segundo solo alimentício é o judaísmo emancipado [Marx, Heine, Freud, Adorno entre outros], ao qual, como Hannah Arendt mostrou de maneira elucidativa, por mais estreita que seja a assimilação à sociedade burguesa, se mantém presente certa visão de *outsider*, predisposta à crítica.)

Simplicitas (verdadeira simplicidade) vence Fraus (engodo). Catedral de Estrasburgo, janela 45, setor 7.

A crítica à moral persegue no essencial três estratégias: descoberta de um segundo plano de regras (dupla moral); inversão entre ser e aparência; redução a um tema realista originário.

A descoberta do *segundo plano de regras* é o processo mais simples, pois salta aos olhos em meio a uma mera consideração. Jesus: "Em seus frutos, vós os conhecereis". A comprovação na vida é o que decide. O Esclarecimento não faz outra coisa senão espreitar os supostos lobos junto ao seu guarda-roupa, no qual eles vestem e despem a pele de cordeiro. Não é preciso senão se esconder por trás de uma cortina ou de uma cama e ver o que acontece, quando os lobos suspeitos estão entre si. Nesse contexto, o desmascaramento sexual possui um valor preponderante: o abade, que precisa se esconder no armário do quarto do marido que volta para a casa; o bom pai de família que vemos desaparecer na rua escura com uma lanterna vermelha na mão; o primeiro ministro, que esquece seus óculos no bordel. "Também se pode separar uvas de espinhos ou figos de cardos?" Essa "literatura *in flagranti*" poderia portar o título que se encontra em um dos livros "pornográficos" mais conhecidos do Esclarecimento do século XVIII: *Le Rideau Levé*.[10] Em tudo isso, a crítica ainda não se afasta de um ponto de partida sensível, satírico.

Nesse aspecto, a própria ambiguidade da moral foi considerada durante muito tempo também como um fato moral, como um escândalo. Só uma masculinidade mundana cínica pôde chegar ao ponto de dar de ombros e assumir essa ambiguidade sobriamente como um mero fato. O saber mundano reconhece o mundo moral como um composto de dois mundos. Nesse caso, deve haver por um lado com certeza uma imagem de mundo para homens práticos, que precisam ser fortes o suficiente para sujar as mãos na práxis política, sem ficar eles mesmos sujos — e, ainda que isso aconteça, que importa? E, por outro lado, uma segunda imagem de mundo para jovens, parvos, mulheres e belas almas, para os quais a "pureza" é o bastante. Podemos chamar isso de divisão de trabalho entre as mentes ou de caráter pérfido do mundo: o saber mundano sabe contar com as duas coisas.

Em meio à *inversão entre ser e aparência*, a crítica cinde de início a fachada do interior, a fim de, então, atacar esse interior como o exterior propriamente dito. Os pontos mais importantes de ataque formam os pontos nevrálgicos da moral cristã, para o bem e para o mal: ética da compaixão e altruísmo (mandamento do amor ao próximo). Uma vez mais, o Esclarecimento procura sobrepujar com a sua suspeita a ilusão, sim, ele chega até mesmo a negar, não de modo irreal, a possibilidade da perfeita ilusão junto a um esclarecedor espiritualmente presente: "Mente-se com a boca, mas a careta que se faz diz de qualquer modo ao mesmo

---

10. Trata-se de obra de Mirabeau, cujo título integral é: *A cortina levantada e a educação de Laura* (1786). [N.E.]

tempo a verdade." (Nietzsche, *Werke in zwei Bänden* [Obra em dois volumes], Munique, 1978, II, p. 73). O "interior" não permanece velado. O "psicólogo" (no sentido de Nietzsche) vê a autocompaixão e o ressentimento reluzirem por meio da compaixão que se mostra; a partir de todo altruísmo brilha um egoísmo. A psicologia da era palaciana antecipou-se com essas observações ao pensamento burguês. De maneira virtuosa, La Rochefoucauld já tinha descoberto o jogo do amor próprio (*amour-propre*) em todas as máscaras da sociabilidade e da moralidade. A crítica de Nietzsche ao cristianismo pôde partir dele para conquistar o estado de maturidade, ou seja, da completa nudez. Quanto mais desprovida de conteúdo se apresentava a mentira do altruísmo na sociedade capitalista, quanto mais tenazmente ela se impunha na aspiração ao lucro e no utilitarismo, tanto menor era o dispêndio de que necessitava a ideia crítica natural de que cada um seria o próximo de si mesmo. Schiller, no entanto, nos diz: um homem de valor pensa em si por último (*Guilherme Tell*). Nietzsche ouve no idealismo schilleriano uma tagarelice sem sentido; impiedosamente, ele fala do "trompetista moral de Säckingen". O naturalista acredita que qualquer um, homem de valor ou não, pensa primeiro e por fim em si. Sim, toda tentativa de pensar "primeiramente" nos outros permanece condenada ao fracasso, porque o pensamento não pode abandonar sua sede no eu. Negar o amor próprio primário significaria inverter as relações. Com uma agudeza opressiva, Nietzsche acusou o cristianismo de cometer essa falsificação originária, esse disparate fundamental. A moral burguesa quer manter uma aparência altruísta, enquanto todo o resto do pensamento burguês conta há muito tempo com um egocentrismo tanto teórico quanto econômico.

A crítica de Nietzsche reage, abstraindo-se do "envenenamento" familiar "de Deus", à atmosfera moralmente opressiva do final do século XIX, quando os imperialismos internacionais se prepararam sob a capa de idealismo e de uma cristandade cansada para subjugar o resto do mundo. A Primeira Guerra Mundial foi secretamente ansiada por inúmeros contemporâneos, que esperavam dela "um banho de purificação moral". As mentiras edificantes do imperialismo cristão tinham se tornado por demais sufocantes.[11] A ressonância que Nietzsche encontrou nos imperialistas tinha a sua base moral no cinismo da autodesinibição; esse cinismo possibilitou pela primeira vez a continuidade entre uma filosofia sutil e

---

11. A Quinta Consideração Prévia indicará, em um ponto determinado, em que medida o cinismo sério atual, com seu discurso sobre a política de aparelhamento de paz, poderia estar perante uma Terceira Guerra Mundial.

Falsitas. Ferdinand Dietz, esboço para uma figura do parque do Castelo Seehof em Bamberg.

uma política brutal. A fuga para a confissão está entre os movimentos característicos da consciência moderna, que procura abalar a ambiguidade existencial de toda moral. É ela que abre a consciência moral para o cinismo no front bem amplo.

A terceira estratégia conclui o desmascaramento com a *descoberta de uma motivação originária*. Os moralistas franceses denominavam-no amor próprio (*amour-propre*), Nietzsche o denomina *vontade de poder*; se o marxismo fosse falar psicologicamente, o que, segundo a sua lógica, não consegue fazer, então reconheceria a *aspiração ao lucro* como a motivação originária; não obstante, ele argumenta de maneira apsicológica; a aspiração ao lucro recai por fim por trás da "máscara do caráter", de tal modo que o capitalista pode ser tão ambicioso ou tão altruísta quanto quiser. Crescida no clima de Nietzsche e do neorromantismo, a psicanálise se depara, por sua vez, com motivações derradeiras que não possuem absolutamente nada de altruísta e de idealista. O que importa nela é o momento dialético da teoria das pulsões, que conta com uma natureza pulsional bicúspide: *pulsões egoicas* e *pulsões sexuais*; na versão tardia: *pulsão de vida* e *pulsão de morte*.

O desmascaramento da moral torna-se explosivo quando não é empreendido por pessoas privadas em relação a pessoas privadas (ou como admissão no quadro de uma relação de confissão). Desde o século XVIII, os esclarecedores se dedicaram, como partidários da "verdadeira moral", a se ocupar com a *moral dos dominantes*. É só aqui que a crítica à moral mostra sua agudeza política. Toda uma literatura de devoração dos tiranos e de desmascaramento da corrupção contra a nobreza se baseia nisso. *Os ladrões* de Schiller e *Emilia Galotti* de Lessing são apenas os produtos mais conhecidos do tipo.

O moralismo do delicado sentimento burguês transpôs o imoralismo aristocraticamente refinado para um estado de acusação política. Nesse sentido, a literatura moral burguesa já empreende uma crítica ao cinismo; ela descreve constituições de consciência nas quais a imoralidade é reflexiva. Não obstante, de maneira por demais ingênua, o pensamento burguês conta com uma possibilidade de organizar o poder político sob a égide de conceitos morais. Ele não antevê o fato de que um dia, mesmo chegando ao poder, ele próprio recairia na mesma ambivalência. Ainda lhe permanece velado o fato de que, entre o escândalo moral e a hipocrisia séria não resta senão um pequeno passo. Em vão, Heinrich Heine tinha combatido o moralismo bitolado do Esclarecimento aburguesado. O público alemão não conseguiu mais seguir o seu protesto *kynikos*-satírico.

Entre as características do Esclarecimento alemão está o fato de, sob a influência do protestantismo pequeno-burguês, ele raramente ter apresentado a força para a impertinência. Onde a opinião pública não apresentava mais resistência, surgiram tribunais para exercer censura. Somente no século XX, a impertinência, base social e psicológica para um Esclarecimento ofensivo — que não perguntou anteriormente às autoridades públicas se era bem-vindo — criou para si nichos subculturais no cabaré e na boemia. Lastimavelmente, ela não conseguiu estabelecer um laço com a força principal da oposição social, com o movimento dos trabalhadores. Pois, nesse movimento, a crítica moral e política aos dominantes transformou-se em algo tão semelhante à moral pequeno-burguesa que quase as confundimos.

O movimento dos trabalhadores praticamente nunca investigou a si mesmo de maneira crítico-moral. De início, as suas exigências também se mostravam como algo tão elucidativo que só a reação política pôde ter um interesse em suspeitar a presença de algo "por trás disso". O âmbito moral complexo da inveja e do ressentimento social foi de fato discutido antes em um pensamento inspirado de maneira antissocialista, por Nietzsche e Schoeck. Todavia, desde o relativo sucesso histórico do movimento dos trabalhadores, a sua posição acima de qualquer suspeita se diluiu. Ela mesma vinha sendo há muito tempo marcada pela ambivalência. No entanto, seja como "parceiro social" no Ocidente ou como político no Oriente, ela não quer tomar qualquer conhecimento de uma outra "vontade de poder" senão daquela puramente política. Isso fundamenta a sua fraqueza moral. Com toda a força, o marxismo denunciou efetivamente os impulsos que moviam Nietzsche e as psicologias profundas, e todo e qualquer encontro com pessoas oriundas do campo de poder do Leste demonstra que elas se mantiveram em uma estranha mentalidade pré-psicológica; e isso como se Dostoiévski e Tolstói, dois dos maiores psicólogos da modernidade, não tivessem sido russos. O Estado dotado de poder pressupõe sujeitos cegos; ele faz tudo o que pode para impedir da maneira mais efetiva possível que forças reflexivas sejam colocadas à disposição.

VI. Crítica da transparência

Sob este título, trataremos da *descoberta do inconsciente* que, como mostraremos, representa uma consequência necessária do processo do Esclarecimento moderno. Faz parte dos mitos quase reacionários do século XX festejar Freud como o "descobridor do inconsciente".[12] A lenda sobre Freud não falsifica apenas a verdade histórica, mas também sobrecarrega a história do Esclarecimento com uma assimetria e um atraso absurdos e inexplicáveis em meio à investigação do inconsciente. Como é que o Esclarecimento deveria ter investigado de maneira crítica e empírica a consciência, sem se deparar com o seu "outro lado"?

A descoberta efetiva do inconsciente, mais ainda, o começo de uma lida sistemática com o inconsciente, se dá, gostaria de dizer evidentemente, na era do Esclarecimento clássico. Tal como descreveu Henri F. Ellenberger, a história dos encontros metodologicamente não controlados com o inconsciente começou na última terça parte do século XVIII. Outrora, em meio a uma atmosfera acirrada em termos obscurantistas

---

12. No Sexto Cinismo Cardinal, descreverei Freud como protagonista de uma teoria *kynikē*. Cf. também o Terceiro Cinismo Cardinal.

(Cagliostro entre outros), teve início uma experimentação sistemática com a sugestão de cura, que experimentou no suposto "magnetismo animal" de Franz Anton Mesmer a sua primeira irrupção *prática*, ainda que a *teoria* "fluidista" de Mesmer tenha sido avaliada por seus contemporâneos e por aqueles que lhe sucederam como um equívoco. O momento do nascimento propriamente dito de uma psicologia esclarecedora profunda aconteceu no ano de 1784, três anos depois da *Crítica da razão pura*, quando um aristocrata francês descobriu o fenômeno do assim chamado sono magnético, para o qual se impôs no século XIX o nome de hipnose. O Marquês de Puységur, oficial de artilharia em Estrasburgo e aluno de Mesmer, dono de uma grande propriedade de terras na aldeia de Buzancy, em Soisson, observou em um tratamento filantrópico de um de seus camponeses subordinados uma manifestação até então desconhecida, que parecia semelhante ao sono e, por isso, obteve o nome de "sonambulismo artificial". Tratava-se de um estado de profunda ausência, no qual paradoxalmente vinham à tona no paciente uma lucidez e uma capacidade de expressão peculiares, que iam muito além daquilo que a pessoa em questão estaria em condições de realizar em seu estado de vigília. Particularmente importante em tudo isso foi a descoberta de que pessoas hipnotizadas tinham se mostrado como "médicas de si mesmas", na medida em que sabiam denominar de maneira consequente e clara fatores capazes de produzir adoecimento, fatores sobre os quais eles não teriam estado de maneira alguma em condições de dizer algo. Eles descobriram "segredos patogênicos" em si, denominaram raízes veladas de seus sofrimentos, forneceram eles mesmos sugestões de ajuda e para além disso, não raramente, apresentaram traços brilhantes de caráter, que faltavam à "personalidade superficial".

 O procedimento tinha uma grave desvantagem, em virtude da qual o Esclarecimento tardio procurou reprimir esse "episódio" que tinha mais do que cem anos: os pacientes esqueciam em seguida completamente aquilo que tinham vivenciado. Por meio daquilo que se chamou mais tarde de "amnésia pós-hipnótica", eram expostos ao magnetizador, a fim de desfrutar de seus passeios pelo inconsciente. Eles precisavam se submeter, mesmo em sua ausência, à palavra de comando do magnetizador, que convertia seu saber alcançado na sessão sobre a problemática do paciente em prescrições hipnóticas; prescrições essas que deveriam continuar atuando no inconsciente para o bem do paciente. Como é fácil de compreender, o Esclarecimento tardio não se dispôs mais a saber muita

Os efeitos do magnetismo (...) animal. O poodle Mesmer transpõe a sociedade parisiense, juntamente com os seus cães, em crises convulsivas. (Caricatura da "Mesmeromania" por volta de 1780/1785).

coisa sobre um tal procedimento fundado em autoridade e confiança. Em termos psicológicos, o Esclarecimento sempre significa também um progresso no treinamento da desconfiança — na instituição de um eu voltado para a autoafirmação e para o controle da realidade efetiva. A metodologia de Freud resume-se de certa maneira à tentativa de evitar a hipnose, mas de qualquer modo a deixar aberto o caminho para o inconsciente. Pode-se levar em conta se, no procedimento de Freud, não se acha efetivo um refinamento nascido da desconfiança: sua metodologia se mantém, de maneira ao mesmo tempo ingênua e refletida, ligada aos "sucessores" e "representantes" de um inconsciente pensado, de resto, como fechado. E isso sem levar em conta se esse fechamento não seria também um efeito do método fundado na desconfiança.

Puységur já sabia, de modo semelhante ao de Mesmer, que sua personalidade constituía nas curas hipnóticas o agente propriamente dito — em uma formulação mais exata, o agente era a ligação íntima que se produzia entre ele e o paciente. Essa "ligação" — em uma terminologia mais recente: a transferência — servia como meio de uma prática metódica e exitosa em termos de psicologia profunda. No mínimo até a metade do século XIX esse procedimento foi constantemente desenvolvido e praticado de formas críveis. Schopenhauer ainda afirmou que essa descoberta seria bem possivelmente a mais importante em toda história espiritual do homem, ainda que ela mais apresentasse do que resolvesse de início enigmas à razão. De fato, aconteceu aqui a irrupção de um movimento em direção a uma psicologia profunda secularizada, que conseguiu livrar seu saber da psicologia religiosa e pastoral tradicional (cuja competência psicológica tinha com certeza se confirmado à luz de um acesso não sacralizado ao inconsciente). A descoberta do inconsciente toca naquele âmbito, no qual as contraintuições da antiga esotérica confluíram para a estrutura do saber especificamente moderno, construído à sua maneira e a princípio de modo contraintuitivo; naturalmente, porém, de qualquer modo os dois precisam buscar por fim a articulação com a "experiência direta".

Tudo isso significa o seguinte: no mínimo, desde o final do século XVIII, a ilusão de transparência da autoconsciência humana foi sendo sistematicamente destruída. As manifestações sonâmbulas fornecem demonstrações provocantes do fato de a consciência não saber tudo de si. Na lucidez magnética fala uma zona do saber que permanece inacessível para a consciência superficial. Com isso, a antiga "psicologia racional" não conseguiu mais se haver com a sua teoria da *memória*, da capacidade da lembrança. No processo do Esclarecimento, os homens se enredaram cada vez mais profundamente na evidência do enigma de que "ainda há aí algo diverso". Como um duende interior, ele se manifesta de tal modo que não tem como ser diretamente apreendido. Quando se olha exatamente em sua direção, ele desaparece. Segue a consciência como uma sombra ou como um agente duplo, que nunca se imiscui em um encontro com o primeiro eu. Mas ele o segue incessantemente, sem designar seu nome. Suas manifestações prévias emocionais são a estranheza e o medo ante o desvario — dois temas que o Romantismo não guarda para si apenas.

Para a primeira psicologia profunda, a hipnose serviu como um caminho imperial para o inconsciente. Em face destes fenômenos, o Esclarecimento do século XIX cometeu um grande erro. Ele interpretou mal o interesse vivo de um círculo reacionário, aristocrático e religioso pelos fenômenos inconscientes como indício de que se tratava meramente de um abracadabra marcado pelo Contra-Esclarecimento. De fato, o mesmerismo e a hipnose logo mergulharam no subsolo espiritual e pousaram para o seu pérfido fim nas pistas das feiras anuais e dos espetáculos de variedades, onde o blefe se acha em casa. O Esclarecimento ainda estava longe de se mostrar sóbrio o suficiente, para compreender que precisava haver algo pelo que o Contra-Esclarecimento se interessaria de maneira tão intensa. De fato, o espiritismo religioso posterior e o ocultismo das feiras anuais se mostraram como um Contra-Esclarecimento praticado — mas apenas porque eles enevoaram o cerne realista das coisas: a irrupção da *memória* rumo à estrutura inconsciente, da vivência consciente rumo à "gramática" inconsciente "dos sentimentos".

Para a facção burguesa e positivista do Esclarecimento, sempre houve um desconforto ante as dimensões inabarcáveis, subversivas da nova categoria do inconsciente. Com o inconsciente, o tema da automeditação foi introduzido de um modo tal na civilização que não podia agradar àqueles que se tomavam como os representantes da civilização. Se todo eu é minado por um inconsciente, então não há mais como sustentar a automagnificência de uma consciência que acredita conhecer a si mesma e, por isso, avalia a si mesma. O "inconsciente" afetou o narcisismo cultural de *todas* as classes sociais. Ao mesmo tempo, sua descoberta dissolveu a base da filosofia da consciência de até então. A partir desse momento, a palavra "ingenuidade" conquistou um novo significado, mais abissal — uma vez que se passou a ver melhor o abismo, sobre o qual se paira.

Freud deve ter experimentado algo desse abismo em seu tão citado aforismo sobre as "três frustrações" que o orgulho humano precisou experimentar no processo da investigação moderna: a revolução copernicana, que recusou à Terra a posição no centro do universo; Darwin e a doutrina da origem, que inseriu o homem na cadeia das espécies animais e lhe estabeleceu o desconfortável parentesco com os símios superiores; e, por fim, a psicanálise, que destroçou a opinião ingênua de que todo eu precisaria se conhecer da melhor forma possível por conta de sua proximidade imediata consigo mesmo. A partir de então passou a valer o fato de cada um ser para si mesmo o que há de mais distante. Sob toda racionalidade e toda consciência se estende um amplo espaço de irracionalidade e de programações inconscientes, que se imiscuem por toda parte de maneira enganadora na fala e na ação consciente. O conceito freudiano de "racionalização" possui uma ironia enorme: com o título da *ratio* são atestadas agora aquelas justificações e pseudofundamentações com as quais a consciência retoca suas autoilusões. O racional aparece como a capa sobre a irracionalidade privada e coletiva.

O resto, em particular a reorientação da pesquisa própria às psicologias profundas do ponto de partida hipnótico para a interpretação do sonho, pode ser considerado hoje como amplamente conhecido.

Freud designava o sonho como a sua *via regia* para o inconsciente. Junto ao sonho, desenvolveu uma "técnica de leitura", que foi ratificada mais tarde em muitas outras manifestações, sejam nos sintomas neuróticos, nas perturbações sexuais ou nas produções artísticas. Mesmo fenômenos como humor e chiste, escolha de parceiros e acidentes se organizam, então, em um sistema de referências estruturado pelo inconsciente. A extensão dessas interpretações dinâmicas da psicopatologia para os fenômenos culturais cotidianos revela toda a amplitude da crítica. A transparência alardeada precisa suportar agora o fato de que, por trás de todos os fatos possíveis da consciência, regras de atuação dinâmicas inconscientes são descobertas, regras que condicionam concomitantemente sua figura. O idealismo burguês (e mesmo o idealismo proletário) percebeu amargamente que a psicanálise "profanou" a alma dos artistas e a obra de arte. A partir de então, dever-se-ia mostrar de modo concomitantemente atuante na lírica de Goethe a psicodinâmica de uma relação intrincada com a mãe: esse fato era para o idealismo ainda pior do que o bolchevismo; os próprios bolchevistas não viram em tudo aquilo que se dispunha a abalar a fachada de sua consciência outra coisa além do último grito da decadência burguesa.

Por trás daí encontra-se a defesa desesperada da transparência da consciência, isto é, a pretensão de que o eu conheceria a si mesmo da melhor maneira possível e seria senhor sobre as regras das próprias manifestações da razão. Pois caso se aceite inicialmente em uma automeditação existencial a realidade do próprio inconsciente, não irrompem apenas repressões sexuais e cicatrizes traumáticas. Ao contrário, no curso das experiências de si, as "sombras" interiores se tornam em seu todo mais longas; toda a relação existencial com a "negatividade" busca ser revisada, e o si-mesmo negativo pode emergir com uma dor lógica, política e emocional, com suas feridas, sua destrutividade e sua feiura. O eu encontra-se diante da exigência descomunal de reconhecer que ele também é aquilo que absolutamente *não* acredita ser. Quanto mais convencional uma consciência, tanto mais encarniçada permanecerá sua recusa de olhar nesse espelho. Assim, a resistência em relação à psicologia dinâmica provém sobretudo daqueles que acreditam ter perdido algo por meio da "análise". Eles gritam da maneira mais alta possível: "não" teriam "necessidade alguma de tudo isso".

A técnica de leitura psicanalítica difundiu-se intensamente na civilização ocidental; sobretudo nos Estados Unidos, ela se tornou há décadas, de uma forma terrivelmente trivializada, um jogo social, no qual ganhador é quem, por trás dos fenômenos cotidianos tanto de sua própria vida quanto da vida dos outros, pressente as intenções reservadas na maioria das vezes analíticas e os significados neuróticos secretos. Essa forma mais esportiva de uma análise crônica de si e do outro induz em erro no mínimo em dois aspectos: em primeiro lugar, leva a uma intelectualização desesperada da psicanálise, que se transformou, por isso, em um lugar de refúgio para a frieza de sentimento e para o racionalismo sintomático, o qual encontrou nela o meio correto para, sob a aparência do outro, se manter completamente o mesmo; em segundo lugar, conduz a uma inflação do infantil, que pode conquistar, por meio da articulação permanente com o atual, uma intensificação refinada. Não há nenhuma garantia de que a "dialética" trabalhe positivamente e de que toda regressão seja suspensa por uma progressão correspondente. O neurótico urbano de Woody Allen ainda parece ter escapado daí de maneira relativamente ilesa. Com certeza, a psicanálise não é *a priori*, como Karl Kraus observou de maneira sarcástica, a doença cuja cura ela pretende ser; mas ela pode facilmente se tornar algo assim, uma vez que tende cronicamente a subestimar a força da neurose, que prefere ficar parada olhando fixamente para o espelho do que se decidir a estar aqui.

A psicanálise não encontra de maneira alguma por toda parte indivíduos sofredores, que gostariam de se curar a qualquer preço. Seus sofrimentos se inserem de maneira bem complicada em uma dinâmica de autoafirmação. Essa autoafirmação coopera com a ambiguidade da ajuda. Esta, por sua vez, com frequência só consegue entrar em ação se se encontra com um apoio vindo do lado do sofrimento, contra o qual ele parece lutar. Aqui se abre um jogo árduo dos refinamentos: nos dois lados da relação terapêutica. Com frequência não se sabe se não seria o peixe que pega o pescador.

A categoria do inconsciente, melhor, da "estrutura inconsciente", é com certeza a figura de pensamento mais exitosa nas ciências humanas de nosso século. Com esse conceito reflexivo ocorrem as maiores investidas da pesquisa de base sobre o homem e sua civilização. Sem ele, a antropologia moderna seria tão impensável quanto a mitologia estrutural, a teoria da gramática moderna seria tão impensável quanto a fisiologia do comportamento e a teoria do biograma humano. Com vistas aos mecanismos inconscientes de regulação da cultura humana e tanto do comportamento social quanto individual, as ciências humanas iniciaram um ataque reflexivo sem precedentes contra tudo aquilo que se mostra como uma "programação obscura" na esfera humana e não como um comportamento consciente.

Realiza-se aqui o mais violento crepúsculo da reflexão na história da consciência humana, ainda que alguns pesquisadores tendam a acentuar a invariância e a inalterabilidade das estruturas conscientes. Toda conscientização, toda reflexão se depara, por mais tenuemente que isso aconteça, com "o campo do inconsciente". E é só sob a luz do consciente que é possível clarificar onde o Esclarecimento tem de se mostrar uma escola da transformação e onde, ao deixar acontecer o que não pode ser alterado, ele demonstra a sua intelecção.

A psicologia profunda do século XVIII, inicialmente marcada pelo Esclarecimento, pelas escolas posteriores da psicologia dinâmica e por todos os outros sistemas que tratam de estruturas inconscientes no âmbito das ordens humanas, colocaram à disposição um potencial reflexivo tão poderoso que é preciso muito tempo até que se torne abarcável saber como se alteram as sociedades humanas quando começam a viver cronicamente com tais forças especulares. Todas essas disciplinas construíram uma rede metódica da experiência de si, tal como as religiões mundiais só muito raramente estiveram em condições de criar — com a exceção daquelas grandes escolas meditativas da metarreligiosidade que partem em direção ao exercício da autoexperiência e que vêm hoje ao encontro das psicologias reflexivas: zen-budismo, sufismo, tantra, yoga e outras. A questão é apenas saber se as potências políticas centrais e as energias repressivas e tensionantes no micro e no macro conseguirão encadear as forças da vida consciente despertas do sono. O neoconservadorismo vê há muito tempo se aproximar o risco para as capacidades repressivas dos Estados e dos capitais; ele pressente que a hora das consciências chegou. Sua força reside no fato de os homens, para além do medo realista da guerra e da crise, também sentirem "medo da liberdade" (Erich Fromm) — medo de si mesmo e de suas próprias possibilidades. É esse medo que pode ser escutado na pérfida denúncia ao "caro eu" (Hans Maier) e à "autorrealização" como egoísmo (João Paulo II em sua visita à Alemanha, em particular em seu sermão em Altötting).

VII. Crítica da ilusão natural

Toda crítica desmascaradora se sabe em uma relação íntima com aquilo que, no invisível, "efetivamente é o caso". Por toda a parte, a consciência humana é convidada a se iludir e a se dar por satisfeita com a mera ilusão. Para o Esclarecimento, por isso, é sempre o segundo olhar que decide, na medida em que supera a primeira impressão. Se as coisas fossem realmente aquilo que se vê imediatamente nelas, então toda investigação e toda ciência seriam supérfluas. Não haveria nada a buscar, a investigar, a experimentar. Todavia, ciência e esclarecimento possuem uma relação de detetive com a realidade. A tensão entre a busca e o dado se radicaliza de maneira particular, quando o que está em questão são fenômenos humanos e sociais. Pois aqui tudo aquilo que é "dado" é ao mesmo tempo de certa maneira apenas "suposto" e possui um caráter artificial. A vida humana movimenta-se *a priori* em uma artificialidade natural e em uma naturalidade artificial (Plessner). Esse conhecimento contém o grande feito da reflexão cultural esclarecida. Ele mostra que o homem, tal como é, vive "de modo antinatural". O que se mostrava como natureza nele se "perdeu" e foi "deslocado" e "deformado" civilizatoriamente. O homem nunca se encontra no "meio de sua essência", mas se acha ao lado de si mesmo como outro em relação àquele que ele "propriamente" era ou pode ser. Essas intelecções são hoje um bem geral da antropologia filosófica. Elas foram entrementes moralmente neutralizadas e, por meio de depurações, transformadas em perspectivas estruturais. No começo dessa descoberta, contudo, a ideia da antinaturalidade possuía um valor de ataque moral descomunal. Sua força explosiva era tão grande quanto a crença em uma "natureza boa" parecia irrefletida. "Natureza, natureza": esse é um dos gritos de guerra da sociedade burguesa contra a ordem mundial aristocrática.

Na crítica de Rousseau ao homem social é possível ler a consequência de sua descoberta da antinaturalidade. Ela possui um aspecto crítico-negativo e outro utópico-positivo, poder-se-ia dizer: uma política destrutiva e uma pedagogia construtiva. Rousseau diagnostica na sociedade do século XVIII uma degradação total, uma decadência completa do homem em relação à "natureza". Tudo aquilo que há de espontâneo é desnaturado pelo convencional, toda ingenuidade é substituída pelo refinamento, tudo o que diz respeito ao coração é recoberto pelas fachadas da lida social etc. A nitidez de Rousseau em relação a isso é tão aguda quanto uma percepção burguesa ofendida, que procura anunciar direitos vitais, só pode existir em uma ordem social artificializada. O teatro social do *Ancien Régime* foi se tornando a cada dia mais transparente e mais absurdo. À ironia interna da forma de vida aristocrática correspondia, na cultura psicológica burguesa, a antipatia em relação ao seu inculcamento artificial. É nisso que se baseia a concordância indescritível que a crítica de Rousseau encontrou junto aos seus contemporâneos.

Em sua descrição da desnaturalização social, a burguesia emergente não se via apenas em seu sentimento social mais elementar; mesmo a parte mais sensível da inteligência aristocrática sabia se retratar corretamente no essencial a partir dessa crítica. Nesse caso, vale a lei universal da "crítica sensível", que é acolhida por aqueles aos quais ela é simplesmente menos adequada, enquanto os principais afetados parecem olhar para um espelho negro, que simplesmente não lhes diz mais nada. A concordância de aristocratas inteligentes em relação à crítica de Rousseau foi um fermento importante para a sua confirmação filantrópica, com a qual procuraram comprar moralmente a sua liberdade ante a sua má consciência de serem desfrutadores do *status quo*. A primeira psicologia racional profunda, tal como insinuamos acima, foi uma ramificação do rousseaunismo aristocrático; o que veio à tona em seu procedimento de cura pode ser concebido simplesmente como uma prova da "força curativa" interna da "natureza". A destrutividade possível do inconsciente e o "lado noturno da natureza" só chegaram a ser visualizados pela primeira vez pela geração romântica subsequente e foram interpretados de maneira cada vez mais conservadora e pessimista (conferir E.T.A. Hoffmann, Eichendorff, entre muitos outros).

Dessa análise se segue diretamente um ponto de vista político: a defesa em nome do natural contra o sistema das coerções, o coração sincero e burguês contra a mendacidade aristocrático-refinada, a ideia do livre contrato social contra a antiga relação compulsiva feudal. A nova sociedade queria ser uma ordem, na qual todos se encontrariam juntos por uma vantagem mútua em meio a uma convivência pacífica e aplicada sob a imagem diretriz da natureza e da simpatia. Por mais harmônico e adorável que isso possa soar, alguns adeptos do *Ancien Régime* foram de qualquer modo irritantes de uma maneira suficientemente refinada para auscultar o levante do inferno a partir deste programa. Com um desagravo horrorizado, os conservadores viram a Revolução Francesa se degradar em terror e guerra. Nada alimentou desde então de maneira tão intensa a imagem conservadora do homem. À medida que esta acredita ser preciso a afirmação da natureza humana largada à sua própria sorte, passa a não merecer, aqui e agora, nenhum otimismo e nenhuma utilização de cores pastéis. Neste ponto, o pensamento conservador passa por positivista. Sem responder de início por contextos, ele registra o fato de os homens se comportarem com frequência de modo bastante egoísta, destrutivo, ávido, estúpido e antissocial. Sim, é por isso que a *criminalidade* era e é tão absolutamente importante para todo e qualquer conservadorismo:

o "pensamento curto" encontra nela a prova conclusiva para uma concepção pessimista do homem que, por sua vez, fornece a base para uma política autoritária, duramente disciplinadora. Partindo desse modo de ver, portanto, já "há" na natureza criminosos, imbecis, querelantes, egoístas e rebeldes — exatamente como há árvores, vacas, reis, leis e estrelas. A doutrina conservadora do pecado original liga-se aqui com a compreensão da natureza conservadoramente pessimista. Para ela, por meio do mero fato de seu nascimento a partir da mulher, o homem se encontra como um ser precário no mundo.

A filosofia de Rousseau antecipa tudo isso. Ela sabe que é preciso prevenir o pessimismo por meio de uma comprovação de como o homem *se torna* o que ele socialmente é. A ocorrência efetiva de homens que se comportam de maneira pérfida, ávida, estúpida, destrutiva etc. ainda não é de maneira alguma suficiente para demonstrar a sua essência. Nesse momento, aparece em Rousseau talvez a mais importante figura de pensamento do Esclarecimento moral e político: a teoria da vítima inocente.

As peças de apresentação do pessimismo político: o criminoso, o louco, o antissocial, em uma palavra, o homem menor, não *são* por natureza assim como as pessoas os veem agora, mas *se tornaram* assim por meio da sociedade. Diz-se que eles nunca tiveram uma chance de ser como seriam segundo a sua natureza, mas foram pressionados pela pobreza, pela coerção e pela ignorância para a situação na qual eles agora se encontram. Eles são *vítimas da sociedade.*

Essa defesa ante o pessimismo político em relação à natureza humana é de início arrebatadora. Ela tem a seu favor a superioridade do pensamento dialético em relação ao pensamento positivista. Ela dilui os estados e as qualidades morais em processos. Não "há" nenhum homem brutal, mas apenas uma brutalização do homem; não "há" nenhuma estupidez, mas apenas adestramentos egoístas; não "há" nenhum homem menor, mas apenas a vítima de uma tutela. O que o positivismo político supõe como sendo a natureza não é, em verdade, senão a natureza falsificada: repressão das oportunidades humanas.

Rousseau conhece dois ajudantes, que precisaram ilustrar sua visão, duas classes de seres humanos, que viviam antes da civilização, ou seja, antes da perversão: o bom selvagem e a criança. Em torno dessas duas figuras, a literatura esclarecida desdobra duas de suas paixões mais íntimas: a etnologia e a pedagogia. No que concerne a essas paixões, nada se alterou até hoje quanto ao seu princípio. Literariamente, essa dupla paixão se sedimenta em dois gêneros abrangentes: por um lado, na literatura de viagens exóticas e na posterior etnologia; por outro, no romance educativo, na literatura pedagógica e na literatura para os pais. Os povos primitivos, sobre os quais os navegantes europeus, de Colombo até Bougainville e Capitão Cook, nos contaram histórias, fornecem para o Esclarecimento, que gradualmente se agudiza em termos políticos, a comprovação urgentemente esperada de que, dito de maneira descuidada, as coisas também podem "se dar de maneira diversa", de maneira pacífica, racional, humana, sensível, ou seja, sem nobreza, sem guerra, sem exploração, sem perucas, sem *lettres de cachet*.[13] Os nobres selvagens nos mares do sul são como pontos arquimedianos sobre os quais se pode modificar, fundamentalmente e com facilidade, a pretensão das ordens sociais europeias de serem dadas por Deus e, com isso, inultrapassáveis. O outro existe; ele é ao mesmo tempo o melhor. O racional, portanto, também pode vir a ser o efetivo. O Esclarecimento não gostaria de dizer nada além disso.

A partir desse instante, a criança se transforma em um objeto político — em certa medida, ela se transforma no penhor vivo do Esclarecimento. Trata-se do "bom selvagem" em nossa própria casa. Por meio de uma educação apropriada, é preciso cuidar para que, no futuro, de crianças inocentes não surjam os mesmos mutilados sociais artificiais, que o sistema até aqui educou. As crianças já são aquilo que o novo homem burguês acredita que ele quer se tornar. Mas não foi o Esclarecimento que politizou pela primeira vez a pedagogia. Ao contrário, o que ele *descobriu* foi muito mais o fato de as crianças sempre terem sido em toda parte os penhores das relações existentes. Agora, porém, as crianças se tornam ainda mais: portam as esperanças burguesas em um "outro mundo", em uma sociedade mais humana. É como se se houvesse formado outrora, pela primeira vez, uma nova forma politicamente matizada do amor paterno, concentrado no desejo de que as próprias crianças cheguem um dia a ter as coisas melhores. Somente em uma sociedade, que pressentiu a irrupção e prescreveu em si, sem hesitação, a dinâmica de transformação do mundo e do progresso, uma tal forma de amor paterno pode prosperar. Um novo amálgama de amor e "ambição pela criança" se forma, algo que em uma sociedade estável, pobre de desenvolvimento e "desprovida de perspectivas", não faria qualquer sentido. Sociedades de camponeses

---

13. Cartas em branco assinadas pelo rei, que justificam prisões e assassinatos de inimigos. [N.T.]

não veem para os seus filhos nenhuma "carreira", nenhuma outra perspectiva senão a da vida campesina; o governo da ambição na aristocracia não se relaciona com a criança, mas com a espécie nobre em si, a família. Somente os filhos dos burgueses portam uma missão antropológica e política. O modo como o controle tradicional da ambição atualmente se transforma na relação burguesa pais-filhos precisaria ser tema de uma investigação particular.

Evidentemente, o naturalismo otimista de Rousseau tem um ponto facilmente vulnerável. É possível duvidar da bondade da natureza, mesmo quando não trazemos conosco nenhuma intenção conservadora. No início não se encontra de maneira alguma o idílio; a origem é completamente dura e difícil. Logo se mostra que a ideia de origem não pode ser compreendida historicamente, porque se descobre em meio a uma investigação mais detida que guerra, desigualdade e durezas da vida estão em geral difundidas em uma natureza nada generosa — com exceções, que só muito dificilmente se podem interpretar como origem e regra. Desde então, a questão acerca da "boa origem" se torna o ponto crucial para o Esclarecimento. Mais e mais se clarifica o fato de que essa ideia de origem não possui nenhum sentido *temporal*, mas um sentido *utópico*. O bem ainda não se encontra em parte alguma para além do desejo do espírito humano e do sonho acordado dos homens, sonho este que, contudo, se encaminha firmemente para aquilo que ainda não há. Assim, o naturalismo *crítico* só pode sobreviver se perecer e despertar uma vez mais como "espírito da utopia"; a origem serve, então, como uma visão da finalidade (Ernst Bloch).

De fato, o pensamento naturalista mudou no século XIX fundamentalmente a sua função. As ciências naturais ofereceram um conceito de natureza que era tudo menos idílico. Desde Darwin, sobretudo, a burguesia que se tornou imperialista utilizou o animal de rapina como o seu emblema político; quem tinha de legitimar atos de violência é que começou a se reportar à natureza, não quem falava de pacificação. Mesmo a heráldica da antiga aristocracia tinha mostrado uma simpatia peculiar pelos representantes no mundo animal capazes de capturar a sua presa: águia, falcão, leão e urso. Muito antes do rousseaunismo e contra ele, por analogia, havia um naturalismo aristocrático que, como "biologismo" político, se renovou na burguesia que ascendeu ao poder. Nada pode mostrar mais claramente que o naturalismo de Rousseau não foi senão uma estilização momentânea da ideia de natureza, uma estilização na qual uma teoria geral da libertação não podia se apoiar confiadamente. De maneira hesitante, o Esclarecimento começou, com isso, a se despedir do bom selvagem e da criança inocente, uma despedida que nunca pôde conduzir naturalmente a uma quebra com esses "aliados". A criança e o selvagem possuem um direito à simpatia por parte de quem se mantém fiel à ideia do Esclarecimento.

Da etnologia partem ainda hoje impulsos para a autorreflexão das grandes civilizações. Assim, encontra-se por trás do culto aos índios, hoje tão peculiar, uma reflexão sobre ideias de natureza e grandezas maximais de sociedades que procuram manter tanto em relação a si mesmas quanto em relação ao meio ambiente uma ligação racional. E da psicologia infantil emergem até hoje impulsos reflexivos incessantemente valorosos para a estrutura comportamental de sociedades, que sofrem com sua infância indomada.

Aquilo que se manteve intacto da crítica de Rousseau é o desmascaramento imprescindível de uma "natureza" supostamente má como uma ficção social. Isso permanece importante junto às inferioridades supostamente naturais com vistas à inteligência, à raça, ao sexo e ao comportamento sexual. Se os conservadores e os reacionários se reportam à "natureza", a fim de afirmar o talento inferior de raças negras, a inteligência inata de crianças das classes elevadas e a morbidez da tendência homossexual, acabam usurpando o naturalismo; continua sendo uma tarefa da crítica refutar essa posição. Por fim, a crítica precisa ao menos chegar ao ponto de reconhecer como sendo neutro e desprovido de tendências aquilo que a "natureza" nos oferece previamente, de tal modo que toda valoração e toda tendência possam ser vislumbradas de maneira inequívoca como uma questão da cultura. Ainda que a "boa natureza" de Rousseau tenha se perdido, Rousseau nos ensinou ao menos a não tomar mais nenhuma "natureza ruim" como desculpa para opressões sociais.

Todavia, onde quer que se fale de "vítimas da sociedade", aí se anuncia uma vez mais facilmente a "dimensão refinada". No conceito de uma "vítima da sociedade" vige uma contradição reflexiva, que abre espaço para todo tipo de abuso. Já se observa em Rousseau um refinamento dúbio, que buscava esconder uma dupla moral. O fato de ele ter unido a natureza e a infância em uma nova ideia de educação e de ter renegado ao mesmo tempo seus próprios filhos, colocando-os em um orfanato, foi desde sempre compreendido como uma ruptura entre teoria e vida prática. Rousseau era mestre de uma reflexividade refinada, que encontrou habilmente para tudo a culpa nos outros e nunca descobriu em si mesmo outra coisa senão uma pureza das intenções. As suas célebres *Confissões* foram escritas sobre a folha branca desse sentimento de inocência. Havia algo nessa postura que outros esclarecedores decididos, Heinrich Heine sobretudo, não conseguiam nem queriam seguir — ainda que eles não tivessem nada em comum com a notória difamação de Rousseau por meio de todo o Contra-Esclarecimento.

O ponto vulnerável da teoria das vítimas é, por sua vez, a autonomização da consciência, a instituição de uma nova posição ingenuamente refinada. Sempre de acordo com a situação, isso pode servir e ser experimentado como um truque para a desoneração, como uma técnica de chantagem, como uma agressão indireta. A psicologia conhece o tipo da "eterna vítima", que se vale dessa posição para realizar agressões disfarçadas. Em outro sentido, também pertencem a esse âmbito os fracassados permanentes, assim como os hipocondríacos medicinais e políticos, que se queixam de suas condições como sendo tão terríveis que seria um sacrifício não se matar ou emigrar. Na esquerda alemã formou-se, sob influência do esquema sociologizado da vitimização, um certo tipo de denegadores cujo único ponto em comum é o de precisarem viver neste país tão sem sol e sem oposição. Nenhum homem poderá dizer que tal visão não sabia do que se trata. Seu erro é o fato de permanecer cega para si. Pois a acusação se liga à miséria e a amplia sob o pretexto de um resultado crítico acima de qualquer suspeita. Com uma obstinação sofística, em uma autocoisificação agressiva, algumas consciências "críticas" se recusam a se tornar mais saudáveis do que o todo doente.

Uma segunda possibilidade de abusar do esquema das vítimas foi experimentada por pessoas engajadas em ajudar e por trabalhadores sociais, quando, guiados pelas melhores intenções, buscaram desenvolver em presidiários, sem-tetos, alcoólatras, jovens marginais, entre outros, uma consciência de que eles seriam "vítimas da sociedade", e tinham apenas perdido a oportunidade de se defender de maneira adequada. Com frequência, os que buscam ajudar se deparam com resistências sensíveis e acabam tendo clareza sobre o quanto de discriminação não estava atuando em sua própria "boa vontade". A autoestima e a necessidade de dignidade daqueles que se acham mal colocados com frequência se voltam violentamente contra a imposição da autocoisificação, que é trazida para junto deles com todo heroísmo político que se valha de tais argumentos. Precisamente quem se mostra da forma mais pobre possível sente aí uma chispa de autoafirmação. O apagar dessa chispa teria de ser temido, caso os envolvidos começassem a se pensar como vítimas, como "não eus". Pertence à dignidade dos "pobres-diabos" que apenas eles e apenas espontaneamente tenham o direito de dizer que são pobres-diabos. Quem quisesse colocar essas palavras em suas bocas, os ofenderia, por melhor que pudesse ser suas intenções. Pertence à essência de uma reflexão libertária que ela seja impassível de ser imposta. Ela não responde senão a auxílios indiretos.

A partir daqui torna-se possível a visão de uma vida em completa impossibilidade de esclarecimento, vida essa que Theodor W. Adorno esboçou, ao falar de uma consciência infeliz, na qual os derrotados infligiriam uma segunda vez a si mesmos a injustiça que as condições gerais tinham cometido em relação a eles, a fim de poder suportá-la. Aqui ocorre uma reflexão interior, que se assemelha a uma paródia da liberdade. Externamente, esse fenômeno equivale à satisfação. E bem provavelmente também seria assim autodesignado, se por acaso lhe interpelassem. Pensando em sua mãe, Peter Handke encontrou uma fórmula delicada, na qual a tristeza de um conhecimento afetuoso e desamparado diante da realidade se rende: "Infelicidade indesejada". Nenhum esclarecimento tem mais uma chance e um direito de mexer com o sono do mundo, se é que ele tem *tal* aparência.

VIII. Crítica da ilusão privada

> *Onde está, então, esse eu, se ele não está nem no corpo, nem na alma?*
> Blaise Pascal

O último grande ataque da crítica contra a ilusão aponta para a posição do eu entre a natureza e a sociedade. A partir do curso de ideias das críticas precedentes, sabemos que o conhecimento não tem pura e simplesmente uma relação com a natureza humana, mas com a natureza como concepção, com a natureza como produto, com uma natureza não natural. No que é "dado naturalmente" há sempre algo humanamente "acrescentado". Nessa intelecção se resume o "trabalho" da reflexão. A modernidade estabelece-se em nossas cabeças sob a forma de experiências que quebram a ingenuidade, experiências antiintuitivas, que nos impõem uma coerção própria para a elevação de nossa inteligência.

O recurso à "natureza" sempre significa algo em termos ideológicos, porque gera uma ingenuidade artificial. Ele encobre a contribuição humana e reitera o fato de que as coisas estariam por natureza, originariamente, previamente dadas na "ordem" em que nossas apresentações sempre "interessadas" as delineiam. Em todos os naturalismos sempre estão presentes os pontos de partida para as ideologias ligadas à noção de ordem. Todo naturalismo começa como uma ingenuidade involuntária e termina como uma ingenuidade desejada. No início, não podemos fazer nada quanto ao fato de considerarmos "a ordem das coisas" como uma ordem objetiva. Pois o primeiro olhar cai necessariamente sobre as coisas e não sobre os "óculos". Na obra do Esclarecimento, essa primeira inocência se perde de maneira irremediável. Ele conduz à perda da ingenuidade e fomenta o colapso do objetivismo por meio de um ganho em termos de experiência de si. Ele provoca o surgimento de um despertar irreversível e, dito de maneira imagética, leva a termo a virada para os óculos, ou seja, para um aparato racional. Se essa consciência dos óculos é desperta pela primeira vez em uma cultura, então a antiga ingenuidade perde o seu charme, torna-se defensiva e transforma-se em uma bitolação, que assim se quer a si mesma. A mitologia dos gregos ainda se mostrava como encantadora; a mitologia do fascismo, por sua vez, apenas como distanciada e sem vergonha. No primeiro mito deu-se um passo em direção à interpretação do mundo; na ingenuidade simulada encontra-se em obra um embrutecimento refinado — o método da autointegração decisiva de ordenações sociais avançadas.[14] Com isso, não se toca senão superficialmente no papel da mitologia na modernidade; por ora, isso pode ser suficiente. A autoestupidificação refinada se manifesta em todos os naturalismos modernos: racismo, sexismo, fascismo, biologismo vulgar e... *egoísmo*.

Pode parecer à primeira vista estranho, e, sim, perigoso, nomear o egoísmo nessa série. De fato, o que está em questão com ele é um "dado natural" de um tipo particular. A crítica do egoísmo, ou melhor, a crítica da ilusão privada, forma, penso, o cerne de todo Esclarecimento, cerne esse no qual a experiência de si por parte de egos civilizados encontra sua maturidade. De acordo com ela, não pode haver logicamente nenhuma outra crítica *desveladora*, mas apenas "práxis", vida consciente.

---

14. Trata-se da estratégia cultural de todos os neoconservadorismos. Cf. quanto a isso, na Seção Principal Histórica, os capítulos: 4. O front e o nada; 5. Mortos sem testamento; bem como o Excurso 6: Couéismo político.

Como o eu chega a suas determinações? O que constitui o seu "caráter"? O que cria o material de sua experiência de si? A resposta é: o eu é um resultado de programações. Ele se forma em adestramentos emocionais, práticos, morais e políticos. "No início era a educação" (Alice Miller).

A experiência de si passa por dois níveis: percepção ingênua e reflexão. No nível ingênuo, como lhe é próprio, nenhuma consciência pode fazer outra coisa além de apreender suas cunhagens, programações e adestramentos. Quer em sensações, sentimentos ou opiniões, ela sempre precisa dizer de início: *este* sou eu! Assim se mostra o *meu* sentimento, assim se constitui o *meu* posicionamento. Eu sou como *eu* sou. No nível reflexivo, a autoconsciência conquista uma clareza em relação a si mesma: assim são as minhas programações, as minhas cunhagens, os meus adestramentos; assim fui educado; assim me tornei; assim funcionam meus "mecanismos"; assim trabalha em mim aquilo que eu ao mesmo tempo sou e não sou.

A instituição da interioridade e a *geração da ilusão privada* constituem o tema de todos o mais subversivo do Esclarecimento. Até hoje ainda não ficou propriamente claro quem pode ser o portador social desse abalo do Esclarecimento. Pertence às ambivalências do Esclarecimento o fato de que a inteligência pode ser, em verdade, fundamentada em termos sociológicos, econômico-culturais e políticos, mas não a "sabedoria", não a automeditação. O sujeito do Esclarecimento egoico radical não tem como ser identificado socialmente de maneira segura — mesmo que os procedimentos desse Esclarecimento sejam assegurados realisticamente.

Nesse ponto, a maioria das sociedades parece aspirar a um não esclarecimento consciente. O próprio Nietzsche não nos advertiu em relação àquele "esclarecimento hostil à vida", que atenta contra as nossas autoilusões doadoras de força? Podemos nos dar ao luxo de tocar nas "ficções de base" do caráter privado, da personalidade e da identidade? Afinal de contas, nessa questão, velhos e novos conservadores alcançaram juntos a "postura" de defender suas "mentiras vitais inevitáveis", sem as quais não haveria nenhuma autoconservação, contra todas as exigências de reflexão. Não é preciso acentuar expressamente o fato de o medo geral da experiência de si, que rivaliza com a curiosidade, prestar para eles o seu auxílio. Assim, prossegue por toda parte o teatro dos egos seriamente fechados, mesmo onde já se encontram disponíveis meios com a ajuda dos quais se poderia assegurar um conhecimento melhor. Por meio de todos os fronts políticos o "eu" está na sociedade, apresentando a mais decidida resistência ao Esclarecimento decidido. Quase ninguém tolerará o fato de uma reflexão radical avançar nessa posição, e mesmo muitos daqueles que se tomam por esclarecedores não o farão. A dança em torno do bezerro de ouro da identidade é a última e a maior vertigem do Contra-Esclarecimento. Identidade: é essa a palavra mágica de um conservadorismo em parte secreto, em parte aberto, que escreveu em suas bandeiras: identidade pessoal, identidade profissional, identidade nacional, identidade política, identidade feminina, identidade masculina, identidade de classe, identidade partidária etc. A enumeração dessas exigências essenciais de identidade seria no fundo suficiente para ilustrar o caráter móvel e plural daquilo que se denomina identidade. Mas não se falaria de identidade, se o que estivesse em questão não fosse no fundo a *forma fixa* do eu.

A instituição da interioridade abarca o eu como suporte da ética, do erotismo, da estética e da política; tudo aquilo que experimentarei como meu me é dado nestas quatro dimensões, sem que "eu" seja de início perguntado: minhas normas de comportamento, minha moral profissional, meus padrões sexuais, meus modos de experiência sensíveis e emocionais, minha "identidade" de classe e meu interesse político.

Gostaria de começar aqui com o interesse político. Na medida em que descrevo os "narcisismos políticos" da aristocracia, da burguesia e do proletariado, exponho ao mesmo tempo como é que precisamente no âmbito do que há de "mais íntimo", onde nos arrogamos estar na maior proximidade "narcisista" em relação a nós mesmos, podemos encontrar o que há de "mais externo" e de mais universal. Aqui se torna visível o jogo do "próprio" com o "alheio" no coração público das personalidades. Justamente a análise do narcisismo pode mostrar como o outro sempre chega antes do eu. Olho no espelho e reconheço um outro que afirma que seria eu. Está entre as ironias irresistíveis do Esclarecimento o fato de ele explodir nossa consciência com tais contraintuições radicais. Gostaria de indicar ao final deste curso de pensamento se no último plano de integração do Esclarecimento não precisaria haver uma espécie de "mística racional".

O eu nunca realiza a entrada no mundo político como um eu privado, mas sempre como membro de um grupo, de um nível social, de uma classe. Desde tempos imemoriais, os membros da *aristocracia* sabem que eles são os "melhores". Sua posição política e social baseia-se em uma relação aberta, demonstrativa e autoapreciativa entre poder e dignidade pessoal. O narcisismo político da aristocracia vive dessa simples e poderosa presunção. Ela tinha o direito de acreditar que seria privilegiada em todo e qualquer aspecto existencial essencial e que teria a vocação para a excelência, por ser militarmente mais forte, esteticamente superior, culturalmente mais refinada, vitalmente irrefletida (o que só não é completamente verdadeiro junto à nobreza palaciana). Assim, de início não há nada na função da nobreza que possa nos fazer concluir a presença de uma destruição da vitalidade por meio do *status* político. De fato, a nobreza tentou com frequência erigir diretamente sua autoestilização cultural com base no prazer narcisista. Sua cultura estético-política baseia-se no tema do festejo de si, da unidade entre autoconsciência e festa. A forma cotidiana dessa consciência narcisista de classe vem à tona no conceito da *doutrina da nobreza* e na representação do *estilo* de vida nobre. O aristocrata precisa buscar um desagravo em meio aos menores ataques à sua honra elevadamente treinada — o que se encontra sedimentado na história do duelo e da luta simbólica na Europa e na Ásia. A honra era o vínculo entre emoção e esfera pública, entre o que havia de "mais íntimo" nos melhores e a realidade vital desses melhores entre si e diante do povo comum. Remontam a essa pretensão de dominação, de honra, de prazer consigo mesmo regras fundamentais, formas de comportamento submissas, sim, até mesmo estruturas gramaticais, que são desconhecidas nas línguas pré-feudais. Dentre essas, as que mais chamam a atenção são as formas honorárias, isto é, as formas de tratamento distinto, do japonês.

A programação aristocrática de uma autoconsciência elevada abrange, porém, mais do que apenas aquilo que se denomina com vista curta vaidade ou arrogância; ela fornece ao mesmo tempo um plano elevado para a formação do caráter e para a educação, formação essa que elabora opiniões, etiquetas, emocionalidade e escultura do gosto. No antigo conceito da *cortesia*, todos os momentos são ainda sintetizados. O cortês (*cortegiano, gentilhomme, gentleman, Hofmann*) percorreu um treinamento voltado para a dignidade própria, que se expressa de múltiplas formas: em opiniões aristocraticamente exigentes, em maneiras polidas ou soberanas, em padrões de sentimento galantes ou heroicos, assim como em sentimentos estéticos seletos em relação àquilo que seria cortês ou *bonito*. O nobre, longe de qualquer dúvida em relação a si mesmo, deve realizar tudo isso com uma completa autoevidência. Toda insegurança, toda dúvida significam nessas coisas uma distensão da "identidade" cultural da nobreza. O narcisismo de classe congelado e transformado em forma de vida não tolera nenhuma ironia, nenhuma exceção, nenhum passo falso — porque tais perturbações imporiam reflexões indesejadas. Não foi por acaso que os nobres franceses torceram o nariz para o "barbarismo" de Shakespeare; em suas peças, já se sente o cheiro do caráter humanamente comum daqueles que pretendem se encontrar diante da sociedade como os melhores.

Com a ascensão da *burguesia*, o lugar dos "melhores" foi redistribuído. O eu burguês impôs a si mesmo, com uma tempestuosidade criativa sem par e nos píncaros de uma nova consciência de classe, um narcisismo próprio, em cujo período de decadência vivemos hoje: razão pela qual temos de sofrer com tanta depressão política e cultural. A burguesia também inventou um modo próprio de ser *melhor* do que os outros — melhor do que o nobre corrupto e do que a plebe sem cultura. De início, seu eu de classe se dirige para o sentimento da melhor, mais pura, mais racional e mais útil *moral* em todas as coisas da vida — da sexualidade até a condução dos negócios. Durante um século, a nova burguesia se regalou com uma literatura moralizante. Nela, uma nova coletividade política aprende um modo particular de dizer *eu*. Seja em termos de gosto psicológico em meio àquela "sensibilidade", que se instrui no belo natural, na sociabilidade íntima e no acompanhamento dos destinos acentuados sentimentalmente em demasia; seja em termos políticos e científicos naquela esfera pública burguesa, que começa como república dos eruditos para terminar como república de cidadãos. Literatura, diário, sociabilidade, crítica, ciência e republicanismo são todos instituições de treinamento de um novo eu burguês elevado, de uma nova vontade de subjetividade. Aqui, são exercitadas as exaltações específicas de classe, exaltações essas de um tipo peculiar à cultura burguesa — *o prazer de ser um cidadão*: a consciência do progresso; o orgulho de ter alcançado um determinado ponto por meio do trabalho e de ter chegado tão longe, o orgulho do portador da chama moral e histórica; a alegria com a própria sensibilidade moral; o prazer demonstrativo obtido com a própria formação; o prazer com o sentimento natural ao mesmo tempo versado e ingênuo; a autoadmiração da classe em seu gênio musical, poético e científico; a alegria com o sentimento do empreendimento, da invenção e do movimento histórico; por fim, o triunfo da participação ativa no diálogo político.

Se olharmos hoje para os séculos XVIII e XIX, pressentiremos pela primeira vez o quanto de narcisismos criativos e janotas atravessa a cultura burguesa. Ao mesmo tempo, em coisas essenciais, a burguesia se apoiou de fato na nobreza, por exemplo, efetivamente no conceito de honra, por meio do qual o duelo ganhou a burguesia e até mesmo a juventude estudantil. Sem dúvida alguma, a honra também se tornou para a burguesia um fator essencial de narcisismo social, vinculado à militarização nacional da sociedade burguesa. O fato de esse tipo de burgueses estar hoje em extinção é algo que podemos pressentir em todos os cantos e extremos da civilização. Quem ainda conhece um tal epígono certamente pode se considerar um etnólogo; surpreso, ele pode escutar como esses últimos espécimes ainda hoje não podem atravessar florestas sem falar de Deus.

As gerações neoburguesas modernizaram o seu narcisismo social. Desde a época de Weimar foi se distendendo gradualmente o tônus coletivo do eu da burguesia. Um estilo negligente do ser-eu como burguês se impôs por toda parte. Sentimos hoje o modo de expressão dos últimos burgueses culturais sobreviventes como sendo terrivelmente artificial, e todos conhecemos o impulso que nos levaria a lhes dizer pelo menos uma vez cara a cara que eles não podem falar de maneira tão empolada. No século XX, observamos um front psicológico-social entre dois estilos egoicos burgueses, um mais antigo e outro mais recente, estilos esses que reagem um ao outro de maneira intensamente alérgica. O limiar dos tipos atravessa com certeza o período da Primeira Guerra Mundial e a fase imediatamente subsequente da modernização. Na aversão mútua, por exemplo, de Thomas Mann e Bertold Brecht, esse front se torna concretamente visível.

De um ponto de vista histórico, a burguesia foi a primeira classe a ter aprendido a dizer *eu* e a possuir ao mesmo tempo a *experiência do trabalho*. Todos os narcisismos de classe mais antigos "só" podiam se reportar à luta, ao heroísmo militar e à grandiosidade da dominação. No dizer-eu burguês ressoa pela primeira vez a ideia do orgulho com o trabalho, com o desempenho produtivo. Esse eu de uma "classe trabalhadora" introduz uma virada até então inaudita para o realismo em meio à exaltação social. Naturalmente, de início não há como ver claramente esse movimento, porque a cultura burguesa estava obrigada a distinguir entre poesia e prosa, entre arte e vida, entre ideal e realidade efetiva. A consciência trabalhadora ainda está completamente cindida no eu burguês — cindida em uma fração idealista e em uma fração pragmática. Uma das configurações do burguês abarca o artesão, o comerciante, o funcionário público, o homem de finanças e o empreendedor: todos esses podem, à sua maneira, pretender saber inteiramente o que seria o trabalho. Contra essa configuração encontra-se desde o início uma versão de burgueses que pesquisam, escrevem poesias, compõem músicas, filosofam e creem descortinar com essas atividades um mundo, que é por si mesmo suficiente. O fato de as duas frações do eu burguês só superficialmente se mostrarem como compatíveis e só se reunirem na tosca ligação entre posse e cultura é algo fácil de compreender. Elas criam a tensão secular entre o bom e o mal burguês, entre o idealista e o explorador, o visionário e o pragmático, o burguês idealmente liberto e o burguês trabalhador. Essa tensão permanece tão inesgotável quanto a tensão entre mundo do trabalho e "liberdade" em geral: mesmo uma grande parte do socialismo até aqui não passou da renovação do conflito intraburguês entre o cidadão idealista e o burguês antipático.

Ora, mesmo a experiência burguesa do trabalho não é, porém, de maneira alguma tão inequívoca quanto gostaria a burguesia. O burguês, que diz *eu* como um sujeito do poder, *porque* também trabalha e é criativo, só expressa formal e aparentemente a verdade para todos. Ele quer fazer com que esqueçamos o fato de seu modo de trabalhar ser organizado de maneira questionável. Isso é válido em particular para os cidadãos especificamente da esfera do trabalho, para os empreendedores, capitalistas e agentes financeiros. Sua consciência trabalhadora é tão inconsequente que é difícil desde o final do século XIX não falar de mentira. Pois se o trabalho fosse realmente aquilo que cria um título de direito a um eu político, como encontrar-se-iam as coisas em relação àqueles que trabalham para esses "trabalhadores" burgueses? A situação do proletariado, privado de seus direitos durante uma grande parte do século XIX e em períodos do século XX, não deixou, por isso, que a sociedade burguesa se aquietasse. Precisamente o princípio do desempenho, sucesso e privilégio para os mais hábeis, foi erodido pelo curso do desenvolvimento. "O trabalho liberta": tal sentença foi soando cada vez mais cínica a cada década, até ser colocada pela última vez sobre o portão de entrada de Auschwitz.

O prazer de ser um cidadão se uniu no século XVIII e XIX com a compulsão à política em um complexo político de sentimentos de um tipo novo, que há cerca de mais ou menos duzentos anos veio se mostrando para inúmeros indivíduos como a emoção mais íntima e mais espontânea de seu eu: o *amor à pátria*. O que começou como espontaneidade patriótica organizou-se no curso do século XIX planejadamente como ideologia política, a fim de se exaltar no século XX em meio a um sistema do desvario político. Os nacionalismos europeus foram de fato

Inscrição sobre o portão de entrada do campo de concentração de Auschwitz: "O trabalho liberta".

complexos formados a partir de convicções e paixões, que os indivíduos tinham encontrado previamente em si por natureza e para as quais tinham o direito de dizer com uma ingenuidade e uma sinceridade primárias: eu sou assim, é assim que sente o meu si-mesmo mais íntimo, é assim que se move a minha razão política mais própria. Para alemães, só é propriamente possível acompanhar empaticamente tais patriotismos ingenuamente belos quando encontramos os membros de países estrangeiros que vivem na primeira aurora da reflexão patriótica e ainda possuem a inocência do início por si. Quantos alemães de esquerda não ficam parados, com um riso pensativo e inquieto, quando socialistas chilenos, aqui na emigração, cantam canções que terminam com o refrão: *pátria ou morte*. Faz muito tempo que não podemos mais escutar uma ressonância entre temas progressivos e patrióticos; a reação já absorveu há muito tempo o sentimento nacional.

Há duzentos anos, as coisas tinham uma aparência diversa. As primeiras gerações patrióticas: os franceses, que se viram ameaçados em sua existência nacional depois da revolução pela ofensiva ao trono europeu; os alemães, que se colocaram contra o domínio estrangeiro de Napoleão; os gregos, que conduziram a sua luta pela liberdade contra o predomínio turco; os poloneses fragmentados e dispersos; os italianos da época de

Garibaldi, que se sentiam sob muitos domínios estrangeiros como "não remidos" — em certa medida todos eles ainda tinham por si, em seus narcisismos nacionais, a inocência do começo.[15] Talvez ainda pudesse lhes permanecer velado o que mais tarde foi possível ver de maneira cada vez mais clara a cada década: o fato de patriotismo e nacionalismo terem sido autoprogramações conscientes do orgulho egoico burguês. Levados a sério, conduzem imediatamente a desenvolvimentos duvidosos, sim, funestos. Precisamente na Alemanha, essa inocência logo se perdeu. Jean Paul já tinha percebido na época francesa aquele elemento refinado, reflexivamente mendaz no *Discursos à nação alemã* (1808) de Fichte que, considerados detidamente, não são outra coisa senão uma programação bem desperta de uma consciência, nem um pouco ingênua, mas que deve ser ingênua. O fato de justamente Fichte, um dos maiores lógicos da reflexão da filosofia moderna, ter pregado aos alemães o amor à pátria, revela os momentos pérfidos que burlam a si mesmos no mais primevo sentimento nacional alemão. Heinrich Heine também viu aquilo que havia de repugnante e afetado desde o primeiro momento no patriotismo alemão. A espontaneidade nacional foi produzida por meio de pedagogia, adestramento e propaganda, até que por fim o narcisismo nacional falastrão explodiu militarmente dos alambiques ideológicos no início do século XX. Mas foi na tempestade afetiva e no júbilo de guerra de agosto de 1914 que ele festejou o seu grande triunfo.

Por causa de sua natureza sintética, a mentalidade nacionalista digere mal quando se perturba a sua autoprogramação narcisista. Por isso, a fúria da burguesia e da pequena-burguesia estrita em termos chauvinistas e elitistas contra a inteligência reflexiva, que atua supostamente de modo tão "dissolutor", é comovente. Em sua defesa contra a "decomposição" de suas ingenuidades artificiais, a ideologia burguesa manobra e se dirige para o interior de uma posição, na qual ela entra em conflito com o seu próprio movimento de esclarecimento anterior. A serenidade cosmopolita e a nobreza universalista do Esclarecimento acabou por se transformar necessariamente no aguilhão na carne do narcisismo político dos patriotas. A tão citada "destruição da razão" (Lukács), presente no pensamento tardo-burguês, estava profundamente enraizada na autoafirmação narcisista do eu da classe burguesa contra as forças da desilusão, que a

---

15. O drama dos nacionalismos primevos foi traçado pela última vez de maneira impressionante por Jean Plumyène: *Les nations romantiques. Histoire du nationalisme*, tomo 1, Paris, 1979.

reflexão produziu irremediavelmente em seu interior. Assim, foi preciso haver uma aliança entre o Esclarecimento e as correntes socialistas, que sabiam de início se manter livres de uma mentalidade de dominação.

A principal perturbação do nacionalismo emergiu, como não podia ser diferente, do movimento político do antigo "quarto estado", do *movimento dos trabalhadores*. Nesse movimento toma a palavra uma vez mais um novo eu político, não mais um eu burguês; inicialmente e durante muito tempo, porém, ele o faz em uma linguagem burguesa. Ideologicamente, de início o socialismo não precisava de nenhuma arma "própria". Bastava-lhe tomar a burguesia simplesmente de maneira literal: liberdade, igualdade, solidariedade. Foi somente quando se mostrou que isso tudo não tinha sido pensado de maneira tão literal assim que o socialismo precisou fabricar uma arma crítica própria contra a ideologia burguesa, por mais que tenha continuado a ser obrigado a colocar em campo ideais burgueses contra a dupla moral burguesa. Somente com a teoria das consciências de classe, a doutrina socialista ergueu-se a um patamar metamoral.

Em termos morais, o movimento dos trabalhadores inicial tinha todo direito do seu lado — daí provém a sua antiga superioridade moral. Ele impeliu o processo, que tinha começado com o realismo do trabalho burguês, a dar um grande passo à frente. Pois há uma consciência proletária do trabalho que se distingue claramente da consciência burguesa. Nela, uma experiência radicalmente realista, "vinda totalmente de baixo", quer conquistar para si uma expressão política: trabalhamos durante toda a vida e tudo isso não levou a nada; com frequência, não há nem mesmo o suficiente para comer, enquanto a riqueza do conjunto da sociedade cresce continuamente: isso é algo que podemos ver na arquitetura, no sistema de moradia das classes dominantes, na construção das cidades, no nível militar, no consumo de luxo. O trabalhador não toma parte no crescimento da riqueza, apesar de ele consumir sua vida inteira produzindo essa riqueza. Tão logo o trabalhador diz *eu*, as coisas não podem continuar mais assim.

Por isso, a formação política do eu proletário começa e transcorre de maneira diversa da formação burguesa e aristocrática. O eu trabalhador não penetra no mundo público nem com a grandiosidade do domínio, nem com a hegemonia moral e cultural. *Ele não tem nenhuma vontade de poder narcisista primária.* Todos os movimentos de trabalhadores e todos os socialismos até aqui fracassaram por meio da desconsideração dessa condição. Na aristocracia, a vontade de poder tinha sido em termos políticos e vitais praticamente o mesmo: o que está em cima se experimenta imediatamente como o melhor, como a excelência política e existencial. Na burguesia, o narcisismo de classe já se torna mais ambíguo, é articulado por um lado com um mérito, que busca conquistar para si a hegemonia cultural por meio de uma tensão permanente da criatividade moral, cultural e econômica, e, por outro lado, ele é barateado nacionalisticamente. Neste caso, a vontade de poder não é absolutamente necessária como vontade de governo, tal como se revela no pudor político notório da burguesia alemã nos séculos XIX e XX; os narcisismos burgueses podem parar na vontade de lucro, de sucesso e de "cultura". Para o eu trabalhador, por fim, a vontade de poder, com maior razão a vontade de governo em geral, não é senão um movimento secundário, no qual atua mais cálculo do que paixão.

O realismo proletário tem desde o princípio duas dimensões que se contradizem. O primeiro realismo diz: para que tu recebas o que tu mereces, tu precisas te mover; "nenhum Deus, nenhum imperador, nenhum tribuno" te dará o que precisas; só sairás da miséria se tu despertares politicamente e começares a tomar parte no jogo do poder — é isso que diz Pottier na "Internacional". O segundo realismo sabe: política significa ser solicitado a realizar um sacrifício; a política acontece em uma altitude, na qual meus interesses imediatos se mostram como um puro nada e na qual se conta, de acordo com Lenin, homens aos milhões. No realismo do trabalhador vive uma desconfiança arcaico-originária, profundamente fundamentada, contra a política política. A sentença: "Se tu não cuidares da política, então a política cuidará de ti", fórmula fundamental para a politização do proletariado, foi inteiramente apreendida pelos trabalhadores, mas ela soa neles em última instância como cinismo, como uma vulgaridade bem formulada. O fato de ser o *trabalhador* que paga pela política e que se sacrifica é algo que ninguém precisa lhe dizer. Um desejo originário, infantil e hiper-realista ao mesmo tempo se colocaria contra o fato de que tal política em geral um dia cesse e de que não se tenha mais finalmente como cuidar dela com boa consciência. Todas as pessoas pequenas, não apenas trabalhadores no sentido estrito do termo, conhecem o impulso de mostrar a língua para toda a política. Por isso, no realismo popular, as piadas sobre políticos foram aquelas com as quais se pôde rir da maneira mais saudável possível, incluindo as piadas sobre os próprios figurões dos partidos.

O traço antipolítico da consciência trabalhadora sempre soube que a política representa uma relação compulsiva, que emerge de indigências e situações de conflito. Ela emerge de um embate social que não pode prover um desagravo senão para aqueles que se mostram *a priori* como os vencedores — as elites, os ricos, os ambiciosos, aqueles que se sentem no jogo político como os melhores. Por isso, o estímulo socialista do trabalhador para se engajar politicamente significa sempre também uma opressão parcial do realismo proletário. Experimentar o embate entre as classes, os partidos e os blocos seria verdadeiramente uma exigência forte — e algo dessa exigência vibra com frequência e de modo concomitante na política socialista, na medida em que não se mostra simplesmente apenas como uma regulação linguística de novos nacionalismos.

Reside aí uma das razões pelas quais, no sentido dos ideólogos, a programação política do eu trabalhador fracassou quase no mundo todo. Obviamente, onde o movimento dos trabalhadores se fortaleceu, conquistou combativamente aumentos salariais, seguridades sociais, oportunidades de participação e pontos de partida para a redistribuição das riquezas. Nenhuma ideologia, porém, conseguiu convencê-lo até aqui a assumir uma vontade de poder político efetiva. O realismo apolítico não se deixa enganar assim tão facilmente. Grandes politizações das massas pressupõem guerra ou se enraízam em direcionamentos fascistoides e teatrais dessas mesmas massas. Um sintoma disso é o fato de quase em nenhum outro lugar os homens se enojarem tanto com a política quanto nos países socialistas, nos quais o eu trabalhador está oficialmente no poder. Experimentam amplamente a retórica partidária como uma roda de oração e como uma paródia daquilo que eles efetivamente querem — um pouco mais de bem-estar, alívio das mais terríveis coerções do trabalho, liberalizações. Dentre as maiores ironias da história moderna está o fato de nenhum proletariado essencial ter sido capaz de produzir movimentos de greve geral tão espontâneos e disciplinados quanto a Polônia socialista dos anos 1980, cujas greves não expressam justamente nenhuma vontade de poder, mas antes a vontade de redução do sofrimento com o poder. Trata-se do ensinamento do realismo proletário — uma greve contra a política e contra a ideologia do sacrifício sem fim.

Esse ensinamento naturalmente tem a sua história prévia. No movimento trabalhador do século XIX rivalizaram duas correntes, que tiveram início nos realismos opostos da consciência proletária: marxismo e anarquismo. O marxismo projeta a estratégia mais consequente de uma vontade de poder socialista como vontade de governo; pensa até mesmo em um "dever perante o poder", uma vez que é claramente realista contar com a existência de Estados e de uma política estatal. O anarquismo, em contrapartida, combate desde o início o Estado e as máquinas de poder político enquanto tais. A linha social-democrática, mais tarde comunista, acreditava ser possível afirmar que a "conquista do pão" (Kropotkin), da qual falavam os anarquistas, só podia ser conduzida por meio do predomínio no Estado e na ordem econômica. Só como homens de Estado, os "produtores" poderiam, é o que achavam, distribuir eles mesmos a riqueza social por meio do atalho passando pelo Estado. Nenhum dos grandes teóricos e políticos comunistas, contudo, previu de maneira adequadamente realista que haveria aí provavelmente uma exploração dos trabalhadores pelos agentes do Estado e do poder militar. No anarquismo, em contrapartida, deu-se razão à necessidade antipolítica e à ideia de autodeterminação, e as duas se opõem radicalmente à representação: meu Deus, mais um Estado, outra vez o Estado.

A superprogramação do realismo proletário para uma "identidade partidária" pode ser estudada desde o século XIX como em um alambique. De início, o eu trabalhador encontra em si sentimentos de poder politicamente passíveis de serem despertos: subnutrição, requisições por direitos, consciência do prejuízo, exigências dos frutos do próprio trabalho, etc. Essas motivações fundamentais são, então, tramadas em diversas estratégias. As estratégias são diversas, pois não provêm diretamente das motivações os caminhos pelos quais se pode encontrar o preenchimento dessas exigências. Os caminhos se bifurcam na ramificação principal do realismo proletário. Assim, um privatismo vigoroso se coloca contra a tendência para a consciência de classe; contra a tendência para a estratégia no Estado, uma tendência para a estratégia contra o Estado; contra o caminho parlamentar, um caminho antiparlamentar; contra a ideia da representação, a ideia da autoadministração, etc. A alternativa passa a ser um socialismo autoritário ou libertário. Em tais oposições se enraízam as tensões do movimento dos trabalhadores.

A tensão é objetivamente fundamentada. Quem pretendesse educar o eu proletário, transformando-o em uma identidade partidária, violentaria uma parte de suas experiências fundamentais e de suas motivações. Uma política de quadros, na qual a direção funciona como um novo cérebro, que exige do resto do corpo partidário apenas um funcionamento exato e assíduo, e se rebela contra os programas elementares do "antigo cérebro", caracteriza de fato o ramo comunista do movimento dos trabalhadores. A fraqueza do anarquismo, em contrapartida, reside em sua incapacidade de organizar de maneira plenamente efetiva o interesse real da vida do proletariado, interesse esse que ele vê de modo inteiramente melhor, pois, afinal, a organização é o domínio da ala autoritária. Sob as condições dadas, nenhum caminho conduz à realização das ideias de autoadministração e autoabastecimento — ou apenas o faz de maneira insular. Não por acaso, por isso, o anarquismo interpelou menos o instinto antipolítico proletário, o qual ele procurou auxiliar a alcançar o seu direito, do que o "revoltismo" pequeno-burguês.[16]

Compulsões à divisão arruinaram sistematicamente o movimento dos trabalhadores. Essas compulsões não seguem naturalmente apenas a divisão originariamente dada, mas enredam-se logo em uma dinâmica de divisão mais elevada, que é de natureza reflexiva. A formação do eu proletário é um processo que, ainda mais do que a autoformação da burguesia entre os séculos XVIII e XIX, transcorre no labor da esfera pública. Aqui, nenhuma ingenuidade está livre da reflexão. A longo prazo, não se pode mentir. O que valia para o nacionalismo, vale com maior razão para o socialismo. Vê-se como ele se forma, e logo que ele começa a fazer política com ficções, a contradição o destrói — e isso não ocorre de maneira alguma meramente de fora, mas mais ainda de dentro. Toda autoprogramação exclusiva, autossuficiente e dogmática pode e precisa ser decomposta. Não é sem ser punido que um movimento político se reporta a um realismo existencial e a uma ciência da sociedade. Logo que uma fração do movimento dos trabalhadores veio à tona com a pretensão de conhecer e fazer *a* política correta, *precisou* aparecer uma contrafração, que a contradisse e reivindicou para si uma intelecção melhor. Essa é a tragédia cega, puramente mecânico-reflexiva, do movimento socialista. Werner Sombart, economista político burguês, cuja fama hoje se esmaeceu, enumerou com sarcasmo no mínimo 130 variedades diversas de socialismo, e um satírico de hoje em dia poderia continuar essa conta sem grande esforço. As divisões são o preço pago pelo progresso reflexivo. Todo e qualquer homem parcialmente desperto reconhece que egos partidários são gerados a partir do alambique propagandista e não podem encobrir o sentimento vital mais elementar. As pessoas o veem com olhos livres: há aqui programas à busca de ingenuidades, que se devem identificar. Não obstante, nenhuma política pode se reportar por um lado à crítica

---

16. Pode-se estudar seu desenvolvimento a partir do exemplo do anarquismo "individualista" inspirado por Stirner.

e à ciência e, por outro, contar com a ingenuidade e a lealdade. Como todo socialismo procura ser uma "visão de mundo científica", ele vomita permanentemente seu próprio veneno; seu estômago realista cospe fora o alimento como uma mera dogmática.

Para a maioria das pessoas que vivem hoje, os debates intrassocialistas que vão desde a contenda revisionista da antiga social-democracia até os conglomerados da segunda, da terceira e da quarta Internacionais são tão curiosos quanto a contenda entre os teólogos do século XVI sobre a interpretação da Última Ceia. Elas veem aí aquilo que o historiador também nos informa por meio de uma pesquisa sóbria: a formação de um eu proletário uniforme, orientado pelo próprio interesse vital, fracassou.

Até aqui, a vontade de vida e a vontade de poder apresentaram dois cálculos diversos. Precisamente no caso do eu proletário, as ficções eram mais fracas do que os realismos. Os programadores da identidade política apertaram desde o princípio as suas mãos e se enredaram em suas fichas. O eu de classe proletário uniforme não é nenhuma realidade, mas um mito. É fácil de reconhecer isso, quando se observam os programadores em seu trabalho público; chamaram a si mesmos por um tempo com uma sinceridade agradável propagandistas ou difusores ideológicos.

O que decidiu concomitantemente o colapso das programações identitárias socialistas foi a ingenuidade psicológica do antigo conceito de política. O socialismo não soube controlar de maneira convincente o prazer na política, nem mesmo apenas a perspectiva da diminuição do sofrimento na política, e isso sobretudo nas nações ocidentais. Sua psicopolítica permaneceu por quase toda parte em um nível tosco; estava em condições de mobilizar fúria, esperança, nostalgia e ambição, mas não aquilo que teria decidido tudo, o prazer de ser um proletário. Exatamente isso não é, segundo o conceito socialista do proletariado, de modo algum possível, porque o proletariado se define negativamente: não ter nada a não ser os descendentes, permanecer excluído das oportunidades e das riquezas mais elevadas da vida. O caminho para o eu positivo passa pela desproletarização. Somente no culto revolucionário ao proletário, culto este que floresceu logo depois da Revolução de Outubro russa, havia algo como um narcisismo de classe *direto*, como um autofestejo do proletariado, que logo precisou desaparecer em meio à sua própria precariedade e mendacidade. Todavia, no narcisismo político, assim como no narcisismo privado, tudo é marcado pela sensação de "ser melhor". *Noblesse oblige*. Mas será que também se pode dizer: o proletariado instaura um dever?

O eu proletário, que segue passo a passo o eu burguês e levanta pretensões de herança, possui a experiência de classe de homens trabalhadores, que começaram a superar sua mudez política. Todo eu precisa, para se manifestar e para suportar o olhar da esfera pública, de um cerne fixo, de um orgulho egoico, que sustenta a aparição diante dos outros. Quando se descobriu a linguagem dos direitos humanos, ocorreu aí a maior irrupção do povo. Os direitos humanos articularam-se desde as guerras dos camponeses do ano de 1525 até a resistência russa e polonesa de hoje como os direitos do homem cristão; nas tradições que se reportam à revolução americana e francesa, eles se compreendem como direitos naturais mundanos.

Foi a euforia misturada com indignação e petição de liberdade, a euforia por não ser escravo (robô), mas por *também* ser homem, que deu inicialmente ao movimento dos trabalhadores a sua força moral, psicológica e política, força essa que cresceu ainda mais na repressão. (Por isso, o movimento socialista teve uma concorrência no movimento dos trabalhadores cristãos, que perseguia a mesma motivação: o sentimento de um ser humano plenamente significativo em termos políticos e jurídicos, mas certamente sem o elemento revolucionário.) Enquanto a miséria do proletariado se manteve tão descomunal quanto o demonstram os documentos do século XIX, a descoberta do sentimento dos direitos humanos precisou fornecer ao trabalhador um cerne egoico político. Isso dá ao socialismo inicial e ingênuo uma magia nostálgica, um humanismo político entusiasmante e cheio de verdade. Todavia, a moderação logo entrou em cena com a contenda em torno da interpretação correta dos direitos humanos. No final do século XIX, começa a era da estratégia, da divisão, da revisão e do conflito fraternal. A consciência dos direitos humanos decompôs-se em engrenagens da lógica do partido e da luta. Ela perdeu sua capacidade de manter uma autoestima proletária firme em termos públicos, desde que as correntes socialistas começaram a se difamar mutuamente.

Já um pouco antes, a social-democracia tinha tentado partir o centro nevrálgico do narcisismo de classe em sua política cultural, na medida em que instituiu a palavra de ordem: saber é poder. Com isso, começa a petição por uma cultura de classe própria, que se enraíza no conhecimento de que, sem uma criatividade específica da classe e sem uma "moral" e uma cultura superiores, não seria possível construir nenhum Estado socialista. "Saber é poder" — essa sentença também pode significar que o socialismo finalmente começou a intuir algo do segredo relativo ao nexo entre prazer cultural narcisista e poder político. "Ser pobre não significa de modo algum ser bom e inteligente." (Erich Kästner, *Fabian*, 1931).

No tempo de florescimento do movimento dos trabalhadores, a consciência dos direitos humanos foi excedida por um orgulho proletário com o seu desempenho, orgulho esse que se ligou com boas razões ao trabalho, à aplicação, ao poder da classe. Seu saber-poder culminou na sentença: todas as engrenagens se encontram paradas, quando assim as querem nossas fortes mãos determinadas. No *páthos* da greve geral vivia algo da euforia do poder da classe e do domínio sobre a produção — naturalmente, apenas sob a pressuposição, quase todas as vezes irreal, da unidade proletária. Essa unidade quebrou-se na medida em que interesses vitais e interesses políticos nunca puderam ser equiparados no proletariado. Não obstante, mesmo a força da consciência latente de uma greve geral e do trabalho não é suficiente a longo prazo para estabilizar uma dignidade de classe. O cinza do cotidiano é mais poderoso do que o aprendizado político nos episódios dramáticos da história de classes. A consciência do poder e do trabalho sozinha não pode em última instância suportar nenhum orgulho cultural, que se renove duradouramente.

A regenerabilidade de sentimentos de dignidade se funda na criatividade cultural e existencial de uma classe. O mero poder acabaria se tornando entediante até para si mesmo. Onde o prazer na política se reduz à ambição dos dominantes, uma resistência vital das massas é a longo prazo inevitável. Todavia, também reside aqui o princípio de um sentimento objetivo de inferioridade proletário. O trabalho assalariado cria um valor abstrato. Ele é produtivo, sem ser criativo. A idiotia do trabalho industrial forma uma trincheira por ora impenetrável contra um narcisismo de classe real por parte do proletariado. Somente a partir de tal narcisismo, porém, poderia surgir a hegemonia cultural de homens producentes. Um sistema cultural, em contrapartida, que se funda em uma tosca ideologia do trabalho, é incapaz de adquirir a herança mais valiosa de uma cultura aristocrática e burguesa: a política de prazer de uma vida criativa. O modo socialista de herdar essas culturas intensificou a antiga falha e reduziu as antigas vantagens. Herdar a nobreza e a burguesia não pode significar outra coisa em uma civilização senão evitar as falhas dos antecessores e se apropriar de seus pontos fortes. Outra coisa não valeria a pena.

Abdico de apresentar aqui como se deu a instituição da interioridade em outras áreas — erotismo, ética, estética — tal como tentei fazer de maneira sucinta no caso da interioridade paradoxal dos narcisismos de classe. Em todo caso, o esquema da crítica seria o mesmo: investigação das programações e autoprogramações coletivas. Encontram-se hoje em todas as bocas o adestramento sociocultural dos sexos. Não há senão poucas culturas mais desenvolvidas nas quais possamos ser tocados de maneira charmosa por uma masculinidade e uma feminilidade ingênuas; em nosso próprio contexto esbarramos com o fator "estúpido" de tais dados de adestramento. Qualquer um pode pretender hoje saber que masculinidade e feminilidade são formados em autoadestramentos sociais morosos, exatamente como consciências de classe, éticas profissionais, personalidades e direcionamentos do gosto. Todo homem percorre anos de aprendizado da interioridade, todo recém-nascido, anos de aprendizado da sexualidade. Mais tarde, ao despertarem para si mesmo, homem e mulher descobrem uma espontaneidade do sentimento constituída de tal e tal modo: essa mulher me agrada; estes são meus impulsos; isto me move; estes são meus desejos; até este ponto posso satisfazê-los. Deixamos que o primeiro olhar para as nossas experiências nos diga quem somos. O segundo olhar deixará claro que em todo e qualquer modo de ser se encontra a educação. O que parecia ser natureza se revela em uma lida mais próxima como código. Para que isto é importante? Bem, quem goza de preconceitos oriundos de sua programação, assim como das programações dos outros, não pressente naturalmente nenhum impulso à reflexão. Mas quem experimenta desvantagens se recusará a prestar sacrifícios no futuro, que se fundem sobre um mero adestramento para a não liberdade. Os prejudicados têm um motivo imediato para refletir. Pode-se dizer que o desconforto *geral* nas relações sexuais hoje levou ao aumento significativo da tendência de reflexão sobre as causas de relações problemáticas — no caso dos dois sexos. Onde quer que se "imiscua" em problemas, encontra-se nos dois lados algo para refletir.

E refletir sobre o quê? Bem, não conheço ninguém que seria o "sobre o quê refletir". O "trabalho" da reflexão não é feito em parte alguma. Ela olha para a infinitude; naturalmente, tal como acredito, para uma "boa infinitude", que significa crescimento e maturidade. Em mil coisas, os homens têm razões para conhecerem melhor a si mesmos. O que quer que possamos ser, tanto no que há de bom quanto no que há de ruim, somos de início e "por natureza" "idiotas da família" — no sentido mais amplo do termo: homens educados. O Esclarecimento tem em última instância algo em comum com o idiotismo do eu. É difícil dissolver automatismos internos; é custoso penetrar no inconsciente. Uma automeditação permanente seria por fim necessária, para encontrar a tendência para imergir em novas inconscienciosidades, em novas automatizações, em novas identificações cegas. A vida, que busca também novas estabilidades através das reviravoltas e dos momentos da vigília, obedece a uma inclinação para a inércia. Por isso, pode surgir a impressão de que a história espiritual forma uma mera roda de ideologias, não um ponto de partida sistematicamente elaborado das culturas humanas a partir de menoridade e obnubilamento. No lusco-fusco do "pós-Esclarecimento", o idiotismo dos egos entranha-se em posições cada vez mais refinadas e absurdas — em um inconsciente consciente, em identidades defensivas.

A busca pela "identidade" parece ser a mais profunda das programações inconscientes; parece tão velada, que escapa por muito tempo até mesmo à reflexão atenta. Em nós, está quase programada a aparição de um alguém formalmente concebido como portador de nossas identificações sociais. Ele garante por toda parte o primado do alheio em relação ao próprio; onde parece haver um eu, os outros sempre estiveram presentes em meu lugar antes de mim, a fim de me automatizar por meio de minha sociabilização. Nossa verdadeira experiência de si em um "ninguém" originário permanece soterrada neste mundo sob o tabu e o pânico. No fundo, porém, nenhuma vida possui um nome. O ninguém autoconsciente em nós — que só obtém nomes e identidades com o seu "nascimento social" — é que permanece sendo a fonte viva da liberdade. O ninguém vivente é aquele que, apesar do horror da civilização, se lembra dos paraísos energéticos dos corpos espiritualmente presentes, que devemos chamar não de *nobody*, mas de *yesbody*, e que conseguem se desdobrar no curso da individuação do "narcisismo" irreflexivo em direção à "autodescoberta" refletida no "todo do mundo". Nele, o último Esclarecimento como crítica da ilusão privada e egoísta chega ao seu fim. Ora, mas se investidas místicas em tais zonas "maximamente íntimas" de um vazio pré-individual foram até aqui exclusivamente uma questão de minorias meditativas, então há hoje boas razões para esperar que, em nosso mundo esgarçado por identificações combativas, também se encontrem finalmente maiorias para tal esclarecimento.

Não raramente, por puro interesse na sobrevivência, é necessário poder ser ninguém. A *Odisseia* sabe disso em sua passagem mais grandiosa, mais chistosa. Odisseu, o herói grego marcado pela presença de espírito, grita no instante decisivo de seu périplo, depois da fuga da caverna do

Pellegrino Tibaldi, *Polifemo*, c. 1555.

ciclope cego: foi ninguém que te cegou! Assim, ter um olho só e identidade são coisas que podem ser superadas. Com esse grito, Odisseu, o mestre da autoconservação astuta, atinge o ápice da presença de espírito. Deixa a esfera das causalidades morais primitivas, a rede da vingança. A partir de então, está seguro diante da "inveja dos deuses". Os deuses riem do ciclope, enquanto este lhes exige que o vinguem. De quem? De ninguém.

Um mundo no qual todos podem lançar mão do direito de ser Odisseu e de deixar viver ninguém: essa foi e continua sendo a utopia da vida consciente. Apesar da história, apesar da política, apesar da cidadania, apesar do caráter instituído como um *alguém*. Na figura de seu corpo desperto, devesse entrar na odisseia da vida, que não nos poupa de nada. No perigo, o homem marcado pela presença de espírito descobre uma vez mais o ser-ninguém em si. Entre os polos ser-ninguém e ser-alguém estendem-se as aventuras e os casos alternantes da vida. Na vida se suspende definitivamente toda ficção de um eu. Por isso, Odisseu, não Hamlet, é o verdadeiro ancestral da inteligência moderna e da inteligência perpétua.

4. Depois dos desmascaramentos: crepúsculo cínico. Esboços para a autorrevogação do *éthos* do Esclarecimento

> Vós continuais ainda por aí! Não, isto é inaudito,
> Desaparecei logo, já esclarecemos tudo!
> O fardo do diabo por regra alguma pergunta por nada.
> Somos tão inteligentes, e, porém, Tegel continua assombrada.
> J. W. Goethe, *Fausto I*, Noite de Walpurgis

> "Olho com atenção, isto não é nada?"
> "A quem se ajuda com isto?"
> "A quem se pode ajudar?", disse Fabian.
> Erich Kästner, 1931

> Pois eles sabem o que fazem
> Ernst Ottwald, 1931

Essas oito investidas turbulentas e pesadamente disputadas do Esclarecimento reflexivo fizeram tanta história quanto as grandes irrupções da ciência natural e da técnica, com as quais ele se uniu há bem uns 250 anos em uma revolução industrial e cultural permanente. Assim como a urbanização, a motorização, a eletrificação e a informatização revolucionaram a vida, o trabalho da reflexão e da crítica transformou estruturalmente as consciências e lhes impôs uma nova constituição dinâmica. "Não há mais nada fixo." Criou-se uma terra arada psíquico-intelectualmente, na qual antigas formas de tradição, identidade e caráter não podiam mais existir. Seus efeitos se adicionam no complexo de uma modernidade na qual a vida se sabe exposta a uma crise contínua.

I. Obstrução esclarecida do Esclarecimento

Com certeza, o Esclarecimento teve um sucesso violento. Em seus arsenais encontram-se agora à sua disposição as armas da crítica; quem quisesse considerar apenas essas armas isoladamente, precisaria achar que um partido tão bem equipado venceria inexoravelmente a "luta entre as opiniões". Todavia, nenhum partido pode requisitar para si integralmente essas armas. A crítica não possui nenhum portador uno, mas se fragmenta em uma profusão de escolas, facções, correntes, vanguardas. Não há no fundo nenhum "movimento" esclarecedor inequívoco e uno. Pertence à dialética do Esclarecimento o fato de nunca ter conseguido formar um front maciço; ao contrário, bem cedo ele se desenvolveu e se tornou em certa medida o adversário de si mesmo.

Como a Segunda Consideração Prévia bem o mostra, o Esclarecimento se quebra ao encontrar a resistência de poderes opostos (poder hegemônico, tradição, preconceito). Uma vez que saber é poder, todo predomínio desafiado por um "outro saber" precisa se manter no centro do saber. Não obstante, nem todo poder se mostra como o centro correto para todo e qualquer saber. O saber reflexivo não pode ser cindido de seu sujeito. Assim, não resta às potências hegemônicas senão um meio: cindir os sujeitos de contrapoderes possíveis dos meios de sua autorreflexão. Nisso reside o fundamento para a história antiquíssima da "violência contra ideias"; não se trata nem de violência contra pessoas, nem de uma violência contra coisas no sentido trivial do termo; trata-se de violência contra a autoexperiência e a autoexpressão de pessoas, que estão correndo o risco de aprender o que elas não devem saber. A história da *censura* pode ser resumida nesta fórmula. Trata-se da história da política de antirreflexão. No instante em que os homens se acham maduros para a verdade sobre si mesmos e sobre as condições sociais, os detentores do poder procuram desde sempre quebrar os espelhos, nos quais os homens poderiam reconhecer quem são e o que lhes acontece.

O Esclarecimento, por mais impotentes que pareçam os meios racionais, é sutilmente irresistível como a luz, segundo a qual ele se denomina de acordo com uma boa tradição mística: *les lumières*, iluminação. A luz só não consegue entrar onde obstáculos interrompem a irradiação. Por isso, o que está em questão para o Esclarecimento é primeiro acender as luzes e, então, afastar os obstáculos que perturbam a difusão da luz. A luz "em si" não pode ter nenhum inimigo. Ela pensa a si mesma como uma energia que clarifica pacificamente. Só se tornam claras superfícies que, tocadas pela luz, a refletem. A pergunta é: essas superfícies refletoras são efetivamente as metas derradeiras da clarificação ou será que essas superfícies se inserem no espaço entre a fonte do esclarecimento e seus destinatários reais? Na linguagem dos maçons do século XVIII, os obstáculos que perturbavam ou bloqueavam a luz tinham três nomes: superstição, erro

4. Depois dos desmascaramentos: crepúsculo cínico

"Eles me devolveram isto... esses ignorantes!"

e ignorância. As pessoas também os denominavam os três "monstros". Esses monstros eram poderes reais, com os quais era preciso contar e que o Esclarecimento pretendia provocar e superar. De maneira briosamente ingênua, os primeiros esclarecedores se apresentaram sob o signo de suas lutas luminosas diante dos poderes vigentes e exigiram caminho livre.

Todavia, eles acabaram não vendo de maneira suficientemente clara o "quarto monstro", o adversário propriamente dito e o mais difícil. Atacaram os poderosos, mas não o seu saber. Em muitos aspectos, lidaram de maneira desleixada com a necessidade de investigar sistematicamente o saber dominante das potências hegemônicas, saber esse que sempre possui uma estrutura dupla: por um lado, um saber relativo às regras artísticas do poder e, por outro lado, um saber relativo às normas da consciência universal.

A consciência dos dominantes é aquela "superfície refletora" que decide quanto ao curso e à difusão do Esclarecimento. Assim, o Esclarecimento não faz outra coisa senão levar pela primeira vez o poder à "reflexão". Esse poder reflete no duplo sentido da palavra — como autoconsideração e como quebra e reemissão da luz.

Os dominantes, quando não são "apenas" arrogantes, precisam se colocar na posição de aprendizes entre o Esclarecimento e os seus destinatários, a fim de impedir a difusão de um novo saber-poder e o surgimento de um novo sujeito do poder-saber. O Estado precisa conhecer a verdade, antes de poder censurá-la. A tragédia da antiga social-democracia é o fato de ela só ter conhecido conscientemente muito pouca coisa dos cem significados da sentença: saber é poder. Ela desconheceu cronicamente qual é o saber que efetivamente dá poder e que tipo de poder se precisa ter e ser, para alcançar o saber que amplia o poder.

No conservadorismo e no royalismo franceses dos séculos XIX e XX, muitos se exauriram de especular, uma vez mais e cada vez com mais ressentimento, sobre como se deveria ter "impedido" a revolução de 1789. Essa bisbilhotice reacionária tem de qualquer modo um lado interessante; o conservadorismo monárquico tocou no nervo de uma política de predomínio que aprendia cinicamente. O curso de pensamento é muito simples: se a monarquia tivesse esgotado completamente suas capacidades de reforma; se tivesse aprendido a lidar com os fatos da ordem econômica burguesa elasticamente; se tivesse transformado a nova economia em base para a sua política administrativa etc. — então tudo talvez não tivesse precisado se dar como se deu. Os royalistas teriam o direito de, sendo inteligentes, serem os primeiros a admitir que Luís XV e Luís XVI ao mesmo tempo tiveram culpa no desastre por conta de seus erros e de sua impotência política. Com isso, porém, não estariam abdicando de maneira alguma da ideia de monarquia enquanto tal, pois com razão continuariam contando com a possibilidade de um "despotismo capaz de aprendizado". A cabeça politicamente vazia da França no século XVIII permitiu que o poder-saber criasse para si um centro extramonárquico.

Se considerarmos mais atentamente, a cadeia de eventos dos acontecimentos propriamente revolucionários começa com um espetáculo comovente e aflitivo: no último instante, o poder hegemônico procurou, por meio do povo, se aproximar do conhecimento do problema, a fim de uma vez mais tomar nas mãos as rédeas que lhe tinham escorregado pelos dedos. Esse é o sentido daqueles célebres "cadernos de queixas" que acabaram sendo escritos na noite anterior à revolução a pedido da Coroa por cada comunidade e burgo, por mais distante que se encontrassem, para que se soubesse finalmente, nas posições de todas as mais elevadas, quais seriam as necessidades e os desejos efetivos do povo. Em um ato de modéstia patriarcal, no qual o povo desempenhou o seu papel com grande esperança e com o bater do coração erótico-político, a monarquia confessou-se carente de aprendizado. Deu a entender que teria a partir de então toda a boa vontade de também se tornar o centro daquele saber e daquelas necessidades políticas, cuja cisão em um centro revolucionário ela tinha tolerado por tanto tempo. Justamente com isso, porém, a Coroa colocou em jogo a bola de uma causalidade revolucionária, de cuja inércia não havia nenhum ponto de apoio imanente ao sistema.

Nas grandes monarquias continentais do século XVIII, impôs-se outro estilo de governo — um "esclarecimento patriarcal". As monarquias da Prússia, da Áustria e da Rússia possuíam lideranças dispostas a aprender. Assim, fala-se de um Esclarecimento petrínico, fredericiano e josefínico. Por outro lado, por maior que seja a boa vontade, não há como falar de um Esclarecimento ludoviciano. Nos países do "despotismo esclarecido" realizou-se um planejamento de progresso semiconservador que veio de cima; dele provém finalmente o impulso das ideias modernas de planejamento, cujo objetivo é unir por toda parte o máximo de estabilidade social ao máximo de ampliação do poder e da produção. Sistemas "socialistas" ainda atuais trabalham totalmente no estilo do absolutismo esclarecido, que se denomina entrementes de "centralismo democrático" ou de "ditadura do proletariado" e que não significam nada.

O exemplo alemão tem nessas coisas uma proeminência de meia luz. Além disso, o Esclarecimento alemão não possui apenas representantes como Lessing e Kant, mas também aquele Frederico II da Prússia, que se precisa contar entre as cabeças de seu século. Como príncipe, ele foi totalmente um filho da época esclarecida. É o autor de uma obra, *Anti-Maquiavel*, que rejeita a técnica de dominação abertamente cínica da arte política mais antiga. Como monarca, também precisou se tornar a corporificação maximamente reflexiva do saber dominante modernizado. Em sua filosofia política, os novos trajes do poder são costurados, a arte da repressão é instruída no espírito do tempo.[17] O novo cinismo de Frederico permaneceu melancolicamente encoberto, porque ele aspirava a uma integridade pessoal, na medida em que buscou aplicar a política de obediência ascético-prussiana a si mesmo. Com uma consequência formal e, em parte, existencial, transpôs a ideia de serviço para a Coroa, uma vez que designou o rei como "o primeiro servo do Estado". Aqui tem seu ponto de partida a despersonalização do poder que culmina na moderna burocracia.

---

17. "É um esforço inútil querer esclarecer a humanidade. É preciso se contentar por ser por si mesmo sábio, caso se consiga. A plebe, porém, há que abandoná-la ao erro e apenas aspirar mantê-la afastada dos crimes que perturbam a ordem social." (Frederico II da Prússia em carta a d'Alembert, 1770).

Frederico II no ateliê, sentado na escrivaninha, em companhia de um cachorro.

Na melancolia de Frederico se mostra como, no despotismo esclarecido, foi preciso entrar em cena uma certa vibração "trágica", que de resto emprestou a muitos veneradores da Prússia uma identidade sentimental secreta; é ainda dessa vibração que vive a nostalgia atual em relação à Prússia, essa excrescência do romantismo social-liberal dos funcionários públicos. O Esclarecimento alemão, mais do que qualquer outro, pressente em si o rasgo esquizoide; porta em si um saber cujo sujeito real e efetivo ele não pode ser. Absorve conhecimentos, a fim de impedir que esses conhecimentos penetrem nos egos, pois estes passariam a agir inexoravelmente de acordo com eles, contanto que apenas os possuíssem. Nessa melancolia esquizoide, o fio vermelho da história alemã moderna começa a se desenrolar — a desmoralização do Esclarecimento burguês por meio de uma potência hegemônica inteligente.

Otto von Bismarck foi a segunda grande potência cínica da modernidade alemã, uma figura repressiva capaz de pensar em termos extremos. Como criador da "nação atrasada" (1871), foi ao mesmo tempo um homem que tentou mover para trás o relógio político interior em bem uns cinquenta anos. Empreendeu uma negação da evolução em grande medida. Tinha a aspiração de manter os padrões de interdição, que não correspondiam mais ao balanço das fontes de poder em seu tempo. Não reprimiu apenas a vontade política do antigo quarto estado (social-democracia) que vinha havia muito se articulando, mas também a vontade do terceiro estado, do liberalismo burguês. Bismarck odiava o partido Freisinn[18] ainda mais do que os "pelotões vermelhos" da social-democracia. Até mesmo no catolicismo político (centro), ele auscultou a pretensão a um eu político, que provocou a reação de seu cinismo. Denominou de maneira realisticamente desdenhosa o lugar onde esses egos políticos queriam ganhar a palavra, o parlamento prussiano, e, mais tarde, o parlamento imperial, pois as decisões efetivas continuavam sendo tomadas entre ele e o Coroa. Aqui, o fio vermelho do cinismo senhorial alemão transformou-se em uma corda vigorosa. "Raciocinai tanto quanto quiserdes, mas obedecei!": com esta frase começa aquilo que passa pelo "lugar de prosa" da era de Bismarck e que conflui para o parlamentarismo desanimado e caótico da era de Weimar.

Continua sendo necessário ponderar se a difusão da identidade do Esclarecimento em épocas social-democráticas precisa com maior razão progredir. Logo que se tem governos "esclarecidos", intensifica-se a tensão esquizoide no interior do sujeito do poder; ele precisa cindir seu próprio saber sobre o esclarecimento e se inserir no realismo melancólico

---

18. Traduzido literalmente, *Freisinn* significa *sentido livre*. O termo aponta para um partido liberal de esquerda que possuía uma relação com o legado do imperador Frederico II. [N.T.]

Dança política dos ovos. E. Schalk, caricatura de Bismarck como ministro de conflitos. *Frankfurter Latern*, 1863.

do ato de governar — aprender a arte do segundo maior mal. Nenhuma mera consciência moral e nenhuma fidelidade de princípio conseguirá se haver com os realismos intrincados do exercício do poder. Não foi de maneira não intencional que expliquei no Prefácio que a crítica da razão cínica seria uma meditação sobre a sentença "saber é poder". Essa foi uma palavra de ordem da antiga social-democracia; assim, essa crítica como um todo conduz para uma fundamentação *e* para uma suspensão *meditativas* daquilo que constitui o cerne da social-democracia: a razão política pragmática. Como pragmática, ela respeita o dado contra o qual, enquanto razão, ela se revolta, tanto agora quanto antes. Apenas sob o signo de uma crítica do cinismo é possível se lançar para além da contraposição já esgotada entre teoria e práxis; só ela pode deixar para trás a dialética escolar entre "ideal" e "realidade efetiva". Sob o signo de uma crítica da razão cínica, o Esclarecimento pode renovar suas chances e permanecer fiel ao seu projeto mais íntimo: transformar o ser por meio da consciência.

Prosseguir o Esclarecimento significa preparar-se para que tudo aquilo que é mera moral na consciência seja alijado pelo amoralismo inevitável do real e efetivo. Não é isso que a social-democracia está aprendendo hoje, na medida em que, quase contra a sua vontade, é tomada pela grande dialética?[19] Essa dor com o aprendizado é um dos três grandes fatores que levam o Esclarecimento atual a se autodesmentir.[20]

O Esclarecimento vivencia a sua principal ruptura frente ao cinismo político das potências hegemônicas. Pois saber é poder, e o poder, que se encontra sob as contingências da luta, conduz à divisão do saber entre aquilo que é passível de ser aprendido e aquilo que não é o é. É só superficialmente que isto se mostra como oposição entre "realismo" e "idealismo". Em verdade, um realismo esquizoide e um realismo antiesquizoide se encontram aqui contrapostos. O primeiro parece sério, o segundo, impertinente. O primeiro assume a responsabilidade por aquilo que não é responsabilizável; o segundo entra em cena de maneira irresponsável em nome daquilo que é responsabilizável. O primeiro quer, ao menos é o que diz, assegurar a sobrevivência; o segundo gostaria de salvar a dignidade vital da vida diante das excrescências do realismo do poder.

II. Rupturas do Esclarecimento

Ao lado da principal refração ao Esclarecimento na política reflexiva das potências hegemônicas, que aspiram conscientemente a uma conservação da ingenuidade, observamos outras refrações e heterogeneidades do desenvolvimento, nas quais o Esclarecimento chega até as raias de se autodesmentir.

---

19. Dito de maneira menos festiva, pela grande confusão, pela ambivalência do factual.
20. Paralelamente, darei expressão ao comprometimento histórico da alternativa marxista (p. 184 et seq.) e ao turvamento do conjunto da atmosfera psicológico-social (p. 245 et seq.).

1. A refração temporal

Esclarecimento é um processo no tempo, uma forma de evolução. Ele consome um tempo de vida junto a indivíduos, um tempo processual junto às instituições. Nada lhe acontece da noite para o dia, apesar de ele conhecer saltos e despertares abruptos. Dificilmente previsível é o seu ritmo, e ele varia infinitamente segundo as condições e resistências internas e externas. De acordo com a imagem da chama, sua energia é a mais intensa possível no centro, para se apagar na periferia. Partindo dos pioneiros e mestres da inteligência reflexiva na filosofia e nas artes, seu impulso se quebra de início no meio da inteligência, que possui inteiramente sua inércia, em seguida no mundo do trabalho e da política social, mais além nas inúmeras esferas privadas cindidas do universal, até ressoar, por fim, na pura miséria, não mais passível de esclarecimento.

O Esclarecimento conhece biograficamente muitos estágios e níveis, apresentados antes nos movimentos esotéricos de maneira patente; na antiga maçonaria encenou-se uma escala hierárquica da iniciação, que representava analogamente a sequência de amadurecimento, reflexão, exercício até a iluminação. Esse sistema de níveis biográficos imprescindível do Esclarecimento como *iniciação* foi corrompido na pedagogia moderna; ele só continua vivo na ordem dos níveis do sistema cultural e na série das classes anuais e semestrais. Os planos de aula das escolas modernas são paródias da ideia de desenvolvimento. Na antiga Universidade Humboldt, com a sua relação "autoritária" entre corpo docente e discente e com suas liberdades estudantis, existia ainda um pressentimento daquela firmeza biográfica e uma chance para a iniciação pessoal no saber. No sistema cultural moderno, a ideia do conhecimento corporificado decai nos docentes, assim como nos estudantes. Os professores não são "confessores", mas chefes de treinamento em cursos de aquisição de um saber distante da vida. As universidades e escolas exercem um jogo de papeis esquizoide, no qual uma juventude desmotivada, inteligente, mas sem perspectivas, aprende a recolher os padrões gerais de uma ausência de sentido esclarecida.

Na refração temporal do Esclarecimento, distinguimos uma dimensão biográfica e outra sociológica. Cada nova geração precisa novamente de tempo, para elaborar em seu ritmo aquilo que foi alcançado. Mas como a

4. Depois dos desmascaramentos: crepúsculo cínico

George Scholz, *Camponeses industriais*, 1920.

cultura esquizoide trabalha com vistas a uma despersonalização do Esclarecimento, ou seja, com vistas a um Esclarecimento sem esclarecedores corporificados, emerge das escolas modernas um único grande suspiro. Para os jovens, o "aparato do esclarecimento" vem ao seu encontro a partir da posição de um adversário. Se não houvesse professores que se empenhassem desesperadamente pelo Esclarecimento apesar da aula e que investissem sua energia vital, apesar das condições, nos processos pedagógicos, não haveria mais quase nenhum estudante que conseguiria experimentar o que afinal estaria efetivamente em questão em uma escola. Quanto mais sistematicamente a educação é planejada, tanto mais ela depende do acaso ou da sorte, se é que a educação ainda pode acontecer efetivamente como iniciação na vida consciente.

Na refração temporal sociológica do Esclarecimento, é a "província", tanto no sentido concreto quanto no metafórico, que resiste ao impulso do Esclarecimento com a sua inércia. Província significa adaptação a repressões e rigores, que já não existem mais "propriamente".

Somente no circuito vazio que vai do hábito para a autorrepressão é que eles continuam efetivos — sem necessidade. É somente na era do Esclarecimento avançado que se consegue pressentir pela primeira vez o quão mortal é a miséria sem substância, o quão lastimável é uma infelicidade ultrapassada. A província acompanhou a modernização, sem tomar parte na liberalização; foi junto com esse movimento e, contudo, ficou para trás. Com certeza, essa imagem vem se modificando hoje. Distingue-se uma inversão relativa das tendências da consciência citadina e da consciência provinciana; certos sinais deixam claro que um lerdo ficar-para-trás não é o mesmo que um não-querer-mais-acompanhar inteligente. Uma nova consciência provinciana acentua o fato de que o Esclarecimento não pode prescrever para si mesmo em todos os tempos uma aliança cega com o complexo industrial, técnico e científico-natural, ainda que esse complexo tenha sido o seu acompanhante inseparável há séculos. O ápice social do Esclarecimento aponta hoje para uma relativização daquele Esclarecimento técnico, cujo desencadeamento deu início à fase turbulenta de nossa história. Descobrem-se nele rastros míticos, sonhos de um domínio da natureza mágico-racional, fantasias de onipotência por parte dos engenheiros políticos. Na cultura tecnológica realizam-se imperialismos citadinos. Multiplicam-se as vozes de grandes pesos teóricos — de Toynbee até Wittfogel — que tramam um pressentimento de que o futuro das civilizações urbanas e industriais uma vez mais poderia se chamar *província*.[21]

---

21. Cf. também *Zukunft als Provinz* [Futuro como província], ensaio de Peter Jirak, In: *Frankfurter Hefte*, ano 33, caderno 4, abril de 1978.

2. A ruptura partidária

Quem pergunta sobre o sujeito político do Esclarecimento, cai bem no meio de um matagal. A divisão dos temas do Esclarecimento entre o liberalismo e o socialismo, que se ramifica por seu lado em correntes comunistas autoritárias, social-democráticas e anarquistas, toca em algo fundamental. Cada um desses partidos sempre requisitou para si intensamente uma relação particular, ou seja, uma identidade íntima com o Esclarecimento e a ciência. O liberalismo já porta no nome não apenas a liberdade econômica, mas também a liberdade civil e a liberdade de pensamento; a social-democracia se apresenta há muito tempo como o partido da direção racional dos desenvolvimentos sociais; e o comunismo leva a melhor, na medida em que se apresenta como a corrente na qual a determinação partidária e o conhecimento da verdade se unificaram. Em quem se deve acreditar? Certamente, àquele que ainda é livre, não resta o suficiente outra coisa para formular a questão senão o empenho da própria reflexão, com o que surge potencialmente um novo partido do Esclarecimento, o partido da "opinião própria". Quem fosse suficientemente livre para isso também seria sem dúvida alguma possivelmente livre o suficiente para dar razão ao impulso antipartidário do anarquismo, que ataca todos os partidos como sucedâneos do Estado e os supõe como mecanismos de embrutecimento e como aparatos de requisição de um "gado votante". Assim, a bela expressão dialética acerca da "verdade e da partidariedade" permanece uma bolha de ar — até se ter descoberto um partido imparcial, que sirva ao interesse vital geral, na medida em que interfere nos mecanismos cegos da autodestruição.

3. A ruptura setorial

Em particular os impulsos avançados para o Esclarecimento que se baseiam nas ficções da clara autoconsciência, da natureza e da identidade, têm ainda hoje contra si grandes poderes sociais, que trabalham com essas ficções. Pode-se mostrar esse fato facilmente junto ao esclarecimento das psicologias profundas que recaiu em uma luta de dois fronts com outras frações do Esclarecimento; nessa luta, essas facções erigiram formalmente o negócio do Contra-Esclarecimento. Por um lado, a psicologia do inconsciente foi ininterruptamente "refutada" pelo cientificismo e pela medicina científico-natural, assim como acusada de mitologia; por outro lado, foi denunciada pelo marxismo oficial como sintoma de uma decadência burguesa irracionalista.

De fato, Esclarecimento psicológico e político são adversários, na medida em que não apenas concorrem pela energia livre dos indivíduos, mas com frequência também dão com a cabeça um no outro no que concerne ao mesmo ponto em discussão. Tão logo as determinações partidárias se coagulam e se transformam em identidades, de tal modo que indivíduos não *tomam* simplesmente partido, mas se *tornam* partidos, a reflexão psicológica acaba necessariamente trabalhando de maneira dissolutora em tais ingenuidades artificiais. A partir de então, ela assume o papel de um Esclarecimento importuno. Inversamente, o Esclarecimento psicológico se mostra sob uma luz oblíqua, quando começa a se tornar visão de mundo, escola de opinião, ideologia, e, sim, seita. Observa-se esse fato em muitas querelas e dogmatismos lastimáveis de uma nova ortodoxia psicológica, exatamente como nos enrijecimentos e nas delimitações de uma subcultura psicologizante. Tudo isso fica constrangedor, quando psicólogos, como C. G. Jung, procuram agradar correntes políticas como o fascismo a partir de uma mistura de ambição e ingenuidade. Ao invés de oferecer uma psicologia da autoridade e uma radioscopia do masoquismo político, os diretores de escola dos movimentos psicológicos tendem a degustar até mesmo as benesses da autoridade e a utilizar mecanismos masoquistas a seu próprio favor.

4. A ruptura das inteligências

Acabei de indicar o fato de a aliança do Esclarecimento com o processo de civilização técnico-científico-natural não ser mais nenhuma aliança inequívoca. A filosofia do Esclarecimento ainda hesita em resolver a ligação forçada e busca uma nova relação com as ciências. A equiparação entre razão e ciência é poderosa demais para que a filosofia, caso ela não queira destruir a si mesma, possa simplesmente colocar de lado os padrões das ciências. E, contudo, os sinais do tempo falam a favor de um crepúsculo dos ídolos do cientificismo. Desde o Romantismo europeu, as assim chamadas correntes irracionalistas se opuseram sempre e cada vez mais ao processo do racionalismo moderno; mesmo o presente vivencia tal onda de antirracionalismo, na qual se misturam temas ligados a uma "outra razão" — temas ligados à lógica do sentimento e à mística, à meditação e à automeditação, ao mito e à imagem de mundo mágica. Seria com certeza um esforço vão querer separar aqui o joio do trigo. É preciso que se revele quais são os impulsos que sobreviverão à moda. Logo que o sincretismo americano tiver tido o seu tempo mesmo entre nós e o primeira comichão do vale tudo tiver se esmaecido, os estímulos da clareza talvez venham a ser uma vez mais apreciados. A longo prazo, misturas obscuras não são desejáveis; onde "tudo é aceitável", tudo se torna indiferente, mas é preciso passar por isto.

Para além da mecânica dos movimentos pendulares entre fascinação e enfado, continua existindo para o Esclarecimento a tarefa de indicar para as ciências um lugar reservado na cultura. O pressuposto para tanto seria uma clarificação da relação entre os gêneros da inteligência — em particular entre aqueles tipos diversos de inteligência, que se contrapõem mutuamente como ciência e como sabedoria, como erudição e como presença de espírito.

A divergência entre os gêneros de inteligência, que só se acham aparentemente sintetizados na razão moderna sob o signo da unidade da racionalidade, se tornou há muito tempo inabarcável. O que Georg Lukács, por exemplo, atacou como o "irracionalismo" no pensamento burguês moderno, a chamada "destruição da razão", contém um movimento de libertação totalmente justificado em seu impulso fundamental que, em relação à hegemonia racionalista-científico-natural, concerne a "outro" tipo de inteligência. Terrível, nesse caso, é apenas o fato de o irracionalismo de Klages a Bergson, ter se levado a sério demais. Ele se cruzou com suas pretensões sérias e entoou tons sacerdotais pesados, onde uma grande palhaçada filosófica teria sido claramente correta. Encontra-se com frequência na literatura marcadamente irracionalista uma mistura de melancolia e arrogância teorizante. De qualquer modo, Bergson escreveu ao menos sobre o riso.

A compulsão burguesa à seriedade estragou as possibilidades satíricas, poéticas e irônicas do irracionalismo. Quem vê o "outro" também deveria ser de outro modo. No entanto, quem expõe aquilo que "concebeu" para além da racionalidade mais restrita, precisamente com a pretensão de validade de conhecimentos maximamente sérios, corrompe os dois, o irracional e o racional. Assim, Gottfried Benn tocou no cerne do irracionalismo oracular, ao dizer: na Alemanha, pensadores que não estão linguisticamente à altura de sua imagem de mundo costumam ser chamados de videntes.

O conservadorismo íntegro estava consciente de muitos desses fatos há muito tempo. Sob as lamúrias com frequência demagógicas acerca do progresso mau, ele manteve a intelecção de que o modo moderno do saber tem pouco em comum com aquele estado da maturidade humana, que a tradição de todos os grandes mestres designa como sabedoria. A sabedoria não é dependente do estado do domínio técnico do mundo; ao contrário, esse domínio pressupõe a sabedoria, quando o processo da ciência e da técnica se direciona a estados desvairados — tal como temos hoje diante dos olhos. Com o auxílio das inteligências budistas, taoístas, cristãs primitivas, indianas e indígenas não é possível construir nenhuma linha de montagem e nenhum satélite. No entanto, no tipo de saber moderno se acha ressequida aquela lucidez vital, na qual os antigos mestres da sabedoria se inspiraram para falar de vida e morte, amor e ódio, oposição e unidade, individualidade e cosmos, masculino e feminino. Entre os mais importantes temas da literatura sobre a sabedoria está uma advertência ante a falsa inteligência, ante o saber cerebral e o eruditismo, ante o pensamento no poder e a intelectualidade arrogante.

III. A lembrança de portas semiabertas

Apesar de todos os obstáculos, quebras e dúvidas em relação a si mesmo, o Esclarecimento liberou no curso do seu desenvolvimento um poderoso potencial reflexivo. Mesmo na fase atual de desmoralização, isso é inconfundível. A expansão científica, a psicológica e a escolar, abrangendo grandes âmbitos sociais da vida, transportou fortes meios reflexivos, acima de tudo para as cabeças das camadas inteligentes e da estrutura política média. A difusão do poder no Estado moderno produziu a propagação extraordinária de saber-poder, o que elevou ao mesmo tempo o cinismo do saber-poder, como acabamos de esboçar, ou seja, a autodenegação da moral e a cisão de intelecções não vivenciáveis, a uma mentalidade coletiva difusa. Aqui retomamos a tese inicial: o desconforto na cultura aparece hoje como um cinismo difuso universal.

Com a difusão do cinismo e a sua transformação em mentalidade coletiva da inteligência no campo de gravitação do Estado e do saber-poder, as bases morais tradicionais da crítica à ideologia entraram em colapso. Há muito tempo, tal como Walter Benjamin constatou no aforismo de 1928 (conferir Prefácio), os críticos se fundiram com o criticado, e toda e qualquer distância que teria sido criada pela moral foi perdida por meio da indiferença geral em meio à imoralidade, à moral parcial e à moral do mal menor. Os homens cultos e informados de hoje, sem quaisquer abalos, tomaram conhecimento dos padrões essenciais da crítica e do procedimento de desmascaramento. A presença de tais padrões críticos é hoje notada mais como uma contribuição para a complicação triste das relações mundanas do que como impulso para uma automeditação existencial. Portanto, quem ainda é hoje esclarecedor? Por si só, a questão é quase direta demais, colocando de forma branda.

Não há, em uma palavra, apenas uma crise do Esclarecimento. Há também, em última instância, uma crise da práxis esclarecida, do *engajamento* esclarecedor. Expõe-se hoje a palavra "engajado" com uma mistura de reconhecimento e indulgência, como se ela fosse uma sedimentação frágil oriunda de uma camada psicológica mais recente, que só se pode tocar com grande cuidado. Tudo se dá como se nossa simpatia estivesse menos voltada àquilo pelo que alguém se engaja do que para o próprio engajamento, em sua raridade e em sua ingenuidade frágil. Quem não experimentou isso a partir de seus sentimentos ante os assim chamados "movimentos alternativos"? Algo semelhante se mostra na França, onde a geração da inteligência mais jovem, *après* Sartre, sente se dissolverem os antigos fundamentos do moralismo político que constituíram a identidade de esquerda. Engajamento? "Ocorre na torre de marfim. Lá os engajados se sentam ativamente." (Ludwig Marcuse)

Na medida em que o bastão moral fundamental do Esclarecimento se desfaz, uma vez que o Estado moderno verga e transforma os esclarecidos em funcionários públicos, as perspectivas daquilo que se chamava anteriormente engajamento se desvanecem. Quando alguém quer começar a me "agitar" esclarecedoramente, a primeira coisa que vem à cabeça é de fato um cinismo: a pessoa em questão deveria cuidar de sua própria merda. Isso reside na natureza das coisas. Em verdade, não se deve com boa vontade ferir sem razão; mas a boa vontade deveria muito bem ser um pouco mais inteligente e me poupar o ridículo de dizer: eu já sei isso. Pois eu não gosto que me perguntem: por que você não faz isto?

É assim que as coisas se encontram desde então: o esclarecedor "engajado" arromba portas que não estavam, em verdade, corretamente abertas, mas que não precisavam mais ser arrombadas. Pode-se chegar ao ponto de saber, no cinismo, mais sobre os estados morais do que no engajamento. Desde Erich Kästner, o tom da sátira moderna esclarecida foi "entalhado" reflexivamente e ganha a plataforma com um *efeito* melancólico cheio de coqueteria, se é que esse mesmo tom ainda se dispõe efetivamente a ser empregado. Os produtores da diversão de hoje são tudo menos engajados; e podem se valer do encarecimento do riso, uma vez que imbecilidades estão mais bem afinadas com o espírito do tempo do que a boa e velha sátira; os últimos governantes biônicos da crítica à ideologia são imbecis inspirados como Otto, no qual se encontra pouca sociologia, mas muita presença de espírito.

Ao lado do "engajamento", encontramos em nossa lembrança algo com o qual ela se confunde, outra sedimentação recente: a experiência que ainda nem se acha ressequida do movimento estudantil, com os seus altos e baixos de coragem e depressão. Esse sedimento da história da vitalidade política, de todos o mais jovem, forma um véu adicional sobre o antigo sentimento de que algo deveria acontecer com este mundo. A dissolução do movimento estudantil precisa nos interessar, pois ela representa uma metamorfose complexa de esperança em realismo, de revolta em melancolia inteligente, de um grande *não* político em um pequeno *sim* subpolítico com uma miríade de facetas, de um radicalismo da política em um curso médio de um existir inteligente. Não acredito propriamente no fim do Esclarecimento, simplesmente porque houve um fim de espetáculo. Se tantos esclarecedores desiludidos se acham melancólicos, então isso significa que eles cospem na escarradeira da esfera pública tudo aquilo que, em fúria e tristeza, os impediria de continuar empreendendo o esclarecimento. Somente homens corajosos sentem que foram desencorajados; só esclarecedores notam algo, quando está escuro; só moralistas podem ser desmoralizados. Em uma palavra: ainda estamos aí. Leonard Cohen escreveu um verso lírico que poderia se mostrar como a canção de luta de um Esclarecimento que se tornou silencioso: *Well, never mind: we are ugly, but we have the music.* ("Chelsea Hotel N. 2").

Não é a primeira vez que uma inteligência alemã voltada para o Esclarecimento se encontra em tal estado crepuscular, no qual as portas estão entreabertas, os segredos são desvendados e as máscaras são parcialmente retiradas — e onde, apesar disso, a insatisfação não estaria disposta a se arrefecer. Na Seção Principal Histórica, gostaria de descrever o "sintoma weimariano" como o espelho de época temporalmente mais próximo no qual podemos olhar. Já na República de Weimar, a inteligência avançada tinha alcançado um estágio de reflexão em que a crítica à ideologia se tornou possível como jogo social e no qual todos tiveram a oportunidade de retirar de cada qual a máscara diante do rosto. Desse nível de desenvolvimento provém a experiência da "total suspeita de ideologia", da qual tanto se falou depois da Segunda Guerra Mundial, e da qual se falava pois desejava-se bastante escapar do jogo sério desta crítica.

Quando se veste por um instante rapidamente a camisa preta do juiz, encontra-se um campo rigidamente estruturado com jogadores conhecidos, movimentos de jogo fixados e faltas típicas. Cada partido desenvolveu movimentos de jogo firmes, quase já combinados, em sua crítica; os religiosos criticam os não religiosos e vice-versa, por mais que cada partido tenha em seu repertório uma metacrítica para a crítica à ideologia do lado oposto; os movimentos de jogo característico do diálogo entre marxistas e liberais se acham amplamente fixados, exatamente como os movimentos entre os marxistas e os anarquistas tanto quanto os movimentos entre os anarquistas e os liberais; nesse diálogo, conhece-se o grau aproximado de penalidade para a falta dos anarquistas e para a depressão adequada junto aos liberais e aos marxistas depois da publicação dos anos de pena; sabe-se de maneira muito boa o que cientistas naturais e cientistas humanos têm a se censurar; até mesmo a crítica à ideologia que militares e pacifistas fazem uns aos outros ameaça estagnar, ao menos no que concerne aos traços criativos da crítica. Para a crítica à ideologia, portanto, o título do filme sartriano, que já tem agora quase cinquenta anos, é mais do que pertinente: o jogo acabou.

IV. *Elegia marxista: Althusser e a "ruptura" em Marx*

Nas experiências feitas a partir de movimentos marxistas "ortodoxos", no leninismo, no stalinismo, no Vietcong, em Cuba e no movimento do Khmer Vermelho, uma grande parte do lusco-fusco cínico atual teve a sua origem. No marxismo vivenciamos o colapso daquilo que prometia se tornar "o outro racional". Foi o desenvolvimento do marxismo que, na ligação do Esclarecimento com o princípio da esquerda, utilizou uma alcunha que não tem mais agora como ser negada. A degradação do marxismo em ideologia de legitimação de sistemas despóticos disfarçadamente nacionalistas e abertamente voltados para a conquista de hegemonia arruinou o tão afamado princípio esperança e estragou o prazer na história que, sem esse princípio, se tornou difícil. Também a esquerda aprendeu que não se pode falar muito tempo de comunismo, como se não houvesse comunismo algum e como se se pudesse de maneira isenta começar novamente.

Indiquei no Quarto Desmascaramento a estrutura dupla peculiar do saber marxista: trata-se de um composto de teoria emancipadora e coisificante. A coisificação distingue todo saber que aspira ao domínio sobre as coisas. Nesse sentido, o saber marxista foi desde o princípio um saber de dominação. Muito antes do marxismo ter alcançado teórica ou praticamente o poder em qualquer lugar, ele já fazia manobras, no estilo perfeitamente "político-real", para inserir-se como potência hegemônica ante a tomada do poder. Ele sempre se mostrou como um ditado por demais exato da "linha correta". Ele sempre aniquilara colericamente toda e qualquer alternativa prática. Ele sempre tinha dito para a consciência das massas: "Eu sou teu senhor e libertador, tu não deves ter nenhum outro libertador ao meu lado! Toda e qualquer liberdade que tu tomares em algum outro lugar não passará de um desvio pequeno-burguês." Na relação com outras tendências do Esclarecimento, o marxismo também assumiu aquela posição que corresponde a uma "superfície refletora". Os quadros intelectuais estudantis do marxismo se comportaram como as sessões de censura dos ministros do interior e da segurança policial burgueses que, em verdade, estudavam tudo aquilo que os esclarecedores não marxistas produziam, mas censuravam tudo aquilo que apenas se aproximava da suspeita do não-conformismo.

Louis Althusser, a antiga cabeça teórica do Partido Comunista Francês, há cerca de uma década desencadeou inquietações ao expor a opinião de que, na obra de Marx, seria possível constatar uma "ruptura teórico-científica", uma transição de uma ideologia humanista para uma ciência estrutural anti-humanista, transição essa que ocorreu entre a obra de juventude e a obra do período de maturidade. Essa ruptura que Althusser, como um dos melhores conhecedores de Marx da atualidade, tinha notado teoricamente, parece ter se reencarnado em sua própria personalidade. Ele adoeceu em certa medida daquilo que viu. Essa ruptura foi o seu lugar científico, o seu lugar político, o seu lugar existencial. Como Althusser concebia Marx simpaticamente, a ruptura entre a teoria e a existência marxistas se gravara claramente com uma profundidade simbiótica em sua doutrina e em sua vida. Althusser — podemos ousar enunciá-lo assim —, foi destruído por este conflito. Durante anos, a contradição entre sua competência filosófica e sua lealdade em relação ao Partido Comunista tinha consumido seu trabalho teórico, assim como sua existência. Casado com uma socióloga de "orientação bolchevique", ele foi perseguido pelo conflito entre ortodoxia e conhecimento, entre fidelidade e liberdade, até o cerne de sua vida privada. Althusser reconheceu que Marx, em certo aspecto, não era mais ele mesmo, Marx, e que uma ruptura, uma ambiguidade teria atravessado sua obra, tornando sempre uma vez mais difícil alcançar a sua validade teórica e prática. Em sua lealdade à verdade *e* ao Partido Comunista, Althusser também não foi mais capaz de permanecer Althusser. Assim, o filósofo marxista mundialmente famoso matou em 16 de novembro de 1980 sua mulher Hélèna em um, como se diz, ataque "psicótico" de perturbação, talvez num daqueles estados de desespero em que não se sabe mais onde começa o outro e onde termina o eu — onde se desfazem os limites entre autoafirmação e destruição cega.

Quem é o assassino? É Althusser, o filósofo, que assassinou a si mesmo pelo desvio que passava por sua mulher, a "dogmática", a fim de pôr um fim no estado de tensão que impediu o filósofo de chegar algum dia propriamente à vida? Trata-se do assassinato libertário de um preso, que matou em legítima defesa interior aquilo que o matou? Foi um assassinato de Althusser, o célebre, que só conseguiu destruir sua própria identidade falsa, sua falsa fama, sua falsa representatividade por meio da imersão na esfera cínica da criminalidade? Assim como a psicologia conhece suicidas que no fundo são assassinos de um outro, também há assassinos que no fundo são suicidas, na medida em que eles aniquilam a si mesmos no outro.

Quero tentar interpretar a "ruptura" althusseriana de uma forma diversa da que ele mesmo interpretou, por mais que ouça seu exemplo e a linguagem de seu ato. Gostaria de estabelecer um memorial para o filósofo, reconstruindo o seu conhecimento de Marx — a ruptura real e efetiva na teoria marxista. Trata-se de um memorial para um assassino que tornou visível com uma violência confusa essa ruptura, que não pode levar ao desaparecimento de nenhuma vontade de mediação, de nenhuma lealdade e de nenhum medo da cesura.

Na obra marxista, não há uma ruptura entre uma fase "ideológica" e uma "científica", mas uma ruptura entre duas modalidades da reflexão — uma reflexão *kynikē*-ofensiva, humanista, emancipatória e uma reflexão objetivista, cínico-senhorial, que escarnece da aspiração à liberdade de outros no estilo de uma crítica à ideologia funcionalista. Marx tinha por um lado algo do rebelde; por outro, algo do monarca; sua metade esquerda se assemelhava a Danton, enquanto sua metade direita lembrava Bismarck. Como Hegel, que portava em si uma dupla natureza semelhante de revolucionário e político, ele é um dos maiores pensadores dialéticos porque nele se encontrava efetiva uma polêmica interna terrível no mínimo entre duas almas pensantes que se esfalfavam uma na outra. A tragédia teórica e existencial de Althusser iniciou-se no momento em que ele tomou o partido do Marx "da direita", que ele descobriu nos escritos marxistas *posteriores* à assim chamada *coupure épistémologique*. Trata-se daquele Marx da "política real", em relação ao qual Althusser pressupõe uma "teoria real" do capital absolutamente "científica", purificada de todas as sentimentalidades humanistas: esse é o sentido de sua "leitura estrutural".

A obra do jovem Marx se funda nas impressões da lógica hegeliana, com a qual ele combateu o próprio idealismo hegeliano. Trabalho e práxis são os conceitos-chave, com os quais é possível encontrar hegelianamente um caminho para fora da cápsula do sistema. Eles prometem um ponto de partida científico de um novo tipo, uma empiria que não recai por trás das posições maximamente elevadas de uma reflexão filosófica. Com esses conceitos de trabalho e de práxis, que se unificaram no conceito patético da política, a geração do hegelianismo de esquerda conseguiu se lançar para além do seu mestre. Desse espírito surgiu uma crítica social vigorosa, agressiva, que se compreendia como "humanismo real", como uma virada para o "homem real e efetivo".

A genialidade do jovem Marx se mostra no fato de ele não ter se dado por satisfeito com uma virada do "sistema" hegeliano para a "crítica" humanista pós-hegeliana. Sua polêmica mais intensa dirigiu-se, por isso, de início contra a sua maior tentação, que ele compartilhou com a sua geração da inteligência: a tentação de se cristalizar em uma mera "crítica crítica". Ele sentiu e racionalizou o seu faro para o fato de uma teoria crítica vigorosa precisar se apossar mesmo do mundo do objeto e da realidade efetiva, a fim de concebê-la, tanto positiva quanto criticamente. Esse impulso fundamenta entre outras coisas sua virada para a economia, empreendida em sua figura burguesa ingênua, a fim de excedê-la com uma teoria refletida. A expressão esmaecida "processo de aprendizado" não chega a esse drama de uma reflexão criativa. O pensamento de Marx percorreu o caminho do sistema hegeliano até a crítica da economia política, de um conceito contemplativo de teoria para a compreensão de teoria como motor do mundo, da esfera das ideias para a descoberta do trabalho, da antropologia abstrata para a antropologia concreta, da aparência da natureza para a história da autogeração da humanidade. Como teoria da emancipação social, o saber marxista só poderia conquistar validade se ele denominasse ao mesmo tempo um eu das massas, que reconheceria, no espelho dessa teoria, a possibilidade de sua liberdade. Aqui, Marx se transformou no mestre e patrão lógico-histórico do proletariado, que ele identificou como o aluno predestinado de sua teoria. Nele, queria se tornar o grande libertador, na medida em que se ligou como mestre do movimento dos trabalhadores ao curso da história europeia.

Marx, contudo, passou por pelo menos duas vezes de certa forma por cima de cadáveres, o que desperta dúvida em relação à sua pretensão doutrinária e ao seu realismo. Vejo em Max Stirner e em Bakunin os adversários mais íntimos de Marx, porque foram os teóricos que Marx não teve como simplesmente exceder, mas, para colocá-los fora de circulação, precisou efetivamente aniquilar a sua crítica. Pois os dois não representavam outra coisa senão alternativas lógicas e objetivas para as soluções marxistas. Stirner, na questão de saber se e como se poderia romper com a alienação "privada"; Bakunin, na questão de saber se e como se encontraria a "sociedade do futuro livre da alienação". Marx criticou profundamente os dois com um ódio francamente vivissectório. O célebre escrito póstumo *A ideologia alemã*, dirigido em grande parte contra Stirner, contém a confrontação particular mais intensa que Marx e Engels jamais realizaram com um pensador; e a aniquilação de Bakunin foi para Marx uma questão que durou muitos anos. No ódio de Marx aos dois, em seu escárnio e em seu desprezo insondável atuava uma energia que não precisa ser esclarecida ulteriormente por meio das noções de temperamento e de sentimento de concorrência. Os dois lhe mostraram limites sistemáticos de seu ponto de partida próprio — experiências que ele não conseguiu nem integrar, nem simplesmente desprezar. Entraram em jogo aqui reflexões elementares e imperiosas, para as quais não havia, nem deveria haver, nenhum espaço no projeto marxista. Sim, mais ainda, em Stirner tanto quanto em outros representantes da crítica crítica e da "sagrada família", Marx reconheceu algo que também estava atuante nele, algo cujo direito à vida, porém, ele precisou negar, para se tornar *este* Marx. Como a sua metade direita, com o seu lado "realista", de homem de Estado, político-real e de grande teórico, ele reprimiu a metade esquerda, revoltada, vital, meramente "criticista", que veio ao seu encontro nos outros como "posição para si". Em meio à aniquilação crítica de Stirner e Bakunin, em certa medida ele passou por cima de seu próprio cadáver, por cima da parte concreta, existencial, e, sim, em última instância, "feminina" de sua inteligência. Com essa parte, revoltou-se ainda criticamente de maneira realista e concreta contra Hegel; assim, contra esse lado, entra em cena como pensador senhorial, em sua unilateralidade.

Como Marx, Stirner pertence àquela geração jovem alemã, que, no clima da filosofia hegeliana e com o seu treinamento subversivo reflexivo, tinha desenvolvido um faro extraordinário para tudo o que "se passa na cabeça" (Feuerbach, Bruno Bauer, Arnold Ruge, Moses Hess, Karl Grün, Heinrich Heine, etc.).

A lógica de Hegel tinha se apossado de um espaço que não se mostra nem como mero ser nem como mera consciência, mas que tem "algo dos dois em si", e é isso o que significa a figura de pensamento da imediatidade mediada. A palavra mágica da nova lógica é mediação. Podemos traduzi-la com o termo "meio". Há entre ser e consciência algo mais intermediário, que é as duas coisas e no qual desaparece a pseudoantítese entre espírito e matéria; Marx concretizou essa visão em sua teoria do capital.

Digamos de maneira clara: nas cabeças dos homens trabalham historicamente programas de pensamento e de percepção formados que "mediam" tudo aquilo que parte de fora para dentro e de dentro para fora. O aparato cognitivo humano é em certa medida um relé interior, uma estação de comando, um transformador, no qual se acham programados esquemas perceptivos, formas de juízo e estruturas lógicas. A consciência concreta não é nunca algo imediato, mas sempre algo mediado pela "estrutura interior".

A reflexão pode se comportar em relação a essa estrutura interna legada fundamentalmente de acordo com três posicionamentos: pode tentar lhe escapar, na medida em que se "desprograma"; pode se movimentar nela de maneira tão desperta quanto possível; e pode abandonar a si mesma, como reflexão, na medida em que a estabelecemos sobre a tese de que a estrutura é tudo.

Temos de lidar agora com esses três posicionamentos. A ideia de Stirner é a de que podemos simplesmente retirar de nossa mente todas as programações alheias. O que deve restar depois dessa autopurificação total é um egoísmo refletido nu e cru, em certa medida vazio. Se as coisas efetivamente se mostram de tal modo que a sociedade inseriu adestramentos em mim que apontam para "poupar", então minha emancipação, pensada de maneira rápida, certamente precisaria consistir no fato de eu desmontar essas programações alheias em mim. Na consciência egoica, o próprio quer se libertar do desconhecido de um momento para o outro. Stirner tem em vista uma libertação da alienação na própria interioridade. O alheio se aninha em mim. Assim, reconquisto a "mim mesmo", na medida em que me deparo com o alheio. Pode-se ver em muitas centenas de páginas como Marx e Engels se excitaram com essa ideia, no fundo bem simples. Criticam essa posição neoegoísta de maneira aniquiladora — não moralmente, mas epistemologicamente: como uma espécie de autoilusão. Mostram como o Eu de Stirner, aquele "elemento único", que reduziu seu espaço objetivo a nada e se considera como única propriedade de si mesmo, salta para o interior de uma nova ingenuidade, que se revela efetivamente no ponto-de-vista-do-apenas-ainda-eu, tal como um fanfarrão pequeno-burguês. Em Stirner culmina pela primeira vez o anarquismo teórico do século XIX. Stirner realizou uma redução "existencial" ao puro eu — não obstante, ele supõe, nesse caso, de maneira totalmente ingênua, o eu como algo que "há". Segundo Stirner, ainda que eu tenha primeiramente o alheio, a sociedade, e ainda que eu seja primeiramente jogado para fora de "mim", continua havendo um eu próprio e belo, que se regalaria com a "posse" de si mesmo. Com uma ingenuidade radiante, Stirner fala da "propriedade" que o elemento único possui em si mesmo. Só se pode possuir, contudo, aquilo que realmente existe. Encontram-se aqui uma experiência reflexiva válida e uma ingenuidade confusa, uma ao lado da outra, em uma proximidade imediata. A reflexão existencialista com vistas à "própria" consciência é tão realista quanto a transição para a representação da propriedade de si é falsa. A autorreflexão não deixa que reste nada objetivo, que se pudesse possuir.

Marx e Engels desmontam essa construção até o cerne do átomo. Inspirados pelo desprezo, apresentam uma festa da reflexão satírica, que se movimenta de maneira tão desperta quanto possível na estrutura interna da consciência. Na destruição da ilusão stirniana, contudo, destroem mais do que apenas o adversário — eles destroem a si mesmos nele. O modo como o fazem, linha por linha, com uma lógica intensiva, uma filologia minuciosa e um prazer destrutivo terrível: tudo isso é mais do que crítica; trata-se da conjuração de um perigo, da interrupção de uma "outra possibilidade". De fato, o marxismo nunca conseguiu sacudir de si a sombra anárquica e existencialista, que recaía em Stirner. Só em Sartre e Marcuse essa sombra conquistou, em um pensamento inspirado em termos marxistas, uma vez mais uma vida mais densa.

Marx não pertence ao tipo daquele ingênuo-genial que, como Schelling, tem "sua formação diante do público". O volume *A ideologia alemã* permaneceu um texto privado. Não foi publicado antes de 1932. Desde então, a filologia marxista o fez circular como um texto sagrado. No movimento estudantil, foi levado a campo como uma arma antissubjetivista — pelos marxistas "estritos", ele foi usado contra os espontaneístas e as crianças em flor do mundo acadêmico. Em verdade, no entanto, a discrição de Marx e Engels com vistas ao seu mais intenso escrito de crítica à ideologia tinha uma boa razão: *A ideologia alemã* é indiscreta. Pode-se aprender com ela que Marx e Stirner se comportaram, na questão da subjetividade, de maneira simetricamente falsa. Os dois sabiam que a consciência dos homens, tal como a encontramos de início, é "alienada" e precisa ser "apropriada" por uma reflexão paciente. Os dois pensam na dialética do próprio e do alheio, mas nenhum dos dois encontra o ponto médio. Ao contrário, os dois se precipitam em posições alternativas exclusivas. Stirner escolheu o caminho da direita, Marx, o da esquerda. Stirner acha que, em um ato de purificação individualista, é possível suspender a desapropriação. O singular aprende em sua "idade adulta" a se afastar de suas programações internas alheias, de tal modo que ele ao mesmo tempo a tem e não a tem, ou seja, a "mantém" como o seu livre senhor e possuidor. Na medida em que abandona pensamentos e coisas como lhe sendo próprias, elas perdem seu poder sobre ele. Em Stirner, uma autorreflexão realista e um culto ao eu idealista se interpenetram mutuamente. O que podia se mostrar como uma experiência produtiva de um distanciamento interior em relação a adestramentos foi calcificado no stirnerianismo dogmaticamente e transformado em um novo "pensamento curto".

No ponto de partida, a investigação marxista das consciências de classe é igualmente realista. Consciências de classe, imagens de mundo e ideologias de fato podem ser compreendidas como "programações"; elas são mediações, esquemas formadores e formados da consciência, eventos de um processo de formação histórico-mundial de toda e qualquer inteligência. Esse modo de ver abre o caminho para uma análise frutífera de construtos de consciência, que podem se tornar livres em relação à maldição do idealismo ingênuo. Marx e Engels, porém, resvalam para fora do âmbito desse ponto de partida com o seu materialismo "em última instância" *dogmático*. Eles suspendem a subjetividade no processo histórico. Isso se mostra na dureza e no desprezo com os quais Marx trata precisamente seus adversários "existenciais". Nessa brutalidade baseia-se a outra forma da reflexão, uma forma consonante com o caráter senhorial. Onde Stirner conduziu o seu eu revoltado e impositivo até a arena pública, o marxismo produz um revolucionário que utiliza a si mesmo como meio no processo histórico, com o sentimento de uma extrema astúcia e de uma realística refinada. No embate com o *falso singular* de Stirner, surge na teoria marxista o ponto de partida para o *falso ninguém*, aquele revolucionário que ainda será ele mesmo um instrumento encarniçado do fetiche da revolução. Essa é a ruptura que Althusser depreendeu da leitura da obra de Marx depois de *A ideologia alemã*. Já bem cedo, mais tardar desde a polêmica contra Stirner, começa a despontar no pensamento marxista uma tendência para se encadear no processo do desenvolvimento histórico, postura semelhante à de jesuítas revolucionários; e isso a partir da opinião segundo a qual seria possível tanto conhecer quanto subjugar o desenvolvimento. A teoria marxista promete para si domínio, na medida em que pensa o sujeito da teoria como função do desenvolvimento. Por meio da autocoisificação, crê ser possível alcançar a dominação da história. Na medida em que se transforma em instrumento do suposto futuro, ela acredita que pode tornar o futuro o seu próprio instrumento.

Esta lógica esquizoide e cínico-senhorial é historicamente sem par. Só uma consciência extremamente ultradesenvolvida pode se enganar assim. O único pensador em que a autorreflexão alcançou patamares semelhantes de uma autodenegação refinada foi Friedrich Nietzsche, cuja história efeitual é conhecida.

Aqueles comunistas corajosos que, diante da morte certa, prestaram uma falsa confissão nos julgamentos públicos em Moscou e disseram ter conspirado contra "a revolução" — confissão que não tinha sido arrancada apenas por meio de extorsão, mas que possuía também um aspecto de liberdade, na medida em que tais acusados, com suas confissões, queriam afastar da revolução danos ainda maiores do que os danos que lhe haviam sido infligidos por meio da acusação e da execução — escalaram o pico filosoficamente mais significativo dessa autocoisificação refinada. Com conceitos tradicionais como o de "tragédia", a sutileza dessa duplicação de assassinatos judiciários por meio de suicídios não tem como ser apreendida. Trata-se aqui de assassinatos nos quais mesmo no sentido biológico fica claro quem mata quem. Trata-se de assassinatos e suicídios no

O processo contra o "Partido da Indústria" em Moscou.

interior de uma estrutura esquizofrênica, na qual o eu que mata não tem mais como ser claramente distinto do eu que é morto. Certo é apenas que, por fim, os corpos de pessoas inteligentes se acham no chão, estrangulados, alvejados, abatidos. O caso Althusser é com certeza *também* um suplemento para a psicopatologia do marxismo. Ele transcorre no plano da inteligência de uma violência assassina, no qual a revolução devora suas crianças mais espertas, para não falar dos milhões que perderam suas vidas, sem saber exatamente o que tinham propriamente em comum com essa revolução, além de saberem que aquilo que os mata não pode ser totalmente o verdadeiro.

A raiz lógica dessas reversões já tinha sido anunciada pelo jovem Marx em 1843, em uma sentença extremamente lúcida, que ainda se encontra antes do tempo do enrijecimento e, contudo, torna possível pressentir uma tendência já cínica: "não foi por acaso que o comunismo viu surgir contra si outras doutrinas socialistas, uma vez que ele mesmo não é senão uma realização particular, unilateral do princípio socialista" (*MEW* [Obras completas Marx-Engels], 1, p. 344). Na palavra *unilateral* entra em jogo a elevada ironia do marxismo. Quem diz *unilateral* sabe que há e precisa haver no mínimo dois lados. Com isso, quem se fixa em um dos lados, engana a si mesmo e aos outros. Somente um saber que é consumido por uma vontade de poder descomunal pode querer que unilateralidades conscientes passem por verdade. Com isso, ele desmente profundamente o seu próprio *páthos* do conhecimento. E, assim, o comunismo se mostra como aquela vontade de poder que fala demais, antes mesmo de se alçar ao poder. Isso e apenas isso constitui, no plano filosófico, o seu ponto comum com o fascismo.

V. Sentimento vital à meia-luz

O fato de o Esclarecimento desmentir a si mesmo é um resultado da história mais recente, que triturou todas as belas ilusões de um "outro racional". Irremediavelmente, o Esclarecimento precisa enlouquecer junto ao princípio da esquerda, na medida em que esse princípio é na realidade representado por sistemas despóticos. É constitutivo do Esclarecimento preferir o princípio da liberdade ao princípio da igualdade. Ele não pode se colocar cegamente diante do fato de que o socialismo, ao qual pertencem as suas simpatias, quase ter perdido a sua inocência, exatamente como aquilo contra o que ele se dirigia originariamente. O "socialismo realmente existente", tal como o vemos hoje, torna de certa forma supérflua a questão acerca de esquerda e direita. Pois ele se distingue com certeza do capitalismo em formas passíveis de serem reconhecidas, que podem ter suas vantagens e desvantagens. Mas compartilha com o capitalismo, assim como com toda e qualquer ordem político-econômica, a escrita à mão da dura realidade, que nunca pode ser por si mesma de direita ou de esquerda, mas, mesmo sendo feita por nós, é sempre como é. Só a moral pode assumir uma posição à direita ou à esquerda das realidades. A realidade, até onde nos diz respeito, nos é bem-vinda ou odiosa, suportável ou insuportável. E, em face do dado, a consciência tem apenas a escolha de conhecê-lo ou não. É isso que, de maneira suficientemente primitiva, deixa clara a crítica da razão cínica. Não primitiva continua sendo a perspectiva de compreender, a partir daqui, o sentido da desmoralização atual. Só a moral é suscetível à desmoralização, só em relação a ilusões é possível esperar o despertar. A questão é saber se nós não nos aproximamos da verdade na desmoralização.

Nós adentramos de fato o espaço do crepúsculo de uma desorientação existencial peculiar. O sentimento vital da inteligência atual é o sentimento de pessoas que não conseguem apreender a moral da não moral, porque, então, tudo se tornaria "simples demais". Quanto a isso, nenhum homem, a partir de seu interior, sabe como é que tudo deve prosseguir.

Na meia-luz cínica de um Esclarecimento incrédulo, emerge um sentimento peculiar de atemporalidade: nervoso, perplexo, empreendedor e desanimado, preso no puro espaço intermediário, alienado da história, despejado da alegria do futuro. O amanhã assume o caráter duplo de uma insignificância e de uma catástrofe provável; entre uma coisa e outra, transcorre uma pequena esperança de travessia. O passado se transforma ou em uma criança mimada academicamente, ou é privatizado juntamente com a cultura e a história e concentrado no mercado de pulgas em meio às miniaturas curiosas de tudo o que um dia existiu. Em meio a tudo isso, o que há de mais interessante são os currículos de antigamente e os reis desaparecidos — dentre estes em particular os faraós, com cuja vida, eterna como uma morte confortável, nós podemos nos identificar.

Contra o princípio-esperança, apresenta-se o princípio da vida aqui e agora. No caminho para o trabalho cantarola-se "não espere por tempos melhores" ou "há dias em que eu queria ser meu cachorro". Nos bares cooperativos, à noite, o olhar passa por pôsteres, nos quais se encontra escrito: *O futuro foi cancelado por motivo da falta de interesse*. Ao lado, tem-se: *Nós somos as pessoas das quais nossos pais sempre nos advertiram*. O sentimento temporal tardio e cínico é o sentimento da *trip* e do cotidiano cinzento, estendido entre um realismo aborrecido e sonhos diurnos incrédulos, presente e ausente, *cool* ou enrolado, com os pés no chão ou muito doido, de maneira totalmente aleatória. Com maior razão, espera-se por algo que corresponderia ao sentimento de dias melhores, espera-se que algo precise acontecer. E não poucos gostariam de acrescentar: não importa o quê. Sente-se de maneira catastrofal e catastrofílica, sente-se de modo agridoce e privado, quando ainda se consegue se manter livre da proximidade do que há de mais terrível. No entanto, bons exemplos não são fáceis de serem imitados, porque cada caso é outro caso, em particular o próprio. As pessoas ainda se presenteiam com livros e, quando o Papa vem para a Alemanha, se espantam um pouco que ainda haja efetivamente um Papa. Fazem seu trabalho e dizem para si mesmas que seria melhor se enfiar de cabeça no trabalho. Vive-se de um dia para o outro, de férias para férias, de jornais televisivos para jornais televisivos, de um problema para outro, de um orgasmo para outro, em turbulências privadas e em histórias de médio prazo, contraído, relaxado. Por alguns, a gente se sente "tocado". Na maioria das vezes, porém, tudo é indiferente.

Os jornais escrevem que é preciso se dispor para lutar novamente mais pela sobrevivência, que é preciso apertar ainda mais o cinto, abafar as requisições; e os ecologistas dizem o mesmo. Sociedade de direito, *irgit urubus*. A gente faz doações em minutos de fraqueza para a Eritreia ou para um navio que segue para o Vietnã, mas não viajamos para lá. A gente gostaria ainda de ver muitos lugares do mundo e, em geral, "viver um monte de coisas". A gente se pergunta o que fazer em seguida e como as coisas podem continuar assim. No folhetim do tempo, os críticos culturais discutem o modo correto de ser pessimista. Um imigrante do Leste diz para outro: já há muito vejo as coisas tão negras quanto tu as vês. Apesar de tudo isso e de tudo aquilo. Onde chegaríamos se todos se desesperassem? E o outro diz: o tempo do "apesar disso" passou.

Uns tentam há mais tempo concluir sua psicanálise, enquanto os outros se perguntam há muito tempo se podem por ainda mais tempo se responsabilizar perante si mesmos por não fazerem psicanálise alguma; mas também se precisa pensar no fato de que fazer psicanálise custa caro e avaliar quanto o seguro de saúde paga; e se depois disso ainda se pode agir como se acreditava no meio da miséria que se deveria poder; por outro lado, não se estava certo antes se se queria continuar como se estava até aqui. Ah, sim, se evidenciou, além disso, que cozinhar bem não é nenhuma traição e que essa história estúpida em relação ao consumo e ao dirigir carros não é de maneira alguma tal como se pensa...

Em um tal tempo dos segredos abertos, onde uma pequena economia bacana entalha o pensamento, onde a assim chamada sociedade se dissolve em cem mil cordões de planejamento e improvisação que ignoram uns aos outros, mas que estão ligados uns aos outros por meio de absurdidades de todo tipo — em tal tempo, não pode fazer mal ao Esclarecimento, ou ao que restou dele, meditar sobre suas bases. Para tais meditações, existem há muito tempo exemplos impressionantes. "A esfera pública" foi durante muito tempo um dos temas mais vigorosos do Esclarecimento, renovado, sobretudo em relação com a palavra "experiência", e, mais ainda, com a expressão "contextos vitais", e soava tão agradável ao ser escrita porque se tinha aí a sensação de que, em algum lugar, a vida formaria contextos. E um contexto é naturalmente algo assim como uma promessa de sentido.

Entrementes, contudo, a temporada de caça intelectual ao "contexto vital" caiu em desuso, porque ela representa um ser no mínimo tão raro quanto o Wolpertinger, o coelho que vive na Baviera com o chifre de veado e que os bávaros brincalhões costumavam caçar, quando os veranistas prussianos se mostravam espertos demais e mereciam uma lição. Mas desde o momento em que os prussianos passaram a ficar de fora e a formar por trás de seus dispositivos de autodisparo o seu próprio "contexto vital", a caça ao Wolpertinger, o Esclarecimento especial para prussianos espertos, foi deixado para trás do mesmo modo que o Esclarecimento em geral e o Esclarecimento para não prussianos.

O que fazer então? Na Quinta Consideração Prévia, que introduz os fundamentos propriamente ditos da razão cínica, procurarei denominar uma fonte de esclarecimento na qual se encontra o segredo de sua vitalidade: a impertinência.

5. Em busca da insolência perdida

*Um traseiro hesitante raramente solta
um peido alegre.*
                            Provérbio luterano

*A objeção, a pulada de cerca, a alegre desconfiança,
a gaiatice são sinais de saúde: todo incondicionado
pertence ao domínio da patologia.*
                Friedrich Nietzsche, *Além do bem e do mal*

*Eles puseram suas mãos sobre a minha vida inteira;
que então ela se erga contra eles.*
                    Danton, antes de sua condenação

I. A filosofia grega da insolência: kynismos

O *kynismos* antigo, ao menos em sua origem grega, é insolente por princípio. Em sua insolência há um método que merece ser desvendado. Ao lado dos grandes sistemas da filosofia grega — Platão, Aristóteles e a escola estoica —, esse primeiro "materialismo dialético" autêntico, que era também um *existencialismo*, foi considerado mera peça satírica, um episódio meio cômico, meio sujo: e com isso foi injustamente ignorado. No *kynismos*, descobriu-se um modo de argumentar diante do qual o pensamento sério até hoje não soube o que fazer. Não é grosseiro e grotesco tirar meleca do nariz enquanto Sócrates conjura seu *daimonion* e fala de alma divina? Do que se pode chamar a não ser de vulgaridade essa conduta de Diógenes, que solta um peido contra a teoria platônica das ideias — ou seria a peidice uma ideia que Deus dispensou em sua meditação cosmogônica? Qual o sentido desse mendigo filosofante responder à sutil doutrina platônica do Eros com uma masturbação pública?

Para compreender essa conduta de aparência particularmente provocativa, seria preciso levar em conta um princípio que deu à luz as doutrinas da sabedoria e que era uma obviedade para a Antiguidade, até ser destroçado pelo desenvolvimento moderno. Para o filósofo, homem do amor pela verdade e da vida *consciente*, vida e doutrina devem estar em harmonia. O centro de toda doutrina é o que seus adeptos incorporam dela. Podemos compreendê-la de modo equivocadamente idealista, como se o sentido da filosofia consistisse no fato de o homem estar lançado à busca de ideais inalcançáveis. Todavia, se o filósofo é convocado a viver na própria pele o que ele diz, sua tarefa é, num sentido crítico, bem maior: dizer o que ele vive. Desde sempre, toda idealidade deve se materializar e toda materialidade deve se idealizar a fim de que sejam reais *para nós*, que somos criaturas intermediárias. Uma separação entre pessoa e coisa, entre teoria e prática não é levada em consideração nessa perspectiva elementar — exceto como sinal de um obscurecimento da verdade. Incorporar uma doutrina significa: fazer de si seu *medium*. Isso é o contrário do que se exige no requisitório moralista, uma ação guiada estritamente pelo ideal. Atentando para o que pode ser encarnado, mantemo-nos ao abrigo da demagogia moral e do terror das abstrações radicais, das abstrações não vivenciáveis. (A questão não é: *O que vem a ser a virtude sem o terror?*, e sim: *O que é o terror senão um idealismo consequente?*).

A entrada em cena de Diógenes marca o momento mais dramático no processo da verdade da filosofia europeia em seus primórdios: enquanto, a partir de Platão, a "teoria elevada" desfaz irrevogavelmente os laços da encarnação material para assim entretecer os laços da argumentação o mais densamente possível e assim conseguir criar um tecido lógico, emerge uma variante subversiva da *baixa teoria* que leva ao extremo, numa pantomima grotesca, a encarnação prática. O processo da verdade se polariza: uma falange da grande teoria discursiva de um lado, e de outro, uma trupe de atiradores satírico-literários. Com Diógenes, começa na filosofia europeia a resistência ao jogo viciado do "discurso". Desesperadamente alegre, ele se defende contra a "verbalização" do universalismo cósmico que convocou o filósofo para uma audiência. Seja como monólogo, seja como diálogo, Diógenes fareja na "teoria" a trapaça das abstrações idealistas e a insipidez esquizoide de um pensamento cerebral. Último sofista arcaico e primeiro na tradição da resistência satírica, cria um Esclarecimento rudimentar. Inaugura o *diálogo não platônico*. Aqui Apolo, Deus das luzes, mostra sua outra face, aquela que Nietzsche não percebeu: sua face de sátiro pensante, de carrasco, de comediante. As flechas mortais da verdade alcançam os recônditos onde as mentiras, por trás das autoridades, se julgam imunes. A *baixa teoria* firma aqui pela primeira vez sua aliança com a pobreza e com a sátira.

A partir desse momento fica claro de uma maneira sensível o sentido da insolência. A partir do instante em que a filosofia não é capaz de viver o que ela diz senão de modo hipócrita, é preciso insolência para dizer o que se vive. Numa cultura em que os idealismos empedernidos fazem da mentira a forma de vida, o processo da verdade depende da existência de pessoas suficientemente agressivas e livres ("descaradas") para dizer a verdade. Os governantes perdem a real consciência de si para os loucos, os palhaços, os *kynikoi*; por isso a anedota diz que Alexandre, o Grande, gostaria de ser Diógenes se não fosse Alexandre. Se ele não fosse o louco de sua ambição política, deveria bancar o louco a fim de dizer a verdade para pessoas como ele mesmo. (E se, por sua vez, os poderosos começam a pensar *kynicamente* e, conhecendo a verdade sobre si mesmos, ainda assim "persistem", então cumprem perfeitamente a definição *moderna* de cinismo.)

De resto, somente há alguns séculos o termo alemão *frech* (insolente) ostenta essa conotação negativa. De início, ele indica, como no alemão arcaico, agressividade produtiva, intrepidez diante do inimigo: "corajoso, ousado, vivo, destemido, indomado, ávido". A história dessa palavra espelha a desvitalização de uma cultura. Quem hoje em dia ainda é insolente, o é porque o calor materialista não foi enfraquecido tão efetivamente como gostariam que o tivesse sido aqueles que se sentem importunados pela espontaneidade impolida. O judeu Davi é o protótipo do insolente que provoca Golias: "Aproxima-te que te acerto com mais precisão." Ele mostra que a cabeça não tem apenas orelhas para ouvir e obedecer, mas também uma fronte para oferecer ao mais forte: fronte, afronta, afrontamento.

O *kynismos* grego descobre o corpo animal do homem e seus gestos como argumentos; ele desenvolve um materialismo pantomímico. Diógenes refuta a linguagem dos filósofos com a do palhaço: "Quando Platão, com assentimento do público, definiu o homem como um animal bípede sem penas, Diógenes trouxe em sua escola um galo depenado e disse: 'Eis o homem, segundo Platão.' Eis o motivo do complemento: 'e possui unhas achatadas e largas' (Diógenes Laércio, VI, 40). Eis onde se encontra — e não no aristotelismo — a antítese filosófico-realista do pensamento de Sócrates e de Platão. Platão e Aristóteles são pensadores que se situam do lado dos senhores, mesmo que ainda sobreviva nas ironias e no cacoete dialético do primeiro um resto da filosofia plebeia que Sócrates praticava nas ruas. Diógenes e os seus opõem a isso uma reflexão essencialmente plebeia. Somente a teoria dessa insolência pode estabelecer o acesso a uma história política das reflexões combativas. Isso torna possível a história da filosofia como história social dialética: trata-se da história da encarnação da consciência e de sua divisão.

Todavia, a partir do momento em que, com o *kynismos*, dizer a verdade passa a depender de fatores como a coragem, a insolência e o risco, o processo da verdade vive uma tensão moral até então inédita: chamo-a dialética da desinibição. Aquele que toma a liberdade de se opor às mentiras dominantes provoca um clima de descontração satírica em que se desinibem afetivamente também os poderosos e os ideólogos da dominação — e isso sob o impacto da afronta crítica proveniente dos *kynikoi*. Mas enquanto o *kynismos* sustenta suas "insolências" numa vida de integridade ascética, do lado dos agredidos, o idealismo responde sob a forma de uma desinibição disfarçada de indignação que, no pior dos casos, chega ao aniquilamento. É uma característica essencial do poder que apenas ele possa rir de suas próprias piadas.

II. Mijar contra o vento idealista

A insolência apresenta fundamentalmente duas posições: alto e baixo, poder e contrapoder; em termos mais convencionais: senhor e escravo. O *kynismos* antigo inicia o processo dos "argumentos nus" a partir da oposição, sustentado pelo poder que vem de baixo. O *kynikos* peida, defeca, urina, se masturba em praça pública, diante do olhar do mercado ateniense; ele despreza a glória, menospreza a arquitetura, não respeita nada, parodia as histórias de deuses e heróis, come carne e legumes crus, deita-se ao sol, mexe com as prostitutas e enxota Alexandre, o Grande, para que ele saia da frente de seu sol.[22] O que isso significa?

O *kynismos* é uma primeira réplica ao idealismo ateniense dos senhores, uma réplica que vai além das refutações teóricas. Ele não *fala* contra o idealismo; *vive* contra ele. É bem possível que a entrada em cena de Diógenes se explique a partir de sua competição com Sócrates; as bizarrices de seu comportamento talvez representem tentativas de derrotar, fazendo comédia, o astuto dialético. Mas isso não é tudo: o *kynismos* confere um novo cariz à questão de como se *diz* a verdade.

O diálogo filosófico da academia não reserva um lugar adequado à posição materialista — e não pode fazê-lo na medida em que o próprio

---

22. Trato Diógenes, assim como outros personagens *kynikoi* e cínicos, com atualidade, e não de modo histórico-crítico. A *atualização* cria a possibilidade de uma *tipificação universal* dos motivos *kynikoi* e cínicos.

diálogo já pressupõe uma espécie de compromisso idealista. Lá onde não se faz outra coisa a não ser falar, um materialismo existencial se sente de saída incompreendido. Num diálogo cerebral, aparecerão apenas teorias cerebrais, e uma dialética cerebral se erguerá facilmente acima da briga entre um idealismo e um materialismo cerebral. Sócrates derrota facilmente os sofistas e os materialistas teóricos, mas apenas se consegue atraí-los para um diálogo em que, mestre da contradição, ele é imbatível. Mas com Diógenes, nem Sócrates, nem Platão se dão bem — porque ele lhes fala *também de outro modo*, num diálogo encarniçado. Por isso, nada resta a Platão senão difamar seu adversário estranhamente desagradável e incômodo. Ele o chama de um "Sócrates enlouquecido" (*Sokrates mainomenos*). A sentença tem intenções devastadoras, mas acaba sendo um supremo reconhecimento. A contragosto, Platão situa o rival no mesmo plano de Sócrates, o maior dos dialéticos. Essa indicação de Platão é preciosa. Ela deixa claro que, com Diógenes, algo de inquietante, e todavia necessário, acontece com a filosofia: na filosofia canina do *kynikos* aparece uma posição materialista que está à altura da dialética idealista. Ela possui a sabedoria de uma filosofia originária, o realismo da atitude materialista fundamental e a serenidade de uma religiosidade irônica. Com todas as suas grosserias, Diógenes não é uma figura cristalizada na oposição nem empedernida na contradição; sua vida é marcada por uma certeza de si bem-humorada, dessas que só encontramos em espíritos soberanos.[23]

No idealismo, que justifica a ordem social e a ordem do mundo, as ideias se encontram no topo e brilham na luz de todas as atenções; a matéria vem abaixo, simples reflexo da ideia, uma sombra, uma mancha. Como pode a matéria viva se defender contra essa degradação? Do diálogo acadêmico ela está evidentemente excluída: é autorizada apenas como tema, não como existência. Que fazer? O lado material, o corpo desperto, conduz de modo a prova de sua soberania. A baixeza excluída vai ao mercado público e desafia ostensivamente a elevação. Fezes, urina, esperma!: "vegetar" como um cão[24], mas viver, rir e produzir a impressão de que por trás de tudo isso não há confusão, mas clara reflexão.

---

23. Cf. o quadro de Diógenes no capítulo "Homem-cão". Mostro aí também o lado político e social-crítico do impulso *kynikos*. Entre outras coisas, ele deixa claro por que o *kynismos* é feito sob medida para as atuais potências da resistência social.

24. *Kýon, kynós*, em grego, é cão, por isso um dos apodos de Diógenes e dos cínicos em geral, e uma das etimologias possíveis do termo *kynismos*. [N.E.]

Hércules mijador.

Poder-se-ia objetar que as coisas animais são experiências corpóreas cotidianas privadas, que não merecem um espetáculo público. É possível. Mas não é disso que se trata. Não é apenas a um idealismo do poder levado ao paroxismo, desprezador dos direitos do concreto, que responde esse materialismo "sujo". No *kynikos*, as animalidades são uma parte de sua autoestilização, mas são também uma forma de argumentar. Seu núcleo é existencialismo. O *kynikos*, na condição de materialista dialético, precisa desafiar a publicidade porque ela é o único espaço em que a superação da arrogância idealista pode ser exposta com sentido. O materialismo espirituoso não se contenta com palavras; passa à argumentação material que reabilita o corpo. É verdade que a ideia trona na academia, e a urina verte discreta nas latrinas. Então: urina na academia! Seria o empenho dialético total, a arte de mijar contra o vento idealista.

Levar às ruas o que há de baixo, de discriminado, de privado, significa subversão. Ao mesmo tempo, como veremos, é a estratégia cultural da burguesia que atingiu a hegemonia cultural não apenas pelo desenvolvimento da economia mercantil, da ciência e da técnica, mas igual e secretamente inspirada pelo materialismo, tornando público o privado; seu mundo do amor, dos sentimentos, do corpo e da interioridade com todas as suas complicações sensuais e morais. Há duzentos anos observamos um movimento permanente, sem dúvida sempre contestado, do privado em direção ao público; as experiências sexuais desempenham aí um papel-chave porque nelas se impõe com força exemplar a dialética da separação privada e do retorno público. A cultura burguesa, realista na sua natureza, não pode senão retomar o fio da *revolução cultural kynikē*. Recomeçamos a entender isso hoje; Willy Hochkeppel recentemente mostrou o paralelo entre o *kynismos* antigo e o movimento moderno *hippie* e alternativo.[25]

Elementos neo-*kynikoi*, pelo menos a partir do século XVIII, marcam com seu selo a consciência burguesa do privado e do existencial. Com eles se articula uma prevenção do sentimento vital burguês em relação à política — como uma forma de vida abstrata e erguida à força a falsas alturas. Pois ontem e hoje, a política é, mais do que nunca, isso que os *kynikoi* das cidades gregas decadentes vivenciaram: uma ameaçadora relação de obrigações entre os homens, uma esfera de carreiras duvidosas e de ambições suspeitas, um mecanismo de alienação, a dimensão da guerra e da injustiça social, em suma, esse inferno que nos inflige a existência de outros capazes de exercer violência sobre nós.

A opinião pública da ágora ateniense foi eletrizada pela ofensiva *kynikē*. Apesar de Diógenes não aceitar discípulos propriamente ditos,

---

25. Willy Hochkepel, "Mit zynischen Lächeln. Über die Hippies der Antike" [Com o sorriso cínico. Sobre os hippies da Antiguidade], In: *Gehört gelesen*, dezembro de 1980, p. 89.

seu impulso doutrinário, ainda que apenas subjacente[26], tornou-se um dos mais poderosos da história do espírito.

Quando Diógenes urina e se masturba em praça pública, faz ambas as coisas em uma situação exemplar, porque as faz publicamente. O ato de tornar algo público é a unidade de uma ação de mostrar e generalizar (aí repousa o sistema semântico da arte).[27] Desse modo, o filósofo oferece ao homem comum, em praça pública, os mesmos direitos a uma vivência desinibida do corpóreo, desse corpo que tem razão em se opor a toda discriminação. É bem possível que a moralidade seja uma coisa boa, mas a naturalidade também o é. O escândalo *kynikos* não quer dizer nada além disso. Como a doutrina explica a vida, o *kynikos* teve que levar a sensualidade reprimida à praça do mercado. Vejam esse sábio, diante do qual Alexandre se deteve cheio de admiração, se divertir com seu próprio membro! E ele defeca diante de todos os olhares. Isso não pode ser tão mal. Aqui explode a gargalhada plena de verdade filosófica, uma gargalhada de que devemos nos recordar, porque hoje tudo visa eliminar em cada um o desejo de rir.

Filosofias posteriores, notadamente as filosofias cristãs e inclusive as não cristãs, dissolvem pouco a pouco a regra da encarnação. No fim, os intelectuais confessaram expressamente a "não identidade" entre vida e pensamento, e ainda de um modo mais acentuado. Adorno, que destacou categoricamente a validade das obras intelectuais pertencentes à "baixeza" notória dos representantes do "espírito", o fez da maneira mais aguda. Que a destruição do princípio de encarnação seja uma obra das esquizofrenias cristão-burguesas e capitalistas, eis algo que não exige longas explicações. Por razões ligadas à constituição cultural, o princípio de encarnação já não pode ser transmitido por intelectuais modernos. A *intelligentsia*, que tem seu papel social a desempenhar, deve se tornar, esteja ela consciente disso ou não, o grupo piloto da ruptura existencial. O filósofo moderno, quando ainda reivindica esse nome, transforma-se num animal cerebral esquizoide, mesmo quando, no campo da teoria, ele volta sua atenção para a negatividade, para o excluído, para o humilhado e para o derrotado.

---

26. Sobretudo atenuado e desfigurado pelo estoicismo.

27. Cf. em meu livro *Literatur und Lebenserfahrung, Autobiographien der 20er Jahre* [Literatura e experiência de vida. Autobiografias dos anos 20], Munique, 1978, o capítulo "Zur Logik der Repräsentation. Selbstdarstellung als Tateinheit von Publizieren und Verallgemeinern" [Sobre a lógica da representação. Autorretrato como ato único de publicar e generalizar], p. 305.

III. *Neo*-kynismos *burguês: as artes*

Que o impulso de encarnação sensível não tenha sucumbido por completo é, essencialmente, um mérito da arte burguesa (e também, em parte, do revolucionarismo social do qual não nos ocuparemos aqui). O drama filosófico significativo e que é próprio das artes burguesas está fundado no fato de elas darem vida a uma corrente neo-*kynikē*, ainda que não reconhecida sob essa designação. Porém, quando elas dizem "natureza", gênio, verdade, vida, expressão, etc., eis que o impulso *kynikos* se encontra atuante. Este se vale da permissividade das artes para expressar o desejo de uma não cisão existencial. Nesse sentido, o Prometeu do exuberante e jovem Goethe poderia ser seu novo modelo. Como Prometeu, a arte quer criar homens de acordo com a imagem de seres inteiros e encarnados que riem e choram, desfrutam, alegram-se e caçoam dos deuses e das leis. O jovem Goethe pressentiu, como quase ninguém, o segredo vital do neo-*kynismos* burguês e o vivenciou como arte. Natureza, natureza! Eis o grito de guerra do Esclarecimento dos sentidos que Goethe lançou em 1771, dia do aniversário de Shakespeare, num discurso encantadoramente caprichoso, agressivo e, no verdadeiro sentido do termo, insolente.

Deixem que eu respire para que possa falar...!
O que nosso século pensou ser para se atrever a emitir juízos sobre a natureza? Como podemos conhecê-la, nós que, desde a juventude, sentimos tudo em nós como sendo algo forçado e afetado, e vemos isso também nos outros?
E agora, vamos à conclusão, ainda que eu nem tenha começado!
O que os nobres filósofos disseram do mundo vale também para Shakespeare: o que chamamos de mal não é senão o outro lado do bem, um lado que é necessário para a existência do bem e que pertence à totalidade, assim como é necessário que a Zona Tórrida queime e a Lapônia gele para que exista um clima temperado. Ele nos conduz através do mundo inteiro, mas nós, homens sensíveis e sem experiência, gritamos diante do primeiro gafanhoto desconhecido que aparece: "Deus, ele quer nos devorar!"
De pé, senhores! Despertem do chamado bom gosto, ao som das trombetas todas, as nobres almas do Elísio em que, sonolentas, como que num entediante crepúsculo, oscilam entre o ser e o não ser; em que elas têm paixões no coração e nenhum tutano nos ossos; e onde, não estando suficientemente cansadas para repousar, mas preguiçosas demais para a atividade, gastam sua sombra de vida bocejando entre o mirto e o loureiro.

Nos primórdios do *Sturm und Drang* da arte burguesa, homens que não são nobres, talvez pela primeira vez desde a Antiguidade, reivindicam uma vida plena, a encarnação de sua sensibilidade, a indivisão. Irrompe um *kynismos* estético impetuoso. É um jovem de vinte e dois anos que nesse discurso ataca, com uma serenidade devastadora, a cultura do rococó e seu charme fenecido da inautenticidade, suas esquizofrenias astutas e seu moribundo teatro estilizado. O discurso de Goethe se lê como um programa do neo-*kynismos* burguês. Ele explode com tudo o que é simples moral reclamando-se a grande amoralidade da natureza; na natureza, o chamado "mal" tem seu sentido bom. (No capítulo "Gabinete dos Cínicos", apresentarei um novo olhar sobre o Mefistófeles de Goethe, personagem admiravelmente constituído pela substância de experiências *kynikai*-cínicas.)

É bem verdade que a arte burguesa estava condenada a representar a totalidade sensitiva, se é que ela existe, na *ficção*; é graças a tal fraqueza que os antiburgueses de origem burguesa tantas vezes renovaram o ataque do neo-*kynismos* contra a separação e a difamação do sensível. Queriam com todas as forças encarnar os direitos vitais do que é baixo e excluído — mas para além da aparência. Eis uma das razões pelas quais a arte olha com inveja para a "vida"; é o impulso *kynikos* da arte que, da ficção, quer saltar para dentro da realidade. O amoralismo estético não passa de um prelúdio da exigência prática que a vida há de impor aos direitos sensíveis. Podemos inferir daí que, numa cultura harmonizada do ponto de vista do sensualismo, a arte se tornaria, em seu conjunto, "menos importante", menos patética e menos impregnada de motivos filosóficos. Talvez estejamos caminhando nessa direção.

Na época de ouro das artes burguesas, elas apresentavam uma enorme sede de negatividade — em grande parte porque nessa negatividade pulsava o segredo da vida. Negativismos libertadores continuamente se opuseram à tendência para as estilizações harmoniosas. Sempre e renovadamente um realismo sensível se ergueu contra a aspiração à harmonia. Ele deixa sua marca na significação filosófica da arte burguesa, e esta torna-se o veículo da grande dialética. Uma elevação que não se destaca em relação às grandes profundezas é opaca; o sublime se torna inútil quando o ridículo não o ajuda a pôr os pés no chão. Os estilos da arte burguesa filosoficamente significativos, afora algumas tendências classicista-harmoniosas e esteticistas "frias", são os estilos de negação, os universalismos, os realismos, os naturalismos, os expressionismos, os estilos de nus, de grito e de desvelamento. O verismo sensível das artes ofereceu um refúgio para a "verdade total". As artes permaneciam sendo uma esfera em que, por princípio, "saber ambas as coisas" ainda era permitido — como Pascal exigira do conhecimento da *condition humaine*, a saber, que ela conheça ambos os extremos: o grande e o pequeno, o angélico e o diabólico, o elevado e o baixo. A grande arte estava à procura de um todo feito de extremos, não de um meio-termo sem tensões.

O limite da arte, tanto a burguesa quanto a socialista, é a fronteira que se impõe à sua "realização". De saída, a arte se vê implicada no processo esquizoide da civilização. A sociedade mantém uma relação ambivalente com as artes; é bem verdade que elas têm necessidades a serem saciadas, mas não lhes é permitido "ir muito longe". A harmonização tenta desde sempre manter o *kynismos* neutralizado. É preciso impor limites às verdades da arte se não quisermos que ela prejudique a mentalidade dos "membros úteis da sociedade humana". É difícil dizer, a partir dessa delimitação, o que é política consciente e o que é autorregulação espontânea da relação entre arte e sociedade. Em todo caso, continua sendo um fato que a fronteira entre a arte e a vida não se apaga de um modo evidente; a boemia, além de ser um fenômeno social recente, sempre se manteve como um acontecimento de minoria, ainda que tenha desfrutado em certas épocas de um enorme destaque.

Podemos identificar duas regras especulativas da ecologia social da arte: o autêntico, o vivo, aquilo que existe como "original", é delimitado pela raridade; os impulsos que esses originais (obras e indivíduos) transmitem às massas se delimitam pela ficcionalização. O autêntico permanece raro. Ao passo que as imitações, bem como as simples "curiosidades", são inofensivas, e circulam por meio da massificação.

A arte reivindica em alto e bom tom "a vida" tão logo o impulso *kynikos* nela se põe em movimento. Em toda parte que as técnicas estéticas entram em cena, seja na imprensa e nos *media* de rádio e televisão, seja na publicidade e na estética da mercadoria, esse apelo é difundido nas massas sob uma forma delimitada pela ficção. Aqui, a arte ainda aparece como o que agrada; aqui, ainda se encontra o belo a preço baixo. Por outro lado, há mais de cem anos a "arte elevada" se converteu ao difícil, ao artístico, ao doloroso — à feiura sofisticada, à refinada brutalidade, à ininteligibilidade calculada, à complexidade trágica e à arbitrariedade desconcertante.

A modernidade estética oferece uma arte de guloseimas envenenadas; podemos, talvez, observá-las com ar de conhecedores e com fria excitação, mas não podemos consumi-las sem risco de indisposição. Nas artes modernas, vomita-se tanta negatividade recente que a ideia de "prazer na arte" se esvai. É somente no esnobismo, na elite de conhecedores e entre os fetichistas que floresce o prazer do indesfrutável, que nos remete aos movimentos *dandies* do século XIX e que hoje reaparece nas autoestilizações de claques de jovens, entre o elegante e o assustador.

O que quer se manter vivo exige algo além de uma bela aparência. Ironicamente, foi justamente Theodor W. Adorno, um dos grandes teóricos da estética moderna, que se tornou uma vítima do impulso neo-*kynikos*. O leitor se recorda do episódio que mencionamos no Prefácio, em que ele foi impedido de dar a sua aula magna com as estudantes ostentando seus peitos desnudos? Ora, o desnudamento não era uma argumentação erótico-insolente ordinária valendo-se da pele feminina. Eram, quase no sentido antigo, corpos desnudados *kynicamente*, corpos como argumentos, corpos como armas. Independentemente das motivações privadas das manifestantes, o desnudamento de seus seios continha um eixo de reação antiteorética. Em um sentido confuso, esse comportamento pode bem representar uma "prática transformadora da sociedade", algo, em todo caso, que seria mais do que cursos e seminários filosóficos. Adorno assumira de uma maneira trágica, e, no entanto, compreensível, a posição do Sócrates idealista, e as jovens, a do indomável Diógenes. À mais perspicaz das teorias se opuseram obstinadamente corpos — supomos — inteligentes.

IV. O cinismo como insolência que trocou de lado

A insolência que tem origem nas partes baixas é eficaz se, em seu ataque, ela exprime energias reais. É preciso que ela encarne conscientemente sua força e, com presença de espírito, crie uma realidade que podemos, no melhor dos casos, combater, mas não negar. Quando o "escravo" insatisfeito enaltece seu senhor com escárnio, dá mostras da violência que comportaria sua revolta. Um decote insolente que desnuda uma pele de mulher joga com o poder que o raro exerce sobre o habitual; na antiga economia sexual, a força do sexo frágil residia no sofrimento que ele infligia um tanto involuntariamente, um tanto voluntariamente, às necessidades do sexo "forte". A insolência religiosa, a blasfêmia, finalmente desmonta o devoto sisudo sob o ataque da energia fisiologicamente irresistível do riso.

Há pequenas fórmulas que explicitam o realismo insolente da posição baixa em relação à "lei"; dois pares de palavras que denunciam falsas pretensões: "E daí?" e "Por que não?". Com um "e daí?" obstinado, bem ao estilo do Esclarecimento, muitos jovens difíceis de educar levaram seus pais ao desespero. Crianças brincando em grupo são muitas vezes boas escolas de Esclarecimento, porque treinam dizer "e daí?" de modo natural. Esse seria o exercício mais duro para os homens completamente socializados: dizer *não* sempre no momento oportuno.[28] A capacidade plenamente desenvolvida de dizer *não* é, por sua vez, o único pano de fundo que garante a validez do *sim*, e apenas os dois juntos definem o perfil de uma liberdade real.

Aquele que detém o poder pode dar a si mesmo liberdade. Mas o poder se encontra no alto *e* em baixo, guardadas as devidas proporções; o escravo não é um nada, assim como os senhores não são tudo. A submissão é tão real quanto a dominação. O poder dos de baixo se manifesta individualmente na forma dessa insolência que constitui o cerne da força do *kynismos*. Com ela, os desfavorecidos podem antecipar a sua própria soberania. Em um segundo nível, por meio da subversão, aqueles que se encontram em baixo experimentam as possibilidades de sua própria vontade, mediante o exercício de uma práxis voluntária de meias liberdades que dilatam as leis. Raramente nos damos conta de quão imenso pode ser o fator subversivo nas nossas sociedades — um mundo na penumbra, repleto de secretas insolências e de realismos de toda sorte, cheio de resistências, de lenitivos, de maquinações, de egoísmos. Em parte, a normalidade é feita de microscópicos intervalos em relação às normas. Esse campo da teimosia, da pequena arte de viver e da moral negra é quase tão inexplorado quanto, do outro lado, a extensão da corrupção. No fundo, nenhum dos dois é acessível. Sabe-se algo deles, mas nada se diz.

Mas a liberdade das hegemonias também é uma liberdade dupla. De saída, ela compreende os privilégios e as liberdades dos senhores ligados a essa hegemonia. Usufruir deles não requer insolência; apenas tato, a fim de não

---

28. Cf. o belo livro de Klaus Heinrich *Versuch über die Schwierigkeit, Nein zu sagen* [Ensaio sobre a dificuldade de dizer não]. Heinrich também deu voz à força explosiva do *kynismos* antigo: *Parmenides und Jona*, Frankfurt, 1966.

proceder com ostentação. A maioria dos antigos senhores, por exemplo, não fez uso do direito da feudalidade sexual, do "direito à primeira noite" com as jovens esposas dos servos; e hoje, a *high life* dos milionários discretamente se esconde sob a fachada da classe média ou em círculos sociais fechados.

Porém, entre os poderosos também há algo que equivale às meias liberdades. Em geral, eles se concedem tais liberdades apenas sob pressão, pois com isso se abrem à consciência inimiga. A consciência dos senhores possui sua insolência específica: ela é o cinismo dos senhores, no sentido moderno, diferente da ofensiva *kynikē*. O *kynismos* antigo, *kynismos* primário e agressivo, era uma antítese plebeia ao idealismo. Já o cinismo moderno é a antítese dos senhores em relação ao seu próprio idealismo entendido como ideologia e como máscara. O senhor cínico retira a máscara, sorri para seu frágil adversário — e o oprime. *C'est la vie*. Nobreza obriga. É preciso haver ordem. A pressão da realidade ultrapassa frequentemente a compreensão dos afetados, não é verdade? Pressão do poder, pressão da realidade! O poder hegemônico, em seu cinismo, revela um pouco dos seus segredos, pratica um autoesclarecimento e fala de suas práticas secretas. *O cinismo dos senhores é uma insolência que trocou de lado.*[29] Aqui não é Davi que provoca Golias, mas os Golias de todos os tempos, desde os reis militares arrogantes da Assíria até a burocracia moderna, que mostram aos Davis corajosos, mas sem perspectiva, onde ficam os de cima e os de baixo: o cinismo a serviço do Estado. A espirituosidade dos que se encontram em cima produz curiosas pérolas. Quando Maria Antonieta, mulher de Luís XVI, se informou das causas da agitação popular, responderam-lhe: o povo tem fome, Majestade, eles não têm pão. Eis sua resposta: se não têm pão, por que não comem brioche? Inversamente, Franz Joseph Strauss declara que, na vida, não nos regalamos todos os dias com a torta do príncipe regente (*Prinzregententorten*).

A partir do momento em que a consciência dos senhores se desmarcara a si mesma com seus cinismos, ela se revela ao contrapoder. Mas o que acontece se não há contrapoder? Em sociedades em que já não há alternativa moral efetiva e em que os potenciais contrapoderes estão em larga medida envolvidos nos aparelhos de poder, não há mais ninguém para se indignar com os cinismos da hegemonia. Quanto mais uma sociedade

---

29. Evito provisoriamente a psicologia do cinismo para desenvolvê-la, em primeiro lugar, do ponto de vista da filosofia social. Tratarei do cinismo subjetivo e de seu psicodinamismo em algumas passagens do capítulo "Sintoma de Weimar".

5. Em busca da insolência perdida

> **Condenado!**
> **Bebel**: O mestre perguntou ao menino por que ele queria ir para o céu, e eis sua resposta: Eu não teria mais fome! Há algo mais chocante, mais revoltante contra a ordem social atual do que essa resposta da criança?...
> **Conde v. Arnim**: Talvez seu pai tenha gastado todo o seu dinheiro com bebida! (Protestos frenéticos entre os social-democratas)
> **Bebel:** É uma infâmia! Esse senhor ri, isso é monstruoso! (Aprovação frenética à esquerda. Rumores à direita)

Cinismo como espírito dos dominantes.

moderna se vê sem alternativa, mais ela é cínica. No fim das contas, ela ironiza suas próprias legitimações. "Valores fundamentais" e subterfúgios se fundem imperceptivelmente. Os detentores do poder no cenário político e econômico se tornam ocos, esquizoides, incertos. Vivemos sob a intendência de jogadores sérios. Se outrora os grandes políticos eram aqueles "livres" o bastante para se tornarem cínicos a fim de jogar friamente com os meios e os fins, hoje todo funcionário e todo deputado do último escalão é tão versado nesse assunto quanto Talleyrand, Metternich e Bismarck juntos.

Com sua teoria da crise de legitimação, Jürgen Habermas tocou, sem dúvida alguma, no nervo dos nervos do Estado moderno. A questão que fica é a de saber quem pode ser o sujeito do saber da crise de legitimação. Quem esclarece e quem é esclarecido? Isso ocorre porque o cinismo caminha lado a lado com uma difusão do sujeito do saber, de modo que o súdito do sistema atual pode perfeitamente fazer com a mão direita o que a mão esquerda jamais permitiu. De dia colonizador, de noite colonizado; explorador e administrador de profissão, explorado e administrado nas horas vagas; oficialmente cínico funcional, privadamente sensibilista; por seu serviço, organizador; ideologicamente, debatedor; aparentemente atinente ao princípio de realidade, em si mesmo, sujeito de prazer; por sua função, agente do capital, por sua intenção, democrata; em relação ao sistema, funcionário da reificação, em relação ao mundo da vida, realizador de si mesmo; objetivamente, portador de destruição, subjetivamente, pacifista; em si, desencadeador de catástrofes, por si, a inocência em pessoa. Em esquizoides, tudo é possível, e Esclarecimento e reação já não se

T. T. Heine, *Através da Alemanha mais sombria*, 2. Uma execução, 1899 (Simplicissimus, nº 35, primeira página). "Calma, meu amigo! Dê-se por satisfeito por não ser um social-democrata; você seria muito mais maltratado."

distinguem claramente. Entre os integrados esclarecidos, nesse mundo de conformistas astutos e instintivos, o corpo diz não às exigências da cabeça, e a cabeça diz não ao modo como o corpo compra sua confortável autoconservação. Essa mistura é o nosso *status quo* moral.

V. *Teoria do agente duplo*

Temos que abordar aqui um fenômeno que se perpetua aparentemente apenas na margem dos sistemas políticos, mas que na verdade faz aflorar o núcleo existencial das sociedades: os agentes secretos. A psicologia do agente, particularmente a do agente duplo, seria o mais importante capítulo da psicologia política atual. Contam-se histórias fabulosas sobre grupos de conspiradores na Suíça do final do século XIX e início do XX, sobre a formação de um emaranhado inextrincável de grupos de agentes tsaristas, antitsaristas, comunistas, anarquistas e europeus ocidentais. Eles observavam-se uns aos outros e seus cálculos e consciências se refletiam uns nos dos outros. Na mente das células da conspiração, bem como nas polícias secretas interpostas, táticas e metatáticas se desenvolveram fantasticamente intrincadas. Ouvia-se falar de agentes duplos e triplos, que acabavam por não mais saber eles mesmos para quem trabalhavam na realidade e o que eles deviam procurar nesse jogo de papéis duplos e triplos. Contratados de início por um dos lados, eram em seguida recrutados pelo adversário, depois recuperados pelo primeiro partido. No fundo, havia muito não se encontrava mais um "eu" que seria eventualmente capaz de procurar de modo ego-ísta vantagens de todos os lados. O que é o egoísmo para alguém que já não sabe onde se encontra o seu "ego"?

Mas creio que hoje em dia não ocorre de maneira muito diferente a cada um de nós que ocupa seu lugar no corpo do Estado, nas empresas, nas instituições, e que sabe mais ou menos em que direção caminha o veículo do Estado. Cava-se um fosso cada vez mais profundo entre lealdades e discernimentos. Por isso é difícil saber onde nos encontramos. De que lado está nossa lealdade? Será que somos agentes do Estado e das instituições? Somos agentes do Esclarecimento? Ou agentes do capitalismo monopolista? Ou ainda, agentes de nosso próprio interesse vital, que secretamente coopera com o Estado e com as instituições, com o Esclarecimento, com o Contra-Esclarecimento, com o capitalismo monopolista, com o socialismo, etc., em uma duplicação constante e proteiforme, e, no decurso dessa ação, acaba nos fazendo esquecer o que nós "mesmos" buscávamos em tudo isso?

Não por acaso, é Walter Benjamin, esse grande especialista da ambiguidade, que estabeleceu misteriosas pontes entre o judaísmo e a sociologia, entre o marxismo e o messianismo, entre a arte e o criticismo, quem introduz o tema do agente nas ciências humanas: pensemos em sua célebre e engenhosa interpretação de Baudelaire, na qual o poeta é caracterizado como agente secreto de sua classe. O múltiplo agenciamento da *intelligentsia* é uma característica tipicamente moderna, fato que sempre pareceu ameaçador aos simplificadores combativos e àqueles pensadores que dividem o mundo em amigos e inimigos. (O stalinismo não teria sido, entre outras coisas, a tentativa de escapar, através de uma simplificação paranoica, à fatalidade das ligações plurais que toda *intelligentsia* sempre estabelece, de modo que tudo fique simples o bastante para que também Stalin possa compreender? De uma maneira mais elegante, poderíamos chamar isso de "redução de complexidade".)

Mas então quem é, subjetiva e objetivamente, em si e por si, agente de quem, funcionário de qual sistema de causa e efeito e auxiliar de qual tendência? Até hoje se utiliza no stalinismo o termo "objetivo" quando se quer, à força, dissolver as duplas ligações e as ambivalências. Quem nega a realidade complexa gosta de se apresentar como objetivo e acusa os que têm consciência do problema de sonhadores e descolados da realidade. Mesmo quando nos voltamos para os personagens aparentemente mais unívocos e resolvidos, não é possível decidir "objetivamente" por qual tendência eles se engajam em definitivo, especialmente se consideramos que a história segue, a despeito de toda planificação, regras que escapam à nossa capacidade de apreensão. Os partidos e os grupos que se apresentam em público com programas determinados são eles mesmos máscaras de tendências que os ultrapassam e cujos resultados finais permanecem pouco previsíveis. Marxistas cultivam de bom grado nessa penumbra a fantasia de um grande demiurgo secreto, um trapaceiro supercínico aliado dos industriais alemães ou detentor na chancelaria de um cargo de ministro sem pasta, que faça com que o Estado dance segundo a música da grande indústria. Essa estratégia projetiva de simplificação é tão pueril-ingênua quanto pueril-sutil. Ela possui uma extensa pré-história que chega a Balzac, com os seus misteriosos "treze" que manipulam fios na penumbra como uma *cosa nostra* do capital.

A mais desastrosa dessas fantasias de máfia e demiurgia foi uma invenção urdida no mundo dos agentes secretos russos antes do final do século passado: a fantasia dos Sábios de Sião. Construção antissemita, na origem tratava-se de uma sátira desmistificadora (de Maurice Joly) ao bom estilo do Esclarecimento. Sofreu uma primeira manipulação na mente de um chefe cínico do serviço secreto em Paris, que falseou os pretensos "protocolos dos Sábios de Sião" e estes, falseados e transmitidos para a mente de um confuso filósofo da religião russo, enfim retornaram à Europa, tornando-se a peça-chave da paranoia antissemita e estendendo sua ação via Hitler até Auschwitz. Esse foi o subterfúgio do fascismo simplificador alemão, que projetou anônimos efeitos sistêmicos em "intenções" demoníacas, com o intuito de que inclusive pequeno-burgueses irritados não perdessem a "visão de conjunto".

VI. História social insolente

A história da insolência não é uma disciplina da história, e não sei se lhe prestaríamos algum serviço se fizéssemos dela uma disciplina. A história é sempre uma força secundária precedida por um impulso do momento. Quanto ao cinismo, o impulso deveria saltar aos olhos; no que concerne ao *kynismos* e à insolência, procurá-lo-íamos em vão.

Do ponto de vista da história social, é incontestável, desde a Antiguidade, o papel da *cidade* na gênese da consciência satírica. Mas na Alemanha, após a decadência das cidades durante a Guerra dos Trinta Anos, não existiu por muito tempo uma única cidade com caráter de metrópole. Em 1831, Heinrich Heine teve que emigrar para Paris, "a capital do século XIX", para respirar o ar da cidade, um ar que liberta. "Parti porque foi preciso partir."

Quando as civilizações urbanas da Itália do Norte, descritas por Jacob Burckhardt, explodiam de desejo de rir e a espirituosidade romana e florentina dos cidadãos repercutia nos ouvidos dos cidadãos, afora Till Eulenspiegel, proto-*kynikos* plebeu dos tempos modernos, a Alemanha não tinha um Aretino, mas um sapateiro de Nuremberg que escreveu farsas, o velho Hans Sachs, vivendo, um tanto *gauche*, na ancestral memória do humor prudhommiano. Talvez orientado pelo bom instinto, Sachs escreveu também um diálogo sobre Diógenes — e foi assim que, no início da cultura burguesa, já se retoma o impulso *kynikos*. Mas Nuremberg caiu em decadência, e só voltou a despontar com a estrada de ferro e como palco dos congressos do partido nacional-socialista. No lugar em que floresceram os primeiros prenúncios do princípio cultural burguês, a saber, o realismo *kynikos* e o riso urbano, o cinismos pequeno-burguês dos senhores se consumou no desfile massivo, sem humor, das tropas em direção aos futuros jazigos de guerra. A única cidade alemã que, do ponto de vista da insolência, não ficou até hoje aquém de suas possibilidades foi Berlim. Essa cidade sempre foi um tanto inquietante para o espírito daqueles que desfilavam em Nuremberg. Gottfried Benn fustiga o provincianismo dos militantes em desfile caricaturando

Till Eulenspiegel.

suas ideias: "Pensar é cínico, é coisa para Berlim. Recomendamos em vez disso a canção de Weser...".

A insolência alemã sempre se viu numa situação mais difícil do que a dos países latinos. Sempre fez mais sucesso como cinismo dos senhores, como desenvoltura dos poderosos. Heinrich Heine, que é exceção à regra e, além disso, nasceu na galicizada Renânia, em sua busca de modelos e aliados nacionais, teve que se ater a outras qualidade bem alemás, encarnadas na honestidade rude de um Voß, na clareza sólida de um Lessing e na corajosa força confessional de um Lutero. Entretanto, e não sem razão, poderíamos filiar Lutero a uma tradição original da insolência alemã, pois seu protestantismo foi um ato de coragem aventureira e da mais teimosa frivolidade, em um tempo em que não se tinha o costume de dizer na cara de um imperador: "Eu fico aqui, não posso fazer de outro modo." Além disso, revela-se em Lutero um elemento animal, uma força que se afirma a si mesma, arquétipo vital do obsceno, inseparável dos motivos *kynikos*.

Na história da insolência, ao lado da *cidade*, essencialmente três matrizes sociais da indocilidade serena desempenham um papel importante: o *carnaval*, as *universidades*, a *boemia*. Os três funcionam como válvulas de escape por meio das quais as necessidades que não têm lugar na vida social encontram uma drenagem temporária. Aqui as insolências tinham vez, mesmo que a tolerância fosse de validade restrita e só tivessem vigência temporal até segunda ordem.

O antigo carnaval era um substituto da revolução para os pobres. Elegia-se um rei que governava por um dia e uma noite num mundo invertido por princípio. Aqui, os pobres e as pessoas de bem acordavam para a vitalidade de seus sonhos, com indumentária de meretriz e bacante, alienados de si até as raias da verdade, insolentes, lúbricos, turbulentos, blasfemos. Podia-se mentir e dizer a verdade, ser obsceno e ser honesto, ser embriagado e insensato. Como bem mostrou Bakhtin, o carnaval do fim da Idade Média alimentou a arte dos motivos satíricos. A prosa colorida de Rabelais e de outros artistas do Renascimento nutria-se ainda do espírito paródico carnavalesco; um espírito que se encontra na origem de tradições macabras e satíricas. Graças a ele, loucos e arlequins, palhaços e polichinelos tornam-se personagens permanentes de uma grande tradição do riso que cumpre sua função na vida da sociedade, mesmo em tempos que não são de festa. As sociedades de classes não conseguem sobreviver sem essas jornadas insanas e sem esse avesso das instituições do mundo, como comprovam os carnavais indiano e brasileiro.

As universidades, por sua vez, desde o fim da Idade Média, conquistaram espaço na economia social da insolência e da inteligência *kynikē*. Elas não eram apenas reduto do ensino e da pesquisa; nelas fermentava também uma jovem inteligência boêmia e extravagante, sagaz o bastante para testar os limites da disciplina. Nesse ponto, a Sorbonne desfruta de uma celebridade especial; cidade dentro da cidade, no bairro latino onde ela se encontrava reconhecemos um prenúncio de todas as boemias ulteriores. Na época burguesa, os anos passados na universidade eram para a juventude estudantil um *sursis* antes da vida séria: era a liberdade autorizada que precedia a carreira e a vida regrada. É na galhofa estudantil, na libertinagem universitária e nas licenciosidades desenfreadas que pensam aqueles adultos quando afirmam mais tarde, do alto de sua circunspecção, que também já foram jovens. A vida em torno das universidades conferia um matiz particular ao conceito de juventude na época burguesa. Os idosos arrancavam os cabelos apenas publicamente; na intimidade, constatavam com satisfação que seus filhos, agora senhores, se conduziram exatamente como eles. Aos notáveis, a única coisa preocupante era se aquela nova geração se mostrava fria em relação às extravagâncias, intempestivamente dedicada aos negócios e, portanto, precocemente cínica. O século XX conhece muitas dessas gerações frias, a começar pela dos estudantes nazistas, quando os idealistas nacionalistas se misturavam com um bando de mal-educados impudentes; estes se tornaram mais tarde os pilotos de combate ou juristas do sistema, e, mais tarde, democratas. A essa geração sucedeu a "geração cética" dos anos 1950, que hoje ocupa os cargos políticos, e a essa última, aquelas dos anos 1970 e 80, cujos prenúncios cínicos ainda sobrevivem em nova onda.

Enfim, a boemia, fenômeno relativamente recente, desempenhou um papel preponderante no equilíbrio das tensões entre a arte e a sociedade burguesa. Ela foi uma espécie de palco em que se experimentou a passagem da arte para a arte de viver. Durante um século, a boemia forneceu um asilo social ao impulso neo-*kynikos*. Como reguladora do modo de vida burguês, ela foi importante sobretudo porque, assim como as universidades, cumpria a função de uma "moratória psicossocial" (Erikson) em que jovens burgueses podiam superar suas crises de adaptação na passagem do mundo da escola e da família para o mundo profissional. Os estudos mostram que houve bem poucos boêmios permanentes; para a grande maioria, esse universo não passou de uma escala, um ambiente de experiências vitais, um refúgio de suspensão normativa. Eles desfrutavam da liberdade de fazer irromper seu *não* à sociedade burguesa apenas até que um *se bem que...* (talvez) mais adulto viesse a substituí-lo.

Se observamos hoje esses solos férteis e esses espaços vitais em que prosperaram a diferença e a crítica, a sátira e a insolência, o *kynismos* e a teimosia, percebemos imediatamente por que devemos temer o pior para a encarnação do Esclarecimento insolente. Diante de nossos olhos, as cidades se transformaram em massas amorfas nas quais alienadas correntes de circulação transportam os homens para os múltiplos locais onde eles tentam a vida e também a perdem. Há muito que *carnaval* não quer dizer *mundo às avessas*, e sim: fuga para os incólumes mundos do embotamento, fuga de um mundo cronicamente transviado, repleto de absurdos cotidianos. Sabe-se que a boemia está morta, ao menos desde Hitler, e em suas ramificações em diversas subculturas deparamos menos com o capricho insolente do que com os sombrios humores de uma retirada.

E no que diz respeito à universidade... melhor nem falar. Tais mutilações dos impulsos insolentes indicam que a sociedade ingressou naquele estágio da seriedade organizada em que o espaço do Esclarecimento vivido se acha cada vez mais obstruído. Eis o que cobre com tão espesso véu o clima da Alemanha. Vive-se dia a dia num realismo mal-humorado, todos querem passar despercebidos e jogam-se os jogos sérios. O cinismo fermenta no caldo dessa monotonia. Não apenas no ambiente acadêmico o flerte esclarecido com nossa própria esquizofrenia revela a sua consciência infeliz. As provocações parecem ter se esgotado, todas as excentricidades do modo de ser moderno parecem ter sido experimentadas. Irrompeu um estado de sisudo torpor público. Uma *intelligentsia* extenuada e esquizofrenicamente desencorajada brinca de realismo, ponderadamente enclausurando-se a si mesma nos limites de duras realidades.

VII. Encarnação ou cisão

O encarnado é aquilo que quer viver. Mas a vida é fundamentalmente distinta de um adiamento do suicídio. Quem vive em sociedades dotadas de um arsenal atômico se torna, queira ou não, ao menos o semiagente de uma comunidade cínica de suicidas, a menos que tome a decisão de lhe dar resolutamente as costas. É justamente isso que fazem cada vez mais aqueles que, desde os anos 1950, emigraram para a Provence, para a Itália, para as ilhas do mar Egeu, para a Califórnia, para Goa, para o Caribe, para Auroville, para Poona, para o Nepal, para não falar dos planaltos tibetanos no interior da Alemanha e da França.

Duas questões se formulam em relação a esses fenômenos; a primeira é cínica, a segunda, preocupada: em casos graves, seriam esses lugares distantes o bastante? E: quem presta um serviço quando os mais sensíveis do ponto de vista moral abandonam o barco das sociedades cínicas no momento em que ele começa a afundar? Temos "boas" razões para propor essas perguntas, porque a expectativa cada vez mais intensa de uma guerra alimenta tanto o olhar cínico quanto o preocupado em direção ao futuro. A emigração poderia se tornar útil para os dois lados, se nós a compreendermos bem: para os emigrantes, que virão a descobrir se existe ou não esse mundo melhor que eles buscam, e para os que ficam, aos quais a partida dos primeiros, em última instância, soa como o clamor: lá onde vocês estão, para nós a vida não é possível... e para vocês?

Poderíamos levar a emigração menos a sério se ela realmente não passasse de um fenômeno marginal. Mas nada nos autoriza essa perspectiva inofensiva. O que hoje ocorre na periferia vem do centro. A emigração se tornou um diagnóstico de psicologia coletiva. Camadas inteiras da população vivem há tempos em outra parte qualquer, mas não em seus países. Elas não se sentem ligadas ao que se chama "valores fundamentais da sociedade". Ouvimos *valores fundamentais* e vemos espontaneamente eclodirem cogumelos atômicos. Ouvimos os responsáveis afirmarem que estão prontos para discutir, e quando os encaramos, sentimos em seus olhos o gelo dos tempos do fim. A maior parte da sociedade escolheu há muito a emigração para o lazer, e a palavra *viver* assume para ela cores claras na memória de certos momentos felizes de férias: se o horizonte se abrisse...

O que fazer? Cair fora ou cooperar? "Fugir ou permanecer?" As alternativas parecem insuficientes. Suas expressões são completamente carregadas e ambivalentes. Compreendemos realmente os "fugitivos" com esse termo? Será que não há nisso que se chama *permanecer* muita covardia, melancolia, conformismo e oportunismo? Será que pular fora não é hoje em dia uma ação consciente e muitos dos que parecem ter se marginalizado não se encontravam fora antes de serem interrogados sobre sua situação? Será que o conformismo já se encontra em toda parte realmente marcado pelo cinismo? Será que ele não é movido também pela necessidade do "positivo" e do pertencimento?

Mas também pode-se ver algo de verdadeiro na expressão de ambas as alternativas. Marginalizar-se é justificável quando, se temos clareza, não queremos ser implicados nos insuportáveis cinismos de uma sociedade que perde a capacidade de distinção entre produzir e destruir. Cooperar se justifica quando o indivíduo tem o direito de se orientar em direção à autoconservação a curto prazo. Fugir se justifica quando se recusa uma coragem estúpida e se apenas os loucos se dilaceram em batalhas perdidas enquanto existem retiros mais favoráveis à existência. Permanecer se justifica quando a experiência nos ensina que todo conflito meramente evitado nos alcançará em cada um dos pontos da fuga.

É por isso que devemos formular em outros termos a alternativa que corresponde à nossa constituição vital: ela se chama *encarnação* ou *cisão*. Trata-se de uma alternativa que se dirige de saída à consciência, e apenas em seguida ao comportamento. Ela exige uma radical prioridade da experiência de si em relação à moral. Trata-se de conscientemente deixar que se reconstitua aquilo que já se encontra rompido ou de inconscientemente abandonar a um processo esquizoide o que está separado. Integração ou esquizofrenia. Escolher a vida ou tomar parte na festa dos suicidas. Para alguns indivíduos isolados, isso pode soar como uma dietética intelectual, e quem assim o compreendeu, compreendeu bem. Num primeiro momento, o Esclarecimento não tem outro destinatário além de indivíduos isolados que escapam à sociabilidade cega sem, entretanto, conseguirem deixar de desempenhar um papel na sociedade. Por essa razão que é necessário manter viva a ideia de Esclarecimento — de um Esclarecimento encarnado, evidentemente. Agir no sentido do Esclarecimento, iluminar, é dizer sim a todos os movimentos antiesquizofrênicos. As universidades não são mais de modo algum o lugar em que isso possa ser realizado. A *universitas vitae* é ensinada em outra parte, onde os homens se opõem ao cinismo da cisão da consciência oficial, onde experimentam formas de vida que dão chance a uma vida consciente nas mentes, nos corpos e nos corações. Ela se desdobra num vasto campo de indivíduos e de grupos que transmitem o impulso *kynikos* para fazer aquilo que nem a política nem a arte os desincumbem de fazer: lutar em estado de vigília contra a infiltração das cisões e da não lucidez nas existências individuais; elevar-se à altura de suas próprias possibilidades; participar da tarefa, própria do Esclarecimento, de cultivar a serenidade e a jovialidade, o que implica que respeitemos os desejos que são o prenúncio do possível.

VIII. *Psicopolítica da sociedade esquizoide*

Como se reconhece um período de pré-guerra? Como se revelam as constituições psicopolíticos das sociedades capitalistas antes das guerras mundiais? A história alemã oferece uma lição prática de como as guerras mundiais se preparam nas tensões psíquicas de uma nação. Com base em dois casos — um pessimista dirá: três — podemos investigar o que é viver a atmosfera das explosões militares. O principal sintoma psicopolítico é o adensamento da atmosfera social, que se impregna até o limite de tensões esquizoides e de ambivalências. Em um tal clima, prospera uma secreta disposição à catástrofe. Chamo isso — em alusão a Erich Fromm — *complexo de catastrofilia*; ele manifesta em uma perturbação coletiva da vitalidade, mediante a qual as energias viventes se transportam para a simpatia pelo catastrófico, pelo apocalíptico e pela violência espetacular.

Os historiadores sabem que a história política não pode ser o lugar da felicidade humana. Se, apesar de tudo, quiséssemos perguntar quando foram, em nosso século, os mais felizes dias dos povos europeus, seria difícil responder. Mas os sinais e os documentos falam por si. De saída, ficamos perplexos diante do fenômeno de agosto de 1914: o que os povos europeus então vivenciavam ao entrar em guerra é descrito vergonhosamente pelos historiadores como "psicose de guerra". Olhando mais de perto, tratava-se de indescritíveis tempestades afetivas que se assenhorearam das massas, de explosões de júbilo e emoção nacionalista, de angústia compulsiva e de embriaguez do destino. Foram momentos incomparáveis de *páthos* e de pressentimento vital. A palavra em voga era uma palavra de exultação: enfim, eis aonde chegamos! As massas certamente também tinham medo, mas tinham, sobretudo, o sentimento de partir em direção a uma promessa de "vida". As palavras de ordem eram: regeneração, confirmação, banho de purificação, tratamento de desintoxicação. No primeiro ano, a guerra foi mantida exclusivamente por exércitos de voluntários; ninguém partia para o front obrigado. A catástrofe atraía a juventude guilhermina. Quando ela finalmente chegou, os homens voltaram a se reconhecer nela e compreenderam que a haviam esperado.

Ora, não há o menor motivo para acreditar que as pessoas de então eram muito diferentes das de hoje. Apenas por soberba poderíamos acreditar sermos mais astutos para as coisas existencialmente decisivas, que os voluntários de Langemarck que, aos milhares, corriam pateticamente sob o fogo das metralhadoras. A diferença reside exclusivamente no fato de que os mecanismos psíquicos funcionam de um modo mais oculto nas gerações ulteriores. É por isso que nos vemos de saída desconcertados diante do fato de que, na época, os processos se deram de modo tão ingênuo e com tal desenvoltura na superfície. O que os entusiastas da guerra aprenderam a conhecer foi a diferença de qualidade entre provisoriedade e decisão, entre calor e luz; numa palavra, entre a vida inautêntica e a vida supostamente autêntica. Mesmo após a guerra, a expressão "luta como experiência interior" assombrou a literatura pré-fascista. Na guerra, em agosto de 1914, os homens se sentiram em contato com "algo" que valia a pena ser vivido.

A Primeira Guerra Mundial é a data da virada do cinismo moderno. Com ela inicia-se a fase ardente do deslocamento de antigas ingenuidades, por exemplo, acerca da essência da guerra, da essência da ordem social, do progresso, dos valores burgueses, enfim, da essência da civilização burguesa em geral. A partir dessa guerra, o clima esquizoide difuso instalado nas principais potências europeias jamais desapareceu. Quem desde então falava de crise de civilização, etc., tinha inevitavelmente diante de si esse estado de espírito do choque do pós-guerra, para o qual está claro que nunca mais existirá a ingenuidade de outrora. Irrevogavelmente, a desconfiança, a desilusão, a dúvida e as atitudes de distanciamento penetraram o "corpo hereditário" sociopsicológico. Tudo o que era positivo será, a partir de então, um *apesar disso* contaminado por um desespero latente. Desde então, reinam manifestamente os modos de consciência rompidos: a ironia, o cinismo, o estoicismo, a melancolia, o sarcasmo, a nostalgia, o voluntarismo, a resignação diante do menor dos males, a depressão e o embotamento como decisão consciente pela inconsciência.

Durante os anos da República de Weimar, o complexo de catastrofilia se reconstruiu. Finalmente, a crise econômica produziu a faísca. A república sem alegria deu fim a si mesma. As tendências catastrofílicas encontraram suas justificativas "sérias" no mito da revolução e no mito do povo. Acomodar-se secretamente à catástrofe era afirmar em alto e bom tom que se sabia aonde levava a viagem e que a cura radical seria a apropriada. Quem via a catástrofe se aproximar, tentava dar conta dela por antecipação. Erich Kästner captou em 1931 a voz de um homem que ultrapassou os arrecifes de uma moral ingênua e, com um desejo ardente de viver, seguiu uma corrente junto com os outros em direção à próxima catarata:

> Discussões sérias, hein? Existe uma vida após a morte? Eu vos confidencio: não. É preciso resolver tudo antes da morte. Há tanto a fazer... Dia e noite ... Seria melhor vos divertirdes do que salvar a humanidade. Repito: o negócio da vida deve ser resolvido antes da morte. Estou à disposição para conceder informações mais precisas. Não fique tão sério, meu rapaz.[30]

---

30. Erich Kästner, *Fabian, Geschichte eines Moralisten* [Fabian, história de um moralista], 1931/1976, pp. 64-65.

ANÁLISE: CINCO CONSIDERAÇÕES PRÉVIAS

Voluntários de guerra, [avenida] Unter den Linden, Berlim, 1º de agosto de 1914.

Eis uma voz contemporânea que não envelhece há cinquenta anos. Assim falava alguém que sabia que *ele* não mudaria o curso da história. Ainda assim queria viver, antes do fim, que se disfarçava de renovação.

Hoje em dia, a vontade latente de catástrofe se abriga de todos os lados sob a seriedade oficial de uma política pacifista. Os mecanismos cuja franqueza relativamente brutal caracterizou o estilo fascista esvaíram-se sob as máscaras da adaptação, da boa vontade e da convicção expressa. Na superfície da consciência, os movimentos ingênuos desapareceram. A socialização crescente das reações intimida os gestos sinceros; o que chamamos democracia é, do ponto de vista psicológico, um aumento do controle de si, o que é, sem dúvida, uma necessidade para as populações enjauladas. Mas não devemos nos deixar enganar por uma superfície imobilizada. O complexo catastrofílico persiste e, salvo engano, sua massa se encontra em irrefreável expansão. Talvez o "mérito do terrorismo" — para me expressar com frivolidade — tenha sido isolar e identificar, ao menos esporadicamente, as correntes catastrofílicas. Graças a ele somos capazes de uma percepção clara e distinta.

Recordemos o rapto e o assassinato de Schleyer, presidente do patronato, do clima febril desses meses em que o terrorismo atingiu seu apogeu na Alemanha. Nessa época, talvez pela primeira vez após a Segunda Guerra Mundial, ressurgiu de maneira brutal o cenário psicopolítico ligado ao complexo catastrofílico. De modo espontâneo, os meios de comunicação e os porta-vozes do Estado puseram-se irrestritamente de acordo acerca do tom da indignação e da consternação. Entre milhares de frases publicadas, episodicamente e com muito custo a turva verdade da massa se fez ver; em uma cintilante ambivalência de sentimento misturaram-se indistintamente as angústias existenciais e o desejo de catástrofe, como bem o provaram todos os rumores, todas as cenas nos quiosques, as conversas nas mesas das cantinas, dos bistrôs, as discussões nos *lobbies*, etc. A obsessão pelas reportagens, a desmedida extensão da discussão e o excesso de reações oficiais e privadas, mesmo considerando o episódio retroativamente, falam uma linguagem inequívoca. Acontecera algo que tocava o sentimento vital. Uma fome inefável de drama na história e um desejo desesperado de conflito no front perturbara os espíritos a ponto de se ruminar durante meses um evento que, segundo seu conteúdo criminal e político, não justificava tanta excitação. Pela encenação política do crime e pela espetacular interação entre o Estado e o grupo terrorista, ele assumira o peso de um evento histórico. Alimentava-se de poderosas correntes catastrofílicas e engordava, para vir a se tornar o tema sentimental dominante de infinitos dias. Do ponto de vista sociopsicológico, o evento trouxe uma verdade: ele era um sucedâneo de uma história em que algo se move; a caricatura de uma "guerra de libertação", uma paródia idiota e criminosa daquilo que a social-democracia havia perdido sob Guilherme II, Hindenburg e Hitler: combate no front errado, no momento errado, através de falsos combatentes, contra falsos adversários, e, no entanto, apesar de toda essa soma de deformações, engolido avidamente pela sociedade como sucedâneo de um combate: um conflito tomado como droga, um cinema-catástrofe de caráter político.

Em um determinado momento, o acordo universal e cinicamente mudo da participação febril naquele "evento" se rompeu. Penso aqui no pequeno papel de "Mescalero", ingênuo o bastante para acreditar que é permitido desfazer impunemente, por honestidade, conspirações de silêncio dessa magnitude e pôr as ambivalências em discussão. Assim, numa formulação tornada célebre e incessantemente retomada pelos meios de comunicação diante de milhares e milhares de ouvidos, ele expressa a "alegria inteiramente secreta" em que se flagrou a si mesmo no momento seguinte ao assassinato de Buback[31], para, num segundo momento, assumir moralmente um distanciamento reflexivo. O "Mescalero" estava

---

31. Siegfried Buback: procurador-geral da República Federal da Alemanha, assassinado em emboscada da Fração do Exército Vermelho (RAF) na cidade de Karlsruhe, em 1977. [N.E.]

assustado consigo mesmo e queria falar racionalmente desse medo. Com o impacto causado pelo "Mescalero", a ambivalência coletiva produziu um grande desfile de mentiras. Foi um momento histórico de aprendizagem, momento a partir do qual não se pode mais recusar a ideia de que a sociedade vive novamente numa época de pré-guerra, uma época que se convenceu a adiar todos os conflitos que afloram à superfície do sentimento vital. Assim, quando a guerra exterior vier, tornará supérfluo o encontro com a realidade interior. No balé das invenções, dos protestos, das refutações, das indignações, a atitude do sério celebrou uma vitória de papel sobre a honestidade que havia dito a outra parte da verdade. Senão para todos, ao menos para muitos. Desde então, nossos ouvidos acompanham o crepitar da folha de papel em que os responsáveis pela guerra lerão seu texto para expressar sua perplexidade, seu abalo e sua resolução, caso ainda houver tempo para isso antes do sepultamento atômico da República Federal da Alemanha.

IX. Felicidade desfaçada

A insolência que nos lembra do direito à felicidade terá ainda alguma chance? O impulso *kynikos* se encontra realmente morto e apenas o cinismo tem um grande futuro mortal? Poderá o Esclarecimento, a ideia de que seria razoável ser feliz, encarnar-se novamente em nossa sombria modernidade? Estamos derrotados para sempre, e a penumbra cínica da dura realidade e do sonho moral nunca mais se dissipará?

Tais questões tocam o sentimento vital das civilizações dotadas de um armamento atômico. Estas passam por uma crise em sua mais íntima vitalidade, uma crise sem equivalente na história. Talvez o auge dessas inquietudes seja sentido na Alemanha de modo mais agudo do que em qualquer outro país: no país que perdeu duas guerras mundiais, o faro torna-se o sentido mais apto a revelar de modo mais agudo o sentimento de quem vive entre catástrofes.

A modernidade perde de vista a diferença vital entre crise e estabilidade. Não se faz mais a experiência positiva da vivência de estados, não há mais a sensação de que a existência possa ser integrada a um horizonte firme, extenso a perder de vista, sem se esgotar. Na base de todas as estratégias públicas e privadas, jaz um sentimento do provisório, do especulativo, na melhor das hipóteses, do médio prazo. Mesmo os de temperamento otimista põem-se a citar a confissão de Lutero, que plantaria uma pequena macieira mesmo sabendo que o fim do mundo viria amanhã.

As épocas de crise crônica solicitam à vontade de viver dos homens que aceitem a permanente incerteza como o pano de fundo inalterável de sua busca pela felicidade. Eis o momento em que tocam os sinos do *kynismos*. Afinal, ele é a filosofia da vida em tempos de crise. É somente sob seu signo que a felicidade permanece possível em uma atmosfera de incerteza. Sua lição é a limitação das pretensões, a flexibilidade, a presença de espírito, a escuta do que se oferece no instante. Ele sabe que a expectativa por carreiras duráveis e a defesa de posições sociais fundadas na propriedade implicam um envolvimento em uma existência entendida essencialmente como "preocupação". Não é por acaso que Heidegger descobriu a "estrutura da preocupação" da existência nos dias instáveis da República de Weimar (*Ser e tempo*, 1927). A preocupação absorve o motivo da felicidade. Quem quer permanecer ligado a esse motivo precisa, como no *kynismos*, aprender a quebrar a hegemonia da preocupação. Mas a consciência socializada se vê em confronto com a agitação constante proveniente dos temas da preocupação. Esses temas produzem a luminosidade subjetiva da crise, e mesmo os abastados assumem a postura de náufragos. Jamais homens tão bem providos se lançaram numa disposição tão aniquiladora.

Essa perturbação intensificada da vitalidade e esse sentimento vital que se torna cada vez mais sombrio constituem o pano de fundo mais geral da desmoralização do Esclarecimento. A "preocupação" cobre de nuvens a existência de um modo tão duradouro que a ideia mesma de felicidade já não pode ser tornada socialmente plausível. A atmosfera necessária para o Esclarecimento — a serenidade, a jovialidade — não se apresenta. Quem, como Ernst Bloch, falava de um "princípio esperança" devia ser capaz de encontrar ao menos em si mesmo esse *a priori* atmosférico do Esclarecimento: o olhar voltado para um céu sereno. E o que distingue Bloch da principal corrente da *intelligentsia* é que ele de fato encontrou esse estado. Mesmo quando tudo se tornava sombrio, conhecia o segredo privado da jovialidade, a confiança na vida, o livre curso da expressividade, a crença no desabrochar. Era sua força de redescobrir a "corrente quente", que ele trazia consigo, em todos os lugares da história humana. Isso tornou seu olhar para as coisas mais otimista do que elas merecem. É essa corrente quente que o separa do espírito do tempo.

"Estamos vivos, estamos vivos", 1945.

A *intelligentsia* se acha entregue, praticamente sem resistência, à fria corrente de uma desmoralização generalizada — e isso por mais que ela pareça se encontrar acima da média em matéria de derrotismo e desorientação. Todavia, não podemos levar a acreditar no "espírito de utopia" ou no "princípio esperança" quem não é capaz de descobrir em si mesmo nem experiências, nem motivos que confiram algum sentido a essas expressões. Mas podemos nos perguntar qual é o estado existencial ao qual respondem a utopia e a esperança. Será um "princípio de insatisfação", como clamam muitas vozes? Será a esperança de Bloch — como se afirma — uma construção do ressentimento? Quem assim compreendem as coisas não escuta com atenção suficiente a "mensagem" da corrente quente. O que ela comunica não é o princípio do *não*. O princípio esperança representa a *biofilia* (Fromm); ela sinaliza uma atitude positiva e criadora em relação à vida. Com ela, o ser vivo se orienta por uma incontestável autorização para ser e vir a ser. Isso justifica sua oposição em relação à mentalidade predominante da preocupação e da autoinibição.

A autoinibição talvez seja o sintoma que melhor caracteriza o que sobrou da *intelligentsia* "crítica" da extenuada tropa do Esclarecimento. Ela se reconhece como diante de dois fronts: de um lado, empenhando-se em resistir ao cinismo estabelecido como sistema do "capitalismo tardio"; de outro, angustiada com a radicalidade dos emigrantes e dos desertores, que tentam outros caminhos e rompem o tecido da cooperação. Numa tal posição intermediária, é grande a tentação de defender sua "identidade" através de um moralismo forçado.[32] Com o moralismo, entretanto, abandonamo-nos ainda mais a uma disposição depressiva e séria. O cenário da *intelligentsia* crítica é povoado de moralistas agressivos e depressivos, de problematizadores, de *problemoholics* e de doces rigoristas, que têm o *não* como impulso existencial predominante. Nessa seara há muito pouco a esperar do ponto de vista da correção de um falso curso vital.

Devemos a Walter Benjamin o aforismo: "Ser feliz é poder tomar consciência de si mesmo sem horror."[33] De onde nos vem a predisposição ao horror? Acredito que ele seja a sombra do *moralismo* e do *não*, esses que, juntos, paralisam a capacidade de felicidade. Ali onde encontramos o moralismo, encontramos também necessariamente o horror como espírito da recusa de si mesmo, e o horror exclui a felicidade. Afinal, a moral sabe muito bem, sempre e com mil e uma ideias fixas, como nós e o mundo deveríamos ser e, no entanto, não somos. No limite, o moralismo, mesmo o de esquerda, produz efeitos convulsivos e irrealistas. No Esclarecimento, talvez se manifeste uma vez mais a velhíssima tradição da infelicidade cristã, cujo olhar é atraído em direção a tudo o que possa ser compreendido como uma prova da negatividade da existência. E há tantas dessas coisas que jamais faltará material para o moralista.

Assim, entre moralismo e amoralismo[34] as frentes se encontram curiosamente invertidas. O primeiro encoraja o clima de negatividade, ainda que se encontre em ótima forma; o segundo, embora se apresente como mau e frívolo, eleva extraordinariamente o moral. É esse bom humor amoral que deve nos atrair, enquanto esclarecidos, para o domínio pré-cristão, o domínio *kynikos*. Chegamos ao ponto em que a felicidade nos aparece como politicamente indecente. Recentemente, Fritz J. Raddatz escolheu o seguinte título para sua resenha entusiasta do inconsolável *Processo de destruição* [*Abtötungsverfahren*, 1980], de Gunter Kunert:

---

32. Irving Fetscher, "Reflexionen über den Zynismus als Krankheit unserer Zeit" [Reflexões sobre o cinismo enquanto doença de nossa época], In: *Denken im Schatten des Nihilismus* [Pensar à sombra do niilismo], Darmstadt, 1975. Lembra-nos que é preciso contar com extrapolações morais quando os intelectuais tentam evitar o cinismo.
33. Walter Benjamin. *Einbahnstrasse* [*Via de mão única*], Frankfurt s/o Meno, 1969, p.59.
34. Abordarei sistematicamente o problema do amoralismo no capítulo "Gabinete dos cínicos", quando tratarei dos temas: Mefistófeles, o Grande Inquisidor e o impessoal de Heidegger.

"A felicidade — o último crime?" Podemos melhorar: a felicidade — a última desfaçatez! Aqui se encontra o ponto cardeal de todo princípio de insolência. Quem ainda quiser se afirmar como esclarecido tem que poder ser insolente, descarado. Já não é mais tanto em nossas mentes que o Esclarecimento deve realizar seu trabalho; ela deve atuar nos egoísmos sombrios, nas identidades geladas.

Talvez seja sintomático do estado de desmoralização da *intelligentsia* crítica que ela só disponha da palavra *narcisismo* para todo o espectro da biofilia e da autoafirmação. Ora, se o narcisismo constitui já por si uma construção duvidosa, nas mãos dos conservadores ele se torna a arma de um Contra-Esclarecimento psicologizante para esmagar as tendências sociais que apontam na direção da tomada da consciência de si. O fenômeno narcísico, entendido como enfermidade e não lucidez, é tão interessante e bem-vindo quanto indicativo de boa saúde. Como enfermidade geral, ele funciona à maneira de um dínamo psicológico da sociedade. Esta tem necessidade de homens cheios de dúvidas sobre si mesmos, ávidos de consagração, ambiciosos, sedentos de consumo, egoístas e que, de maneira moralista e apressada, adotam o propósito de serem os melhores comparativamente. Como manifestação de saúde, a autoafirmação "narcísica" acharia graça das impudências dessas sociedades rabugentas.

Cinza é a tonalidade fundamental de uma época que, secretamente e depois de muito tempo, volta a sonhar com uma explosão colorida. O que inspira tais sonhos e os torna necessários é uma soma de incapacidades vitais. O bravo Esclarecimento sociopsicológico acreditava que isso provinha de uma "incapacidade para o luto". Mas não é apenas isso. Trata-se, antes, da incapacidade de se lançar numa fúria certa na hora certa, da incapacidade de se expressar, da incapacidade de romper com o clima de preocupação, da incapacidade de festejar, da incapacidade de se entregar. No meio de todas essas atrofias, segura de seu objetivo, persiste uma capacidade que visa àquilo que uma vida finalmente concede a si mesma quando se vê sem saída diante de uma tal situação: a possibilidade de trabalhar, sob pretextos sérios, visando atingir um estado em que será inevitável fazer tudo explodir pelos ares do modo mais espetacular e sem que ninguém venha a se sentir culpado. A catástrofe aquece, e nela o Eu árido vai ao encontro de sua última festa, essa que envolve em trevas as paixões e as emoções há muito perdidas.

Recentemente, numa entrevista frívola, o líder do grupo punk inglês The Stranglers glorificou a bomba de nêutrons por ela ser capaz de desencadear a guerra nuclear. *Miss Neutron, I love you*. Ele encontrou aqui o ponto em que o *kynismos* dos contestadores coincide com o cinismo *clean* dos senhores, próprio dos estrategistas. O que ele quis dizer? Vejam como eu sei ser mau? Seu sorriso parecia sedutor, enojado e ironicamente egoísta. Ele não conseguia olhar nos olhos do jornalista. Como se estivesse num sonho, sem encarar a câmera, falava para aqueles que o compreenderiam; ele, o pequeno diabo punk, malvadamente belo, abala o mundo com palavras impensáveis. É a linguagem de uma consciência cuja intenção não era, outrora, tão má. Mas agora, como o show exige, ela não é simplesmente infeliz: ela quer sê-lo. Pode-se assim superar a miséria. Utiliza-se a última liberdade para querer o apavorante. Há nisso um gesto grande, um *páthos* da feiura — uma insolência desesperada que acende uma faísca de vida pessoal. Pois, no fim das contas, eles bem podem se saber inocentes, e a guerra, essa enorme merda, os outros a conduzirão. Eles, os belos automutiladores, sabem disso de modo claro o bastante para dizê-lo em voz alta contra a conspiração de silêncio sustentada pelos homens sérios. Tudo é uma merda, *Miss Neutron, I love you*. Há ainda algo de pessoal na autodestruição desejada, um choque simbólico. Esse é o prazer que eles conseguem obter. No *kitsch* intelectual, no *show* cínico, na erupção histérica e na ofensiva alucinada, a couraça da morte se abre ao redor do Eu destemido e selvagem: *The Rocky Horror Picture Show*, o vibrante e mórbido *feeling* da fome de si mesmo.

X. *Meditação sobre a bomba*

Precisamos aqui pensar por antecipação — sempre supondo que a periferia e o centro se correspondem mais do que nos sugere a primeira impressão. Na superfície, o estilo de vida dos punks e o dos homens do *establishment* podem aparecer como extremos sem mediação. Mas, no fundo, eles se tocam. As erupções cínicas são projetadas para fora da massa catastrófila da civilização. É por isso que não há nenhuma necessidade de se ater aos excessos subjetivos para aceder filosoficamente aos fenômenos e compreendê-los. Ao contrário, é preciso justamente começar pelos excessos objetivos.

O excesso objetivo não é nada além do exagero no belicismo estrutural que caracteriza nossa forma de vida — também nas suas fases de saturação e nos intervalos entre guerras. No fim da Segunda Guerra Mundial, o potencial bélico do mundo dava para liquidar diversas vezes cada cidadão da Terra; no limiar da Terceira, o potencial de extermínio centuplicou, multiplicou-se por mil. A atmosfera de *overkill* se torna cada vez mais espessa. O fator de destruição cresce a cada mês, e seu crescimento é, em última instância, o agente determinante de nossa história. As estruturas do *overkill* se tornaram o verdadeiro sujeito do desenvolvimento atual. Nelas se deposita, tanto no Ocidente quanto no Oriente, uma enorme parte do trabalho social. No presente, prepara-se uma nova escalada, mas esse não é o nosso tema.

Diante dessas "duras realidades", a tarefa da filosofia é formular questões pueris como esta: por que os homens não conseguem se tolerar? O que os leva a preparar sua atomização? O filósofo é o homem capaz de deixar de anular em si mesmo o contemporâneo empedernido, aclimatado e cinicamente especialista. De saída, ele esclarecerá em duas ou três frases por que tudo está no pé em que está e por que não se muda tudo isso com boas intenções. É preciso que o filósofo dê uma chance à criança que há nele, que "ainda não entende" todas essas coisas. Aquele que "ainda não entende" pode, talvez, formular as questões certas.

Compreendidas a partir da raiz, todas as guerras são uma consequência do princípio de autoconservação. Na competição de grupos políticos, a guerra sempre foi considerada como um meio de impor e defender a permanência, a identidade e a forma de vida de certa sociedade contra a pressão do rival. Desde os tempos arcaicos, os realistam contam com o direito natural à autoconservação de cada um e com a legítima defesa, pela guerra, do grupo atacado. A moral pela qual se legitima a suspensão da moral na guerra é a da conservação de si. Aquele que combate por sua própria vida e pelas formas sociais dessa vida se mantém, segundo a sensibilidade de todas as mentalidades realistas do passado, acima da ética da paz. Quando nossa própria identidade está em risco, a interdição de matar está automaticamente suspensa. Isso que, em tempos de paz, constitui um tabu fundamental, se torna uma tarefa em tempos de guerra; um máximo de homicídios será mesmo glorificado como uma façanha especial.

Entretanto, todas as éticas militares aboliram a imagem do herói agressivo, pois ela prejudicaria a justificação defensiva da guerra. Todos os heróis modernos querem ser somente defensores, heróis da legítima defesa. Por toda a parte, nega-se um componente primariamente agressivo próprio; todos os militares se consideram *protetores* da paz, e a agressão é apenas a alternativa estratégica da defesa. Esta está sempre à frente de todas as condutas militares. A defesa não é outra coisa senão a resposta militar ao que chamamos, no registro da filosofia, de autoconservação. O princípio de autoconservação governa esse autodesmentido cínico de toda moral, que, por sua vez, antecipa o "caso de guerra" e se municia da desiludida ética do vale-tudo.

Na medida em que consideramos o mundo de hoje sob esse ângulo, salta aos olhos a proliferação do princípio de defesa. O Ocidente e o Oriente se enfrentam, armados até os dentes, como gigantes da legítima defesa. Para poder se defender, cada bloco fabrica instrumentos de destruição que bastam para o aniquilamento absoluto da vida humana, animal e mesmo vegetal. À sombra das armas atômicas, chegamos a esquecer os requintes mórbidos dos biólogos e químicos a serviço da guerra. Sob o rótulo de autoconservação, um sadismo aventureiro, disfarçado de defensor, floresce na mente dos pesquisadores da destruição, diante do qual, um carrasco do antigo Oriente se veria seriamente acometido de complexo de inferioridade.

Mas cuidemos de não atribuir motivos particularmente cruéis a um partido ou a um responsável. Na moldura do possível, cada um faz o que pode. Porém, a própria moldura mostra suas perfídias. Tem-se a impressão de que uma forma determinada do realismo se aproximou dos seus limites imanentes, justamente esse realismo que incorporou a guerra em seu cálculo como *ultima ratio* da autoconservação política. Não condenemos retroativamente esse realismo; ele teve seu tempo e realizou sua obra, talvez para o bem, certamente para o mal. Entretanto é mister constatar que esse realismo da *ultima ratio* chegou ao seu esgotamento.

A atual "política do desarmamento" apenas aparentemente compreendeu isso. Que não haja verdadeiro discernimento por trás dessa política, é algo que o jogo duplo dos negociadores revela. Enquanto falam, continua-se a construir armas freneticamente. No fundo, a questão, bastante insana, consiste em saber se devemos "somente" nos armar ou se seria melhor se armar e falar.[35] Afirmo que jamais encontraremos uma

---

35. Essa ideia de se armar e falar é uma das fontes de desmoralização política que se difunde entre a juventude ocidental, na medida em que ela ainda resiste ao convite do realismo esquizoide. Daí sua resistência às "resoluções duplas" e ao pensamento duplo.

Jean Heartfield, "Uma sólida fortaleza é nossa [Conferência de paz de] Genebra". Fotomontagem, 1934. No alto: "Você quer encomendas de armas, então financie conferências de paz".

solução desse modo. O fim da corrida armamentista, nesse caminho, só *pode* ser a guerra. As proliferações doentias do princípio de defesa excluem qualquer outra solução.

5. Em busca da insolência perdida

A última guerra se tornou, na verdade, um "assunto interno" da humanidade armada. Nela, trata-se de romper o princípio da dura autoconservação e sua *ultima ratio* arcaica e moderna da guerra. Para esse combate imprevisto no front interno contra o realismo mortal da autodefesa política, os mais fortes aliados são inequívocos; nesse front, são necessárias armas esmagadoras, estratégias aterrorizantes e manobras astutas. Desse ponto de vista, estamos bem providos; os arsenais estão repletos. Entre as armas de que podemos lançar mão, reúnem-se todas as monstruosidades imagináveis: gás venenoso, armas bacteriológicas, nuvens tóxicas, fumaças químicas, granadas psicodélicas, canhões múltiplos e raios da morte. Certamente não pretendemos denegrir as performances desses instrumentos. Mas um antigo liame conecta incessantemente o filósofo à bomba atômica uma vez que, por sua ação nuclear, a bomba desafia a reflexão. A fissão nuclear é um fenômeno que convida à meditação e, *a fortiori*, a bomba nuclear produz no filósofo o sentimento de acesso ao núcleo do humano. No fundo, a bomba encarna a última e mais enérgica representante do Esclarecimento. Ela esclarece a natureza da fissão; ela deixa plenamente claro o que significa erguer um Eu contra um Tu, um Nós contra um Vós, até o ponto de nos dispormos a matar. No cume do princípio de autoconservação, ela nos ensina o fim dos dualismos por meio de sua superação. A bomba é o depositário da última esperança e da última tarefa da filosofia ocidental, mas sua metodologia de ensino nos soa inusitada; ela é tão cinicamente brutal e de uma dureza a tal ponto impessoal que nos lembra os mestres orientais do zen, que não hesitam em bater na cara dos seus alunos se isso promove o progresso em direção às luzes.

A bomba atômica é o verdadeiro Buda do Ocidente, um equipamento perfeito, desprendido, soberano. E imóvel ela repousa em seu silo, a mais pura realidade e a mais pura possibilidade. Ela é a soma das energias cósmicas e da participação humana nelas, a suprema façanha do homem e ao mesmo tempo seu carrasco, o triunfo da racionalidade técnica e sua superação na direção do paranoético. Com ela, abandonamos o domínio da razão prática, em que buscamos fins através de meios apropriados. Há muito a bomba não é um meio para um fim; ela é o meio desmedido que ultrapassa todo fim possível.[36] Já não podendo ser meio para um fim, é

---

36. Gunther Anders esclareceu essa ideia há um quarto de século: *Die Antiquiertheit des Menschen, Über die Seele im Zeitalter der zweiten industriellen Revolution* [O modo antiquado do homem. Sobre a alma na época da segunda Revolução Industrial], Munique, 1956.

preciso que ela se torne o *medium* da autoexperiência. Ela é um evento antropológico, uma extrema objetivação do espírito de poder que age por trás do instinto de conservação. Se a construímos para nos "defender", ela na verdade nos trouxe uma vulnerabilidade inédita. Ela é uma consumação do homem na direção de seu lado "mau". Não podemos ser mais "maus", mais inteligentes e mais defensivos do que isso.

De fato, a bomba é o único Buda que a razão ocidental compreende. Sua calma e ironia são infinitas. Para ela, é indiferente o modo como cumpre sua missão, se em uma espera muda ou como nuvem de fogo. Para ela, a alteração dos estados da matéria não conta. Assim como em Buda, tudo o que se pode dizer é dito por simples presença. A bomba não é em nada pior do que a realidade, não é nem um fio de cabelo mais destrutiva do que nós. Ela é simplesmente nosso próprio desabrochar, uma representação material da nossa essência. Ela já é a encarnação de algo completo, enquanto nós, em relação a ela, ainda estamos cindidos. Diante de tal máquina, considerações estratégicas não têm vez. Ao contrário, o que é preciso é ouvir muito atentamente. A bomba não exige de nós nem combate, nem resignação; ela exige que façamos a experiência de nós mesmos. Nós somos ela. Nela se consuma o "sujeito" ocidental. Nosso armamento excessivo nos torna completamente indefesos, fracos até a razão, racionais até a angústia. A única questão consiste em saber se escolheremos a via exterior ou a via interior: se o discernimento virá da tomada de consciência ou das bolas de fogo sobre a terra.

Por mais bem intencionadas que possam ser as transformações exteriores, acabam sempre por se reunir na corrente principal e irresistível do armamentismo. Todas as "vias internas", mesmo quando parecem terrivelmente irrealistas, confluem na tendência única de apoiar a verdadeira pacificação. O processo do mundo moderno levou a um ponto a partir do qual aquilo que é mais externo, a política, e aquilo que é mais interno, a meditação, falam a mesma língua; ambos gravitam em torno do princípio segundo o qual a distensão ainda é nosso único recurso. Todos os segredos se encontram na arte de ceder, de não resistir. A meditação e o desarmamento descobrem uma estratégia comum. Eis um resultado irônico da modernidade... Em última análise, a grande política é hoje uma meditação sobre a bomba, e uma meditação profunda procura em nós o impulso produtor de bombas. Ela age com delicadeza sobre tudo aquilo que, em nosso interior, se tornou a crosta de uma pretensa identidade; ela dissolve a couraça que esconde um Eu que se considera defensor dos seus "valores fundamentais" ("Nós possuímos os melhores valores", dizem os estrategistas do armamentismo). A bomba é uma máquina diabolicamente irônica; ela não serve para nada, e, no entanto, produz os mais poderosos efeitos. Por mais que ela seja nosso Buda, ela mantém o diabo sarcástico no corpo. É preciso ter-se imaginado em seu interior para imaginar a explosão no cosmos como uma completa dissolução de si mesmo. Ela é capaz disso a qualquer momento. No cerne da matéria inflamável existe um estrondo e uma gargalhada semelhantes àqueles que existem no interior do sol. Saber que dispomos disso como uma possibilidade é fonte de uma superioridade singular. Muito secretamente, o espírito humano se sabe solidário de sua inquietante e irônica máquina solar.

Quem observa atentamente pode ter, por vezes, a impressão de que as bombas riem sozinhas, com um ar gaiato. Se estivéssemos alertas o bastante para perceber esse riso, nesse momento poderia acontecer com o mundo algo inédito: ele poderia deixar de ter medo e sentir a distensão anular os arcaicos espasmos da defesa. *Good morning, Miss Neutron, how are you...* As bombas se tornam os vigilantes noturnos de nossa destrutividade. Se acordarmos, mil bombas nos falarão, tal como as vozes suplicantes no final de *Os sonâmbulos*, de Hermann Broch, e sua voz será "a voz do homem e dos povos, a voz do reconforto, da esperança e da bondade imediata: não te faças mal, porque todos nós ainda estamos aqui".

SEGUNDA PARTE

Cinismo no processo
do mundo

I.
Seção principal fisionômica

A. Sobre a psicossomática do espírito do tempo

Uma fisionômica filosófica parte do princípio de uma linguagem muda, de segundo nível. Ela é tão antiga quanto a comunicação humana. Mais que isso, lança suas raízes até o domínio do pré-humano, do pré-racional, até a esfera do faro e da orientação animal. Não é somente a linguagem verbal que tem algo a nos dizer; também as coisas falam para aquele que sabe usar sua sensorialidade. O mundo está repleto de figuras, de mímica, de rostos; vindos de todas as partes, chegam aos nossos sentidos os acenos das formas, das cores, das atmosferas. Nesse campo fisionômico, todos os sentidos se encontram profundamente emaranhados. Quem consegue manter incólume sua competência perceptiva possui um eficiente antídoto contra a devastação dos sentidos, que é o preço do progresso civilizatório. Nossa cultura nos inunda de signos, faz de nós legastênicos no domínio do conhecimento fisionômico. Existe nela, todavia, uma subcamada na qual, plena de presença de espírito, proliferou uma capacidade natural de se voltar para a linguagem das formas. Essa capacidade se manifesta em parte nas artes, em parte nas diversas tradições do conhecimento humano, nas quais, sob distintas denominações — moralismo, discernimento do espírito, psicologia ou doutrina da fisionomia — se põe em exercício aquele outro olhar acerca do homem e das coisas.

Enquanto o processo da civilização, em seu cerne constituído pelas ciências, nos ensina a ganhar distanciamento em relação ao homem e às coisas, de modo a mantê-los como objetos diante de nós, o sentido fisionômico nos fornece uma chave para tudo aquilo que a proximidade do mundo circundante denuncia. Seu segredo é intimidade, não distanciamento. Ele promove um saber das coisas que não é objetivo, e sim convivial.[1] Sabe que tudo tem forma e que cada forma fala conosco de modo plural: a pele pode ouvir, os ouvidos são capazes de ver e os olhos distinguem o quente do frio. O sentido fisionômico se atém às tensões das formas e espreita, na vizinhança das coisas, seu expressivo sussurro.

---

1. Tomo emprestado este conceito de Ivan Illich e o transporto para o domínio da teoria do conhecimento.

O Esclarecimento, que se empenha em reificar e objetivar o saber, silencia o mundo fisionômico. O preço da objetividade é a perda da proximidade. O cientista perde a capacidade de se comportar em relação ao mundo como vizinho; ele pensa a partir de conceitos de distância, não de amizade; ele busca a visão panorâmica, e não a suficiência do familiar. No curso dos séculos, a ciência moderna proscreveu do seu horizonte tudo o que não se compatibilizava com o *a priori* da distância objetivante e com a dominação espiritual do objeto: a intuição, a compreensão, o *esprit de finesse*, a estética, o erotismo. Mas, desde então, algo de tudo isso permaneceu atuante na autêntica filosofia como uma forte corrente: nela flui ainda hoje o calor de uma espiritualidade convivial e uma libidinosa proximidade em relação ao mundo que compensa o impulso objetivante de dominação das coisas.

O amor à sabedoria tinge inevitavelmente os seus objetos e atenua a frieza do saber puramente objetivo. Uma ciência que aniquila em si os últimos vestígios de filosofia sob o pretexto da objetivação rompe também os últimos fios do sentido de proximidade e intimidade que a ligavam às coisas. Dissolve os liames com o fisionômico e apaga os rastros do *esprit de finesse* que necessariamente permanecem "subjetivos" e incalculáveis. Naturalmente, nesse movimento, não pode deixar de ocorrer o retorno do que foi reprimido, e a ironia do Esclarecimento consiste em pretender fazer desse retorno uma forma de irracionalismo, contra o qual os esclarecidos fervorosos justificadamente se defendem. Na querela do século entre racionalismo e irracionalismo, duas unilateralidades acusam-se reciprocamente.

Quanto ao cinismo, nosso saber não pode ser de início outro senão um saber da intimidade. É como de uma atmosfera, uma vibração moral-psicológica que se acha no ar de nossa civilização. Jamais encontrei alguém que não desse sinal de uma intuitiva cumplicidade quando esse assunto vem à tona. O simples pronunciamento da palavra faz recordar situações, estados de alma, experiências. É como se um sentimento vital determinado se mirasse no espelho tão logo dispomos diante da consciência, com insistência suficiente, esse conceito enquanto meio de reflexão. O cinismo é uma dessas categorias em que a consciência moderna infeliz se encara a si mesma. Nós possuímos em nossos membros, em nossos nervos, em nosso olhar, no movimento dos lábios, o espírito cínico do tempo. Esse gosto particular por um estado de coisas cindido, hipercomplicado, desmoralizante. Em tudo o que é realmente contemporâneo, manifesta-se o elemento *kynikos* e o elemento cínico como parte de nossa fisionomia psicofísica e intelectual. O espírito do tempo se acha encarnado em nós, e àquele que pretende decifrá-lo incumbe a tarefa de trabalhar sobre a psicossomática do cinismo. Eis a exigência diante da qual se vê uma filosofia integrante. Integrante porque não se deixa seduzir pela atração dos "grandes problemas", mas vai ao encontro de seus temas primordialmente no que se acha "embaixo": nas coisas da vida cotidiana, no que supostamente é de pouca importância, naquilo que normalmente não é digno de atenção, nas pequenezas. Quem quiser, pode reconhecer em um tal deslocamento de perspectiva o impulso *kynikos*, para o qual os "temas baixos" não são tão baixos.

1. Língua para fora

Para as pessoas bem-educadas, é difícil dizer *não*. O *não* soa como teimosia, e quanto mais bem-educado se é, mais se evita a teimosia. A obediência é o primeiro dever da criança, e em seguida se torna um dever do cidadão. Ao contrário, em brigas de criança, ela não desempenha nenhum papel, e aqui não é nada difícil dizer *não* e se autoafirmar. Quando brigamos de modo passional, chegamos frequentemente a um ponto em que palavras apenas não bastam. O corpo sabe então intervir; colocamos a língua para fora e proferimos ruídos que deixam claro em que conta temos os outros. Aí se encontra a energia plena; e, entre outras, tem-se aí a vantagem da inequivocidade. Os olhos se aproximam numa expressão de maldade e os lábios tremem de pura energia explosiva. Outras vezes, língua estirada, escancaramos os olhos até estes se tornarem espelhos deformantes. Quem é capaz de colocar a língua para fora não corre o risco de estar aquiescendo quando quer dizer *não* — o que ocorre quando optamos por sacudir a cabeça. Em geral, o *não* fica mal instalado corporalmente no movimento da cabeça, porque há civilizações em que se aprende a mover a cabeça para dizer *não* e *sim* no sentido oposto ao do nosso.

A língua estirada diz *não* com muito mais nuances, seja o gesto associado à agressão, à aversão ou ao escárnio, e fica claro que o destinatário é considerado como um idiota ou como um chato. Esse *não* pode ser mau ou sereno, ou ambos ao mesmo tempo: malicioso. Produz-se então facilmente um som, algo como um *ah*, que combina bem com a malícia — numa

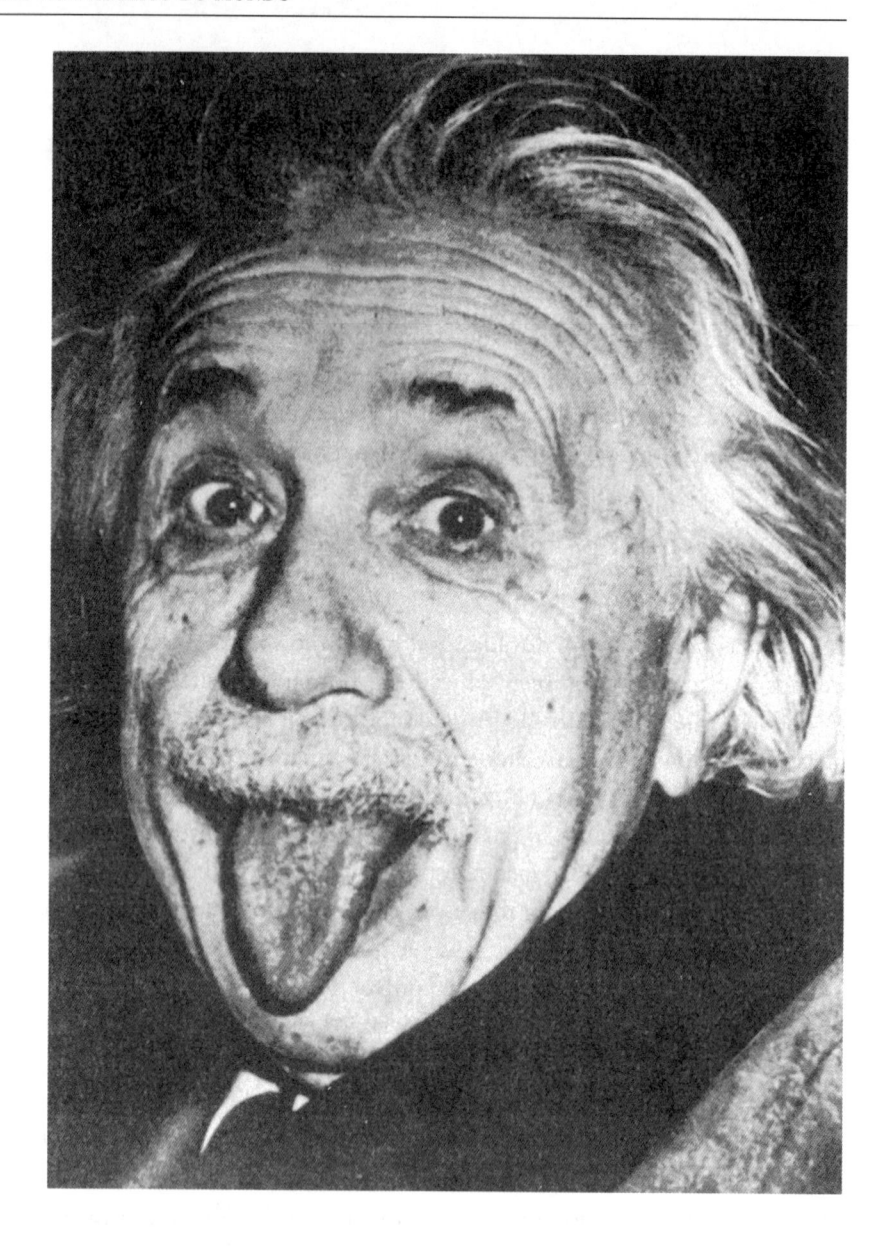

emoção mais intensa, também um *bá*, em que predomina a expressão de desprezo. Naturalmente, o que acima de tudo nos interessa é o *não* malicioso, que pertence à sátira *kynikē*; é o ato de mostrar a língua de modo ameaçador, como o faz Till Eulenspiegel, o louco agressivo que sabe escarnecer dos estúpidos infortúnios dos outros. Eulenspiegel é o modelo moderno do cínico, um esclarecido da linha truculenta, que não se intimida diante de uma briga. Ele não esconde sua malícia sob a fachada de uma boa educação, como fazem os esclarecidos sutis da época burguesa, e diverte-lhe desmascarar, ridicularizar os tolos. Visto que ele é um esclarecido pantomímico, desconhece as inibições que constrangem as mentes mais sutis a ocultar seus "maus" impulsos. Ele encarna uma *intelligentsia* robusta que não censura seus impulsos. Como todos os cínicos, acha-se a meio caminho entre a indocilidade e a espontaneidade, entre a ingenuidade e o refinamento e, à medida que sua "suja" conivência oscila de modo ambivalente entre a honestidade e a maldade, a moral convencional não se dá muito bem com ele. Ele prova que frequentemente só trazemos a verdade à tona sob o preço da indocilidade; aqui, encontramo-nos imersos na ambiguidade cultural. A verdade se volta frequentemente contra todas as convenções, e o cínico desempenha o papel de um moralista; alguém que esclarece que precisamos confrontar a moral para salvar a moral. Eis o selo dos tempos complicados; as coisas se tornaram tão confusas que moral e imoralidade se confundem. Alguns consideram Eulenspiegel um louco que lhes mostra a língua. Já para esse, as pessoas é que estão alteradas e precisam de cuidados.

2. *Boca retorcida em sorriso malicioso*

O saber dos cínicos pertencentes à classe dos senhores (*Herrenzynikers*) repousa sobre uma falsa superioridade. O poderoso zela por sua vantagem, mesmo sabendo que isso lhe valha uma posição moralmente duvidosa. De uma falsa superioridade brota facilmente um falso sorriso, gesto de uma maldade astuta. Esse sorriso defende um mau *status quo*, uma injustiça. Os direitos dos outros? Onde chegaríamos? Fome? O que é isso? Uma comissura dos lábios, do lado esquerdo de preferência, projeta-se para cima. Na boca do senhor se patenteia a cisão da consciência, pois a outra metade sabe que, no fundo, não há de que rir. A metade da boca que sabe curva-se para o alto, de modo que a outra metade, desdenhosa, verga-se para baixo involuntariamente. O realismo mundano dos cínicos da classe dos senhores provém do desejo de preservar o rosto enquanto as mãos se sujam. E não raro exibe ele boas maneiras. O sorriso cínico parece igualmente impregnado de uma contida cordialidade impudente, pela qual revela seu desejo de manter os outros a distância com a mesma segurança com que se controla a si mesmo.

Esse é o sorriso cujos níveis de poder e melancolia se manifestam entre os altos funcionários, os políticos, os redatores. Representamo-nos esse sorriso sobretudo nos cortejadores do Rococó, por exemplo, no infeliz camareiro de Luís XV, Lebel, no filme *Fanfan, o Husar*: um sorriso tão retorcido quanto uma vírgula entre o *sim* e o *porém*.

3. Boca amarga, fechada

A experiência vital de quem é vítima se mostra em seu amargor. Em seus lábios se forma um silêncio amargo. Ninguém lhes ensinará nada. Eles sabem como são as coisas. Aquele que se mostra explicitamente decepcionado chega a ganhar uma pequena vantagem diante do destino, uma margem para autoafirmação e orgulho. Os lábios que se cerraram pela dureza e se estreitaram em finos traços revelam, nos traídos, aquele lado da sofrida experiência do mundo. Muitas crianças a quem a vida iludiu apresentam esses lábios amargamente fechados, dos quais é difícil arrancar algum assentimento por algo de bom. A desconfiança é a inteligência dos lesados. Mas o homem que desconfia facilmente recai na imbecilidade, quando seu amargor lhe priva das coisas que lhe fazem bem após tantas experiências dolorosas. A felicidade lhe soará sempre como uma trapaça e parecerá sempre algo muito barato para valer a pena. Aderidos à experiência passada, os lábios cinicamente amargos só sabem uma coisa: em última instância, tudo é ilusão e ninguém, por algum tipo de sedução, jamais voltará a lhes tornar flexíveis a ponto de se abandonarem, exibindo a rubra carne de sua intimidade às tentações do mundo enganador.

4. Boca, às gargalhadas, escancarada

Enquanto o cínico sorri com melancolia e desprezo, do alto de seu poder e de sua desilusão, é característico do *kynikos* rir alto e despudoradamente, a ponto de as pessoas sofisticadas reprovarem com a cabeça. A risada do *kynikos* vem das entranhas, tem um fundo animal e se manifesta sem inibição. Quem se diz realista deveria no fundo poder rir desse modo: essa gargalhada total e de dar câimbras, que faz *tabula rasa* das ilusões e das poses. Devemos imaginar assim a risada do grande satírico Diógenes, filósofo que é parente dos monges errantes da Ásia, que exibiam seus malabarismos devotos para explodir em gargalhadas e darem no pé quando os citadinos percebiam que a santidade de tais santos não era exatamente o que eles imaginavam. Há algo dessa risada de entranhas animais na expressão de certos Budas sorridentes, uma risada ao mesmo tempo estática e realista que, por espasmos e solavancos, se abandona de tal modo a si mesma que neles não sobra mais um Eu que ri, mas apenas uma serena energia que se celebra a si mesma. Quem possui sentimentos demasiado civilizados e tementes facilmente tem a impressão de que poderia haver em tal risada algo de demoníaco, de diabólico, de pouco sério e de destrutivo. Aqui é preciso uma escuta muito atenta. A risada diabólica contém em si a energia da destruição, o tilintar de vidros estilhaçados e o estrondo de paredes a desmoronar; é uma risada má sobre ruínas. Ao contrário, na risada positiva estática, atua a energia de uma afirmação desconcertada. Ela parece, a despeito de toda a sua selvageria, contemplativa, celebrativa. Não é por acaso que se ouve mais frequentemente mulheres rindo assim do que homens, mais os bêbados do que os sóbrios. A energia do diabo é aquela que mata os outros a risos. Na risada de Diógenes e de Buda, meu próprio Eu, que havia levado tudo tão a sério, é morto a risos. Isso naturalmente exige uma boca escancarada, que se abre sem inibição, não para elevados discursos, mas para uma forte vitalidade. Nela há mais espanto do que fanfarronada. A boca escancarada que interessa ao filósofo não é do tipo ativo, mas passivo: o *ah* diante de fogos de artifício ou de uma cadeia de montanhas ou num *insight* espiritual, quando aí um *ah* nos atravessa. Nos grandes *insights*, temos o impulso de proferir um grito, e o que são grandes *insights* senão distensões que sucedem a falsas complicações?

5. *Boca serena, em silêncio*

Em um rosto satisfeito, os lábios se sobrepõem, vibrando imperceptivelmente. Tudo é tal como é. Não há nada a dizer. Diógenes está sentado ao sol, em silêncio, e contempla os degraus de pedra do mercado. Nenhuma sombra de pensamento atravessa sua mente. Seus olhos estão imersos no cintilar cósmico da luz grega. Ele observa as pessoas às voltas com seus afazeres. Se alguma delas tivesse a ideia de se sentar diante dele para contemplá-lo com coração acolhedor, poderia facilmente lhe ocorrer de pôr-se repentinamente a chorar desconcertado ou a rir sem motivo.

Detalhe de Rafael: *A escola de Atenas*, Diógenes na escadaria.

6. Os olhos e o olhar

Os olhos são os modelos orgânicos da filosofia. Seu enigma está em eles não poderem apenas ver, mas serem igualmente capazes de se ver vendo. Isso lhes confere um estatuto privilegiado entre os órgãos cognitivos do corpo. A rigor, uma boa parte do pensamento filosófico não passa de uma reflexão dos olhos, de uma dialética dos olhos; não passa de um ver-se vendo. Isso exige veículos reflexionantes; espelhos, superfícies d'água, metais e outros olhos através dos quais a visão da visão se faz visível.

O olhar *kynikos* se compreende como um olhar através de uma aparência ridícula e oca. Ele gostaria de pôr a sociedade diante de um espelho natural, no qual os homens se reconhecessem transparentes e sem máscaras. Diógenes perscruta o idealismo presunçoso e a arrogância cultural dos atenienses. O que lhe interessa não é nem a máscara, nem a pose idealista, nem as justificações, nem os embelezamentos. Ele observa fixamente os fatos nus da natureza. Numa certa perspectiva, poderia passar pelo primeiro positivista crítico, se possuísse alguma ambição teórica. O olhar *kynikos* se orienta sempre em direção à nudez; ele quer identificar os fatos "crus", animais, simples, que os admiradores das alturas de tão bom grado negligenciam. Sim, o *kynikos* originário é capaz de se regozijar com o nu e com o elementar porque experimenta aí verdade e desvelamento. Para ele, não valem as dicotomias usuais: nem alto, nem baixo; nem sujo, nem puro. Esse olhar é aberto, realista e generoso, e não se incomoda em fitar a nudez, bela ou feia, contanto que ela seja natural. Em contrapartida, o olhar do cínico da classe dos senhores é desgraçadamente fendido, reflexivamente rachado. Com ele, os poderes observam sua própria estratégia, reconhecendo que por trás de tudo o que se apresenta como lei esconde-se uma grande porção de violência e arrogância. Quem deveria estar melhor informado disso do que aqueles que as praticam sem muita convicção e semiacordados? Essa é a razão pela qual se manifesta frequentemente na reflexão melancólica e cínica dos senhores uma tendência ao estrabismo. Os olhos dos cínicos autênticos se traem por um brilho argênteo, uma sutil convergência ou uma sutil divergência. Aquele que nasceu vesgo e que enverada pelo caminho das ciências, da filosofia ou da prática política, parece já somaticamente predisposto a olhar duplamente para as coisas: a essência e a aparência, o velado e o nu. A dialética orgânica dos seus olhos o faz avançar nessa direção, enquanto os outros pensadores, enclausurados no mito da normalidade, ignoram de bom grado que também eles veem com dois olhares diferentes, e nenhum ser humano tem dois olhos iguais. Nos olhos se acha localizada uma parte de nossa estrutura de pensamento, particularmente a dialética da direita e da esquerda, do masculino e do feminino, do reto e do oblíquo.

Entre os intelectuais, acha-se com frequência uma estranha apatia nos olhos. Ela provém, em boa parte, do fato de, nos estudos, os olhos serem constantemente obrigados a ler coisas que jamais aceitariam se dependesse deles. Devem servir como simples instrumentos de leitura, e não é de se admirar que, habituados às linhas negras, o olhar desses homens sobre o mundo se distancie da realidade. O saber cínico dos senhores, tal como se acumula nas mentes de intelectuais, se traduz em olhos imóveis como blocos, e por um olhar que se faz turvo e frio. Esse olhar fixa coisas nas quais ele não penetra e cuja existência verdadeiramente não o satisfaz. Há nesses olhos uma expressão semelhante ao falso sorriso. O olhar cínico faz as coisas saberem que, por meio dele, elas não existem realmente,

René Magritte, *O falso espelho*, 1928.

senão como fenômeno e como informação. Ele as olha como se já fossem algo do passado. Ele as apreende, as registra, e apenas pensa na conservação de si mesmo. Evidentemente, sente-se ofendido pelo fato de as coisas responderem a um tal olhar; elas olham de volta com a mesma frieza com que são olhadas. Não podem se reaquecer enquanto não derreta o gelo dos olhos daqueles que acreditam ser convocados a utilizar o mundo, a administrá-lo — a devastá-lo.

7. Seios

Na civilização moderna dos meios de comunicação e da moda, reina uma mistura atmosférica feita de cosmética, de pornografia, de consumismo, de ilusão, de vício e de prostituição, mistura de que o desnudamento e a exibição dos seios é típica. No mundo das mercadorias, nada mais funciona sem eles. Cada um especula sobre os reflexos doentios dos outros. Em tudo o que se parece com vida e desperta desejos, lá estão eles, como ornamento universal do capitalismo. Tudo o que é morto, supérfluo, alienado atrai para si a atenção com formas sorridentes. Sexismo? Se fosse tão simples... A publicidade e a pornografia são casos particulares de cinismo moderno; o poder deve percorrer seu caminho, passando pelas imagens do desejo, e podemos ao mesmo tempo estimular e frustrar os desejos e os sonhos dos outros para impor nossos próprios interesses. A política não é apenas a arte do possível, como já foi dito, mas também a arte da sedução. Ela é o lado dourado do poder. Parte do princípio de que, em primeiro lugar, precisa haver ordem; em segundo, o mundo quer ser enganado.

Em termos filosóficos: esses seios modernos mercantis existem apenas *em si*, enquanto coisas, e não *para si*, enquanto corpos conscientes. Eles significam apenas um poder, uma atração. Mas o que seriam seios para si mesmos, independentemente de seu desnudamento cínico no mercado? Como eles se comportam em relação ao poder e à energia que deles nasce? Muitos são os seios que prefeririam não ter mais nada a ver com esse jogo de poder, de atração e de desejo. Outros encarnam frívola e conscientemente seu apelo ao outro sexo. Encontramos ainda uma parte de sua consciência de poder em uma expressão tão corriqueira: "armas de uma mulher". Muitos chegam a ser infelizes, porque não se aproximam do modelo ideal da publicidade. Nus, eles não ficam completamente à vontade quando não têm a estética dominante do seu lado. Mas há também aqueles cuja doçura se assemelha à das peras maduras que, tão pesadas e tão amáveis consigo mesmas, caem da árvore assim que a boa ocasião se apresenta, numa mão em que se sintam reconhecidas.

8. *Bundas*

A bunda parece estar condenada a eternizar sua existência na obscuridade, como um mendigo entre as demais partes do corpo. Ela é a verdadeira idiota da família. Mas seria surpreendente se essa ovelha negra do corpo não tivesse sua própria opinião a respeito do que acontece nas altas esferas, semelhante aos desclassificados que frequentemente lançam o mais frio dos olhares para os membros das classes superiores. Se a cabeça se dispusesse ao menos uma vez a dialogar com sua antípoda, esta começaria por lhe mostrar a língua, se tivesse uma. Como naquele filme didático dos Rote Grütze[2], *Was heisst hier Liebe?* [*O que significa o amor?*], a bunda diria às esferas superiores: acho que nossas relações bilaterais estão ficando uma merda.

---

2. Os Rote Grütze foram um bem-sucedido grupo de teatro infantil engajado de Berlim Ocidental, fundado em 1972. [N.E.]

A bunda é o plebeu, o democrata das bases e o cosmopolita entre as partes do corpo; numa palavra, o órgão *kynikos* elementar. Ele fornece a base materialista sólida. Sente-se em casa, nos toaletes do mundo inteiro. A Internacional das Bundas é a única organização mundial que dispensa estatuto, ideologia e contribuição dos associados. Sua solidariedade é inabalável. Ludicamente, a bunda supera todas as fronteiras, à diferença da cabeça, a quem muito importam as fronteiras e as propriedades. Sem objeção, instala-se em qualquer assento. A diferença entre um trono[3] e um banquinho de cozinha, entre um tamborete e uma cadeira sagrada, não se põe particularmente a uma bunda íntegra. Eventualmente, pode até ser no chão. A única coisa que não aceita é permanecer de pé quando está cansada. Essa inclinação para o elementar e o fundamental predispõe a bunda particularmente à filosofia. Sem dúvida, registra as nuances, mas jamais lhe ocorreria, como as cabeças vaidosas com suas batalhas sangrentas, fazer tanta algazarra pela ocupação de uma cadeira. Ela jamais perde de vista o que em última instância realmente conta: a terra firme. Também no sentido erótico, a bunda se mostra frequentemente sensível e ao mesmo tempo superior. Ela não é mais exigente do que o necessário. Também aí é ela quem passa facilmente por cima das fronteiras e dos exclusivismos imaginários. Quando condenaram Arletty, celebridade da época, por ter mantido relações sexuais com ocupantes alemães, ela teria respondido: *Mon cœur est français, mon cul, lui, est international*. Representante do princípio *kynikos* em geral (poder viver em toda parte, redução ao essencial), a bunda não se deixa nacionalizar, ainda que inegavelmente alguns bundões já tenham proferido ruídos nacionalistas.

Espancada, pisoteada e beliscada, a bunda vê o mundo de baixo, de um ponto de vista plebeu, popular, realista. Milhares de anos de maus tratos não passaram por ela sem deixar vestígios. Fizeram dela uma materialista, mas uma materialista de tendência dialética. Seu princípio é o de que as coisas estão uma merda, mas há esperança. Nada torna alguém mais amargo do que o sentimento de não ser bem-vindo. Apenas uma

---

3. Napoleão Bonaparte, cujo cinismo realista muitos admiravam (cf. Seção Principal Histórica, Capítulo 10), pergunta em seu sarcástico discurso de Ano Novo em 1814: "O que é na verdade um trono? Quatro pedaços de madeira dourada e um retalho de seda? — Não, o trono é um homem, e este homem sou eu..." É o linguajar de um cínico, que se comporta como um novo rico, isto é, conteudisticamente forçado, frente ao cerimonial ("a futilidade") e à legitimidade ("o papel").

... como Eulenspiegel defecou numa sala de banhos em Hannover e pensou que era uma casa de pureza. Xilogravura em livro, 1515.

nuance de fascinação que se faz sentir através de tanto desprezo incute no oprimido um sentimento íntimo de poder. Aquilo acerca de que nos calamos tão obstinadamente sem todavia conseguirmos evitar deve exercer um grande poder sobre os espíritos. Por trás dos piores palavrões se escondem frequentemente as melhores energias. É como se todos os traseiros desprezados aguardassem o momento de celebrar a revanche num futuro previsível, quando novamente tudo será uma merda. O sentido do tempo é uma de suas forças particulares, porque as bundas desenvolvem desde muito cedo um sentimento para o iminente, para o que pode ser adiado e para o que podemos fazer esperar pacientemente sem mover uma palha até o dia do juízo final. Essa é precisamente uma arte política, hoje chamada *timing*, e cujas raízes nascem de uma prática que as bundas aprendem já na infância, qual seja, realizar quanto for preciso, no momento oportuno, cedo o suficiente e tarde o suficiente.

A bunda triunfa secretamente por meio da consciência de que sem ela as coisas não funcionam. O estar-aí (*Dasein*) precede o estar-aí de um modo ou de outro (*Sosein*); primeiro a existência, em seguida as qualidades. Antes a realidade, em seguida, bem e mal, alto e baixo. As bundas são, portanto, abstração feita de suas tendências dialético-materialistas, os primeiros existencialistas. Elas praticam por antecipação a dialética existencial: devemos optar por aquilo que simplesmente tem de acontecer ou escolhemos a revolta contra o inevitável? Mesmo quem decide deixar as coisas seguirem seu próprio rumo decidiu, como diz Sartre, não decidir. A liberdade se entrega à necessidade. Mas mesmo quem decide sob estas condições pode igualmente se decidir contra o decidido. Naturalmente, não contra a necessidade, mas contra o fato de essa necessidade poder fazer algo de quem decide. Este pode lutar contra algo e suportar aquilo que lhe for necessário. Nesse caso, torna-se, como diz Camus, o homem revoltado. Nenhum homem precisa precisar, afirma o Nathan de Lessing. A voz popular acrescenta: só precisamos morrer e defecar. Esse é o *a priori kynikos*. Assim sendo, de todos os órgãos do corpo, a bunda é o que se acha mais próximo da relação dialética entre liberdade e necessidade. Não por acaso, a psicanálise, disciplina completamente inspirada pelo *kynismos*, lhe dedica investigações sutis e batiza, a partir das experiências e dos destinos das bundas, um estágio antropológico fundamental: a fase anal. Os temas da bunda são poder e não poder, precisar e não ter o direito, ter e conter. O princípio da performance lhe concerne diretamente. Compreender a bunda seria a melhor escola preparatória para a filosofia, a propedêutica somática. Quantas teorias de prisão de ventre nos teriam sido poupadas! Uma vez mais vamos ao encontro de Diógenes. Ele foi o primeiro filósofo europeu que, em vez de produzir longos discursos, edificou sua "obra" na praça do mercado de Atenas. *Naturalia non sunt turpia*. Não encontramos na natureza nada de que devamos nos envergonhar, diz ele. Nós só encontramos verdadeira bestialidade e espíritos pervertidos onde têm início a arrogância da moral e o emaranhado da cultura. Mas as cabeças não quiseram admitir nisso a aurora da razão, o momento em que a filosofia havia encontrado o equilíbrio com o princípio de natureza. Por um instante, achava-se já além de bem e mal, e além de escrúpulos nasais. Ao contrário, os pensadores sérios não abrem mão de sua opinião; segundo eles, isso não pode ter passado de uma brincadeira ou uma desfaçada provocação. Eles se recusam a sequer suspeitar de um sentido produtor de verdade em tal manifestação.

9. Peido

O assunto não tem perdão, e a coisa tende mesmo a piorar. Lamento por todos os leitores sensíveis, mas não podemos deixar escapar o peido. Quem não quiser falar sobre ele deveria também se calar a respeito da bunda. O tema exige e, depois de termos tratado de oralidade, nossa apresentação deve, bem ou mal, percorrer sua fase anal antes de chegar à fase genital. Falar do peido não é difícil na medida em que ele produz um ruído que significa sempre algo nas situações sociais. Quem é testemunha de um peido produz inevitavelmente uma interpretação do ruído. No fim das contas, a semântica do peido é um problema bastante complexo, completamente negligenciado, decerto, pela linguística e pela teoria da comunicação. A escala de significações vai do incômodo ao desprezo, de intenções humorísticas à falta de respeito. Professores, oradores e público conhecem bem o suplício de não poder liberar em alto e bom tom uma flatulência urgente. Isso porque uma tal manifestação exprime algo que, na realidade, não queremos dizer. Poderia contribuir para uma simpatia maior em relação aos políticos? Se, ouvindo seus discursos, pensássemos frequentemente que eles talvez estejam justo naquele momento às voltas com a tarefa de conter um peido que já há algum tempo desejaria interromper seu discurso... Há de fato uma conexão entre a arte das formulações vagas e a arte de um vento decente: ambos são diplomacia.

Do ponto de vista semiótico, o peido inclui-se no grupo dos sinais, portanto, dos signos, que não simbolizam nem reproduzem coisa alguma, mas indicam uma circunstância. Quando a locomotiva apita, adverte para sua aproximação e para possíveis perigos. Compreendido como sinal, o peido mostra que o baixo-ventre se acha em plena atividade, e isso pode ter consequências fatais naquelas situações em que qualquer alusão a tais regiões é absolutamente indesejável. Ernst Jünger observava, em seu *Jornal Parisiense*, a respeito de sua leitura da *Guerra dos judeus*, do historiador Flávio Josefo:

> Mais uma vez encontro-me diante da passagem que descreve o início da agitação em Jerusalém sob Cumanus (II, 12). Enquanto os judeus se reuniam para a festa dos pães ázimos, os romanos mobilizaram um corpo de infantaria para a parte superior do pórtico do templo a fim de controlar a multidão. Um dos soldados levantou sua veste e, virando seu traseiro para os judeus com uma reverência irônica, "proferiu um som indecente correspondente

à sua posição". Isso desencadeou um conflito que custou a vida de dez mil homens, de modo que podemos aqui falar do peido mais funesto da história universal. (*Strahlungen*, II, pp. 188-189)

O cinismo do soldado romano, que cometeu a "blasfêmia"[4] de peidar no templo em pura provocação política, encontra seu equivalente no comentário de Jünger, que faz a transição para o domínio do cinismo teórico.[5]

10. Merda, dejeto

Aqui a questão se amplia. Rebentos da cultura anal, todos nós temos uma relação mais ou menos perturbada com nossa própria merda. A dissociação de nossa consciência de sua própria merda é o mais profundo adestramento em nome da ordem; ela nos diz o que deve acontecer de modo escondido e privado. A relação que os homens são "ensinados" a estabelecer com seus excrementos fornece o modelo para sua lida com os dejetos de sua vida em geral. Essa relação tem sido até hoje regularmente ignorada. É somente sob o signo do pensamento ecológico moderno que nos sentimos coagidos a reincorporar nossos dejetos em nossa consciência. A elevada teorização descobre a categoria *merda*, um novo estágio da filosofia da natureza vem à ordem do dia, uma crítica do homem enquanto animal industrial hiperprodutivo acumulador de merda. Diógenes é o único filósofo ocidental que sabidamente resolvia seus assuntos animais consciente e publicamente, e há razões para interpretar isso como parte constitutiva de uma teoria pantomímica. Ela remete a uma consciência da natureza que avalia de maneira positiva o lado animal do homem e não nos permite isolar o baixo e desagradável. Quem se recusa a admitir que é um produtor de dejetos e não está sob seu poder de escolha ser de outro modo corre o risco de um dia sufocar na própria merda. Tudo parece convergir para a recepção de Diógenes de Sínope no Panteão da consciência ecológica. Do ponto de vista da história do espírito, a grande façanha da ecologia, cuja repercussão se encontrará na filosofia, na ética e na política, consiste em ter tornado o fenômeno do dejeto um tema "elevado". Doravante, já não é um fenômeno secundário

---

4. Explicarei adiante que a blasfêmia é um fenômeno pertencente ao registro do cinismo teórico.
5. Cf. em relação a isso, nesta obra, o Sexto Cinismo Cardinal.

e importuno; é reconhecido como princípio fundamental. Com isso se veem verdadeiramente rompidos os últimos bastiões velados do idealismo e do dualismo. É preciso abordar a merda de outro modo. Trata-se agora, para me expressar em termos filosóficos, de repensar a utilidade do inútil, a produtividade do improdutivo: de decifrar a positividade do negativo e de reconhecer nossa competência também para aquilo que é indesejado. O filósofo *kynikos* é alguém que não sente nojo.[6] Nesse sentido, ele se assemelha às crianças que ainda não têm a menor noção da negatividade de seus dejetos.

11. Órgãos genitais

Eles são os gênios entre os órgãos da metade inferior do corpo. Quando são suficientemente experientes, podem contar muito do que realmente acontece no grande mundo e no pequeno mundo. Parecem-se com aqueles maquinadores das trevas, dos quais a "Canção do tubarão", na *Ópera dos três vinténs*, afirma que não podem ser vistos. Mas é na direção deles que convergem, em última instância, todos os fios. Inicialmente acusaram a psicanálise de Freud de cinismo, entre outras coisas, pois ela ensina, em última análise, que toda a atividade humana provém dos impulsos sexuais e de suas deformações. Isso é evidentemente um malicioso mal-entendido, mas não deixa de conter um grão de verdade. De fato, a psicanálise retoma algo do impulso *kynikos* em seu procedimento teórico: essa decisão de não deixar escapar a verdade nua escondida por trás dos disfarces da civilização. Enquanto foi costumeiro ver na sexualidade baixeza e sujeira, era também natural se confundir a pulsão *kynikē* de verdade, própria da psicanálise, com o cinismo, cuja pretensão é reduzir tudo o que é "superior" ao mínimo denominador. Nesse sentido, o cinismo não seria outra coisa senão uma variante do niilismo, e Freud teria pregado um materialismo que inoportunamente enfatiza a besta no homem.[7] Entretanto, na medida em que constitui uma teoria a favor

---

6. Observamos aqui que o cinismo provém de uma inversão dos polos do *kynismos*. O cínico sente nojo por princípio; para ele, tudo é merda. Seu superego superdecepcionado não vê o que há de bom na merda. Daí sua náusea.

7. As relações entre a psicanálise e o cinismo serão abordadas em três momentos deste livro: no Terceiro e no Sexto Cinismos Cardinais e no Excurso 2 da Seção Principal Histórica: "Os cães do gelo: sobre a psicanálise do cínico".

O espectro. O que se imagina, onde não se vê nada, é o que governa o mundo.

do homem e da vida, a psicanálise não é de modo algum cínica. Antes, empenha-se, segundo o espírito de Diógenes, e mais ainda, de Epicuro, em fechar os sulcos abertos pelos tabus idealistas no prazer corpóreo. Se hoje Freud está quase soterrado por objeções e desconfianças contra sua obra e contra a sua pessoa, é preciso que não caia no esquecimento a envergadura da liberdade passível de ser produzida a partir dele.

Após a "revolução sexual", todavia, as coisas não se tornaram mais fáceis, e justamente os órgãos genitais esclarecidos padecem frequentemente de uma consciência infeliz. Vivem desde então na penumbra da liberdade e conheceram o abismo entre os atos sexuais e a arte do amor. Depois do "uso recíproco dos órgãos sexuais", termos de que se serve Kant, bem ao estilo iluminista, para descrever o contrato de casamento, permanece a questão: Isso era tudo? E se é tudo, então por que todo o teatro?

Da licenciosidade sexual nasce um cinismo para o qual tudo é a mesma coisa. Quanto mais dura o jogo, mais se reforça a impressão: o que procuramos de verdade não existe neste mundo. À sua maneira, se os órgãos sexuais frequentaram a escola do bel-prazer, conhecem a "frieza da liberdade". Por isso, começam a temer os exageros. Tem-se a impressão de eles terem enveredado pelo bom caminho, ficaram sérios, se ser sério é uma mistura de sensatez, cinismo e resignação.

O Esclarecimento desilude, e quando a desilusão se instala, morre a experiência extática de si mesmo, essa que nos mostra, nos momentos de clarividência, quem podemos propriamente ser. Eis o ponto mais sensível da civilização avançada. Quanto mais os ideais sucumbem e falham os sentidos fornecidos pelas "altas esferas", mais somos obrigados a nos colocar à escuta das energias vitais que nos carregam. Saber se elas de fato carregam, eis a questão, pois elas só seriam capazes disso se fluíssem sem obstáculos. Mas será que fluem? Será que a vida vive? Serão os orgasmos nosso guia e indicador daquele "sentimento oceânico" que Romain Rolland descreveu como o fundamento da consciência religiosa, e ao qual nosso grande teórico da libido, Sigmund Freud, negou reconhecimento, porque ele mesmo não o conheceu por experiência própria?

B. Gabinete dos cínicos

No gabinete dos cínicos não aparecem personagens individualizados, mas *tipos*, isto é, personagens de época e de sociedade. Se nos dispomos a visitá-los, não é nada mal representá-los como bonecos num gabinete de figuras de cera, em que personalidades eminentes da história se encontram. Em nosso passeio, encontramos também figuras literárias que ajudam a revelar traços arquetípicos da consciência cínica. Apenas os dois primeiros com que deparamos, ambos personagens da Antiguidade, viveram realmente: Diógenes de Sínope, o ancestral do gênero, e Luciano, o gaiato de Samósata, junto ao Eufrates. Já os dois personagens modernos, o Mefistófeles, de Goethe, e o Grande Inquisidor, de Dostoiévski, são figuras criadas por seus autores a partir da matéria bruta da experiência cínica. Quanto à plasticidade, eles não ficam em nada a dever às personalidades históricas. Tipos em estado puro, têm algo de impessoal, de imortal, e é nisso que se assemelham a Diógenes e Luciano, dos quais o que se tem hoje é apenas uma silhueta, não mais os detalhes pelos quais os indivíduos reais se distinguem dos seus tipos. No final da série, deparamos com um personagem sem rosto algum, que se assemelha a todos e a ninguém, representante do tempo presente. Chama-se *o impessoal* (*Das Man*). Martin Heidegger o poliu e o abstraiu. Ele lembra um pouco os personagens do pintor De Chirico: homúnculos de cabeça arredondada e oca e de membros protéticos, geometricamente dispostos, que se parecem com humanos, mas apenas "se parecem com", porque lhes falta o "ser próprio".

Limitaremos o máximo possível nossa visita ao gabinete histórico. Em primeiro lugar, por nos enfastiarmos facilmente em museus. Em segundo, porque o principal pode ser explicado com base em poucos exemplos. Por direito, naturalmente muitos outros rostos deveriam vir à cena nessa visita: Antístenes, Crates, Aristófanes, François Villon, Rabelais, Maquiavel, Till Eulenspiegel, Castruccio Castracani, Sancho Pança, o sobrinho de Rameau, Frederico II da Prússia, o Marquês de Sade[8], Talleyrand, Napoleão, Büchner, Grabbe, Heine, Flaubert, Nietzsche, Cioran — e ainda muitos outros. Alguns deles são mencionados em outras seções deste livro. Indiretamente, toda a parte histórica é dedicada aos *kynikoi* e aos cínicos alemães do início do século XX.

---

8. O enorme interesse que Sade despertou entre os intelectuais mostra o crepúsculo progressivo no qual o cinismo burguês recomeça a se reconhecer no cinismo aristocrático tardio. É possível que, no futuro, Flaubert venha a tomar o lugar de Sade.

Zille: Teatro de cães numa feira em Berlim, em 1900.

Seguimos o nosso guia do museu. Diante de cada personagem, ele não deixará de tecer eruditas considerações sobre a significação histórica das eminências representadas. Veremos: a filosofia é sua paixão, e ele pertence ao grupo dos que não escondem sua cultura. A partir de agora, devemos trincar os dentes. Ele pretende realmente nos ensinar algo. Nada pior do que um guia de museu que deseja seriamente instruir seus visitantes. Um tal diletante não sente, diante da filosofia, o medo sentido pelos filósofos profissionais. Mas coragem! Não é verdade afinal que até hoje nos saímos sãos e salvos de tantas tentativas de nos tornarem mais espertos? *Avanti*!

1. *Diógenes de Sínope: Homem-cão*[9]*, filósofo, inútil*

> Um dia gritou ele: "Eia, homens." Mas quando acorreram, enxotou-os a pauladas dizendo: "Clamei por homens, e não por dejetos."

Aproximar-se esboçando um sorriso "compreensivo" já seria um mal-entendido. O Diógenes diante de nós não é um sonhador idílico em seu

---
9. Conferir nota sobre a relação entre *kyōn, kynós* (cão) e *kynikos*, à p. 157. [N.E.]

barril, mas um cão: morde quando lhe dá na telha.[10] É dos que ladram e mordem ao mesmo tempo, e não dão a mínima aos provérbios. Foi tão profunda a sua mordida no que há de mais precioso na civilização ateniense que desde então não se pôde mais confiar em nenhum satírico. A memória das mordidas de Diógenes é das mais vivas impressões vindas dos Antigos. O assentimento bem-humorado de muitos burgueses ironicamente afinados a esse filósofo repousa sempre sobre um mal-entendido edulcorante. Há no burguês um lobo contido cuja simpatia recai sobre o filósofo que morde. Mas este vê logo de saída o burguês no simpatizante, e morde sempre. Teoria e prática se acham imbricadas na sua filosofia de uma maneira imprevisível, e não há espaço para assentimento simplesmente teórico. Imitação meramente prática tampouco lhe agradaria; sem dúvida ele a tomaria por uma idiotice. Impressionam-lhe apenas as índoles que, do ponto de vista da presença de espírito, da capacidade de reação, da lucidez e da independência vital, rivalizam com a sua. Seu sugestivo sucesso deve-se em boa parte ao fato de ele ser um mestre avesso a ter discípulos imitando-o. Nisso se parece com aqueles mestres zen japoneses, cuja eficiência instrutiva reside justamente em não instruir.

Não faríamos hoje nenhuma ideia de sua aparência e tampouco dos efeitos de sua figura no meio ateniense se não tivéssemos, em nossos dias, o auxílio dos *hippies*, dos *freaks*, dos *globe-trotters* e das tribos urbanas. Ele é um tipo selvagem, espirituoso, astuto. O estereótipo, tal como nos chega da Antiguidade, exige que o *kynikos* seja sem posses, involuntariamente, em virtude de sua origem; em seguida, voluntariamente, o que produz uma impressão de soberania. Os *kynikoi* carregam consigo tudo o que lhes pertence. Para Diógenes e os seus, isso significa: um casaco para todas as estações do ano, uma bengala, uma mochila contendo seus pequenos pertences, talvez um palito de dentes, uma pedra-pomes para a higiene do corpo, uma cuia de madeira para água. Nos pés, sandálias. Esse traje, quando era escolhido de modo deliberado por cidadãos livres, tinha algo de chocante, em particular numa época em que para um ateniense era vergonhoso se apresentar sem escravos de escolta. Que Diógenes seja barbudo é evidente, mesmo não sendo uma barba cuidada, e sim o resultado de uma renúncia de anos.[11]

---

10. "Abano a cauda para aqueles que me afagam, ladro contra aqueles que nada me dão e mordo os canalhas." Diógenes Laércio, VI, 60.

11. Fazer a barba era um costume dos militares macedônios, transmitido para as sociedades helenísticas e romanas. A partir de então, a barba se tornou um símbolo de *status* do filósofo, um signo do não conformismo.

Diógenes, Demócrito e dois bufões em torno do globo terrestre. Em *Nave de loucos*, 1497.

A influência de Diógenes no seu meio não era, entretanto, uma questão de estética. Uma aparência mal-cuidada não diz muita coisa, afinal, vemos heteras atenienses concedendo ao filósofo desgrenhado favores exclusivos e gratuitos que outros pobres coitados jamais sonhariam receber. Tudo indica que entre Laïs e Phyrne, as heteras de luxo da capital ática, e Diógenes, vigoraram as leis do dar e receber, que o burguês mediano não compreende, pois tudo o que recebe é mediante pagamento.

Chamá-lo de asceta seria incorreto, dadas as falsas conotações que o termo *ascese* adquiriu em função de um mal-entendido masoquista milenar. É preciso eliminar o elemento cristão do termo para reencontrar sua significação fundamental. Acima de qualquer necessidade, tal como ele se apresenta, Diógenes poderia, antes, ser considerado o protótipo daquele que se vira sozinho. Um asceta, portanto, mas um asceta que se distancia das necessidades e zomba delas, essas pelas quais a maioria das pessoas paga com sua própria liberdade. Ele, o propulsor do *kynismos*, foi quem introduziu na filosofia ocidental a conexão originária entre felicidade, ausência de necessidades e inteligência — um motivo passível de ser reencontrado em todos os movimentos da *vita simplex* das culturas mundiais. Ancestral dos *hippies* e protoboêmios, Diógenes deixou sua marca na tradição europeia da vida inteligente. Sua pobreza espetacular é o preço da liberdade, e é preciso compreender isso corretamente. Se ele tivesse podido ser um abastado sem qualquer prejuízo para sua independência, não teria nada contra. Mas nenhum sábio pode admitir que suas necessidades façam dele gato e sapato. Diógenes ensinava que o luxo também agrada ao sábio, embora possa perfeitamente passar sem ele.

Não se trata aqui de uma doutrina da pobreza. Antes, trata-se de se livrar dos pesos falsos que nos privam de mobilidade. A autoimolação é, para Diógenes, certamente uma imbecilidade, mas aos seus olhos é ainda mais imbecil quem durante toda a vida persegue aquilo que já possui. O burguês luta com as quimeras da ambição e aspira a uma riqueza com a qual, afinal, nada pode fazer além do que, entre os prazeres elementares do filósofo *kynikos*, é uma obviedade à disposição todos os dias: deitar-se ao sol, observar a correria do mundo, cuidar de seu próprio corpo, alegrar-se e não esperar nada.

Visto que Diógenes pertencia ao grupo dos filósofos da vida, para os quais esta é mais importante que a literatura, compreende-se o motivo de não se ter conservado nenhuma linha escrita por sua mão. Nesse sentido, paira em torno de sua vida uma constelação de anedotas. Elas dizem mais de suas ações do que todos os escritos. Não insistamos em investigar se ele realmente escreveu uma "política" e sete paródias de tragédia, como afirma a tradição; sua importância não se encontra absolutamente nos escritos. Sua existência se acha absorvida pelas anedotas que suscitou. Nelas ele se tornou um personagem mítico. Cercam-no histórias espirituosas e instrutivas como seu colega Mullah Nasruddin na sátira sufi. É isso que prova sua existência efetiva. Os homens mais vivos se impõem aos seus contemporâneos e mais ainda à posteridade como figuras de projeção, e atraem para si certa orientação da fantasia e do pensamento. Despertam nas pessoas a curiosidade de descobrir como seria estar na pele de um tal filósofo. Desse modo, eles não somente angariam discípulos, mas também atraem pessoas que levam adiante seu impulso vital. Essa curiosidade pela

Diógenes com o "homem platônico". C. J. Caraglio, baseado em Parmigiano, c. 1530-40. Cf. anedota do galo, p. 155.

existência de Diógenes chegou mesmo a estimular o grande herói militar da Antiguidade, Alexandre da Macedônia. Ele teria dito, reza a tradição: se não tivesse nascido Alexandre, gostaria de ter sido Diógenes. Isso mostra a que alturas se erguia a influência política e existencial do filósofo.[12] Quando tentamos expressar as intenções de Diógenes em linguagem

---

12. Contraprova moderna: "Que ninguém se deixe contaminar pelos cientistas do Clube de Roma, que exorta o retorno a uma vida simples. Nós não viemos para isso e não trabalhamos para isso. Diógenes podia viver num barril e assim ser contente. Mas ele era filósofo, e na maioria das vezes nós todos não o somos." Eis o que declarava o chanceler Helmut Schmidt em 1976; ele se pronuncia aqui como cínico, para nos advertir contra o *kynikos*.

moderna, aproximamo-nos inadvertidamente da filosofia da existência. E no entanto ele não fala de existência, de decisão, de absurdo, de ateísmo e não menciona outras palavras-chave do gênero, próprias ao existencialismo moderno. O Diógenes da Antiguidade ironiza seus colegas filósofos caçoando dos seus falsos problemas, assim como de sua fé nos conceitos. Seu existencialismo não passa primordialmente pelo cérebro; para ele, o mundo não é nem trágico, nem absurdo. Em torno dele não há o menor vestígio daquela melancolia que acomete todos os existencialismos modernos. Sua arma é menos a análise do que o riso. Ele se serve de sua competência filosófica para zombar dos seus colegas sérios. Antiteórico, antidogmático, antiescolástico, ele está na origem de uma força propulsora que retorna onde encontremos pensadores que buscam um "conhecimento para homens livres", livres também dos constrangimentos escolares, e assim ele inaugura uma série na qual constam nomes tais como Montaigne, Voltaire, Nietzsche, Feyerabend, etc. É uma linha do filosofar que ultrapassa o *esprit de sérieux*. Como o existencialismo de Diógenes deve ser compreendido, eis algo para o que mais uma vez as anedotas são esclarecedoras. É grande o perigo de subestimar o conteúdo filosófico do *kynismos* por ser ele transmitido "apenas" pelas anedotas. Relendo suas lições sobre a história da filosofia, podemos constatar que mesmo grandes espíritos do calibre de Hegel e de Schopenhauer sucumbiram a tal perigo. Sobretudo Hegel era cego para o conteúdo teórico de uma filosofia para quem o último recurso da sabedoria é não ter uma teoria para as coisas decisivas da vida, mas que ensina a assumir para si, desperto e sereno, o risco da existência.[13]

1. Reza a lenda que um dia o jovem Alexandre da Macedônia procurou Diógenes, cuja glória havia despertado sua curiosidade. Ele o encontrou tomando banho de sol, preguiçosamente recostado, possivelmente nos arredores de uma arena esportiva de Atenas. Outros afirmam que se encontrava a encadernar livros. O jovem soberano, fazendo questão de dar mostras de sua generosidade, ofereceu-lhe um pedido. Diz-se que Diógenes respondeu: "Retira-te da frente de meu sol."[14] Talvez essa seja

---

13. Cf *Vorlesungen über die Geschichte der Philosophie* [Conferências sobre a História da Filosofia], Obras, vol. 18, Frankfurt s/ o Meno, 1971, p. 551 et seq.

14. Outra tradição situa a história em Corinto. As fontes são escassas e fragmentárias. É por isso que gostaríamos de pesar filosoficamente cada partícula conservada e discutir seriamente cada palavra, mas o último recurso da sabedoria é frequentemente não devermos levar a tradição

a mais conhecida anedota de um filósofo da Antiguidade grega, e não à toa. Ela mostra de uma só vez o que a Antiguidade entende por sabedoria filosófica: não tanto um saber teórico, mas antes um espírito soberano que não se deixa corromper. O sábio de outrora conhecia melhor do que nós os perigos do saber guardados no caráter doentio da teoria. Muito facilmente eles atraem o intelectual para o caminho da ambição, e aí ele sucumbe a reflexos mentais em vez de praticar a autarquia. Essa anedota fascina porque mostra a emancipação do filósofo em relação ao homem político. O sábio, aqui, não é, como o intelectual moderno, cúmplice do poderoso, mas vira as costas ao princípio subjetivo do poder, à ambição e à necessidade de se autovalorizar.[15] Ele é o primeiro a ser suficientemente livre para dizer a verdade ao príncipe. A resposta de Diógenes não nega apenas o desejo de poder, mas o poder do desejo em geral. Podemos interpretá-la como o sumário de uma teoria das necessidades sociais. O homem socializado é aquele que perdeu sua liberdade a partir do momento em que seus educadores conseguiram implantar nele desejos, projetos e ambições. Estes o separam do seu tempo interior, que conhece apenas o agora, para lançá-lo em expectativas e reminiscências.

Alexandre, a quem a sede de poder conduziu até os confins da Índia, encontrou seu mestre num filósofo discreto, mesmo decadente, do ponto de vista da aparência. Na verdade, a vida não se acha do lado dos ativistas nem da mentalidade de provisão. Aqui, a anedota de Alexandre vai ao encontro da parábola cristã dos pássaros sob o céu, que nem semeiam nem colhem e vivem, todavia, como as mais livres das criaturas dos céus de Deus. Diógenes e Jesus se unem na ironia ao trabalho social que ultrapassa a medida do necessário e serve apenas para a ampliação do poder. O mesmo que os pássaros ensinam a Jesus, um rato ensina a Diógenes. E é o modelo mesmo da suficiência.[16]

2. Assim como a anedota de Alexandre esclarece a posição do filósofo em relação ao poderoso e ao insaciável, o célebre episódio da lanterna

---

tão ao pé da letra. Há certamente muito material para hermenêutica, e aproveitamo-nos dela sem escrúpulos.

15. Cf. Regis Debray reconhece que uma história da cultura, se reivindica cientificidade, deve ser edificada sobre uma sociologia das ambições.

16. "... que nem buscava um abrigo, nem temia a escuridão, nem manifestava desejo pelos chamados petiscos. Isso ajudava-lhe a remediar a sua própria indigência." (Diógenes Laércio, VI, 22)

ilustra sua atitude em relação aos seus concidadãos atenienses. Uma vez, em pleno dia, acendeu uma lanterna, e quando, ao longo de sua caminhada pela cidade, lhe perguntaram o que pretendia com aquilo, respondeu: "Procuro homens." Esse episódio é a obra-prima de sua filosofia pantomímica. O caçador de homens com sua lanterna não esconde sua doutrina atrás de uma linguagem erudita e complicada. Visto desse modo, Diógenes seria certamente o mais filantropo dos filósofos de nossa tradição: popular, sensível, exotérico e plebeu, num certo sentido o grande palhaço dos antigos. Mas enquanto Diógenes se mostra afável em sua conduta doutrinária existencial, sua ética é mordaz, mesmo misantrópica, em relação aos habitantes da *polis*. Laércio enfatiza o talento especial de nosso filósofo em mostrar desprezo, traço característico de uma forte suscetibilidade crítico-moral. Ele se orienta por uma ideia de humanidade que dificilmente encontra realizada entre seus concidadãos. Se o homem verdadeiro é aquele que permanece senhor de seus desejos e vive racionalmente em sintonia com a natureza, é evidente que o homem social urbanizado se conduz de modo irracional e desumano. Ele realmente precisa da luz do filósofo para se orientar no mundo, mesmo em pleno dia. Enquanto moralista, Diógenes desempenha o papel do médico da sociedade. Sua dureza e sua rudeza foram apreendidas desde então de forma ambígua: uns viam aí veneno, outros, remédio. Lá onde o filósofo aparece na condição de terapeuta, provoca inevitavelmente a resistência daqueles que recusam a sua ajuda, e mesmo o denunciam como agitador ou como alguém que precisa de tratamento, estrutura observada ainda hoje, em que os terapeutas são confrontados com comportamentos de sua sociedade, produtores de doença. De uma maneira que lembra inevitavelmente Rousseau, o filósofo da lanterna caracteriza seus concidadãos como aleijados sociais, seres mal-formados, viciados. De modo algum correspondem à imagem do indivíduo autárquico, senhor de si e livre, com a qual o filósofo procura interpretar sua própria forma de vida. Essa é a contraimagem terapêutica da desrazão social. Em seu paroxismo, ela tem um lado misantropo, assim como pode, em sua ação prática, se apresentar de modo compensatório e humanizante. Não poderíamos resolver essa ambivalência pela teoria e, de qualquer modo, em função do distanciamento histórico, é impossível decidir se Diógenes como pessoa era mais misantropo do que filantropo, se na sua sátira havia mais cinismo do que humor, mais agressão do que serenidade. Em meu modo de ver, tudo fala a favor da identificação, na figura de Diógenes, do personagem

Diógenes e Alexandre. Johannes Platner, 1780.

da vida, soberano e humorístico, aquele — e aqui inspiro-me em Eric Fromm — cujas convicções biófilas levam a considerar sarcasticamente as imbecilidades humanas como alvos. O Esclarecimento antigo encarna-se facilmente em personagens belicosos capazes de reagir brutalmente ao espetáculo da vida falsa.

A entrada em cena de Diógenes coincide com a decadência da cidade de Atenas. Ela marca a aurora da dominação macedônica, que inaugura a passagem ao helenismo. O antigo *éthos* da *polis*, estreito e patriótico, se acha em dissolução, dissolução que libera as amarras de cada um em relação à sua comunidade. O que antes era o único lugar concebível de uma vida plena de sentido mostra agora o seu outro lado. A cidade se torna a sede de costumes absurdos, um mecanismo político vazio cujo funcionamento se pode agora perscrutar do exterior. Quem não é cego reconhece necessariamente que um novo *éthos*, uma nova antropologia entram em cena; não se é mais um cidadão limitado de uma comunidade urbana contingente, mas cada um deve se compreender como um indivíduo em um universo alargado. A esse fato correspondem: geograficamente, o novo espaço de comunicação do império macedônio que se anuncia; culturalmente, a macrocivilização helenística ao redor do Mediterrâneo oriental; existencialmente, a experiência da emigração, da viagem, da marginalidade. Conta-se a respeito de Diógenes: "Quando se lhe questionava qual era sua pátria, ele respondia: 'sou cidadão do mundo'." (Diógenes Laércio, VI, 63) Essa fórmula grandiosa encerra a mais audaciosa resposta dos antigos para a mais inquietante das suas experiências: a expatriação da razão no mundo social e a retirada da ideia de vida verdadeira do âmbito das comunidades empíricas. Justamente quando a socialização significa para o filósofo uma exigência de que ele se contente com a razão parcial de sua cultura contingente e se disponha a aderir à irracionalidade coletiva de sua sociedade, a recusa *kynikē* adquire um sentido utópico. Com sua aspiração a uma vitalidade racional, o homem da recusa se isola para se defender dos absurdos objetivos. Assim, o *kynikos* sacrifica sua identidade social e renuncia ao conforto psíquico da cega aderência a um grupo político para salvar sua identidade existencial e cósmica. Ele defende de modo individualista o universal contra um particular coletivo. Este, na melhor das hipóteses, é semirracional, e é o que chamamos de Estado e sociedade. No conceito de cidadão do mundo, o *kynismos* antigo oferece seu mais valioso presente à cultura do mundo. "A única constituição verdadeira, encontro-a apenas no universo." (Diógenes Laércio, VI, 72) Assim, o sábio cosmopolita, portador da razão viva, só poderá se integrar sem reservas a uma sociedade quando ela se tornar uma *polis* do mundo. Até lá, seu papel será inevitavelmente o de um perturbador; ele permanecerá como o remorso de toda autossatisfação dominante e a penitência de toda estreiteza local.

3. A lenda Diógenes nos fornece, além de tudo, toda a sorte de imagens divertidas. Conta-se que nosso filósofo, para provar sua autarquia, escolheu como domicílio um tonel ou um barril — pouco importa

Giovanni Castiglione, *Diógenes procurando homens*.

se isso soa como fábula. A explicação de não se tratar de um barril tal como concebemos, mas sim de uma cisterna ou de um reservatório murado para água ou trigo, em nada pode enfraquecer o sentido da história. Pois qualquer que tenha sido a natureza desse malfadado barril, o decisivo não é seu aspecto concreto, mas antes o significado de, no meio da metrópole Atenas, um homem reputado como sábio tomar a decisão de habitá-lo. (Ele também teria repousado sob o teto do pórtico de Zeus e contado ironicamente que os atenienses o teriam construído justamente para lhe servir de habitação.) Diz-se que Alexandre, o Grande, postara-se diante do mencionado reservatório-casa e exclamara, cheio de admiração: "Oh, barril cheio de sabedoria!" O que Diógenes mostra a seus concidadãos por meio de seu modo de vida caracterizaríamos em termos modernos como "retorno ao estado animal". É por isso que os atenienses (ou os coríntios) lhe atribuíram o epíteto pejorativo de *cão*, uma vez que Diógenes havia reduzido suas necessidades ao nível vital das de um animal doméstico. Desse modo, rompia ele com a cadeia das necessidades da civilização. Ele então tomou os atenienses ao pé da letra e aceitou o apelido injurioso como título de sua orientação filosófica.

É preciso pensar nisso quando se ouve a quintessência que Diógenes teria extraído de sua doutrina: "Quando lhe perguntaram qual ganho a filosofia lhe teria proporcionado, respondeu: 'se algum existiu, foi o de estar preparado para todas as viradas do destino'." (Diógenes Laércio, VI, 30) O sábio demonstra poder viver literalmente em qualquer lugar porque, em *todos* os lugares, está sintonizado consigo mesmo e com as "leis da natureza". Esse é até hoje o mais decisivo ataque contra a ideologia do belo lar e da confortável alienação. Isso não significa necessariamente que Diógenes deveria ter algum ressentimento em relação ao conforto e ao aconchego do lar. Mas quem queira estar "preparado para as viradas do destino", tomará o conforto como um episódio fugaz, exatamente como qualquer outra situação. Ora, ele só poderia provar aos seus concidadãos a seriedade dessa convicção instalando-se efetivamente dentro do barril; um Diógenes confortavelmente instalado jamais lhes teria feito uma impressão tão forte quanto esse sábio depauperado e desclassificado no nível zero da arquitetura. No estoicismo posterior, que reclamava para si princípios *kynikoi* nos assuntos ligados à propriedade (*habere ut non*: ter como se não tivéssemos), frequentemente não se sabia o que na verdade essa máxima queria dizer, pois não só se tinha bens, mas o estoicismo era, afinal de contas, uma filosofia dos abastados. Porém, Diógenes não possuía realmente nada, e podia, com toda credibilidade, perturbar a consciência dos seus contemporâneos como mais tarde, em terra cristã, somente os franciscanos ainda chegaram a fazê-lo. Numa linguagem moderna, poderíamos exprimir de modo lapidar o ponto em que Diógenes incomodava seus contemporâneos: "recusa da superestrutura".[17] A superestrutura, nesse sentido, seria as seduções de conforto que a civilização desenvolve para pôr os homens a serviço de seus fins: ideais, ideias de dever, promessa de redenção, esperanças de imortalidade, objetivos de ambição, posições de força, carreiras, artes, riquezas. Do ponto de vista *kynikos*, tudo isso não passa de compensação por algo que um Diógenes não se deixa privar: liberdade, clareza de espírito, alegria de viver. A fascinação do modo de vida *kynikos* é sua serenidade surpreendente, quase inacreditável. Quem se submeteu ao "princípio de realidade" observa perplexo e irritado, mas igualmente fascinado, os modos daqueles que, tudo indica, enveredaram pelo *caminho mais curto* em direção à verdadeira vida e evitaram o longo desvio da civilização para satisfazer suas necessidades, "como Diógenes, que declarava frequentemente ser

---

17. Termos como *drop-out* e automarginalizar vão na mesma direção.

Quaero homines: G. Ehinger a partir de J. H. Schönfeld, primeiro terço do século XVIII.

próprio dos deuses não precisar de nada, e ser próprio daqueles que se lhes assemelham precisar de pouco" (Diógenes Laércio, VI, 105). O princípio de prazer funciona nos sábios mais ou menos como no comum dos mortais; não enquanto obtêm prazer com a posse dos objetos, mas na medida em que percebem possível dispensá-la, permanecendo assim na continuidade de uma satisfação vital. Em Diógenes, é evidente essa pirâmide do prazer na qual abandonamos uma forma inferior somente em benefício de uma superior. É ao mesmo tempo o ponto da ética *kynikē* que se presta a mal-entendidos[18]: ele angaria facilmente adeptos entre as pessoas predispostas ao masoquismo que, através do ascetismo, têm a oportunidade de exteriorizar seus ressentimentos contra a vida. Essa ambivalência marcará o percurso ulterior da seita *kynikē*. Em Diógenes, a serenidade *kynikē* fala ainda por si mesma. Ela é o enigma que convoca quem sofre do célebre "mal-estar na civilização", entre outros, Sigmund Freud, para quem a felicidade não havia sido prevista no plano da criação. Não seria Diógenes, o proto-*kynikos*, o mais apto a se erguer como testemunha viva contra a resignação — doce variante do cinismo? — do grande psicólogo?

4. Do ponto de vista político, o auge da ofensiva *kynikē* mostra-se em um último grupo de anedotas que falam de Diógenes, o desfaçado, de Diógenes, o "animal político". Não se trata absolutamente aqui do que Aristóteles entende por *zoon politikon*, o homem enquanto ser social, que só pode fazer a experiência de sua individualidade na relação com a sociedade. Deve-se tomar a palavra *animal* de modo mais literal do que o faz a tradução de *zoon* por *ser-vivo*. A ênfase recai sobre a animalidade, o lado animal, a base animal da existência humana. Animal político: essa fórmula esboça a plataforma para uma antipolítica existencial.[19] Diógenes, o animal político desfaçado, ama a vida e reivindica para o lado animal um lugar natural, sem exageros, mas honrado. Quando o lado animal não se vê nem oprimido, nem superestimado, não sobra espaço para um "mal-estar na civilização". É preciso que a energia vital venha de baixo e flua sem impedimentos, mesmo no caso do sábio. Para aquele que ama a vida, como Diógenes, o chamado "princípio de realidade" assume outra forma. O realismo que conhecemos nasce, afinal, da ansiedade e da acomodação triste em relação às necessidades que o "sistema das necessidades" impõe aos seres socializados. Segundo a tradição, Diógenes teria

---

18. Em seu início histórico, o *kynismos* chega a alimentar uma aparente hostilidade em relação ao prazer, se é verdade que Antístenes teria "preferido se tornar um louco a sentir prazer". Mas o autoassenhoramento não é autopenitência.

19. Diógenes Laércio afirma que existe um escrito de Diógenes sobre o Estado (*Politeia*). Ele se perdeu, como todo o resto. Seu possível conteúdo é, entretanto, fácil de adivinhar. A ideia de Estado Mundial, na qual culmina mais tarde a politologia estoica é, com efeito, de origem *kynikē*.

vivido muito, mais de noventa anos; num filósofo que era um ético e só admitia a encarnação, esse fato tem peso de prova a seu favor.[20] Uns dizem que Diógenes se envenenou roendo o osso cru de um boi; certamente essa é a variante dos adversários: enfatizam com uma alegria maldosa os riscos da vida simples; com isso talvez se revele um Diógenes que estendia sua faísca crítica da civilização até os costumes da mesa, jogava o cru contra o cozido, e pode ter sido um antepassado dos modernos adeptos do regime cru ou da dietética natural. Segundo a versão divulgada por seus discípulos, Diógenes morreu prendendo a respiração, o que seria evidentemente uma extraordinária prova da sua superioridade tanto na vida quanto na morte.

A desfaçatez de Diógenes não se compreende à primeira vista. Se ela parece se explicar, por um lado, do ponto de vista da filosofia da natureza (*naturalia non sunt turpia*), por outro, seu interesse se acha, na verdade, no domínio político e sociológico. A vergonha é o mais íntimo grilhão social que nos ata aos padrões universais de comportamento *antes* de todas as regras concretas da consciência. Mas o filósofo da existência não pode se dar por satisfeito com esses prévios adestramentos sociais pela vergonha. Ele retoma o processo desde o início; as convenções sociais não estabelecem de modo algum isso de que o homem deveria verdadeiramente se envergonhar, sobretudo porque a sociedade é ela mesma suspeita de repousar sobre perversões e irracionalidades.[21] O *kynikos*, portanto, denuncia a corrente ladainha dos mandamentos profundamente incrustados da vergonha. Os costumes, incluídas as convenções da vergonha, podem ser distorcidos; é apenas sua verificação perante o princípio de natureza e o princípio de razão que pode fornecer uma base segura. O animal político rompe a política do pudor. Ele mostra que, de um modo geral, os homens têm vergonha das coisas erradas, por sua *physis*, por seus lados animais, que na verdade são inocentes, ao menos enquanto eles se mantêm intocados por sua prática vital irracional e feia, por sua cobiça, por sua in-

---

20. Poderíamos aqui fazer uma comparação interessante com a doutrina sobre a vida longa no taoísmo chinês. A edição Meiner de Diógenes Laércio indica como datas da vida de Diógenes 404-323 a.C., o que perfaz 81 anos.

21. Em Diógenes, sob a fórmula "fundir novamente a moeda", começa o que virá a ser chamado pelo neo-*kynikos* Nietzsche a "transvaloração de todos os valores", a saber, a revolução cultural da "verdade nua". Nietzsche, é claro, não a compreende. Sua transvaloração faz da não vontade de poder *kynikē* uma vontade de poder. Desse modo, ele muda de lado e fornece aos poderosos uma filosofia da desenvoltura.

No lo encontrarás, Francisco de Goya.

justiça, por sua crueldade, por sua vaidade, por seus preconceitos e por sua cegueira. Diógenes devolve na mesma moeda. Ele literalmente caga para as normas pervertidas. Diante dos olhos do público do mercado ateniense, costumava ele resolver "tanto os assuntos concernentes a Deméter quanto os que dizem respeito a Afrodite" (Diógenes Laércio, VI, 69). Traduzindo: cagar, mijar, masturbar-se (possivelmente também fazer sexo). Naturalmente, a tradição posterior, platônica e cristianizada, que asfixiou o corpo com a vergonha, não poderia deixar de ver aqui um escândalo. Foi preciso muito tempo de secularização para que se viesse a alcançar a profunda significação filosófica desses gestos. A psicanálise trouxe sua contribuição para essa redescoberta inventando uma linguagem com a qual se pode falar em público de "fenômenos" anais e genitais. É exatamente o que Diógenes mostrou antes de qualquer outro, porém no registro pantomímico. Se o sábio é uma criatura emancipada, é preciso que ele tenha suprimido em si mesmo as instâncias interiores da opressão. A vergonha é um fator primordial dos conformismos sociais, o posto de distribuição em que os comandos exteriores se convertem em comandos interiores. Com sua masturbação pública, cometia um despudor que o colocava diretamente em oposição ao adestramento político para a virtude presente em todos os sistemas. Essa masturbação era o ataque frontal a toda política familiar, peça central de todo conservadorismo. O fato de ele, conta-nos a tradição constrangida, ter cantado para si mesmo sua canção nupcial com suas próprias mãos, dispensou-o da obrigação do casamento para fins de satisfação de suas necessidades sexuais. Diógenes ensinava na prática a masturbação como progresso cultural. Note-se bem, não como decadência na animalidade. Segundo o sábio, devemos deixar viver o animal na medida em que ele é a condição do homem. O alegre masturbador ("Quem dera bastasse igualmente esfregar o ventre para matar a fome") rompe a economia sexual conservadora sem perdas vitais. A independência sexual permanece uma das mais importantes condições da emancipação.[22]

Diógenes, o animal político, faz da presença de espírito existencial um princípio que encontra sua mais concisa expressão na fórmula "estar preparado para qualquer coisa". Num mundo de riscos incalculáveis, em que o acaso e as transformações superam todo planejamento e onde as velhas ordens já não se acham à altura dos novos acontecimentos, o indivíduo biófilo não tem praticamente outra saída além dessa fórmula aerodinâmica. A política é o campo no qual se deve estar preparado para qualquer coisa; a vida social é menos a redoma da segurança do que a fonte de todos os perigos.

A presença de espírito se apresenta assim como o segredo da sobrevivência. Quem precisa de pouco, torna-se flexível em relação ao destino político mesmo se ele tem de viver num tempo em que política significa destino. A política é também a esfera em que os homens, tomados pelo

---

22. Eis por que o feminismo tem primitivamente um lado *kynikos*. Talvez chegue ele a ser o cerne atual do neo-*kynismos*. Por exemplo, ele encoraja as mulheres a descobrir a masturbação com o objetivo da independência em relação às obrigações do matrimônio.

espírito de concorrência por futilidades, se aniquilam reciprocamente. É somente num tempo de crise que se mostra toda a envergadura da antipolítica *kynikē*.

Passando para a próxima figura do nosso gabinete dos cínicos, veremos como as coisas se complicam tão logo os filósofos, ou melhor, os intelectuais, não mais se atêm à abstinência *kynikē*, mas buscam o conforto burguês e querem ao mesmo tempo reservar para si o prestígio dos filósofos. Diógenes, que encarna sua doutrina, é ainda uma figura arcaica; a "moderna" começa com as divisões, com as inconsequências e com as ironias.

2. Luciano, o zombeteiro *ou* A crítica troca de lado

> Muito nos enganamos se acreditamos que existem "antigos". É somente agora que os antigos começam a surgir.
>
> Novalis

Encontramos, cinco séculos depois, esse homem de Samósata, próximo ao Eufrates, que tem origem síria e ocupa um lugar de honra na história das línguas ferinas, num cenário cultural fundamentalmente modificado. Laconicamente, sua biografia:

> Depois de uma tentativa fracassada de se tornar escultor, Luciano (nascido em 120 d.C.) se torna retor, ofício para o qual nosso tempo não fornece praticamente nenhum equivalente, e que traduzimos, não sem oportunidade, por "orador de concerto". Grande viajante e peregrino como Poseidônio e São Paulo, percorreu muitas terras na região do Mediterrâneo, chegando até a Gália. Proferia discursos em espetáculos e paradas. Ainda que não falasse o grego sem sotaque, obteve sucesso considerável. Mas era por demais arguto, por demais inquieto e, do ponto de vista espiritual, por demais exigente para se contentar com um sucesso de palco e com aplausos do mundo elegante. Por isso, lá pelos quarenta anos de idade, Luciano voltou-se para a literatura satírica; diríamos, para a ensaística moralista. Essa é a parte de sua obra que sobreviveu. Anos mais tarde, assumiu um cargo de alto funcionário no Egito a serviço de Roma, metendo-se em algo de que ele mesmo já zombara muito, a saber, prebenda segura e sedentarismo confortável. A última data fixável em sua biografia é a morte do imperador Marco Aurélio (17 de março

de 180 d.C.). Supõe-se — a informação não é segura — que ele tenha morrido pouco depois.[23]

Podemos afirmar que no tempo de Luciano a semente do proto-*kynismos* se desenvolveu de modo surpreendente. O autor dos meados do período imperial romano, contemporâneo do imperador estoico Marco Aurélio[24], foi a mais importante e a mais cruel testemunha da manifestação de um dos mais poderosos impulsos da filosofia ocidental, enraizado no aparente drama satírico da polêmica *kynikē* da civilização. Sim, foi somente ao cabo de mais de cinco séculos que o *kynismos*, na região do Império Romano, encontrou um solo fértil, uma situação de alienação florescente em que inevitavelmente tinha de se expandir. Os "cães" haviam começado a uivar em grandes matilhas e a resistência moralista às condições sociais e humanas do Império se inflara a ponto de se tornar uma poderosa corrente espiritual. Caracterizou-se o *kynismos* do período imperial como o movimento *hippie* e marginal da Antiguidade (Hochkeppel). À medida que o império se transformava num aparelho burocrático colossal inapreensível e inacessível ao indivíduo, tanto do ponto de vista interior quanto exterior, sua força ideológica de integração e sua capacidade de despertar espírito cívico e engajamento pelo Estado tiveram que ruir. "Distância em relação aos cidadãos" estabelecida pela máquina administrativa, extorsões tributárias impopulares impostas pelo *moloch* militar e civil, repulsa dos cidadãos pelo serviço militar: signos inequívocos de uma crise social mais do que madura. Havia muito a ordem do mundo romano já não era mais aquela *res publica*, engendrada outrora naturalmente pela vida da *societas* a partir de si mesma. Agora, o aparelho de estado imperial pesava sobre os cidadãos como se fora um plúmbeo corpo estranho. Nesses tempos, era natural que as escolas filosóficas, antes um privilégio de poucos, recebessem um afluxo massivo, que assumiu proporções sintomáticas. A necessidade de autoafirmação individualista frente à sociedade da coerção se tornou uma realidade psicopolítica de primeira ordem. Visto que ninguém mais podia sustentar a ilusão de que, num tal Estado, vivia sua "própria" vida, muitos tiveram a iniciativa de reconstruir sua individualidade em ambientes livres do Estado: justamente na forma de filosofias da vida e de novas religiões.

---

23. Otto Seel, Posfácio de: *Lukian, Gespräche der Götter und Meergötter, der Toten und der Hetären* [Luciano, Conversas dos deuses e deuses dos mares, dos mortos e das heteras]. Stuttgart, 1967, pp. 241-2.

24. [O primeiro-ministro alemão] Helmut Schmidt ainda reclama para si a ética do imperador Marco Aurélio.

Isso explica o gigantesco sucesso das seitas filosóficas, em sua maioria de origem grega, ao grupo das quais pertencem os *kynikoi*, bem como o dos novos cultos religiosos provenientes da Ásia Menor.

Também o cristianismo era, de início, uma das diversas formas de exotismo e orientalismo pós-românico. Já desde então vinha do Oriente não apenas a luz, mas também a obscuridade atraente dos mistérios. Dos gregos, os romanos assimilaram não apenas o ornamento cultural e a doutrina da *humanitas*, mas também se apropriaram, a partir das fontes áticas, daquelas forças críticas e individualistas que, como "ratos moralistas", já se haviam mostrado em plena atividade quando da desagregação da *polis* grega. Essa fermentação individualista liberava mais uma vez suas energias em meio à alienação que se vivia em relação ao estado burocrático romano, e agora de formas tão numerosas que o impulso individualista teve que se transformar qualitativamente. Dessas múltiplas fragmentações, vem à tona uma nova qualidade de massificação. Entre as camadas cultivadas, observava-se certa aversão pelas seitas com seus vagabundos, seus pregadores, seus cultos, suas comunidades que por séculos pertenceram à imagem do tempo imperial.[25] O individualismo proto-humanista e nobre dos romanos cultivados olhava com desprezo o alvoroço dos novos individualistas, que se comportavam, em parte, como antissociais. Nessa época, torcia-se o nariz tanto para os cristãos quanto para os *kynikoi*. Uma das mais antigas vozes irônicas, cultivadas e conservadoras da época é a de Luciano. Observa-se bem isso na impiedosa sátira sobre o suicídio de Peregrinus Proteus, líder de uma seita *kynikē*. Concentraremos nossa atenção nesse texto. Ele é o modelo de um novo tom cínico adotado pelos intelectuais das épocas mais avançadas tão logo seu desprezo veio a ser desafiado. As comparações atuais saltam tanto aos olhos que nem vale a pena insistir nesse ponto. O que vale a pena é olhar no espelho do *kynikos* antigo apresentado por Luciano para identificar aí uma atualidade cínica incipiente.

De que se trata? Luciano trata em sua sátira de um incidente sensacional que teria ocorrido em Olímpia, na ocasião dos jogos, diante de um grande público: o mencionado Peregrinus, líder de uma seita *kynikē*, tomara a decisão de se imolar publicamente numa enorme fogueira, proporcionando aos seus contemporâneos o espetáculo de um suicídio trágico e heroico. O objetivo era elevar o prestígio de sua seita bem

---

25. Essa imagem vigora mais ou menos a partir de Nero. Na época de Cícero, ainda não aparecem as seitas que virão a ocupar o cenário ideológico no século seguinte.

como, sublinha Luciano, satisfazer sua própria aspiração à glória. E de fato o projeto se concretizou. O protagonista o anunciara previamente para lhe garantir a devida repercussão. O gesto público foi totalmente premeditado e calculado para impressionar a multidão. Naturalmente, Peregrinus tomava Sócrates como modelo, esse que, com seu suicídio, proporcionou o mais enfático exemplo de rigidez filosófica; talvez tomasse também como exemplo os brâmanes hindus daquela época, cujas imolações ao fogo tinham sido noticiadas no Ocidente desde a expedição de Alexandre. Luciano assume o papel de testemunha ocular do evento. A tendência do discurso é tão sarcástica que parece mais recomendável ver nele um documento do olhar crítico da testemunha do que uma descrição objetiva dos referidos acontecimentos. Só uma coisa podemos haurir disso tudo com alguma certeza: o *kynismos* de um Peregrinus deve ter sido algo cuja semelhança com o cinismo de Diógenes praticamente só tinha o nome e algumas manifestações ascéticas. Em Peregrinus e Luciano, os papéis parecem invertidos, visto que em Diógenes um gesto patético como esse suicídio heroico seria inconcebível. Podemos estar certos de que Diógenes o consideraria, e, nesse ponto, em sintonia com Luciano, como uma loucura, pois, para usar uma terminologia literária, o papel que cabe ao *kynikos* é o papel cômico, e não o trágico. A sátira, e não o mito sisudo. Isso revela uma profunda modificação na estrutura da filosofia *kynikē*. A existência de Diógenes inspirou-se em sua relação com a comédia ateniense. Enraizou-se numa cultura urbana do riso, nutrida por uma mentalidade aberta à espirituosidade, ao humor, ao escárnio e ao salutar desprezo pela estupidez. Seu existencialismo sustenta-se sobre uma base satírica. Outra coisa é o *kynismos* romano tardio. Nele, o impulso *kynikos* dividiu-se claramente: de um lado, uma tendência existencialista, de outro, uma tendência satírico-intelectual. O riso se torna uma função da literatura, enquanto a vida permanece um assunto muito sério.[26] Ainda que houvessem aderido obstinadamente ao programa de uma vida que se contenta com pouco, àquela vida do homem preparado para qualquer coisa, ou seja, do homem da autarquia, os *kynikoi* sectários muitas vezes incorporaram o papel de moralistas com uma seriedade brutal. O tema do riso, que trouxe à luz o *kynismos* ateniense, estava morto no *kynismos* romano da época tardia. Em vez dos individualistas risonhos, a seita passava

---

26. A interpretação da angústia da vida no fim da Antiguidade, entre outras premissas do cristianismo, é sempre um desafio para a psico-história.

a reunir em torno de si os homens lábeis e ressentidos, os mendigos e os curadores da moral, os marginais e os carentes de apoio narcísico.

Os melhores dentre eles eram, sem dúvida, os moralistas de tendência ascética e voluntarista, ou doces *bon vivants*, que percorriam a região como psicoterapeutas, estimados pelas pessoas ansiosas por ensinamentos; mas eram suspeitos, se não odiados, aos olhos dos conservadores convictos.

Em relação a essas pessoas, é Luciano quem assume doravante aquela posição de satírico e humorista que lhes coubera na origem. Entretanto, não é mais o escárnio *kynikos* do sábio inculto o que ele pratica contra os representantes do vão saber: sua sátira é um ataque cultivado contra os ladradores e os tacanhos mendigos moralistas, uma espécie de sátira dos senhores contra os intelectuais simplistas do seu tempo. Provavelmente, no que aparece na época antiga como uma discussão filosófica e moral, o aspecto "dinâmica de grupo" desempenha um papel mais importante do que a "teoria".[27] E há motivos para acreditarmos na tese segundo a qual um Luciano atacaria tão intensamente os *kynikoi* pelo simples motivo de que ambos os lados querem o *mesmo*. Aqueles *kynikoi* dirigem-se a um público semelhante e cultivam a mesma seara, ainda que através de outros meios, a saber, mais radicais. Também eles são viajantes, retores de rua, dependentes da atenção pública e uma espécie de mendigos intelectuais. Não é absurdo que Luciano se deteste a si mesmo neles, tão longe vão as similitudes. Se os *kynikoi* são os desprezadores do mundo de sua época, Luciano, por sua vez, é o desprezador dos desprezadores, o moralista dos moralistas. Ele reconhece em seus concorrentes — e é bastante experiente nisso — a tendência à exaltação altiva, ingênua e pedante em que vaidade e traços masoquistas e martíricos não deixam de estar presentes. É isso que confere um pano de fundo psicológico à sátira de Luciano. O que Peregrinus, o *kynikos* suicida convicto, mostra aos seus espectadores como exemplo de sabedoria e de heroico desprezo pela morte não passa, para Luciano, de uma ridícula deformação exibicionista. Se a pretensão de Peregrinus é autodivinização diante dos partidários e contemporâneos, salta aos olhos por que Luciano precisa denunciar esse propósito como vaidade. Mas não se deve deixar de considerar que, no julgamento dos outros, os homens aplicam os critérios dos seus próprios sistemas de referência, de modo que, em última instância, falam "de si mesmos" quando julgam outros. Que a busca da glória tenha

---

27. Analogia moderna: as seitas rivais da psicologia das profundezas (freudianos, junguianos, reichianos, adlerianos, janovanianos, perlsianos, lacanianos, etc.)

sido o sistema de referências em que se moveu, numa medida considerável, a existência de Luciano, eis algo de que dificilmente se pode duvidar, dado tudo o que se sabe do personagem. Se esse é também o sistema de referências a partir do qual melhor se compreende o movimento *kynikos*, é algo duvidoso. Acompanhemos, então, a narrativa de Luciano.

De sua vítima não sobra nada. De início, Luciano vê entrar em cena um panegirista de Peregrinus. Sósia do mestre louvado, ele é retratado como um choramingão, um tagarela, um charlatão, um bufão sentimental que, pingando suor, conta histórias malucas e irrompe em lágrimas afetadamente comovidas. Por sua vez, o discípulo desfila a biografia de Peregrinus, desenhando em um quadro devastador o homem que quer se imolar. Não há dúvidas de que Luciano põe na boca do biógrafo sua própria versão, segundo a qual o mestre seria um criminoso, um charlatão e um alucinado pela glória. A *vita* de Peregrinus se lê como a biografia de um criminoso, cujas etapas consistem em puras depravações, começando com o adultério — descoberto em flagrante delito, leva um rabanete no ânus como desonra penitencial — passando pela pederastia, pela corrupção e atingindo o apogeu da ignomínia: o parricídio. Coagido a abandonar sua cidade natal, Parium, já estaria ele maduro o suficiente para uma carreira de escroque ambulante. Peregrinus junta-se a uma comunidade cristã (!) onde faz meteórica carreira graças aos seus expedientes de retor. Os partidários desse "sofista crucificado" da Palestina seriam gente ingênua, com quem um espírito astuto é capaz de fazer o que bem entende. Dos cristãos, ou, como diz Luciano, "cristianos", passa ele finalmente ao círculo dos *kynikoi*, deixa crescer uma longa barba filosófica, pega sua sacola de pregador itinerante, bengala e agasalho, e chega em suas viagens até o Egito, onde causa sensação ao se flagelar em público e raspar a cabeça pela metade, o que seria "uma maneira inovadora e surpreendente de praticar a virtude". Chegando à Itália, aventura-se em invectivas contra o Imperador, angaria uma proscrição de Roma e, por essa via, incorpora a reputação de um perseguido injustiçado. Em sua vaidade desmedida, ocorre-lhe finalmente a brilhante ideia de se imolar ao fogo, em grande estilo, por ocasião dos jogos olímpicos.

Depois dessa apresentação do protagonista, Luciano passa à crítica do suplício ao fogo; ele o recenseia como faz um crítico de teatro diante de um espetáculo de má qualidade:

Na minha opinião, convém, ao contrário, esperar pela morte serenamente, e não se evadir da vida como um escravo em fuga. Mas se ele está resoluto quanto ao propósito de morrer, por que justamente pelo fogo, com toda essa pompa trágica? Por que *esse* tipo de morte, se ele pode escolher entre esse e mil outros? (Luciano, *Werke in drei Bänden* [Obra em três volumes], Berlim e Weimar, 1974, Volume II, pp. 37-38)

Na verdade, ele teria recebido o que merecia com sua autoimolação ao fogo, a punição merecida, e o único erro de toda a história seria apenas a ocasião, porque Peregrinus deveria ter se matado muito antes. De resto, em seu papel de crítico sarcástico, em relação ao espetáculo Luciano objeta que o protagonista deveria ter escolhido uma maneira mais incômoda de morrer; na imolação ao fogo, tem-se apenas que abrir uma vez a boca em meio às chamas para morrer imediatamente. No mais, o orador encoraja todos os partidários de Peregrinus a se precipitarem nas chamas o mais breve possível, segundo o bom exemplo do mestre, e assim colocar um ponto final em toda essa assombração *kynikē*.

Essas passagens mostram claramente o que se pretende indicar com a expressão: "a crítica troca de lado". Definimos acima o cinismo como uma insolência que trocou de lado. Luciano se pronuncia aqui como ideólogo cínico, que denuncia como loucos ambiciosos os críticos do poder entre os poderosos e cultivados. Seu criticismo se tornou oportunismo, calculado segundo a medida da ironia dos poderosos, que faziam galhofa dos seus críticos existenciais. Somente assim pode ocorrer ao orador Luciano a ideia de que tais exemplos de desprezo *kynikos* pela morte poderiam ser perigosos para o Estado; afinal, eliminando o elemento da intimidação, eles contribuiriam para suprimir qualquer inibição aos criminosos ameaçados de pena de morte.

É com uma gargalhada sem alegria que se exorta uma seita de moralistas ao suicídio coletivo no fogo ou na fumaça; dezenas ou centenas de milhares de "dissidentes" religiosos deveriam ainda morrer nas arenas e nas fogueiras do Império Romano.

É espantosa a intrepidez cínica com que Luciano comenta a imolação ao fogo. Depois de Peregrinus ter proferido ele mesmo uma espécie de oração fúnebre e adiado algumas vezes o momento definitivo do suplício por "desejo de glória", chega enfim o momento em que a fogueira é acesa por dois jovens, e o mestre nela se precipita, invocando os espíritos do pai e da mãe. Isso provoca mais uma vez o riso de Luciano, que evoca a história do parricídio. E convida então os presentes a abandonarem aquele lugar sombrio. "Em verdade não é uma cena agradável, aquele velho sendo assado, o nauseabundo odor de sua gordura..." (Sigo aqui a saborosa tradução de Bernays em *Lukian und die Kyniker* [Luciano e os cínicos], 1879).

É claro que não devemos mensurar nossa imagem de Luciano exclusivamente por essa cena; encontramo-lo aqui provavelmente em seu momento mais frágil, no meio de um corpo a corpo, com ares de dinâmica de grupo, contra um rival que é alvo de todo o seu desprezo.[28] Para nós, a cena é importante porque podemos observar nela a conversão do impulso *kynikos*; de uma crítica cultural plebeia e humorística transforma-se ele numa cínica sátira de senhores. O riso de Luciano é estridente demais para ser sereno. Revela mais ódio do que soberania. Nele, reconhecemos a mordacidade de alguém que se sente posto em xeque. Atacando o Estado romano, a civilização helênica e a psicologia dos burgueses ambiciosos e ávidos de conforto, os *kynikoi* abalaram os fundamentos sociais sobre os quais repousava também a existência do irônico altamente cultivado.

3. Mefistófeles ou *O espírito que sempre nega e a vontade de saber*

O Senhor
Eu jamais detestei teus semelhantes.
De todos os espíritos negadores,
O travesso é o que menos me pesa.

Mefistófeles
Ah, verdugo! É claro que mãos e pés
E cabeça e traseiro são teus.

Desde Luciano, satírico cínico que faz troça da seita *kynikē*, mil e quinhentos anos se passaram. Através da mudança das épocas — o declínio do Império Romano do Ocidente, a cristianização do Ocidente, o advento do feudalismo, a época cavaleiresca, a Reforma, o Renascimento, o absolutismo, a ascensão da burguesia — o impulso *kynikos* subsiste

---

28. C. M. Wieland, o mais profundo conhecedor do *kynismos* na Alemanha do século XVIII e tradutor de Luciano, percebeu também que havia algo de estranho no desprezo de Luciano por Peregrinus. Desenhou um quadro mais simpático do filósofo em seu romance *Die geheime Geschichte des Peregrinus Proteus* [A história secreta de Peregrinus Proteus] (1788-89).

sob múltiplos disfarces e se refrata de muitas maneiras. Encontramos o famoso diabo teatral em Goethe no apogeu do Século das Luzes, naquela década do século XVIII em que o *Sturm und Drang* da aurora cultural burguesa foi particularmente explosivo. Mefistófeles aparece nos anos impetuosos da secularização que começam a liquidar a herança milenar do cristianismo. Talvez o que melhor caracterize a natureza da revolução cultural burguesa do século XVIII seja o fato de ela, na obra do maior poeta da época, tomar corpo na figura de um diabo, que, na condição de Satã, usufrui da liberdade de "dizer as coisas como elas são". O diabo é o primeiro realista pós-cristão; sua liberdade de expressão parece ainda infernal aos contemporâneos mais idosos. Quando o diabo abre a boca para dizer a quantas anda de fato o mundo, a velha metafísica cristã, a teologia e a moral feudal são varridas. E se lhe subtraímos os chifres e as patas, de Mefistófeles não sobra nada além de um filósofo burguês: realista, antimetafísico, empirista, positivista. Não é por acaso que Fausto, a encarnação do pesquisador moderno do século XVI ao XIX, travou um pacto com um diabo desses. Somente com o diabo podemos aprender "o que é o caso". Somente ele tem interesse de que nos livremos de nossos óculos religiosos para ver a partir de nossos próprios olhos. Vê-se facilmente por que passa a ser supérfluo pensar em "Deus pai, filho e Co.".

Mefistófeles é uma criatura fluorescente, que vive inteiramente em suas transformações. Sua proveniência é um cão. Para sua estreia, o diabo escolhe o símbolo da seita filosófica *kynikē*. Só para recordar: Fausto, no auge de seu "desespero teórico", decidira pelo suicídio. Os sinos e cânticos da Páscoa dissuadem-no no momento mesmo em que aproxima seus lábios do cálice com veneno. Volta à vida. Durante a caminhada da Páscoa, reflete sobre sua natureza, à qual pertencem duas almas. Podemos interpretar seu pensamento como a profunda reflexão de um cientista burguês sobre si mesmo: nele entram em combate realismo *e* insaciabilidade, pulsão de vida *e* desejo de morte, "vontade de noite" *e* vontade de poder, sentido do possível *e* aspiração pelo (ainda) impossível. No crepúsculo, Fausto vê um "cão negro vagar na semeada por entre o restolho", contornando os peregrinos numa grande espiral. Tem a impressão de notar atrás do animal um turbilhão de fogo, mas Wagner permanece cego para a aparição mágica. No final, um cão preto está deitado de bruços diante do sábio. Ele sacode a cauda, é bem adestrado e aparentemente dócil. No gabinete de estudos, finalmente começa a verdadeira metamorfose de Satã, quando o pensador se põe a traduzir para o alemão o Evangelho de São

João. Tão logo Fausto encontra a tradução precisa para o conceito grego *logos* (ato), o cão desanda a uivar. Curiosas transformações põem-se em movimento: "Como meu cão cresce e encorpa!" O "momento decisivo" se revela no final, na pessoa do "jovem escolar errante", que mostra pouco a pouco suas patas de diabo. A sequência das cenas oferece uma representação plástica da dialética do senhor e do escravo: o diabo se apresenta de início no papel de um cão; em seguida, no do serviçal, para, finalmente, assim ele considera, conquistar o domínio completo da alma do sábio.

A transformação de cão em mostro e de monstro em escolar viajante é apenas o começo de uma cadeia de transformações mais longa. Mefisto é um mestre da máscara, o êmulo dos vigaristas ou espiões[29], pois a condição do mal na era pós-cristã é o disfarce sob as máscaras do inofensivo, socialmente aceitas a cada momento segundo a moda. A personificação medieval do "mal" num Satã de carne e osso é, de certo modo, aposentada no drama irônico de Goethe. O "achado" do diabo teatral em Goethe é sua modernização na figura de um grande senhor do mundo, tendência que se prolonga ainda em Thomas Mann (*Doutor Fausto*). O diabo se torna uma figura da imanência e o mal chega a inspirar simpatias por seus modos corteses. No drama de Goethe, as bruxas também precisam olhar duas vezes para ver seu *junker* Liederlich. Ora ele aparece como cortesão mundano com gibão e pluma no chapéu, ora se veste, como na cena do estudante, como um grande erudito, numa paródia à erudição, uma sátira inspirada pelo cinismo sábio — a mais cruel improvisação de uma *gaya ciencia* antes de Nietzsche. Em seguida, apresenta-se na figura de um mago elegante proseando espirituosamente com cafetinas e que, senhor das armas, ensina Fausto a mandar para o céu o irmão da amada quando esse se torna um obstáculo. A insolência e o frio sarcasmo fazem inevitavelmente parte dos atributos do diabo moderno e "imanente", bem como o cosmopolitismo, a destreza com a linguagem, a cultura e o conhecimento jurídico. (Os contratos precisam ser feitos por escrito).

Essa modernização do mal não provém de um capricho do poeta. Mesmo se ela se apresenta desse modo poético-irônico, repousa sobre uma sólida base lógica. Na estrutura das formas modernas da consciência, a arte não é de modo algum "meramente" o lugar do belo e do divertido. É um dos mais importantes acessos investigativos ao que a tradição chama

---

29. Cf. na Seção Principal Histórica, Capítulo 12, "Sobre a república alemã dos vigaristas", bem como a passagem "Saber bélico e espionagem", na Seção Principal Lógica.

Gustaf Gründgens no papel de Mefisto no *Fausto* de Goethe.

de verdade — verdade no sentido de uma visão do todo, verdade como compreensão da essência do mundo. A "grande arte" sempre foi uma arte pandemônica que se esforçava por apreender o "teatro do mundo".³⁰ Aqui se funda o estatuto filosófico de obras de arte como *Fausto*. No ponto em que a metafísica tradicional titubeia, na interpretação do mal no mundo, visto que o pano de fundo cristão dessa metafísica empalidece com seu otimismo salvacionista, a arte vem preencher a lacuna. Do ponto de vista da história do espírito, Mefistófeles, que identifico como uma figura central da estética moderna, é um filho da ideia de *evolução*, através da qual as antiquíssimas questões da teodiceia e da fugacidade dos fenômenos podem ser, no século XVIII, formuladas de um modo novo e respondidas com uma lógica nova. O certo é que, a partir dessa época, o mal no mundo (morte, destruição e toda a sorte de negatividade) não pode mais ser interpretado como intervenção punitiva ou provações de Deus na história humana, como faziam os séculos cristãos. A reificação, a

---

30. Recordemos a tese sobre a arte como forma de expressão do neo-*kynismos* burguês na Quinta Consideração Prévia. As artes possuíam uma grande capacidade de transformar a negatividade. O conceito de "realismo" remete a essa força investigativa da arte.

naturalização e a objetivação da compreensão do mundo progrediram demais para que respostas teológicas possam continuar satisfazendo. Para a razão amadurecida, essas se tornaram não somente inconsistentes do ponto de vista lógico, como também, e isso é ainda mais importante, implausíveis do ponto de vista existencial. Deus, Diabo e toda a nomenclatura teológica podem ainda ser adotados, mas, na melhor das hipóteses, simbolicamente. É precisamente isso o que empreende o drama faustiano de Goethe. Ele joga com os personagens teológicos com "liberdade poética". Sua ironia toma um sistema desprovido de plausibilidade para estabelecer uma nova lógica, um novo sistema de sentido com velhos personagens. Em última instância, trata-se aqui da mesma lógica que conduz o pensamento hegeliano do mundo e da história, a lógica da evolução, a lógica da dialética positiva que promete uma definição construtiva. Tal modelo de pensamento garante uma nova era de especulação metafísica. Essa especulação é trazida por uma poderosa evidência moderna: que o mundo se move e que seu movimento aponta para frente e para cima.[31] O mal dos séculos aparece, nessa perspectiva, como o preço necessário da evolução, conduzindo-nos necessariamente de começos sombrios a objetivos radiantes. O Esclarecimento não é apenas uma teoria da luz. É, sobretudo, uma teoria do movimento em direção à luz: ótica, dinâmica, organologia, teoria da evolução. O diabo de Goethe já pratica essa nova maneira de ver que, como ainda mostraremos, constitui um fundamento de todas as grandes teorias modernas levadas à tentação pelo cinismo. É no evolucionismo que se encontra a raiz lógica dos cinismos teorizantes que lançam sobre a realidade o olhar dominador dos senhores. As teorias da evolução introduzem a herança metafísica nas ciências. Somente elas têm força lógica suficiente para integrar, numa perspectiva abrangente, o mal, a decadência, a morte, a dor, toda a soma das negatividades que são o fardo dos seres vivos. Quem diz "desenvolvimento" e aprova os fins do desenvolvimento encontra uma perspectiva na qual pode *justificar* o que presta ao desenvolvimento. "Evolução" (progresso) é, por isso, a teodiceia moderna. Essa teodiceia autoriza a última interpretação lógica da negatividade. No olhar do evolucionista sobre o que deve sofrer e o que perece, o cinismo intelectual moderno já põe em ação seu jogo inevitável; para

---

31. Desde Marx, sabe-se que a mola que propulsiona os tempos modernos em sua historicidade aparentemente progressiva se assenta na aliança do capital com a ciência. Ao mesmo tempo, somos obrigados a distinguir mais nitidamente entre progressão e progresso.

ele, os mortos são o adubo do futuro. A morte dos outros aparece para ele como a premissa, tanto ontológica quanto lógica, do sucesso de "sua própria causa". De uma maneira incomparável, Goethe colocou na boca do seu diabo a confiança — metafisicamente inspirada — na vida, que é própria da recém-concebida dialética:

Fausto
Pois bem, quem és tu?

Mefistófeles
Uma parte dessa força
Que sempre quer o mal e sempre cria o bem.

Fausto
O que significa esse arcano?

Mefistófeles
Eu sou o espírito que sempre nega.
E isso de direito; pois tudo o que nasce,
É justo que venha a sucumbir!
Por isso, seria melhor que nada nascesse.
Tudo isso que vós chamais pecado,
Destruição, em suma, o Mal,
É o meu elemento.[32]

No que concerne à história do impulso *kynikos*, no rastro da qual nos encontramos aqui, Mefisto ocupa uma posição ambígua; com seu lado de grande senhor, bem como com sua inclinação pela grande teoria, ele é um cínico; com seu lado plebeu, realista e sensualmente alegre, orienta-se em direção ao *kynismos*. Um dos paradoxos desse mundano e ordinário diabo da evolução, que também é capaz de imitar Eulenspiegel, é o fato de ele, em comparação com o Doutor Fausto, ser o verdadeiro esclarecedor (*Aufklärer*). O erudito possui uma série de traços que designaríamos hoje em dia inequivocamente como opostos ao Esclarecimento: aspiração esotérica à comunicação com os espíritos do além, inclinação para a magia e um duvidoso

---

32. "... o que chamais *mal*". O diabo não é apenas evolucionista, mas também nominalista. O "mal" se compreende a si mesmo de outro modo: como "força", como fenômeno de energia, como posição numa polaridade da natureza. Konrad Lorenz, argumentando sempre a partir do esquema evolucionista, atualmente trata o fenômeno da agressão nessa perspectiva: "o chamado mal."

gosto pela violação dos limites e pela exagerada expectativa em relação à razão humana. Aquele para quem o pobre racionalismo e o pobre empirismo do saber humano parecem insuficientes dirá, com efeito, no final: "Eis-me aqui, pobre louco, no mesmo ponto em que sempre estive." No final da grande vontade de saber, há necessariamente sempre "desespero teórico"; o coração do pensador se consome de dor quando ele vê que não podemos conhecer o que "propriamente" queremos conhecer. No fundo, Fausto é um kantiano desesperado que, pela pequena porta mágica, tenta escapar à cogência da autolimitação. O impulso de ultrapassar a fronteira permanece mais forte do que a percepção da limitação do nosso conhecimento. Em Fausto, já observamos o que sublinharão Nietzsche e, mais tarde, o pragmatismo: a vontade de saber é alimentada por uma vontade de poder. É por isso que a vontade de saber não pode encontrar repouso no saber mesmo; seu impulso é desmedido na própria raiz, pois, por trás de cada conhecimento, novos enigmas se acumulam: o saber quer *a priori* saber mais. "Aquilo que não sabemos é justamente aquilo de que teríamos necessidade./ E com o que sabemos, não há o que fazer." A vontade de saber é um descendente do desejo de poder, do empenho na direção do desenvolvimento, da existência, da sexualidade, do prazer, do regozijo e do ensurdecimento para a inexorabilidade da morte. O que se considera a si mesmo como Esclarecimento teórico e pesquisa não pode, no fundo, jamais atingir seus supostos objetivos, porque esses não pertencem à esfera teórica.

Para quem entende isso, o impulso científico se converte num impulso estético. A arte é a verdadeira *gaya ciencia*: último baluarte de uma consciência soberana e realista, ela se situa entre religião *e* ciência; mas, ao contrário da primeira, não precisa apelar para a fé; tem a seu favor a experiência e a vivacidade dos sentidos; por outro lado, não precisa lidar com o empírico de modo tão rigoroso e sumário como a ciência. O diabo, que em Goethe garante o princípio da experiência moralmente ilimitada, seduz Fausto, o *Aufklärer* desesperado, para a vastidão da vida, "a fim de que, desvencilhado, tu experiencies livremente o que a vida é". O que se chamou "amoralismo da arte" — ver tudo e ter o direito de dizer tudo — é na verdade apenas o outro lado desse novo empirismo total. Quem vivencia o desespero da impossível vontade de saber pode ser livre para a aventura da vida consciente. O experienciar jamais se consumirá na teoria, como supõem os racionalistas consequentes.

Experienciar o que a vida é! O princípio de experiência faz explodir, no fim das contas, todo moralismo, mesmo o do método científico. O pesquisador não aprende na atitude teórica o que a vida é; somente mergulhando na vida mesma.[33] Mefistófeles se põe a serviço daquele que quer ir além da teoria, como *Magister Ludi*. Ele o introduz no processo de um empirismo *kynikos* e cínico, o único a partir do qual brota a experiência da vida. Aconteça o que acontecer, moralmente bom ou mau; essa não é mais a questão. O cientista que esconde de si mesmo sua vontade de poder e só compreende a experiência como um saber sobre os "objetos" *não* pode alcançar o saber a que chega aquele que adquire experiência na forma de uma viagem às coisas. Para o amoralista empírico, a vida não é objeto; é um *medium*, uma viagem, um ensaio prático, um projeto da existência desperta.[34]

Tão logo vive conscientemente a imbricação de seu destino com outras vidas, o empirista *kynikos* inevitavelmente encontra o que chamamos habitualmente de "mal". Mas ele vive no "chamado mal" um lado inevitável e isso o situa, ao mesmo tempo, dentro e acima. O mal lhe aparece como algo que simplesmente não pode ser de outro modo. Os protótipos desse "mal", mais forte do que a moral, pois esta apenas exige que algo não *deva* ser, são a sexualidade livre, a agressão e a inconsciência (na medida em que esta é culpada de enredos fatais: haja vista a obra-prima trágica da ação inconsciente, *Édipo Rei*).

A maior desfaçatez moral, ao mesmo tempo a mais inevitável de todas, é esta: ser um sobrevivente. Por meio de séries causais mais ou menos longas, todo ser vivo é um sobrevivente cujos feitos e gestos têm uma relação com o declínio dos outros. Quando tais séries causais são curtas e diretas, fala-se em culpa; quando elas são mais mediatizadas, fala-se de culpa não culpada, ou de trágico; quando são fortemente mediatizadas, indiretas e gerais, fala-se em má consciência, em mal-estar, em sentimento trágico da vida.[35] Fausto escapa a essa experiência. Pois ele não apenas se torna o sedutor e amante de Gretchen, como também aquele que sobrevive a ela. Grávida dele, ela mata, por desespero, o filho desse amor. Para ela,

---

33. Não se trata de ativismo, mas antes, de "*práxis* contemplativa": fazer para se tornar consciente.

34. Nietzsche, o primeiro a caracterizar a si mesmo novamente como "cínico" filosófico-estético, também pregava a fórmula "viver perigosamente". Ela é o *leitmotiv* do empirismo *kynikos* pelo qual se orienta Fausto.

35. As *Minima Moralia* de Adorno, principal obra de crítica moral da filosofia alemã depois da Segunda Guerra Mundial, falam sem reservas, em suas mais penetrantes formulações, sobre a vergonha de sobreviver. Seria um signo de miopia compreender isso unicamente como um reflexo da experiência judaica naqueles anos (1943 et seq.). Sobre a moral da sobrevivência, conferir igualmente Elias Canetti: *Masse und Macht*, Munique, 1976. [Ed. bras.: *Massa e poder*, trad. Sergio Tellaroli, São Paulo, Companhia das Letras, 1995.]

o mal nasceu do bem, a vergonha social, da entrega à sexualidade. Nela, desdobra-se em um impiedoso encadeamento a causalidade do destino que nasce do mecanismo moral: o desespero, a confusão, o assassinato, a execução. Pode-se ler a tragédia como o *plaidoyer* poético apaixonado em favor da ampliação da consciência moral: a arte *é* crítica da consciência ingênua, mecânica e reativa. Sob as condições da ingenuidade, os sentimentos, as morais, as identificações e as paixões dos homens têm sempre consequências desastrosas; é somente na ingenuidade e na inconsciência que causalidades mecânico-morais podem jogar com os indivíduos. Mas, à diferença de Gretchen, que sucumbe ao mecanismo "trágico", Fausto tem por perto um mestre que o mantém afastado das possíveis causalidades do desespero cego e ingênuo:

> Tu és de costume tão endemoninhado.
> Não encontro no mundo nada
> De um mau-gosto mais gritante
> Do que um diabo que desespera.

Em vão Fausto amaldiçoa um mestre que lhe inflige o sofrimento de se reconhecer a si mesmo como um diabo; gostaria de devolvê-lo à condição de cão cínico ou à figura de serpente. Mas todos os caminhos de retorno à ingenuidade lhe estão vedados; por sua vez, ele adquiriu a consciência mefistofélica. E esta exige: o que o homem é capaz de saber de si, deve sabê-lo. Assim, ela implode o curso do inconsciente. O amoralismo estético da grande arte é uma escola da "tomada de consciência". Na consciência ingênua, a moral age como uma parte do inconsciente: o inconsciente, o mecânico, o não livre em nosso comportamento... eis o verdadeiro mal.

Mefisto, dizíamos há pouco, tem o perfil de um *kynikos* esclarecedor (*Aufklärer*); revela, portanto, um saber que só é conquistado por quem corre o risco de um olhar moralmente livre para as coisas.[36] Em parte alguma isso fica mais claro do que na sexualidade, onde de fato se precisa, logo de saída, deixar para trás as inibições morais para, como Fausto, "desvencilhado, livremente" experienciar o que a vida é. Mefisto é o primeiro positivista sexual da nossa literatura; seu modo de ver já é o do *kynismos* sexual. "Na verdade, criança é criança e jogo é jogo." Para ele, não é um

---

36. Na Seção Principal Lógica, é descrita a ótica que conduz à "empiria negra" das ciências do Esclarecimento.

enigma saber como alterar o sentido do tempo no homem Fausto. Trata-se "simplesmente" de despertar nele a visão da mulher nua. Para dizê-lo de modo mais moderno: a ilusão erótica, a "imago", a imagem do desejo, o esquema sexual. A poção do rejuvenescimento desperta o impulso que torna toda mulher tão desejável quanto Helena. Quem se apaixona, assim sugere a ironia goethiana, é vítima, no fundo, de uma reação química; os cínicos mais modernos, ou os gaiatos, asseguram que o amor não passa de um movimento de perturbações hormonais.[37] A mordacidade cínica reside no "nada além". Este, do ponto de vista literário, pertence à sátira; do ponto de vista existencial, ao niilismo; do ponto de vista epistemológico, ao reducionismo; do ponto de vista metafísico, ao materialismo (vulgar). Na condição de materialista jovial, Mefistófeles ensina a necessidade animal do amor. "Costume ou não, isso também existe." Todos os devaneios sublimes que ocorrem ao espírito do apaixonado contam muito pouco quando pensamos, ao bom estilo do verdadeiro diabo, apenas nisso, "nisso de que os castos corações não podem prescindir".

Não menos desrespeitosa é a atitude do diabo crítico em relação às ciências. Nada dessa parafernália de erudição sem vida e calcificada pela lógica lhe convém. Se o empirismo é o seu programa, ele o é sob uma forma *kynikē* e vital: mergulhar de cabeça na vida plena, deixá-la advir a partir de uma experiência própria. Sua lição encoraja ao risco da experiência, e, como ele distingue nitidamente entre o cinza da teoria e o verde da vida, não toma gosto por nenhuma forma de ensinamento acadêmico. Os professores são os loucos de seu próprio edifício doutrinal. Em termos mais modernos: apêndices de seus "discursos". Em todas as faculdades se arrastam pelos corredores tagarelas vaidosos que complicam as coisas mais simples até as tornarem irreconhecíveis; os juristas o fazem não menos do que os filósofos, bem como também os teólogos e os médicos *a fortiori*.

Na condição de ginecologista cínico, Mefisto se apropria da velha sabedoria segundo a qual todos os sofrimentos das mulheres são "curáveis a partir de um ponto". Nosso diabo da teoria conta com ainda maior aprovação na medida em que antepõe seu cinismo semântico (hoje: crítica linguística) às pseudologias e às terminologias arrogantes das faculdades; ele vê que a incompreensão gosta de se refugiar nas palavras, e a ignorância consegue sobreviver muito tempo sob o domínio de uma

---

37. O "boogie-woogie dos hormônios" (Arthur Miller).

linguagem de especialista. O diabo pronuncia o que os estudantes sentem: a universidade pertence à "estupidez doutoral" (Flaubert). Ali ela se reproduz presunçosa e protegida. No Collegium Logicum (cena do escolar), o que esse diabo diz sobre a língua dos filósofos e teólogos esboça um nominalismo poético que resiste a toda reconstrução lógica, por mais rigorosa que seja.

Balanço feito, reconhecemos que o Mefisto de Goethe, apesar de todas as concessões simbólicas, não é mais, na essência, um diabo cristão; é uma figura pós-cristã com traços pré-cristãos. Seu lado moderno aflora o antigo reatualizado: evolucionismo dialético (destruição positiva, o bom mal) com uma visão filosófica da natureza, mais próxima de Tales de Mileto ou de Heráclito do que de Kant e de Newton.

4. *O Grande Inquisidor* ou *O homem de Estado cristão como caçador de Jesus e o nascimento da doutrina das instituições a partir do espírito do cinismo*

> Justamente isso, "mas"... clamou Ivan. Saiba, noviço, que o absurdo é mais do que indispensável na Terra. É sobre ele que o mundo repousa, e sem ele jamais alguma coisa aconteceria. Eu sei o que eu sei!...
>
> ... Com meu miserável entendimento terrestre, euclidiano, sei apenas que o sofrimento existe, mas não há culpados; que tudo se encadeia direta e simplesmente, que tudo flui e se equilibra — mas enfim, isso não passa de absurdo euclidiano... O que me importa que não haja culpados, que tudo se encadeie direta e simplesmente e que eu bem o saiba? Eu preciso de revanche, senão me destruo... Ouve: se todos precisam sofrer para, com o sofrimento, comprar a harmonia eterna, o que têm as crianças a ver com isso? — Por que também elas se tornaram "material" e precisam servir de adubo para alguma harmonia futura...?
>
> Dostoiévski, *Os irmãos Karamázov*

O sombrio Grande Inquisidor de Dostoiévski é, ele também, apenas aparentemente um personagem da Idade Média cristã, bem como o Mefistófeles de Goethe é apenas aparentemente ainda um diabo cristão. Na verdade, ambos pertencem à modernidade do século XIX, um como estético evolucionista, o outro como representante de um novo conservadorismo político e cínico. Como Fausto, o Grande Inquisidor é uma projeção no século XVI das tensões ideológicas avançadas do século XIX;

tanto espiritualmente quanto temporalmente, ele está mais próximo de personagens como Hitler e Goebbels, Stalin e Beria do que da histórica Inquisição espanhola. Mas não seria frívolo situar um honrado cardeal cristão em tal companhia? A difamação pesa, e deve ser justificada por argumentos sólidos. Eles resultam da história do Grande Inquisidor, tal qual narra Ivan Karamázov.[38]

O cardeal Grande Inquisidor de Sevilha, velho ascético, nonagenário, no qual toda vida parece extinta, à exceção desse ardor sombrio que ainda brilha em seus olhos, foi um dia, e isso é o que conta Ivan em seu "poema fantástico", testemunha do retorno de Cristo. Diante da catedral, Jesus repetiu seu milagre de outrora trazendo, com uma palavra cheia de ternura, novamente à vida uma criança morta. Tudo indica que o velho compreendeu imediatamente o sentido do evento, mas sua reação é paradoxal. Em vez de render homenagem ao Senhor em retorno, ele aponta com o dedo e ordena que seus guardas o confinem numa cela do prédio do Santo Ofício. À noite, o velho desce à cela e diz a Jesus:

> És tu? És tu?
> Antes mesmo de uma a resposta, acrescenta ansioso:
> "Não respondas, cala-Te. E o que poderias Tu dizer? Sei muito bem o que Tu dirias. Não tens o direito de acrescentar algo ao que disseste outrora. Por que vieste nos perturbar? Pois vieste para isso, para nos perturbar, Tu bem o sabes. Sabes entretanto o que acontecerá amanhã? Não sei quem Tu és e não quero absolutamente saber se Tu és Ele ou apenas Sua imagem. Amanhã condenar-Te-ei e far-Te-ei queimar na fogueira como o pior dos hereges. E esse mesmo povo que hoje beijou Teus pés há de se precipitar amanhã, a um gesto de minha mão, para providenciar o carvão de Tua fogueira. Tu sabes disso? Sim, talvez o saibas...

Quem se surpreende com o comportamento do Grande Inquisidor há naturalmente de se interrogar acerca do seu sentido quando tiver para si claro o ponto decisivo: no pensamento e na ação do velho, nenhum sinal de atordoamento ou de cegueira, de erro ou de mal-entendido. O motivo alegado por Jesus para perdoar seus carrascos — "pois eles não sabem o que fazem" — não é um argumento para o homem da Igreja.

---

38. Aqui, vamos ler a história sem levar em conta o contexto do romance.

Esse sabe o que faz, e o sabe com uma clareza verdadeiramente chocante, que ainda não sabemos com certeza se devemos designar como trágica ou cínica. Mas se o Grande Inquisidor sabe o que faz, age necessariamente a partir de razões irrecusáveis, razões suficientemente fortes para subverter completamente a fé religiosa que ele representa aos olhos do mundo. Com efeito, o velho expõe a Jesus suas razões detalhadamente; reduzido ao mínimo denominador comum, trata-se em seu discurso da réplica do homem político ao fundador de uma religião; de um ponto de vista mais profundo, é a antropologia que acerta suas contas com a teologia, a administração com a emancipação, a instituição com o indivíduo.

Acabamos de ouvir a acusação principal àquele que retorna: ele vem para "perturbar". Como assim? O Grande Inquisidor condena seu Salvador por ter retornado precisamente no momento em que a Igreja Católica, com a ajuda do terror da Inquisição, apagava as últimas faíscas da liberdade cristã, e em que ela se acalentava a si mesma com a ideia de ter concluído a sua obra, de ter estabelecido a dominação da "verdadeira religião". Mas, totalmente privados de liberdade (no sentido político-religioso), os homens de então encontram-se mais convencidos do que nunca de que são livres. Não é fato que eles tomaram posse da verdade? Cristo não havia prometido que a verdade libertaria? Só que o Grande Inquisidor é capaz de identificar essa trapaça. Ele se vangloria de seu realismo. Representante da Igreja vitoriosa, ele se atribui o mérito de ter não apenas concluído a obra de Jesus, mas mais ainda, de a ter *melhorado*! Pois Jesus, assim pensa ele, não sabia pensar como político e não havia compreendido a natureza do homem do ponto de vista político, *a saber, que o homem precisa de dominação*. Desvendamos no discurso do cardeal de Dostoiévski ao seu mudo prisioneiro uma das origens do institucionalismo moderno que, nesse lugar, e talvez unicamente aqui, confessa, com uma franqueza singular, sua estrutura cínica fundamental; uma estrutura que comporta uma trapaça consciente e reivindica para si necessidade. Segundo a profunda e vertiginosa reflexão de Dostoiévski, os mestres fazem o seguinte cálculo:

Apenas poucos possuem a coragem para a liberdade, coragem que Jesus mostrou quando, diante da pergunta do tentador no deserto ("por que, visto que tens fome, não transformas as pedras em pão?"), responde ele: "O homem não vive apenas de pão." Apenas poucos têm a força para superar a fome. A grande maioria sempre recusará, em nome do pão, a liberdade que lhe é oferecida. Dito de outro modo: os homens estão em geral em busca de alívio, de lenitivo, de conforto, de rotina, de segurança. Em todos os tempos, os governantes podem se fiar no princípio de que a grande maioria dos homens treme diante da liberdade e não conhece impulso mais profundo do que aquele de renunciar à sua liberdade, de edificar prisões em torno de si e de se prosternar diante de ídolos, antigos e novos. Numa tal situação, o que resta aos cristãos no exercício do poder, representantes de uma religião da liberdade? O Grande Inquisidor compreende sua tomada do poder como uma espécie de sacrifício:

> Mas diremos que é a Ti que obedecemos e que é em Teu nome que reinamos. E novamente lhes teremos mentido, pois não permitiremos mais que venhas a nós. Nessa mentira estará nosso tormento, pois precisaremos mentir.

Tornamo-nos testemunhas de uma experiência intelectual única, estranhamente tortuosa, na qual os paradoxos do conservadorismo moderno estão em plena gestação. O homem da Igreja ergue um protesto antropológico contra a reivindicação da liberdade que o fundador da religião teria legado. É que a vida humana, mesmo indigente, teria necessidade de uma ordem, de uma moldura feita de hábitos, de certezas, de leis e de tradições... Em uma palavra, ela teria necessidade das instituições sociais. Com um cinismo impressionante, o Grande Inquisidor acusa Jesus de não ter liquidado o desconforto da liberdade, de tê-lo, justamente, aumentado. Ele não aceitou o homem como ele é; com seu amor, sobrecarregou-o. Nessa medida, os mestres posteriores da Igreja foram além de Cristo em seu modo de amar o próximo, em larga escala impregnados de desprezo e de realismo; pois eles tomam os homens tais como são: ingênuos e pueris, preguiçosos e fracos. O sistema de uma Igreja dominante só pode ser edificado sobre os ombros de homens que se dispõem a carregar o fardo moral da mentira consciente: isto é, de padres que conscientemente pregam o contrário da verdadeira doutrina de Cristo, que eles por sua vez compreenderam perfeitamente. Eles falam a linguagem cristã da liberdade, mas servem ao sistema das necessidades — pão, ordem, poder, lei —, que torna os homens dóceis. Como bem sabe o Grande Inquisidor, o conceito de liberdade é o pivô do sistema de repressão: quanto mais repressivo ele é (Inquisição, etc.), mais necessário se torna inocular a retórica da liberdade na cabeça dos homens. Essa é exatamente a assinatura ideológica de todos os conservadorismos modernos, tanto no Oriente quanto no Ocidente; todos assumem como fundamento antropologias pessimistas, segundo as quais o empenho por liberdade não passaria de uma ilusão perigosa, uma simples exigência sem substância, que disfarça o caráter institucional ("atrelado") necessário e inevitável da vida humana. Onde hoje, em qualquer lugar do mundo que seja, se manifestam teorias da liberdade e da emancipação, surge ao mesmo tempo a antítese, que na boca do Grande Inquisidor, assim soa:

> ... nisso Tu superestimaste os homens. Eles são evidentemente escravos, ainda que sejam rebeldes por natureza. Olha ao Teu redor e julga: quinze séculos se passaram. Vai vê-los. Quem quiseste elevar até Ti? Eu Te juro: o homem é mais fraco e mais baixo que Tu possas imaginar... Do alto de Tua consideração para com ele, agiste como se não tivesses piedade dele...

Eis aí, ainda dissimulada por uma cláusula moral, a Carta Magna de um conservadorismo teórico sobre uma base "antropológica". Arnold Gehlen o teria sem dúvida assinado sem titubear. Nesse pessimismo esclarecido, mesmo o elemento de revolta do homem é incorporado ao cálculo, como uma "constante da natureza". O Grande Inquisidor de Dostoiévski fala na condição de político conservador e de ideólogo do século XIX que lança um olhar retroativo para as tempestades da história europeia a partir de 1789:

> [...] Eles abaterão as Igrejas e inundarão a terra com sangue. Mas compreenderão, no fim, que eles são de fato rebeldes, mas rebeldes fracos, incapazes de suportar sua própria rebeldia... Inquietude, turbulência, infelicidade, eis o lote dos homens.

E isso não é tudo. A última ladeira em direção às "alturas abençoadas" (Zinoviev) de uma política conservadora cinicamente amadurecida ainda nos espera. É quando o Grande Inquisidor chega à confissão extrema e quando o poder trai seu segredo da maneira mais descarada e mais audaciosa. Esse é o momento daquela desfaçatez superior, pela qual a mentira inveterada encontra o caminho de retorno à verdade. Na boca do Grande Inquisidor, a reflexão de Dostoiévski transpõe o limiar cínico. A partir daí, não há mais caminho de volta para a consciência que abandonou a ingenuidade. Ele confessa: há muito a Igreja conscientemente fechou um pacto com o diabo — esse tentador do deserto, de quem o próprio Jesus recusara outrora a oferta de um reino temporal. A Igreja, segundo a confissão do cardeal, passou para o lado do diabo de olhos bem abertos, no momento em que decidiu erguer a espada do poder mundano (no tempo de Carlos Magno). A isso ela pagou com uma consciência (*Bewusstsein*) infeliz e com uma consciência (*Gewissen*) moral cronicamente dividida. Mas se ela deveria tê-lo feito, isso, a despeito de tudo, não é alvo de dúvidas para o político eclesiástico. Ele fala como quem fez um enorme sacrifício, e, como não pode ser diferente, trata-se de um sacrifício no altar do futuro, nutrido pelo "espírito da utopia". É um signo que nos permite datar com segurança esses pensamentos no século XIX, no qual é concebível qualquer forma do mal, contanto que ele esteja a serviço de um "bom fim". O Grande Inquisidor se embriaga com a visão de uma humanidade unida pelo cristianismo e soldada pelo poder e pela Inquisição; apenas essa visão lhe fornece uma base e dissimula para ele mesmo seu cinismo, ou melhor, eleva seu cinismo ao estatuto de sacrifício. Milhões de pessoas haverão de se regozijar na felicidade de sua existência, livres de toda culpa, e apenas os poderosos que se dispuseram ao sacrifício de exercer um poder cínico serão os últimos infelizes:

> Apenas nós, os depositários do segredo, apenas nós seremos infelizes. De um lado, haverá milhões de crianças felizes, e de outro, cem mil mártires, portadores da maldição que traz consigo o conhecimento do bem e do mal.

Surpreendentes analogias entre Goethe e Dostoiévski aparecem agora: tanto um quanto outro falam de um pacto com o diabo; um e outro apresentam o mal como imanência; um e outro reabilitam Satã e reconhecem sua necessidade. O diabo de Dostoiévski, em poucas palavras, o princípio de poder, isto é, o governo do mundo, é concebido como uma parte do poder que quer o mal mas cria o "bem"; pois o bem deve nascer também do trabalho sombrio do Grande Inquisidor, como o prova sua utopia final. Nos dois casos, concluir o pacto com o diabo não é outra coisa senão se tornar realista, isto é, tomar os homens e o mundo tais como são. E, nos dois casos, trata-se do poder contra o qual se choca imediatamente quem se compromete com essa espécie de realismo: em Fausto, o poder do saber; no Grande Inquisidor, o saber do poder.

O saber e o poder são dois modos de acesso ao "além de bem e mal" moderno. A partir do momento em que nossa consciência

O grupo teatral Faust, de Hamburgo, em turnê em Moscou. Mefisto/Gustaf Gründgens encontra Boris Pasternak.

dá o passo decisivo de entrada nesse "além", apresenta-se inevitavelmente o cinismo. Em Goethe, esteticamente; em Dostoiévski, moral e politicamente; em Marx, histórico-filosoficamente; em Nietzsche, psicológico-vitalisticamente; em Freud, sexual e psicologicamente. Identificamos aqui o ponto em que cinismo e Esclarecimento se tocam. Pois o Esclarecimento encoraja a convicção empírico-realista, e, onde essa progride sem obstáculos, deixa necessariamente para trás de si as barreiras da moral. Um pensamento "realista" deve constantemente fazer uso de uma liberdade amoral para atingir uma visão lúcida. Pois uma ciência da realidade só se torna possível a partir do momento em que o dualismo metafísico é rompido, quando o espírito investigador elabora para si uma consciência além de bem e mal, quando busca "o que é o caso" de uma maneira neutra e sóbria, sem preconceito metafísico ou moral.[39] Seria o Grande Inquisidor

---

39. "O mundo é tudo o que é o caso", dirá mais tarde o positivismo. Se compreendemos a expressão "ser o caso" de um modo um pouco mais generoso, os grandes realistas do século XIX são, sem exceção, todos positivistas — ou pelo menos se encontram "a caminho", em direção ao positivismo. Para Marx, a luta de classes (ainda que esse seja um conceito geral) são algo que é o caso; para Nietzsche, a vontade de poder; para Freud, as pulsões.

um cofundador da politologia positivista que acomete o "homem" empiricamente e, de sua própria natureza, deduz as instituições políticas de que este "homem" precisa para sobreviver? Em Dostoiévski, a Igreja como instituição não passa de um representante das instituições coercitivas que regulam a vida social, Estado e exército à frente. É, com efeito, o espírito *dessas* instituições que execra a memória da grande liberdade cristã arcaica. Não é a religião enquanto religião que deveria imolar Jesus em seu retorno, mas a religião como Igreja, como um análogo do Estado, como instituição. É o Estado que teme a desobediência civil de que são capazes os religiosos; é o exército que condena o espírito do pacifismo cristão; são os senhores do mundo do trabalho que tremem de pavor diante daqueles que põem o amor, o repouso, a criatividade acima do trabalho obcecado pelo Estado, para os ricos, para o exército, etc. Uma vez que o Grande Inquisidor da narrativa de Dostoiévski tinha que imolar Jesus, o perturbador, como poderia pretender fazê-lo? Numa lógica ideal, sim. Mas atentemos para o final da história, na boca de Ivan Karamázov:

> Eis como gostaria eu de concluir: o Inquisidor enfim se cala, aguarda a resposta do Prisioneiro. Mas o silêncio é opressor. O Prisioneiro ouviu todo esse tempo fitando-o com ar compenetrado e tranquilo, diretamente nos olhos, visivelmente sem interesse de responder qualquer coisa. O velho queria que Ele dissesse algo, amargo que fosse, terrível que fosse. Em silêncio, o Prisioneiro se aproxima e ternamente beija os pálidos lábios do nonagenário. Essa é toda a Sua resposta. O velho estremece. Seus lábios não podem conter o tremor que lhes acomete. Ele se dirige para a porta, abre-a e diz ao Prisioneiro: "Vai e não volta mais... não volta... não volta nunca mais, nunca mais." E O deixa partir na direção dos becos sombrios da cidade. O Prisioneiro se vai.

Dostoiévski recusa-se explicitamente a fornecer uma solução inequívoca, sem dúvida porque ele compreende que, de qualquer modo, o jogo não está decidido. Apesar de tudo, o político eclesiástico não pode deixar de se considerar nocauteado por um instante; no espaço de um segundo, ele vê o "outro", a afirmação ilimitada que inclui ele próprio, que nem o julga, nem o condena. O Jesus de Dostoiévski ama não somente seu inimigo, mas também, o que complica fundamentalmente as coisas, aquele que o trai e o subverte.⁴⁰ Qualquer que seja a interpretação que propusermos para o desfecho aberto do drama, ela prova que Dostoiévski reconhece o conflito de dois princípios ou de duas forças que se equilibram e, mais do que isso, se neutralizam reciprocamente. Suspendendo a decisão, ele entra *de facto* no além do bem e do mal, isto é, naquela região na qual tudo o que podemos é tomar os fatos e as realidades "positivamente" pelo que eles são. As instituições seguem sua própria lógica, a religião segue outra, e será bom se o realista levar seriamente em consideração as duas, sem forçar uma decisão unilateral. O verdadeiro resultado do raciocínio cínico do Grande Inquisidor não é tanto o político eclesiástico, revelando-se a si mesmo, cobrir-se de vergonha; mas é a revelação de que bem e mal, fim e meio, são permutáveis. Devemos sublinhar reiteradamente esse resultado. Com ele, projetamo-nos inevitavelmente no domínio cínico. Pois ele significa nada mais nada menos: tanto a religião pode ser transformada num instrumento da política quanto esta em um instrumento da religião. Sendo assim, o que consideramos como absoluto penetra na luz do relativismo. Tudo se torna uma questão de enfoque, de ponto de vista, de projeção, de estabelecimento de objetivos. Eliminado todo enraizamento no absoluto, começa a era da flutuação moral. Além do bem e do mal, não encontramos de modo algum, ao contrário do que acreditava Nietzsche, um amoralismo radiosamente vital; encontramos uma infinita penumbra e uma ambivalência fundamental. Compreendemos que o mal se torna o que chamamos de mal tão logo ele aparece como um meio para o bem, e que o bem se torna o que chamamos de bem tão logo ele aparece como algo que perturba (Jesus como perturbador), como uma perturbação no sentido institucional. Bem e mal, contemplados na perspectiva da metafísica, transformam-se constantemente um no outro; quem chega a ver as coisas assim conquista uma visão trágica, uma visão que, como ainda será mostrado, é na verdade cínica.⁴¹

---

40. Certamente não se trata mais do Jesus bíblico, mas de um Jesus na perspectiva de Judas; de um Judas que está em busca de alívio. Seu cinismo trágico proscreve uma culpa insuportável; do ponto de vista da psicanálise, isso faz parte, sem dúvida, da psicodinâmica do filho parricida, que só pode continuar vivendo, sem que sua culpa o sufoque, se encontrar razões pelas quais lhe foi necessário matar.

41. Aproximamo-nos aqui do terceiro nível do desenvolvimento do conceito de cinismo que exponho na Seção Principal Fenomenológica.

A partir do momento em que a distinção metafísica entre bem e mal se faz obsoleta e tudo o que é, no sentido metafísico, surge como neutro, apenas aí começa realmente o que chamamos de modernidade; é a época que já não pode pensar nenhuma moral transcendente e, consequentemente, já não pode fazer uma clara distinção entre os meios e os fins. Daí em diante, todas as afirmações sobre os fins (e, *a fortiori*, sobre os fins últimos) precisam aparecer como "ideologias", e os ideais e as doutrinas morais de outrora são hoje aparatos "intelectuais" que se pode perscrutar e utilizar. Nesse sentido, as morais e as consciências axiológicas podem ser estudadas como coisas, precisamente coisidades subjetivas.[42] A consciência — uma terminologia tardia escolherá aqui o conceito de "fator subjetivo" — já não é, em relação ao ser exterior, o completamente outro, o princípio contraposto: é parte do ser, da realidade. Podemos estudá-la, descrevê-la historicamente, esquartejá-la analiticamente, e, o que é decisivo, utilizá-la política e economicamente. A partir desse momento, nasce uma nova hierarquia: de um lado, os ingênuos, os que acreditam nos valores, os "ideologizados", os obnubilados, vítimas de suas "próprias" representações; numa palavra, gente de "falsa consciência", os manipulados e manipuláveis. Essa é a massa, o "reino animal intelectual", o domínio da consciência falsa e escrava. Nela sucumbem todos aqueles que não têm a "consciência correta", grande e livre. Mas quem tem a "consciência correta"? Seus portadores encontram-se numa pequena elite reflexiva, constituída pelos que não são ingênuos, por aqueles que já não acreditam nos valores, que superaram a ideologia e curaram a cegueira. São aqueles que já não se deixam manipular, que pensam além do bem e do mal. O que importa agora é simplesmente saber se essa hierarquia intelectual é igualmente uma hierarquia política, portanto, se os não ingênuos são, em relação aos ingênuos, os que dominam. Quanto ao Grande Inquisidor, poderíamos responder inequivocamente: sim. Mas será que todos os esclarecidos, todos os realistas e todos os não ingênuos são, por analogia, Grandes Inquisidores, isto é, manipuladores ideológicos e trapaceiros morais que utilizam seus conhecimentos das coisas para exercer sua dominação sobre os outros, ainda que seja para o suposto "bem deles"? Em nosso próprio interesse, convém não exigir uma resposta apressada para essa questão.

---

42. Sobre esse ponto, o historismo traz uma contribuição decisiva ao nos acostumar a ver todos os fenômenos da consciência como "produtos de sua época"; ele se conecta facilmente tanto com o psicologismo quanto com o sociologismo.

Dizíamos que o Grande Inquisidor é o protótipo do cínico (político) moderno. Sua amarga antropologia lhe sussurra que o homem deve e quer ser enganado. O homem precisa de ordem, a ordem precisa de dominação e a dominação precisa da mentira. Quem quer dominar deve, portanto, fazer um uso consciente da religião, do ideal, da sedução e (em caso de necessidade) da violência. Para ele, tudo, mesmo a esfera dos fins, se torna meio; o grande político moderno é o "instrumentalista" completo, o estrategista dos valores.[43]

Apesar de tudo isso, não podemos dizer que ele seja um obscurantista. No contexto da narrativa de Dostoiévski, é a *ele* que cabe o papel do realista que faz propaganda de suas convicções. Assim, seu cinismo loquaz permanece um fator totalmente indispensável ao processo da verdade. Fosse ele *apenas* um enganador, ele se calaria. Mas, no fim das contas, também ele pretende fazer o que é certo, mesmo quando ele se serve para isso de meios duvidosos. Sua máxima se assemelha à divisa de Claudel: Deus escreve certo por linhas tortas. "Em última instância", ele não abandonou a direção do "bem". Obrigado a falar, ele presta contas de suas motivações e sua confissão, ainda que chocante, é uma preciosa, inestimável contribuição à busca pela verdade. Por vias tortuosas, o cinismo traz sua contribuição ao estabelecimento do Esclarecimento. Mais ainda, se ele não se despisse a si próprio, ato sensacional, amoral e astuto, todo esse domínio permaneceria impenetrável. Geralmente só conquistamos uma impressão da realidade "nua" quando assumimos uma posição para além do bem e do mal, e é justamente por isso que, na investigação da verdade, dependemos das declarações "amorais" que proferem acerca de si mesmos aqueles que assumiram essa posição. De Rousseau a Freud, os conhecimentos existencialmente decisivos são formulados sob forma de *confissões*.[44] É preciso ir além da fachada para reconhecer o que é o caso. O cinismo fala daquilo que há por trás da fachada; isso se torna possível onde cessa o sentimento de vergonha. Somente quando o indivíduo tiver dado, por si mesmo, o passo para além do bem e do mal, poderá ele fornecer uma confissão proveitosa. Mas dizendo: *eu* sou assim, pensa ele no fundo: *é* assim. No fim das contas, meus "pecados" não recaem sobre mim, mas sobre o *id* em mim; eles são pecados apenas aparentemente. Na verdade, o meu mal é apenas uma parte da realidade geral, na qual bem e mal se dissolvem numa grande

---

43. É por isso que os conservadores têm frequentemente uma consciência clara da "semântica".
44. Cf. o capítulo "Minima Amoralia".

neutralidade. Porque a verdade significa mais do que a moral. Os amoralistas não se consideram, e com justiça, absolutamente maus; eles estão a serviço de uma instância superior à moral.

Nessa perspectiva, o Grande Inquisidor se torna uma figura típica da época. Seu pensamento é dominado por dois motivos opostos que ao mesmo tempo se chocam e se condicionam reciprocamente. Enquanto realista (positivista), ele deixou para trás o dualismo de bem e mal[45]; enquanto homem da utopia, adere a ele obstinadamente. Um lado seu é amoralista, o outro, hipermoralista. De um lado, ele é cínico, de outro, sonhador; aqui, liberto de todo escrúpulo; ali, atado à ideia do bem último. Na prática, ele não recua diante de nenhuma atrocidade, de nenhuma infâmia, de nenhuma trapaça; na teoria, é guiado pelos mais elevados ideais. A realidade fez dele, por educação, um cínico, um pragmático e um estrategista. E, no entanto, sobre a base de suas intenções, tem ele a impressão de ser o bem em pessoa. Nessa dualidade e duplicidade, reconhecemos a estrutura fundamental das grandes teorias "realistas" do século XIX. Elas obedecem à norma de compensar todo ganho em realismo (amoralismo) com o exagero da utopia e da moral de substituição, como se fosse insuportável acumular tanto poder de saber e saber do poder se não houvesse fins "extremamente bons" para justificar essa acumulação. O discurso do Grande Inquisidor nos indica ao mesmo tempo onde encontrar esses fins extremamente bons, que justificam tudo: no futuro histórico. No fim da "história", "milhões de crianças felizes" povoarão a Terra — obrigados à felicidade e atraídos ao paraíso pelo pequeno número de pessoas que os governam. Todavia, para chegar até aí haverá um longo caminho acompanhado de numerosas fogueiras. Mas sendo o objetivo considerado como absolutamente justo, nenhum preço parece elevado demais. Se o objetivo é absolutamente bom, sua bondade deverá impregnar mesmo os mais abjetos meios de que somos forçados a nos servir no caminho que conduz a ele. De um lado, o instrumentalismo total; de outro, a utopia. Da junção desses dois elementos resulta a forma de uma teodiceia nova e cínica. Confere-se, desse modo, uma direção histórica ao sofrimento humano. O sofrimento se torna diretamente uma função inevitável do progresso; o sofrimento como estratégia — evidentemente, o sofrimento na forma de fazer sofrer (Inquisição); o estrategista sofre apenas na medida em que sabe que engana conscientemente.

---

45. Aplicado ao domínio da política (da Igreja), esse dualismo se chama: poder e espírito.

O ponto alto de nossa representação do Grande Inquisidor agora se faz visível: ele é na verdade um filósofo da história burguês com um perfil russo-ortodoxo, um cripto-hegeliano de caráter tragicamente obscuro. Se quiséssemos tentar o diabo, poderíamos imaginar o que aconteceria se um político russo do tipo Grande Inquisidor encontrasse a mais poderosa e mais "realista" filosofia da história do século XIX, o marxismo. Mas é inútil tentar o diabo. Pois o encontro entre o Grande Inquisidor e o marxismo ocorreu, e basta dar uma folheada na história do leste europeu desse século para deparar com pelo menos duas figuras híbridas descomunais: o marxista-grande inquisidor e o utopista-grande cínico. Não se trata aqui de saber se esse encontro foi necessário ou o resultado de um simples mal-entendido. A história ensina que a fusão da ideologia marxista com a Grande Inquisição não pode ser desmentida, ainda que pudéssemos alegar boas razões para provar por que a russificação do marxismo apresenta "autenticamente" uma curiosidade, a saber, a perversão aventureira ilegítima de uma teoria da libertação em um instrumento da mais rigorosa repressão. Tal processo só pode se fazer compreender a partir da ótica cínica da inversão, própria do Grande Inquisidor de Dostoiévski. É apenas tal ótica que fornece um modelo logicamente explícito para se interpretar esse fenômeno: aquele que pretende dominar usa a verdade para mentir. Aquele que, em nome da verdade, e o marxismo contém inegavelmente fortes momentos de verdade, engana as massas, não corre o risco, pelo menos do ponto de vista teórico, de nenhuma refutação. Mas assim como o Grande Inquisidor, os modernos detentores do poder têm que dizer a um Marx que eventualmente ressuscitasse: nós não deixaremos que chegues próximo de nós. Nós invocamos teu nome, mas sob a impreterível condição de que tu não voltes "jamais, jamais". Pois qualquer um que venha, seja "Ele" mesmo ou somente sua "imagem", seria inevitavelmente um perturbador, e sabemos muito bem o que acontece com alguém assim.

Teria o raciocínio do Grande Inquisidor revelado que existe uma contradição fundamental entre o espírito da "verdade" e o espírito das "instituições"? Seria uma "lei" universal, essa segundo a qual, quando se tenta fazer da "verdade" uma "religião de Estado", ela necessariamente acaba se transformando em seu contrário? Será que tudo nos diz que a lógica do Grande Inquisidor triunfou: essa lógica segundo a qual um Cristo que retorna é sacrificado no fogo da Santa Inquisição, um Nietzsche que volta morrerá nas câmaras de gás e um Marx que volta apodrecerá nos campos da Sibéria? Existiria uma lei que rege as distorções cínico-trágicas?

Dizíamos que o século XIX é a época das grandes teorias realistas que lançam um olhar "objetivo", sem preocupação com o bem e o mal, sobre o mundo que importa ao homem: a história, o Estado, o poder, as lutas de classe, as ideologias, as forças da natureza, a sexualidade, a família. Todos esses conhecimentos estão agora integrados num grande arsenal teórico e em uma lavoura de interesses práticos. "Saber é poder", diz o movimento operário. Mas, à medida que, de um lado, acumulam-se os instrumentos, de outro, aumentam os planos. De um lado, os utensílios, do outro, os projetos; de um lado, os meios neutralizados concretamente, do outro, os grandiosos fins, de uma utópica bondade. De um lado, os fatos, do outro, os valores. Eis, em linhas gerais, a ideia que o instrumentalismo ou o pragmatismo moderno fazem de si mesmos. Põe-se um pé além do bem e do mal, enquanto o outro busca apoio sólido na moral (utópica). Reduzindo isso a uma fórmula, eis o que temos: o século XIX desenvolve uma primeira forma de consciência cínica moderna, que associa um rigoroso *cinismo dos meios* a um igualmente rígido *moralismo dos fins*. Isso se dá, pois, no que concerne a fins, é inconcebível que alguém ouse representar um real além do bem e do mal, pois isso seria "niilismo". A defesa contra o niilismo é a verdadeira guerra ideológica da modernidade. Se em alguma frente comum ainda lutam lado a lado fascismo e comunismo, é na frente contra o "niilismo", atribuído em uníssono à "decadência burguesa". O que há em comum entre ambos é a convicção em opor um valor absoluto à tendência "niilista": de um lado, a utopia nacionalista, do outro, a utopia comunista.[46] Ambos garantem um fim último que justifique todos os meios e prometa um sentido à existência. Mas onde o cinismo radical dos meios se encontra com um resoluto moralismo dos fins, sucumbe o último vestígio do sentimento moral dos meios. O moralismo moderno, pesadamente armado, culmina num inédito turbilhão destruidor e leva ao paroxismo o inferno das boas intenções.

Não se deve compreender isso como uma dedução teórica. É bem verdade que tentamos esboçar uma lógica das catástrofes políticas modernas, mas as catástrofes reais precedem essa tentativa. Nenhum pensamento seria por si mesmo suficientemente frívolo e desesperado a ponto de chegar a tais conclusões por puro "empenho pela verdade". Mais ainda, ninguém

---

46. Superação do niilismo? "As superações... são sempre piores do que o superado." (Adorno, *Negative Dialektik*, Frankfurt s/ o Meno, 1966, p. 371) [Ed. bras.: *Dialética negativa*, trad. Marco Casanova, Rio de Janeiro, Zahar, 2009.]

no mundo poderia imaginar uma devastação da ordem de grandeza da que vivemos se ela não tivesse realmente ocorrido. Só agora, tempos depois, começamos a observar as condições espirituais da catástrofe política. *A posteriori*, podemos nos interrogar acerca da condição de possibilidade do inferno que os próprios homens fabricaram. Foi preciso que o inferno se produzisse realmente antes que o pensamento superasse sua timidez e sua inércia e começasse a explorar a gramática das catástrofes. Os únicos grandes áugures da lógica das catástrofes, Nietzsche e Dostoiévski, ainda não sabiam no fundo até que ponto falavam de política enquanto realizavam suas penosas experiências intelectuais. Por essa razão, falavam quase que exclusivamente em termos de moral e de psicologia e compreendiam-se a si mesmos como os últimos de uma tradição religiosa milenar. O que eles escreviam havia sido urdido numa interioridade marcada pela religião e psicologicamente rasgada; ambos compreendiam-se como explosões na tradição cristã, como cometas no fim da história de uma religião que havia reinado até então, criando o trânsito para uma sombria modernidade. Mas, nos dois casos, a tradução política de suas visões não se fez esperar muito, sequer o tempo de duas gerações. Pensadas preliminarmente na interioridade, as estruturas descritas por Nietzsche e Dostoiévski se consumaram na mais brutal das exterioridades. O Grande Inquisidor russo do século XX verdadeiramente existiu, bem como o super-homem do racismo alemão, ambos sendo instrumentalistas em grande estilo, extremamente cínicos quanto aos meios, pseudoingenuamente "morais" no que diz respeito aos fins.

Nesse intermédio, afastamo-nos de tal modo do nosso ponto de partida que pode parecer que não há nenhum liame entre Diógenes, o proto-*kynikos*, e o Grande Inquisidor, o cínico moderno. Ao que parece, é apenas por um inexplicável capricho da história do conceito que o cinismo moderno remete a uma escola filosoficamente antiga. Nesse aparente capricho, entretanto, podemos apontar um elemento de método, um liame que conecta os fenômenos díspares através dos milênios. Acreditamos que esse liame consiste de dois elementos formais comuns entre o *kynismos* e o cinismo: o primeiro é o motivo da *conservação de si* em épocas de crise; o segundo, uma espécie de realismo desavergonhado e "sujo" que, sem consideração para com as inibições morais convencionais, afirma estar do lado do "que é o caso". Mas, comparado ao realismo existencial do *kynismos* antigo, o cinismo moderno não passa de uma "semimedida". Seu sentido de realidade, segundo mostramos, diz respeito apenas à relação objetiva e sem escrúpulos com tudo o que é meio com vistas a um fim, e *não com os fins* eles mesmos. Os grandes cínicos modernos do tipo Grande Inquisidor, que se dedicam a uma reflexão teórica, são o que há de mais distante de um descendente de Diógenes. Antes disso, neles arde a ambição de um Alexandre, que Diógenes mandou plantar batatas, ainda que se trate de uma ambição pervertida.[47] Enquanto Diógenes manifestava o "desejo": "retira-te da frente do meu sol!", os adeptos do cinismo moderno aspiram a "um lugar ao sol": nada mais têm em mente além do projeto de disputar cinicamente, no sentido de o fazer explicitamente e sem constrangimentos, os bens deste mundo, dos quais Diógenes justamente caça. Para consegui-los, literalmente todos os meios são bons, até o genocídio, a pilhagem da terra, a devastação dos continentes e dos mares, o massacre da fauna. Isso mostra que, no que concerne ao instrumental, eles foram efetivamente além do bem e do mal. Mas onde ficou o impulso *kynikos*? Se o cinismo se tornou um aspecto inevitável do realismo moderno, por que tal realismo não se estende também aos fins? O *cinismo dos meios* que caracteriza nossa "razão instrumental" (Horkheimer) é compensado apenas por um retorno ao *kynismos dos fins*. Isso significa: despedir-se do espírito dos fins longínquos, reconhecer a ausência de finalidade que caracteriza originalmente a vida, limitar o desejo de poder e o poder do desejo. Numa palavra, compreender a herança de Diógenes. Não se trata de um romantismo fajuto nem de uma exaltação da "vida simples". O núcleo do *kynismos* consiste numa filosofia crítica e irônica das supostas necessidades, na radiografia de sua desmedida e de seu princípio absurdo. O impulso *kynikos* esteve vivo não apenas entre Diógenes e o estoicismo. Encontramo-lo igualmente em Jesus, o perturbador *par excellence*, bem como em todos os verdadeiros descendentes do mestre, que, segundo seu exemplo, chegaram a reconhecer que a vida não tem finalidade. Aí se funda a enigmática resplandecência das doutrinas da sabedoria da Ásia antiga, que fascinam o Ocidente porque friamente viram as costas para sua ideologia da finalidade e para todas as suas racionalizações da avidez. A existência não tem "nada a buscar" na terra além dela mesma. Mas, no império do cinismo, se está em busca de tudo, menos da existência. Antes de "propriamente viver", tem-se sempre outra coisa a providenciar: preencher ainda uma condição, satisfazer ainda um desejo mais urgente no momento, acertar alguma conta. E com esse ainda, ainda e ainda, nasce aquela estrutura do adiamento e da

---

47. Adaptação cristã: nós o fazemos para o bem dos outros.

vida indireta, que garante a marcha do sistema da produção desmedida. Naturalmente, essa última sabe se apresentar como um "fim" incondicionalmente "bom", que dança errante diante de nós como um objetivo real para, a cada aproximação nossa, recuar para um renovado longínquo.

A razão *kynikē* culmina no reconhecimento, difamado como niilismo, de que precisamos nos livrar dos grandes objetivos. A esse respeito, não se pode ser niilista o bastante. Aquele que *kynicamente* recusa todos os pretensos fins e valores rompe com o ciclo da razão instrumental, no qual "bons" fins são perseguidos com "maus" meios. Os meios estão ao nosso alcance, e são meios de tão enorme envergadura (de todos os pontos de vista: da produção, da organização, bem como da destruição), que começamos a nos questionar se é possível ainda haver fins aos quais os meios sirvam. Para que bem, com efeito, tais meios desmedidos ainda seriam necessários? No momento em que nossa consciência se torna madura para abandonar a ideia do bem como sendo um *fim* e se dedicar ao que *já está aí*, uma distensão se faz possível: agora, é supérfluo acumular meios em favor de fins imaginários e cada vez mais remotos. É somente a partir do *kynismos* que se pode deter o cinismo, e não a partir da moral. Apenas um alegre *kynismos* dos fins ignora a tentação de esquecer que a vida nada tem a perder além de si mesma.

Neste capítulo, falamos muito de grandes espíritos que retornam. Seria um bom desfecho representarmos igualmente um *Diógenes que retorna*. O filósofo sai de seu barril ateniense e desembarca no século XX, cai entre duas guerras mundiais, percorre as metrópoles do capitalismo e do comunismo, informa-se sobre o conflito do Oriente Médio, assiste a conferências sobre estratégia nuclear, sobre a mais-valia e sua teoria, visita estúdios de televisão, depara com uma multidão em férias nas estradas, participa de um seminário sobre Hegel... Será que Diógenes veio para nos perturbar? Diríamos, antes, que ele próprio já é bastante perturbado. Ele havia ensinado a tudo esperar, mas o que ele vê agora vai longe demais, mesmo para ele. Se ele pensara que os atenienses eram bastante alterados, não há nenhuma classificação para o que encontra agora. Stalingrado, Auschwitz, Hiroshima — ele tem nostalgia das Guerras Médicas. Receoso de ser internado numa instituição psiquiátrica, Diógenes renuncia a percorrer as ruas em pleno dia com uma lanterna na mão.[48] A pantomima

---

48. Na modernidade, apenas uma vez se pôde ver Diógenes em tal situação. O *happening* metafísico de Nietzsche em que "o homem louco" com sua lanterna anuncia: "Deus morreu" foi o fanal do neo-*kynismos*.

filosófica já não funciona, e ele tampouco saberia como se dirigir a essa gente com palavras. Observou que os homens estão adestrados a compreender as coisas complicadas, não as simples; percebeu que a perversão é sua normalidade. Que fazer? De súbito, sobrevém-lhe um sentimento que jamais experimentara na época de Atenas: o de ter algo de importante a dizer. Naquela época, tudo era como um jogo, mas agora está claro que o jogo se tornou sério. Proferindo gemidos, Diógenes aceita jogar; tentará a partir de agora se mostrar tão sério quanto possível; também há de aprender o jargão atual dos filósofos e de brincar com as palavras até que as pessoas sintam sua vertigem. E docemente, subversivamente, com ar muito sério, tentará pôr em circulação a coisa ridiculamente simples que tem a dizer. Sabe que o pensamento, no sentido do cinismo dos meios, refinou seus potenciais alunos, e que seu entendimento crítico funciona magnificamente. É com esse entendimento que deve se medir o filósofo que ensina o *kynismos* dos fins. Eis aí a concessão de Diógenes à modernidade. Dois caminhos se oferecem para minar o uso moderno que fazemos do entendimento nas ciências e nas técnicas: o caminho ontológico e o caminho dialético. Diógenes testou *incognito* ambos. Incumbe a nós decifrar seu rastro.

5. *O impessoal* ou *O mais real sujeito do cinismo difuso moderno*

> Em relação a ele (o modo de ser da *cotidianidade*, P.Slot.), é pertinente observar que a interpretação tem uma intenção puramente ontológica, e que se encontra muito distante tanto de uma crítica moralizante do existente humano cotidiano quanto das aspirações de uma "filosofia da cultura".
> Martin Heidegger, *Sein und Zeit* [*Ser e tempo*], p. 167

> A "vida" é um "negócio"; pouco importa se ela cobre ou não sua despesa.
> Martin Heidegger, *Sein und Zeit* [*Ser e tempo*], p. 289

> Por que viver se você pode ser enterrado por dez dólares?
> Slogan publicitário norte-americano

O impessoal [*Das Man*], a não pessoa em nosso gabinete de cínicos, lembra, em sua forma despojada, os manequins, tais como são utilizados pelos desenhistas para seus estudos de posições e esboços anatômicos.

Mas a posição a que visa Heidegger não é uma posição determinada. Ele observa o "sujeito" na banalidade de seu modo de ser cotidiano. A ontologia existencial que trata do impessoal e da sua existência (*Dasein*) na cotidianidade aspira realizar algo que não ocorreria, nem mesmo em sonho, ao espírito de uma filosofia anterior: fazer da trivialidade um objeto de teoria "elevada". Eis uma atitude que basta para fazer pairar inevitavelmente sobre Heidegger uma suspeita de *kynismos*. O que os críticos condenaram na ontologia existencial heideggeriana como um "erro" talvez seja exatamente seu achado. Ela eleva a arte da banalidade à altura do conceito explícito. Poderia mesmo ser lida como uma sátira invertida, que não rebaixa o que está no alto, mas eleva o que está embaixo. Ela tenta dizer o óbvio tão explícita e detalhadamente que até os intelectuais deveriam compreendê-lo "autenticamente". De certo ponto de vista, sob o bizarro refinamento de nuances conceituais, esconde-se no discurso de Heidegger uma astúcia lógica em grande estilo: a tentativa de traduzir um saber misticamente simples da vida simples, "tal como ela é", para a mais avançada tradição do pensamento europeu. O modo de ser de Heidegger, o de um camponês da Floresta Negra que gosta de viver retirado do mundo, instalado em sua cabana ruminando pensamentos, boné na cabeça, é mais do que uma manifestação exterior. É um modo de ser essencialmente conectado a um modo de filosofar. Encontramos nesse último a mesma simplicidade exigente. Vemos quanta malícia é necessária para dizer, nas condições modernas, uma coisa simples e "primitiva", de modo a conseguir driblar as complexas distorções da consciência "esclarecida". Lemos as afirmações de Heidegger sobre o impessoal, sobre o existente humano (*das Dasein*) na cotidianidade, sobre o falatório, sobre a ambiguidade, a decadência, o estar-lançado, etc. destacando-as do pano de fundo dos retratos precedentes de Mefistófeles e do Grande Inquisidor; lemos tudo isso como uma sequência de estudos, no ritmo daquela elevada banalidade com a qual a filosofia avança às cegas em direção ao "que é o caso". Precisamente pelo fato da hermenêutica existencial de Heidegger sepultar o mito da objetividade, ela produz o mais duro "positivismo da profundidade". Assim entra em cena uma filosofia que participa de modo ambivalente do espírito de uma época desencantada, secularizada e tecnificada; ela pensa além de bem e mal e aquém da metafísica; e é somente sobre essa estreita linha que ela pode se mover.

O neo-*kynismos* teórico do nosso século — a filosofia da existência — demonstra em sua forma de pensar a aventura da banalidade. O que ele mostra são os fogos de artifício do absurdo que começa a se compreender a si próprio. É preciso se representar claramente a fórmula desdenhosa com a qual, na divisa citada acima, Heidegger situa seu trabalho bem distante de qualquer "crítica moralizante", como se quisesse sublinhar o fato de o pensamento contemporâneo ter deixado para trás de uma vez por todas o pântano do moralismo e que ele não tem mais nada a ver com a "filosofia da cultura". Esta última não poderia passar de uma "aspiração": pretensão vã, pensamento megalômano e visão do mundo ao bom estilo de um século XIX que não se conforma com seu próprio fim. Ao contrário, na "intenção puramente ontológica", está em obra a frieza ardente da modernidade real; esta não precisa mais de um mero Esclarecimento e já "ultrapassou" toda crítica analítica possível. Pensando ontologicamente e falando positivamente, liberar a estrutura da existência: em nome desse fim, e para evitar a terminologia sujeito-objeto, Heidegger, com uma malícia linguística singular, se lança num jargão alternativo. Visto de longe, esse jargão certamente não é mais feliz do que aquele que o autor pretende evitar, mas, em sua novidade, transparece algo da aventura da primitividade moderna: uma aliança entre os tempos arcaicos e os tempos presentes tardios, um reflexo do início no fim. Na "expressividade" do discurso heideggeriano, vem ao discurso o que de costume nenhuma filosofia acha digno de atenção. Justamente no momento em que o pensamento, de um modo explicitamente "niilista", reconhece a ausência de sentido como o fundo de toda enunciação ou atribuição possível de sentido, o desenvolvimento supremo da hermenêutica, isto é, da arte de compreender o sentido, se torna necessário para articular filosoficamente o sentido da ausência de sentido. Segundo os pressupostos do leitor, isso pode ser tão excitante quanto frustrante: um movimento circular num vazio compreendido, sombras chinesas da razão.

O que é essa criatura estranha que Heidegger apresenta sob o nome de impessoal? À primeira vista, ela se assemelha a essas esculturas modernas que não representam objetos determinados e em cujas superfícies polidas não se pode identificar uma significação "particular". Todavia, elas são imediatamente reais e palpavelmente concretas. Nesse sentido, Heidegger sublinha que o impessoal não é uma abstração, por exemplo, um conceito geral que compreenderia "todos os eus"; antes, remeteria, como *ens realissimum*, a algo que está presente em cada um de nós. Mas ele frustra a expectativa por personificação, por uma significação individual e por um sentido existencialmente determinado. Ele existe, mas não há "nada atrás". Encontra-se lá como a escultura moderna não figurativa: real, cotidiana, parte concreta de um mundo; mas em momento algum remete propriamente a uma pessoa, a uma significação "real". O impessoal é o neutro de nosso Eu: Eu cotidiano, mas não "eu-mesmo". De algum modo, ele representa meu lado público, minha mediocridade. Possuo o impessoal em comum com todos os outros, é o meu "Eu" público, e em relação a ele a medianidade tem sempre razão. O impessoal, enquanto Eu inautêntico, se desincumbe de toda decisão própria e pessoal; segundo sua natureza, o impessoal quer se livrar de qualquer peso, quer tomar tudo pelo lado exterior e se ater à aparência convencional. Numa certa perspectiva, é assim que ele se comporta também em relação a si mesmo, pois isso que "ele-mesmo" é, ele o aceita como algo que encontrou entre outras coisas dadas. Assim sendo, o impessoal só pode se compreender como algo dependente, que não tem nada de si mesmo e para si mesmo. São os outros que lhe dizem e lhe dão o que ele é; eis o que explica sua "distração" essencial; com efeito, ele se acha perdido no mundo que o encontra logo de saída. Diz Heidegger:

> "De saída, 'eu' não 'sou' no sentido do si mesmo próprio, mas sou os outros segundo o modo do impessoal. É a partir desse e como esse que, de saída, sou 'dado' a mim 'mesmo'. De saída, o existente humano (*Dasein*) é impessoal, e na maioria das vezes permanece assim" (*Sein und Zeit*, p. 129). "Enquanto impessoal, vivo sob o domínio discreto dos outros." "Cada um é outro e ninguém é si mesmo. O impessoal... *é o ninguém*..." (*Sein und Zeit*, p. 128).

Essa descrição do impessoal, com a qual Heidegger conquista a possibilidade de falar filosoficamente do Eu sem precisar fazê-lo no estilo da filosofia do sujeito-objeto, funciona como uma transposição do termo "sujeito" para linguagem corriqueira, em que ele significa "o submetido".[49]

Encontrar-se "submetido" significa: não possuir mais si "mesmo". Jamais a linguagem do impessoal diz algo de pessoal: apenas participa do "falatório" (*discours*) universal. No falatório, por meio do qual se diz as coisas que meramente se diz, o impessoal se fecha à compreensão real da existência própria, bem como à das coisas faladas. No falatório, aparece o "desenraizamento" e a "inautenticidade" da existência (*Dasein*) cotidiana. Corresponde-lhe a curiosidade que se entrega de

---

49. Na Seção Principal Lógica, examinarei mais a fundo essa "tradução" e investigarei o que "submeter" e "ser submetido" significam para a teoria do conhecimento. Cf. pp. 469-471; 478-483.

De Chirico, *O grande metafísico*, 1917.

modo fugidio e "fugaz" ao que a cada vez aparece como novidade. Para o impessoal curioso, mesmo quando "se dedica à comunicação", não se trata de compreender realmente, mas do contrário disso: de evitar a compreensão, de evitar o olhar "autêntico" sobre a existência (*Dasein*). Heidegger batiza essa recusa com o conceito de distração (*Zerstreuung*) — expressão que causa sensação. Se tudo que até agora vimos soa absolutamente atemporal e universal, por meio dessa expressão agora sabemos em que ponto da história moderna nos encontramos. Nenhum outro termo é tão cheio de um gosto específico dos meados dos anos 1920 — a primeira modernidade alemã de grande envergadura. Tudo que ouvimos a respeito do impessoal seria, afinal, inconcebível sem a realidade prévia da República de Weimar com sua febre do pós-guerra, seus meios de comunicação de massa, seu americanismo, sua indústria da cultura e do entretenimento, seu promissor negócio da distração. É somente no clima cínico, desmoralizado e desmoralizante de uma sociedade de pós-guerra, em que os mortos não têm direito de morrer, pois quer-se tirar proveito político de seu desaparecimento, que um impulso, oriundo do "espírito do tempo", pode se desviar numa filosofia que considerará a existência (*Dasein*) "existencialmente" e oporá a cotidianidade à existência (*Dasein*) "autêntica", consciente e resoluta enquanto "ser-para-a-morte". É somente após o crepúsculo dos deuses militares, após a "desagregação dos valores", após a *coincidentia oppositorum* nas frentes da guerra de material, em que "bem" e "mal" se transportam reciprocamente para o além, é somente após tudo isso que uma tal "tomada de consciência" do "ser autêntico" se fez possível. É somente essa época que se torna atenta de um modo radical à socialização interna; ela adivinha que a realidade é dominada pelos fantasmas, pelos imitadores, pelas máquinas do Eu exteriorizado. Cada um poderia ser um espectro em vez de ser si mesmo. Mas como identificar isso? Quem mostra que é "si-mesmo" em vez de simplesmente impessoal? Isso provoca a devorante preocupação dos existencialistas a respeito da distinção, tão importante quanto impossível, entre o autêntico e o inautêntico, o próprio e o impróprio, o pronunciado e o impronunciado, o resoluto e o irresoluto (que é "simplesmente assim"):

> Tudo parece estar autenticamente compreendido, apreendido, dito, mas no fundo não está, ou então parece não estar, e no fundo está. (*Sein und Zeit*, p. 173)

Parece que a linguagem ainda é capaz de distinguir, com esforço, entre o que simplesmente "assim parece" e o que verdadeiramente "assim é". Mas a experiência mostra que tudo se embaralha. *Tudo se parece com...* Esse "com" é o que atormenta o filósofo. Para o positivista, tudo seria como é; nenhuma diferença entre essência e aparência — isso não passaria do velho espectro metafísico que se quer eliminar. Mas Heidegger insiste numa diferença e permanece firmemente atado ao Outro, que não apenas "parece", mas tem o essencial, o autêntico, o próprio ao seu lado. Em Heidegger, o resíduo metafísico e sua resistência ao positivismo puro se revelam na *vontade de autenticidade*. Há ainda uma "outra dimensão",

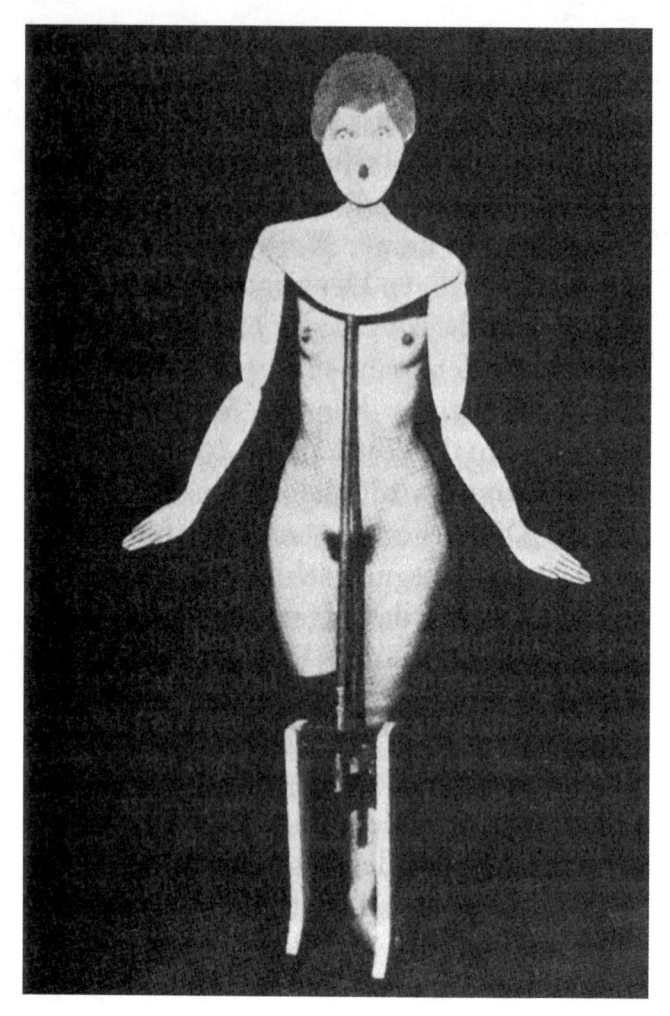

Man Ray, *Guarda-roupas*, 1920.

mesmo que ela se furte à demonstração, porque ela não pertence ao grupo das "coisas" demonstráveis. De imediato, o Outro se deixa apenas afirmar, ao mesmo tempo que fica assegurado que ele se assemelha exatamente ao Um; para um olhar exterior, o "autêntico" não se destaca de modo algum do "inautêntico".

Nessa estranha figura de pensamento pulsa a mais elevada presença de espírito dos anos 1920. Ela postula a diferença que é preciso "estabelecer", sem poder garanti-la de algum modo. Enquanto a ambiguidade, como fato fundamental da existência, é pelo menos ainda afirmada, a possibilidade da "outra dimensão" permanece formalmente salvaguardada. Nesse sentido, o movimento do pensamento de Heidegger parece se esgotar: trata-se de uma salvação formal do autêntico, que pode se parecer exatamente com o "inautêntico". Ora, simples afirmações não bastam. Em última análise, o tão evocado existente humano (*Dasein*) autêntico precisa de algo de "próprio a ele"[50] a fim de ainda se distinguir de algum modo. Como encontrá-lo, eis a questão que ainda permanece. Para tornar a coisa completamente apaixonante, Heidegger sublinha ainda por cima que o "ser decaído" do existente humano (*Dasein*) no mundo enquanto impessoal não é a queda a partir de um "estado primitivo" originário e mais elevado, mas sim que ele decai desde sempre e "sempre já". Com uma ironia austera, Heidegger observa que o impessoal sente-se confortável com a crença de que leva uma vida autêntica e plena na medida em que se lança sem reservas à agitação do mundo. O filósofo, ao contrário, identifica precisamente aí a decadência. É preciso confessar que o autor de *Ser e tempo* sabe submeter à tortura, e, sejamos honestos, à tortura de uma "banalidade das profundezas" "manifesta", o leitor que impacientemente espera pelo "autêntico". Ele nos conduz, de um modo fantasticamente explícito, pelos labirintos de uma negatividade positiva, fala do impessoal e de seu falatório, de sua curiosidade, de sua decadência na agitação, numa palavra, da "alienação", mas ao mesmo tempo assegura que tudo isso é dito sem a mais ínfima "crítica moral". Ao contrário, segundo ele, tudo isso é uma análise de "intenção ontológica", e aquele que fala do impessoal não descreve absolutamente um Si naufragado, mas uma qualidade do existente humano (*Dasein*) que tem a mesma origem do ser-si-mesmo autêntico. Assim é desde o começo, e o termo "alienação", surpreendentemente não *remete* a um ser próprio original, mais elevado e mais essencial, sem "estranhamento"! A alienação, assim lemos, não quer dizer que o existente humano (*Dasein*) foi arrancado de "si mesmo", mas que a inautenticidade dessa alienação é, desde o começo, seu mais poderoso e original modo de ser. Nele, nada há que pudéssemos designar num sentido valorativo como mau, negativo ou falso. A alienação é simplesmente o modo de ser do impessoal.

Tentemos esclarecer a coreografia singular desses saltos de pensamento. Heidegger conduz o trabalho do pensamento na direção de um desencantamento realista para além das mais avançadas posições do século XIX. Se as grandes teorias do passado só possuíam a força do realismo na medida em que um contrapeso utópico ou moral mantinha o

---

50. Mefistófeles: "Se eu não tivesse reservado para mim a chama, eu nada teria de próprio a mim."

equilíbrio, Heidegger, por sua vez, estende o "niilismo" até o domínio utópico-moral. Se as atrelagens típicas do século XIX eram as ligações entre a ciência teórica e o idealismo prático, entre o realismo e o utopismo, entre o objetivismo e a mitologia, Heidegger empreende a partir de então uma segunda liquidação da metafísica: ele passa a uma *secularização* radical *dos fins*. De maneira lapidar, observa que a vida em sua autenticidade é incontestavelmente desprovida de fins. Nós não caminhamos de modo algum na direção de fins radiantes, e nenhuma instância nos incumbe de sofrer hoje em nome de um glorioso amanhã.[51] Também no que diz respeito aos fins, trata-se de pensar para além de bem e mal.

A distinção autêntico-inautêntico parece mais enigmática do que na verdade é. De saída, é certo que não se trata de estabelecer uma distinção em uma "coisa" qualquer (belo-feio, verdadeiro-falso, bom-mau, grande-pequeno importante-insignificante), porque a analítica existencial opera *antes* dessas distinções. Assim sendo, sobra, como última distinção concebível, aquela entre o existente humano (*Dasein*) resoluto e o não resoluto; eu gostaria de dizer: entre o *Dasein consciente* e o *inconsciente*. Mas não devemos tomar a oposição consciente-inconsciente no sentido do Esclarecimento psicológico (a conotação resoluto e não resoluto aponta para essa direção). Consciente e inconsciente não são aqui oposições cognitivas, e nem mesmo oposições de informação, do saber ou da ciência, mas qualidades existenciais. Se fosse de outro modo, o *páthos* heideggeriano da "autenticidade" não seria possível.

A construção do autêntico desemboca, enfim, no teorema do "ser-para-a-morte", pretexto de indignação barata para os críticos de Heidegger: a filosofia burguesa já não consegue reunir suas forças senão para pensamentos mórbidos e fúnebres! Fantasias de quarta-feira de Cinzas nas mentes parasitárias! Tomemos, dessa crítica, o elemento de verdade. Ela afirma que na obra de Heidegger se reflete, a despeito do próprio autor, o momento histórico e social no qual essa obra foi composta e, mesmo que ela se afirme enfaticamente como uma análise ontológica, fornece involuntariamente uma teoria da época presente. Na medida em que essa teoria é involuntária, o crítico tem o direito de designar nela um aspecto não livre, a saber, cego, sem se desincumbir do dever de render

---

51. Niilismo? Durante muito tempo, a crítica marxista quis ver em Heidegger nada mais do que o epílogo da burguesia decadente, abandonada até pela vontade de futuro. Heidegger como arauto de um niilismo fascistoide e do culto dos mortos? Não. Antes, um homem que promoveu o impulso contra os socialismos do "grande amanhã", contra as utopias do sacrifício sem fim.

homenagem ao seu lado iluminado. Nenhum pensamento pertence de modo tão íntimo ao seu tempo quanto o do ser-para-a-morte: é a palavra-chave filosófica na época das guerras mundiais imperialistas e fascistas. A teoria de Heidegger se situa a meio-caminho, na virada da primeira para a Segunda Guerra Mundial, da primeira para a segunda modernização da morte em massa. Ela se situa a meio-caminho entre a primeira tripla constelação da indústria da destruição: Flandres, Tannenberg, Verdun, e a segunda: Stalingrado, Auschwitz, Hiroshima. Sem indústria de morte, nada de indústria do entretenimento. Se compreendemos *Ser e tempo* não "apenas" como uma ontologia existencial, mas igualmente como uma codificada psicologia social da modernidade, abrem-se perspectivas mais amplas de consideração de relações de estrutura. Heidegger compreendeu a relação entre a "inautenticidade" moderna da existência e a fabricação moderna da morte de uma maneira que só se abre para um contemporâneo das guerras mundiais industriais. Se suspendermos por um instante o interdito que condena a obra de Heidegger, em virtude da suspeita de fascismo que recai sobre ela, veremos revelarem-se potencialidades críticas explosivas na fórmula do "ser-para-a-morte". Compreendemos, então, que a teoria heideggeriana da morte esconde a mais aguda crítica que o século XX já formulou em relação ao século XIX. Pois o século XIX concentrara suas melhores energias teóricas na tentativa de tornar pensável, através de grandes teorias realistas, a *morte dos outros*.[52] Os grandes projetos evolucionistas extirpam o mal do mundo na medida em que ele afeta os outros, para transportá-lo para estados superiores de épocas ulteriores concretizadas: há aqui equivalências formais entre a ideia de evolução, o conceito de revolução, o conceito de seleção, o conceito de luta pela vida e de sobrevivência dos mais aptos, a ideia de progresso e o mito da raça. Com todas essas concepções, busca-se uma ótica que objetiva o declínio dos outros. Com a teoria heideggeriana da morte, o pensamento do século XX vira as costas a esses cinismos híbridos e teoricamente neutralizados do século XIX. Visto de fora, a única coisa que muda é o pronome: "morre-se" transforma-se em "eu morro". No ser consciente da morte, a existência de Heidegger se revolta contra o "constante apaziguamento sobre a morte", do qual depende absolutamente uma sociedade hiperdestrutiva. O militarismo total da guerra industrial conquista, à força, nas condições do dia a dia, um recalcamento

---

52. Recorro aqui a Michel Foucault.

narcótico da morte, o mais total possível — ou um descarregamento da nossa morte sobre os outros: eis a lei do entretenimento moderno. Tal o estado do mundo que diríamos que ele sussurra aos homens, se eles estiverem dispostos a ouvir: vossa destruição é apenas uma questão de tempo, e o tempo de que precisa a destruição para vos acometer é o tempo do vosso entretenimento. Pois a destruição vindoura supõe vosso entretenimento, e que vós não estejais resolutos por viver. O impessoal entretido é o modo de nosso existir pelo qual nos encontramos *nós mesmos* em relações genéricas com a morte e cooperamos com a indústria da morte. Eu gostaria de afirmar que Heidegger tem em suas mãos o começo do fio para uma filosofia do rearmamento, pois armar é submeter-se à lei do impessoal. Eis uma das frases mais impressionantes de *Ser e tempo*: "o impessoal interdita o nascimento da coragem da angústia diante da morte" (p. 254). Aquele que se arma substitui a "coragem da angústia diante de sua própria morte" por um empreendimento militar. O militarismo é a maior garantia de que não é necessário que eu morra minha "própria morte"; ele me promete cooperação em minha tentativa de recalcar o "eu morro" para ganhar, em troca, a morte do impessoal, a morte *in absentia*, uma morte em inautenticidade e narcose políticas. Rearma-*se*, entretém-*se*, morre-*se*.

Descubro no "eu morro" heideggeriano o núcleo de cristalização em torno do qual pode se desenvolver uma filosofia real do *kynismos* renovado. Nenhum fim do mundo deve se distanciar desse *a priori kynikos*: "Eu morro" a ponto de nossa morte se tornar meio para um fim. Pois é justamente o fato de nossa vida ser privada de sentido, um fato em torno do qual se produz tanta tagarelice niilista, que justifica seu alto preço. À privação de sentido não se associam apenas o desespero e o pesadelo de um *Dasein* esmagado, mas igualmente uma festa da vida, *criadora* de sentido, uma poderosa consciência no aqui e agora, uma oceânica celebração.

Que no próprio Heidegger tudo seja mais sombrio, e que seu roteiro existencial se desenrole entre o céu plúmbeo da cotidianidade e os fulgurantes raios da angústia e das cores da morte: tudo isso é conhecido e justifica o nimbo melancólico de sua obra. Mas mesmo no *páthos* do ser-para-a-morte podemos desvelar um vestígio de substância *kynikē*, porque se trata de um *páthos* da *ascese*, e nesse *páthos* o *kynismos* dos fins pode, numa linguagem do século XX, se fazer ouvir. O que a sociedade em sua agitação nos apresenta como fins nos amarra desde sempre à existência (*Dasein*) inautêntica. A agitação do mundo faz de tudo para recalcar a morte, enquanto um

George Grosz, *Autômatos republicanos*, 1920.

existir "autêntico" se inflama na medida em que, desperto, por meio dele reconheço a quantas ando no mundo, olhos nos olhos com a angústia diante da morte; esta se manifesta se eu realizo radicalmente e por antecipação o pensamento de que é a mim que minha morte aguarda no fim do meu tempo. Heidegger deduz daí um estrangeirismo (*Un-heimlichkeit*) originário do existente humano (*Dasein*); é possível que o mundo jamais venha a se tornar para os homens um lar seguro e produtor de asseguramento. Porque o existente humano (*Dasein*) é originariamente estrangeiro, o "homem expatriado" (como um espectro, sobretudo na filosofia pós-Segunda Guerra Mundial, ele atravessava a terra devastada) sente uma necessidade de se recolher em moradas e pátrias artificiais, bem como de escapar à angústia refugiando-se em hábitos e habitações.

Naturalmente, mesmo orientadas na direção da universalidade, frases dessa natureza têm uma relação concreta[53] com os fenômenos de seu momento histórico. Não é à toa que Heidegger é um contemporâneo da Bauhaus, da Nova Habitação, do início do urbanismo, da moradia social, da teoria dos assentamentos e das primeiras comunas rurais. Seu discurso filosófico participa de um modo cifrado da problemática moderna dos sentimentos de habitação, do mito da casa, do mito da cidade. Quando ele fala da expatriação do homem, isso não se nutre apenas do terror que sente o inveterado provinciano diante das formas de vida das grandes cidades modernas. Temos aqui também claramente uma recusa àquela utopia de nossa civilização que constrói casas e cidades. Com efeito, na medida em que o socialismo deve dizer sim à indústria, ele é um prolongamento do "espírito de utopia" urbano: promete uma saída para a "inospitalidade das cidades", mas com os meios urbanos, e tem diante dos olhos a nova cidade, a definitiva cidade do homem, sua definitiva pátria. Assim sendo, há sempre nesse tipo de socialismo um sonho que se alimenta, em parte, da miséria urbana. O provincianismo de Heidegger não compreende essas coisas. Ele vê a cidade com os olhos de uma "eterna província", que não se deixa convencer de que algo melhor poderia um dia substituir o campo. Heidegger, eis o que pode dizer o intérprete complacente, destrói os espectros modernos do espaço: a cidade sonhando com o campo e o campo com a cidade. Os dois espectros são igualmente condicionados e igualmente deformados. Ele opera, e é preciso compreender isso em parte literalmente, em parte metaforicamente, um retorno "pós-histórico" ao campo.

É justamente nos anos da mais selvagem das modernizações, os chamados dourados anos 1920, que a cidade, outrora lugar da utopia, começa a perder seu charme, e é sobretudo Berlim, a capital dos primeiros anos do século XX, que contribui para mergulhar a euforia da metrópole numa luminosidade fria. Foco da indústria, da produção, do consumo e da miséria das massas, ela é ao mesmo tempo a mais exposta à alienação; em nenhuma outra parte a modernidade se faz pagar tão caro quanto nas metrópoles. O vocabulário da análise heideggeriana do impessoal parece

---

53. O concreto não exclui o vago.

especialmente forjado para dar voz ao mal-estar dos cultivados moradores urbanos diante de seu próprio modo de vida. Cultura da distração, do falatório, da curiosidade, do desenraizamento, da decadência (podemos pensar em todos os tipos de vício), do desamparo, da angústia, do ser-para-a-morte: tudo isso soa como miséria da cidade grande, captada por um espelho um pouco turvo, um pouco nítido demais. O *kynismos* provinciano de Heidegger contém uma forte tendência à crítica da cultura. Mas não estamos às voltas *somente* com um provincianismo incorrigível, quando um filósofo de seu calibre se desvia das utopias citadino-burguesas e socialistas; trata-se também uma virada (*Kehre*) *kynikē*, no sentido de que ela anula os grandes fins e as grandes projeções do espaço social urbano. A conversão à província pode ser também conversão a uma macro-história real que registra a normatização da vida no domínio da natureza, da agricultura e da ecologia com mais precisão do que as imagens do mundo industrial puderam fazê-lo. A história que escreve um historiador da indústria é necessariamente uma micro-história. A história do campo sente o pulso de uma temporalidade muito mais ampla. Numa formulação sucinta, a cidade não é a consumação da existência; os fins do capitalismo industrial tampouco o são; o progresso científico tampouco; mais civilização, mais cinema, o morar melhor, mais automóveis, melhor alimentação... tampouco isso é a consumação da existência. O "autêntico" será sempre outro. É preciso que tu saibas quem tu és. Consciente, é preciso que tu aprendas a conhecer o ser-para-a-morte como instância suprema de teu poder-ser; é na angústia que ele te conquista, e teu instante é chegado, se tens bastante coragem para suportar a grande angústia.

"Angústia autêntica é... no império da decadência e da publicidade, algo raro." (*Sein und Zeit*, p. 190) Quem conta com a raridade faz uma escolha elitista. A autenticidade é, portanto, um privilégio de poucos. O que isso nos lembra? Não ouvimos aqui de novo o Grande Inquisidor distinguindo entre os poucos e os muitos? Os poucos que suportam o fardo da grande liberdade e os muitos que querem viver como escravos rebeldes sem estar preparados para enfrentar uma liberdade real, uma angústia real, um ser real? Esse elitismo perfeitamente apolítico, que supõe uma elite dos que existem de fato, quase inevitavelmente teve que se projetar no social e dirigir opções políticas. Nesse ponto, o Grande Inquisidor possuía a vantagem de uma consciência política cínica sem ilusões. Heidegger, em contrapartida, permaneceu um ingênuo sem uma consciência clara de que a mistura tradicional de apolitismo acadêmico, consciência elitista e disposição heroica engendra, com uma necessidade quase cega, decisões políticas descontroladas. Durante um tempo — gostaríamos de dizer *portanto* — caiu ele na armadilha do cinismo do Grande Inquisidor nacionalista. Sua análise confirmou-se inopinadamente nele mesmo. Tudo *parece*. Tudo parece "ser verdadeiramente compreendido, apreendido, dito, e no fundo não o é". O nacional-socialismo — "movimento", "levante", "decisão" — parecia se assemelhar à visão heideggeriana da autenticidade, da resolução e do ser heroico para a morte, como se o fascismo fosse o renascimento da autenticidade a partir das cinzas da decadência, como se essa revolta moderna contra a modernidade fosse a prova real de uma existência decidida a ser ela mesma. É preciso pensar em Heidegger quando se menciona a soberana observação de Hannah Arendt sobre os intelectuais do Terceiro Reich: ainda que não fossem fascistas, "algo lhes ocorria" em relação ao nacional-socialismo. Com efeito, muitas coisas ocorreram ao espírito de Heidegger antes de ele perceber o que representava "propriamente" esse movimento político. A ilusão não podia durar muito. Precisamente o movimento nacional-socialista deixaria bem claro o que o impessoal nacionalista comporta *in petto*: o impessoal como dominador, o impessoal como massa ao mesmo tempo narcísica e autoritária, o impessoal como assassino sádico e como funcionário da morte. A "autenticidade" do fascismo — a única — consistia em transformar a destrutividade latente numa destrutividade manifesta, e assim, de uma maneira bastante oportuna, participar de um cinismo da "explicitação" pública, que não esconde mais nada. O fascismo, sobretudo em sua versão alemã, é o "desvelamento" da destrutividade política reduzida à sua forma mais explícita e encorajada a ser ela mesma pela fórmula da "vontade de poder". As coisas se passaram como se Nietzsche, ao bom estilo de um psicoterapeuta, tivesse dito à sociedade capitalista: "no fundo, vós sois devorados pela vontade de poder; deixai, portanto, a coisa se exprimir abertamente e confessai vossa adesão ao que sois de um modo ou de outro."[54] Assim os nazistas se puseram efetivamente no dever de deixar a "coisa" se expressar, não sob condições terapêuticas, mas bem no meio da realidade política. É possível que tenha sido a leviandade teórica de Nietzsche que lhe tenha feito acreditar que a filosofia pode se contentar com *diagnósticos* provocantes, sem pensar ao mesmo tempo,

---

54. Uma apreciação de Nietzsche sempre dependerá bastante de como compreendemos a "vontade de poder". Encorajamento ao cinismo imperial? Confissão catártica? Divisa estética? Autocorreção de um recalcado? *Slogan* vitalista? Metafísica do narcisismo? Marketing da desenvoltura?

obrigatoriamente, numa *terapia*. Quem chama o diabo pelo nome precisa saber como lidar com sua presença; nomeá-lo (que seja vontade de poder, agressão, etc.) é reconhecer sua realidade; reconhecê-la é "desacorrentá-la".

Depois de Heidegger, de um modo profundamente cifrado, mas já identificável, um descendente do impulso *kynikos* antigo vem intervindo nos eventos sociais através de uma crítica da civilização. Em última análise, ele conduz *ad absurdum* a consciência moderna da técnica e da dominação. É possível que cheguemos a livrar a ontologia existencial de boa parte de sua obscuridade pretensiosa se a compreendermos como uma travessura filosófica. Ela nos mostra muitas coisas para em seguida privar-nos a todos do direito de aprender. E ela também se mostra excessivamente rude para comunicar o mais simples. Chamo isso de *kynismos* dos fins. Inspirada no *kynismos* dos fins, aquela vida condicionada pela frieza da dominação e da destruição próprias do cinismo dos meios poderia voltar a se aquecer. A crítica da razão instrumental insistentemente exige ser levada a termo como crítica da razão cínica. Nela, trata-se de descontrair o *páthos* de Heidegger e livrá-lo da aderência absoluta à consciência da morte. A "autenticidade", se essa expressão tem algum sentido, é algo que conhecemos no amor e na embriaguez sexual, na ironia e no riso, na criatividade e na responsabilidade, na meditação e no êxtase. Nessa descontração, some a singularidade existencialista que crê encontrar na sua própria morte sua propriedade mais própria. No cume do poder-ser, fazemos a experiência não apenas do declínio do mundo na morte solitária, mas mais ainda, do declínio do Eu em seu abandono ao mais comunitário dos mundos.

É verdade que entre as duas guerras a morte cobriu com sua sombra a imaginação filosófica e para si mesma reivindicou o *jus primae noctis* com o *kynismos* dos fins, ao menos na filosofia. Mas não é muito auspicioso para a filosofia da existência e para sua relação com a existência real que, quando perguntamos o que ela tem a dizer sobre essa vida real, ao seu espírito somente ocorra a ideia da "própria morte" do homem. Propriamente, ela diz que nada tem a dizer — e para isso precisa escrever "nada" com N maiúsculo. Esse paradoxo caracteriza o violento movimento de pensamento de *Ser e tempo*: jamais uma tal riqueza de conceitos foi empregada para veicular um tão "pobre" conteúdo, no sentido místico. A obra pressiona o leitor, com uma espécie de convocação patética, a levar uma existência autêntica, mas se omite em seu mutismo diante da questão: como se faz isso? A única resposta, aliás, fundamental, que poderíamos extrair daí deveria ser, decodificada (no sentido acima), a seguinte: de modo *consciente.* Não se trata mais de uma moral concreta que fornece instruções sobre fazer e deixar fazer. Mas se o filósofo não é capaz de dar diretrizes, ele ainda é capaz de sugerir que se seja autêntico. Assim sendo: podes fazer o que queres, podes fazer o que precisas; mas faze-o de tal modo que possas permanecer intensamente consciente disso que fazes. Amoralismo moral: será essa a última palavra possível da ontologia existencial a respeito da ética? Parece que o *éthos* de uma vida consciente é o único capaz de se afirmar no meio das correntes niilistas da modernidade, porque no fundo ele não é uma delas. Ele não preenche nem mesmo a função de uma moral de substituição (do gênero das utopias, que colocam o bem no futuro e ajudam a relativizar o mal do caminho). Quem realmente pensa para além de bem e mal encontra uma única oposição importante para a vida, que é ao mesmo tempo a única de que, sem excessos idealistas, podemos dispor a partir do nosso próprio existir: a oposição entre agir consciente e agir inconsciente. Sigmund Freud formulou aquela célebre convocação na sentença: "Onde estava o *id*, o eu deve vir a ser". Heidegger diria aqui: onde se encontrava o impessoal, deve advir a autenticidade. A autenticidade seria, interpretada de modo livre, esse estado a que acedemos quando produzimos em nossa existência (*Dasein*) um *continuum da consciência*.[55] É somente isso que rompe o curso da inconsciência (*Unbewusstheit*) em que vive a vida humana, sobretudo na medida em que é socializada; a consciência distraída do impessoal está condenada a permanecer descontínua, impulsivo-reativa, automática e não livre. O impessoal é o "ter que" (*das Müssen*). Em relação a isso, a autenticidade consciente — aceitamos provisoriamente essa expressão — elabora uma qualidade superior de vigília. Ela põe em seu agir todo o vigor de sua decisão e de sua energia. O budismo se refere a isso com expressões comparáveis. Enquanto o Eu-impessoal dorme, a existência (*Dasein*) do si-mesmo autêntico está desperta para si mesma. Quem explora a si mesmo numa contínua vigília, encontra a partir de sua situação, para além das morais, o que tem a fazer.

A que profundezas chega o amoralismo sistemático de Heidegger, eis o que se mostra em sua reinterpretação do conceito de *consciência* (*Gewissen*).[56] Ele constrói, ao mesmo tempo com prudência e de uma

---

55. Esse é um equivalente moderno do "conhece-te a ti mesmo" délfico. Mas o Eu freudiano coincide na verdade com o impessoal. Será o analisado um adaptado, um nivelado?

56. Esse amoralismo refletido, que paradoxalmente carrega em si a tácita promessa de uma moralidade autêntica, encontrou seu adversário no moralismo socialista. Também a teoria crítica mais recente se divorciou do quase-amoralismo sensibilista da "teoria estética" de Adorno para se dirigir, por

maneira revolucionária, uma "consciência sem consciência (*Gewissen*)". Se, nos milênios da história europeia da moral, a consciência foi considerada uma instância interior que me diz o que é o bem e o que é o mal, Heidegger a compreende agora como uma consciência *vazia*, que nada anuncia. "A consciência fala unicamente e constantemente no modo do silenciar." (*Sein und Zeit*, p. 273) Uma vez mais aparece a figura de pensamento característica de Heidegger: a intensidade que nada diz. Além de bem e mal, tudo que há é o silêncio "murmurante", a intensa consciência (*Bewusstsein*) que não julga e que se limita a ver em estado de vigília "o que é o caso". A consciência (*Gewissen*), outrora compreendida como instância moral que prescreve conteúdos, aproxima-se agora do puro ser-consciente (*Bewusst-Sein*). A moral, enquanto parte de convenções e princípios sociais, apenas concerne ao comportamento do impessoal. Como domínio do si-mesmo autêntico, sobrevive apenas uma consciência (*Bewusstsein*) resoluta pura: uma presença vibrante.

Numa *démarche* patética do pensamento, Heidegger descobre que essa "consciência sem consciência (*Gewissen*)" contém uma convocação a nós — uma "convocação para ser culpado (*Schuldigsein*)". Ser culpado de quê? Sem resposta. Será que a vida "autêntica" possui, de algum ponto de vista, uma culpa *a priori*? Será que a doutrina cristã do pecado original retorna sub-repticiamente aqui? Teríamos assim apenas aparentemente abandonado o moralismo. Mas se o ser-si-mesmo autêntico é descrito enquanto ser-para-a-morte, somos levados a acreditar que essa "convocação para ser culpado" estabelece um liame existencial entre nosso próprio ainda-estar-na-vida e a morte dos outros. Viver enquanto deixar morrer; o autêntico vivente é alguém que se concebe como sobrevivente, como alguém diante de quem a morte acaba de passar, e que concebe como *protelação* o lapso de tempo até o novo e definitivo encontro com ela. É, portanto, nessa fron-

---

uma argumentação direta, a uma ética positiva. Num certo sentido, isso pode significar um progresso, contanto que se evite o perigo de um retorno a uma posição aquém da modernidade radical do amoralismo existencialista e estético. Pois este já utiliza as experiências modernas com toda moral e todos os imperativos categóricos: visto que essas formas do "dever" terminam em excessos idealistas, a ética imperativa gera seus próprios sepulcros: ceticismo, resignação, cinismo. O moralismo, com o seu "tu-deves", nos precipita inelutavelmente num "eu-não-posso". Já o amoralismo, que parte do "tu-podes", conta, de um modo realista, com a possibilidade de que isso que "eu-posso" venha a ser, no fim das contas, o que é correto. A passagem para a filosofia prática, que felizmente caracteriza todo pensamento fundamental atual mais ou menos em atividade no mundo, não deve nos impor a tentação de atacar novamente o ser com um imperativo categórico. A razão *kynikē*, consequentemente, desenvolve uma ética não imperativa, que encoraja ao poder (*können*) em vez de nos enredar nas depressivas complicações do dever (*sollen*).

teira extrema da reflexão amoral que se move a análise de Heidegger. E sua interrogação deixa claro que ele tem consciência de que se encontra num solo explosivo: "Convocar a ser culpado... não significaria isso uma convocação à maldade?" Poderia haver uma "autenticidade" em que apareceríamos como agentes decididos pelo mal? Do mesmo modo que os fascistas reivindicaram para si o *além de bem e mal* de Nietzsche para fazer o mal acima de tudo neste mundo? Heidegger recua diante dessa lógica. O amoralismo da "consciência sem consciência (*Gewissen*)" não é concebido como convocação ao mal, isso é certo. Mas o fato é que se, em 1927, Heidegger se preocupa, ainda repleto de pressentimentos, em 1933 perde o momento da verdade — e se deixa enganar pela fraseologia ativista, decisionista e heroica do movimento nazista. O político ingênuo acreditou encontrar no fascismo uma "política da autenticidade" — e se permitiu, com uma desorientação da qual só seria capaz um professor universitário alemão, projetar seus filosofemas sobre o movimento nacional.

Mas é preciso deixar claro: segundo seu pensamento central, Heidegger não seria um homem de direita, mesmo se tivesse dito, em matéria de política, coisas ainda mais confusas do que as que disse. É que com seu *kynismos* dos fins, eis como o batizo, ele foi o primeiro a implodir as grandes teorias utópico-moralistas do século XIX. Com essa contribuição, permanece um dos primeiros na genealogia de uma esquerda nova e diferente: uma esquerda que não adere mais às híbridas construções histórico-filosóficas do século XIX; que já não se considera, ao bom estilo da Grande Teoria — e aqui prefiro esta expressão à expressão "visão de mundo" (*Weltanschauung*) — dogmático-marxista, cúmplice do espírito do mundo; que não jura pela dogmática do desenvolvimento industrial sem senões nem porquês; que revisa a tradição do materialismo tacanho que a atormenta; que não parte apenas da ideia de que os outros precisam morrer em nome do sucesso da "coisa própria", mas que vive segundo a perspectiva de que, ao ser vivo, é ele mesmo que importa; que não adere mais em absoluto à crença ingênua na socialização como passível de constituir a panaceia universal contra os inconvenientes da modernidade. Sem o saber, e, em grande parte, sem querer saber (e mesmo com uma furiosa resolução em não o admitir), a nova esquerda é uma esquerda existencialista, uma esquerda neo-*kynikē*. Arrisco mesmo a expressão: uma *esquerda heideggeriana*. Eis um diagnóstico bastante picante, especialmente no país da Teoria Crítica, que impôs um tabu quase impermeável à ontologia "fascista". Mas quem examinou a fundo e com precisão os mecanismos de rejeição entre as correntes existencialistas e a investigação social crítica da esquerda hegeliana? Não existiria uma enorme quantidade de semelhanças e de analogias secretas entre Adorno e Heidegger? Que razões comandam a gritante ausência de comunicação entre eles?[57] Quem poderia dizer qual dos dois formulou a "ciência mais triste"?

E Diógenes? Será que a aventura ontológico-existencial valeu a pena para ele? Afinal, sua lanterna encontrou homens? Conseguiu instilar nas mentes a coisa inefavelmente simples? Acho que não está seguro disso. Nosso personagem há de considerar a possibilidade de parar com toda essa história que é o empreendimento filosófico. A filosofia não está à altura da triste complexidade da situação. A estratégia do "cooperar para transformar" enreda o agente transformador na melancolia coletiva. No fim, ele, que era dentre todos o mais vivo, faz-se o mais triste dos homens, e não poderia ser de outro modo. Diógenes renunciará provavelmente um dia à sua cátedra, e então poderemos ler num mural de informes: os cursos do professor X estão cancelados até nova ordem. Corre o boato de que ele teria sido reconhecido no *American Shop* comprando um saco de dormir. Tê-lo-iam visto pela última vez instalado sobre um contêiner de lixo, consideravelmente embriagado e risonho, como alguém que não anda bem da cabeça.

---

57. Hermann Mörchen tratou recentemente dessas questões em seu grande estudo sobre Heidegger e Adorno.

II.
Seção principal fenomenológica

A. Os cinismos cardinais

De algumas ideias diretas arranquei uma vez mais com um mau humor precipitado suas folhas de figueira.
Heinrich Heine, *Introdução à Alemanha. Um conto de fadas de inverno*

No fim das contas, o conceito de cinismo abarca mais em si do que supomos à primeira vista. Ele faz parte daqueles conceitos aos quais entregamos dedos finos e acabam por tomar toda a nossa mão. Estávamos de início curiosos e queríamos "ver o que havia aí". Nesse contexto, então, quando o percebemos já era tarde demais: já havíamos tido uma experiência que mexeu com nossas cabeças. Queríamos tomar contato com o cinismo e descobrimos aí o fato de ele já ter nos colocado há muito tempo sob o seu domínio.

Nós apresentamos o conceito de cinismo até aqui em duas versões, além de uma terceira, que se delineia no gabinete do cínico. Na *primeira*, o cinismo era a falsa consciência esclarecida — a consciência infeliz em sua forma mais modernizada. O impulso inicial era nesse contexto um impulso intuitivo que começava com um paradoxo; ele articulava um desconforto, que o mundo moderno vê completamente impregnado por desvarios culturais, falsas esperanças e sua consequente desilusão, pelo progresso do desvario e pela estagnação da razão, pelo rasgo profundo, que atravessa as consciências modernas e parece cindir para sempre o racional e o efetivamente real, aquilo que se sabe e aquilo que se faz. Em meio à descrição chegamos a uma *pathografia* tateante de fenômenos esquizoides; ela tentou encontrar palavras para as estruturas perversamente complicadas de uma consciência que se tornou reflexiva, de uma consciência quase mais triste do que falsa, que, pela necessidade de autoconservação, continua arruinada em um permanente movimento de se autodesmentir moralmente.

Na *segunda* versão, o conceito de cinismo recebeu uma dimensão histórica; uma tensão passa a se mostrar, uma tensão que tinha ganhado voz pela primeira vez na antiga crítica à civilização que recebeu o nome de *kynismos*: o ímpeto dos indivíduos por se manter como seres vivos plenamente racionais contra as deturpações e as pseudorracionalidades de sua sociedade. Existência em resistência, em galhofa, em recusa, em evocação de toda a natureza e da vida plena; esse ímpeto começa como um

Heinrich Zille, *Programação múltipla*. Tenda de variedades em uma feira em Berlim por volta de 1900.

"individualismo" plebeu, pantomímico, ferino e com a língua afiada; alguns de seus representantes passaram para o lado do estoicismo mais sério, produziram-se aí transições cintilantes para o cristianismo, mas essas transições sucumbiram na medida em que a teologia cristã negou essa herança pagã antiga, sim, na medida em que ela até mesmo demonizou essa tradição. Reservamos o conceito de cinismo para a réplica dos dominantes e da cultura dominante à provocação *kynika*; perceberam perfeitamente o que há de verdadeiro nela, mas prosseguem com a subjugação. A partir de então, sabem o que estão fazendo.

O conceito experimenta aqui uma divisão em um par antitético: *kynismos*-cinismo, um par que corresponde significativamente ao par resistência e repressão, ou, mais precisamente, autoencarnação com resistência e autodivisão na repressão. Do ponto de vista temporal, com isso, o fenômeno *kynismos* é destacado e estilizado em um tipo, que sempre reaparece historicamente, quando as consciências se entrechocam em civilizações em crise e em crises de civilizações. Ambos, *kynismos* e cinismo são, por conseguinte, constantes de nossa história, formas típicas de uma consciência polêmica vinda "de baixo" ou "de cima". Neles a contrapartida de culturas elevadas e de culturas populares se desdobra como o desvelamento de paradoxos no interior de éticas culturais elevadas.

Nesse ponto, então, a *terceira* versão do conceito de cinismo vai em direção a uma fenomenologia das formas polêmicas de consciência. A polêmica gira sempre em torno da apreensão da verdade como verdade "nua e crua". Ora, o pensamento cínico só pode surgir onde duas visões sobre as coisas se tornaram possíveis, uma oficial e uma inoficial, uma velada e uma nua e crua, uma oriunda do modo de ver dos heróis e uma oriunda do modo de ver dos servos. Em uma cultura na qual se é regularmente enganado, não se quer apenas saber a verdade, mas se quer saber a verdade *nua e crua*. Onde não pode ser aquilo que não tem o direito de ser, é preciso trazer à tona qual é o aspecto dos fatos "brutos", sem levar em consideração o que a moral dirá sobre isso. De certa maneira, "dominar" e "mentir" são sinônimos. A verdade dos senhores e a verdade dos servos soam diversas.

Nessa visada fenomenológica de formas de consciência guerreiras, precisamos suspender o favorecimento do ponto de vista *kynikos*; temos que considerar inicialmente de maneira seca como as consciências *kynikē* e cínica se contrapõem em certos grandes âmbitos valorativos — militarismo, política, sexualidade, medicina, religião e conhecimento (teoria) —, como é que eles se atacam mutuamente, reagem, se relativizam reciprocamente, entram em atrito em certos pontos e, por fim, também acabam se conhecendo mutuamente e se equilibrando. Nos cinismos cardinais, vêm à tona os contornos de uma história combatente do espírito. Essa história descreve aquele "trabalho com o ideal", que ocorre no coração das éticas das culturas elevadas. Mostrar-se-á como não se trata aqui de nenhuma *Fenomenologia do espírito*.[58] Do mesmo modo, ela também tem pouco em comum com a fenomenologia husserliana, inclusive no que diz respeito ao indestrutível grito de guerra filosófico: rumo às coisas mesmas!

---

58. Se se designa a fenomenologia hegeliana como uma "viagem do espírito do mundo através da história rumo a si mesmo", então essa formulação não é aceitável para nenhum dos conceitos de sustentação: em primeiro lugar, não se trata de uma viagem, porque uma tal viagem teria de possuir um início e uma meta, o que não procede; metáforas do "caminho" não dão conta da história; em segundo lugar, não há nenhum "espírito do mundo", presente em todas as viradas e lutas da história ao mesmo tempo como combatente e como alguém atravessando os campos de batalha; em terceiro lugar, não há nenhuma história do mundo como narrativa dos destinos de um sujeito, para o qual ela teria acontecido; em quarto lugar, não há nenhum si mesmo, que poderia chegar a "si" depois de viagens, histórias ou lutas quaisquer; se houvesse, seria um ser bastante fantasmagórico, um pronome reflexivo gigantomáquico, que suplantaria o nosso ser si mesmo natural.

1. O cinismo militar

É melhor cinco minutos como covarde do que uma vida toda morto.

Ditado de soldados

Mesmo o primeiro ministro prussiano de Bismarck se mostrou enojado com os horrores. "A guerra é o inferno, e quem a desencadeia com uma penada é um diabo!", declarou, sem levar em conta o modo como ele mesmo contribuiu incansavelmente para tanto!

W. Stieber[59]

A pesquisa antropológica nos diz que a fuga é mais antiga do que o ataque. Por conseguinte, o homem seria, em verdade, *a priori* parcialmente animal de rapina (caçador de), mas não animal de guerra. Não obstante, a descoberta das armas — para bater, jogar, atirar (estrutura de distanciamento, desenvolvimento neocortical) — desempenhou um papel chave na gênese da antropologia. Se é possível supor alguma coisa sobre a afinação originária da psique humana com vistas à luta e à guerra em geral, é que ela prefere evitar a luta a lutar.[60] Aquele que evita a luta pode assegurar melhor de início as suas chances de sobrevivência do que aquele que se confronta. Se se compreende a covardia de maneira neutra como uma inclinação primária para a esquiva, então ela precisa ter o primado na administração dos impulsos humanos sobre o prazer de lutar. Fugir é de início mais inteligente do que fincar pé. "O mais inteligente cede."

Todavia, em algum momento no processo civilizatório, alcançou-se um ponto a partir do qual o ato de resistir tornou-se mais inteligente do que fugir. Nosso tema não é como se chegou nisso — algumas migalhas conceituais históricas devem demarcar o problema: concorrência ecológica, adensamentos populacionais, revolução neolítica, bifurcação entre culturas pecuaristas móveis e culturas agrárias sedentárias, etc. O caminho para o interior da "história", para o interior das culturas

---

59. Wilhelm Stieber, *Spion des Kanzlers* [Espião do chanceler], Munique, 1981, p. 135. Cf. também na Seção Principal Lógica o capítulo "Saber bélico e espionagem". A frase nos faz pensar em uma teoria psicanalítica do cinismo, que o interpreta como expressão de uma necessidade inconsciente de punição.

60. Cf. G. Kleemann, *Feig aber glücklich* [Covarde, mas feliz — Subtítulo: Por que é que o companheiro homem primitivo não quer lutar?], Frankfurt/ Berlim/ Viena, 1981.

elevadas, passa pela militarização das estirpes e segue para além delas até o Estado.

O cinismo militar pode vir à tona no momento em que o desenvolvimento psicológico de guerra das três características bélicas masculinas em uma sociedade tiver conquistado contornos claros: nesse momento, então, distinguem-se os tipos do *herói*, do *hesitante* e do *covarde*. (Nos animais marcados por uma elevada agressão intraespécie, já é possível reconhecer tal fato em seus momentos iniciais, por exemplo, em populações de alces.) Institui-se uma clara hierarquia de valores, em cujo pico se encontra o herói: todos no fundo *devem* ser como ele; o heroísmo é internalizado como estrela guia dos homens de uma civilização beligerante. Com isso, porém, também se torna necessário um novo adestramento psicossocial do homem, com a meta de alcançar uma divisão dos temperamentos militares, não encontrável dessa forma na natureza. A covardia — como matéria bruta presente maciçamente e em todos — precisa ser reelaborada em um heroísmo ávido por batalhas ou ao menos em uma hesitação corajosamente pronta para a luta. É nessa alquimia antinatural que trabalham todas as educações de soldados na história do mundo das civilizações guerreiras; a família nobre realiza nesse caso a sua contribuição tanto quanto a família de agricultores armados, e, mais tarde, tanto quanto as cortes, instituições de cadetes, casernas e morais públicas. O heroico foi e continuou sendo, em parte até os dias de hoje, um fator cultural dominante. O culto ao guerreiro agressivo atravessa vitorioso toda a história de tradições escritas e, onde começamos a encontrar algo escrito, há uma grande probabilidade de que nos deparemos com a história de um herói, de um guerreiro que passou por muitas aventuras; onde termina o escrito, a narrativa de heróis ainda prossegue infinitamente até as origens orais mais obscuras.[61] Muito antes dos descendentes daqueles brigões, que intervieram na história europeia sob a forma da cavalaria encouraçada baixo-carolíngia, terem sido incensados na própria poesia cavaleiresca, nas estirpes históricas contavam-se narrativas fascinantes sobre grandes guerreiros dos tempos de peregrinação (Era dos Nibelungos).

Essa divisão do trabalho, própria aos temperamentos militares, parece socialmente significativa; os três tipos representam as vantagens de três "táticas" ou de três estilos de luta diversos. Heróis percebem as

---

61. Apenas a narrativa mais recente reconhece também os heróis civis, os heróis do lumpesinato (pícaro), até mesmo os heróis negativos e passivos.

vantagens que há, em muitos casos, no ataque, quando se dá a compulsão à luta. Por isso: o ataque é a melhor defesa. Pessoas hesitantes formam a massa principal de um "meio racional" que luta quando é preciso, mas o faz, então, de maneira enérgica, e também sabe atenuar o risco passível de surgir da arrogância dos heróis. O covarde, por fim, pode por vezes se salvar, quando todos os outros "resistentes" estão condenados ao ocaso. Mas não podemos falar sobre isso; o covarde precisa ser desprezado, caso contrário a alquimia não pode ter sucesso, pois a alquimia deve transformar fugitivos temerosos em lutadores ávidos por atacar. Sem qualquer misericórdia impõe-se a imagem diretriz heroica do grupo militar masculino. O herói encontra-se sob o foco de luz. Nele — o semideus com armas — se concentra toda veneração, toda concordância e toda valoração.

Há três posições da consciência em relação a esse ideal anímico e a essa imagem elevada, posições que sempre se alternam de acordo com o que alguém é. O próprio herói, ao superar a dúvida em relação a si mesmo por meio do êxito, se experimenta como aquele que vive no zênite do próprio ideal, brilhando e existindo com uma certeza de si, como um homem que pode realizar seus próprios sonhos tanto quanto os sonhos coletivos; ele vivencia a "magnitude" do semideus em si mesmo; para ele, nem mesmo entra em questão a ideia de ser um perdedor. Por isso, a falastronice sensacional de heróis certos do êxito no início da guerra e depois da vitória. Fala em favor da psicologia dos romanos experientes em guerra o fato de eles terem concedido ao general vitorioso que voltava para casa a marcha triunfal através da cidade, onde ele podia experimentar a sua divinização na esfera pública — e com ele, o povo, que aprendia dessa maneira a permanecer "apaixonado pelo sucesso"; mas também o fato de lhe terem concedido um escravo que o acompanhava no carro do triunfo e precisava gritar para ele constantemente: "Lembre, triunfante, que tu és um mortal!". Essa apoteose do vitorioso, o culto do sucesso, a divindade da luta e do êxito feliz faz parte da herança psicossocial da humanidade, uma herança vinda da Antiguidade — e até hoje essa experiência é encenada uma vez mais, desde os centros esportivos até as Olimpíadas. Na imagem, os heróis são quase sempre representados como jovens; o azar dos heróis é justamente o fato de morrerem cedo.

A segunda posição em relação ao ideal é a posição do hesitante, do herói relativo. Ele se experimenta certamente como alguém que realiza e segue a moral heroica. Sobre ele, contudo, não se abate o brilho do êxito. Em verdade, o ideal impera sobre ele, mas não o transforma em um caso paradigmático. Luta e morre se for preciso; e pode se satisfazer com a certeza de estar pronto a fazer o que for necessário. Ele não sente a compulsão duradoura ao se colocar à prova, tal como o herói no topo, que precisa até mesmo buscar o perigo, a fim de não permanecer aquém de sua autoimagem.[62] O hesitante paga por isso, porém, com uma certa mediocridade; não está nem totalmente em cima, nem totalmente embaixo, e quando a morte chega para ele, o seu nome é sumariamente enumerado junto aos heróis mortos. Talvez seja um bom sinal ler que, nos exércitos modernos, o soldado do tipo hesitante (obedecer mais do que pensar por si, um "cidadão de uniforme") é içado até os escalões mais altos; ele, o soldado que não é impelido por si mesmo a lutar. É apenas em certas lideranças militares e políticas que persiste ainda a tendência para mentalidades ofensivas características — "falcões", heróis do armamento, homens viciados em hegemonia.

A terceira posição em relação ao ideal heroico está ligada ao covarde. Naturalmente, sob a pressão inexorável da imagem heroica, o covarde precisa procurar abrigo na massa hesitantemente corajosa. Ele precisa esconder o fato de ser propriamente o anti-herói, precisa colocar máscaras e se tornar imperceptível na medida de suas forças. Como um homem de artimanhas, como um improvisador e como um silenciador, ele também não pode se dar ao luxo de interiorizar rigidamente a imagem do herói, porque senão o desprezo por si acabaria necessariamente por oprimi-lo. Nele já se inicia uma leve decomposição própria ao *superego*. Na consciência do covarde encontra-se a célula do cinismo militar — e, ao mesmo tempo, de um realismo crítico mais elevado! Pois por meio de suas experiências e de sua experiência de si, o covarde é obrigado a refletir e a considerar as coisas duplamente. Se por um lado não pode não admitir em voz alta a sua covardia — senão se tornaria com maior razão desprezível —, tampouco por outro lado pode simplesmente negá-la. Com certeza frequentemente envenenado por uma gota de desprezo por si, é nele que começa a se acumular um potencial crítico contra a ética heroica. Como precisa se disfarçar, percebe mais nitidamente os disfarces dos outros. Quando heróis e hesitantes se acham submetidos a um poder superior, o único sobrevivente é o covarde que se permite a fuga. Por isso, o sarcasmo: cavalos são os sobreviventes dos heróis.

---

62. Na épica em torno de Artur discute-se o problema de como um herói sempre precisa merecer uma vez mais a sua posição hierárquica: temos aqui o caso de Erec. Seu *erro* tinha sido ficar à vontade e desconsiderar a autoprovação duradoura: seu *"verligen"*.

Deixemos de lado agora a ficção de um exército socialmente homogêneo. Para o cinismo dos soldados, o que é explosivo é o respeito às hierarquias militares, hierarquias essas que se encontram em uma correspondência tosca com a estrutura de classes da sociedade. Na estrutura do exército feudal, encontramos, ao lado das tropas dos cavaleiros heroicos, na maioria das vezes uma tropa de cavaleiros mercenários e de simples mercenários e, entre a tropa, o escravo de armas e o ajudante. Cada um desses grupos também possui uma moral particular de batalha, que corresponde mais ou menos aos três temperamentos militares. Para o cavaleiro, mesmo quando ele é conduzido por interesses materiais maximamente palpáveis, a luta faz parte de seu *status* social e de sua autoimagem aristocrática; por isso, em sua moral de guerra, a consideração da "honra" desempenha um papel particular; onde a honra está em jogo, há um excesso de motivação para além dos estímulos pequenos e concretos — e isso até o cerne de uma luta em virtude da própria luta. As coisas são diversas no que concerne ao mercenário, que fez da guerra sua profissão: as massas coloridas do tempo dos homens que ganhavam a vida combatendo por uma terra, cavaleiros mercenários, mas principalmente combatentes de infantaria, tropas de marcha, filhos de camponeses adquiridos na Suíça para a condução da guerra, etc. Sua motivação não pode ser nenhuma motivação heroica, porque o soldado pago (em italiano: *soldi*, dinheiro) concebe a guerra como local de trabalho, não como palco heroico, o que não exclui naturalmente a participação no espetáculo heroico dos soldados e até mesmo um certo heroísmo mergulhado no elemento artesanal. Mercenários são profissionais hesitantes. Fazem a guerra porque a guerra os alimenta, e pretendem sobreviver aos entreveros. O *métier* enquanto tal já é por si suficientemente perigoso, não é preciso ainda desafiar a morte com pequenas peças heroicas. No extremo inferior da hierarquia, por fim, luta o ajudante de armas; e luta sobretudo porque o acaso de nascença o transformou em propriedade privada de um cavaleiro. Sem ele não poderia nem subir, nem descer de um cavalo. Tampouco conseguiria sair de sua armadura sem um auxílio alheio. Os ajudantes de armas funcionam como uma espécie de proletariado militar, cujo trabalho invisível e nunca dignificado é suspenso nas vitórias dos senhores como uma mais-valia engolida. Abstraindo-nos dos enredamentos no masculinismo, o servo não possui nenhuma motivação "própria" na luta, a não ser se manter na luta até onde der. Para ele, seria realista ser covarde de todo o coração.

Gustave Doré, *Dom Quixote*.

    Pois bem, o processo cínico militar pode ser posto em curso. E como sempre, ele pode ser desencadeado pela posição realista *kynikē* inferior. Sancho Pança é o seu primeiro "grande" representante. Sem refletir muito, esse pequeno camponês astuto sabe que tem um direito à covardia, assim como o seu pobre e nobre senhor Dom Quixote possui o dever do heroísmo. Mas quem considera o heroísmo de seu senhor com os olhos de Sancho Pança, vê inevitavelmente o desvario e a cegueira característicos da consciência heroica. Essa impertinente declaração militar fornecida por Cervantes nos leva a reconhecer que o antigo prazer da luta teria se tornado uma roupagem anacrônica e todos os ensejos aparentemente nobres a partir de agora não passariam de puras projeções da cabeça do cavaleiro. Assim, moinhos de ventos assumem o lugar de gigantes, prostitutas se mostram como damas a serem heroicamente amadas, etc. Para poder ver isso, o próprio narrador precisa da visão realista, própria a um soldado de infantaria, plebeia — e, para além disso, uma permissão social de falar a língua adequada a essa "visão". Isso não pode acontecer antes da Idade Média tardia, antes do momento em que os cavaleiros perderam a sua superioridade técnico-armamentista para a infantaria plebeia e em que as massas de camponeses cada vez mais frequentemente armados impuseram derrotas aniquiladoras às tropas heroicas cavaleirescas. Desde o século XIV, a estrela heroica da cavalaria encouraçada simplesmente experimentou uma decadência. Com isso, chegou o momento no qual o anti-heroísmo encontrou sua linguagem e no qual o ponto de vista covarde do heroísmo se tornou publicamente possível. Se os senhores precisaram contabilizar as suas primeiras derrotas, então os servos pressentiram o seu efetivo poder. Agora, tem-se o direito de rir de maneira realista.

As constituições militares pós-medievais que se estendem até a época napoleônica, sim, que se estendem até o presente, mostram uma deturpação paradoxal das conexões originárias entre moral guerreira e armamento. O herói antigo era o combatente individual, assim como o herói no feudalismo era o cavaleiro; ele encontrava sua confirmação no duelo, na melhor das hipóteses até mesmo na constelação sozinho-contra-muitos. A moderna condução da guerra, contudo, desvalorizou tendencialmente a luta individual; decisivos para a guerra passaram a ser as formações e os movimentos de massa. Articulando-se com a ordem romana das legiões, a moderna organização dos exércitos empurra as funções propriamente heroicas — ataque relâmpago, resistência, homem-contra-homem, etc. — para baixo. Ou seja, as exigências heroicas caem cada vez mais sobre aqueles que, segundo a sua natureza e sua motivação, são antes hesitantes ou covardes. Nas infantarias modernas, por isso, precisa ser levada a termo uma disciplina heroica esquizoide — adestramento para um desafio à morte anônimo e não agradecido. Os oficiais de alto escalão que, de acordo com a sua posição estratégica, permanecem menos em perigo, transferem cada vez mais o risco heroico, a morte nas linhas de frente, para aqueles que não tinham propriamente nada a "fazer" na guerra e que com frequência foram anexados à tropa de maneira casual ou impositiva

Thomas Rowlandson, *Os dois reis do horror*. Caricatura inglesa da derrota de Napoleão em Leipzig em 1813.

(recrutamentos, chantagens aos pobres, alistamento com o auxílio de álcool, subterfúgios para filhos supérfluos de camponeses, etc.)[63]

Logo que se abriu na soldadesca moderna um pouco de espaço para o realismo fundamentado dos covardes (*kynismos*), o processo cínico-militar subiu um patamar: passou a ter lugar agora a resposta a ele por intermédio do moderno realismo cínico imperial. O rei sabe naturalmente que não pode haver nenhuma motivação heroica por parte dos pobres diabos uniformizados; mas eles devem ser de qualquer modo heróis e olhar nos olhos a assim chamada morte heroica, tal como de resto só o fazem os aristocratas. Por isso, os exércitos pós-medievais são os primeiros órgãos sociais a exercitar metodologicamente a esquizofrenia como estado coletivo. Neles, o soldado não é "ele mesmo", mas um outro, um pedaço da máquina heroica. De tempos em tempos, também acontece de um general

---

63. Logo que os soldados se tornaram conscientes disso, introduziram-se reações desconfiadas nas tropas contra os oficiais de comando. Os grandes exércitos modernos resistiram e caíram com os grupos dos subordinados e dos oficiais de baixa patente, que os "acompanhavam" na linha de frente. Há até mesmo estatísticas das guerras mundiais que procuram demonstrar que os oficiais estão "suficientemente" representados entre os que morreram.

de campo erguer a máscara e permitir que se descortine o fato de ele tolher efetivamente dos pobres diabos o desejo de viver, sem poder deixar que isso faça valer. "Cachorros, vós quereis viver afinal eternamente!" O cínico entendeu inteiramente o seu cão *kynikos*, mas é preciso de qualquer forma que se morra. Quando Frederico II da Prússia fala assim, com um tom ao mesmo tempo patriarcal e humorístico, ouvimos no segundo *round* uma consciência dominante esclarecida; ele apreendeu o engodo heroico, mas por ora precisa de qualquer modo da morte heroica como um instrumento político, aqui em favor da glória prussiana. Nesse sentido, rebentai! A partir de então, todas as lutas que ainda eram anunciadas de maneira nobre foram encobertas pela nuvem negra do autodesmentido cínico.

O desenvolvimento moderno das armas contribui direta e indiretamente para a tensão entre a consciência do herói e a do covarde. Na contenda pela primazia entre a cavalaria, a infantaria e a artilharia, essa tensão se mostra como subconscientemente efetiva. Pois, em geral, é válido dizer: quanto mais devastador for o efeito à distância de uma arma, tanto mais covardes podem ser em princípio seus portadores. Desde a Alta Idade Média, vemos a ascensão das armas de longa distância e a sua transformação em sistemas de guerra decisivos. Com uma espingarda, o soldado de infantaria pode matar o mais nobre cavaleiro sem um risco grande demais; nisso se baseia o voto histórico-mundial da técnica de fogo contra as armas de cavalaria; com um canhão de campo, por sua vez, é possível lançar pelos ares toda uma gama de soldados de infantaria. Daí resulta o primado estratégico da artilharia, isto é, das armas "científicas", que produzem, da melhor maneira esquizoide possível, a partir de uma posição protegida e a grande distância, os mais terríveis efeitos.[64] A força aérea e o sistema de mísseis de hoje são por seu lado apenas artilharias levadas adiante, consequências derradeiras de um princípio técnico: atirar. Não foi à toa que Napoleão se mostrou como um representante desse gênero "pensante", e não é por acaso que desde a Primeira Guerra Mundial a guerra se encontra sob o signo das batalhas materiais de artilharia. A literatura contemporânea depois da Primeira Guerra Mundial gira em torno do enigma da esquizofrenia presente na figura do "herói anônimo", um homem que suportou horrores e que era nesse caso mais um técnico do que um guerreiro, mais um empregado do Estado do que um herói.

---

64. Esse tema é aprofundado na Seção Principal Lógica, em A-6, "Espionagem da natureza, lógica de artilharia e metalurgia política".

Aquilo que descrevemos como o "primeiro *round*" da luta entre *kynismos* dos soldados e cinismo dos generais repete-se desde a "época burguesa" em um plano mais elevado e com uma abrangência fortemente ampliada. A burguesia herdou da era feudal uma parcela de heroísmo, para transportá-lo em seguida para as extensas massas patrióticas. "O cidadão burguês como herói" — um problema padrão dos últimos duzentos anos. É possível um heroísmo burguês? Nós encontramos a resposta a essa pergunta nas tradições de soldados dos últimos séculos: naturalmente, a burguesia militarizada coloca todas as suas fichas no desenvolvimento de um heroísmo próprio, e, de maneira igualmente natural, o laço neo-*kynikos* entre burguesia e proletariado procurou fazer valer a sua visão contra isso. Se por isso, de um lado temos um "idealismo muito mais autêntico", por outro temos um realismo muito mais crítico: galhofa, ironia, sátira, azedume e resistência.

Como isso acontece? Na era napoleônica, começa na Europa uma militarização até então inimaginável das massas: a sociedade burguesa não emerge apenas da ampliação de formas de comércio e de produção capitalistas, por meio de um autorrecrutamento amplo da sociedade, motivado "patrioticamente". A nação transforma-se agora na terra pátria com armas, e passa a se mostrar sob a forma de uma superarma que solda as "subjetividades" políticas. Diz-se que nas guerras revolucionárias dos anos noventa do século XVIII houve pela primeira vez algo semelhante a um exército voluntário nacional, isto é, praticamente um heroísmo das massas, que mobilizou as armas das almas, dos corações patrióticos. A "nacionalização das massas" (Mosse) não significa apenas um acontecimento ideológico, mas se revela sobretudo como o maior acontecimento da história de guerra da modernidade. Com ela, a esquizofrenia coletiva atinge um novo patamar histórico; nações inteiras se tornam móveis em suas guerras de política externa. A partir daí, surge a tendência para a guerra total, na qual toda a vida social pode se tornar implícita ou explicitamente um meio de guerra — desde as universidades até os hospitais, das igrejas até as fábricas, da arte até os jardins de infância. Nesse nível, contudo, o *kynismos* covarde e o cinismo dos heróis burgueses entram ainda mais do que até então em tensões muito mais complexas. O desejo "covarde" de permanecer vivo buscou no Estado nacional novas formas de expressão: explicitamente como pacifismo ou como internacionalismo (por exemplo, do tipo socialista ou anarquista); implicitamente como princípio do soldado

Schweik[65], como escamoteamento, como "o afã de uma vida poltrã" (*système D*).[66] Quem, na Europa, entre 1914 e 1945, se dispôs a representar o "partido da própria sobrevivência", precisou necessariamente retirar algo ou do socialista, ou do pacifismo ou então do soldado Schweik.

O exemplo alemão mostra a que confusões o posicionamento *kynikos* e o posicionamento cínico em relação à soldadesca acabaram conduzindo no século XX. No outono de 1918, o Império Alemão entrou em colapso com um espetáculo anarquista. Todos os tipos mais diversos gritavam os seus pontos de vista e suas autoexposições em uma grande barafunda: os soldados nacionalistas, enquanto heróis, não queriam nem mesmo se dar conta completamente de que a guerra tinha sido efetivamente perdida; os partidos de Weimar, como forças civis medianas e hesitantes, tinham evitado algo pior e procuravam ensaiar um novo começo; e, por fim, os espartaquistas, comunistas, expressionistas, pacifistas, dadaístas, etc. formavam uma facção "covarde" que tinha se tornado ofensiva e, em verdade, maldizia a guerra e exigia uma nova sociedade baseada em novos princípios. É preciso conhecer essas coalizões para compreender como o fascismo alemão do tipo hitlerista alcançou a sua qualidade inconfundível, passível de ser historicamente localizada de maneira exata. Hitler está entre os defensores fanáticos de um heroísmo pequeno-burguês, que se acirrou em meio ao atrito com as correntes e com as mentalidades absolutamente não heroicas e voluntariamente "covardes" próprias ao tempo de colapso entre 1917 e 1919, assumindo em seguida a posição outrora maximamente avançada do cinismo militar: a saber, a posição do *fascismo* como reação dos alemães que retornaram da Primeira Guerra Mundial contra os realismos desintegradores acumulados, próprios aos Schweiks, aos pacifistas, aos civilistas, aos socialistas, aos "bolchevistas" de outrora, entre outros.[67] O cinismo militar

---

65. O soldado Schweik é a personagem central de um romance satírico do autor tcheco Jaroslav Hašek. Nesse romance, vemos a figura de um soldado austro-húngaro que usa uma série de artimanhas para se manter vivo durante a Primeira Guerra Mundial. [N.T.]

66. Em parte, oficialmente sancionado: ainda na guerra de 1870-71, havia "muitos soldados comprados" para substituir recrutas convocados. [O termo francês *système D* designa malandragem ou economia paralela. (N.E.)]

67. Procurei trabalhar em um outro momento a tonalidade afetiva particular do cinismo fascista alemão em meio a uma interpretação da anedota de Beelitzer sobre o *Minha luta* de Hitler: *Der Gefreite Hitler als Anti-Schwejk — Zur Psychodynamik moderner Zersetzungsangst* [*O Hitler liberto como um anti-Schweik — Para a psicodinâmica do moderno medo da decomposição*]. Cf. Peter Sloterdijk, *Die Krise des Individuums — studiert im Medium der Literatur* [*A crise do indivíduo — estudada no campo da literatura*], In: J. Schulte-Sasse (org.), *Political Tendencies in the Literature of the Weimar Republic*, Minneapolis, 1981.

fascista é um capítulo posterior do problema "dos cidadãos como heróis". Ele pressupõe um alto nível de deturpações esquizoides, para que finalmente pequeno-burgueses desclassificados como Hitler tenham podido se colocar sob a imagem do herói — sobretudo sob uma imagem que tinha sido corrompida niilisticamente pela guerra — e tenham querido perder o seu "eu" em meio a essa imagem.

Esses contextos são tão complicados quanto tristes. E eles o são porque refletem uma perturbação sistemática da vontade de vida. Com suas esperanças e identificações, essa vontade se atém aos Estados nacionais militarizados, dos quais parte a maior ameaça da expectativa de vida. Na sociedade esquizoide, os indivíduos com frequência quase não tinham mais como saber como poderiam perseguir seus próprios interesses vitais e seus interesses vitais propriamente ditos e quando transformaram a si mesmos no componente de uma maquinaria estatal e militar defensiva e destrutiva. Impelidos pelo desejo de criar para si proteção e segurança, eles se ligam de maneira quase sem salvação a aparatos político-militares condutores do conflito com os rivais no curto ou no longo prazo ou que ao menos caem nesse conflito.

No entanto, mesmo o fascismo marcado pela noção de soldado ainda se encontra muito aquém dos enclaves do cinismo militar na época da energia atômica. Com o despontar das armas de aniquilação global, que tornaram ilusórias todas as questões relativas ao heroísmo, a tensão entre heróis, hesitantes e covardes entrou completamente em uma fase caótica. Motivações defensivas assumem aparentemente por toda parte o controle. Cada uma das superpotências atômicas inscreve de maneira patente as motivações heroicas, hesitantes e covardes em seu cálculo estratégico. Todos precisam pressupor que o adversário constrói sua estratégia em última instância sobre a covardia do outro, que é claramente uma covardia armada, para a qual se acha à disposição um aparato heroico pronto para a luta. A situação mundial conduziu hoje a um contato visual militar permanente entre dois hesitantes covardes e heroicos, que se armam nos dois casos de maneira desenfreada, a fim de mostrar respectivamente ao lado oposto que, para *ele*, o ser covarde continuará sendo a única postura significativa — e que ele nunca poderá ser mais do que um hesitante. A posição do herói permanece sem ser ocupada. O mundo não verá mais nenhum vencedor — isso significa que estamos diante de uma qualidade revolucionária de duelo marcada por um tipo novo, uma vez que até aqui os duelantes se alocavam mutuamente como heróis potenciais. Hoje, todos sabem da covardia realista e até mesmo indispensável do adversário. O mundo ainda vive do fato de o Oriente e o Ocidente se pensarem mutuamente como Schweiks covardes e fortemente armados que, deduzidas todas as falastronices, só têm em vista, por fim, uma única coisa, a saber, habitar ainda por um tempo esta Terra. Mas desde que o processo militar em sua totalidade chegou a esse fundo do poço de um hesitante heroico e covarde, todo o sistema valorativo até aqui se viu suspenso. Ao menos teoricamente, a tensão se dissipou em uma equivalência aberta de todos os temperamentos. Sim, heroísmo pode ser uma coisa muito boa. A hesitação, contudo, é tão boa quanto o heroísmo e a covardia talvez seja ainda melhor do que ambos. O antigo negativo se tornou tão positivo quanto o antigo positivo, negativo. Com isso, no ápice da escalada militar, a luta efetivamente real se tornou supérflua? Essa é uma questão que os militares não podem responder sozinhos; principalmente em uma época na qual se anuncia por toda parte o (pseudo) primado da política sobre o sistema militar.

O perigo cresce, na medida em que sistemas políticos trazem consigo os meios, as finalidades e as ideias para que possam entrar em uma mútua concorrência militar, em uma concorrência por hegemonia e por aniquilação. A dinâmica armamentista tão absurda ontem como hoje, continua em uma região estratégica e científica que não mudou em nada significativamente. Cada um dos dois lados, agora como antes, continua fantasiando que "poder sobreviver" não significa outra coisa senão "poder se defender". Vê-se, em verdade, o fato de a defensibilidade enquanto tal ter se tornado a grande ameaça à sobrevivência, mas não de maneira frontal, clara, que exija consequências, senão apenas de maneira secundária, de soslaio, de uma forma obscura. Todos partem do pressuposto de que apenas um equilíbrio do terror progressivo pode assegurar a assim chamada paz. Essa convicção é ao mesmo tempo realista *e* absolutamente paranoica; realista, porque talhada para a interação de sistemas paranoicos; paranoica, porque ela é, tanto em longo prazo quanto em seu cerne, completamente não realista. Portanto, nesse sistema de jogo, é realista ser desconfiado até o ponto da constante prontidão para o alarme; ao mesmo tempo, porém, a desconfiança instaura uma pressão para a continuação de um aparelhamento militar permanente, como se uma quantidade maior de armamentos pudesse possibilitar uma quantidade menor de desconfiança. A política moderna nos habituou a considerar uma gigantesca *folie à deux* como a quintessência da consciência da realidade. O modo como duas grandes potências se enlouquecem mutuamente, em uma interação imaginada, fornece ao homem de nosso tempo o seu modelo de realidade efetiva. Quem quer que se adéque à sociedade atual tal como ela é se adéqua em última instância a esse realismo paranoico. E como não há certamente ninguém que não compreenda esse fato ao menos de maneira subconsciente ou em uma "hora de lucidez", todos estão enredados no cinismo militar moderno — se é que não se *resiste* a ele *expressa e conscientemente*. Quem resiste precisa estar preparado, tanto hoje como ainda por um bom tempo, para ser difamado como um sonhador, como alguém que, talvez orientado com certeza por boas intenções ("Sermão da montanha"), fugiu da realidade efetiva. Mas isso não é verdade. Como nenhum outro, o conceito de realidade efetiva é utilizado de maneira falsa. Precisamos primeiro *fugir* da paranoia que se tornou sistemática em nossos mundos cotidianos *para o interior da realidade efetiva*.

Em meio às reflexões político-militares, delineia-se aqui um problema terapêutico, que possui ao mesmo tempo dimensões políticas e espirituais. Como é que sujeitos de poder embriagados por desconfiança — e, contudo, realistas — deveriam desconstruir sua destrutividade e suas projeções de inimizade, uma vez que a interação desses sistemas demonstrou até aqui que a fraqueza diante do adversário sempre foi utilizada como pretexto para avançar? Cada um pensa a si mesmo essencialmente como uma força defensiva e projeta os potenciais agressivos para o outro. Em tal estrutura, a distensão é *a priori* impossível. Em meio às condições da mania de desavença, continua sendo "realista" ser tenso e estar pronto para a luta. Ninguém pode se mostrar como fraco, sem provocar no outro a força. Em meio a um empenho infindo, os adversários precisam conquistar para si um pequeno terreno, no qual se torne possível algo semelhante a uma autorrestrição — ou seja, um enfraquecer-se na consciência da força, um ceder no sentimento da inflexibilidade. Esse mínimo terreno de autodelimitação foi até agora a única cabeça-de-ponte da razão no interior do processo cínico-militar. Tudo dependerá de seu crescimento. Para o homem, já tinha sido suficientemente difícil aprender a lutar, e tudo aquilo que ele foi até hoje, ele o foi como lutador, como alguém que entrou em desafios e se desdobrou nesses desafios até chegar a si mesmo (conferir o conceito de *challenge* de Toynbee). Mas aprender a não lutar será ainda mais difícil, porque seria algo totalmente novo. A história militar do futuro será escrita em um front completamente novo: onde a luta pelo abandono da luta será conduzida. As batalhas decisivas serão aquelas que não serão lutadas. Nelas entrarão em colapso as nossas subjetividades estratégicas e as nossas identidades defensivas.

2. O cinismo de Estado e o cinismo do predomínio

> Je n'ai rien, je dois beaucoup,
> je donne le reste aux pauvres.[68]
>
> *Testamento de um aristocrata*

> Um imperador também vai ao banheiro? Há muito tenho me ocupado com essa questão e procuro a ajuda de minha mãe. — Tu ainda acabarás na prisão, diz mamãe. Ou seja, ele não vai ao banheiro.
>
> Ernst Toller, *Eine Jugend in Deutschland*
> [*Uma juventude na Alemanha*], 1933

> Acompanham a guerra e a preparação para a guerra: os artifícios da diplomacia, o alijamento de conceitos morais, feriados para a verdade e uma colheita posterior para o cinismo.
>
> James Baldwin, primeiro-ministro inglês, em 1936

Os sujeitos da realidade efetiva, dos Estados e das potências imperiais em sua dimensão política podem ser comparados ao que foram os heróis na realidade efetiva, nos Estados e nas potências imperiais em sua dimensão militar. Quanto mais retornamos na história, tanto mais nos aproximamos das imagens de heróis e de reis — até as duas figuras se fundirem na ideia de uma monarquia heroica. Na Antiguidade, muitas casas reais e imperadores escreviam suas genealogias, fazendo-as remontar aos deuses. Nas tradições antigas, à ascensão do herói — ascensão por meio de realizações heroicas à monarquia — era preciso acrescentar também a descensão divina e a proveniência do âmbito celeste. Era-se rei por um duplo regime: de um lado, poder heroico, por outro, por "graça divina". Iluminado de baixo pelo triunfo e de cima por uma legitimação cósmica.

Não se pode dizer às monarquias primevas que elas teriam sido modestas em suas autoexposições públicas. Onde quer que se tenham estabelecido o domínio da nobreza, a monarquia e a essência estatal, iniciou-se nas famílias dominantes um treinamento intensivo na arrogância. Só assim a consciência de estar no topo se firmou animicamente junto aos poderosos.

Nesse contexto, a grandiosidade tornou-se o estilo político-psicológico. Realizou-se o salto do poder para a magnanimidade, da superioridade nua

---

68. Em francês no original: "Não tenho nada, devo muito, o resto dou aos pobres." [N.T.]

Rudolf Schlichter, *Poder cego*, 1937.

e crua em termos da violência para a glória soberana. Os reis originários, os faraós, os déspotas, os césares e os príncipes se asseguravam de sua autoconsciência por meio de um simbolismo carismático. Nas monarquias era efetiva uma megalomania funcionalmente significativa, isto é, grandiosidade como fator estrutural de domínio. Por meio de sua fama, os príncipes marcam os seus domínios simbólicos, e é só por meio dessa fama — o meio dos meios — que sabemos até hoje da existência de alguns reinos e dos nomes de seus senhores. É nessa medida que o brilho de arrogâncias imperiais não cessou até hoje totalmente de se manifestar. Alexandre, o Grande, não levou o seu nome apenas até a Índia, mas expandiu-o por intermédio das tradições até a profundeza do tempo. Em torno de algumas potências e de seus governantes forma-se uma aura irradiante, da qual emana energia durante milênios.

Com o despontar de tais posições político-simbólicas elevadas está preparada a encenação na qual o processo cínico de poder pode entrar em curso. Naturalmente, aqui também vindo de baixo, por meio do desafio do predomínio brilhante oriundo de uma posição insolente de escravos.

Os sujeitos do primeiro *kynismos* político foram, por isso, povos levados à escravidão ou ameaçados por ela, povos que foram, em verdade, subjugados, mas não totalmente destruídos em sua autoconsciência. Para eles, é natural considerar as poses arrogantes características da superioridade sem veneração e lembrar-se nesse caso das desertificações e dos assassinatos praticados pelo vencedor, antes de esse ter podido ufanar-se de algo.

O inventor do *kynismos* político originário foi o *povo judeu*. Foi ele que em "nossa" civilização forneceu o padrão até hoje mais poderoso de resistência contra superpotências violentas. Ele é ou era "insolente", autodecidido, combativo e apaixonado ao mesmo tempo; ele é ou era o mais maroto e o mais Schweik dentre os povos. Nas piadas de judeu vive até hoje algo da rigidez *kynikē* originária própria a uma consciência reprimida e soberana — o reluzir reflexivo de um saber melancólico, que se posiciona de maneira esperta, impertinente e com presença de espírito contra potências e petulâncias. "Quando o anão israelita tiver vencido uma vez mais o Golias moderno, brilhará aos olhos do vencedor uma ironia de três mil anos: que injustiça, Davi!" (Kishon) Como o primeiro povo, os descendentes de Adão comeram da árvore do conhecimento político — e essa parece ser uma maldição. Pois ao se adquirir o segredo da autoconservação, tal como Ahasver, arrisca-se a ser condenado a não poder viver — nem morrer. Por outro lado, os judeus se viram durante a maior parte de sua história obrigados a conduzir uma vida cujo princípio era a sobrevivência na defensiva.

O *kynismos* político dos judeus é sustentado pelo saber ao mesmo tempo irônico e melancólico de que tudo passa, mesmo os regimes despóticos, mesmo os oprimidos, e de que a única coisa permanente seria o pacto do povo escolhido com o seu Deus. Por isso, os judeus podem ser considerados em certo aspecto como os inventores da "identidade política". Essa identidade consiste na crença de que, internamente invencível e inflexível, soube defender a sua existência com uma abnegação e uma força de sofrimento *kynikai* através dos milênios. Em primeiro lugar, o povo judeu descobriu o poder da fraqueza, da paciência e do suspiro; em um milênio de conflitos militares, no qual sempre se encontrava na posição mais fraca, era desse poder que dependia certamente a sua subsistência ulterior. A grande ruptura na história judaica, o êxodo no ano de 134 d.C., êxodo esse com o qual começa a época da diáspora, leva a uma mudança de imagens diretrizes no pequeno povo defensivo. A primeira metade da história judaica encontra-se sob o signo de Davi, que tinha feito frente a Golias e entrado na história como o primeiro representante de uma realeza "realista" sem uma glória exagerada. Nessa figura real marota e heroica, o povo pôde erigir em instantes de ameaça o seu eu político. É partir dele que nos toca uma imagem heroica alternativa — o heroísmo humanizado do mais fraco, que se afirma na resistência contra a supremacia. Do judaísmo, o mundo herdou a *ideia da resistência*. Essa ideia estava viva no povo judeu como tradição messiânica, uma tradição que olhava para frente cheia de esperanças, em direção ao rei redentor vindo da casa de Davi repleto de promessas, o rei que retiraria o povo infeliz uma vez mais de todo caos e o conduziria até si mesmo, até sua terra natal, até sua dignidade, até sua liberdade. De acordo com a apresentação de Flávio Josefo (*A guerra judaica*)[69], Jesus não foi outra coisa senão um dos inúmeros conspiradores messiânicos e guerrilheiros religiosos, que tinham voltado contra o Império Romano a sua resistência. Desde a ocupação romana da Palestina até o colapso definitivo do levante de Bar-Kochba em 134, o messianismo deve ter sido uma verdadeira epidemia sobre o solo judaico. O rebelde carismático Simon Bar-Koseba (Bar Kochba: filho das estrelas) como Jesus tinha pretendido para si a descendência de Davi.

---

69. Ver também: Marvin Harris, *Cows, Pigs, Wars and Witches. The Riddels of Culture*, Nova York, 1974, 2ª edição, 1978, p. 133 et seq. (*Messiahs, The Secret of the Prince of Peace*).

Com Jesus e com a construção da religião de Cristo, a tradição de Davi encontrou um prosseguimento em novas dimensões. Enquanto o povo judeu foi atacado e disperso, entrando na segunda metade amarga de sua história, onde sua imagem diretriz poderia ser mais Ahasver do que Davi, o cristianismo deu prosseguimento à resistência judaica contra o Império Romano em um outro plano. De início, o cristianismo se transformou em uma grande escola de resistência, de coragem e de fé corporificada; se ele tivesse sido naquela época o que é hoje na Europa, não teria sobrevivido nem mesmo cinquenta anos. Durante o período imperial romano, os cristão se tornaram a tropa nuclear de uma resistência interna. Ser cristão teve um dia o sentido de não se deixar impressionar por nenhum poder do mundo, muito menos pelos imperadores-deuses romanos arrogantes, violentos e amorais, cujas manobras político-religiosas eram por demais óbvias. É possível que tenha ajudado ao cristianismo primitivo o fato de ele ter herdado dos judeus aquele *kynismos* historicizante que tanto aos portadores do poder e da fama quanto aos representantes da petulância imperial sabia dizer o seguinte: *já vimos perecer uma dúzia de pessoas do vosso tipo e junto aos ossos dos antigos déspotas são roídos há muito por hienas e pelo tempo todo poderoso que só obedece ao nosso Deus; o mesmo destino também vos é iminente.* Assim, a consideração judaica da história contém um princípio político explosivo: descobre a perecibilidade dos impérios alheios. A consciência primária "teórica" *kynikē*-cínica (também cínica, porque em aliança com o princípio mais poderoso, o que significa: com a verdade histórica e com "Deus") é a consciência histórica: o fato de tantos e tantos impérios grandiosos terem se transformado em pó. Para a consciência judaica, seu saber histórico serviu à narrativa do ocaso dos outros e da sua própria sobrevivência espantosa. Dos judeus, os cristãos primitivos herdaram um saber sobre o modo como as coisas se mostram no coração dos opressores, um saber sobre a *hybris* da mera violência. No Salmo 10, a consciência judaica transpõe-se para o interior do poder mau e espreita o seu soberbo diálogo consigo mesma:

2. Como o sem Deus é acometido pela soberba, o miserável deve sofrer, pois estão unidos um ao outro e engendram malévolas perfídias.
3. Pois o sem Deus se vangloria de sua maldade...
6. Ele diz em seu coração: nunca mais vou me deixar abalar; jamais me verei de novo em adversidades...

O *kynikos* judeu segue as fantasias de invulnerabilidade dos déspotas militares até o seu traço mais íntimo. Então, por fim, ele diz o seu *não*. Ele não estará entre aqueles que idolatram os senhores da violência; com essa aflição, os déspotas precisam conviver desde sempre; sempre haverá um grupo que não acompanha a divinização do poderoso. É assim que funciona a dinâmica psicopolítica da "questão judaica". A consciência *kynikē*-judaica presente efetivamente na própria pele assolada e queimada o caráter violento da glória e da magnitude. As costas, que contam as chibatadas, chegam, com efeito, a se curvar, porque é mais inteligente. De qualquer modo, porém, sempre haverá uma ironia em seu curvar-se, uma ironia que impele à loucura os homens ávidos de grandeza.

Na tensão entre os poderosos e os oprimidos mostram-se, portanto, duas posições: de um lado, o poder "magnífico" com a sua fachada luxuosa; de outro, a experiência imediata dos escravos com o cerne violento do poder e com o caráter de fachada do fausto. Um termo médio entre os extremos é estabelecido por meio das realizações político-jurídicas dos poderosos, das quais eles retiram sua legitimação. Nesse ponto médio, na realização jurídica ou na realização política, podem se encontrar a consciência dos senhores e a consciência dos escravos. Na medida em que o poderoso se legitima por meio do *bom* exercício, ele supera o seu caráter inicial de violência e pode encontrar um caminho de volta para a inocência relativa — a saber, ele pode exercitar a arte do possível em um mundo das necessidades. Onde a hegemonia realmente se legitima, ela se submete a um interesse mais elevado e mais geral, ao serviço da vida e à sua subsistência. Por isso, paz, justiça e proteção dos fracos são as palavras sagradas da política. Onde quer que um poderoso tenha o *direito* de dizer de si mesmo que estabeleceu a paz, produziu a justiça e transformou a proteção da vida mais frágil em sua tarefa preferencial, aí ele começa a superar o próprio cerne de sua violência e a merecer uma legitimidade mais elevada. Todavia, mais do que habitualmente, é preciso comparar aqui as palavras com a realidade efetiva. Normalmente, a linguagem do poder confunde as expressões; denomina paz o adiamento da guerra; diz estabelecer a ordem, quando reprime as agitações[70]; vangloria-se de sua consciência social, quando dá esmolas veladoras; e fala em justiça, quando

---

70. Cf. Julien Benda, *La Trahison des clercs*, Paris, 1975, p. 44: "Tout le monde sent le tragique de cette information: 'L'ordre est rétabli'". Manter a ordem é sinônimo de ataques montados, tiros contra pessoas indefesas, mulheres e crianças mortas.

executa as leis. A justiça dúbia do poder reflete-se no grande sarcasmo de Anatole France: em seu equilíbrio sublime, a lei proíbe igualmente mendigos e milionários de dormirem embaixo das pontes.

O pecado original político, o início sangrentamente violento das dominações, só pode ser superado no sentido citado por meio da legitimação e sublimado em meio a uma ampla concordância. Se essa concordância não se dá, então o cerne violento das hegemonias se mostra uma vez mais sem velamentos na superfície. Em uma forma legalizada, isso acontece cronicamente em meio ao exercício da violência punitiva, que se inscreve quando o direito dos poderosos é ferido. Por isso, punir é o calcanhar de Aquiles da legalidade da violência.[71] Quem vê os poderosos punindo, experimenta aí ao mesmo tempo algo sobre a essência desses poderosos e sobre a sua própria essência, sobre o cerne da violência deles e sobre sua posição em relação a esse cerne.

Assim como o covarde precisa se esconder no interior da massa dos hesitantes, a consciência escrava subversiva precisa se manter viva por meio do fato de ter aprendido tão bem a linguagem escrava (a linguagem do reconhecimento, da aparência legal e da glorificação), que não se percebe imediatamente os seus tons irônicos. O romano Petrônio, se é que a tradição o retrata bem, deve ter sido um gênio da ironia servil. Na luta direta com a arrogância de um Nero, levou ao seu ápice a arte de bajular de uma maneira aniquiladora. Sabia servir à majestade sua veneração envenenada em cumprimentos tão doces, que o poderoso não conseguia deixar de engoli-los. Naturalmente, por fim não restou ao irônico patrício autoconsciente nenhuma outra saída na época imperial senão a de morrer conscientemente. Esse *savoir mourir*, que calcula conscientemente a própria morte como um preço derradeiro pela liberdade, articula o patriciado romano despotencializado, mas de qualquer modo orgulhoso, com o cristianismo crescente no curso dos séculos e se transformou na maior provocação dos césares. Com o cristianismo, surgiu uma consciência da soberania existencial. Ainda mais do que a ética estoica, neutralizou a questão de saber se alguém se encontra socialmente em cima, no meio ou embaixo. Em seu presságio, escravos puderam se tornar mais corajosos em relação à morte do que seus senhores. A encarnação da religião cristã

---

71. Não é por acaso que Michel Foucault, o desencadeador das análises mais penetrantes sobre poder, violência e "micropolítica" em nossos tempos, tenha iniciado simultaneamente com o fenômeno das violências disciplinares, da punição, das execuções, da vigilância, da prisão.

primitiva era tão forte que atraiu por fim para o seu lado a maior estrutura de poder do mundo antigo. Ela tinha suas raízes na consciência da liberdade, consciência essa que emergiu juntamente com a interrupção da veneração ingênua ao poder. Não precisar nunca mais ter respeito por um mero poder mundano, externamente violento: isso se torna o cerne *kynikos* do posicionamento cristão em relação à supremacia. Foi Friedrich Schlegel que, como um dos primeiros pensadores modernos, viu uma vez mais claramente nos olhos a qualidade *kynikē*-cínica do cristianismo radicalmente corporificado. Em seus *Fragmentos do Ateneu*, de 1798, observa: "Se a essência do cinismo consiste em... desprezar incondicionadamente... todo brilho político... então certamente o cristianismo não pode se mostrar como outra coisa senão como um cinismo universal."[72]

A verdade dessa tese mostra-se no modo como a Roma brilhante assumiu e refletiu o desafio *kynikos*-cristão. Para o Estado romano não restou de início outra coisa senão sufocar com uma violência brutal a luz autoconsciente que o irritava, tal como o demonstram as ondas das perseguições aos cristãos distribuídas pelos séculos. Quando essas perseguições permaneceram sem sucesso e a força de encarnação da nova crença cresceu ainda mais com a repressão, depois de trezentos anos atritos chegou-se à virada histórico-mundial: o poder imperial ajoelhou-se diante do *kynismos* dos cristãos, a fim de aplacá-lo. Esse é o sentido da conversão de Constantino. Com ele tem início a cristianização do poder, e, com isso, visto em termos estruturais, a transformação do impulso *kynikos* em cinismo. Desde Constantino, a história política da Europa é essencialmente a história do cinismo político cristianizado que, depois dessa mudança de lado epocal, não cessou de dominar e de atormentar a reflexão política como ideologia esquizoide dos senhores. Esse não é, de resto (inicialmente!), um tema que necessitasse de uma psicologia do inconsciente. As divisões aqui discutidas passam pela superfície e atravessam

---

72. A sentença de Schlegel também contém o ponto de partida para uma teoria não apenas do cinismo político, mas também tanto do cinismo econômico quanto do religioso e do cinismo do saber (Cf. os subsequentes Cinismos Cardinais, assim como os Cinismos Secundários). Em sua versão completa, diz-nos: "Se a essência do cinismo consiste em fornecer o primado à natureza ante a arte, à virtude ante a beleza e a ciência, sem levar em conta as letras, nas quais o estoico se mantém rigorosamente, olhar apenas para o espírito, desprezando incondicionadamente todo valor econômico, todo brilho político, afirmando corajosamente o direito ao arbítrio autônomo: então o cristianismo não pode se mostrar certamente como outra coisa senão como um cinismo universal." *Ateneu. Uma revista de A. W. e F. Schlegel*, selecionada e elaborada por Curt Grützmacher, Hamburgo, 1969, p. 102.

as consciências. O fato de o poder não conseguir se mostrar como casto é algo que não se revela para os dominantes em pesadelos noturnos, mas em seus cálculos diários. Não há nenhum conflito inconsciente entre os ideais de fé de um lado e a moral do poder, de outro, mas há, isto sim, desde o princípio uma fé irrestrita. Com isso, o cinismo dos poderosos se contrapõe ao impulso *kynikos* do contrapoder. E esse cinismo já *começa* como um pensamento duplo.

O pensamento duplo cristão alcança o seu primeiro ápice na filosofia da história agostiniana que, desesperadamente realista, encontrando-se diante do monstro podre do Império Romano cristianizado, não vê nenhuma outra saída senão elevar francamente a divisão da realidade efetiva (e implicitamente da moral) ao nível de um programa. Assim, surge a doutrina fatalmente realista dos dois reinos (*de duabus civitatibus*), o reino de Deus (*civitas [!] dei*) e o reino terreno (*civitas terrena*), que se corporificam sensorialmente na existência da Igreja Católica e no Imperium Romanum. A organização eclesiástica terrena se estende descensionalmente como um anexo das esferas divinas até a terra. Com isso, descrevem-se dualismos, a partir dos quais uma irrupção definitiva não se mostra como possível nem para a história política europeia, nem tampouco para o pensamento político. Ainda no século XX, Estado e Igreja continuam se encontrando em relações conflituosas entre si, como cúmplices e como adversários. O embate milenar entre Estado e Igreja nos é transmitido pelo livro esclarecido de combate em todas as posições, ataques, lances, abraços e tesouras, que são efetivamente possíveis entre dois lutadores agarrados um ao outro por destino. O Estado cristianizado não pode se organizar nem mesmo na superfície como um fenômeno uno (abstraindo-se do cristianismo bizantino). De acordo com sua estrutura interna e externa, ele está condenado desde sempre à duplicidade e à divisão da verdade. Assim, chegar-se-á ao desenvolvimento de um duplo direito (direito eclesiástico, direito estatal), de uma cultura dupla (espiritual, mundana) e até mesmo de uma política dupla (política eclesiástica, política estatal). Nessas duplicações, há algo do mistério característico do ritmo histórico da Europa ocidental, que produziu a história mais sangrenta, mais dilacerada, mais combativa e ao mesmo tempo mais criativa e "mais rápida" que jamais se realizou em um tão breve espaço de tempo e em um continente tão pequeno quanto o europeu. A lógica combativa *kynikē*-cínica está entre as forças ou "leis" que impelem o processo tumultuado da história dos Estados, das classes e das culturas europeias para uma explosividade sem par. Tudo aqui é quase desde o início "duplicado": um potencial violento de antíteses prontas para serem levadas a termo, de força reflexiva corporificada e convicções armadas.

Não queremos nos meter com a historiografia. Um pequeno número de palavras-chave deve ser suficiente para ilustrar as tensões apresentadas em seu desdobramento. Como se sabe, o bispado de Roma com suas dependências provinciais foi a única estrutura paraestatal que sobreviveu à dissolução do Império Romano Ocidental. Por volta de 500 d.C., o cristianismo se apoderou dos novos grupos de poder do Norte da Europa, quando Remígio de Reims conseguiu batizar o chefe merovíngio franco chamado Clóvis, razão pela qual a Igreja francesa se denomina ainda hoje orgulhosamente *fille aimeé de l'église* (a mais antiga filha da Igreja). Além disso, o fato de Clóvis ter sido em termos pessoais uma das figuras mais bestiais, mais ávidas de poder e mais astutas da história antiga da Europa, com certeza, do quilate de um Gengis Khan ou de um Tīmūr-e Lang, só que com meios mais parcos, pode ser compreendido como um sinal daquilo que se deve esperar das violências cristianizadas dos reis. Viver com a fissura na cabeça tornou-se o problema fundamental das dominações cristãs. Nesse contexto, de maneira derradeiramente consequente, a própria doutrina cristã precisou se dividir, a saber, em uma doutrina para cristãos "parciais" e em outra para cristãos "totais", em uma para cristãos divididos e em outra para não divididos. Essa tendência já tinha se introduzido naturalmente no tempo da perseguição, quando as comunidades cristãs começaram a se polarizar em elites religiosas (santos, mártires, sacerdotes) e em cristãos "habituais".

O desenvolvimento esquizoide do cristianismo pode ser explicado em sua essência a partir de três grandes movimentos. Em primeiro lugar, a partir da transformação de uma concepção religiosa da realização vital das comunidades a outra, baseada na representação metafísica de gala dos poderes senhoriais, ou seja, a partir da construção da política religiosa. Em segundo lugar, a partir da instalação de governos espirituais sob a forma de dominações fundamentais papais, episcopais e monásticas (abadias, abades superiores). Em terceiro lugar, a partir da cristianização violenta e superficial do grande povo. De maneira tripla se apresenta também o cerne *kynikos* do cristianismo, o qual, ainda sob o augúrio do domínio cristão, resiste à *mera* dominação e procura viver contra as divisões. Em primeiro lugar, nos grandes movimentos das ordens do monaquismo ocidental, que passaram a levar adiante desde Benedito da Núrsia a síntese entre oração e trabalho e, mais tarde, nos mundos contemplativos e ascéticos da Alta Idade Média. Em segundo, nos movimentos heréticos, que exigiam enfática e incessantemente a encarnação do mandamento do amor cristão e com frequência se tornaram mártires das perseguições "cristãs" dos cristãos. E em terceiro lugar, nas tentativas de certos monarcas cristãos de contornar as divisões entre a "missão" mundana e a doutrina cristã em uma humanidade principesca — por mais que se deixasse de lado até que ponto isso poderia de fato ser alcançado. Carlos, o Grande, de maneira cínico-brutal já tinha levado a termo uma política religiosa franco-imperialista com o cristianismo, razão pela qual se costuma denominá-lo com razão o pai do Ocidente. Os otônicos e os salerianos desenvolveram a tal ponto o negócio da dominação política por meio dos homens da Igreja que, entre eles, os bispados se transformaram nos esteios de sustentação da política imperial alemã (conferir a programática imperial da Alta Idade Média, a ideia de reino e de imperador, que foi transformada em termos cristãos e germânicos, assim como o duelo de poder entre a monarquia e o papado).

As sete grandes cruzadas europeias só podem ser compreendidas sob esse pano de fundo. O que aconteceu entre 1096 e 1270 sob o conceito de *croisade* constitui uma tentativa de os domínios feudais cristianizados governarem o cinismo senhorial, cuja própria consciência tinha se tornado insuportável, voltando esse cinismo para fora. Depois de séculos de cristianização, os mandamentos religiosos tinham criado junto às camadas militares dominantes uma base em termos de interiorizações que atiçou a contradição entre o mandamento do amor cristão e a ética guerreira feudal, e isso até as raias do dilaceramento. O caráter insuportável da contradição, que tinha se tornado agora uma contradição interiorizada, explica a violência com a qual energias europeias seculares puderam se derramar sobre a ideia patológica das cruzadas. As cruzadas, proclamadas como guerras santas, mostraram-se como explosões sociopsicológicas de uma qualidade protofascista. Elas canalizaram as energias, que tinham se acumulado em meio ao conflito entre éticas que se suspendiam mutuamente tanto na alma particular quanto na alma coletiva. Na guerra santa, a partir da oposição irrealizável entre uma religião de vida e uma ética heroica, surgiu uma conclamação viva: Deus o quer. Nessa ficção descarregaram-se tensões violentas, para o espanto do mundo vindouro, que não conseguia descobrir nem uma razão militar, nem uma razão econômica, nem uma razão religiosa em meio aos tormentos indescritíveis e às peças de bravura das cruzadas. A ideia da cruzada (ao lado da caça às bruxas, do antissemitismo e do fascismo) oferece um dos exemplos mais intensos do modo como uma ideia insana coletiva oficialmente proclamada consegue fazer com que um sem-número de indivíduos particulares, no interior dos quais trabalhava o conflito entre religião do amor e militarismo, conseguisse escapar da loucura privada. Desde o ano de 1906, a guerra santa nas civilizações ocidentais funciona como uma válvula de escape para as tensões; sob a pressão de contradições e loucuras internas próprias, passou-se a buscar desde então inimigos externos, diabólicos, e a realizar contra eles a mais santa de todas as guerras. De maneira protofascista, o psicograma das civilizações cristãs porta esse risco em si; em tempos de crise, quando a irrealizabilidade de programas éticos opostos é sensivelmente aguçada, se aproxima, por isso, regularmente o instante, no qual a pressão explode. O fato de as perseguições aos judeus na Renânia ter começado ao mesmo tempo em que as cruzadas acentuam as conexões entre os diversos fenômenos patológico-culturais. Judeus, hereges, anticristãos e vermelhos: são todos eles vítimas da formação de um front primariamente interno, tal como esse front vem à tona durante períodos de pressão extremamente esquizoides, nos quais a "irracionalidade social conjunta" das éticas contrárias procura uma forma de se distender.

Ao lado da canalização do cinismo cristão dos senhores em meio às cruzadas, a Idade Média mostrou uma segunda saída para a tensão: construiu-se uma esfera semissecularizada, na qual era possível se entregar com uma consciência mais livre ao *éthos* dos aristocratas e dos militares. A antiga épica de Artur viveu do impulso trazido por essa descoberta; o romance de cavalaria tanto quanto as *chansons de geste* de maneira bastante clara estabeleceram a primazia do *éthos* heroico sobre o *éthos* cristão. Alguns passos mais para frente, os cavaleiros se libertaram das "amarras" do mandamento cristão do amor e da paz, na medida em que se voltaram para uma altivez mundana senhora de si própria e à habilidade com as armas, a um estado de humor firme e cortês e a um erotismo refinado, sem levar em conta o que os sacerdotes tinham a dizer sobre isso. Cultura marcada pelos torneios, pelas festas, pela caça, pelos banquetes e pela paixão proibida. O hedonismo aristocrático foi até o século XIX significativo como blindagem para a alegria mundana de viver ante a aura masoquista dos monastérios cristãos. O "grande cara" era aqui considerado como sendo aquele que derrotava o maior número de opositores e conquistava a mais bela mulher. Em seu encômio anticristão da "besta loira" e das naturezas fortes, mesmo Nietzsche analisa esses aristocratas brigões secularizados, mais tarde chamados *condottieri*: o tipo humano que bate, que toma aquilo que deseja e que consegue ser "magnanimamente" indiferente aos outros. O neo-heroísmo cortesão não realizou, porém, senão uma pseudoemancipação em relação à ética cristã. De uma maneira mais sublime, os cavaleiros do rei Artur também eram cavaleiros cristãos; no caso de Parsival, isso vem à tona de maneira clara. Com a lenda dos cavaleiros à busca do Santo Graal, a cristianização do âmbito militar é conduzida a esferas metafóricas e alegóricas e, por fim, desrealizada em meio a uma mística cavaleiresca pura que embebe a luta em dimensões espirituais. No período borgonhês tardio, a cultura cavaleiresca passou a se mostrar como equivalente a uma literatura vivida.

Na sede simbólica das ideologias imperiais, cavaleirescas e políticas da Alta Idade Média que pairavam sobre a incessante guerra entre feudos, cidades, igrejas e Estados da Europa, a doutrina de Maquiavel acaba exercendo sobre nós o efeito de uma tempestade purificadora. O escrito *O príncipe* de Maquiavel foi lido desde então, sobretudo na época burguesa, como o grande testamento de uma técnica cínica de poder. Como um afã de revelação inexcedível oriundo da ausência de escrúpulos políticos, foi colocado sob acusação moral. O que a religião condena fundamental e incondicionalmente é recomendado como um artifício político: o assassinato. Naturalmente, no curso da história, inúmeros homens se valeram desse meio. Não é nisso que reside a novidade da doutrina de Maquiavel. Ao contrário, o que cria um novo nível moral é o fato de alguém aparecer e de o dizer abertamente. E isso só pode ser efetivamente discutido de maneira significativa a partir do conceito de cinismo. A consciência dos senhores se prepara para um novo *round* e testa nesse caso as suas condições. Quase não há como deixar de considerar que alguém expresse esse fato de maneira inequívoca, impertinente, desenfreada, clara, etc. A expressão é, então, considerada mais escandalosa do que os fatos exprimidos.

O "amoralismo" político de Maquiavel pressupõe a tradição bélica infinita e o caos dos feudos e dos partidos do século XIII, XIV e XV. Como historiador, Maquiavel vê os últimos pedaços de legitimação serem arrancados do hábito suntuoso do Estado cristão, desde que mais nenhum senhor se ache em condições de preencher, na confusão persistente de pequenas potências ultrabelicosas, mesmo que apenas de acordo com a aparência, as mais primitivas das tarefas estatais: manutenção da paz, garantia jurídica, proteção da vida. Aqui se impõe a ideia de um poder central, que estaria em condições de colocar um fim ao caos e tornar uma vez mais possível a vida estatal e civil. O príncipe ideal desse poder central imaginário, existente ainda em algum lugar, sem levar em consideração os entraves e os enredamentos da moral cristã, aprende a exercer radicalmente o poder como uma força legal, como uma força de paz e de proteção em uma região estatal homogeneizada. Com o seu cinismo, Maquiavel vê as coisas de maneira essencialmente mais clara do que as forças fundamentais, imperiais e municipais da Alta Idade Média, que comercializavam totalmente com uma brutalidade esfumaçada pelo cristianismo. A teoria dos príncipes estipulada pelo florentino estabelece para o político um compromisso de supremacia incondicionada, por meio do qual o dispor de *cada* meio é covisado automaticamente. Tal tecnologia cínica de poder só pode ser válida em situações nas quais a cuba de sobrevivência política destrói o Estado e o poder central, se é que ele ainda existe efetivamente, fazendo ambos caírem no papel de um cão sarnento com o qual um bando de pequenas potências brutais, ávidas e caoticamente esfaceladas, faz o seu jogo. Em tal situação, o cinismo de Maquiavel pode dizer a verdade; por um minuto do mundo, é assim que soa um espírito tão impertinente e soberano, como alguém que faz o que é certo com tons amorais e que pode falar em favor do interesse vital mais universal. Com certeza, essa consciência de poder cínica já se acha inculcada de maneira tão intensamente reflexiva e é desencadeada de uma forma tão arriscada que não se consegue entender por si só essa voz: nem em cima, nem embaixo, nem junto aos detentores do poder, nem no povo. Fica para trás um desconforto, quando se descreve uma soberania dos príncipes, uma soberania que, em sua totalidade, faz algo "bom" para si e para o povo, na medida em que, para além do bem e do mal, e contra indivíduos particulares, se arrisca a cometer os crimes mais infames.

Poder-se-ia achar que a arte política dos Estados e territórios absolutistas na Europa dos séculos XVII e XVIII teria realizado as ideias de Maquiavel *cum grano salis*. O Estado absolutista era de fato um Estado que se erigiu sobre as pequenas potências litigantes, sobre os soberanos regionais e, antes de tudo, sobre os partidos religiosos enredados de maneira sangrenta uns nos outros. (Inicialmente, os "políticos" eram conhecidos como aqueles que buscavam manobrar taticamente e permanecer relativamente neutros ante os campos religiosos tragados por guerras.) No entanto, logo que eles se estabeleceram como potências novas e estáveis na medida do possível, os Estados absolutistas começaram a entrar em

Lorenzo Leonbuono, *Alegoria da fortuna*. Essa politologia alegórica mostra o tirano (o poder) cercado por inveja, estupidez, suspeita, ingratidão e hipocrisia.

uma nuvem de autodivinização. Eles também faziam tudo para camuflar o cerne de sua violência em meio a uma retórica grandiosa de legalidade e graça divina. Todavia, por mais intensamente que se requisite a graça divina, não há como fazer com que os súditos críticos esqueçam que essa graça também seria, em verdade, um domínio de graças do assassinato e da morte tanto quanto da repressão. Nenhum Estado moderno conseguiu mais encobrir o cerne de sua violência do modo como sonhava a utopia da legalidade. A primeira grande resistência contra o Estado moderno (absolutista) foi levada a termo de maneira significativa pelo alto comércio e pela nobreza agrária de outrora, que temiam a supremacia da corte, ou seja, por um grupo de pessoas que, porquanto eles mesmos fossem por demais arrogantes, percebiam claramente a arrogância do poder central. Poder-se-ia quase denominar esse fato como um sucesso involuntário e "popular" de Maquiavel, que era uma escola de aprendizagem de todos os poderes centrais modernos. O amoralismo cínico dos poderes hegemônicos não tem mais como ser eliminado como tema. Os Estados vivem desde então à meia-luz cínica, a partir de uma semilegitimação e de uma semiadaptação. Uma quantidade demasiada de violência, de repressão e de usurpação acompanha por si mesma os Estados que se empenhavam, na maioria das vezes, por legitimação e por legalidade. Por maior que seja a contribuição reiterada de um Estado para a paz, as suas roupas de baixo militares vêm à tona de maneira reluzente (os modernos falam como os antigos: *si vis pacem para bellum*, se tu queres paz, então te prepares para a guerra). Através do melhor sistema jurídico sempre se impõem fatos nus e crus como os privilégios de classes, o abuso de poder, o arbítrio e as desigualdades; por trás das ficções jurídicas da troca livre de bens, do livre contrato de trabalho, da livre formação do preço despontam todos os tipos de desigualdades de poder e de chantagens; dentre as formas mais sublimes e mais livres de comunicação estética ainda rumorejam, de qualquer modo, as vozes do sofrimento social e das cruezas culturais. (Nesse aspecto, é válida a sentença de Walter Benjamin, segundo a qual não haveria nenhum sinal de cultura que não fosse ao mesmo tempo um sinal de barbárie.)

Desde o século XVIII, a atmosfera política da Europa meridional ficou cheia de "segredos patentes". Em parte de maneira discreta, no quadro privado ou secreto, em parte sob a forma de uma agressão publicista, os segredos do poder passaram a ser discutidos abertamente. O poder precisa assumir uma vez mais a responsabilidade ante a moral. A origem do absolutismo e de sua "razão de Estado", que se fundava na capacidade dos príncipes de superar a guerra miúda e o massacre religioso, já caíra aqui há muito tempo em esquecimento. Imbuído da certeza de que lidaria com o poder de uma maneira moralmente irrepreensível, se chegasse a possuí-lo, a crítica político-moral do século XVIII se opõe ao "despotismo" absolutista. Uma nova classe social, a burguesia, candidata-se à assunção do poder em nome do "povo" (os "comuns", o "terceiro estado", etc.). A Revolução Francesa traz, na fase de assassinato dos reis, um governo do "povo" para o ponto mais elevado do Estado. De qualquer forma, aquele grupo que tinha feito a revolução como povo, se estabeleceu na era subsequente como aristocracia burguesa. Além disso, por meio do casamento, estabeleceu-se também como aristocracia burguesa entrelaçada de mil maneiras com a nobreza de sangue mais antiga. Não duraria muito para que essa nova camada dominante, que se denominava povo e se reportava à sua legitimação ao princípio da soberania popular, experimentasse no próprio corpo as contradições da dominação. Pois quem se reporta ao povo conclama o povo e o convida a se interessar vivamente pelas maquinações que acontecem em seu nome, mas às suas próprias costas.

A contraditoriedade do Estado cristão repete-se, então, num plano histórico mais elevado, nas contradições do Estado burguês, que se reporta à soberania popular e torna (ou parece tornar) a autoridade dependente do sufrágio universal. Pois assim como o "Estado" cristão da Idade Média não conseguiu realizar a ética cristã do amor, da reconciliação e da livre fraternidade, os Estados modernos "burgueses" também não defenderam de maneira convincente suas máximas ("liberdade, igualdade, fraternidade, solidariedade") ou mesmo apenas os interesses vitais das amplas massas populares. Para quem estuda a situação das populações agrárias no século XIX, e, ainda mais, a situação do proletariado industrial crescente e o desenvolvimento do pauperismo na época do domínio burguês, e, além disso, a situação das mulheres, dos empregados, das minorias, etc., salta aos olhos o fato de que o recurso ao povo tem por base um conceito estropiado e parcial de povo.

Nesse ponto, movimentos socialistas se tornaram possíveis e necessários; exigem que tudo aquilo que acontece em nome do povo também aconteça por meio e para o povo; quem se reportasse ao povo também precisaria "servir ao povo"; começando por não enredá-lo em "guerras populares" assassinas, que são típicas da época na qual classes burguesas ou feudal-burguesas dominantes governam "em nome do povo"; terminando com o fato de se conquistar uma participação justa na riqueza que é gerada pelo seu trabalho.

No conflito secular dos movimentos socialistas com o, digamos, Estado nacional burguês[73], dois novos rumos e dois enclaves polêmico-reflexivos da consciência política foram levados à frente, dois novos rumos e dois enclaves que dominam em grande parte o século XX. Essas duas

---

73. Se considerarmos no particular, o caráter problemático dessas tipificações toscas vem à tona: até 1918, por exemplo, devido a seus componentes feudais, ainda não se pode designar o Estado alemão como um Estado completamente burguês.

são formas tardias e complexas de uma consciência cínica. A primeira forma aponta para aquilo que denominamos *fascismo*. O fascismo chega a se confessar de maneira relativamente desavergonhada como partidário da política da violência pura. De maneira cínica, ele abdica francamente do empenho pela legitimação, na medida em que proclama abertamente como necessidade política e como lei histórico-biológica a brutalidade e o "egoísmo" sagrado. Os contemporâneos de Hitler viram nele, entre outras coisas, um "grande orador", porque começou a exprimir com um tom claro de realismo cru aquilo que já não se adequava há muito tempo ao ânimo alemão e com o que esse ânimo queria se haver no sentido de suas representações narcisista-brutais de ordem: com o parlamentarismo desesperado de Weimar, com o infame tratado de Versalhes, etc., e, em particular, com os "culpados" e os desconfortáveis — socialistas, comunistas, sindicalistas, anarquistas, artistas modernos, ciganos, homossexuais, mas sobretudo judeus, que precisaram ser tomados como inimigos íntimos e como figura de projeção universal. Por que precisamente eles? Qual é o sentido dessa diabolização pérfida única? Com o assassinato em massa, os fascistas queriam destruir o espelho que o povo judeu tinha colocado diante da arrogância fascista por meio da mera existência. Pois o fascista, o joão-ninguém insuflado heroicamente, não se sentia por ninguém tão descortinado quanto pelos judeus que, por força de suas tradições de sofrimento, se mostravam quase que por natureza de um modo irônico em relação a toda supremacia. As figuras centrais do fascismo alemão devem ter pressentido que seu império milenar arrogante nunca angariaria a crença em si mesmo enquanto em um canto de sua própria consciência permanecesse desperta a lembrança de que essa pretensão de poder não passaria de uma pose. São "os judeus" que assumem para eles o lugar daqueles que evocavam essa lembrança. O antissemitismo revela a fratura na vontade de poder fascista; esse poder nunca poderia ser tão grande a ponto de superar a negação *kynikē*-judaica em relação a ele. "O judeu *insolente*" tornou-se a expressão de ordem, a expressão chave e a expressão assassina do fascismo. A partir da herança da *résistance* resignada, coberta pela adequação, uma herança característica do judaísmo moderno continuava irradiando incessantemente para o centro da consciência fascista uma negação tão intensa da arrogância do poder que os fascistas alemães, decididos da própria grandiosidade, construíram campos de extermínio, a fim de aniquilar aquilo que se achava no caminho de sua pretensão. Esse povo não vivera da condição melancólica de que todos os messias sempre tinham sido até então falsos messias? Como é que o messias alemão, vindo do asilo noturno austríaco com a pretensão de ser festejado como o Barba Ruiva que havia acabado de retornar do monte de Kyffhaeuser, podia acreditar em sua própria missão, enquanto ele mesmo não olhasse por cima dos ombros com os olhos do "pérfido judeu", que "tudo decompõe"? Nenhuma vontade de poder suporta a ironia da vontade de sobreviver mesmo a esse poder.[74]

Com certeza, é indispensável designar pura e simplesmente o Estado fascista do século XX como representante típico do Estado moderno, "burguês", fundamentado na soberania popular. Não obstante, o fascismo desenvolve uma possibilidade latente do Estado popular "burguês". Seu antissocialismo raivoso deixa efetivamente claro que, no fascismo, há um fenômeno de desinibição política, a saber, uma reação de defesa cínico-dominante contra a suposição socialista de que se precisa deixar caber ao povo aquilo que lhe foi prometido e que lhe advém. O fascismo também quer, em verdade, "tudo para o povo", mas antes ele engendra um conceito falso de povo, que obedece a uma única vontade ("um povo, um império, um líder").[75] Com isso, dá-se um pé na bunda da ideologia liberal. Vontade própria? Sentido próprio? Falatório! Um falatório tanto mais irritante, quanto mais ele penetra nas camadas "inferiores". O fascismo atualiza a inclinação do Estado "burguês" para impor com uma "violência necessária" o "interesse comum" definido de maneira *particular* contra os indivíduos particulares. Aquilo por meio de que ele se distingue nesse caso é a sua brutalidade irrestrita. Por isso,

---

74. Observação paralela: comecei a redação dessas anotações sobre o cinismo — na época não sabia que surgiria daí uma crítica da razão cínica — pouco depois de ter visto uma entrevista com a filósofa e politóloga judia Hannah Arendt, realizada há muitos anos por Günter Gaus e que passou uma vez mais em 1980 no aniversário de cinco anos de sua morte. Essa conversa, um ponto alto do bate-papo e do filosofar informais diante do público e um dos poucos exemplos de inteligência na televisão, chegou ao seu ápice quando a senhora Arendt fez um relato de sua atividade no processo em Jerusalém contra o genocida Eichmann. É preciso ter ouvido como essa mulher afirmou ter caído muitas vezes em gargalhadas em meio ao estudo das muitas milhares de páginas de protocolos de interrogatórios abrangentes voltados para a estranha figura estúpida que tinha exercido sua violência sobre a vida e a morte de inúmeras pessoas. Havia na confissão de Hannah Arendt algo frívolo e, no sentido mais preciso da palavra, *kynikos*, que se comprovava depois da primeira perplexidade como expressão libertária e soberana da verdade. Quando a senhora Arendt adicionou até mesmo o fato de que o exílio tinha lhe dado com frequência prazer, pois era jovem e a improvisação diante da incerteza teria certamente o seu estímulo específico, tive de rir. E com esse riso começou este livro a *ser* escrito.

75. Nas democracias populares deparamo-nos de resto com um engodo complementar.

no salto do fascismo à condição de poder de Estado, alguns grupos de interesses essenciais, não fascistas, de suportação estatal (oriundos da economia e do parlamento) puderam pensar em apoiar os fascistas, com a ideia de que eles talvez fossem a nova vassoura com a qual se poderia varrer muito bem interesses "particulares" incômodos (vindos de baixo). Havia efetivamente gente que se mostrava cínica o bastante para acreditar que podiam comprar Hitler e o seu partido cínico da brutalidade? (Um deles, Thyssen, escreveu de fato memórias com o título: *I paid Hitler.*)[76] O Estado fascista, com a sua confusão bolorenta entre capital e ideologia populista, idealismos e brutalidades, merece um predicado filosófico único: cinismo do cinismo.

O segundo enclave complicado da consciência política moderna realizou-se na história russa mais recente. Parece haver uma tendência para que a militância e a radicalidade de movimentos socialistas se desenvolvam proporcionalmente e se transformem no estandarte da repressão. Quanto mais poderoso conseguiu se tornar na Europa, particularmente na Alemanha, um movimento trabalhista, de maneira correspondente ao crescimento real do proletariado no processo da industrialização, ou seja, quanto mais seriamente ("de maneira mais burguesa") ele entrou em cena em sua posição política mediana, tanto mais confiou na sua imposição paulatina ante os seus adversários, as forças do Estado feudal tardio e burguês. Inversamente, porém, quanto mais poderoso e invencível se mostrou um poder estatal despótico-feudal, tanto mais fanaticamente se lhe contrapôs a sua oposição "socialista". Poder-se-ia tentar explicar esse fato da seguinte forma: quanto mais maduro um país se encontra para a inserção de elementos socialistas em sua ordem social (alto desdobramento das forças produtivas, alto grau de ocupação dos trabalhadores assalariados, alto grau de organização dos "interesses" proletariados, etc.), tanto mais tranquilamente esperam os líderes dos movimentos dos trabalhadores pela sua hora. A força e a fraqueza do princípio social-democrata sempre foi a paciência pragmática. Dito de outro modo: quanto mais imatura[77] uma sociedade está para o socialismo

---

76. Decidi-me por contabilizar o cinismo monetário entre os cinismos secundários. O cinismo da troca, que é tratado na parte B-3 ("Cinismo da troca"), mostra-se para mim como o produto de compulsões ao poder.

77. Maduro-imaturo: não se trata aqui de nenhum juízo de valor, mas de escalas de medida para condições objetivas para o socialismo. Se o socialismo é definido como libertação da produtividade social das cadeias capitalistas, então precisam ser criadas antes de mais nada relações capitalistas, para além das quais se pode "ir".

(pensado como pós-capitalismo), tanto mais inexorável e exitosamente o socialismo radical sabe se colocar no ápice dos movimentos revolucionários.

Se há uma lei própria à lógica da luta, mediante a qual os adversários se assimilam mutuamente em longos conflitos, então essa lei se ratificou no conflito entre os comunistas russos e o despotismo czarista. O que ocorreu entre 1917 e o XXº Congresso do Partido na Rússia precisa ser compreendido como um legado cínico-irônico do czarismo. Lenin transformou-se no realizador testamentário de um despotismo, cujos representantes, em todo caso, haviam sido extintos, mas não seus modos de procedimento e suas estruturas internas. Stalin elevou o despotismo tradicional ao nível técnico do século XX, de uma maneira diante da qual qualquer Romanov teria empalidecido. Se já havia entre os czares do Estado russo uma roupagem estreita demais para a sociedade, então o Estado de partido único comunista transformou-se inteiramente em uma camisa de força. Se havia no czarismo um pequeníssimo grupo de privilegiados que sob o seu controle e com o seu aparato de poder tinha mantido de maneira terrorista um império gigantesco, então também passou a haver depois de 1917 um pequeníssimo grupo de revolucionários profissionais que, surfando na onda do enfado pela guerra e do ódio campesino e proletário contra "aqueles que se encontravam em cima", derrubaram o Golias.

Ora, mas como judeu, Leon Trotski não era o herdeiro de uma tradição arcaica de resistência e de autoafirmação contra o poder arrogante? Trotski acabou se deixando exilar e assassinar por seus colegas, que tinham ascendido à condição de Golias. Não está em marcha, no assassinato de Trotski a mando de Stalin, a mesma réplica cínica ao predomínio presunçoso que tinha sido dada no genocídio fascista? O que está em questão nos dois casos é a vingança da violência petulante contra aquele de quem ela sabe que nunca a respeitará, mas cujo espantalho pronuncia incessantemente: *Legitima-te ou serás superado!* Na concepção de uma revolução permanente, elaborada por Trotski, há uma consciência de que a violência política precisa renovadamente se justificar a cada segundo de seu exercício. O poder precisa se ratificar em seu campo como poder de paz, como violência jurídica e como violência protetora, para tornar possível uma nova plenitude de vida *ativa e autônoma*. A ideia da revolução permanente não conclama ao caos constante, mas se encontra aí como signo da consciência judia de que toda e qualquer arrogância estatal será humilhada, isso se acaso não o seja pelo fato de que as lembranças de seus crimes nunca cessarão enquanto ela subsistir. Se a *résistance* russa ainda se expressa hoje na língua dos direitos cristãos e dos direitos humanos, então isso acontece porque o processo de autolibertação na Rússia foi interrompida até os dias de hoje justamente no mesmo ponto onde ele tinha chegado entre fevereiro e o outubro vermelho de 1917: na exigência por direitos humanos como uma fórmula universal das liberdades burguesas. Um país que procura saltar por sobre a "fase liberal", em meio ao salto do despotismo para o socialismo, acaba caindo uma vez mais no despotismo. O povo russo foi transformado em instrumento de um futuro que nunca se dispôs a se realizar e que, depois de tudo aquilo que aconteceu, nunca mais chegará como prometido. Ele sacrificou os seus direitos à vida e as suas exigências racionais do instante em um ato de masoquismo ortodoxo e de tortura temerosa e expiatória, nos altares de consumo de gerações distantes. Consumiu suas forças vitais na busca de recuperação em relação à loucura do consumo e da tecnologia armamentista ocidentais.

Quanto ao aparato estatal socialista, a maioria das testemunhas assegura que estaria sendo nesse ínterim totalmente esvaziado de maneira ideológica. Todos sentem o fosso entre a fraseologia da tradição leninista e as experiências cotidianas, em particular quem é obrigado a empregar essa fraseologia por força do cargo. O mundo fragmenta-se em duas grandes dimensões; conta-se por toda parte com uma realidade efetiva dividida. A realidade começa onde termina o Estado e sua terminologia. Com o conceito tradicional de "mentira" não conseguimos mais nos aproximar das conjunturas orientais de uma difusão esquizoide e flutuante da realidade. Pois todos sabem que a relação entre as "palavras" e as "coisas" está perturbada, mas que, por falta de discussões públicas de checagem, essa perturbação vem se estabelecendo como a nova normalidade. Os homens não oferecem mais, por isso, as suas autodefinições com vistas aos valores e ideais socialistas, mas agora só o fazem na medida em que partem da ausência de alternativas e da ausência de saídas em relação àquilo que é efetivamente dado, ou seja, na medida em que partem de um "socialismo" que se sustenta como um mal juntamente com seu lado radiantemente verdadeiro, mas infelizmente apenas retórico. Se o cinismo, segundo o modelo do Grande Inquisidor de Dostoiévski, pode se transformar em experiência trágica, então isso acontece aqui, onde a palavra socialismo, que por toda a parte no mundo transcreve para os homens a esperança de eles se tornarem senhores de sua própria vida, é congelada e transformada em símbolo da ausência de perspectivas. Isso designa uma perturbação linguística de uma dimensão epocal. Mesmo em termos externos é evidente que a política dos centros de poder não abarca mais nenhuma esperança de socialismo. Sob a terminologia marxista-leninista, o Leste nos lega uma política hegemônica crua, e as pessoas só não riem ou apupam, porque não se consegue saber o que acontece se o rei nu perceber que está andando nu pela rua há muito tempo. O outro já vem se mostrando há muito tempo como o mesmo, mas o que acontecerá quando isso vier à tona? Para que se estabeleceu, afinal, o maior poder militar do mundo, a fim de proteger a alteridade fictícia?

Se procurarmos imaginar o que um Maquiavel diria no final do século XX a partir de uma investigação minuciosa da situação política, então o seu conselho cínico às grandes potências talvez fosse que elas declarassem com uma franqueza sem escrúpulos a falência do sistema nos dois lados. Em primeiro lugar, para motivar os dois a uma ajuda mútua; em segundo lugar, para mobilizar seus súditos cansados em termos políticos a uma grande ofensiva de autoauxílio inventivo; e, em terceiro lugar, porque a falência certamente entrará em cena. De maneira bem positivista, Maquiavel constataria que uma grande parte dos assim chamados problemas políticos por volta do ano 2000 não passará de "pseudoproblemas", surgidos a partir da oposição entre dois blocos de poder, que se acham contrapostos, porque um dos dois tentou se organizar como um sistema social, que se lança para além do capitalismo, sem tê-lo efetivamente conhecido; enquanto o outro se mostra como um capitalismo fatigado, velho, "maduro demais", que não consegue mais se lançar para além de si, porque a casa do "socialismo", para a qual ele poderia agora se mudar, já está ocupada. A concorrência Ocidente-Oriente não é consequentemente, e Maquiavel o diria da melhor forma possível em sua seca e conhecida maldade, nenhuma concorrência produtiva de poder no sentido usual e nenhuma rivalidade clássica em termos de hegemonia, mas um tipo complicado de conflito abortado. O "socialismo" tornou-se o principal obstáculo no caminho de uma transição do capitalismo para o socialismo; ao mesmo tempo, o capitalismo "cristalizado" do Ocidente é o principal obstáculo que impede uma adesão aberta dos sistemas do Leste ao capitalismo. Portanto, enquanto o Leste vive sistematicamente acima de suas condições, na medida em que se arroga como socialismo, o Ocidente permanece sistematicamente aquém de suas possibilidades, porque precisa formular defensivamente suas ideias de futuro: a saber, ele não pode querer de maneira alguma *esse* socialismo — o que é compreensível, porque nenhum sistema pode privilegiar como alvo uma vez mais aquilo que há muito deixou para trás. Para o capitalismo, o capitalismo de Estado, camuflado e aleijado como é o do Leste, não pode ser uma ideia de futuro.

Portanto, se quisermos resolver o conflito, então precisaremos antes de mais nada ter compreendido de maneira exata o tipo único e paradoxal desse conflito. Quanto a esse ponto, Maquiavel se articularia com o seu colega Marx, que criou os primeiros princípios para uma polêmica universal (histórico-política).[78] Essa polêmica universal marxista permite que estabeleçamos uma diferença entre conflitos marcados pela rivalidade entre sistemas homogêneos e conflitos evolucionariamente condicionados entre sistemas heterogêneos, que se distinguem um do outro por conta do grau de seu desenvolvimento. Nesse caso, temos conflitos entre o sistema menos desenvolvido e o sistema mais desenvolvido, sendo que o sistema mais desenvolvido cresce aqui a partir do primeiro. Deste último tipo é, *pensando em termos ideais*, o conflito entre capitalismo e socialismo. Visto em termos lógico-objetivos, esse não pode ser um conflito senão de superação, sendo que o antigo se opõe ao novo, que provém de qualquer modo inexoravelmente desse mesmo antigo. O novo torna-se necessário, quando o antigo se tornou um grilhão. Foi justamente isso que nos asseverou Marx sobre a essência do capitalismo plenamente desenvolvido: quando ele estiver algum dia plenamente desenvolvido, ele mesmo se tornará a barreira para a produtividade humana levada adiante por ele até esse momento; por isso, essa barreira precisa ser suspensa: socialismo. O socialismo, em todos os planos, traz consigo a supressão dos limites da produtividade humana a partir das condições capitalistas, sobretudo a partir das relações capitalistas ligadas à noção de propriedade. Se considerarmos agora aquilo que se apresenta hoje em termos de política mundial como conflito entre capitalismo e socialismo, então é possível reconhecer imediatamente que esse não é de modo algum o conflito investigado por Marx entre o velho e o novo, mas muito mais um conflito de rivalidade entre dois impérios. Portanto, nada de novo sob o sol? O novo surge do enclave desse conflito marcado pela rivalidade em torno do próprio eixo sociológico e histórico. A tentativa marxista de governar a história

---

78. Cf. B-2, "Metapolêmica", na Seção Principal Lógica. Nessa parte tento fundamentar uma dialética racional sob o conceito de uma polêmica universal. Ao mesmo tempo, apresento uma crítica do uso marxista da dialética.

por meio de uma intelecção sociológico-econômica levou as perspectivas históricas de futuro se desfigurarem completamente como um todo. A pretensão de controlar histórias sistemáticas, ao invés de deixá-las seguir o seu curso — conhecido —, faz com que elas percam o passo de um modo descomunal. Pois o futuro do capitalismo não significa eternamente de novo capitalismo, mas o fato de crescer a partir dele mesmo e de suas próprias realizações algo que vem depois dele, que o supera, o enterra e o transforma na sua história prévia; em uma palavra, ele possibilita sua própria intensificação em um pós-capitalismo. E se nós denominarmos esse pós-capitalismo de socialismo, então é preciso que seja definido de maneira universalmente clara e distinta como ele é visado: pós-capitalismo, algo que emergiu de um capitalismo maduro demais.

Ora, mas não se pode sonhar que se poderia "impor" o desenvolvimento, meramente porque se reconheceram esses contextos. Permanecerá um enigma com que direito Lenin pôde ou quis acreditar que a Rússia se mostraria como um caso de aplicação dessa teoria de desenvolvimento e de revolução marxista. O enigma não reside nas motivações revolucionárias autênticas de Lenin, mas no modo como ele impôs uma teoria político-econômica ocidental para a aplicação a um império agrário semiasiático, pouquíssimo industrializado. Acho que não pode haver nenhuma outra resposta senão: havia aqui uma vontade absoluta de revolução à procura de uma teoria parcialmente adequada; e quando veio à tona que a teoria não se adequava corretamente, por falta de pressupostos reais para a sua aplicação, surgiu do intuito de aplicação uma compulsão à falsificação, reinterpretação e desfiguração. Nas mãos de Lenin, o marxismo se transformou em uma teoria de legitimação para uma tentativa de impor violentamente a realidade efetiva exatamente onde, mais tarde talvez, os pressupostos para a aplicação de uma teoria marxista seriam dados, a saber, em condições tardo-capitalistas, ou seja, maduras para a revolução. Como? Por meio de uma industrialização forçada. A União Soviética está até hoje à procura das causas da segunda revolução em 1917. Ela gostaria de "legar" em certa medida a necessidade de uma revolução socialista, e, se nem tudo nos engana, ela está no melhor caminho para tanto. Pois é difícil encontrar outro país na Terra no qual, na formulação de Marx, as condições de produção tenham se tornado como se tornou na Rússia as amarras das forças produtivas. Se essa relação equivocada designa a fórmula universal para uma tensão revolucionária, então ela se acha dada aqui de uma forma exemplarmente crassa.

O que na atual conjuntura mundial se mostra como um conflito *no* sistema mesmo se apresenta de uma maneira absurda como um conflito *entre* dois sistemas. Ao mesmo tempo, esse conflito alienado entre os sistemas se tornou o principal grilhão para a libertação de uma produtividade humana.[79] O assim chamado conflito sistêmico tem lugar entre dois mistificadores mistificados. Por intermédio de uma política de alto aparelhamento paranoica, dois pseudo-opositores reais se impõem a manutenção de uma diferença sistêmica imaginária, solidificada por meio de uma automistificação. Assim, paralisam-se mutuamente um socialismo que não quer de modo algum ser capitalismo e um capitalismo que não quer de modo algum ser socialismo. Mais ainda: o conflito confronta um socialismo que pratica a espoliação mais do que o capitalismo para obstruí-lo e um capitalismo que é mais socialista do que o socialismo para obstruí-lo.[80] No sentido da polêmica marxista geral, Maquiavel constataria que o conflito do desenvolvimento é aplacado por meio de um conflito de hegemonia equívoco e alienado. Dois gigantes de produção consomem parcelas descomunais da riqueza socialmente produzida para a manutenção militar de uma demarcação sistêmica, que no fundo é insustentável.

Portanto, como dissemos, no final do século XX, Maquiavel provavelmente aconselharia uma declaração geral de falência dos sistemas. Essa declaração precisa anteceder o assim chamado desarmamento. Pois o que faz com que os sistemas se armem é a representação de que eles estariam em uma oposição fundamental um em relação ao outro e querem algo completamente diverso, o que precisaria ser defendido a qualquer preço. Distensão por meio de desarmamento — temos aqui já uma vez mais uma dessas mistificações que colocam a vida em risco e que veem tudo em uma sequência invertida. Distensão não pode acontecer senão como relaxamento e a partir de dentro, ou seja, como *intelecção* do fato de que não se tem mais nada a perder além da ilusão da diferença sistêmica, armada até o limite do insuportável.

Talvez Maquiavel redigisse uma vez mais um pequeno escrito sobre a arte de governar, só que dessa vez não mais sob o título *O príncipe*, mas sob o título *O estado fraco*. E o mundo posterior mais uma vez estaria de

---

79. Isso não é nenhuma defesa de uma ideologia "produtivista". Produtividade é um conceito multidimensional. De resto, a consciência mais recente da política ecológica pressupõe a culminação do produtivismo.

80. Dialética: como dialética do impedimento. Essa é a base real da dialética negativa de Adorno.

acordo quanto ao fato de esse livrinho ser um escândalo. Maquiavel talvez não tivesse ainda abandonado completamente o seu humanismo florentino, e, assim, escreveria o seu tratado sob a forma de um diálogo entre dois parceiros: Davi e Golias. Uma passagem do texto poderia dizer algo assim:

DAVI — E aí Golias, sempre pronto para a luta? Espero que você esteja em forma para um novo duelo.

GOLIAS — Que injusto, Davi! Você vê muito bem que estou algo indisposto hoje.

DAVI — Como isso aconteceu?

GOLIAS — Essa é uma longa história.

DAVI — Adoro histórias. O que você acha de deixarmos por ora o nosso duelo de lado e passarmos a contar histórias? O vencedor será aquele que souber contar a história mais louca, contanto que ela seja verdadeira. Você começa?

GOLIAS — Ora, se você quiser assim. História como um substitutivo para a luta, uma estranha ideia. Deixe-me pensar. Pois bem, há algum tempo me aconteceu algo que me inquietou tanto que quase não conseguia mais relaxar.

Você sabe, outrora, depois da grande guerra, venci o gigante Destruidor e dizimei todos os seus adeptos. Essa foi uma realização considerável, pois eles eram muitos e não foi fácil para mim descobrir todos. Eles tinham se infiltrado de maneira refinada em minhas próprias fileiras. Por fim, tinha restabelecido a paz e a ordem e tudo parecia caminhar bem. Um dia, porém, encontrei um gigante que, a me ver, gritou imediatamente: "Você é o Destruidor, eu vou vencê-lo!" E, com isso, começou a se armar de uma forma amedrontadora. Em vão, tentei deixar claro que eu não era o Destruidor, pois *eu* mesmo tinha matado o Destruidor com minhas próprias mãos. Mas o outro gigante não queria me ouvir de maneira alguma. Incessantemente, empilhava os mais terríveis instrumentos de guerra, para estar equipado contra mim — que ele considerava o sangrento Destruidor. Armou-se de maneira tão irrefreada que eu mesmo não tive outra alternativa senão me armar cada vez mais por minha parte. Não havia nada nesse mundo que fizesse convencer o outro gigante de que eu não era o Destruidor. Ele me obrigou a isso. Éramos da opinião de que o Destruidor era terrível e precisava ser incondicionalmente superado, mas eu não conseguia deixar claro para o outro gigante que eu *não era* o Destruidor. Sim, com o tempo, eu mesmo acabei ficando inseguro quanto ao fato de eu ter ou não matado outrora o

Destruidor certo. Talvez aquele que eu matei não fosse o Destruidor, mas o Destruidor talvez fosse esse outro gigante aqui, que estava me atacando e tentando me deixar louco, ao afirmar que eu era ele. Mas não me deixei enganar. Estava protegido. Nós nos vigiávamos dia e noite. Nossas frotas estavam incessantemente no mar e nossos aviões, no ar, a fim de poderem atacar imediatamente, caso o outro se movesse. Não sei quem ele é, e afirmo, por minha parte, que ele estava me confundindo com um outro, talvez até intencionalmente. Certo, de qualquer modo, é apenas o fato de nós nos armarmos mutuamente, nos armarmos e armarmos.

DAVI — Essa é uma história horrível. Precisarei me empenhar muito para encontrar uma mais louca. E você ainda afirma que ela é verdadeira?

GOLIAS — Com certeza. Gostaria que ela fosse inventada. Estou certo de que só estaria em parte me sentindo mal. Sinto-me agora nauseado diante de tanto armamento. Não consigo nem mesmo me movimentar corretamente, diante de tantos tanques e contatos elétricos que detonam bombas, ao serem tocados.

DAVI — Maldição! Nesse caso, você não consegue mais nem lutar direito. Você mesmo se explodiria. Por que você não me disse isso logo!? Eu quase teria me engalfinhado com você, tal como outrora, como se você ainda fosse um verdadeiro adversário.

GOLIAS — Antigamente, eu teria quebrado a sua cara por falar de uma maneira tão insolente. Mas de algum modo você tem razão. Não tenho mais nenhum valor como adversário. Para dizer a verdade, estou me sentindo tão miserável, que nem mesmo sei mais como é que as coisas vão prosseguir. Toda noite, pesadelos. Isso cansa, nada senão bombas, cadáveres, sufocamentos.

DAVI — E eu queria brigar com esse trapo. Você não é nenhum gigante. Você é um caso para tratamento. Acabou?

GOLIAS — Não completamente. Agora que estamos aqui, você tem de ouvir até o final. Nos últimos tempos, venho tendo um pesadelo recorrente: tenho sonhado que sou um rato que gostaria de morrer, porque a vida se tornou simplesmente pesada demais. Procuro, então, um gato que possa me fazer esse favor. Eu me coloco diante do gato e tento fazer com que ele se interesse por mim, mas ele permanece inerte. "Isso não está certo", digo para o gato, "pois ainda sou jovem e devo ser bastante apetitoso, e, afinal, estou bem alimentado." Mas o gato, como um boi esnobe, responde apenas: "Eu também estou bem alimentado, ou seja, porque eu deveria fazer esse esforço? Isso seria completamente anormal." — Com uma insistência terrível, acabo conseguindo fisgar o gato. "Quero prestar esse serviço para você", ele diz.

"Coloque a sua cabeça na minha boca e espere." Faço, então, o que ele diz. Em seguida, então, pergunto: "Vai demorar muito?" O gato retruca: "O tempo que demorar para alguém pisar no meu rabo. — Precisa ser um movimento reflexo. Mas não tenha medo, vou esticá-lo." O gato estica o rabo peludo e o coloca sobre a calçada. Ouço passos. Dou uma olhadela para o lado. O que eu vejo? Cantando, doze meninas descem a rua vindas do Orfanato Papa Júlio.

DAVI — Deus todo poderoso.

GOLIAS — Acordo regularmente nesse instante, banhado de suor, você pode imaginar algo assim?

DAVI (reflexivo) — Agora está decidido.

GOLIAS — Como assim?

DAVI — Você ganhou. Não consigo contrapor nenhuma história. É horrível o seu estado.

GOLIAS — Realmente? Pois bem, uma vitória na narrativa, algo ao menos.

DAVI — Talvez essa seja a sua última vitória.

GOLIAS — Quem é grande como eu com frequência ainda vencerá.

DAVI — Grande, o que significa isso?[81]

3. O cinismo sexual

> O amor é um passatempo,
> Toma-se para ele o baixo ventre.
> Erich Kästner, *Fabian*, 1931

> Eu faço com a mão, madame...
> Paródia popular

> A mulher é um ser que se veste, tagarela e se despe.
> Voltaire

Os palcos para a aparição e para as caretas do cinismo sexual foram criados pelas ideologias idealistas do amor, que atribuem ao corpo um papel menor na relação com os "sentimentos mais elevados". Seria

---

81. Kurt Kreiler apontou-me a história do suicídio indireto do rato. Encontra-se no capítulo final do romance de Boris Vian *L'Écume des jours* [*A espuma dos dias*], 1946. Em alemão: *Die Gischt der Tage*, Frankfurt, 1980. Eu a alterei aqui, para inseri-la na narrativa de Golias.

necessário escrever um capítulo complicado de história dos costumes e de história psicológica para mostrar em particular como essa cisão entre alma e corpo tanto quanto a construção de uma hierarquia entre os dois se realizaram. Precisamos partir do resultado dessa história, da duplicidade e do dualismo de corpo e alma, coração e órgão genital, amor e sexualidade, em cima e embaixo, ainda que cheguemos a admitir que esses dualismos não precisam significar por toda parte oposições hostis.

No platonismo — que (juntamente com o cristianismo) exerce influências até hoje como a mais poderosa teoria amorosa ocidental — também encontramos do mesmo modo exposta a questão acerca da origem da divisão entre corpo e alma, assim como a questão acerca da cisão entre os sexos; e como Platão não pôde ou não quis desdobrar por muito tempo esse capítulo, serviu-se de uma abreviação. Onde quer que não se esteja disposto a contar uma história de grande alcance, busca-se o auxílio em um pequeno mito, que sintetiza o essencial em imagens. Escutemos o conto de fadas sobre os andrógenos oriundo do *Banquete* de Platão:

No início, assim se encontra formulado no poema mítico que Aristófanes apresenta como membro do grupo, o homem era um ser sexualmente autossuficiente e perfeito, um andrógino com todos os atributos do feminino e do masculino. O homem originário possuía quatro pernas e quatro braços, dois rostos e uma figura redonda como uma bola, assim como os órgãos genitais dos dois sexos. Quem é que se espantaria ao saber que esse animal fantástico e andrógino estava extraordinariamente absorvido por si mesmo? Os deuses invejosos, contudo, pensaram logo em um modo de punir a desmedida (a *hybris*) desse ser. Com uma serra, então, o homem originário foi dividido e separado em dois meio-homens. Esses passaram a se chamar em seguida homem e mulher e foram condenados a correr com uma alma sangrando atrás da outra metade, da qual eles se viram cindidos, a fim de compreender que a parte não é o todo, que o homem não seria deus. Desde então, os dois semi-homens procuram auxílio em Eros, que pode unir aquilo que se mostra como copertinente e restituir o homem a si mesmo.

Essa é uma história sarcástica, que só se pode compreender mal de uma maneira, a saber, concebendo-a como expressão de uma ingenuidade. Na série dos discursos sobre o Eros, o conto de fadas sobre os andrógenos marca a estação irônico-poética, ou seja, um mero momento ou uma fase da verdade. Essa verdade *também* precisa ser com efeito necessariamente assim, mas de maneira alguma ela deve ser expressa *apenas* assim. No diálogo platônico acontece uma decifragem irônica mútua entre poesia e linguagem filosófica: a tradução do entusiasmado no elemento sóbrio e do elemento sóbrio no entusiasmado (o que acontece com muitas mitologias sintéticas que se refletem em uma linguagem racional alternativa). Se nos lembrarmos quanto a cultura grega idealizou e venerou o corpo humano, compreenderemos pela primeira vez de maneira total o cinismo poético dessa história. O narrador serve os seus amigos no banquete com um monstro hinduísta com oito extremidades e dois rostos como a imagem originária de uma figura humana plena, ainda por cima redonda como uma bola, incapaz de andar de maneira ereta, algo para que a ética corporal grega tinha dado tanto valor. Não há como imaginar que figura ele faria nos jogos olímpicos.

O caráter cômico da história revela-se logo que se vê o fato de a plenitude aparecer aqui uma vez mais como falta — como falta justamente de beleza. Por isso, a crueldade dos deuses, que cindiram e separaram o monstro originário narcisista, possui, em verdade, por um lado um sentido punitivo, por outro lado uma perspectiva criadora. Pois em meio à cisão de homem e mulher emerge, de maneira divinamente irônica, ao mesmo tempo a beleza do corpo humano. Só essa beleza pode indicar a direção para um amor ansioso. Antes da cisão, o ser circular ainda não tinha como experimentar o amor, pois a beleza ainda não se fazia presente nele, a beleza à qual vale a pena aspirar no amor. Por isso, é só na unidade segunda, emergida da primeira unidade daquele que foi cindido, que uma perfeição real se mostra como possível, uma perfeição que ainda faltava na primeira unidade, por falta de beleza. A partir daí, Eros, o deus do prazer com a fusão e da embriaguez com a beleza, precisa entrar concomitantemente em jogo, se é que a unificação deve acontecer.[82] Somente depois da divisão é que corpos humanos podem se abraçar e entrelaçar mutuamente com prazer.

Uma estranha imagem: imaginemos uma roda de gregos inteligentes, entusiasmados com Eros, com o deus que impele um para o outro o homem e a mulher, mas que não admitem a entrada aí de nenhum representante

---

82. Dialética da perfeição: mesmo no perfeito ainda há uma falta; a perfeição do início precisa ser excedida, por isso, pela perfeição do fim, atravessando uma perturbação. Isso constitui uma figura fundamental de fantasias dialéticas de movimento: um primeiro ápice, "perdido", é reconquistado na ascensão para um segundo ápice, mais elevado.

do sexo feminino. No banquete, na esfera pública, na academia, por toda parte, os homens estão entre si juntamente com as suas teorias eróticas. Eles estão realmente entre si? Será que eles têm a sensação de que o lado feminino não estaria representado em sua roda? Será que eles sentem uma falta de opostos, de estímulos, de objetos de amor e de metas para a nostalgia ao se mostrarem entre si? Não o parece. Sentem-se manifestamente plenos, tanto em um aspecto intelectual quanto em um aspecto sexual. Como uma sociedade fechada de homens, eles gozam da consciência de um grupo completo que se locupleta, no qual estão presentes o elemento masculino e o elemento feminino, o rígido e o flexível, o que dá e o que toma, etc. Na roda de amigos de um mesmo sexo, todas as forças do sexo oposto estão presentes, e aquilo que parece ser uma comunidade homossexual abriga em si um espectro amplo de experiências bissexuais. É somente assim que se consegue ter presente a ressonância própria ao platonismo originário. Uma atmosfera vibrante de uma disposição compreensiva preenche a academia, esse templo de amizades entre homens inteligentes; a exigência por compreensão conquista entre eles o mesmo colorido sonoro que a exigência entusiástica por uma amada, e a própria compreensão pode ser vivenciada como a embriaguez amorosa que leva o eu habitual a desaparecer, porque algo maior, mais elevado, mais abrangente se coloca em seu lugar: o entusiasmo, o instante divino interior. É preciso ter visto algum dia latinos ou mediterrâneos dançando uns com os outros para entender isso, essa hora gloriosa de uma bissexualidade ingênua e clara, na qual força e ternura se unem. Entre o mestre e os discípulos, essa vibração esteve com certeza presente, essa vibração com a qual a alma mais jovem, ao ver o ardor espiritual e a presença de espírito do mestre, prevendo desdobramentos e um futuro próprio, estende suas asas e se experimenta, para além de si mesmo, em uma grandiosidade vindoura e presente, garantida pelo mestre como por alguém realizado. O fluido erótico dá à escola o seu estilo inconfundível. Ele forja o espírito dos diálogos que, em meio à fala e à resposta à fala, são atravessados por um sim erótico-dialético a todas as posições e aplicações da consciência. Com seu movimento cômico das opiniões, o diálogo cai em um fluxo que, por meio de desbloqueios enérgicos e assombrosos das cabeças, libera a consciência para uma experiência das experiências, para aquela intensificação extática, que reluz ao mesmo tempo como verdade, como beleza e como um bem na alma.

Os perigos de uma teoria amorosa tão exaltada são claros. Como filosofia da amizade, ela permanece ligada à atmosfera de um círculo mais estreito e, junto a toda e qualquer transposição para o universal, precisa parecer em parte incompreensível, em parte irracional, em parte repressiva. Como erotismo idealista, ela precisa se mostrar para todos aqueles que não pertencem ao círculo de amigos como um fanatismo gasto. Destacado do campo de força erótico da escola, o platonismo passa a se mostrar como um sermão marcado por uma espiritualização insossa. O amor à sabedoria torna-se a partir daí cada vez mais assexuado, perde o baixo-ventre e seu cerne energético. Com a decadência do platonismo e a sua transformação em meras letras idealistas, a filosofia experimenta transtornos de potência e, na época da cristianização sob o patrocínio da teologia, se torna completamente um movimento eunuco organizado. As reações materialistas não podem ficar de fora. Por conta de seu direcionamento impulsionador, elas possuem uma qualidade *kynikē*. Ora, mas como homens e mulheres experimentam as presunções do idealismo masculino de uma maneira diversa, precisamos considerar duas réplicas *kynikai* diferentes para a desconsideração idealista do corpo. De fato, para as duas há exemplos elucidativos: o *kynismos sexual* está em jogo quando Diógenes se masturba diante de todos os olhares, e também o está quando donas de casa ou heteras deixam filósofos por demais argutos pressentirem a presença de poderes femininos.

1. Diógenes em meio ao onanismo público: com esse fato começa outro capítulo da história sexual. Nesse primeiro *happening* de nossa civilização ocidental, o antigo *kynismos* mostra as suas garras mais afiadas. Essas garras são ao mesmo tempo culpadas pelo fato de, na terminologia cristão-idealista, a palavra "cínico" designar um homem para o qual nada mais é sagrado, um homem que se declara como não sendo mais capaz de se envergonhar com nada e que corporifica o "mal" com um riso sardônico. Quem gostaria de entoar um encômio em nome do amor elevado, em nome do companheirismo das almas, etc., depara-se aqui com uma contraposição radical. É isso que nos ensina a autossuficiência sexual como possibilidade originária do indivíduo singular. Não é apenas o casal oficialmente sancionado que tem a chance de satisfazer seus desejos sexuais, mas também o homem particular, o masturbador risonho na praça do mercado de Atenas. O onanismo plebeu é tanto uma afronta ao jogo aristocrático de alma a alma quanto às relações de amor, nas quais

o particular se entrega, sob o jugo da relação, em virtude da sexualidade. O *kynikos* sexual contrapõe a isso desde o início um onanismo não sobrecarregado por escrúpulos.

Tão logo o *kynikos* encontra alguém disposto a acentuar o fato de que ele não é um animal, Diógenes toma o seu membro e o retira da toga dizendo: isso é animal ou não? E, afinal, o que é que você tem contra animais? Quando alguém procura convencer o homem de que ele não teria uma base animal, o *kynikos* acaba demonstrando ao seu adversário como é curto o caminho da mão até o membro? Não foi somente por meio de seu andar ereto que o homem se viu em condições de sustentar suas mãos exatamente na altura de seus órgãos genitais? Visto antropologicamente, o homem não é o animal que se masturba? Será que não temos senão como supor genericamente que a sua consciência autárquica surgiu da consequência acima mencionada do andar ereto? Em todo caso, essa complicação anatômico-filosófica foi poupada aos quadrúpedes. De fato, a masturbação acompanha a nossa civilização como um "problema" tanto intimamente filosófico quanto moral. No campo libidinoso, ela significa o mesmo que a autorreflexão no âmbito intelectual. Ela estabelece ao mesmo tempo uma ponte entre o *kynismos* masculino e o *kynismos* feminino, em particular o *kynismos* que se pode observar hoje nos movimentos femininos. Nesse caso, também o onanismo vige como um expediente da emancipação. Aqui também ele é considerado como um direito, do qual as pessoas lançam mão como uma alegria que não se precisa agradecer a ninguém, como algo que é elogiado e praticado.

2. Falar de um *kynismos* feminino é um empreendimento metodologicamente delicado, porque a história da "consciência feminina" só se acha indiretamente documentada no caso de toda a época mais antiga, só por intermédio das tradições masculinas. De qualquer modo, algumas anedotas nos foram legadas e abrem um espaço para que possamos ao menos investigar uma perspectiva *kynikē*-feminina. Naturalmente, trata-se, em princípio, de histórias contadas a partir da perspectiva masculina, que lançam desde o início um olhar cínico-senhoril sobre as imagens femininas: histórias da mulher como puta e como esposa pérfida em forma de dragão. No entanto, por vezes uma pequena mudança no ângulo de visão é o bastante para as mesmas anedotas passarem a mostrar um sentido pró-feminino. Em geral, elas refletem cenas típicas oriundas das "guerras entre os sexos", nas quais vem à tona o fato de o

Hans Baldung Grien, *A beleza faz vibrar o seu chicote sobre a sabedoria*, xilogravura, 1513.

homem recair na posição do mais fraco. Isso lhe acontece fundamentalmente em dois âmbitos: o âmbito da dependência sexual e o da condução da administração doméstica.

Um primeiro exemplo nos é dado pelo grande filósofo Aristóteles no papel de um louco apaixonado. Uma anedota conta-nos que Aristóteles se apaixonou certa vez tão perdidamente por uma hetera ateniense chamada Fílis, que perdeu toda vontade própria e se entregou aos seus caprichos de maneira totalmente irrefletida. Assim, a célebre prostituta ordenou ao pensador que ficasse de quatro na sua frente. Ele, então, voluntariamente submisso, se deixou fazer de bobo e obedeceu; com humildade, agachou-se e serviu à sua senhora como animal de carga. Esse tema anedótico[83] é registrado por Hans Baldung Grien no ano de 1513 — no tempo de Eulenspiegel — segundo o *Lai d'Aristote* de um poeta francês medieval. O filósofo de barbas brancas se encontra ajoelhado, com o olhar voltado para o observador da imagem, andando de quatro em um jardim cercado por um muro, enquanto Herphyllis se senta em suas costas com as largas nádegas e a barriga protuberante: na mão esquerda, o arreio que atravessa a boca do pensador com a cabeça erguida, e, na direita, em dedos pequenos, finamente separados, um elegante chicote de montaria. Diferente do filósofo humilhado que olha de maneira penetrante para o observador, ela olha para o chão. Sobre a sua cabeça, de lado, uma touca antigamente usada na Alemanha. Seus ombros caídos, seu corpo um pouco pesado, gordo e melancólico. O sentido *kynikos* da história é: a beleza faz vibrar o seu chicote sobre a sabedoria, o corpo vence a razão; a paixão torna o espírito dócil; a mulher nua triunfa sobre o intelecto masculino; o entendimento não tem nada a oferecer contra o poder de convencimento de peitos e ancas. Naturalmente, vêm à tona aqui os clichês femininos usuais. Porém, o acento não reside de qualquer modo nesses clichês, mas no fato de eles circunscreverem a chance de um *poder* feminino. No quadro de Grien, o fator da reflexividade do filósofo passou para a companheira. Em verdade, ela também é "apenas uma puta", e, contudo, não é de modo algum uma "pena que ela seja apenas uma puta". Ela lança mão, com isso, de uma possibilidade de soberania própria. Quem cavalga Aristóteles pode ser certamente uma mulher perigosa, mas é certamente uma mulher que permanece sublime para além de todo desprezo. O fato de uma Fílis se dispor a cavalgar o homem arguto deve servir de advertência para esse homem, mas precisa lhe permitir ao mesmo tempo elaborar a experiência de onde isso pode lhe conduzir. Com a cabeça virada pensativamente para o lado, ela vê chegar aquilo que ele, embaixo, parece ainda temer; para ela, está claro que tudo isso é apenas o início e Aristóteles não

---

83. Não aparece apenas na tradição europeia, mas também é tratado nas lendas hinduístas e budistas.

permanecerá por muito tempo em uma posição tão estúpida. Com efeito, para ele, as coisas começam de quatro. Mas se ele é tão inteligente quanto se diz, acabará nas costas da mulher.

Quanto mais inteligente é um homem em sua profissão, tanto mais tolo ele é em casa; quanto mais considerado ele é pelo âmbito geral, tanto mais desprezível ele se mostra entre as quatro paredes de seu próprio quarto. Essa poderia ser considerada a moral das histórias de Sócrates e Xantipa, se tentarmos lê-las a partir de uma perspectiva *kynikē*-feminina. O filósofo não entrou para a história apenas por causa de sua habilidade em levantar questões e em conduzir diálogos penetrantes, mas também por causa de seu casamento exemplarmente terrível com Xantipa. Desde o momento em que sua esposa lhe preparou um inferno doméstico na Terra, Xantipa deixou de ser um mero nome próprio, para se tornar um nome genérico para designar esposas tirânicas e briguentas. Mas não é preciso mais do que um movimento do olhar para ver sob uma outra luz a relação entre Sócrates e Xantipa: Xantipa, a malfeitora, aparece, então, muito mais como a vítima de seu aparente sacrifício, e esse sacrifício torna-se reconhecível de uma maneira significativa como o criminoso "propriamente dito". Considerando-se a partir de um ponto de vista atual, tudo fala em defesa de Xantipa contra a sua má fama. Precisamos de fato nos perguntar como Sócrates conseguiu chegar a uma tal miséria matrimonial e essa questão pode ser colocada em múltiplas variações. Se Xantipa sempre tinha se mostrado do modo como a lenda socrática nos relata, então é difícil compreender o nosso grande filósofo, uma vez que ele teria sido com isso demasiado relaxado ao tomar justamente ela e nenhuma outra mulher como esposa. Ou será que, irônico como era, teria pensado: uma mulher rabugenta é justamente aquilo de que precisava um pensador? Se tivesse reconhecido a sua "essência" desde o princípio e a aceitado, então esse fato falaria em favor de um comportamento matrimonial miserável, pois teria imputado a uma mulher durante toda a sua vida uma convivência com um homem que, em todo caso, evidentemente a tolerava, mas não a apreciava. Se as coisas fossem de outro modo, ou seja, se Xantipa só tivesse se transformado em uma mulher assim no interior do casamento, como se costuma ler, então com maior razão ainda o filósofo seria visto sob uma luz desfavorável, porque ele mesmo precisaria ter fornecido inexoravelmente as causas do dissabor de sua mulher, sem ter se interessado por isso. Por isso, como quer que se pense a história, o estado de humor de Xantipa recai de um modo ou de outro sobre Sócrates.

Esse é um problema filosófico autêntico: como é que o pensador e questionador *não* conseguiu resolver o enigma do mau humor de Xantipa? O grande maieuta da verdade estava evidentemente sem condições de abrir a boca para a fúria de sua mulher e ajudá-la a ganhar uma voz na qual essa fúria tivesse podido expressar as razões e o direito de seu comportamento. O fracasso de um filósofo não consiste com frequência em respostas falsas, mas em sua incapacidade de levantar questões, e no fato de ele negar o direito a certas experiências de se transformarem em "problema". As suas experiências com Xantipa precisam ter sido desse tipo: uma miséria que não alcança a dignidade de entrar no monopólio masculino do problema. Um filósofo fracassa quando suporta o mal do qual ele mesmo é culpado como um mal dado naturalmente. Sim, sua capacidade de suportá-lo "sabiamente" é ela mesma um escândalo intelectual, um abuso da sabedoria em favor da cegueira. Em Sócrates, parece, esse abuso se vingou imediatamente. Onde um filósofo não consegue deixar de equiparar a humanidade com a masculinidade, a reação do real se manifesta em seu inferno matrimonial privado. As histórias sobre isso também possuem, ao que acho, um sentido *kynikos*. Elas revelam o fundamento efetivamente real do celibato filosófico-clerical em nossa civilização. Um determinado tipo dominante de idealismo, segundo o qual a filosofia e a grande teoria só seriam possíveis caso se consiga escapar sistematicamente de um "outro tipo" determinado de experiências.

Do mesmo modo que não se pode falar do cinismo estatal europeu sem tratar da ética cristã, também não se pode falar em nossa cultura de cinismo sexual sem falar da lida cristã com a sexualidade. Os gestos "cínicos" propriamente crassos não podem emergir senão sobre uma base de idealismo e repressão: idealismo repressivo. Como a moral sexual cristã é construída sobre mentiras sublimes, o dizer-a-verdade-contra-isso obtém um traço agressivo, em parte satírico, em parte blasfemo. Se a Igreja Católica não tivesse afirmado que Maria tinha dado à luz virgem a Jesus, então inúmeros homens, furiosamente satíricos, não teriam tido a ideia de sujar a boca com esse tipo raro de virgens. *Santissima puttana*! Engravidar do Espírito Santo por si só já é verdadeiramente uma enorme façanha! Naturalmente, gostar-se-ia muito de saber como é que o Espírito Santo se comporta nesse caso e como é que a pomba branca, o mais estranho de todos os pássaros, escapa desse negócio. O Espírito Santo já não é espiritualizado demais? Ele o realiza com a mão da providência?

Basta com relação a isso. Piadas desse tipo surgem na mitologia cristã com uma necessidade marcada quase por uma lei natural. Logo que o idealismo retesa o arco, o realismo reage blasfemicamente. Pode-se até mesmo ponderar, como o fizeram alguns psicanalistas, se na estrutura psíquica do homem cristão-ocidental, um homem que cresceu sob a auréola de uma madona-mãe, uma fase cínico-sexual não seria francamente inevitável: pois em algum momento vem à cabeça de todo jovem a ideia de que mesmo sua mãe teria sido a "puta de seu pai".

A metafísica dualista cristã oferece efetivamente uma chance para a afirmação irrestrita do lado sexual e animalesco do homem? O corporal e, com maior razão ainda, o prazeroso teriam caído desde o início do lado errado? Esse tema não se esgota com a queixa contra esse dualismo cristão hostil ao corpo. E isso por duas razões: em primeiro lugar, porque houve na própria religião cristã tentativas notáveis de "cristianizar" o corpo e até mesmo a união sexual e, com isso, trazê-los para o lado do "bem"; em segundo lugar, porque há evidentemente uma antiga tradição de uma cínica dupla moral, na qual chama a atenção, em particular nos clérigos, o fato de, para dizer com as palavras de Heinrich Heine, eles beberem vinho em segredo e pregarem publicamente a água.

Se há no rito cristão algo assim como um "ponto fraco" previamente delineado para o princípio do prazer corporal, então esse ponto fraco está na liturgia da ceia e da Páscoa. Com a ideia da ressurreição de Cristo oferece-se uma chance para a ressurreição da carne crente em meio a uma sevícia sagrada. Documentos particulares oriundos de um tempo cristão primitivo parecem demonstrar o fato de se ter festejado de maneira consequente em termos corporais o banquete do amor. Um relato contemporâneo a esses documentos descreve práticas de uma seita gnóstica oriunda do Oriente Próximo no século IV d.C. Apesar de cristãos, eles adoravam um deus que possuía uma irmã de nome Barbēlō, que tinha dado a vida por sua vez a um filho, Sabaoth. Quando esse filho se rebelou contra a autoridade de sua avó e de seu avô, a fim se alçar ao domínio do mundo, Barbēlō começou a seduzir com seus encantos sensíveis os sacerdotes e a reunir em si a força vital dispersa entre as criaturas por meio do acúmulo do sêmen humano em seu corpo. Em uma carta indignada e precisa ao Bispo de Alexandria, um padre cristão, o caçador de hereges chamado Epifânio, que tinha se introduzido secretamente em um dos festejos em torno de Barbēlō, registrou o transcurso de tal liturgia:

Eles dividem suas mulheres entre si e, logo que um estranho se aproxima, os homens dão às mulheres assim como as mulheres aos homens um sinal de reconhecimento; no que estendem uns aos outros as mãos e acariciam as superfícies internas, e assim sinalizam que o recém-chegado é um membro de sua religião. Depois de se reconhecerem assim mutuamente, sentam-se à mesa. Servem-se com pratos selecionados, comem carne e bebem vinho; até mesmo os pobres. Quando se sentem satisfeitos e suas veias, se é que posso falar assim, estão preenchidas da força adicional, eles passam para os excessos. O homem deixa o lugar ao lado de sua mulher e lhe fala: "Levanta-te e realize o ágape (a união amorosa) com o irmão!" Os infelizes começam, então, a praticar a luxúria uns com os outros, e, apesar de eu corar só em pensar na descrição de suas práticas impuras, não me envergonho de qualquer modo de exprimi-las, uma vez que eles também não se envergonham de cometê-las. Depois de se reunirem, então, voltam suas vergonhas para o céu, como se esse crime de prostituição não lhes fosse suficiente: homem e mulher recolhem com suas mãos o sêmen do homem, se adiantam, com os olhos virados para o céu, e sacrificam a vergonha em suas mãos ao Pai com as seguintes palavras: "Nós sacrificamos a ti esse dom, o corpo de Cristo." Em seguida, comem o esperma e compartilham com todos os outros o próprio sêmen com as palavras: "Esse é o corpo de Cristo, essa é a festa da Páscoa, pela qual sofrem nossos corpos e pela qual nossos corpos confessam a paixão de Cristo." Fazem exatamente o mesmo com a menstruação da mulher. Recolhem o sangue de sua impureza e o compartilham da mesma maneira, dizendo: "Esse é o sangue de Cristo." Em todos os seus inúmeros excessos, contudo, ensinam que não se tem o direito de colocar nenhuma criança no mundo. É por pura perfídia e arrogância que realizam esses atos vergonhosos. Eles cometem o ato da volúpia até a satisfação, mas colhem seu esperma, para impedir que chegue a uma próxima penetração. Então, degustam o fruto de sua vergonha (...). Logo que um deles deixa involuntariamente que o seu sêmen penetre fundo demais e a mulher engravida, veja bem que atrocidade ainda maior cometem! Assim que conseguem alcançá-lo com os dedos, arrancam o embrião, retiram o abortado e o trituram em uma espécie de almofariz, misturado tanto a mel, pimenta e diversos temperos quanto a óleos aromáticos, a fim de superar a contrariedade. Em seguida, reúnem-se, verdadeira comunidade de porcos e cães, e cada um deles comunga com o seu dedo, comendo dessa pasta de aborto. Assim que a "ceia" termina, concluem o festejo com a oração: "Nós não permitimos ao Senhor Supremo da volúpia jogar conosco o seu jogo, mas absorvemos em nós o passo em falso de nosso irmão." Isso significa aos seus olhos o festejo de Páscoa perfeito. Para além disso, praticam ainda todos os tipos de atrocidades. Quando caem em êxtase em suas reuniões, mancham suas mãos com a vergonha de seu sêmen, distribuem-no por toda parte e oram com as mãos sujas, com o corpo completamente nu, para obterem por meio desse ato um livre acesso a Deus.

(Segundo J. Attali, *L'Ordre cannibale*, Paris, 1979, pp. 52-53).

A própria testemunha já nos oferece a expressão exemplar: "uma verdadeira comunidade de porcos e cães." Encontramo-nos em um terreno *kynikos*. Esse documento, ainda que ele não possa ser tão facilmente tomado como muito representativo, demonstra a presença de um *kynismos* sexual cristianizado radical: não mais o *kynismos* inicial e simples dos filósofos gregos com as suas masturbações públicas e as suas núpcias, mas já um *kynismos* artificial e religiosamente enredado, que faz concessões com seus aspectos perversos à religião cristã. Mas por mais estranhos que possam ser esses predicados, o choque principal provocado por sua descrição não reside no detalhe, mas no fato, de resto impensável, que transparece de maneira reluzente no todo: há uma orgia cristã, um deixar-se levar desenfreado, inocente, sim, sagrado e selvagem, assim como um retorno aprazível a Deus por meio de sumos masculinos e femininos. Ao menos dessa vez, o cristianismo se mostrou como uma mistura nua e crua de corpos cristãos embriagados, que celebram seu prazer. É isso que faz com que Epifânio enrubesça. Pairam dúvidas, de qualquer modo: o que está em questão é pudor ou o enrubescimento daquele que se acha contaminado pela ausência de vergonha? De uma forma ou de outra, porém, a contaminação chega a tal ponto que, como sacerdote, ele ousa registrar tais coisas. Já o modo como ele mesmo se comportara em meio ao sexo grupal sagrado permanece sendo o seu segredo. O bispo de Alexandria não precisava saber de tudo. Ainda mais chocante talvez seja, contudo, o fato de o filho de Deus ser substituído aqui por uma filha, que é descrita como a antípoda da gestante divina Maria. Barbēlō é a cona de Deus que sorve, reúne e deixa fluir, enquanto não há como deixar que a virgem Maria paire suficientemente sem ventre sobre os altares católicos.[84] Temos aqui um extremo alternativo no interior das possibilidades da mitologia

---

84. Epifânio chama a atenção por ser um dos primeiros sacerdotes a ter um trejeito mariano. Cf. a interpretação de Theodor Reik, Der heilige Epiphanius verschreibt sich: Eine Fehlleistung vor sechzehnten Jahrhunderten [O santo Epifânio comete um erro de grafia: um ato falho há dezesseis séculos]. In: *Der eigene und der fremde Gott: Zur Psychoanalyse der religiösen Entwicklung* [*O Deus próprio e o alheio: para a psicanálise do desenvolvimento religioso*], Frankfurt s/o Meno, 1975, pp. 37-56.

cristã. E se o sangue da mulher é equiparado ritualisticamente ao sangue de Cristo, então a libertação gnóstica do corpo feminino se lançou ousadamente muito para além daquilo que a mística feminista moderna poderia sonhar.

Em conexão com a descrição citada do ritual de Barbēlō, também nos foi legado o fato de que, com base na acusação feita por Epifânio ao bispo de Alexandria, oitenta gnósticos foram excomungados. Podemos considerar esse fato uma referência às oportunidades e aos destinos históricos de grupos gnósticos entre outros, que tentaram realizar o mandamento do amor de Cristo "psicossomaticamente" e superar o dualismo com os meios da metafísica dualista. Onde tais fenômenos emergiram, foram em geral eliminados violentamente.

Na Alta Idade Média, até o ponto em que se pode dizer alguma coisa em relação a tradições tão fragmentárias e secretas, parecem ter sido redescobertas as possibilidades de uma sexualidade cristianizada. Na linguagem do "amor" místico de Deus impõe-se uma metafórica erótica, na qual é só especulativamente que se pode distinguir a parcela significativa figurada da literal. Se a lírica amorosa ousa vez por outra se lançar até o limite da blasfêmia, equiparando a aparição da amada com a irrupção do dia da Páscoa, então não se sabe o quão diretas ou indiretas podem ter sido as ligações entre tais ousadias carnais linguísticas e possíveis. Também não se sabe exatamente quais foram as consequências sexuais que a mística das fraternidades do espírito livre retirou para si.[85] É só no momento em que se percebe que as mulheres, nos contos da Alta Idade Média, chegaram à conclusão de que o soldado não era um amante tão bom quanto o clérigo, e pode-se ter certeza de que essa afirmação foi corroborada por meio de uma aplicada observação.

Na época burguesa, o palco para o cinismo sexual foi instalado de uma forma nova. A burguesia não levanta pretensões à hegemonia cultural sem erigir ao mesmo tempo um modelo próprio de amor ideal: o casamento amoroso. Inúmeros romances prestam a sua contribuição para cunhar de maneira inextinguível os moldes do idealismo burguês erótico nas cabeças do público leitor, em particular do público leitor feminino. Com isso, surge um abafamento cultural de uma medida inaudita. Pois se por um lado a "alma burguesa" gostaria de tomar parte nas alegrias do

---

85. Cf. Norman Cohn, *Das Ringen um das Tausendjährige Reich* [A luta pelo império milenar], Berna, 1961.

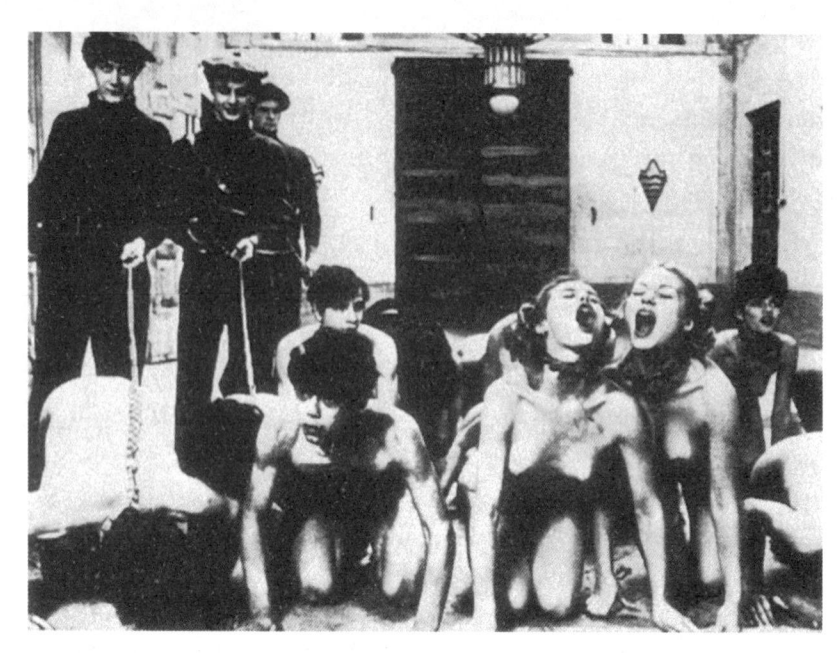

Cena de *Saló ou os 120 dias de Sodoma* de P. P. Pasolini, baseado no romance do Marquês de Sade. A pornografia tardo-aristocrática desvela o cerne de violência da sexualidade. Para desenvolver a conexão entre desinibição, terror e discrição, ela direciona o excesso para espaços fechados. Sade põe um fim à época do erotismo aristocrático, um erotismo que começou com o idealismo amoroso, em meio a um materialismo da violentação.

amor e é ávida por experimentar o seu impulso aventureiro, vitalizante, fantástico e até mesmo sensível e apaixonado, por outro precisa cuidar para que o amor permaneça rigorosamente voltado para o casamento, de modo que o "lado animal" não desempenhe nenhum papel e, em um caso extremo, o elemento corporal possa ser absorvido como "expressão" da paixão da alma. Esse idealismo erótico laico (não são de modo algum os clérigos que o pregam) estimula e faz com que antíteses cínico-sexuais venham à tona em dimensões francamente epidêmicas. O cidadão é, tanto em questões sexuais quanto em muitas outras questões, um quase-realista que arrisca certamente uma olhadela para o efetivamente real, sem se distanciar, por isso, de suas idealizações e de seus fantasmas valorativos. Por isso, os seus ideais são constantemente corroídos por pressentimentos realistas, e é essa tensão que torna o homem burguês particularmente sensível para a piada cínico-sexual, para o realismo sujo do buraco da fechadura e para a pornografia. Para o burguês, o que está em questão é "manter no alto os seus valores", sem esquecer por isso como as coisas se dão "embaixo na realidade efetiva". Por isso, o sorriso cínico; entende-se das coisas; conhece-se o *métier*; eu também estive na Arcádia. Mas esse não é o "nosso nível". Ninguém conseguirá que confundamos tão facilmente o alto com o baixo. Em verdade, o burguês não deixa de gostar de visitar o bordel e se convence da existência de um denominador comum entre putas e damas. A realidade efetiva, porém, permanece isolada, as diferenças são defendidas. Com certeza, trata-se da estratégia cultural da literatura e da arte burguesas apossar-se da esfera pública com o auxílio da exposição do privado. Ao mesmo tempo, contudo, constrói-se uma barreira entre o privado idealizado e o privado animalesco; se o cidadão se sabe por trás de uma cortina, então ele é em sua animalidade mais cínico do que *kynikos*, mais porco do que cão. Sabe diferenciar o humano do demasiado humano. Pode admitir por um lado plenamente a existência de "fraquezas humanas"; por outro lado, porém, está decidido a manter a "postura", ou, para falar como Bismarck: "Educação até o último degrau da forca." Tentou-se até mesmo estabelecer uma definição de dama de acordo com o fato de ela saber ou não fazer a "cara certa", quando em sua presença se conta uma piada machista. A cara certa é aquela que revela tanto experiência quanto "altivez". Da formação de uma dama faz parte constitutivamente o tom irônico e tolerante na lida com o cinismo masculino inevitável.

Por meio da psicanálise, habituamo-nos a ver um esclarecimento psicológico em uma ligação com um esclarecimento sexual. Nisso há algo de verdadeiro e falso. Correta parece ser a tentativa psicanalítica de superar o semirrealismo burguês em meio a questões sexuais e transformá-lo em um realismo pleno. Falsa, contudo, é a tendência da psicanálise de confundir o secreto e o inconsciente. Naturalmente, a sexualidade constitui um âmbito no qual essa confusão se impõe francamente. Se de sua parte a psicanálise começou a investigar de maneira interpretativa o assim chamado inconsciente, ela se entregou, em verdade, àquele âmbito que tinha constituído na sociedade burguesa o tema secreto *par excellence*: levou a sério a autoexperiência e a autossuspeita do burguês como *animal*. Passou a neutralizar o campo sexual e animalesco, e a retomá-lo na esfera das coisas não secretas. Por isso, em meio ao estudo de publicações psicanalíticas, leitores contemporâneos podiam se perguntar se esses textos deveriam ser classificados como pertencendo ao gênero ciência ou ao gênero pornografia. Tanto analistas quanto pacientes debatem-se há duas gerações com a tendência

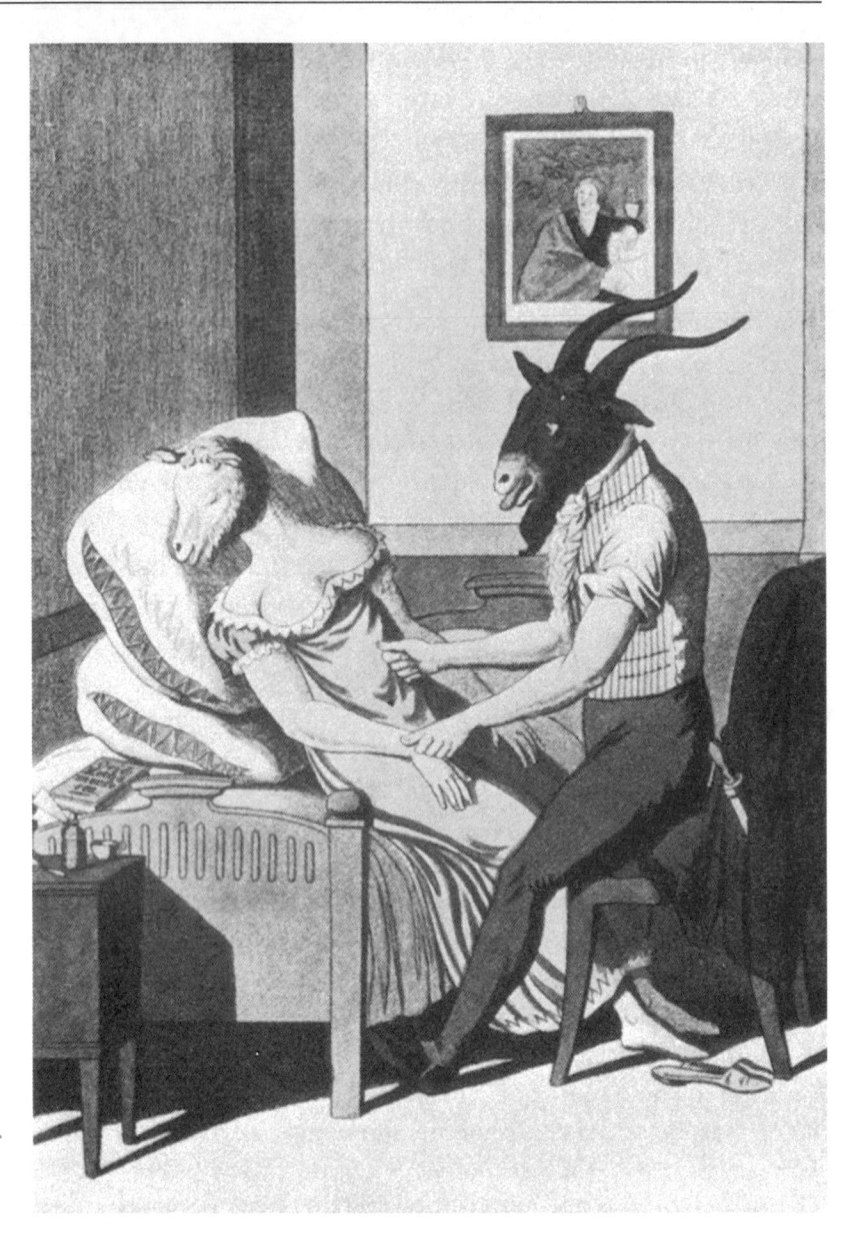

Magnetismo animal para pensadores e espíritos crédulos. Caricatura de Michael Voltz (?). A suspeita de animalidade ante si mesmo por parte de indivíduos burgueses cria o quadro cultural para a moderna psicologia profunda.

à confusão do secreto com o inconsciente. Pois o arejamento dos segredos sexuais na cultura tardo-burguesa como um todo não levou de modo algum à desneurotização da sociedade, porque os segredos sexuais patogênicos só constituem uma parcela mínima do inconsciente individual e social.[86]

A psicanálise é um híbrido histórico. Com a sua fundamentação patológico-sexual, olha para o passado; com a sua convicção de que o inconsciente seria algo produzido, olha para o futuro. Seguindo o modo de ser de um detetive cultural, fez surgir uma certeza a partir da suspeita burguesa primeva: a de que o homem repousa no animal. Justamente com essa suspeita vivem os homens da sociedade burguesa no mínimo desde o século XVIII, homens que tinham começado com uma domesticação definitiva do animal interior por meio da razão, do esclarecimento e da moral, mas que, como um derivado dessa domesticação, viram emergir entre si uma sombra animal cada vez maior e mais ameaçadora. Somente o homem completamente civilizado, "desanimalizado", recairá em tal tenaz e fantasmagórica suspeita de si em relação à sua interioridade e à sua parte inferior. Essa suspeita de si própria ao burguês-animal arde na literatura romântica, com todas as suas metáforas mais sombrias e secretas sobre o abismo animal voltado para o interior e para baixo. Os românticos sabem que dois caminhos se encontram abertos: um segue sob uma luz burguesa, outro se embrenha em abismos não burgueses. O primeiro se casa, se torna um homem bom, tem filhos e desfruta dos momentos de paz dos burgueses. Mas o que ele sabe, afinal, da vida?

> Para o segundo cantavam e mentiam
> As sereias que atraíam no fundo mil vozes,
> E o arrastavam nos deleites encantadores
> De um abismo que soava colorido.
> (Quarta estrofe do poema *Os dois companheiros* de Joseph Freiherr von Eichendorff, 1818)

O segundo é o outro interior, o animal que sempre pode ser solto, que ousa descer aos próprios segredos e despenhadeiros da alma — aos abismos coloridos do prazer animal. Só o homem que tenta banir em si mesmo completamente o elemento animal presente em si próprio o crescimento de um perigo, com o qual é aconselhável lidar de maneira

---

86. Sinto-me desconfortável em deixar as coisas em meio a essas insinuações. O tema por si daria um livro. Espero em um trabalho futuro poder escrever mais longa e convincentemente.

Somente para assinantes.

cuidadosa. Uma variante de tal cuidado vem ao nosso encontro no vocabulário psicanalítico, que designa o âmbito da periculosidade animalesco "reprimida" com uma expressão efetivamente de domador como "o inconsciente". A psicanálise tem algo de uma ciência da domesticação pseudomedicinal em si, como se o que estivesse em questão fosse prender "o inconsciente" nas cadeias das intelecções.

SEÇÃO PRINCIPAL FENOMENOLÓGICA

"A pornografia burguesa traz à tona o aspecto mercadológico da sexualidade. Com uma *indiscrição* principal ela explode os espaços fechados, transforma *nudez* e ser *passível de compra* em sinônimos e leva drogas visuais para o 'mercado livre'. 'Bordelização das cabeças' como relação de produção? (Cf. o capítulo "Cinismo da troca")".

357

Quando se fala de uma "química sexual" e trata do orgasmo como o alívio de uma tensão, é difícil não pensar em homens em um bordel, que não chegam nem mesmo a baixar as calças ao fazer "amor", porque tudo não passa de um "alívio". Mesmo isso é uma tranquilização, uma moderação, uma coisificação e uma redução injustificadas da sexualidade. A sexualidade mostra-se como a contrapartida involuntária ante a demonização tão injustificada quanto inevitável do âmbito interno secreto, cuja expressão encontramos, bem no início da cultura burguesa, junto aos românticos. Eles criaram o palco no qual a demonologia do "inconsciente sexual" começou o seu jogo. O demônio não é nenhum outro senão o animal. O romântico Eichendorff enunciou de maneira mais clara do que o cientista neorromântico Sigmund Freud o que seria o "inconsciente" em sua essência: "Evita, porém, despertar o *animal selvagem* em teu peito, para que ele não irrompa repentinamente e dilacere a ti (mesmo)." (*Schloss Dürande* [O castelo Dürande])

Diante do século XIX, um século cujas psicologias do inconsciente são a expressão, a situação cultural da burguesia tardia se alterou notavelmente. Nenhum contemporâneo acredita ou pratica ainda a divisão entre amor ideal e amor animal. Com isso, cai por terra um pressuposto elementar para os ataques *kynikoi*-sexuais. Nem o "homem/mulher" ri de "piadas sujas", nem a pornografia possui uma mordedura agressiva qualquer. As duas coisas mostram hoje um lado totalmente atrasado. Mas seria ingênuo achar que, com isso, o jogo estaria terminado. Se o *kynismos* se fez valer, é possível encontrar uma vez mais cínicos que, como antes, continuam fazendo negócios sujos, com a diferença de que agora a verdade não se mostra mais como "suja". O choque pornográfico passou, em verdade, de uma vez por todas, mas o negócio pornográfico continua existindo e florescendo. Há muito não há mais na pornografia tardo-burguesa nenhuma fagulha de fatura pessoal marcada por inibições, idealismos eróticos e tabus sexuais. Ao contrário, ela produz conscientemente uma consciência que ficou para trás, na medida em que cita, piscando os olhos, o tabu *como-se*, a fim de quebrá-lo com um gesto próprio ao esclarecimento. O cinismo de nossa imprensa devotada aos seios e às pernas femininas não consiste de maneira alguma no fato de expor mulheres nuas mais ou menos bonitas à consideração geral, mas de restaurar com isso relações entre os sexos que se revelam incessantemente como ultrapassadas e trabalhar com um alto grau de conscienciosidade em função de embrutecimentos refinados. Por isso, há hoje um impulso *kynikos*, iluminista e realista em alguns grupos feministas que, por ocasião de manifestações públicas, assumem a forma de vitrine de *sex shops*.

Na sociedade capitalista, a pornografia tardo-burguesa serve como um exercício de aclimatação na estrutura-não-agora da vida esquizoide, iludida quanto ao seu próprio tempo. Vende o original, o dado e o óbvio como meta distante, como estímulo sexual utópico. A beleza do corpo, que tinha sido reconhecida no platonismo como um indicador do caminho da alma em direção à experiência suprema e entusiástica da verdade, passa a servir na pornografia moderna para a solidificação do egoísmo, que em nosso mundo tem o poder de definir o que seria a realidade.

4. *O cinismo médico*

> O médico tem dois inimigos: os mortos e os saudáveis.
>
> Ditado popular

Em todas as culturas, há sempre grupos de homens que são conduzidos por suas tarefas profissionais a desenvolver diversos tipos de realismo na lida com corpos que estão morrendo ou que foram mortos: o soldado, o carrasco, o padre. Na práxis médica, contudo, constrói-se o mais minucioso realismo em relação à morte: uma consciência da morte que conhece tecnicamente de maneira mais íntima do que qualquer outra consciência a fragilidade do corpo e traz à tona o transcurso orientado para a morte de nosso organismo, quer esse transcurso seja denominado saúde, doença ou envelhecimento. Ancorado de modo semelhantemente artesanal em sua rotina, só o açougueiro possui um conhecimento comparável do lado material de nossa morte. O materialismo da medicina é capaz de intimidar até mesmo o materialismo filosófico. O cadáver seria, por isso, o mestre propriamente escolado de um materialismo integral. Como leigos, para estar à altura do realismo da medicina em relação à morte, seria preciso adicionar uma grande porção de sarcasmo, de humor negro e de maldade romântica, e não se poderia experimentar nenhum horror diante de uma necropsia filosófica. Com filamentos nervosos abertos, expor-se ao choque da abertura de um cadáver: é isso que acontece em meio à experiência da morte "nua e crua". A visão anatômica, "mais cínica" do que qualquer outra, conhece uma segunda nudez de nosso corpo, quando por meio do corte cirúrgico os órgãos expostos se apresentam com uma "última" nudez desavergonhada. O cadáver também conhece desde sempre o desejo de dar um show: exposição cadavérica, nudismo da morte, peças de existencialismo noturno à maneira de Callot. Há uma vontade de olhar arcaica, perpassada por crueldades, dirigida para os cadáveres, tal como o demonstram antigas execuções, mesmo cremações públicas, tanto o romantismo das capelas mortuárias de outrora quanto o grande amortalhamento de cadáveres políticos.

Uma parte da crise atual da medicina advém do fato de ela ter abandonado a sua antiga ligação funcional com o sacerdócio e, desde então, ter entrado em uma relação sinuosa e ambígua com a morte. Na "luta entre vida e morte", padres e médicos foram se colocando em posições opostas. Só o padre pode, sem se tornar um cínico, se colocar do lado da morte com um olhar *kynicamente* livre para o efetivamente real; e isso porque a morte nas religiões e cosmologias vivas é considerada como um prêmio óbvio da vida e como uma fase das grandes ordenações, com as quais o saber eclesiástico soube um dia se associar de maneira "conspiratória", acompanhando a sua respiração. Nem a mortalidade em geral, nem a luta individual contra a morte em particular representam um impasse para o sacerdote. Nos dois casos, faz-se presente uma facticidade de um tipo mais elevado, na qual nossa vontade não é questionada. As coisas se mostram de maneira diversa, contudo, no caso do médico. Ele se define pelo fato de precisar tomar o partido da vida. É por essa tomada incondicional de partido que é guiado todo o idealismo da medicina, um idealismo que leva ainda hoje até o cerne dos enclaves cínicos as lutas absurdas da medicina em torno da vida de corpos que há muito já se degradaram, de corpos moribundos. O médico toma o partido do corpo vivo contra o cadáver. Como os corpos vivos são a fonte de todo poder, aquele que auxilia o corpo torna-se um homem do poder. Nessa medida, o mesmo que auxilia é também uma espécie de detentor do poder, uma vez que toma parte na força central de disponibilização de todas as supremacias, no poder de dispor sobre a vida e a morte dos outros. Com isso, o médico cai em uma posição intermediária: por um lado, ele é um partidário "absoluto" da vida; por outro, toma parte no poder da supremacia sobre a vida. Com isso, se prepara o palco para a entrada em cena do cinismo da medicina. Ora, por que estudantes de medicina não deveriam jogar bola no corredor do instituto de anatomia com os crânios? Nós não nos mostramos outrora particularmente entusiasmados, quando o nosso professor de biologia trouxe, à guisa de demonstração, um esqueleto para a classe, moveu o seu maxilar e explicou meio jocosamente que o esqueleto era de um criminoso. Gostaria que todo o cinismo da medicina pudesse ser tratado como esse exemplo, com humor negro. Não obstante, uma vez que a medicina em grande extensão toma parte no exercício do poder e uma vez que o poder, em um aspecto filosófico, pode ser definido justamente pela incapacidade para o humor, com o seu direcionamento cínico a medicina não possui nada que pudesse dizer respeito ao humor.

Todo poder parte do corpo, dissemos acima. Como é que isso se faz valer no caso do poder da medicina? Três respostas são aqui possíveis:

1. O trabalho do médico baseia-se em sua ligação com as tendências naturais da vida para a autointegração e para a resistência à dor. Ele tem, portanto, dois aliados ao seu lado, a vontade de viver e os remédios medicinais. Se souber lidar com os dois, então tem o direito de se tomar como alguém com vocação para ajudar. O poder da medicina se legitima e ratifica na efetividade de sugestionamentos vitais (o que quer que isso possa ser) e de medidas práticas de auxílio (remédio, intervenção, dialética). Sociedades saudáveis podem ser reconhecidas sobretudo pelo modo como honram os seus ajudantes e os introduzem em estruturas sociais. Dentre as mais profundas ideias da mais antiga medicina caseira chinesa, encontra-se o hábito de remunerar o ajudante enquanto se permanece saudável e de suspender a remuneração quando se fica doente. Esse procedimento impedia de maneira astuta a ruptura do laço entre o poder do ajudante e o interesse vital das comunidades. Significativo para nós é sobretudo o fato de o exemplo chinês apontar para uma tradição de *medicina popular*. Pois é essa tradição que corporifica aquilo que, nos outros âmbitos valorativos, denominamos impulso *kynikos*. Aqui, a arte daquele que ajuda ainda se encontra sob o controle de uma consciência comunitária. Esta, por sua vez, domina a arte de lidar com o poder daquele que ajuda. Por sobre essa arte, contudo, se estende toda a linha antiga de uma *medicina aristocrática*, que desde sempre soube se subtrair ao controle vindo de baixo e exercido pela remuneração. Sempre preferiu a remuneração no caso do adoecimento e, com isso, sempre criou para si uma poderosa alavanca de poder. Naturalmente, aqui também reside uma perspectiva produtiva. A liberdade da medicina,

Thomas Rowlandson, *Preleção do Doutor Gall*.

quando essa liberdade existe, baseia-se justamente na autarquia econômica dos médicos, que sabem assegurar essa liberdade por meio da definição própria de seus honorários. (Nessa medida, há um paralelo entre a medicina grega e o direito romano, a saber, o princípio da consulta privada e do pagamento caso a caso, um princípio que se apoia na representação de um "contrato de tratamento".)

2. A vontade de viver, um agente importante em toda cura, sente-se ameaçada no caso de adoecimentos "sérios" causados pela descrença.

Onde quer que a tendência vital lute com a tendência para a morte, o doente necessita de um aliado, em cuja conjuração sem reservas com a vida ele possa acreditar. Assim, o doente projeta as forças de autorregeneração do corpo para o médico, que sabe erigir e fortalecer essas forças melhor do que o doente o conseguiria, sozinho em seu enfraquecimento e medo. Na crise, o paciente pode acreditar na própria vontade de vida, concentrada naquele que o ajuda, e assume assim uma vantagem decisiva diante aquele que é deixado sozinho e luta com a doença e com a dúvida ao mesmo tempo. Nesse drama, o doente que pode confiar coloca toda a sua força nas mãos daquele que o ajuda. Talvez esse modo de ver elucide uma parte do êxito totalmente espantoso da medicina mágica antiga, por exemplo, do xamanismo. No ritual mágico de cura, o xamã extrai do corpo doente o "mal", por exemplo, sob a forma de um corpo estranho que se achava habilmente infiltrado: um verme, uma larva, uma agulha. Tais extrações, empreendidas com frequência no ápice de uma crise, nos casos exitosos constituíam o ponto de virada para o incremento do processo de autorregeneração, em certa medida coencenações extrínsecas do drama energético interno. Até os nossos dias, o médico continua retirando de tais mecanismos e de outros mecanismos semelhantes o seu *status* mágico, uma vez que não temos como ver de fora a desmoralização e a tecnocracia corporal cínica que o anima, e de resto ocorre de maneira cada vez mais frequente. Querer retirar totalmente tais funções mágicas do médico seria lançar ao mar o sistema médico dominante. O fato de haver entrementes boas razões mesmo para tais exigências radicais é por si um tema de séries jornalísticas. Pois quanto mais incrivelmente o pacto vital e o tema da magia curativa é corporificado pelos médicos atuais, tanto mais intensos são os impulsos que se apossam da reflexão e da busca por caminhos de autoajuda. No momento em que se toma conhecimento do modo como funciona a parte sugestionável dos processos de cura, o tempo vai paulatinamente amadurecendo as projeções da vontade de viver, que se exterioriza para os próprios pacientes. Um amplo campo de ajuda alternativa abre-se aqui.

3. O poder do médico atingiu o seu ápice no corpo do príncipe. Se o rei adoecia, então quem passava a governar *de facto* por um instante o "corpo do poder" era o seu médico particular. A capacidade de curar príncipes pela primeira vez elevou a medicina totalmente ao nível da medicina aristocrática. A medicina dominante é, por isso, a medicina dos governantes.

Pitt e o rei da Suécia consultam incognitamente o doutor Gall.

Quem cura os poderosos torna-se ele mesmo um portador central do poder. Nas antigas teocracias e reinados clericais, essa conexão ainda se efetivava de maneira mais imediata por força da união pessoal entre o governante e o curador. Mais tarde, aquele que cura o governante passou a se diferenciar do príncipe, e isso certamente na mesma medida em que a medicina se transformou em uma arte com um cerne técnico empírico, que podia ser diferenciado da manipulação mágica. A palavra alemã *Arzt* (médico) vem, de acordo com o dicionário Duden, da assunção da palavra grega para o médico aristocrático *arch-iatros*, o *médico superior*. Assim que eram intitulados os médicos da corte de príncipes antigos, algo demonstrado pela primeira vez no caso dos selêucidas da Antioquia. Com os médicos romanos, a palavra passou para os merovíngios da dinastia franca. Vindo das cortes imperiais, então, o título foi transferido para os médicos particulares de grandes figuras intelectuais e mundanas, e tornou-se uma designação profissional genérica na época do antigo alemão culto. Significativo nessa perambulação da palavra é sobretudo o fato de, com o título de médico, ter sido reprimida uma designação mais antiga para os especialistas em cura: o título *Iachi*, cuja tradução literal seria: "aquele que trata." A mudança dos termos fala em favor de uma mudança das práticas: a medicina aristocrática quase-racional começa a reprimir a medicina mágica. Reflexivamente, o enunciado do Duden, de acordo com o qual a palavra *Arzt* (médico) nunca teria se tornado realmente "popular", pode concordar com isso, mas a palavra *Doktor* (doutor) está certamente na boca de todos desde o século XV. O "doutor", como aquele erudito que conjura a doença, adquire até hoje mais confiança do que o *archiater*, o médico aristocrático. De fato, há uma espécie de medicina que permaneceu desde o início reconhecível como sombra duvidosa do poder.

4. O *kynismos* da medicina começa no instante em que, ao ajudar, na condição de quem toma o partido da vida contra as obnubilações de doentes e poderosos, alguém coloca em ação de uma maneira frívola e realista o seu saber sobre o corpo e sobre a morte. Com frequência, o médico não lida com os sofrimentos do destino, mas com as consequências da falta de consciência, da leviandade, da arrogância, da idiotia corporal, da "burrice" e da falsa condução da vida. Contra o mal desse tipo, a cumplicidade do médico *kynikos* com a morte pode lhe ser uma arma útil. Em parte alguma esse fato foi apresentado de uma maneira mais bela do que na história de Johann Peter Hebel, *Geheilten Patienten* (*Pacientes curados*). Para ele, um burguês rico e superalimentado de Amsterdã, o astuto doutor tinha dado um conselho, que não deixava nada a desejar em termos de cafajestagem *kynikē*. Como as pessoas ricas têm de suportar doenças, "das quais graças a Deus o homem pobre não tem a menor ideia", esse doutor imaginou uma forma particular de terapia: "Espera, que quero lhe ver logo curado." Assim, lhe escreveu a seguinte carta exemplar:

> Bom amigo, vós vos encontrais em uma situação ruim. No entanto, vos será de grande auxílio se vos dispuserdes a escutar. Vós possuís uma besta má na barriga, um dragão com sete cabeças. Eu mesmo preciso falar com o dragão e vós precisais vir ao meu consultório. Mas em primeiro lugar vós não podeis nem vir de carro, nem cavalgar, mas precisais andar a pé, senão vós balançais o dragão e ele vos arranca as entranhas, sete tripas de uma vez totalmente dilaceradas. Por outro lado, vós não podeis comer mais do que duas vezes ao dia um prato cheio de legumes: ao meio dia uma salsichinha para acompanhar e à noite, um ovo. No café da manhã, uma sopinha de carne

com cebolinha por cima. Aquilo que comerdes mais não fará senão com que o dragão fique maior, ou seja, com que ele vos esmague o fígado. Com isso, o alfaiate nunca mais vai vos tomar medidas, mas apenas o carpinteiro. Esse é meu conselho, e se vós não o seguirdes, então no início do próximo ano vós não escutareis mais o cuco cantar. Faça o que quiserdes. (Johann Peter Hebel, *Das Schatzkästelein des Rheinischen Hausfreundes* [O baú do tesouro do amigo de casa renano], Munique, 1979, 2ª edição, p. 153.)

Que médico moderno ousaria falar assim com os seus pacientes civilizados? E quantos pacientes estariam em condições de, no dia da consulta, admitir ao doutor: "Nenhum momento teria sido tão inapropriado quanto agora para ficar bem, agora que tenho de ir ao médico. Se houvesse ao menos um zunido em meus ouvidos ou se estivesse com hidropericardia!" E que médico de hoje se depara com a seguinte resposta à pergunta sobre qual é o problema do paciente: "Caro doutor, graças a Deus não tenho problema algum, e se o senhor for tão saudável quanto eu, ficarei muito feliz." O quanto a história sarcástica de Hebel segue um modo de pensar da medicina popular é algo que nos revela também a sua conclusão, quando se diz que o rico estrangeiro teria "vivido 87 anos, quatro meses e dez dias tão saudável quanto um peixe na água, e sempre enviara todo Ano Novo ao médico vinte dobrões por congratulação". Do *honorário* pago por um doente surgiu o *cumprimento* pelo Ano Novo feito por um homem saudável. É possível uma referência melhor àquele "outro modo de ajuda"? Aquele por meio do qual são conferidas remunerações aos que curam pelo fato de eles terem contribuído para os concidadãos não adoecerem?

Apesar da ciência, apesar da pesquisa, apesar da grande cirurgia, o médico continua se mostrando para o realismo popular atual apenas como um partidário suspeito da vida, e vê-se com uma frequência enorme o quão facilmente ele pode passar para o lado da doença. Há muito tempo uma característica da medicina aristocrática é o fato de ela se interessar mais pelas doenças do que pelos doentes. Ela está inclinada a se estabelecer de maneira autossuficiente em um universo composto por patologia e terapia. A forma de vida clínica da medicina retira dos médicos cada vez mais a orientação pelo homem saudável e destrói em suas consciências aqueles enraizamentos em um realismo afirmador da vida, que no fundo preferiria ao máximo não ter nada em comum com a medicina. O doutor hebeliano continua pertencendo a um tipo em extinção, que, aos candidatos

George Grosz, *Orando pela saúde e o apoio dos enfermos (apto para o serviço)*, 1916-17.

à doença, demonstra o quão supérflua é a medicina para as pessoas que não padecem de uma, mas antes sofrem da incapacidade de ser saudáveis. Antigamente se dizia que os melhores médicos eram com frequência aqueles que também gostariam de ter sido algo além de médicos: músicos, escritores, capitães, pastores, filósofos ou vagabundos. Compreendeu-se bem: quem sabe tudo sobre doenças ainda está necessariamente longe de entender a arte de curar alguém. A inclinação para "gostar de ajudar" é tão humana e agradável quanto desagradável e suspeita, quando a ajuda está relacionada a males que emergem das tendências civilizatórias de autodestruição. Um médico é muito facilmente repelido para o setor do cinismo aristocrático quando, tal como o grande doutor Hiob Praetorius von Curt Goetz, não tem mais o direito de se insurgir contra os "atos de estupidez" autodestrutivos, aos quais recorrem com frequência o "material dos doentes". Quanto mais doenças são evocadas pelas relações político-civilizatórias, sim, quanto mais doenças são evocadas pela própria medicina, tanto mais a prática da medicina de nossa sociedade recai em enclaves próprios ao cinismo mais elevado, cinismo esse que se sabe um favorecedor do mal com a mão esquerda, o mesmo mal cuja cura ele produz com a mão direita. Se o *doutor*, como partidário escolado da vida, reconhece sua tarefa no fato de impedir as doenças de surgirem *a partir de certas causas*, ao invés de se estabelecer de modo parasitário e auxiliar apenas na visão das doenças como efeitos, então ele precisaria sinceramente sempre colocar de novo em debate a sua ligação com o poder e o seu uso do poder. Hoje, uma medicina que insistisse radicalmente em seu pacto com a vontade de viver precisaria forçosamente se tornar o cerne científico de uma teoria geral da sobrevivência. Ela teria de formular uma dietética política, que interviria de maneira aguda nas relações de trabalho e de vida sociais. Todavia, em geral, a medicina balança por si mesma em meio a uma miopia cínica e interpreta o seu pacto com a vontade de viver de uma maneira tão dúbia, que só se poderia falar de caso a caso e de que posição se estaria tratando no campo cínico-*kynikos*. Trata-se do *kynismos* do simples, tal como o praticava o bom pastor Kneipp? Trata-se do cinismo do complicado, tal como esse cinismo foi impulsionado pela última vez pelo professor Barnard com os seus transplantes de coração? Trata-se do *kynismos* de uma resistência da medicina, que se recusa a colaborar com as instalações e as mentalidades autodestrutivas? Trata-se do cinismo de uma colaboração médica, que dá plena vazão às causas, a fim de se nutrir dos efeitos? Um *kynismos* da vida simples ou um cinismo da morte confortável? Um *kynismos* que estabelece de maneira salutar certezas ameaçadoras da morte em contraposição à incerteza, à autodestruição e à ignorância? Ou um cinismo que tem alguma coisa em comum com a repressão da morte, uma repressão que age em nome de uma sustentação do sistema em sociedades ultramilitarizadas e extremamente gulosas?

Como o médico precisa proteger seu coração diante dos inúmeros momentos duros de seu ofício, a razão popular também acabou lhe conferindo há muito certa dose de cinismo tosco, que ela nunca teria tolerado em outras pessoas. O povo reconheceu os seus reais aliados naqueles que possuíam coração suficiente para poder encobri-lo por trás de humor negro e de maneiras cafajestes. Piadas de médico, mais cínicas do que todos os outros gêneros de piadas, já possuíam desde sempre um auditório de leigos que se lhes achavam de acordo e também capazes de se convencer das boas intenções presentes no cinismo intenso daqueles que os ajudavam. Uma frieza de aço envolve aquela medicina que não conhece mais piada alguma e luta totalmente pelo exercício de um poder próprio e substitutivo. Há uma medicina, que não é outra coisa senão *arquiatria*: medicina superior. Tal como costuma acontecer com toda mentalidade aristocrática náufraga, que aspira à desinibição, a hora para esse cinismo da medicina chegou quando o fascismo ascendeu ao poder; ele criou o cenário no qual todas as brutalidades latentes puderam vir à tona, todas aquelas brutalidades com as quais a sociedade civilizada se engravidara de maneira meramente repressiva. Assim como havia uma sociedade mais antiga de interesses, cabotinamente cínica, dividida entre a realização da pena que um certo estímulo cadavérico fazia recair sobre si e a anatomia científica notoriamente ávida por mortos, o cinismo aristocrático da medicina também encontrou a sua comunidade de interesses com o racismo fascista, que lhe permitiu finalmente satisfazer por conta própria a sua fome de defuntos. Quem tem nervos para tanto pode ler os protocolos dos processos dos médicos de Nuremberg, nos quais foram discutidos os crimes do *fascismo médico* alemão contra a humanidade. Não escolho essa expressão sem qualquer reflexão: a expressão "fascismo médico" não emerge de um humor crítico, mas sintetiza de maneira tão intensa quanto possível um estado de fato. O que chegou ao poder, entre 1934 e 1945, no que diz respeito à medicina, aos quartéis e às universidades, não revela um equívoco casual de médicos particulares quanto à ideologia nacional--socialista, mas mostra o desnudamento incentivado de maneira fascista de uma antiga tendência da medicina aristocrática, que desde sempre pensava que havia seres humanos demais, cujo tratamento não valia de modo algum "propriamente" a pena e que, em contrapartida, eram bons o suficiente para funcionar como cobaias. Quanto a isso, Alexander Mitscherlich escreveu:

> Naturalmente, pode-se apresentar uma equação simples. De mais ou menos noventa mil médicos praticantes que estavam em atividade na Alemanha outrora, mais ou menos 350 cometeram crimes ligados à medicina. Essa continua sendo uma cifra considerável, sobretudo se levarmos em conta a gravidade dos crimes. Em comparação com o conjunto da classe médica, contudo, tratava-se apenas de uma parcela, por exemplo, algo em torno de 3%... A cada trezentos médicos, um era um criminoso? Essa proporção

nunca se teria podido encontrar antes na Alemanha. Por que agora? (Alexander Mitscherlich, *Medizin ohne Menschlichkeit: Dokumente des Nürnberger Ärzteprozesses* [Medicina sem humanidade: documentos ligados ao processo dos médicos nazistas em Nuremberg], A. Mitscherlich e F. Mielke (orgs.), Frankfurt, 1962, p. 13).

Mitscherlich demonstra que, por trás dos picos criminosos, encontrava-se um grande aparato médico que já tinha percorrido passo a passo um longo caminho no processo de transformação dos pacientes em material humano. Os médicos criminosos não precisavam "senão" dar mais um salto cínico em direção àquilo a que já estavam há muito acostumados. O que em termos de pesquisa baseada em tortura, em termos de pesquisa genética e profética, em termos de pesquisa biológica militar e farmacológica de guerra, ou seja, tudo o que hoje acontece com toda a tranquilidade, sem ser perturbado por ninguém, já porta em si tudo aquilo que fornece os instrumentos para o fascismo medicinal de amanhã; os terríveis experimentos com pessoas vivas e os famigerados montes de esqueletos da medicina nacional-socialista não terão "nada a dizer contra isso". Nada a dizer contra isso: essa expressão é usada de uma maneira cinicamente exagerada, e, contudo, não se está seguindo aqui senão uma tendência da realidade efetiva. No campo do horror imaginável, o século XXI já começou.

O que pode nos ajudar contra a medicina aristocrática de hoje e de amanhã? Muitas respostas são possíveis:

Em primeiro lugar: a partir da sociedade marcada pela vontade de viver e a partir de sua filosofia, na medida em que essa sociedade dá forma conceitual à vontade de viver de seu tempo, é preciso que surja uma ofensiva que reproduza a ideia do "bom médico" e que um "ajudar pautado por causas" seja colocado em campo contra o cinismo difuso universal da medicina moderna. A medicina nunca conseguiu definir até aqui por conta própria o que seria uma boa ajuda e o que seria um real curador. Uma ordem social tal como a nossa exige claramente de maneira necessária uma medicina que fomente por sua parte antes o sistema das doenças e do adoecimento do que a vida em saúde.

Em segundo lugar: contra aqueles aristocratas que ajudam, não há nenhum outro auxílio senão a ajuda que podemos dar a nós mesmos. A única arma contra a ajuda falsa ou contra a ajuda duvidosa consiste em não precisar de ajuda. De resto, há muito é possível observar como é que a medicina aristocrática capitalista faz a tentativa de colocar sob o seu domínio superior tradições de autoajuda próprias à medicina popular. E isso na medida em que ela, depois de séculos de difamação e rivalidade, absorve essas tradições e cobra que elas façam parte da razão medicinal escolar. (Cientificamente demonstrado: em algumas ervas há realmente algo!) O interesse das associações de médicos institucionalizadas trabalha com todos os meios para alcançar um estado no qual tudo o que é corporal se encontre totalmente medicalizado: desde a medicina do trabalho, passando pela medicina esportiva, pela medicina sexual, pela medicina alimentícia, pela medicina do *fitness*, pela medicina de acidentes, pela medicina criminal, pela medicina de guerra até chegar às medicinas que asseguraram para si a competência de controle sobre a respiração, o andar, o ficar em pé, o aprender e o ler jornal de uma maneira saudável e doente — para não falar da gravidez, do nascimento, da morte e de outras cambalhotas da corporeidade humana. O sistema "de saúde" impele a relações, nas quais o controle da medicina aristocrática sobre o somático se torna totalitário. É possível pensar em um nível no qual se chegue à plena desapropriação de competências corporais privadas. Por fim, será preciso aprender em cursos de urologia como é que se deve mijar corretamente. A questão central no processo do cinismo médico em nosso tempo é saber se é possível para a "medicina escolar" destruir os movimentos de ajuda empreendidos pelos leigos e surgidos de inúmeros temas culturais (psicologização, movimento das mulheres, ecologia, comunidades rurais, novas religiões, etc.). Essa questão corre paralelamente àquela que investiga as possibilidades intramedicinais das correntes "políticas" das especialidades médicas: psicossomática, medicina de internação, medicina do trabalho, ginecologia, psiquiatria entre outras. Essas especialidades, por razões lógico-materiais, precisariam saber ainda mais que, enquanto não se tomar outra direção no que diz respeito à ajuda, a partir da vida, da liberdade e da consciência, tudo o que fizerem se encontra sob o perigo de causar mais mal do de fato ajudar.

Em terceiro lugar: a medicina pode produzir uma cisão da responsabilidade pela nossa existência singular. Nesse caso, em última instância a única coisa que protege dessa cisão é a encarnação consciente de nossa fragilidade corporal, de nosso ser doente, de nossa mortalidade. Não preciso dizer aqui como isso é difícil, pois o medo, quando se torna grande demais, faz todos nós nos vermos por demais inclinados a reprimir nossa livre responsabilidade pela vida e pela morte do próprio corpo ou a procurar os médicos — isso sem levar em conta que até mesmo a mais perfeita medicina de conservação, de qualquer modo, acaba por nos devolver a nós mesmos toda responsabilidade e a dor indivisível em nosso instante mais desesperançado. Quem reconhece como o círculo da alienação e da maldição sempre precisa se fechar por fim na própria morte precisa ter clareza quanto ao fato de que o círculo se completaria melhor na outra direção, na direção da vida ao invés de na direção da anestesia, na direção do risco ao invés de na direção do asseguramento, na direção da encarnação mais do que na da divisão.

5. O cinismo religioso

> E o que o senhor fará com o Graal, quando o tiver encontrado?
> Benjamin Disraeli

> ... até sorrisos irônicos se misturam, assim como os sorrisos irônicos dos próprios rostos mortos; pois o fato de o homem que há muito planeja também ir embora como gado não deixa de ser por assim dizer engraçado.
> Ernst Bloch, *Das Prinzip Hoffnung* [*O princípio esperança*], p. 1299.

De repente, alguém deixa o mundo visível, comum e contínuo e deixa de compartilhar conosco a existência. Sua respiração para, seus movimentos cessam. De início, a morte se manifesta negativamente, algo se apaga e passa para o estado de inércia. Um pouco mais tarde, esse cessar também mostra a sua face positiva, o corpo se esfriará, apodrecerá, se decomporá. O esqueleto, então, vem à tona como a parte de nós que resiste duradouramente à degenerescência, como a parte que resta. Assume a posição daquilo que resta em nós *em termos de matéria*. Cada um de nós é o seu próprio amigo Hein, o cavaleiro ósseo e precursor da própria partida.

Com vistas a esse lado da morte, o único lado habitualmente observável, impõe-se ao vivente a ideia de que uma força invisível estaria exercendo sua influência nos corpos animados, uma força que lhes permitiria respirar, saltar por aí e permanecer com uma forma coerente. Por outro lado, com os mortos, como esse elemento invisível necessariamente desaparece, eles se enrijecem e se decompõem. O invisível estimula a respiração, o movimento, o sentimento, a lucidez e a manutenção da forma corporal — ele é a quintessência em termos de intensidade e energia. Ainda que de maneira não visível e isolável, sua ação cria a mais efetiva de todas as realidades. Esse elemento invisível possui muitos nomes: alma, espírito, respiração, antepassados, fogo, forma, Deus, vida.

A experiência ensina que os animais nascem e morrem como nós, que as plantas germinam e perecem e mesmo elas tomam parte à sua maneira na pulsação de vida e morte, na configuração da forma e na dissolução da forma. Sem dúvida alguma, a "alma" humana está envolta por um cosmos de vitalidades animais e vegetais e por sujeitos energéticos enigmáticos, que atuam por trás do dia e da noite, da tempestade e do céu pacífico, do calor e do frio. Esse ser envolto não lembra em nada um "domínio" do homem sobre a natureza e o mundo compartilhado. Ao contrário, o bípede implume aparece muito mais como um ser que é tolerado e sustentado pelo todo, na medida em que se assenhoreia das interações com aqueles que trazem utilidades e perigos do mundo animal e vegetal.

Vida e morte, ida e vinda: de início essas são constantes da natureza, batidas do pulso em um ritmo, no qual o previamente dado prepondera sobre o que é adicionado. No curso da civilização, contudo, desloca-se a relação do acolhimento e da ação, do tomar e do agir, mesmo no que diz respeito à experiência da morte. O que aparecia inicialmente como um aspecto de pulsações naturais torna-se nas sociedades mais desenvolvidas uma *luta* que transcorre de maneira cada vez mais profunda e encarniçada entre vida e morte. A morte passa a não ser mais considerada, então, como um acontecimento que não é influenciado por nada, mas a se mostrar ela mesma como algo que leva à nossa violência e arbitrariedade. Sua imagem primeira deixa de ser o chegar-ao-fim inevitável, o autoesgotamento pacífico ou a queima silenciosa e conformada da chama vital, para se revelar como um acontecimento combatido, terrível, embebido em pressentimentos de violência e assassinato. Quanto mais os homens assumem a morte mais como ser morto do que como um apagar-se pacífico, tanto mais intensamente crescem nas civilizações mais elevadas e mais violentas a enchente do medo da morte. É por isso que os Estados e os reinos históricos são, até onde conseguimos enxergar, Estados e reinos religiosos. Eles cunham mundos sociais, nos quais o temor diante de uma morte violenta é um temor realista. Cada um tem diante de si milhares de imagens de violência, assaltos, matanças, violentações, execuções públicas, guerras, cenas de torturas, nas quais o homem se transforma em um diabo, a fim de conquistar um máximo de tortura para a morte do outro. Além disso, as sociedades de classes reprimem com uma violência tanto física quanto simbólica as energias vitais dos súditos e dos escravos, de maneira que se abrem inexoravelmente nos corpos espaços sombrios da vida inanimada. Neles o desejar, o fantasiar, a nostalgia pela alteridade pressentida da vida plena começam a brotar. Essa vida inanimada liga as suas energias utópicas aos medos de aniquilação, que nas sociedades violentas são destilados no indivíduo singular desde pequeno. É só a partir dessa ligação que surge o *não* absoluto, que não parece poder ser dissolvido por nada, do homem civilizado à morte. Trata-se da resposta à experiência civilizatória mais profundamente angustiante. Nosso ser-em-sociedade abarca quase *a priori* a ameaça de não podermos nos consumar em nossa vitalidade coinata. Toda vida socializada convive com o pressentimento de que suas energias, seu tempo, seu querer e seu desejar, quando tiver chegado a hora, não terão chegado ao fim. A vida forma resíduos: um ainda-não descomunal, ardente, precisa de mais tempo e de futuro do que é dado ao particular. O particular sonha em se lançar para além de si e morre cheio de contrariedade. Por isso, a história de civilizações mais elevadas vibra com inúmeros e desmedidos gritos que ainda não foram dados, com um *não* dado por mil vozes a uma morte, que não é a volatilização da vida que apagou, mas o sufocar violento de uma chama, que simplesmente nunca tinha queimado de maneira tão clara quanto teria podido fazer com uma liberdade vital. Desde então, a vida desvitalizada medita sobre as suas compensações, seja na vida mais distante, tal como pensa a consciência hindu, seja na existência celeste para os sonhos vitais magoados de seus crentes, que é colocada em perspectiva pelo cristianismo e pelo Islã. A religião não é primariamente o ópio do povo, mas a lembrança de que há mais vida em nós do que essa vida experimenta. A função da crença é uma realização de corpos desvitalizados, que não podem ser totalmente privados da lembrança de que neles precisam se encontrar veladamente fontes muito mais profundas de vitalidade, de força, de prazer, do enigma e da embriaguez de estar presente, do que o cotidiano nos permite reconhecer.

Isso entrega às religiões o seu papel ambíguo nas sociedades: elas podem servir para a legitimação e a duplicação das repressões[87]; elas também

---

[87]. Cf. a crítica à religião do Esclarecimento, na Terceira Consideração Prévia: a "Crítica à ilusão religiosa".

Seção principal fenomenológica

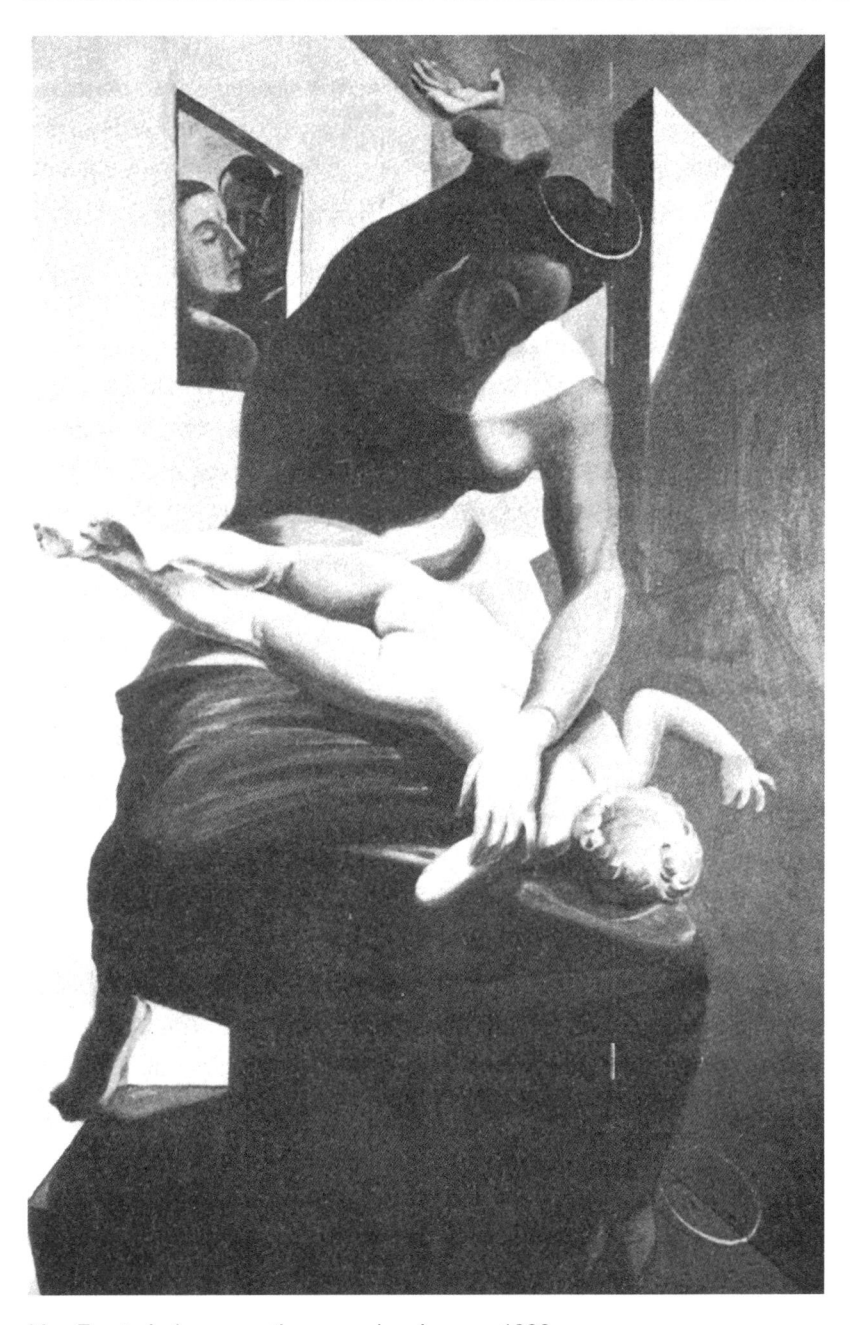

Max Ernst, *A virgem castiga o menino Jesus...*, 1926.

podem, porém, na medida em que contribuem para a superação do medo, libertar os indivíduos para uma grande força de resistência e criatividade. Por isso, dependendo da situação, a religião pode ser as duas coisas, instrumento de dominação *e* cerne de uma resistência contra a dominação, meio de repressão *e* meio de emancipação: instrumento da desvitalização ou instrumento da revitalização.

O primeiro caso do *kynismos* religioso na cadeia tradicional judaico-cristã não encontra ninguém menos do que o ancestral Moisés no papel do rebelde *kynikos*. Moisés deu início à primeira *blasfêmia* de porte quando, ao retornar do Monte Sinai, destruiu as tábuas "que tinham sido feitas de pedra e escritas com o dedo de Deus" (Êxodo, 31:18). "E Deus as tinha feito por si mesmo e cunhado ele mesmo a escrita" (32:14). Moisés que, com as leis divinas debaixo do braço, voltou da montanha e viu o povo dançando em torno do bezerro de ouro, deu o exemplo para a lida dos *kynikoi* religiosos com o sagrado. Ele destrói tudo aquilo que não é espírito, mas letra, que não é Deus, mas ídolo, que não é o vivente, mas uma representação. Dito de maneira enfática, isso significa que ele fez isso sob o domínio da ira e que se tratava de uma ira sagrada, uma ira que lhe dava o direito ao ato malcriado de se intrometer nos manuscritos pessoais de Deus. É isso que precisa ser entendido. A saber, imediatamente depois de ter destruído as tábuas, é assim que nos conta o relato bíblico, Moisés se lançou sobre o bezerro de ouro "e o destruiu no fogo; depois de moê-lo até virar pó, espalhou-o na água e fez com que os israelitas a bebessem...". Mais tarde, Moisés precisou cunhar novas tábuas, para que Deus pudesse escrever nelas uma vez mais. Ele também recebe de Deus a lei: "Tu não deves construir para ti nenhum deus fundido." A blasfêmia *kynikē* emerge do conhecimento de que os homens tendem a venerar fetiches e a empreender venerações materiais. Ora, mas não há nada material que possa ser tão divino, a ponto de poder ser destruído tão logo se reconheça nas representações do sagrado formas de obscurecimento do espírito da religião. Nesse aspecto, pode acontecer de não se fazer mais nenhuma distinção entre as tábuas de pedra do amado Deus e o ídolo do bezerro de ouro. Trata-se de representação, trata-se de ídolos: então bata sem dó! Esse é o cerne *kynikos*-espiritual da proibição de qualquer imagem de "Deus". Imagem e texto só conseguem preencher sua tarefa enquanto não nos esqueçamos de que ambos são formas materiais e que a "verdade" precisa ser sempre novamente escrita e lida, ou seja, novamente materializada, permanecendo ao mesmo tempo imaterializada, o que inclui o fato de toda materialização ter de ser destruída quando começa a se impor no primeiro plano.[88]

Todas as blasfêmias primárias são suportadas por um impulso *kynikos*: não se deixar transformar em louco por meio de nenhum ídolo. Quem "sabe" algo dos deuses conhece a grande ira de Moisés e a serenidade *kynikē* na lida com as representações do divino. O homem religioso não é, diferentemente do devoto, nenhum palhaço de seu superego; o superego conhece as leis, e o homem religioso sabe que ele as conhece. Assim, ele as deixa falar e as segue também, quando as coisas se encontram em conformidade com elas. Isso distingue a blasfêmia primária dos místicos, dos homens religiosos e dos que vivem de maneira *kynikē* das blasfêmias seculares, que provêm do ressentimento, das compulsões inconscientes ao vício e de um prazer incontrolável com a degradação do que é superior.

O primeiro cinismo de um tipo religioso também vem ao nosso encontro do mesmo modo no Antigo Testamento. De maneira característica, ele se encontra na narrativa do primeiro assassinato da história da humanidade: a história de Caim e Abel. Adão e Eva tiveram (entre outras coisas) dois filhos, Caim, o primogênito, que era um camponês, e Abel, o segundo, o pastor. Um dia, os dois trouxeram os seus sacrifícios ao Senhor. Caim trouxe frutos do campo, Abel, filhotes recém-nascidos de seu rebanho. O Senhor, contudo, só agradeceu o sacrifício trazido por Abel, enquanto desdenhou daquele trazido por Caim. "Isso enraiveceu demais a Caim, *e seus gestos procuraram disfarçar o que sentia...* Então, Caim falou ao seu irmão Abel. E ocorreu que, como os dois estavam no campo, Caim se lançou contra o seu irmão Abel e o matou. Nesse momento, o Senhor disse para Caim: onde está o teu irmão Abel?" (1, Gênesis, 4, 6-9). Com essa questão, abriram-se as cortinas para a entrada em cena do cinismo religioso. A arte da *dissimulação*, da qual se fala aqui pela primeira vez, está em conexão imediata com a virada cínica violenta de uma consciência contra o outro.[89]

---

88. Isso desagradará a alguns estruturalistas obstinados, que se encontram decididos a acompanhar a dança em torno do bezerro sagrado como "linguagem, discurso, significante". O fetichismo estruturalista do significante não é mais inteligente do que o fetichismo "logocêntrico" do significado.

89. Cf. Jean-Paul Sartre, *L'Être et le néant* [*O ser e o nada*], 1943, p. 84: "Por meio da mentira, a consciência ratifica o fato de que ela existe por natureza como *algo velado para o outro*; isso indica a duplicidade ontológica de um eu e um eu-alheio a seu favor. — As coisas se mostram de maneira diversa no caso da má fé, à medida que ela, tal como dissemos, se mostra como uma mentira *diante de si mesma...* Ou seja, não existe aqui uma dualidade entre aquele que ilude e o iludido..." O Deus de Caim apareceria, por conseguinte, como parceiro de uma autoconsciência que ainda pode enganar a si mesma. Por isso, pela primeira vez um Deus em devir.

O que quer que ele dissesse precisaria se mostrar como um cinismo, pois, em verdade, não pretendia dizer a verdade; a comunicação com aquele que pergunta está desde o princípio corroída. Se o que importasse fosse o todo, Caim poderia responder ao seu Deus: "Não me perguntes de maneira tão pseudo-divina. Tu sabes tão bem quanto eu onde está Abel, pois eu o matei com as minhas próprias mãos e Tu não apenas me observou tranquilamente, mas me deste mesmo o ensejo para tanto..." A resposta real de Caim ainda possui em seu caráter sucinto uma mordacidade cínica bastante significativa: "Não sei; será que tenho de ser o protetor de meu irmão?" Um Deus onisciente e sumamente justo, que nos permite vislumbrarmos a vingança de Caim, deve ser capaz de poupar a si mesmo de tais estocadas na consciência. Que Deus é esse que, por um lado, trata de maneira desigual os homens e os conduz ao assassinato, mas, por outro lado, pergunta de maneira aparentemente inocente sobre o que aconteceu? "Deus", portanto, se é que se pode falar assim, não penetra em cada consciência. Caim torna a sua consciência espessa e resiste a esse Deus que não consegue penetrar em seu interior.[90] Ele reage de maneira arrogante, desconversando desavergonhadamente. Com esse primeiro crime, mais ainda do que com o pecado original, é isso que nos mostra o mito do Antigo Testamento: aconteceu algo que produziu uma profunda rachadura na ainda fresca Criação. As coisas começaram aí a fugir ao controle de Deus. Surgem horrores no mundo, horrores com os quais Ele não tinha contado e com cuja expiação justa ele ainda não sabia propriamente lidar. O foco da história de Caim, de maneira bastante estranha, parece consistir no fato de Deus, ao se tornar reflexivo, não apenas não punisse Caim, mas o colocasse mesmo expressamente sob a sua proteção pessoal com a marca de Caim: "A vingança é minha, fala o Senhor." Pois aquele que se vinga não seria determinadamente nenhum Deus na altura do possível. O Deus dos antigos judeus tem muito de um homem iracundo, velho, amargo, que não compreende mais completamente o mundo e considera com olhares invejosos e desconfiados o que está acontecendo aqui embaixo. Não obstante, a reação ao crime originário de Caim é adiada até o Juízo Final. Deus dá ainda um prazo para si e para os homens, e os mitos acerca de um Juízo Final acentuam que, até o seu acontecimento, transcorrer-se-á um espaço de tempo decisivo — o tempo de uma grande chance. Trata-se do tempo de que Deus precisa para ser justo; o tempo de que necessitamos para compreender o que seria a vida correta. As duas coisas significam no fundo a mesma.

---

90. Cf. a psicologia de crianças que crescem sob um grande medo de punição.

O capítulo sobre o cinismo de Estado e sobre o cinismo característico da prepotência indicou como é que a cristianização do poder na fase final do Império Romano e, mais ainda, durante a Idade Média europeia conduziu a efeitos cínicos. Seu ápice é alcançado pelo cinismo dos senhores católicos a partir do tempo das cruzadas, tempo que coincide com o dos primórdios da *Inquisição*. Se dermos à inquisição a fórmula "perseguição aos cristãos pelos cristãos", então essa expressão abarca a prática cínico-reflexiva da mentira por parte de uma Igreja senhorial cujos representantes mais sombrios, no sentido do grande inquisidor de Dostoiévski, não teriam pudor algum em cremar o Jesus que retorna, tal como o faziam com aqueles hereges que se empenhavam em revivificar a sua doutrina. Eles sabiam plenamente o que estavam fazendo e certamente se trata de uma simplificação romântica dos fatos quando se estabelece sobre aqueles senhores da Inquisição, tal como o faz atemorizadamente a historiografia, a etiqueta de "fanáticos" católicos. Isso não significaria subestimá-los e declará-los agentes cegos de uma suposta "crença" e de uma rígida "convicção"? Podemos supor seriamente tal ingenuidade em representantes poderosos e cultos da religião de Cristo? Eles mesmos não se reportavam a um Deus homem, que tinha chamado a atenção como rebelde e, por sua parte, se encontrava na tradição de um fundador de religião, que tinha espatifado no chão, tomado pela ira divina de Deus, as próprias tábuas das leis? Como inquisidores, eles não *sabiam*, não *precisavam* saber e sequer tinham diariamente diante dos olhos o fato de essa religião se basear em uma conclamação à "imitação de Cristo". Da mesma maneira, aqueles que o imitavam, não era precisamente quando assumiam ares "heréticos" que se mantinham possivelmente mais próximos da fonte do que os administradores eruditos e cínicos da letra da lei?

Já indicamos como é que Friedrich Schlegel concebeu a dimensão *kynikē* da religião cristã: como resistência religiosa em relação ao poder de Estado, sim, como resistência contra toda forma de uma mundaneidade tosca, irrefletida e egoisticamente obtusa. Tão logo um poder de Estado de matiz cristã, seja como domínio papal, seja como o Sagrado Império Romano de uma nação alemã, se estabelece e o mundo brutal dos senhores começa a se tornar por demais insolente, entram em cena na Idade Média ascetas *kynikos*, que procuram mostrar com a caveira, com o esqueleto e com a foice aos senhores impertinentes da vida os seus limites. Eles levam os conquistadores ávidos por poder à autorreflexão de que eles na morte continuarão possuindo a mesma quantidade de terras que seria necessária para um enterro (um tema da crítica ao poder que se manteve vivo até os cinismos líricos de Brecht durante os anos de 1920 e mesmo mais tarde). O cristianismo *kynikos* da Idade Média, decidido a refletir e a resistir, se lançou com o seu *memento mori* em ondas sempre renovadas contra as tendências *da luxúria, da soberba*, da volúpia e da avidez pela vida mundana irrefletida. Inspirados *kynicamente*, no sentido religioso, é assim que se mostram para mim os grandes movimentos da Reforma, cuja primeira onda partiu dos monastérios de Cluny e cuja influência se estendeu muito amplamente até o cerne do sistema feudal caoticamente belicoso e tosco dos séculos X e XI; a segunda grande onda que é sustentada nos séculos XII e XIII por experiências místicas e ascéticas em amplos círculos também contém elementos *kynikos*; as coisas não se dão de outro modo nos primórdios da reforma nos séculos XIV e XV, e com maior razão ainda na grande era das reformas e dos reformadores, dentre os quais seguia na frente Lutero — "o papa é o porco do diabo" — como uma alucinação pessoal de protótipos *kynikoi* de Moisés até Eulenspiegel, seu contemporâneo literário, a autorrenovação da religião a partir do "espírito" e contra os ídolos da tradição com uma intensidade polêmica original.

A Alta Idade Média conhece exemplos da inversão dos temas ascéticos, tal como, por exemplo, nos mostra a seguinte novela:

> Já há muito tempo, uma mulher jovem e bela vinha sendo cortejada por um amante. No entanto, por cuidado com sua alma e com sua castidade, ela continuava rejeitando-o. Sua resistência contra as investidas do homem encontrou apoio em um padre da localidade, que a advertia constantemente a conservar sua virtude. Quando o padre foi obrigado certo dia a deixar a cidade, a fim de viajar para Veneza, ele recebeu da mulher a alvissareira promessa de não fraquejar durante a sua ausência. Ela prometeu que não se entregaria, mas condicionou sua promessa a que ele lhe trouxesse de Veneza um dos famosos espelhos vendidos na cidade. De fato, durante a ausência do padre, ela resistiu a todas as tentações. Depois de seu retorno, contudo, perguntou-lhe acerca do espelho veneziano prometido. Nesse momento, o padre retirou um crânio de dentro da batina e o colocou cinicamente diante da jovem mulher: mulher vã, aqui tendes tua verdadeira face! Lembra que terás de morrer e que não és nada diante de Deus. A mulher aterrorizou-se até o seu íntimo mais profundo; ainda

na mesma noite, entregou-se ao amante e a partir de então desfrutou com ele as alegrias do amor.[91]

Tão logo o cristão se reconhece no crânio morto como em um espelho, pode chegar até aonde o medo diante da morte se retrai diante do medo de não ter vivido. Ele compreende, então, que é justamente ao se dormir com a "puta chamada mundo" que aumentam as chances dessa vida irresistível.

Desde o início, a religião cristã é perseguida por um problema peculiar: não poder acreditar. Como religião organizada, segundo a sua essência mais íntima, já é uma religião da má fé[92], da insinceridade, justamente na medida em que não se baseia na imitação de Cristo, mas na imitação da imitação, na *lenda* de Cristo, no *mito* Cristo, no *dogma* Cristo, na *idealização* Cristo. O processo da dogmatização é marcado pela má fé, pois há duas dimensões inevitáveis de incerteza, que são transformadas em certeza de maneira mendaz por meio da dogmatização: em primeiro lugar, aquilo que foi legado por Jesus era extremamente fragmentário e inapreensível em sua autenticidade com uma certeza última, de modo que é por demais compreensível que tenham podido se desenvolver nos séculos depois da morte de Cristo as mais diversas interpretações do caráter propriamente cristão; por si só, o *fato* de elas se desenvolverem ainda demonstra uma certa "tradição da inspiração", ou seja, uma tradição da experiência originária, que os primeiros cristãos tinham compartilhado com Jesus: a experiência de uma afirmação incondicionada que precisa ter causado uma impressão inextinguível como amor e destemor em todos aqueles que se depararam com os cristãos primitivos. A dogmatização emerge, segundo certo aspecto, na luta pela concorrência entre "organizações" e mitologias cristãs diversas, nas quais nenhuma delas pode estar certa de saber se "o espírito" também não sopra na organização e na mitologia cristã rivalizante. Na pluralidade patente e inegável dos "cristianismos", só uma má fé primária pode querer se impor como a única crença verdadeira. Isso marca a segunda dimensão da má fé: em meio à resistência de cristianismos alternativos e na elaboração "teológico"-*intelectual* correspondente da religião de Cristo, a oposição entre mito e entendimento, entre fé e conhecimento precisou se abrir, e quanto

---

91. Infelizmente, tive de recontar essa história de memória, pois não consegui mais encontrar a fonte; posso atestar apenas a tendência, e não o teor literal e os detalhes da novela.
92. No original, Sloterdijk usa a expressão francesa *mauvaise foi*. [N.E.]

mais crassamente ela se abriu, tanto mais intensa se tornou a tendência para superar esse fosso aberto por meio de atos de consciência nada probos e completamente automanipuladores. Em meio à dogmatização teológica da religião de Cristo, mentiu-se inúmeras vezes nessa dimensão do elemento objetivamente problemático: como se se acreditasse na "própria crença". Mas a história da teologia e da dogmática cristãs é no mínimo tanto uma história do duvidar-mas-querer-acreditar quanto uma história do "acreditar". A teologia cristã significa a tentativa tão imensa quanto fantasmagórica de procurar a certeza precisamente onde ela não pode estar segundo a natureza das coisas; ela inicia com aquilo que hoje denominamos "ideologia", isto é, com o uso instrumental do entendimento, a fim de legitimar de maneira paralógica posicionamentos volitivos previamente dados, interesses e identificações. A teologia já é à primeira vista uma formação híbrida de crença e dúvida, que gostaria de encontrar astutamente um lugar para si na simplicidade da "mera crença". Ela formula "confissões" sob a forma certa e dogmática, enquanto provém de qualquer modo da natureza da coisa o fato de uma confissão só poder se relacionar enquanto certeza *imediata* para aquele que confessa, ou seja, somente com a sua autoexperiência e com a sua interioridade: nessa interioridade, ele não encontra primariamente a crença formulada enquanto tal; ele encontra a dúvida, não a certeza. O que hoje denominamos "confissão" circunscreve muito mais a soma das coisas das quais alguém duvida do que aquelas coisas de que pode estar certo. Essa herança em termos de má fé continuou sendo legada a partir da estrutura da mentalidade cristã para praticamente tudo aquilo que surgiu na época pós-cristã em termos de ideologias e visões de mundo sobre o solo europeu. Há em nosso solo cultural uma tradição que ensina a apresentar o *per se* incerto sob o hábito da "convicção", aquilo em que acreditamos como aquilo que sabemos, a confissão como mentira de guerra.

Essa problemática da má fé encontra um aguçamento dramático no embate da Contrarreforma católica com os movimentos protestantes. Considerados apenas segundo a história de seu surgimento intrarreligioso, esses movimentos se tornaram justamente necessários por intermédio dos fenômenos da má fé, que tinham produzido no catolicismo dimensões insuportáveis de corrupção e mendacidade. As reformas diziam respeito à credibilidade miserável da "crença", à nulidade, ao caráter tosco e ao cinismo do espetáculo católico da Igreja. Mas se a Contrarreforma está armada teologicamente contra o desafio protestante, ela recai inexoravelmente por sua parte sob a compulsão da reforma, uma vez que ela não

Honoré Daumier, *Amor cristão — praticado na Espanha*.

pode superar o adversário, sem estudar seu "armamento" e sua crítica ao catolicismo. A partir desse momento, cresce no interior da teologia católica uma reflexividade cínica e muda, que tem como exercício refletir sobre as ideias de seu adversário, sem deixar de observar as próprias "confissões" de que se sabe há muito tempo muito mais do que se diz e do que se "acredita". Falar como retaguarda, pensar como vanguarda: eis o segredo funcional psicológico-estratégico da ordem dos jesuítas, ordem essa que forma uma espécie de milícia espiritual no alto escalão intelectual na luta antiprotestante. Em alguns âmbitos, esse procedimento continua válido ainda hoje: o estilo ideológico alternativo, de trabalhar em altos graus de consciência com vistas ao apequenamento instrumental da própria inteligência e com a autocensura por meio de uma convencionalidade refinada, possui até os dias de hoje algo do manuscrito jesuíta de outrora. Sob as condições do mundo moderno, o ser-católico pretende ser realmente aprendido; pois ele pressupõe a capacidade de desenvolver uma má fé de segundo grau. Pobre Hans Küng. Depois de estudos tão brilhantes, ele deveria saber que o modo católico de ser inteligente só vale a pena se também se souber como esconder de maneira decente o seu saber demais.

A história da "secularização" moderna também toca os fenômenos cínico-religiosos. Nesse processo, a "secularização" é acompanhada pela propaganda voltada para crânios e esqueletos em parte *kynikos*-exortativa, em parte cínico-intimidadora. O *memento mori* não consegue mais ter nenhuma chance em uma sociedade de consumo completamente militarizada de tipo capitalista (ou "socialista"). Na caveira, é provável que ninguém consiga mais ver a sua "verdadeira face". Desde o século XIX, tais temas ligados à morte são atenuados pelo "romantismo negro" e só são concebidos esteticamente. A tensão entre religião e sociedade mundana em torno da determinação daquilo que seria a "vida real" dissolveu-se (aparentemente), quase sem deixar resíduos, nas forças "mundanas", políticas, sociais e culturais. Quem exige "mais vida", uma "vida mais intensa", uma "vida mais elevada" ou uma "vida real", vê-se ao menos desde o século XVIII diante de uma série de revitalizações não religiosas que se apropriaram de algo da herança positiva da religião: arte, ciência, erotismo, viagens, consciência corporal, política, psicoterapia entre outras coisas. Todas elas podem contribuir de alguma forma para a reconstrução daquela "vida plena" que constituía o cerne de sonho e de lembrança da religião. Nesse sentido é que se pôde falar de um "tornar-se supérfluo" da religião. O vivente, do qual não se retira mais muita coisa, não quer receber tudo de volta mais tarde; a vida humana, que não permanece mais totalmente abaixo de suas próprias possibilidades, tem de fato poucas razões para a religiosidade compensatória; para aqueles em relação aos quais as coisas não estão mais tão miseráveis "na terra", o céu também não apresenta mais a proposta de algo "totalmente diverso". Os principais poderes da desvitalização — família, Estado, sistema militar — criaram desde o século XIX fortes ideologias próprias de revitalização (consumismo, sexismo, esporte, turismo, culto à violência, cultura de massa), ideologias perante as quais os grupos clericais conservadores não possuem nada igualmente atraente a contrapor. Os vitalismos de massa modernos possuem uma grande parcela de responsabilidade pelo fato de as sociedades atuais, ao menos no plano das funções vitais mais robustas, não se acharem mais ávidas por religião. Dito de maneira rudimentar, elas deixaram de sonhar religiosamente; quando hoje se sente a presença parca demais de alguma coisa, as pessoas o expressam em uma linguagem relativa aos bens vitais do aquém: muito pouco dinheiro, muito pouco tempo, muito pouco sexo, muito pouca diversão, muito pouca segurança, etc. Somente nos últimos tempos começou-se a dizer que haveria muito pouco *sentido*, e com esses suspiros neoconservadores se anuncia uma vez mais uma "requisição por religião", uma requisição que levou a negócios florescentes em torno do sentido, porém sem muita paciência para perceber que é a busca por sentido que dá a todo disparate a oportunidade de se vender como a estrada para a salvação. A única coisa certa é que as possibilidades mais toscas de revitalização (as possibilidades assim chamadas materiais) de nossa cultura, precisamente quando são em certa medida realizadas, liberam camadas mais profundas de nosso estar-morto, que não são realmente tocadas pelo vitalismo do consumo, pela febre das discotecas e pela livre sexualidade. Esse plano interno da morte é aquilo que se designou antigamente como o "niilismo", uma mistura de produção de desilusão e um desespero que se debate consigo mesmo, de sentimento de vazio e de avidez arbitrária. Sem dúvida alguma, experiências desse tipo desempenharam subliminarmente um papel no Nacional-socialismo, que possui em certos aspectos os traços de uma religião niilista. De resto, ele também foi a única força política a ousar uma vez mais no século XX, com uma pose cínico-aristocrática contrariada, de se apropriar dos antigos símbolos da advertência cristã da morte: sua tropa de elite ideológica, as SS, para a sua autoapresentação, não escolheu de maneira desprovida de sentido uma caveira como o seu sinal de reconhecimento. O que está em questão são desinibições. O fascismo alemão não é excedido por nada no mundo em sua posição hierárquica. O fascismo é o vitalismo dos mortos: como "movimento político", os mortos querem ter a sua dança. Esse vitalismo dos mortos, que marca até hoje o funcionamento cultural ocidental, incorpora-se, tanto literariamente quanto na realidade, em figuras vampirescas que, por falta de uma vitalidade própria, vêm à tona como mortos vivos entre aqueles que ainda não se apagaram, a fim de sugar em si as suas

Estandarte da corneta das agremiações ligadas às caveiras SS.

energias. Uma vez sugados, eles mesmos se transformam em vampiros. Uma vez desvitalizados em seu cerne, eles se tornam ávidos pela vitalidade dos outros.

Media vita in morte sumus: era assim que soava em tempos cristãos o apelo à meditação sobre a vida propriamente dita; em meio à vida, porém, já estamos envolvidos pela morte: *media morte in vita sumus*, em meio à morte efetiva há em nós de qualquer modo algo que é mais vida do que nossa vida inanimada.

O que sabem o homem atemorizado, o homem ligado à segurança, o homem trabalhador, o homem devotado à defesa, o homem preocupado, o homem da história, o homem do planejamento da vida? Se enumerarmos aquilo que constitui nossos conteúdos vitais, então obteremos na soma muita falta e pouca realização, muito sonho estúpido e pouco presente. Aqui, vida significa "ainda não estar morto". Aprender uma vez mais a viver nos leva a atravessar um grande trabalho de lembrança, mas um trabalho que não revolve apenas histórias. A lembrança mais íntima não conduz a uma história, mas a uma força. Tocá-la significa experimentar uma enchente extática. Essa lembrança não desemboca em um passado, mas em um agora exaltado.

6. O cinismo do saber

O que é a verdade?

Pôncio Pilatos

Só podemos confiar em uma estatística quando nós mesmos a falsificamos.

Winston Churchill

O nariz de Cleópatra: se ele tivesse sido um pouco mais curto, toda a face da Terra teria se transformado.

Blaise Pascal

O principal na vida é apenas: ir todas as noites para a latrina de maneira livre, fácil, agradável e frequente. *O stercus pretiosum!* Esse é o grande resultado da vida em todas as suas circunstâncias.

Denis Diderot, *O sobrinho de Rameau*

Toda a cultura depois de Auschwitz, juntamente com a crítica cáustica a tal cultura, não passa de lixo.

Theodor W. Adorno, *Dialética negativa*

Diógenes é o fundador propriamente dito da gaia ciência.[93] Enquanto tal, ele não é fácil de classificar. Devemos contabilizá-lo entre os "filósofos"? Ele se assemelha ao "pesquisador"? Ele lembra aquilo que denominamos um cientista? Ou será que ele seria "apenas" um popularizador de conhecimentos conquistados em outros lugares quaisquer? Todas essas etiquetas não chegam efetivamente a se mostrar adequadas. A inteligência de Diógenes não tem nada da inteligência dos professores, e permanece incerto se ela pode ser comparada à inteligência dos artistas, dos dramaturgos e dos escritores, pois nada de próprio punho nos foi legado, nem por Diógenes, nem pelos *kynikoi* em geral. A inteligência *kynikē* não se tornou vigente pela via escrita, ainda que deva ter havido toda uma série de panfletos e paródias impertinentes oriundos das penas dos *kynikoi* (tal como Laércio nos permite supor). De uma maneira *kynikē*, fazer uso de sua inteligência significa mais parodiar uma teoria do que construir uma teoria, significa mais estar em

---

[93]. A neo-*kynikē* "transvaloração de todos os valores" de Nietzsche também se abate sobre a ciência, na medida em que considera os objetos da ciência de uma maneira mais serena "do que eles mereceriam".

condições de encontrar respostas afiadas do que meditar sobre questões insoluvelmente profundas. A primeira gaia ciência é uma inteligência satírica; ela se assemelha nesse caso mais à literatura do que à episteme. Suas intelecções trazem à tona os aspectos mais questionáveis e mais risíveis dos grandes e sérios sistemas. Sua inteligência é flutuante, jocosa, ensaística, não está dirigida a fundamentações seguras e a princípios últimos. Diógenes suspende a gaia ciência e a retira do rito de batismo, na medida em que carrega no colo as ciências sérias. A melhor forma de saber o quanto de verdade há em uma coisa é ridicularizá-la de maneira fundamental e ver o quanto de prazer ela suporta. Pois a verdade é uma ocasião devotada ao escárnio, que vem à luz de maneira tanto mais vital depois de cada ironia.[94] Aquilo que não suporta nenhuma sátira é falso e parodiar uma teoria juntamente com o seu pensador significa submetê-lo ao experimento dos experimentos. Se, como Lenin diz, a verdade é concreta, então o dizer-a-verdade também precisa assumir formas concretas. O que significa: por um lado, encarnação, por outro lado, intensa desmontagem; aquilo que era "concreto" será exposto de maneira tanto mais clara depois de ter sido invertido pela falta.

Portanto, se buscarmos uma etiqueta para o pai da gaia ciência, para o primeiro materialista pantomímico, então ela poderia ser: *o sátiro capaz de pensar*. Sua principal performance teórica consiste em defender a realidade contra a loucura dos teóricos: contra a suposição de que eles a teriam compreendido.[95] Toda verdade precisa de uma contribuição da parte do sátiro e da sátira, do sentido de realidade móvel e marcado pela presença de espírito: um sentido que está em condições de restituir ao "espírito" a liberdade na relação com o seu próprio produto e "suspender" o que foi reconhecido e conquistado por meio do trabalho, no bom sentido hegeliano.

Sátira como procedimento? Na medida em que a sátira é uma arte da oposição intelectual, até certo grau ela pode ser aprendida, se investigarmos os seus gestos e locuções fundamentais. Ela toma em todo caso

---

94. O racionalismo crítico à moda de Popper não é um pular-a-cerca que compreende mal e seriamente o falibilismo satírico?

95. Em suas *Preleções sobre a história da filosofia*, Hegel observa o seguinte por ocasião da "escola *kynikē*": "Sobre essa escola não há nada em particular a observar. Os *kynikoi* tinham pouca formação filosófica e nunca conseguiram chegar a um sistema, a uma ciência..." Como acontece na maioria dos casos, Hegel coloca a coisa de cabeça para baixo, de tal modo que não temos outra saída se não nos colocarmos aos seus pés.

posição contra aquilo que se poderia chamar de maneira alusiva de "alto pensamento", contra o idealismo, o dogmatismo, a grande teoria, a visão de mundo, a elevação, a fundamentação última e o espetáculo da ordem. Todas essas formas de uma teoria senhorial, soberana e subjugadora atraem magicamente as alfinetadas *kynikai*. É aqui que a gaia ciência encontra o seu campo de jogo. O *kynikos* possui instintos que não o enganam, instintos para os fatos que não se adéquam às grandes teorias (sistemas). Tanto pior para os fatos? Tanto pior para a teoria? Ele encontra presença de espírito e o contraexemplo em relação a tudo aquilo que é muito bem pensado para ser verdadeiro. Quando os senhores e os mestres pensadores acabam de apresentar as suas grandes visões, as arvícolas *kynikai* se põem em obra. Sim, aquilo que designamos como "crítica" em nossa tradição científica talvez não seja outra coisa senão uma função satírica que não se compreende mais a si mesma, a saber, o minar que vem realisticamente de "baixo" e que se lança sobre os grandes sistemas teóricos, que experimentamos como fortalezas ou como prisões.[96] O procedimento satírico, isto é, o cerne de força metódico propriamente dito da "crítica", consiste, tal como Marx o enunciou de maneira primorosa em relação a Hegel, no fato de se "inverterem" as coisas. No sentido realista, isso significa: colocar as coisas de cabeça para baixo; todavia, mesmo uma inversão em outra direção pode se mostrar útil por vezes: ioga para realistas superficiais.

Inverter — como é que se faz isso? Descobrimos na antiga sátira *kynikē* as técnicas mais importantes, que estão de resto em conexão com os instrumentos conceituais do primeiro esclarecimento (a sofística). Logo que a alta teoria grita *ordem*, a sátira contrapõe a esse grito o conceito de *arbítrio* (e dá exemplos). Se a grande teoria tenta falar de *leis* (*nomoi*), a crítica responde se remetendo à *natureza* (*physis*). Se os grandes teóricos dizem *cosmos*, então os sátiros retrucam: pode haver cosmos onde nós não nos encontramos, no universo, mas onde quer que os homens apareçam, seria melhor falar de *caos*. O pensador da ordem vê o grande todo, o *kynikos* vê ao mesmo tempo o pequeno espaço fragmentado; a grande

---

96. De acordo com isso, uma "crítica séria", uma crítica que seja um instrumento e uma doutrina do método das teorias "dominantes", seria desde o princípio um cavalo preto. A crítica serve à subversão, não à construção; por isso, a maneira mais segura de genericamente se condenar o prazer à custa inteligência, tal como acontece hoje, seria educar os estudantes de maneira compulsivamente "crítica". Nesse caso, então, aquilo que seria a sua sorte se lhes mostraria como um inimigo. Cf. a Segunda Consideração Prévia.

teoria olha para o sublime, a sátira vê ao mesmo tempo o que é ridículo. A alta visão de mundo não quer se dar conta senão daquilo que deu certo; no *kynismos*, também se tem o direito de falar dos erros mais bizarros. O idealismo só vê o verdadeiro, o belo e o bom, enquanto a sátira se vale da liberdade de manter o valor do torto, dissonante e fodido no discurso. Onde a dogmática postula um compromisso incondicionado em relação à verdade, a gaia ciência conta desde o princípio com um direito à mentira. E onde a teoria exige que a verdade seja apresentada em formas discursivas (textos argumentativamente fechados, cadeias proposicionais), a crítica originária das possibilidades sabe expressar a verdade de maneira pantomímica e repentina. Ela com frequência também reconhece o que há de melhor nos "grandes conhecimentos" por meio das brincadeiras que se podem fazer sobre ela. Quando os guardiães da moral apresentam uma grande tragédia, porque Édipo dormiu com a mãe, e, então, acreditam que com isso a ordem do mundo teria saído de seus gonzos e a grande lei dos deuses e dos homens estaria agora correndo perigo, a primeira coisa que a sátira *kynikē* faz é advertir as pessoas a terem um pouco mais de serenidade. Vejamos se isso é realmente tão terrível assim! A quem essa copulação irregular faz um mal decisivo? Claramente apenas à ingênua ilusão da lei. Como as coisas se mostrariam, porém, se não fosse o homem que tivesse de servir à lei, mas a lei que tivesse de servir ao homem? Isócrates não nos ensinou que o homem seria a medida das coisas? Pobre Édipo, não faça cara feia. Lembra-te de que mesmo junto aos persas e aos cães está muito na moda copular com membros da família! Levanta a cabeça, *old motherfucker*! Na Antiguidade grega, ultrapassa-se o umbral de uma época na história da cultura. Os modos sofísticos já se acham tão seguros de serem tomados por princípios universais que podem se arrogar uma superioridade em relação a toda mera convencionalidade. Só um indivíduo incondicionadamente "firme em termos culturais" pode se libertar para tais relaxamentos aparentemente viciosos. Somente onde o *nomos* social já realizou sua obra, o homem profundamente civilizado pode se reportar à *physis* e pensar em descargas.

Os senhores pensadores deixam passar o espetáculo do mundo, o espetáculo da ordem, a grande "lei", diante de seus olhos espirituais e projetam visões que também incluem concomitantemente o negativo e a dor, mas que, contudo, não lhes causa sofrimento. Só conquista uma visão panorâmica aquele que deixa de ver muitas coisas (Arnold Gehlen). Trata-se sempre da dor do outro, que os grandes olhares da teoria cobram para o "cosmos". De acordo com os hábitos *kynikoi*, em contrapartida, quem sofre por si mesmo também precisa gritar por si mesmo. Não precisamos considerar a nossa própria vida a partir da perspectiva aquilina, nem com os olhos de deuses desinteressados que se acham em uma outra estrela. A antifilosofia de Diógenes sempre fala de um tal modo que se reconhece o seguinte: eis um homem em sua própria pele, e que não pretende abandoná-la. Quando alguém batia em Diógenes, ele colocava uma tabuleta em seu pescoço com o nome do responsável e andava com essa tabuleta pela cidade. Isso é teoria suficiente, prática suficiente, luta suficiente e sátira suficiente.

A antifilosofia *kynikē* possui, além de sua manipulação ferina e ágil dos bens culturais oficiais, linguisticamente articulados (teorias, sistemas), três meios essenciais nos quais a inteligência pode se destacar da "teoria" e do discurso: o agir, o rir e o silenciar. Não se faz realmente nada com uma mera contraposição entre teoria e prática. Quando, em sua 11ª tese sobre Feuerbach, Marx afirma que os filósofos teriam até hoje apenas interpretado o mundo de maneira diversa, e o que agora estava em questão era transformá-lo, tornando-se filósofo no mundo e mundano da filosofia, ele permanece muito aquém de um materialismo dialético *existencial*, apesar de ser sustentado por um impulso parcialmente *kynikos*. Diógenes, o existencialista, não conseguiria parar de rir do modo como Marx se precipita uma vez mais no negócio da grande teoria.[97] Diante de tal fúria de "transformação", ele daria à luz um silêncio demonstrativo e rejeitaria com um sorriso anarquista a suposição de que seria possível transformar toda a vida própria em instrumento de uma "práxis", uma vez mais planejada (novamente de uma maneira bem idealista).

Se quiséssemos escrever uma história do impulso *kynikos* no âmbito do saber, isso precisaria acontecer sob a forma de uma história filosófica da sátira, ou melhor, como uma fenomenologia do espírito satírico, como uma fenomenologia da consciência combatente e como uma história daquilo que é pensado nas artes, isto é, como história filosófica da arte. Algo desse gênero ainda não foi escrito e tampouco precisaria ser escrito, se o elemento principal fosse compreensível sem a muleta histórica. Em toda e qualquer erudição, a inteligência joga com a vida. Quem se ocupa com

---

97. Parece que Marx encontrou seu crítico *kynikos*-existencial em Heinrich Heine. Por isso, a indisposição entre os dois; por isso também o xingamento de "cachorro", que desempenha um papel expressivo em suas querelas.

o passado arrisca-se a perecer, sem ter compreendido o que tinha perdido no passado. Quem leva em conta essas cauções encontra um material suficiente para uma história da gaia ciência, escondido nos arquivos ou espalhado na pesquisa. Ricas tradições se oferecem para a redescoberta: uma grande *tradição* europeia do *silêncio*, que não se sentia em casa apenas nas igrejas, nos monastérios e escolas, mas também junto à inteligência popular insondada, que se esconde no silenciar persistente das maiorias. Um silenciar no qual também há liberdade e não apenas ausência de linguagem; no qual também há compreensão e modéstia, não apenas idiotia e repressão. Uma *tradição satírica* europeia ainda maior, na qual as liberdades da arte, do carnaval e da crítica se uniram em uma cultura do riso de muitas línguas; aqui se mostra certamente o fio principal da inteligência combativa, que morde como o cão *kynikos*, sem ser encarniçado pela fúria do combate, e que bate mais na consciência do adversário do que nele mesmo com o seu escárnio, a sua ironia, suas inversões e suas piadas. Por fim, uma *tradição de ação* impressionante, na qual podemos estudar como é que certos homens levaram a "sério" suas intelecções, em virtude da vida cujas chances eles não queriam desperdiçar; reside aqui, na natureza da coisa que tenha havido com frequência um agir em meio à resistência. A "arte do possível" não é apenas aquilo que os políticos deveriam dominar. Ao contrário, onde quer que os homens tentem preservar as perspectivas de sua vida com consciência e inteligência, essa arte está sempre em jogo. Aqueles emigrantes que irromperam no Novo Mundo (sobretudo) no século XIX, saídos de uma Europa inexoravelmente engessada, a fim de buscar a sua felicidade por como homens mais livres, são os meus exemplos favoritos de um tal agir, ao lado de algumas pecinhas de bravura do tipo de um Eulenspiegel, de um Schweik e de alguma manifestações da prática revolucionária. Nessa irrupção há algo da força *kynikē*, de uma inteligência hábil para a vida e do êxodo da consciência para o interior do mundo aberto, no qual a vida ainda possui a perspectiva de ser mais forte do que os poderes de sufocamento característicos da tradição, da sociedade, das convenções. Se eu tivesse de dizer que ação particular tomaria por exemplo para caracterizar uma inteligência que não apenas "sabe", mas também age, indicaria sem sombra de dúvida a emigração de Heinrich Heine para Paris (1831): esse momento mágico de uma prática consciente, na qual um poeta submeteu sua biografia às necessidades e perspectivas do instante histórico e abandonou sua terra natal, a fim de poder fazer aquilo que acreditava ter de fazer em favor

LA CARICATURE
POLITIQUE, MORALE ET LITTÉRAIRE.

Modelo da consciência satírica: o louco com arco e flecha — a verdade nua. J. Grandville, panfleto de propaganda da revista *La Caricature* (detalhe).

de si mesmo e dessa terra. "Parti, porque precisava partir" — e por trás dessa necessidade ainda não se achava a polícia (como no caso de Marx e de outros fugitivos), mas apenas a percepção de que há instantes na vida consciente nos quais se precisa fazer o que se quer, para que se possa então também querer pela primeira vez aquilo que se precisa.[98]

A dimensão estética e satírico-política na história do saber conquista o seu peso por meio do fato de ela ser em verdade a dialética *en marche*. Com ela, os princípios de encarnação e resistência penetram no curso do pensamento socialmente organizado. O individual inexprimível; o particular intuído em sua existência; "o não idêntico" conjurado por Adorno; aquele este-aqui, junto ao qual a mera denominação conceitual já é injusta, na medida em que simula a concepção (e transforma o particular apenas em um "caso de x"): abstraindo-nos das artes, onde esse elemento real individual melhor deveria se assegurar de sua existência do que na sátira, na suspensão irônica das "ordens" impostas, no jogo com aquilo

---

98. Cf. H. Heine, *Prefácio ao salão I* (1833), in: H. Heine, *Sämtliche Schriften* [Obras completas], vol. III, Munique, 1971, p. 10.

que se pretende como "lei", em suma, na encarnação dessa ocasião extremamente desprovida de seriedade, que constitui propriamente o vivente? Os pensadores dialéticos — quer filósofos, poetas ou músicos — são aqueles junto aos quais a polêmica e a inimizade mútua, violenta e desavergonhada, entre ideias e motivações, já constitui a forma interna de trabalho característica de seu processo de "pensamento". O presente de seu espírito já é suficiente, se é que podemos falar assim, para mais do que uma ideia. Todos os grandes pensadores e artistas dialéticos portam em si um *kynikos* ou um cínico apto para o combate, que impele para frente e se mostra como rico em *insights*, que já prescreve movimento e provocação ao seu pensamento, de maneira imanente. Os dialéticos vêm à tona como a atividade motora do pensamento; não conseguem fazer outra coisa senão ao lado de cada tese também deixar valer a tese oposta. Observa-se neles uma forma em parte combativamente irrequieta, em parte epicamente balanceada do discurso, que provêm do sentimento para o caráter figurativo, melódico e motivacional de uma composição pensante: junto ao poeta disfarçado Platão não menos do que junto ao músico filosofante Adorno, e na dialética pomposa grotesca de Rabelais de maneira similar à que encontramos na retórica da corrente desenfreada de Ernst Bloch. Valeria certamente a pena retratar um dia o "parceiro" cínico-*kynikos* de mestres essenciais, seja no caso de Diderot ou Goethe, Hegel, Kierkegaard ou Marx, Schopenhauer, Nietzsche, Freud ou Foucault. E o que acontece propriamente enquanto Sartre, o maior dialético do século XX, nas milhares de páginas de seu *Idiota da família*, se confronta com Flaubert, o grande cínico do século XIX, é algo tão cheio de picardias filosóficas e psicodinâmicas que não se pode falar disso *en passant*.

Como dissemos, o *kynismos* não pode ser nenhuma teoria e não pode ter nenhuma teoria "própria"; o *kynismos* cognitivo é uma *forma de lidar* com saber, uma forma de relativização, de ironização, de aplicação e suspensão. Ele é a resposta da vontade de vida àquilo que as teorias e ideologias fizeram com ela — em parte, uma arte de sobrevivência espiritual, em parte, resistência intelectual, em parte, sátira, em parte, "crítica".

A "teoria crítica" quer ser uma teoria que protege a vida da falsa abstração e violência das teorias "positivas". Nesse sentido, mesmo a teoria crítica frankfurtiana foi uma herdeira da parcela *kynikē* daquelas grandes teorias, que o século XIX legou ao século XX: do hegelianismo de esquerda, tanto em seus aspectos existencialistas e antropológicos quanto nos históricos e sociológicos, do marxismo, bem como da psicologia crítica, que se tornou conhecida sobretudo sob a figura da psicanálise. Compreendido corretamente, todas são "teorias" que já portam em si a forma de lida *kynikē* com teorias, a saber, a suspensão da teoria, e que podem ser transformadas, então, ao preço de uma regressão intelectual, em "sistemas fixos". Tais regressões ocorreram efetivamente na maior escala possível e a história social mais recente ensina de uma maneira por demais crassa o quanto de embrutecimento aconteceu no final do século XIX e em todo o século XX por meio do hegelianismo vulgar, do marxismo vulgar, da psicologia vulgar, do existencialismo vulgar, do nietzschianismo vulgar, etc. Todos esses sistemas de estupidificação alijaram a mobilidade reflexiva da "teoria crítica", fixaram dogmas rígidos como "conhecimentos" e da suspensão *kynikē* não deixaram outra coisa senão a presunção arrogante. Em verdade, a suspensão *kynikē* da teoria é uma suspensão que provém do não-saber consciente, não de uma pretensão de saber melhor as coisas. Ela nos destravou e liberou para uma ignorância nova e fresca, ao invés de deixar que nos calcificássemos em certezas. Pois, com as "convicções", a única coisa que cresce é o deserto. Em contrapartida, a teoria crítica dos frankfurtianos realizou algo grande, na medida em que tentou incessantemente "desestupidificar" a herança teórica do século XIX e salvar sobretudo os momentos de verdade do marxismo contra a sua degeneração na dogmática leninista e, com maior razão ainda, na stalinista.

De fato, em seus melhores tempos, o marxismo foi um veículo de uma inteligência viva e soube frutificar as ciências humanas como um todo com sua consciência histórico-crítica. *A concepção "materialista" de história* continua contendo em si uma miríade de possibilidades para uma "outra história" e para uma história do outro. Uma história efetiva do outro, porém, não pode ser escrita senão por aqueles que são o outro e os outros e que se decidiram a deixar essa alteridade viver, conquistando para si a liberdade de poder ser assim. O maior exemplo hoje: a história do "feminino"; mas também a história do homossexualismo. Esses dois elementos ganham ao mesmo tempo a consciência com a narrativa de sua repressão e formação, a consciência de uma liberdade que vem se constituindo *agora*; e, na medida em que mulheres e homossexuais falam de si — na história e no presente —, eles também festejam o início de uma nova era na qual estarão "conjuntamente presentes" de uma maneira diversa da que estiveram até aqui. Assim história precisa ser; precisa partir de algo e conduzir a algo que vive agora e *toma* para si cada vez mais a vida e os direitos vitais relativos ao agora e ao depois.

O que é *passé* no plano vital também pode ser algo que não pode passar no plano do saber vivo. O histórico decompõe-se naquilo que foi realizado e naquilo que apenas passou, mas que não ficou para trás — o não realizado, imperfeito, o mal hereditário, o *hangover* histórico. Sempre que homens e grupos se preparam para realizar por si um tal capítulo legado do não realizado, a lembrança e a história se tornam para eles uma força auxiliadora, quer esteja em questão o elemento individual, como no caso da psicoterapia, quer esteja em jogo o coletivo, tal como nas lutas pela libertação.

Isso distingue uma história existencial daquela história que Nietzsche designou com razão como uma história "museal" — de uma história que serve mais à dispersão e à decoração do que à concentração e à vitalização. Pode-se denominar a história existencial uma história *kynikē*, enquanto a história museal e decorativa pode ser chamada de uma história cínica. A primeira narra sob o impacto de tudo aquilo pelo que passamos, mas não curvada sob o seu peso — tal como a consideração judaica da história surgiu a partir da intelecção da perecibilidade dos impérios alheios e da própria sobrevivência tenaz. Assim, o marxismo — em seus bons tempos — criou uma possibilidade de narrar sistematicamente a história das opressões, quer essa opressão se chame escravidão, como na Antiguidade, servidão, como na Idade Média (que se manteve, por exemplo, na Rússia até 1861) ou existência proletária como no presente. No entanto, não é mais na linguagem do marxismo que permanece ainda mais patente, em todo caso, em que linguagem a história da opressão será narrada um dia em nome da ideologia marxista; talvez isso aconteça na linguagem de uma crítica da razão cínica; talvez em uma linguagem feminista; talvez em uma metaeconômica, ecológica. — A história cínica, em contrapartida, vê "em todas as coisas terrenas" apenas uma circulação desesperada; tanto na vida dos povos quanto na vida dos indivíduos, tanto nessa vida quanto na natureza orgânica em geral, vê um crescimento, um brotar, um murchar e um morrer: primavera, verão, outono e inverno. "Não há nada de novo sob o sol!" é sua sentença seletiva; e mesmo essa sentença não é nada nova...[99] Ou, então, ela vê na natureza orgânica uma estrada da vitória, na qual marchamos e continuaremos marchando sobre o cadáver de todos que foram levianos demais ao acreditar que tinham o direito

---

99. Heinrich Heine, *Verschiedenartige Geschichtsauffassung* [Concepção diversa da história] (1833), In: Heinrich Heine, *Sämtliche Schriften* [Obras completas], vol. III, Munique, 1971, p. 21.

de se colocar no caminho de nossa vontade de poder, de nosso império milenar, de nossa "missão" histórica.

Ao lado da história "crítica", a *psicologia* crítica possui, como a segunda das ciências humanas, um aguilhão *kynicamente* efetivo. Hoje, a partir de uma crescente psicologização da sociedade, isso não é mais compreensível por si mesmo; e isso porque o choque *kynikos* do esclarecimento psicológico já não se encontra mais para nós a uma longa distância. Em todo caso, nos espetáculos freudiano-marxistas do maio de 1968, o lado ofensivo da psicanálise veio uma vez mais um pouco à tona para nós — até o ponto de se estar disposto a ver na psicanálise ainda algo além de uma grande automistificação da sociedade burguesa, que reprime, deforma e manipula os indivíduos, dizendo-lhes, por fim, que, se as coisas vão mal para eles, a culpa é de seu inconsciente. Foi apenas a esquerda freudiana que legou algo da mordacidade *kynikē* originária do esclarecimento psicanalítico, na medida em que — de Wilhelm Reich a Alice Miller — soube escapar ao mesmo tempo das armadilhas da ortodoxia analítica.

No capítulo sobre o *kynismos* sexual, indicamos em que conexão a força explosiva da psicanálise se encontra de início com o fato de Freud equiparar o inconsciente ao âmbito dos segredos sexuais. Com isso, a curiosidade psicanalítica foi canalizada de uma maneira extremamente exitosa para aquilo que simplesmente mais interessa aos homens desde sempre. Como "inconsciente", ele foi neutralizado e desculpado em grande medida, e, como sexualidade, passou a se mostrar, além disso, como o que há de mais fascinante. Sob esse augúrio, o *kynismos* da psicanálise pôde abrir uma brecha na consciência social — de início uma fenda estreita, mais tarde uma abertura tão grande que quase não restou mais nada do muro. Em seguida, evidenciou-se "aquilo que vocês sempre quiseram saber sobre sexo". Um *kynikos* não conseguiria resolver a sua tarefa de uma maneira mais elegante do que Freud. Em uma prosa imaculada e envolto no melhor tecido inglês, o velho mestre da análise conseguiu falar praticamente de todas as coisas sobre as quais não se fala e despertar apesar de tudo uma elevadíssima consideração. Isso por si só já é uma pândega de uma dimensão sem precedentes; e Freud só conseguiu fazer isso naturalmente, porque não sublinhou pessoalmente o lado subversivo, satírico e rebelde de seu empreendimento, mas, ao contrário, jogou todas as suas fichas na tarefa de emprestar ao seu trabalho a estima de uma ciência. O milagre da psicanálise é o modo como ela produz um halo de encantamento, de maneira extremamente séria, em todos os seus objetos — esses elementos oral, anal e genital. Tudo dá-se como se alguém arrotasse à mesa em companhia de uma fina sociedade e ninguém achasse que fosse algo demais. Freud conseguiu realizar algo que deixaria o próprio Diógenes enfurecido de inveja: ele construiu uma teoria que transforma todos nós, queiramos ou não, em *kynikoi* (se é que não mesmo em cínicos).

Essa transformação acontece assim: no início, todo homem é um ser natural, nascido do corpo da mãe e inserido em uma sociedade bem educada, sem saber o que é certo ou errado. Crescemos nesse contexto como sujeitos sexualmente polivalentes, como sujeitos "polimorfos perversos", e, em nossos quartos de bebês, o *kynismos* se encontra universalmente difundido; o *kynismos* que vive, pensa, deseja e age de início em todas as coisas totalmente a partir do próprio corpo. Freud importou uma fase *kynikē* para a história de vida de cada um e também encontrou explicações rudimentares para o fato de e para a razão pela qual adultos continuam contando piadas cínicas ou quiçá se acham inclinados a transformar até mesmo o cinismo em sua postura vital. Em cada um de nós houve um cão originário e um porco originário, ao lado do qual Diógenes não passa de uma cópia esmaecida — com a única diferença de que nós, como homens bem educados, não podemos nos lembrar disso, por mais que queiramos. Como se não bastasse o fato de esse animal humano originário, como dizem os pedagogos, "fazer cocô nas próprias calças" e fazer na frente de todo mundo aquilo que nós adultos fazemos apenas diante de nossa consciência; como se não fosse suficiente o fato de ele fazer xixi nas fraldas e contra as paredes — esse ser chega por vezes a produzir até mesmo um interesse humanamente indigno pelas próprias secreções e não tem sequer o pudor de não pintar os tapetes com isso. O fato de Diógenes ter feito algo assim não foi afirmado nem mesmo pelos seus inimigos. De maneira completamente supérflua, ele também gosta de se acalmar com frequência junto às partes do corpo para as quais os adultos só conhecem expressões latinas, e mostra em tudo isso uma desenvoltura aventureira em relação a si mesmo, como se fosse pessoalmente, e ninguém além dele, o ponto central de seu mundo. O fato de esse animal originário *kynikos* acabar por fim querendo matar o pai e se casar com a mãe — ou o inverso — é algo com o que as pessoas tomam contato depois de tudo em certa medida resignadamente, sim, ainda que os analistas afirmem que o complexo de Édipo seria a lei universal do desenvolvimento psíquico no homem, acolhe-se esse complexo como uma terrível notícia entre as muitas outras. (Mais tarde chama a atenção o seguinte: Freud só se interessava pela versão trágica do mito de Édipo, não pela desdramatização *kynikē* da história.) De acordo com essas descobertas psicanalíticas, a paternidade precisa recair inevitavelmente em uma luta entre as escolas filosóficas. Pois quando se tem o *kynikos* corporalmente em casa, a única solução é se tornar estoico. O fato de se ter constatado tão frequentemente o parentesco entre a ética de Freud e a de Epicuro baseia-se no fato de a linha epicurista ter sido a primeira a encontrar o compromisso entre estoicismo e *kynismos*, entre moral pautada no dever e autorrealização, entre princípio de realidade e princípio do prazer, entre a "cultura" e aqueles que pressentem o "desconforto na cultura". As sociedades da era mundial pública enviam constantemente os seus membros por "longos caminhos", dos quais o vivente busca se desviar, permitindo-se tomar atalhos.

Considerados a partir de nosso lado infantil, todos nós juntos somos seres emergidos do *kynismos*. A psicanálise não deixa que nos desviemos nesse ponto. Com certeza, na tensão entre o infantil e o adulto, ela mesma se desvia para o interior de uma postura bastante ambígua. Pois ela sabe arranjar sempre as coisas de tal modo que o analista permaneça sério, enquanto o paciente-criança, contudo, se mostra de maneira animal. O analista protege por assim dizer o lado *kynikos*-animal em nós, uma vez que nós todos possuímos tal subterrâneo analisável. Ele é aquele "cidadão" que interpreta e orienta as incivilidades infantis, animais, neuróticas, etc. que continuam efetivas nos outros. Todavia, seu maior temor parece ser nesse caso cair ele mesmo em algum momento na esteira de tais temas e ser considerado tão pouco sério quanto os fenômenos vitais orais, anais, genitais, com os quais tem de se ocupar. Talvez venha daí, ao menos em parte, o tique cultural que chama a atenção em tantos psicólogos. Parecem se encontrar sob a compulsão de sempre demonstrar uma vez mais necessariamente a sua capacidade cultural, mesmo depois de já terem se comprometido por meio de sua ocupação profissional com o elemento infantil e animal. "Bibliografia psicológica" — este passou a se mostrar entrementes como um fenômeno de tais proporções que só conseguimos continuar tratando-o sociológica ou estatisticamente. O que está em jogo nesse caso é o autoasseguramento de semicínicos modernos em seu papel cultural. Com "formação", com livros, com diplomas, com títulos, com formações adicionais e graus, tentam defender o seu direito como cidadãos na "cultura oficial" (que de resto simplesmente não existe). Ao mesmo tempo, isso serve à ridícula demarcação das "doenças"; e não há poucos psicólogos, em cujas vozes não resida um misto de angústia, desprezo, arrogância e agressão, ao usarem palavras como: narcisismo, esquizofrenia, paranoia, ambivalência, neurose, psicose, etc. Essas são palavras de demarcação, palavras para os outros, palavras no moinho elevado do normal. Pode ser um bom sinal, contudo, o fato de algumas pessoas hoje, gostaria de dizer, terapeutas inteligentes, terem decidido deixar cair a sua máscara de notáveis e abdicado do papel de sério representante da realidade. Tanto para o seu próprio proveito quanto para o proveito de seus pacientes, colocaram-se do lado do vivente. Para aquele que adoeceu na realidade, o caminho para a capacidade de viver não passa certamente pela adaptação à "miséria intermediária" freudiana do medianamente adulto.

No âmbito do saber e das ciências, surge uma série de fenômenos cínicos que constituem uma contrapartida em relação àquilo que, articulando-me com Sartre, designei no capítulo sobre o cinismo religioso com a expressão *má fé*. Trata-se dos "posicionamentos de esguelha" em relação à verdade e ao conhecimento, posicionamentos que fazem desses "bens supremos" meros bens de uso, quando não mesmo meros instrumentos da mentira. Apesar de todo o caráter desrespeitoso, o *kynikos* assume de qualquer modo uma posição em seu cerne séria e sincera em relação à verdade e mantém com ela, como numa fantasia satírica, uma relação inteiramente patética. No cínico, isso abre o lugar para um desvio e para uma agnóstica corrente (negação do conhecimento). "O que é a verdade?", perguntou Pôncio Pilatos, ao pressentir que estava à beira de cometer um crime contra ela. O mais inofensivo dentre os cinismos relativos ao saber é o cinismo dos candidatos, que sabem construir em relação àquilo que eles devem aprender a relação mais externa e mais desprezível possível, a relação da mera decoreba, do aprender de cor com o firme propósito de esquecer uma vez mais no dia seguinte tudo depois da prova. Vem logo em seguida, já um pouco menos inofensivo, o cinismo dos homens da prática e dos políticos, que gostam, em verdade, de ver quando os jovens conquistam academicamente as suas bases, mas que partem do pressuposto de que a teoria é a teoria e de que, na práxis, de qualquer modo, tudo se dá de maneira totalmente diversa. Todo o aprendizado e o estudo precedentes funcionam aqui como um puro mecanismo de desvio e de seleção, por exemplo, segundo a suposição: quem passou por isso com êxito também conseguirá realizar algo diverso disso, mesmo que, como se sabe universalmente, estudo e profissão não tenham praticamente nada em comum. De modo cínico-instrumental, o aprendizado é cindido de suas metas e manipulado como um mero traço abstrato de qualificação. Por vezes, a única coisa que continua reunindo o estudo e a profissão é a categoria da remuneração, que se dirige para a conclusão ou para o diploma. O "elemento de conteúdo" é desvalorizado com um realismo cínico e se transforma em um mero prelúdio, em uma discussão acadêmica. Quase não dá para avaliar o quanto de aniquilação do *éthos* e de desmoralização acontece neste caso, e basta pensarmos apenas nos estudos, que lidam com "valores", pensemos na pedagogia, nas profissões docentes, nas profissões jurídicas, no jornalismo, no trabalho social, na medicina, etc. Se Mefistófeles pôde dizer a Fausto que todas as teorias são cinzas e que verde é a árvore da vida, isso atesta a presença de um otimismo que só pode ser desenvolvido por alguém que nunca passou do estudo para a vida profissional. Pois nesse momento se mostra o fato de que a teoria é algo róseo demais e a realidade é que nos ensina pela primeira vez algo propriamente cinza. Mas não se permanece sem esperança. Reformas educacionais cuidam para que mesmo os estudos possam se tornar tão cinzas quanto as perspectivas que se tem depois deles.

A conexão propriamente dita e interna das ciências com o cinismo diz respeito, porém, à estrutura e ao procedimento das ciências modernas empíricas em si. Pois assim como há uma forma de correção cínica na lida entre indivíduos marcados por uma relação de inimizade, também há uma forma de objetividade e de rigor metodológico cínicos na lida de algumas ciências e de alguns cientistas com os "fatos". Acredito que isso constitua o cerne daquilo que desde o final do século XIX denominamos "positivismo". Se essa palavra soa crítica, isso não se dá seguramente pelo fato de ela designar uma mentalidade científica que coloca todas as suas fichas em ser logicamente exata e fiel aos fatos, abstendo-se de toda e qualquer especulação. Nesse sentido, o positivismo precisaria ser mais um título honorífico do que uma etiqueta dúbia. De qualquer modo, o que está em questão no positivismo não é, em verdade, uma atitude científica, mas a ausência de uma atitude de ciência. Pois há âmbitos de pesquisa — e eles são regularmente aqueles nos quais os positivistas constroem o grande discurso — nos quais o que importa não é se comportar apenas "objetivamente" em relação aos "fatos", mas nos quais é antes exigido mais do cientista do que meramente a capacidade de levantar dados, de produzir estatísticas e formular teorias. Há "objetos" em relação aos quais não há nenhuma neutralidade científica, mas apenas formas contaminadas e interessadas de investigação — isso se mostra da maneira mais evidente possível no âmbito das ciências humanas e sociais.[100] Não foi em virtude de seu mérito indiscutível que a contenda em torno do positivismo inflamou o anseio por ter explicada a forma lógica e a base empírica das ciências rigorosas, mas antes em virtude da suposição ingênua dos positivistas de que eles poderiam descortinar "aleatoriamente" com esses meios todo e qualquer campo de pesquisa e, com isso, submeter toda realidade à arbitrariedade de uma investigação fria. O positivista encontra-se tanto sob a suspeita de ingenuidade quanto de cinismo, sobretudo desde os dias do desaparecimento do positivismo primevo e realmente ingênuo e desde que passamos a lidar com um positivismo de terceira geração que, como podemos dizer, é banhado por todas as águas. A fórmula resumida para a história da ciência desse século precisaria ser: o caminho do cientificismo positivista até o cinismo teórico (funcionalismo). Se a teoria crítica colocou à prova o "caráter afirmativo" das teorias tradicionais e positivas, então também tinha-se em vista com isso o fato de tais teorias, em sua objetividade artificial, revelarem um estar-de-acordo cínico com as relações sociais que gritam aos céus quando miram nos olhos dos que sofrem, dos que se compadecem e dos que são afetados. Nas doutrinas do método do positivismo e do novo funcionalismo social, aqueles teóricos encontram o seu *organon*, que os sistemas existentes defendem com uma brutalidade esclarecida, indireta e friamente, contra a realidade efetiva em cujo interior os indivíduos são despedaçados.

---

100. Mesmo com vistas às ciências naturais é possível tornar plausível tal modo de consideração. Cf. a Polêmica Transcendental exposta na Seção Principal Lógica, que indica a conexão entre objetivação e hostilização.

B. Os cinismos secundários

1. Minima Amoralia — Confissão, chiste, crime

> Estou armado com um tanque, que é totalmente fundido a partir de meus erros.
>
> Pierre Reverdy

Se esses seis cinismos cardinais também são responsáveis pela montagem dos palcos, nos quais idealismos e realismos lutam mutuamente como poderes e contrapoderes, então o trabalho não está finalizado apenas com a sua primeira descrição. Na realidade, justamente aquilo que isolamos em favor da clarificação se acha inexoravelmente enredado, e uma consciência exata da realidade não pode ser senão uma consciência para a qual não escapa o fato de guerra e poder existirem em meio a confusões e entrelaçamentos recíprocos profundos, tanto com a sexualidade e a medicina quanto com a religião e o saber. Esse, porém, é apenas outro modo de dizer: a vida não é apreensível com morais, nem é racionalizável com explicações morais. Denomina-se moralista um homem que coloca em dúvida a aptidão para comportamentos "morais". Os campos principais aqui descritos, nos quais se desenvolvem tensões cínicas-*kynikai* estabelecidas, se entrelaçam e se repelem reciprocamente — de tal maneira que os valores, normas e intuições de cada âmbito particular recaem em relações cada vez mais complicadas com os valores, normas e intuições das outras. Já as normas do sistema militar e do poder estatal se enganchem umas nas outras e com frequência se contradizem mutuamente, apesar de essas duas realidades relativamente ainda se entenderem da melhor maneira possível. Mas o que acontecerá se as normas do sistema militar e do sistema estatal se engancharem e se enredarem umas nas outras com as normas da ciência e da religião, da sexualidade e da medicina? Já por meio da complexidade e da contraditoriedade dos sistemas valorativos, uma medida crítica de cinismo precisará se transformar na sombra que acompanha toda moral.

Assim como a guerra causa a grande inversão da consciência moral, na medida em que coloca no lugar do mandamento tu-não-deves-matar o mandamento tu-deves-matar-tanto-quanto-possível, ela também coloca

Olaf Gulbransson, *Questão infantil*, "Vovó, me diz uma coisa, os Dez Mandamentos voltam a valer depois da guerra?", 1918.

sistematicamente de cabeça para baixo as outras éticas setoriais e "regionais", tornando o sem-sentido algo plenamente dotado de sentido e o racional, absurdo. Para poupar muitas palavras, gostaria de apontar ao leitor o filme de Robert Altman, sobre a guerra da Coreia, *MASH* (1970), uma obra-prima da consciência cínico-satírica contemporânea. O modo como os cinismos militares, médicos, religiosos e sexuais são jogados uns contra os outros com uma técnica humorística bem pensada e cáustica eleva esse filme à categoria de um documento histórico-espiritual. Para falar com Hegel, ele realiza aquilo que a filosofia já não conseguia mais levar a termo há algum tempo; ele é "o seu tempo, concebido a partir de ideias (cínicas)", uma meditação satírica sobre as estruturas e os modos de comportamento da piada cínica, ofensivo e reflexivo, incisivo e verdadeiro. Indescritível, por exemplo, a sátira blasfemadora da Última Ceia, na qual os médicos de campo se despedem de um colega cansado de viver (como os discípulos de Jesus), porque, depois de uma disfunção erétil, ele se vê tomado pela ideia fixa de que seria inconscientemente homossexual e não consegue imaginar como poderia confessar isso às suas três namoradas; indescritível também as cenas horríveis e pavorosamente engraçadas de operação, nas quais os cirurgiões contam suas piadas, tendo diante de si soldados semiensanguentados, pensam nos seios das enfermeiras e se encontram mentalmente em um jogo de basquete ou mesmo voltando para casa. Em meio à confusão ética do médico de campo, torna-se visível algo do caos moral latente de nossa assim chamada realidade cotidiana. Na medida em que os âmbitos aqui se entrecruzam mutuamente de uma maneira brutalmente clara, uma coisa dos outros âmbitos faz com que a moral escorra pelas mãos. Um princípio de sobrevivência fragmenta claramente em mínimos pedaços a própria substância moral, a fim de não cair na tentação de acreditar em uma "coisa própria" qualquer. Sobrevivência como um *understatement* cínico.

A pluralidade de âmbitos diferenciados e quase autônomos da realidade e a multiplicidade de morais e raízes morais que lhe são correspondentes são a razão pela qual o cotidiano moral vive essencialmente entregue a si mesmo em uma amoralidade mediana, satisfazendo-se normalmente com a eventual permanência com essa amoralidade mediana. Essa é também a razão pela qual, quando o que está jogo é uma sentença, homens com um sentimento de realidade relativamente sólido e justo não serem favoráveis ao rigor; sabem que a pena, em seu moralismo rigoroso, pode ser mais imoral do que a ação daqueles que devem ser punidos. (Por isso, Cícero dizia: *summum ius, summa iniuria*.[101]) O sentimento moral, que se intermedeia de maneira autocrítica com a vida, significa a arte de se movimentar nos mundos intermediários e nas contradições dos âmbitos valorativos autonomizados e mutuamente contrapostos com o mínimo resultado em termos do mal real e dos danos humanos. Tal como Karl Markus Michel mostrou em seu elogio da casuística, ou seja, da interpretação normativa de "casos" particulares, uma moral parcialmente viva nos diz quais são os pecados que se deve cometer a fim de evitar outros, mais pesados: o moralista, que não quer julgar como o louco de um superego, também é aquele que, em meio à distinção entre bem e mal, sabe honrar a "virtude do pecado". A moral se efetiva como a capacidade de, na mistura geral das relações, se orientar pelo que é relativamente melhor.

É somente nesse sentido que a necessidade de uma "nova ética" e de novos valores, que hoje vagueiam por toda parte através da podre superestrutura

---

101. Em latim no original: *justiça suprema, suprema injustiça*. [N.T.]

como fantasmas, teriam a sua justificação. Não se crê em novos valores. Eles serão os guardiões neoconservadores. Se já nos encontramos amplamente sobrecarregados com as antigas éticas da cultura elevada, então "novas" éticas não podem fazer outra coisa senão nos tornar completamente risíveis. Uma nova consciência valorativa só pode surgir de uma conscientização progressiva da inviabilidade de qualquer tipo de inocência, a não ser que arquivemos todo e qualquer julgamento. Onde quer que haja valores em questão, o cinismo está sempre concomitantemente em jogo; quem defende *uma* escala de valores radicalmente, transforma-se automaticamente em um cínico no que diz respeito às outras escalas — expressamente ou não. Independente do que você possa ser, você sempre está pisando em normas, e, se você vive em tempos que tornam impossíveis toda ingenuidade em relação a tais pegadas, pode ser que aconteça a qualquer momento de você também dizer isso em voz alta.

Por isso, a *admissão*, ao lado da "teoria", é para nós a forma mais importante de dizer a verdade. De Agostinho a François Villon, de Rousseau a Freud, de Heine à literatura autobiográfica atual: não ouvimos as verdades decisivas senão sob a forma de admissões e confissões. Mesmo aquelas comunidades narrativas, para as quais se desenvolvem em última instância todas as práticas da psicologia profunda, formam propriamente comunidades de admissão terapeuticamente desmoralizadas. Na realidade mista, toda fala sobre si mesmo recai necessariamente na proximidade de uma confissão de patifes ou de um testamento de criminosos, de um relato de doentes ou de uma história de sofrimento, de um testemunho ou de uma confissão. Essa é a condição da autenticidade em uma situação da autossobrecarga ética *inevitável*. Somente os *salauds*[102] continuam tendo sempre uma desculpa, uma roupa branca que se pode trocar, uma dignidade e uma boa consciência. Quem diz realmente quem é e o que fez *nolens volens*[103] sempre oferece inevitavelmente material para um romance picaresco, para uma prova de pobreza, para uma história de marotos, para uma imagem de loucos, para um livro sobre as voltas e reviravoltas.

Quando se considera corretamente, o que Erich Fromm designa como a sua "ética do ser" procura se dirigir para tal postura da probidade em relação à própria vida. Sem dúvida alguma, também pertence ao "ser" tudo aquilo pelo que teríamos de nos envergonhar segundo o

---

102. Em francês no original: *os sórdidos, sujos*. [N.T.]
103. Em latim no original: *independentemente de sua vontade*. [N.T.]

critério de medida de certos sistemas valorativos — ou seja, uma "ética do ser", se deve e porque deve se mostrar como uma postura consciente, precisa conduzir a um ponto no qual, em virtude da probidade, toda vergonha tem também um fim e no qual nós, *right or wrong*, nos confessamos em relação a tudo aquilo que "somos". A ética do ser busca a verdade na veracidade; ela exige e fomenta, por isso, a admissão e o falar sincero sobre si mesmo como a virtude cardinal em geral. Diante dessa virtude, todas as outras morais são suspensas, mesmo que as éticas setoriais não se desmintam já mutuamente. Quem quer a verdade não precisa forjar apenas "teorias" e perceber a presença de máscaras, mas também criar relações entre os homens, relações essas nas quais toda admissão se torna possível. Somente se tivermos uma compreensão relativa a tudo, somente se deixarmos tudo vigorar, se colocarmos tudo para além de bem e mal e olharmos por fim tudo de tal modo que nada de humano nos seja estranho — somente então essa ética do ser se tornará possível, uma vez que ela põe um fim na hostilidade em relação a outros modos de ser. O ser em si não sabe nada e não é nada de que seja preciso se envergonhar. Só precisamos nos envergonhar por olhares de soslaio, por improbidades e autoilusões. Tudo pode ser "perdoado", com exceção daquilo que a tradição denomina o "pecado contra o Espírito Santo" e que chamamos hoje de falta de autenticidade (autenticidade, sinceridade). Inautêntica é a consciência que não "adentra em si" conscientemente, porque ainda aposta estrategicamente na vantagem da mentira.

Uma ética do ser seria a ética de uma sociedade na qual os homens se ajudassem mutuamente com amor e crítica, para que a vontade de verdade pudesse se tornar mais forte entre eles do que a vontade de poder e de autoimposição que se mostra como impulsionadora em cada eu. A ética do ser salta por sobre a esfera de encobrimentos polêmicos. Somente cínicos patológicos e negativistas vingativos assumem seus erros com o propósito de cometê-los uma vez mais; abusam até mesmo da forma do objeto, a fim de combater e de mentir; e nem sempre se encontra aí a coqueteria com a qual Zarah Leander cantou outrora como a famigerada Miss Jane: "É assim que eu sou e assim me manterei,/ É assim que eu sou com todo o meu corpo/ Yes, Sir!"

Deve-se ter notado que a série de Cinismos Cardinais representa ao mesmo tempo uma lista dos temas satíricos mais elementares e dos gêneros mais importantes de *chistes*. Representam os principais campos de batalha em termos de elevações e de rebaixamentos, de idealizações e de supressões realistas de ilusões. É aqui que o vitupério e o xingamento, a ironia e o escárnio possuem os seus maiores campos de jogo. Aqui, as desinibições mais frívolas do liberalismo linguístico possuem um sentido moralmente regulativo. O sistema militar com as suas tensões entre ética heroica e realismo covarde, entre oficiais superiores e subordinados, front e retaguarda, guerra e paz, comando e obediência, é um gerador inesgotável de piadas de soldados, assim como a política com suas ideologias e sanções estatais, com suas grandes palavras e seus pequenos feitos oferece uma fonte de diversões e paródias infinitas. As coisas não são diferentes em relação à sexualidade, que por meio da oposição entre velamento e nudez, entre proibido e permitido, forma um campo gigantesco de escárnios, obscenidades e brincadeiras, sem levar em conta se o que está em questão é o flerte, o casamento, o coito ou a luta doméstica. O mesmo acontece no âmbito da medicina, com todas as suas possibilidades de sarcasmo em relação à saúde e à doença, aos loucos e aos normais, aos vivos e aos mortos. Com maior razão também temos todo o âmbito da religião, que é mais propícia do que qualquer outro tema para as maldições e as narrativas cômicas, uma vez que, onde há muita sacralidade, sempre surge uma grande sombra profana, e quanto mais os santos são venerados, tanto mais aparecem estranhos santos entre eles. Por fim, o mesmo se dá com o campo do saber, atravessado pelas tensões entre inteligência e estupidez, chiste e espírito de cidadania, razão e loucura, ciência e absurdidade. Todos esses "chistes cardinais" funcionam na consciência coletiva como um sistema de drenagem — regulando, compensando, equilibrando — como um miniamoralismo regulativo universalmente aceito, e parte astutamente de um fato: é saudável rir daquilo que transcende as nossas capacidades de indignação. Por isso, quem ainda luta recusa a prática de contar piada sobre si mesmo. Somente onde o chiste é internalizado e a própria consciência, em verdade, vinda do alto, mas não completamente sem misericórdia, se curva sobre si mesma, surge uma serenidade que não pode ser trazida à luz por nenhuma risada *kynikē* e por nenhum riso cínico, mas apenas por um humor que perdeu o seu caráter combativo.

    O perfil espantoso de nossa situação cultural e moral aponta certamente para a avidez insaciável da consciência moderna por *histórias criminais*. Essas histórias também fazem parte, penso, das válvulas de arejamento e de ventilação de uma cultura, que está condenada a viver com um grau por demais elevado de misturas de normas, de ambiguidades e éticas contrárias. Como um todo o gênero surge, em relação à ética coletiva, como um meio institucionalizado de admissão de culpa. Toda história criminal é sempre uma vez mais uma ocasião para um amoralismo experimental. Ela torna acessível na ficção, para qualquer um, a "felicidade no crime" (d'Aurevilly). Nos movimentos de pensamento das modernas histórias de detetives, de Poe até o presente, as histórias de uma análise do cinismo são levadas a termo antecipadamente *in nuce*. Boas histórias criminais trabalham justa e conjuntamente na relativização do crime particular. Se o detetive é o representante do esclarecimento, então o criminoso seria o representante da imoralidade, enquanto a vítima se revelaria como a representante da moral. Não obstante, essa constelação começa regularmente a vacilar, quando a investigação da culpa chega ao ponto no qual as vítimas, em seu aspecto dramatúrgico, ou seja, de início vítimas "inocentes", perdem elas mesmas sua inocência, caindo em um lusco-fusco e só se mantendo separadas do criminoso que as profana por uma linha jurídica fina como a pele; essa linha promove a distinção entre imoralismos cínicos, livres de punição, e delitos propriamente ditos. No caso extremo, é o autor que — quase como um iluminista provocado — executa em sua vítima simplesmente a sua própria amoralidade. "Não o assassino, mas o assassinado é que é culpado" (Werfel). Esses são os filmes nos quais, por fim, o comissário desce de maneira profundamente pensativa a rua e faz uma cara de que sentiria pena de ter esclarecido até mesmo esse caso.

Já no século XIX, Herman Melville tinha narrado tal inversão em sua história *Billy Budd* (livro lançado postumamente em 1924), naturalmente em um quadro trágico. O herói, uma figura luminosa proba e ingenuamente simpática, ao ser provocado sistematicamente por um mestre de armas diabólico, é tomado por uma emoção sem palavras e derruba-o com um soco. Ao cair no chão, porém, o mestre de armas desafortunadamente bate a cabeça, morrendo em seguida. Sua morte, contudo, é acompanhada por um riso sarcástico, uma vez que sabia: o jovem, que precisou brigar porque lhe tinha sido vedado todo e qualquer modo diverso de expressão, precisaria agora ser condenado à morte pelos oficiais do navio, de acordo com o direito marítimo vigente. O direito aparece aqui como uma instância que pode ser utilizada como instrumento da vontade absolutamente má, como arma da vítima contra o autor propriamente "inocente".

As grandes construções dos romances criminais permaneceram durante muito tempo em um esquema crítico-moral análogo. Elas retiram a sua plasticidade da estrutura moral da sociedade capitalista. Os crimes particulares aparecem aí frequentemente seja como estilhaços mais ingênuos, relativamente inofensivos de um cinismo social geral, seja como exageros e ampliações reflexivas de modos de comportamento que, tomados a partir do critério de medida mediano, ainda não são perseguidos como criminais. (Por isso, os dois tipos de criminosos: de um lado os criminosos "que escorregam para o interior da trama", relativamente inofensivos; de outro os impostores, os grandes criminosos e os gigantomaníacos do crime.) O sucesso triunfal de Brecht e Weill na *Ópera dos três vinténs* baseia-se em sua capacidade de colocar o cinismo velhaco em uma relação passível de ser vislumbrada, e de qualquer modo não moralista, em relação ao todo social. Com um teatro de fantoches para adultos, os atores são notados por sua amoralidade e por seus pérfidos refinamentos, entoam canções sobre a própria perfídia e sobre a perfídia ainda maior do mundo, utilizando sentenças e modos de falar cínicos, a fim de educar o público nas formas de expressão por meio das quais também ele mesmo, não totalmente sem se divertir, poderia dizer a verdade sobre si.

Ao que me parece, certos sintomas falam em favor do fato de a encenação iluminista da criminalidade por meio do teatro, da literatura e do cinema ter se deparado com um limite. A criatividade dos esquemas criminais diversos dá a impressão de ter-se esgotado. A dissolução e a meditação sobre as plurissignificâncias morais-amorais vêm se tornando cada vez mais exigentes, não imperativas, artificiais. A tendência aponta para caminhos brutais de saída da tensão — para uma inclinação a arrebatar, ao massacre, à explosão, à catástrofe. Formas de pensamento pré-ambivalentes se impõem — tudo ou nada, perfume ou merda, bom ou mau, bomba ou açúcar, o.k. ou não o.k. No lugar de discussões sutis de casos entra em cena cada vez mais frequentemente a descarga artístico-fascista: situações de tensão não querem mais ser tão comunicadas e dissolvidas, querem, sim, ser lançadas pelos ares.

2. Escola da arbitrariedade — Cinismo da informação, imprensa

> Quem diz a verdade cedo ou tarde é apanhado por isso.
> Oscar Wilde

Para a consciência que busca informações em todos os lados, tudo se torna problemático e tudo se torna indiferente. Um homem e uma mulher; dois gloriosos patifes; três homens em um barco; quatro punhos por uma aleluia; cinco problemas centrais da economia mundial; sexo no local de trabalho; sete ameaças à paz; oito pecados mortais da humanidade civilizada; nove sinfonias com Karajan; dez negrinhos no diálogo Norte-Sul — também podem ser, porém, os Dez Mandamentos com Charlton Heston — não tomamos as coisas aqui tão exatamente.

Não gostaria de citar clichês sobre o cinismo notório de jornalistas e do pessoal de imprensa em geral; e isso não porque se trate sempre apenas de poucos indivíduos, que descem a um nível tão baixo quanto aqueles operadores de câmera que marcaram um encontro com os mercenários africanos, a fim de ter os arranjos mais fotogênicos do fuzilamento de presos e levar para casa um material de filmagem iluminado de maneira interessante; ou quanto aos repórteres que experimentam um conflito de consciência sem saber se devem, no local de um acidente em uma corrida, alertar o próximo piloto ou fotografá-lo no momento em que avança velozmente sobre o carro acidentado. Também seria ociosa toda reflexão sobre se o jornalismo seria um solo frutífero melhor para o cinismo do que os institutos de relações públicas, os estúdios de design gráfico, as agências de publicidade, as produtoras de filmes, os escritórios de propaganda política, as redes de televisão ou os estúdios da imprensa masculina. O que está em questão é experimentar por que o cinismo, juntamente com as necessidades naturais, pertence justamente aos riscos profissionais e às deformações profissionais daqueles cujo trabalho é produzir imagens e informações sobre a "realidade".

É preciso falar de uma segunda desobstrução, que diz respeito à produção de imagens e informações nos meios de comunicação modernos: a desobstrução da exposição perante aquilo que ela representa, bem como a desobstrução das correntes de informação em relação às consciências que as acolhem.[104]

A primeira desobstrução baseia-se na espoliação sistemática das catástrofes dos outros, por mais que pareça haver um contrato tácito de interesses entre a exigência pública por sensações e a comunicação jornalística dessas sensações. Uma boa parte de nossa imprensa não serve a outra coisa senão à fome por algo terrível, que é a vitamina moral de nossa sociedade. O valor de uso de notícias é medido em grande parte por seu valor como estímulo; este pode ser evidentemente elevado de maneira significativa por meio da apresentação. Qualquer jornalismo teria grandes dificuldades de crescer completamente sem o jogo das apresentações; e, na medida em que somente a arte minuciosa da exposição poderia ser visada nesse caso, tal arte pode ser avaliada positivamente como herança de uma tradição retórica, para a qual nunca foi indiferente o modo pelo qual algo chega até o homem. Todavia, o jogo corrente das apresentações do tipo cínico baseia-se em uma dupla improbidade: em primeiro lugar, dramatiza com meios estético-literários os inúmeros eventos mundiais pequenos e grandes e os transmite para a ficção, sem tornar compreensível esta transição, e com uma consciência mais ou menos clara da ilusão, e isto ocorre tanto no que diz respeito à forma quanto em relação ao conteúdo; em segundo lugar, o jogo das apresentações, com o seu estilo sensacionalista, ao restaurar sempre um quadro primitivo moral há muito ultrapassado, mente a fim de poder oferecer as sensações como se fossem algo que ultrapassa as molduras desse quadro. Somente uma mentalidade corrupta altamente bem paga pode se deixar usar durante um longo tempo para tal jogo. É extraordinário o quanto o conservacionismo primitivo moderno é devedor de um jornalismo primitivo que lhe é correspondente, e que empreende todos os dias uma restauração cínica, uma vez que todos os dias age como se pudesse todos os dias ter sua própria sensação e como se, justamente por meio de seu relato, não tivesse surgido há muito tempo uma forma de consciência que aprendeu a acolher o escândalo como forma de vida e a catástrofe como ruído de fundo. Com um moralismo mendaz e sentimental, a cada dia se erige ainda uma vez mais uma imagem de mundo, na qual um tal sensacionalismo pode exercer seu efeito sedutor e emburrecedor.

---

104. Cf. quanto a isso também na Seção Principal Histórica o capítulo 13: "Opa, estamos vivos?", assim como o Excurso 9: "Cinismo dos meios de comunicação e treinamento para a arbitrariedade".

Ainda mais problemática é certamente a segunda desobstrução do sistema de informações. Esse sistema inunda as nossas capacidades de consciência de uma maneira ameaçadora francamente antropológica. É preciso termos abandonado a civilização midiática uma vez por um longo tempo, talvez por meses ou anos, para, ao retorno, nos mostrarmos mais uma vez mais centrados e concentrados o suficiente, de modo que possamos observar em nós mesmos, conscientemente, a dispersão e a desconcentração renovadas por meio de nossa participação nos modernos meios de informação. Visto em termos psico-históricos, a urbanização e a informatização de nossas consciências na associação de meios de comunicação significa certamente o estado de fato da modernidade, o estado de fato mais profundamente radical para a vida. E é somente em tal mundo que a síndrome cínica moderna, o cinismo difusamente onipresente, pode se desdobrar do modo como o temos diante dos olhos. Consideramos entrementes normal o fato de encontrarmos nas revistas esclarecidas, quase como se fossem um antigo teatro, todas as regiões rigidamente dispostas umas ao lado das outras, relatos sobre mortes em massa no Terceiro Mundo junto a desfiladeiros secretos, reportagens sobre as catástrofes do meio ambiente ao lado do salão da mais nova produção automobilística. Nossas cabeças são treinadas para contemplar de maneira panorâmica uma escala enciclopédica de indiferenças, por mais que a indiferença do tema particular não imerja para si mesma, mas apenas para o seu enfileiramento na corrente da informação própria aos meios de comunicação. Sem muitos anos de treino de embotamento e elasticidade, nenhuma consciência humana pode se haver com aquilo que lhe cabe ao folhear uma única revista esclarecida extensa; e sem um exercício intensivo, ninguém suporta, caso não queira se arriscar a fenômenos espirituais de desintegração, esse incessante cintilar entre o importante e o desimportante, o sobe e desce dos anúncios, que exigem agora uma atenção extrema e no instante seguinte se mostram completamente desatualizados.

Se tentarmos falar positivamente do excesso de correntes de informação que atravessa nossas cabeças, então seria preciso elogiar-lhes o princípio do empirismo irrestrito e do "mercado" livre; sim, poder-se-ia chegar ao ponto de dizer que se atribui aos meios de comunicação de massa modernos uma função, na qual se acham intimamente ligados à filosofia: o empirismo sem margens dos meios de comunicação imita em certa medida a filosofia, uma vez que se apropriam de sua visão da totalidade do ser — certamente não da totalidade de conceitos, mas de uma totalidade de episódios. Uma coetaneidade descomunal se estende em nossa consciência informada: aqui se come; ali se morre. Aqui se tortura; ali se separam amantes proeminentes. Aqui, o que está em questão é o segundo carro; ali, uma árida catástrofe que se abate por todo o país. Há aqui dicas para a transcrição segundo o § 7b, onde se trata da teoria econômica dos Chicago-Boys. Aqui pulam e gritam milhares de pessoas em concertos pop; ali se acha jogado por anos a fio sem ser descoberto um morto em seu apartamento. Aqui são concedidos os prêmios Nobel de Química, Física, assim como o prêmio Nobel da Paz; ali, só um em cada dois cidadãos sabe o nome do presidente da república. Aqui, gêmeos siameses são separados com sucesso; ali, um trem com duas mil pessoas cai em um rio. Aqui, nasce a filha de um ator; ali, as estimativas em relação aos custos de um experimento político vão de meio milhão a dois milhões de (pessoas). *Such is life*. Tudo está disponível como notícia. O que se encontra no primeiro plano, o que se acha no pano de fundo, o que é importante, o que é desimportante, o que está na moda, o que é episódico: tudo se enfileira em uma linha uniforme, na qual a uniformidade também gera equivalência e indiferença.

De onde provém esse impulso desenfreado para a informação, esse vício e essa compulsão a viver diariamente na embriaguez das informações e a tolerar esse bombardeio constante sobre nossas cabeças de quantidades enormes de notícias indiferentemente importantes, sensacionalmente desimportantes?

Parece que, desde o começo da modernidade, nossa civilização se enredou em uma relação peculiarmente contraditória com a novidade, com a "novela", com a história de casos, com o "evento interessante" — em certa medida, como se tivesse perdido o controle sobre sua "fome de experiências" e sobre a sua "avidez pelo novo".[105] Cada vez mais, o Esclarecimento procura transformar o universo em uma quintessência de notícias e informações e realiza isso com o auxílio de dois meios de comunicação complementares, a enciclopédia e o jornal. Com a enciclopédia, nossa civilização empreende a tentativa de abarcar a "esfera mundana" e todo o ciclo do saber, lexicalizando-os; com o jornal, gera uma imagem vertiginosa, que se transforma diariamente, do movimento e da metamorfose da realidade em seu caráter de evento. A enciclopédia abrange as constantes,

---

105. Sloterdijk joga aqui com a etimologia do termo *Neugier* em alemão. Traduzido literalmente, *Neugier* significa justamente *avidez pelo novo*. Como ele hifeniza o termo, preferimos a tradução literal à tradução usual por *curiosidade*. [N.T.]

o jornal, as variáveis, e os dois se equiparam na capacidade de transportar com um mínimo de estruturação um máximo de "informação". A cultura burguesa teve de viver desde sempre com esse problema, e é digno lançar uma olhada de soslaio para vermos como ela se saiu até aqui nesse negócio. O homem em uma cultura relativamente fechada, com um horizonte informacional orgânico e uma curiosidade externa limitada, quase não tem nada em comum com esse problema. A situação mostra-se de maneira diversa no caso da cultura europeia; e isso particularmente em sua época burguesa, marcada por indivíduos que trabalham, investigam, viajam e são empiricamente intencionados, ávidos por experiências e sedentos de realidade efetiva. No curso dos séculos de acumulação de saber, colocaram sua civilização em uma rota voltada para a curiosidade, que se transformou sobretudo no século XIX e por completo no século XX, com o triunfo dos meios de comunicação radiofônicos e eletrônicos, em uma corrente irresistivelmente arrebatadora, que mais arrasta como uma enchente do que abre espaço para ser guiada por nós.

Tudo começou, ao que parece, de maneira totalmente inofensiva — a saber, com o despontar de novelistas, de narradores de novidades e artistas do entretenimento, que começaram a aparecer no final da Idade Média e a construir um "sistema de notícias narrativas" sob a forma de novela, no qual a ênfase passou cada vez mais das histórias moralmente exemplares e instrutivas ao campo do anedótico e do estranho, do diverso e do singular, do que possui o caráter de evento e é divertido, do que nos atemoriza ou nos dispõe reflexivamente. Talvez esse seja efetivamente o processo mais fascinante de nossa cultura: como, no decurso dos séculos, tais "histórias singulares sobre eventos" se impuseram cada vez mais intensamente em contraposição às histórias padrões, aos motivos fixos e aos lugares-comuns — como o novo se destacou em relação ao antigo e as notícias passaram a moldar a partir de fora a consciência tradicional que se torna ainda mais estreita. Por isso, é mais fácil estudar o desdobramento da "complexidade moderna" em nossa história da literatura e em nossa história do discurso do que na história do direito. Pois não se compreende por si mesmo a necessidade de nossa consciência estar em condições de acolher informações sobre explosões na capa externa do sol, sobre colheitas estragadas nas terras do fogo, sobre hábitos de vida dos índios hopi, sobre os problemas ginecológicos de uma rainha escandinava, sobre a ópera de Pequim, sobre a estrutura sociológica de uma aldeia na Provença.

Desde o Renascimento, que Jacob Burckhardt transcreveu de maneira expressiva com a fórmula da "descoberta do mundo e do homem", as cabeças que estão articuladas com as redes de informação (eruditas, diplomáticas, novelistas) são insufladas por enormes massas de notícias, bem como um empirismo desenfreado acumula montanhas de afirmações, relatos, teorias, descrições, interpretações, simbolismos e especulações umas sobre as outras — até que, por fim, nas inteligências mais exuberantes do tempo (pensemos em figuras como Paracelso, Rabelais, Cardano, Fausto), o saber é proliferado e entrecozido em uma plurissignificância caótica. Não temos mais nenhuma lembrança desses primeiros tempos de um "barroco da informação", porque a época do Esclarecimento, do racionalismo e das "ciências" nos cindiu deles.[106] O que denominamos hoje Esclarecimento e tudo o que associamos forçosamente ao racionalismo cartesiano também significa, segundo uma visão ligada à história das notícias, uma medida sanitária necessária; foi algo semelhante à construção de um filtro contra a enchente da consciência individual que entrou se deu no eruditismo do Renascimento tardio, com uma infinitude de "notícias" dotadas de um mesmo nível hierárquico, notícias equivalentes, indiferentes vindas das fontes as mais diversas. Aqui também surgiu uma situação da informação, na qual a consciência particular se viu entregue de uma maneira desesperançosa às notícias, imagens, textos. Racionalismo não é apenas postura *científica*, mas ainda mais um procedimento *higiênico* da consciência — a saber, um método para não precisar mais deixar tudo se mostrar como válido. Agora, cindimos o que é provado do que não é provado, o verdadeiro do falso, o apenas ouvido daquilo que foi visto por si mesmo, o acolhido daquilo que é pensado por si próprio, as proposições que se baseiam na autoridade da tradição das proposições que se baseiam na autoridade da lógica e da observação, etc. O efeito de desoneração é de início um efeito descomunal. A memória é desvalorizada. Em contrapartida, a crítica, o pensamento defensivo, seletivo e comprovador, é fortalecido. Não se precisa mais deixar que tudo vigore. Sim, ao contrário, aquilo que vigora e que possui uma "consistência científica" vem à tona aqui apenas como uma ilha minúscula da "verdade" no meio do oceano de afirmações falsas e vagas: logo se passará a chamar tais afirmações de ídolos, preconceitos e ideologias. A verdade

---

106. Em *As palavras e as coisas* (1966), Foucault retratou com beleza essa época. (Em alemão, *Die Ordnung der Dinge*, Frankfurt, 1971, capítulo 2).

se transforma em uma espécie de burgo firme e relativamente pequeno, no qual os pensadores críticos se acham em casa. Lá fora, por sua vez, pululam a burrice e a consciência infinita, falsamente formada e falsamente informada.

Mas demorou um ou dois séculos para que, em meio a esse novo racionalismo, inicialmente higiênico-mental e extremamente exitoso, se caísse uma vez mais em estados que se assemelhavam àqueles que se queria superar. Pois mesmo a investigação iluminista, sim, e ela com maior razão ainda, não escapa do problema de produzir uma vez mais um "mundo-grande-demais", trazendo consigo um empirismo ainda mais desprovido de margens e desencadeando ainda mais correntes de notícias compostas de verdades e novidades. Assim como os eruditos do Renascimento com o seu formigueiro desmedido de tradições, o racionalismo também não consegue arranjar-se com os seus próprios produtos. A partir daí, certo processo de encurtamento intelectual pode ser observado nos acampamentos rigorosamente racionalistas, de tal modo que se pode ter a impressão de que a sua função sanitária e defensiva se tornou preponderante sobre a função produtiva, investigativa e clarificadora. De fato, em alguns racionalistas assim chamados críticos e em alguns filósofos assim chamados analíticos, levanta-se a suspeita de que acentuam seus métodos racionais em demasia, porque não conseguem mais simplesmente acompanhar o andamento de muitas coisas e escamoteiam com um ressentimento inteligente a sua falta de compreensão, como se o que estivesse em questão fosse rigor metodológico. Aqui se mostra, contudo, uma função desde o princípio inerente ao racionalismo, uma função meramente negativa, filtrante e defensiva.

Nós não somos os primeiros para os quais isso chamou a atenção. Onde quer que no século XVIII tenham tomado a palavra homens dotados de uma inteligibilidade sensível e de um dom psicológico, musical e emocional, o racionalismo já se lhes mostrava estreito demais, assim como o criticismo erudito se revelava limitado demais. Com o instrumentário higiênico-racionalista apenas, toda a amplitude da experiência e da formação humanas em seu tempo não tinha mesmo como ser para eles concebida.

Acredito que o significado histórico-espiritual da *arte e da literatura burguesa* possa ser contemplado da melhor maneira possível a partir desse ponto. A obra de arte, tanto a fechada quanto a aberta, contrapôs enfaticamente a sua ordem estética ao caos lexical dos enciclopedistas e ao caos informativo da empiria do jornal. Erigiu-se aqui algo duradouro contra a torrente cada vez mais ampla de indiferenças simultâneas; algo formulado em uma *linguagem* que entrava pelos ouvidos e se agarrava ao coração; com cunhagens às quais se podia retornar (formação, identidade, citação — esse é *um* complexo); exposto com frequência em *formas rituais* que mantinham no fluxo de todas as transformações equivalentes uma duração extremamente significativa; construído em torno de *caracteres*, que parecem expressivos, coesos e vitalmente interessantes; em torno de *ações*, que difundem a vida dramatizada e intensificada diante de nós: com tudo isso, a arte burguesa possuía uma significação predominante para a formação e o fortalecimento da consciência ameaçada pelo caos experimental crescente na sociedade burguesa capitalista desenvolvida. Somente a arte podia ainda fornecer aproximadamente aquilo que nem a teologia nem a filosofia racionalista estavam em condições de propiciar: uma visão do mundo como universo e da totalidade como cosmo.

Com o fim da era burguesa, no entanto, mesmo esse exercício quase-filosófico das artes se extinguiu; já no século XIX, a arte recaiu em uma circulação narcisista em torno de si mesma e em torno da vida do artístico — com o que a sua aparência representativa foi esmaecendo cada vez mais.[107] A arte logo aparece, então, não mais como o meio, no qual todo o resto do mundo podia ser concebido com uma transparência única. Ao contrário, ela se torna por si mesma um enigma entre outros. Ela abdica cada vez mais de sua função apresentadora, teológico-substitutiva, cosmológico-substitutiva, encontrando-se, por fim, diante da consciência como um fenômeno que se distingue de outras "informações" sobretudo em razão de, por seu intermédio, *não* sabermos "o que tudo isso deve significar", ou seja, por meio do fato de ela não ser o elemento transparente, não atuar como meio da explicação e justamente por isso permanecer mais obscura do que o resto do mundo, demasiado explicável.

Somente depois da grande função expositiva nas artes o tempo se mostrou maduro para a ascensão dos meios de comunicação de massa e para a sua assunção em uma posição dominante com vistas à informação sobre o mundo como evento e atualidade. (Não podemos falar aqui do interregno apresentado pela "filosofia da vida" e pelas "grandes teorias" do século XIX a meio caminho entre religião artística e consciência dos

---

107. Por isso, surge a suspeita de "escapismo" das artes não realistas.

meios de comunicação de massa. À guisa de referência, conferir o capítulo sobre o Grande Inquisidor na seção Gabinete dos Cínicos.)

Só os meios de comunicação de massa desenvolveram uma capacidade, que não tinha sido conhecida por nenhuma enciclopédia racionalista, por nenhuma obra de arte e por nenhuma filosofia da vida com essa dimensão: com uma força de apreensão imensurável, ela se dirige para aquilo com o que a grande filosofia nunca conseguiu senão sonhar: a síntese total — naturalmente, no ponto zero da inteligência, sob a figura de uma adição total. Eles admitem de fato um empirismo universal caótico, podem estabelecer um relato de tudo, podem tocar em tudo, gravar tudo, colocar todas as coisas umas ao lado das outras.[108] Nesse caso, são até mesmo mais do que filosofia — a saber, são ao mesmo tempo os herdeiros da enciclopédia e do circo.

A capacidade de "ordenação" inesgotável dos meios de comunicação de massa se funda em seu "estilo" aditivo. Somente terem se fixado no ponto zero de uma penetração pensante, podem oferecer tudo e dizer tudo, e isso, por sua vez, tudo de uma vez só. Eles possuem apenas um único elemento inteligível: o *e*. Com esse *e*, tudo pode se tornar literalmente vizinho de tudo. Assim, surgem cadeias e vizinhanças, com as quais nenhum racionalista e nenhum esteta pôde sonhar: medidas econômicas e estreias de teatro e campeonatos mundiais de motocicleta e taxas de prostituição e golpes de Estado... Os meios de comunicação podem oferecer tudo, porque abandonaram sem deixar restos a ambição da filosofia de compreender o que é dado. Eles abarcam tudo, porque não apreendem nada; dão voz a tudo e não dizem coisa alguma. A cozinha dos meios de comunicação serve-nos diariamente um ensopado de realidade com um número infinitamente grande de ingredientes que, contudo, têm todo dia o mesmo sabor. Não obstante, precisa ter havido um tempo no qual, como esse ensopado ainda era novo, os homens ainda não tinham se enjoado e olhavam fascinados para a torrente da empiria desobstruída. Assim, Frank Thiess, em 1923, com um *páthos* semijustificado, declarou: "O jornalismo é a Igreja de nosso tempo." (Frank Thiess, *Das Gesicht unserer Zeit. Briefe an Zeitgenossen* [A face de nosso tempo. Cartas a contemporâneos], 1929, p. 62)

O *e* é a moral dos jornalistas. Eles precisam prestar em certa medida um juramento profissional em relação ao fato de que, quando fazem um

---

108. O fato de, contudo, não trazerem "tudo" é um efeito de sua seletividade que continua sendo sempre considerável.

relato sobre uma coisa, estão de acordo que essa coisa e esse relato estão colocados por meio de um *e* entre outras coisas e outros relatos. Uma *coisa é uma* coisa, e o meio não permite mais do que isso. Produzir conexões entre coisas significaria empreender ideologias. Por isso: quem produz conexões cai fora. Quem pensa precisa descer. Quem conta até três é um sonhador. O empirismo dos meios de comunicação só tolera relatos isolados e esse isolamento é mais eficaz do que qualquer censura. Cuida para aquilo que se encontra em conexão não ser reunido e só mesmo se encontre com dificuldade. Um jornalista é alguém que, por causa de sua profissão, é obrigado a esquecer como se conta até três. Quem ainda o sabe, provavelmente, não é nenhum democrata — ou é um cínico.

Considerar criticamente esse *e* deveria valer a pena. Tomado por si, ele já é de alguma maneira "cínico"? Como é que uma partícula lógica poderia ser cínica? Um homem *e* uma mulher; garfo *e* faca; pimenta *e* sal. O que se poderia fazer com isso? Tentemos outras ligações: dama *e* puta; ama o teu próximo *e* mate-o; morte famélica *e* café da manhã com caviar. Aqui, o *e* parece ter caído entre oposições, que o tornam de maneira sintética o seu vizinho, de tal modo que os contrastes gritam um pelo outro.

O que o *e* tem a ver com isso? As oposições não são responsáveis pela sua criação, ele tinha meramente o papel da cópula entre os pares desiguais. Nos meios de comunicação, o *e* não realiza de fato outra coisa senão a justaposição. Instituição de vizinhanças, cópula, contraste — nem mais nem menos. O *e* tem a capacidade de formar uma série ou uma cadeia linear, cujos elos particulares só se tocam no conectivo lógico; este, por sua vez, não diz nada sobre a essência dos elementos que coloca na série. Nessa indiferença do *e* em relação às coisas, que ele justapõe, reside o disparo para o desenvolvimento cínico. Pois ele gera por meio do mero enfileiramento e da relação sintagmática extrínseca entre tudo uma unicidade, que não faz jus às coisas enfileiradas. O *e* não permanece, por isso, nenhum *e* "puro", mas desenvolve a tendência de passar para um *ser-igual*. A partir desse momento, uma tendência cínica pode se difundir. Pois se o *e*, que pode se achar entre tudo, também significa um ser-igual, então tudo passa a ser igual a tudo, e cada coisa vale tanto quanto a outra. A partir da uniformidade da série *e* ganha corpo sub-repticiamente uma equivalência material e uma indiferença subjetiva. Assim, ao sair amanhã à rua e os jornais do vendedor mudo gritarem por mim, não preciso me decidir praticamente senão em favor da indiferença favorecida desse dia. Se minha escolha recai sobre essa morte ou sobre aquele estupro, esse terremoto ou aquele sequestro.

Todo dia precisamos fazer uso renovadamente do direito natural de *não* experimentar milhões de coisas. Os meios de comunicação cuidam para que *precise* fazer uso disso, esses meios de comunicação que cuidaram para que as milhões de coisas estivessem dando um salto sobre mim e para que eu precisasse olhar apenas por um instante para uma manchete, e para que em seguida eu experimente mais uma vez a indiferença desse um salto para o interior de minha consciência. Se ela conseguiu dar o salto, então ela também me leva a precisar protocolar em mim uma indiferença cínica em relação àquilo que me alcançou como "notícia". Registro, como indivíduo super informado, que vivo em um mundo de notícias mil vezes maior do que poderia suportar e que, sobre a maior parte das coisas, não posso senão encolher os ombros, porque minha capacidade de participação, de indignação ou de acompanhamento pensante é mínima em comparação com aquilo que se oferece e que apela para mim.

Aproximamo-nos imperceptivelmente de um ponto, no qual se torna possível lançar mão do que há de melhor das tradições marxistas e pensá-las mais uma vez integralmente. Quem fala de uniformidade, equivalência e indiferença já se encontra secretamente sobre o solo das realizações marxistas clássicas e se acha em meio à reflexão sobre o enigma das relações de equivalência entre bens diversos. Deveria haver aqui conexões e transições? Em sua análise da mercadoria, Marx não nos ofereceu descrições fulminantes e, logicamente falando, extremamente sutis sobre como uma equi-valência gera uma in-diferença? A melhor escola preparatória para *O capital* não consistiria em se sentar diariamente muitas horas diante da televisão e, no tempo restante, se comprometer a passar os olhos em muitos jornais e revistas esclarecidas, assim como a ouvir constantemente o rádio? Pois, no fundo, pode-se ler tão frequentemente quanto se queira *O capital* sem nunca compreender o decisivo, quando não se sabe esse elemento decisivo por experiência *própria* ou se tampouco ele tenha sido na própria estrutura do pensamento e no modo de sentir: vivemos em um mundo que coloca as coisas em falsas equações, que produz falsas uniformidades e falsas equivalências (pseudoequivalências) entre tudo e entre cada coisa e, por meio daí, também desemboca em uma desintegração e em uma indiferença espirituais, nas quais os homens acabam perdendo a capacidade de distinguir um do outro o correto do falso, o importante do desimportante, algo produtivo de algo destrutivo — porque eles estão habituados a tomar um pelo outro.

Viver com pseudoequivalências; pensar em pseudoequivalências: se você conseguisse fazer isso, então você seria um burguês pleno dessa civilização cínica; e caso você o seja *conscientemente*, você terá encontrado o ponto arquimediano a partir do qual essa civilização se modifica fundamentalmente de maneira crítica. Marx circundou esse ponto em seus violentos movimentos de pensamento econômico-críticos, a fim de desdobrar a desigualdade central de nossa forma econômica, a desigualdade entre salário e valor do trabalho, a partir de um ponto de vista sempre novo. Todavia, o caminho mais curto para a compreensão de *O capital* não passa pela leitura de *O capital*. Não precisamos dizer juntamente com o infeliz Althusser *Lire le Capital*, mas: *Lire le Stern, Lire le journal Bild, Lire le Spiegel, Lire Brigitte*. Nesses espaços é possível estudar de maneira muito mais distinta e aberta a lógica das pseudoequivalências. O cinismo conduz em última instância de volta para a equiparação amoral do diverso; e, quem não vê o cinismo, quando nossa imprensa nos conta sobre câmaras secretas de torturas na América do Sul, não o perceberá tampouco na teoria da mais-valia, mesmo que tenha lido mais de cem vezes.

3. Cinismo da troca... ou a dureza da vida

Who said life is fair?

Dinheiro é abstração em ação. Valor para lá, valor para cá, negócio continua sendo negócio. Para o dinheiro, tudo isso é *indiferente*. Ele é o meio, no qual a equiparação do diverso se realiza praticamente. Como nenhuma outra coisa, ele possui a força de colocar no mesmo denominador comum coisas diversas. Como papel de jornal e guarda-chuvas são indiferentes em relação aos seus conteúdos comunicados, o dinheiro conserva a sua indiferença inabalável em face de todos os bens, por mais diversos que esses sejam, em face de bens pelos quais ele é trocado. Já o romano Vespasiano aproximou o nariz de uma moeda, ao levantar a suspeita de que ela deveria feder, e observou ironicamente: *non olet*.[109] Tomadas em seu fundamento, as ciências econômicas burguesas de hoje não são outra coisa senão um *non olet* em um nível superior. No encômio à economia de mercado livre, o dinheiro modernizado encontrou,

---

109. Em latim no original: *não tem cheiro*. [N.T.]

como capital, uma forma compatível com o tempo de afirmar seu caráter inodoro em termos físicos e morais. Na medida em que não se encontravam em debate outra coisa senão atos de troca puramente econômicos, quase nenhum filósofo, para não falar aqui de um economista, recaiu na ideia de auscultar o fenômeno do dinheiro com vistas à sua valência cínica. Em sua teoria, a economia capitalista das mercadorias ratifica para si ininterruptamente o seu caráter não suspeito. Ela não se reporta à melhor de todas as morais possíveis — o preço justo e o contrato livre? Onde quer que surja uma riqueza privada, sempre se anuncia alguém que assegura ter "merecido" conquistar essa riqueza pela via moral, pela via da "própria realização". Só o ressentimento importa-se, porém, em colar moralmente na coisa a ideia de bons negociantes.

Naturalmente, o partido do *non olet* admitiu em seus representantes inteligentes certas complicações morais da economia da mercadoria e do dinheiro. Com vistas ao esgotamento do dinheiro, alguns fenômenos dúbios precisam saltar aos olhos mesmo do defensor das condições existentes. Georg Simmel foi certamente o primeiro a investigar explicitamente o problema do cinismo que vem à tona juntamente com o dinheiro. Pois se o dinheiro, como se diz, possui "poder de compra" — até que regiões ele pode estender esse poder? Se o dinheiro se encontra em relação com uma mercadoria criada para o mercado, então é meramente uma questão do preço saber se a mercadoria se entrega àquele que possui o dinheiro. Isso permanece um cálculo de valor puramente econômico. Simmel trouxe, contudo, o discurso para processos de troca nos quais o dinheiro é trocado por "valores", dos quais não se sabe se eles podem se mostrar a partir do cálculo das mercadorias. A *Filosofia do dinheiro* descobre o fenômeno cínico no fato de que parece ser inerente ao dinheiro o poder de enredar em um negócio de troca até mesmo bens que não são de modo algum mercadorias. Trata-se evidentemente da venalidade de tudo e de cada coisa, que desencadeia na sociedade capitalista um processo paulatino, mas constantemente em aprofundamento, de corrupção cínica. "Quanto mais o dinheiro se torna aqui o único centro de interesses, quanto mais se vê inversamente colocados em jogo honra e convicção, talento e virtude, beleza e salvação da alma, tanto mais ganha corpo, em contrapartida, uma atmosfera mais trocista e frívola ante esses bens elevados da vida que, para o mesmo tipo de valor[110], são tão baratos

---

110. Tipo de valor, ou seja, o valor de uma determinada espécie; aqui da espécie econômica, ou seja, expresso em termos de dinheiro e valor.

quanto os bens da feira semanal. O conceito de preço de mercado para valores que rejeitam, segundo sua essência, toda e qualquer avaliação para além da avaliação a partir de suas categorias e ideais, é a objetivação consumada daquilo que o cinismo representa no reflexo subjetivo" (*Filosofia do dinheiro*, Munique, 1912, 4ª edição, p. 264).[111]

A função cínica do dinheiro revela-se em seu poder de enredar os valores mais elevados em negócios sujos. Com razão, hesita-se em tratar disso sob o conceito do poder de compra. Onde quer que o valor monetário econômico se mostre em condições de "negociar" valores extraeconômicos — honra, virtude, beleza, diz Simmel —, aí sempre vem à tona, junto ao dinheiro, ao lado do poder de compra, um segundo poder, que é apenas análoga ao primeiro, mas não idêntico a ele. Trata-se do poder da *sedução*. O dinheiro exerce nesse caso o seu poder sobre aqueles para os quais desejos, necessidades e planos de vida assumiram a forma de venalidades — e esses são mais ou menos todos no interior da cultura capitalista. Somente em uma situação da sedução total — na qual, além disso, os seduzidos experimentam a palavra *corrupção* há muito tempo como uma palavra moralmente exagerada — a "atmosfera frívola" em relação aos bens vitais mais elevados (a partir de agora: os assim chamados bens vitais mais elevados) de que fala Simmel pode se tornar um clima cultural. Esse clima não é outro senão aquele que descrevemos no início como "cinismo difuso universal".

Caricaturas: "Tudo tem seu preço, em particular o que é impagável." A bolha linguística se alça, saindo da boca de um grande homem de finanças do *fin de siècle*, que janta em separado, com o fraque abotoado, cigarro na mão e sobre suas pernas duas mulheres nuas de boa sociedade. Contrapartida: bilionário americano em um *tour* pela Europa, tal como antigos europeus relativamente intimidados o podiam imaginar durante os anos de 1920. "Well, boys, seria ridículo se não se pudesse colocar o Ocidente nas malas por um par de dólares. Cheque extra para aquilo que esses pensadores alemães da embriaguez profunda denominam *cooltoor*. E, por fim, contratemos logo o papa." Tais frases de monopolista caricaturam a irrupção da esfera de valor material em meio à esfera de valor ideal.

---

111. Simmel designa como cinismo apenas o âmbito dos posicionamentos subjetivos, quase niilistas e frívolos. Meu trabalho procura naturalmente se afastar de tal conceito subjetivo de cinismo. Procuro compreender o cinismo em processos socioespirituais reais e relativamentegerais, de tal modo que o ser *kynikos* ou cínico não provém "dos" indivíduos — isso seria um disparate psicologista — mas se oferece aos indivíduos, cresce neles e se desenvolve *por meio* deles, *por meio*, ou seja: com sua força, mas para além deles.

O capital corrompe inexoravelmente todos os valores ligados a formas de vida mais antigas — seja porque ele as compra como decorações e meios de gozo, seja porque faz com que elas desapareçam como obstáculos. (É isso que constitui a dialética das antiguidades; tralha antiga sobrevive quando é capitalizável; e torna-se capitalizável graças à dinâmica de modernização e de obsolescência específica do capitalismo.) A partir desse aspecto, a sociedade capitalista se choca inevitavelmente com a atividade motora cínico-valorativa que se encontra à sua base. Reside certamente em sua natureza ampliar constantemente a zona das venalidades. Dessa maneira, ela produz não apenas uma profusão de cinismos, mas também, como adendos morais a esses cinismos, a própria indignação em relação a eles. De acordo com a sua ótica ideológica, ela não pode fazer outra coisa senão apreender o cinismo monetário como um *fenômeno de mercado*. Sem esforço, as fraseologias neomoralistas e neoconservadoras encontram aqui seus exemplos acusatórios. A forma econômica capitalista não se coaduna com nada tão bem quanto com as queixas humanistas sobre o efeito ético corruptor do dinheiro "onipotente". *Money makes the world go round*, isso não é terrível?

Assim, portanto, o partido do *non olet* precisa admitir a presença de certas suspeitas. Todavia, ele coloca todas as suas fichas na possibilidade de reconduzir o cinismo do uso do dinheiro à sedutibilidade dos indivíduos. A carne é fraca, quando o dinheiro é bem-vindo. As coisas podem ser incessantemente expostas como se os atores desprovidos de seriedade fossem os culpados pelos atos de troca suspeitos. Se a sua responsabilidade principal é assegurada, então não é difícil confessar certos "problemas marginais morais"; esses problemas são inerentes ao mercado. Sedução no sentido de "canalização da necessidade" faz parte, sim, de seus princípios fundamentais. Até o ponto de se notar uma função cínica no dinheiro, essa função permanece rigorosamente limitada ao âmbito da troca e do consumo, no qual suspeitas secundárias não conseguem ser "por vezes evitadas", como se diz. Além disso, quem se disporia a negar as vantagens do sistema? Para não falar do cinismo, sociólogos gostam de trabalhar teorias de modernização, que colocam "a mudança de valor" jovialmente na conta do progresso.

Se escutarmos atentamente, não nos pode passar despercebido o fato de Simmel ter em vista uma forma particular de venalidade dos valores mais elevados. Naturalmente, fala-se aqui de honra, virtude, beleza e salvação da alma da "mulher". Algo desse gênero também pode ser "comprado".

Prostituição, no sentido mais restrito e mais amplo, é a parte nuclear dos cinismos de troca, nos quais o dinheiro em sua indiferença brutal degrada até mesmo os bens de uma "ordem mais elevada", rebaixando-os ao seu nível. A potência cínica do dinheiro não vem à luz em parte alguma de maneira tão crua quanto no ponto onde ele explode regiões protegidas — sentimento, amor, dignidade —, levando os homens a vender a "si mesmos" para um interesse alheio. Onde quer que o homem leve as suas genitálias para o mercado, vem de fora e ao encontro do capital aquilo de que esse mesmo homem não gostaria internamente de tomar conhecimento.

Em certo aspecto, é uma pena que Marx não tenha partido da prostituição e de sua forma particular de troca em sua célebre análise da mercadoria. Um tal ponto de partida teria oferecido vantagens teóricas indiscutíveis. Como cabeça do partido *olet*[112], ele precisaria ter se preocupado em aproveitar toda e qualquer possibilidade de demonstrar o cinismo monetário. A mulher como mercadoria teria sido, nesse caso, verdadeiramente um argumento concludente. Todavia, um livro que tem a pretensão de se tornar a Bíblia do movimento dos trabalhadores não pode começar com uma teoria da prostituição. Assim, com base em produtos completamente irrepreensíveis como o trigo e o ferro, a saia e a tela, a seda e a graxa, ele procurou inicialmente explicar o segredo da troca equivalente. Seguimos a sua análise perspicaz nos passos decisivos: mercadoria e mercadoria; mercadoria e dinheiro, dinheiro e mercadoria; passagem do dinheiro enquanto dinheiro para o dinheiro enquanto capital. Em meio a essas considerações idílicas e formais de equivalência, mostram-se aqui pela primeira vez aquelas tensões pesadas, que apontam para uma charneira de "contradições" no cerne de todo o sistema de troca: dinheiro torna-se, agora e de uma vez só, por intermédio do desvio pela coisa e da volta à forma do dinheiro, *mais* dinheiro. A partir de onde? Ele se troca — no sentido dos pressupostos — como se estivesse fornecendo algo equivalente por algo equivalente, ampliando-se por essa via! Será que a economia é uma variedade de magia? Marx, contudo, ao menos isto é certo, não descreveu outra coisa senão a forma fundamental de toda circulação capitalista, que repousa sem exceções nas expectativas

---

112. Aqui, a frase de que o dinheiro fundamentalmente fede não é apenas válida, quando o que está em questão é o ácaro da latrina de Vespasiano. O que se tem em vista é uma crítica principial à propriedade privada (aos meios do luxo e da produção) — uma crítica que forma a partir da tese maciça: "propriedade é roubo" e se dirige para as sutilezas da doutrina da mais-valia.

de crescimento. Mesmo a voz popular sabe que só o dinheiro chama dinheiro[113]; em expressões características da retórica do *non olet*, diz-se até mesmo: "dinheiro trabalha". Em meio à consideração dessa milagrosa ampliação do capital no mercado de mercadorias, Marx arroga-se, então, como estraga-prazeres declarado. Ele não sossega antes de ter explicado desde o seu fundamento o mecanismo da ampliação. A sociedade capitalista não o perdoou até hoje por isso. Todavia, não é bom para a integridade moral e, mais ainda, intelectual de uma sociedade, precisar viver cronicamente contra as verdades há muito formuladas sobre ela, sem poder acolhê-las.

Acho que a reserva de Marx em relação ao fenômeno da prostituição tem um fundamento mais profundo. O que lhe interessa, como um genuíno fundamentalista teórico, não é tanto o *olet* levemente perceptível no mercado, mas muito mais o *olet* ideologicamente encoberto na esfera do trabalho. O que excita a sua força de pensamento não é o mau cheiro cínico da circulação, mas o fedor do próprio modo de produção. Esse fedor interpela o órgão teórico de uma maneira totalmente diversa daquela que tem lugar no primeiro mau cheiro, que se volta antes para os sentidos. (Por isso, as artes crítico-sociais da modernidade se dirigiram para os fenômenos coloridamente corruptos do cinismo da circulação.) Marx, em contrapartida, abre um espaço para adentrar até as posições mais internas do partido do *non olet* e fareja no próprio capital o gosto fatal de carne do roubo característico da mais-valia. A controversa teoria da mais-valia jamais teria podido conquistar a posição estratégica chave no ataque marxista à ordem social capitalista, se ela fosse uma mera fórmula econômica arbitrária entre outras. Em verdade, ela forma não apenas uma descrição analítica do mecanismo de ampliação do capital, mas, ao mesmo tempo, de uma maneira politicamente bombástica, fornece um diagnóstico sobre a relação moderna da classe trabalhadora com a classe beneficiada.

Na troca da força de trabalho pelo salário, a harmonia do princípio de equivalência aparece destruída de uma vez por todas. No ponto mais íntimo do paraíso capitalista da equivalência, Marx encontra a cobra enrolada na árvore do conhecimento e sibilando: se vocês compreenderam como é que sistematicamente se toma mais do que se dá, então vocês serão como o capital e esquecerão aquilo que é mau e bom. Uma vez que

---

113. Por isso, a loteria é a maior conquista moral da sociedade capitalista. Ela mostra a todos que não podem evidentemente alcançar nada por meio do trabalho, pois a única justiça é prometida pela *felicidade*.

o trabalho cria muito mais valor do que aquilo que é *re*-tornado aos trabalhadores sob a forma de salário (os salários movimentam-se sempre na linha da mínima existência historicamente *relativa*), então acumulam-se nas mãos dos detentores do capital excessos significativos. O termo exploração designa de maneira expressiva o escândalo envolvido na produção de mais-valia. Ele abriga em si uma peculiaridade epistemológica: a saber, ao mesmo tempo ser uma expressão analítica e moral-agitadora. Como tal, ela desempenha um papel marcante nos movimentos históricos dos trabalhadores. Compreende-se o porquê de o capital ter recusado desde sempre esse conceito de luta por causa de seus subtons "provocadores". De fato, os embates ideológicos nos diálogos entre "trabalho" e "capital" concentraram-se na questão de saber como se deveria interpretar o fenômeno do lucro do empreendimento e da exploração (muito mais: a assim chamada exploração): olética ou não oleticamente.[114] Enquanto os oletistas falam de "problemas" como pobreza, sofrimento do proletariado, repressão e depauperamento, os não oletistas dirigem o olhar para os "interesses conjuntos" econômico-populares, os reinvestimentos, as realizações sociais da economia, o asseguramento do lugar de trabalho e coisas semelhantes. Assim, o não oletismo moderno é um grande e único esforço ideológico por "desdiabolização do roubo constitutivo da mais-valia".[115]

A investida marxista sobre as complicações econômico-morais da mais-valia transpõe, portanto, o ponto de ataque para o interior do próprio modo de produção. Dessa maneira, excede todo e qualquer veredicto possível sobre "excrescências" cínicas do uso do dinheiro no mercado. O problema propriamente dito não é o fato de o dinheiro poder enfraquecer mulheres "honradas" e homens "de palavra", como se diz por aí. Ao contrário, o escândalo começa exatamente onde o dinheiro, enquanto capital, pressupõe sistematicamente para o seu funcionamento a fraqueza

---

114. Sloterdijk retoma o termo cunhado por Vespasiano com relação às moedas, *olet* (feder), e por meio de um neologismo passa a descrever duas atitudes práticas em relação à estrutura fundamental de funcionamento das mercadorias com base no conceito de *oletismo* e *não oletismo*, ou seja, aqueles que identificam o cheiro subjacente às trocas, *olet* (fede), e aqueles que o ignoram, *non olet* (não fede). [N.E.]

115. O *oletismo* marxista obteve no século XX o auxílio protetor por parte da psicanálise, que concebe o *dinheiro* e a *merda* como equivalentes simbólicos e subordina o complexo monetário à esfera anal. Ela não colheu gratidão por isso, sobretudo desde que a Revolução Russa emergiu da noite para o dia como um não oletismo marxista mascarado, afirmando que exploração, em russo, não seria mais exploração alguma. A mais-valia socialista corre sob a bandeira libidinosa: volúpia da construção.

de homens e mulheres, que precisam levar a si mesmos para o mercado. Essa é a base imoralista e funcional da economia de troca industrial. Ela inscreve desde sempre em seu cálculo as situações compulsivas dos mais fracos. Ela erige a sua circulação constante do lucro sobre a existência de grandes grupos que praticamente não conhecem outra escolha senão o comer-ou-morrer. A ordem econômica capitalista baseia-se na possibilidade de chantagem daqueles que vivem incessantemente em estados de exceção atuais ou virtuais, de homens, portanto, que amanhã passariam fome, se hoje não trabalhassem, e que amanhã não receberiam mais nenhum trabalho, se não aceitassem aquilo que se lhes é oferecido hoje.

Marx não busca o cinismo da troca desigual onde esse cinismo é transformado em bagatela como "excrescência", mas onde, como princípio, ele suporta toda a estrutura de produção. Segundo ele, por isso, o dinheiro nunca pode deixar de cheirar mal no capitalismo — a saber, de cheirar à miséria dos trabalhadores. A transformação da superestrutura cultural em um bordel significa, em contraposição a isso, apenas um processo secundário. Teorias de "decadência" de esquerda transcrevem essa superestrutura de maneira expressiva. A grande descoberta da economia política marxista consiste, contudo, no fato de ter descortinado, no econômico, o político-moral; por meio da troca salarial surge a dominação. Marx descobre como o "contrato de trabalho livre" entre o trabalhador e o empreendedor envolve elementos da coação, da chantagem e da exploração. (Ironicamente, desde a sindicalização do corpo de trabalhadores, os empreendedores se queixam de que na verdade seriam eles, empreendedores, os chantageados.) Sob o interesse da autoconservação, aqueles que não possuem nada a oferecer senão a força de trabalho se submetem ao interesse por lucro do "outro lado". Com essa ampliação narrativa do campo de visão, a análise marxista eleva-se de uma mera teoria positiva sobre o campo de objetos econômicos para uma teoria crítica da sociedade.

Enquanto o cinismo do capital se apresenta com vistas à esfera de circulação e consumo como uma forma de *sedução*, ele se mostra na esfera da produção como uma forma de *estupro*.[116] Assim como o dinheiro enleva os valores mais elevados e os faz se prostituírem, enquanto capital ele também

---

116. Quando Baudrillard observa: o enlevo (a sedução) é mais forte do que a produção, isso soa mais espantoso do que é. Com o auxílio de seduções (isto é, mimo, embrutecimento, bordelização das cabeças), o capitalismo pode, em sua fase de consumo de massas, se movimentar de maneira essencialmente mais desprovida de atrito do que quando coloca abertamente as suas fichas na violentação. O fascismo ainda era um ser híbrido: sedução por meio do estuprador. Consumismo é sedução por meio do cafetão.

violenta a força de trabalho na produção de bens. Apesar de todas essas transações, a exigência de uma equivalência real dos bens trocados se revela como ilusória. Atos de troca, que chegam a termo sob a pressão de seduções e violentações, fazem com que todas as tentativas de averiguar a presença de equivalências entre os bens sejam desprovidas de objeto. O sistema de troca capitalista permanece mais um sistema de pressão do que um sistema valorativo. Chantagem e violentação — mesmo sob a forma de poder não violenta dos contratos aceitos — escrevem a história propriamente dita da economia.

Com um realismo indesculpável segundo um ponto de vista burguês, Marx descreveu o capitalismo de uma maneira que puxa o tapete sobre o qual se assentavam todas as teorias meramente econômicas. Não se pode falar seriamente sobre trabalho se não se está preparado para falar de chantagem, dominação, polêmica e guerra. Investigando as produções de mais-valia, já nos encontramos no campo da polêmica geral.[117] Para acirrar ao máximo o realismo polêmico de sua análise, Marx teria até mesmo que poder falar, ao invés de valor de troca de uma mercadoria, de seu *valor de luta*. Isso se comprova de maneira particularmente natural junto às mercadorias produtoras de mercadorias — junto aos meios de produção no sentido mais restrito, que sempre representam ao mesmo tempo para seus detentores meios de luta e de pressão, e, além disso, junto aos bens diretrizes estratégicos das economias populares como o trigo, o ferro etc. (pensemos nos exemplos aparentemente por demais inofensivos da análise da mercadoria no volume 1 do *Capital*); para não falar absolutamente das mercadorias armamentistas militares e dos armamentos tomados como mercadorias. Por causa de seu parentesco funcional, armas e mercadorias são com frequência mutuamente cambiáveis.

Portanto, sedução e violação seriam os dois modos do cinismo capitalista? Cinismo da circulação aqui, cinismo da produção ali? Aqui a liquidação dos valores; ali a banalização arbitrária do tempo de vida e da força de trabalho das massas em favor de cegas acumulações? Chama a atenção nessas formulações o quão corretamente elas sempre podem ser visadas. Quem valoriza uma aproximação àquilo que é efetivamente real, de modo tão desprovido de ilusões quanto possível, também não poderá citar isso uma vez mais diante de um tribunal idealista, onde as coisas

---

117. Cf. o capítulo "Metapolêmica" na Seção Principal Lógica. A análise sistemática do capital libera três fronts polêmicos: capital contra salário; concorrência do capital particular; guerra dos capitais nacionais.

são amorais. O paradoxo moral do capitalismo é, além disso, a suportabilidade do "insuportável", o conforto na desertificação e a *highlife* na catástrofe permanente. O capitalismo vem digerindo há muito tempo seus críticos, sobretudo desde o momento em que pôde se assegurar do fracasso de todas as alternativas que começaram revolucionariamente. "Sempre que o capitalismo se vê confrontado com o fato de não poder ajudar o mundo, ele pode apontar para o fato de o comunismo não poder ajudar nem a si mesmo" (Martin Walser, discurso de recebimento do Prêmio Büchner em 1981).

Será que o descrito até aqui como cinismo capital por fim não significa nada além da transformação histórica derradeira da experiência de que a vida humana está exposta, desde tempos primitivos, a um excesso de durezas e crueldades? Será que a existência do ser humano em uma superfície terrestre sangrenta é moralizável? Seria esse cinismo nada mais do que o ato de colocar diante de nossos olhos, em algum lugar possível, a figura mais recente daquilo que o pessimista amistoso Sigmund Freud denominou de *princípio de realidade*? E se, de acordo com isso, uma consciência explicitamente cínica fosse simplesmente uma forma consonante com o mundo moderno, mais do que nunca dilacerado por lutas de poder, uma "fase adulta" que se tornou suficientemente rígida de maneira não resignada, a fim de fazer frente aos acontecimentos?

Quem fala de coisas duras da vida por si mesmo cai em uma região para além de uma razão moral e econômica. O que no mundo físico se mostra como a lei da gravidade no mundo moral se apresenta como a lei segundo a qual a sobrevivência das sociedades sempre exige suas vítimas. Toda sobrevivência quer ser paga e exige um preço que nenhuma consciência meramente moral está disposta a pagar, e que tampouco pode ser estabelecido por nenhum cálculo econômico. Os grupos trabalhadores e combativos de sociedades humanas precisam experimentar o preço pela sobrevivência como um tributo amargo ao princípio de realidade, porque eles o pagam *no próprio corpo*. Levantam-no sob a forma de subjugações a forças e fatos "mais elevados"; suportam-no sob a forma de dores, adaptações, privações e autorrestrições cristalizantes. Pagam incessantemente esse preço em moeda viva, que corta na carne. Na luta pela sobrevivência, enrijecimentos, ferimentos e renúncias são fenômenos habituais. Sim, onde se luta, o lutador não pode fazer outra coisa senão transformar a si mesmo, com sua própria existência, em meio e em arma de sobrevivência. É sempre com a própria vida que o preço pela sobrevivência é pago.

A vida sacrifica-se inteiramente em nome das condições de sua conservação. Para onde quer que olhemos, ela se curva à compulsão ao trabalho; deixa-se subjugar, nas sociedades de classe, nos acontecimentos de dominação e exploração; enrijece-se, nas sociedades militares, sob a compulsão ao armamento e à guerra. Aquilo que o senso comum denomina coisas duras da vida é desvendado pela análise filosófica como autocoisificação. Na obediência em relação ao princípio de realidade, o vivente se apropria da dureza exterior como sendo interior. Assim, ele mesmo se transforma em instrumento dos instrumentos e em arma das armas.

Quem tem a felicidade de morar em um mundo em geral ainda duro, em um nicho no qual autodesenrijecimentos já são possíveis, precisa olhar forçosamente e estremecendo para os mundos da coisificação e das crueldades objetivas lá fora. O que se desenvolve da maneira mais sensivelmente possível é a percepção daquele que se encontra entre mundos sociais de graus de dureza diversos e que gostariam de se libertar, por meio do trabalho, da zona mais intensamente coisificada e alienada, passando para o interior da zona mais tênue. Inevitavelmente, ele entra em conflito com um princípio de realidade, que exige dele autoenrijecimentos maiores do que seriam necessários na zona tênue. Ele recai em um front contra as cunhagens do princípio de realidade, que não requisitam dos indivíduos particulares outra coisa senão sacrifício e enrijecimento. Essa é a dialética do privilégio. O privilegiado, que não é cínico, precisa desejar para si um mundo no qual as vantagens do desenrijecimento advenham ao maior número possível de homens. Colocar em movimento o próprio princípio de realidade é a determinação mais profunda de progressividade. Quem conhece a *douceur de vivre* transforma-se em testemunha contra a necessidade de durezas da vida, que os endurecidos sempre reproduzem novamente. Por isso, reconhece-se alguém efetivamente conservador sobretudo pelo fato de ele se horrorizar com o desenrijecimento dos homens e de suas condições. Os neoconservadores de hoje temem que possamos nos tornar demasiado fracos para uma guerra atômica. Eles buscam o "diálogo com a juventude", da qual desconfiam que seja já frouxa demais para as lutas distributivas de amanhã.

Descendo até as camadas mais profundas do princípio de realidade, descobrimos compulsões à subjugação, ao trabalho, à troca e ao armamento, que se impuseram às sociedades sob formas históricas alternantes. Mesmo a troca, que paira diante do pensamento burguês como um de seus modelos de liberdade, é mais profundamente um tipo de compulsão do que algo que se encontra enraizado na liberdade, e isso desde tempos imemoriais. Muito antes de se poder perguntar legitimamente sobre o cinismo, o "emprego" da mulher capaz de procriar como um "meio de circulação" vivo vem ao nosso encontro em grupos arcaicos exogâmicos. O princípio da equivalência instaura-se na história cultural humana de uma maneira que nos toca de forma chocante: mulheres são trocadas como meios de produção aptos à procriação, "como vacas", trocadas por bens e por gado. Não obstante, essa troca serve menos à aquisição de rebanhos e riquezas por parte do grupo que oferece a mulher para a troca. O que permanece funcionalmente em primeiro lugar é, na maioria das vezes, o impedimento de relações de parentesco entre os clãs dispersos. Já na primeira economia primordial manifesta-se uma "política" de sobrevivência e de satisfação. A transformação da mulher em objeto de troca contêm uma "economia" política embrionária — caso se queira uma política externa dos clãs. Ainda antes de todo cálculo valorativo, os grupos arcaicos pagam dessa maneira o seu preço pelas condições da sobrevivência.

Em uma perspectiva macro-histórica, a modernidade distingue-se, entre outras coisas, pelo fato de, nela, ficar cada mais obscuro o modo pelo qual as sociedades podem obter de maneira dotada de sentido o seu preço pela sobrevivência. As "durezas" às quais elas se submetem hoje a partir do interesse da autoconservação possuem entrementes uma dinâmica própria tão fatal, que trabalham mais ao encontro da autoaniquilação do que da segurança. Como isso acontece? Uma degradação do princípio de realidade no mundo moderno pode ser diagnosticada. Ainda não se conquistou por meio do trabalho, sob condições atuais, nenhum modo segundo o qual as sociedades poderiam empreender uma economia da sobrevivência dotada de sentido. Pois não é apenas a era da troca de mulheres que desapareceu há muito tempo, mas a economia da sobrevivência subsequente também se aproxima inversamente de um limite absoluto. Eu a denomino a economia da era militar. (Isso corresponde à era da "sociedade de classes" própria à consideração marxista da história; o ângulo de visada, contudo, é diverso.) Ela caracteriza-se pelo fato de, por meio de enormes porções de mais-valia oriundas do trabalho escravo, do trabalho servil ou do trabalho assalariado ou mesmo do recolhimento de impostos, serem mantidas camadas militares e aristocráticas ou exércitos permanentes, que representam grupos *parasitários* — no sentido clássico literal — de não trabalhadores. Para tanto, contudo, eles recebem a tarefa de assegurar o espaço vital de seus grupos como um todo. Os últimos milênios fazem parte das interações de parasitismos militares concorrentes. Nessa economia, é fixado um novo preço para a sobrevivência: a sobrevivência dos conjuntos é paga com a submissão das massas a estruturas político-militares e com a prontidão dos povos a ler o roubo da mais-valia e as chantagens fiscais como um manuscrito no qual a "dura realidade" comunica aos povos suas intenções. A violência das guerras traduz-se em um realismo que reconhece o fator *guerra* como "violência superior". A necessidade de "pensar a guerra" formou nos últimos milênios o cerne não maleável de um positivismo trágico. Este positivismo trágico sabe, antes de toda filosofia, que não se precisa nem transformar, nem interpretar o mundo em primeira linha, mas *suportá-lo*. A guerra é a espinha dorsal do princípio de realidade tradicional. Com todos os seus encargos para a construção das instituições sociais, ela representa o cerne mais íntimo e mais amargo da vida em sociedades de classes. Uma sociedade incapaz de se defender foi condenada durante a época feudal e durante a época do Estado nacional ao declínio ou à submissão. Sem uma "capa de proteção" militar, nenhum dos grupos historicamente poderosos em nosso mundo conseguiram sobreviver.

A transposição direta das mais-valias para as camadas militares aristocráticas ("classe dominante") é a característica das sociedades feudais. O mundo moderno, contudo, que se desenvolveu a partir da revolução burguesa contra o feudalismo, não conseguiu até aqui superar *decisivamente* em parte alguma esse processo de transposição. Tudo aquilo que ele alcançou nesse ponto esgota-se na variação da transposição da mais-valia, de uma transposição direta para uma indireta. No lugar da exploração direta do povo por meio de uma camada nobre e de uma soldadesca por ela mantida, entraram em cena exércitos populares modernos com forças nucleares compostas por soldados profissionais, que são financiados com o auxílio de impostos. No entanto, precisamente neste caso, o Estado moderno, como suporte da "capa de segurança" militar para a sociedade, conduz sua tarefa cada vez mais *ad absurdum*. Pois na era da guerra total, do "serviço militar" obrigatório e da estratégia nuclear, os aparatos militares dos grandes Estados não se mostram mais como um invólucro de segurança da vida social, mas desenvolvem-se concomitantemente todo dia e se transformam nas maiores fontes de perigo para a sobrevivência pura e simples. Desde que passou a ser possível aniquilar completamente sociedades inteiras, por meio de bombardeios de superfícies e pelo apagamento de todo e qualquer tipo de diferença entre combatentes e não combatentes (isto é, entre tropa e população civil), os Estados modernos, que se denominam democráticos ou socialistas, jogam com a vida das populações de tal maneira que seria impensável até mesmo para os mais brutais sistemas feudais movidos por uma vontade pérfida.

Se a cessão da mais-valia das populações trabalhadoras para os aparatos político-militares fosse o preço que teríamos de pagar por nossa sobrevivência, então esse preço também precisaria ser pago hoje, em última instância, com uma intelecção alcançada em meio a um ranger de dentes. Em realidade, isso não funciona. Quantidades enormes de mais-valia são bombeadas para as estruturas político-militares, que se enredam incessantemente em uma ameaça mútua cada vez mais arriscada. Trabalho, por isso, significa hoje — quer se goste ou não — fomentar um sistema que não pode ser de maneira alguma a longo prazo o sistema de nossa sobrevivência. Há muito tempo não pagamos mais um preço pela sobrevivência, mas criamos mais-valia em favor de uma máquina suicida. Vejo nisso um desastre próprio ao conceito de realidade e de racionalidade tradicionais; a esse conceito com mil vozes responde o irracionalismo que grassa na superestrutura ocidental. A irracionalidade do conjunto da história atingiu um grau que não deixa apenas para trás a força de clarificação de inteligências particulares, mas nos conduz até mesmo à questão de saber em que medida os centros de ação desse mundo podem efetivamente trazer consigo energia racional suficiente, a fim de superar a irracionalidade que age neles mesmos. Tudo o que teria poder de desatar os nós hoje é, ele mesmo, uma parte do nó. O que hoje se chama racionalidade está comprometido até as camadas mais profundas com a forma de pensamento inerente ao princípio de autoconservação barbarizado, e até mesmo já se deu a conhecer enquanto tal.

Surpreendente é o destino do último grande impulso divulgado como racional para superar as camadas profundas de irracionalidade social. Em meio à tentativa de desatar os nós trazidos pelas contradições do sistema capitalista com o auxílio da *dialética* marxista, o nó não apenas não foi desatado, mas foi também tragado até a absurdidade total.[118] No embate entre as grandes potências, a fração marxista, que tinha entrado em cena com a "solução" dos problemas capitalistas, se tornou bem possivelmente até mesmo a parte mais desprovida de esperanças do problema. Se buscarmos razões para tanto, então se mostrará o modo como, fatídica e

---

118. Cf. o capítulo sobre o Grande Inquisidor; Segundo Cinismo Cardinal; Metapolêmica.

ilusionisticamente, o aspecto moralizante da teoria da mais-valia sobrepujou o seu aspecto analítico. Pois aquilo que ela elaborou como a "perfídia objetiva" do roubo de tempo capitalista junto às massas trabalhadoras é ao mesmo tempo uma descrição daquilo que acontece em *todas* as sociedades com superestruturas político-militares, ainda que elas se autodenominem dez vezes socialistas. Ao contrário, a análise da mais-valia prospera ainda melhor em meio ao armamento levado a termo pela estatização da propriedade produtiva — como bem o mostra o exemplo russo.

As teorias da revolução marxistas não se baseiam em uma interpretação tragicamente falsa da doutrina da mais-valia? Essa doutrina era, segundo o seu sentido estratégico, essencialmente uma tentativa de formular uma linguagem objetiva, ou seja, quantitativa, na qual pudesse ser tratada uma relação moral-social (a exploração). Ela queria desenvolver o conceito de exploração em termos calculatórios, a fim de demonstrar que não se podia prosseguir eternamente explorando. Mas no fundo o problema da exploração *não* se assenta no plano de reflexões quantitativas. Quem é que pretenderia "calcular" o que cabe aos homens? Não há nenhuma matemática com a qual se possa computar durante quanto tempo se mantém o fio tênue da paciência, assim como também não há nenhuma aritmética da autoconsciência. Há milênios, os homens estão dispostos em sociedades militares e em sociedades de classes por meio de educações voltadas para o enrijecimento e para a produção da resignação, deixando-se chantagear e entregando a mais-valia sob a pressão da dominação — e nos arquipélagos agrários russos de hoje, eles não são em praticamente nada diversos dos antigos escravos e dos membros da tribo árabe dos *fellachen*. Isso exige menos uma teoria da mais-valia e mais uma análise da "escravidão voluntária". O problema da exploração diz mais respeito à psicologia política do que à economia política. A resignação é mais forte do que a revolução. O que seria preciso dizer sobre os amaldiçoados da terra russa não provém de Lenin, mas da pena de Flaubert: "A resignação é a pior de todas as virtudes."

Como, portanto, o princípio de realidade militar e, com ele, toda a racionalidade de cálculos de autoconservação até agora estão imersos em um processo de dissolução que transcorre diante de nossos olhos da maneira mais terrível possível, é de se perguntar se os recursos espirituais de nossa civilização são suficientes para erigir um novo princípio de realidade transmilitar e pós-industrial. As armas nucleares, químicas e biológicas, assim como todo o sistema de ameaça de mísseis, não são outra coisa senão excrementos de um processo de enrijecimento histórico-mundial, no qual as culturas polêmico-imperiais apresentaram tecnicamente a sua essência. O realismo *overkill*, que se encontra à base das interações entre as grandes potências atuais, não pode se mostrar a longo prazo senão como o princípio de realidade de psicopatas politizantes.[119] A época racional de sobrevivência militar com seus princípios consequentes como um todo tende para um fim fatal.

Será que isto que morre não está grávido, contudo, de uma nova razão? Se a sobrevivência, em seus traços mais amplos, de maneira alguma pode futuramente se encontrar sob a lei de sistemas de enrijecimento belicosos e exploradores, não se insinua aqui um novo princípio de realidade? O estado do mundo mesmo coloca a nossa sobrevivência nas mãos de uma *ratio* diversa. Não podemos mais pagar o preço da sobrevivência no quadro do princípio de realidade polêmico. O princípio da autoconservação está envolvido com um revolvimento histórico-mundial, que conduz enrijecimentos e armamentos como um todo *ad absurdum*. Esse é o crepúsculo dos ídolos do cinismo. A hora está chegando e trazendo consigo o fim para os sujeitos duros, para os fatos duros, para a política dura e para a sociedade dura. Culturas que se armaram nuclearmente recaem sob o peso do *feedback* de seu armamento. Quem domina a fissura do átomo *não* pode mais se dar ao luxo de dominar a fissura da humanidade, o sistemático autoenrijecimento por meio da hostilização. Por isso, designei a bomba atômica como a máquina de Buda de nossa civilização. Ela encontra-se diante de nós de maneira imóvel e soberana como uma garantia muda de iluminações negativas. Nela, o máximo ontológico de nossa defensividade é exposto pela via técnica. Ela encarna o extremo para o qual o subjetivismo armado de nossa *ratio* do enrijecimento pôde se desenvolver. Se não aprendermos com ela a criar fatos brandos por intermédio de um novo princípio de realidade e de racionalidade, então possivelmente os fatos duros poderão, por conseguinte, cuidar bem de nosso ocaso.

---

119. Cf. os capítulos: "Meditação sobre a bomba"; Primeiro Cinismo Cardinal; "Metalurgia política".

III.
Seção principal lógica

A. Empiria negra — O Esclarecimento como organização de um saber polêmico

Talvez a verdade seja uma mulher que tem razões para não deixar ver suas razões?
　　　　　　　　　　　　　　　Friedrich Nietzsche, *A gaia ciência*

Um espião no lugar certo substitui vinte mil homens no front.
　　　　　　　　　　　　　　　Napoleão Bonaparte

Agentes precisam ser intelectuais; eles não podem ter medo de fazer a última vítima no instante decisivo.
　　　　　　Diretriz número 185796 do serviço soviético de informações,
　　　　　　citada por B. Newman, *Spione. Gestern, heute und morgen*
　　　　　　[Espiões. Ontem, hoje e amanhã], Stuttgart, 1952

　　Esclarecimento? Ótimo. Ciência? Pesquisa? Ótimo, ótimo! Mas quem esclarece os esclarecedores? Quem investiga a pesquisa, quem empreende ciência sobre a ciência? Fazendo essas perguntas, exige-se *mais* esclarecimento, ciência, pesquisa? Ou menos? Ou será que assim se requisita outro tipo de esclarecimento, ciência e pesquisa? Trata-se de um apelo à filosofia? À metaciência? Ao saudável entendimento humano? À moral? Sou a favor de um prosseguimento do caminho fenomenológico. Perguntamos: quem se interessa por isso? Que formas de saber ou que ciências surgem por meio desses interesses? Quem quer saber algo? Por quê? O que o impele em sua curiosidade — e, supondo mesmo que o *homo sapiens* teria por natureza recebido concomitantemente uma fome de experiência, um prazer com a experimentação e excedentes de curiosidade, continua sendo sempre necessário perguntar: por que exatamente essa curiosidade, esse querer saber? Se se pergunta sempre na crítica à ideologia: quem fala?, a fim de reduzir suas palavras à sua posição social, então perguntamos na crítica ao Esclarecimento: quem busca? Quem pesquisa? Quem luta?
　　Nesse contexto, emerge um campo bastante estranho de parentescos — um raro clã de curiosos, de farejadores de saber e de novidades. A partir desse ponto de vista, o filósofo e o espião, o policial e o jornalista, o detetive e o psicólogo, o historiador e o moralista se apresentam como

filhos de uma e mesma família, ainda que essa família esteja radicalmente dividida. Todos se mostram como as diversas linhas no espectro do saber esclarecido. A curiosidade pelos fundamentos da curiosidade busca — ela também busca! — pelos esclarecimentos sobre o Esclarecimento e precisa se deixar inquirir, por isso, pelos fundamentos de sua curiosidade. Tendências antiesclarecedoras? Reação? Desconforto no Esclarecimento? Queremos saber o que acontece com o querer saber. Há "saberes" demais, em relação aos quais se poderia querer, pelas razões as mais diversas, que não tivessem sido descobertos e sobre os quais não tivesse sido alcançado nenhum "esclarecimento". Entre os "conhecimentos" há uma quantidade demasiado grande de conhecimentos que despertam angústia. Se saber é poder, então o outrora sinistro, o poder misterioso, vem ao nosso encontro hoje sob a forma de conhecimentos, de transparência, de contextos passíveis de serem desvendados. Se outrora o Esclarecimento, em todos os sentidos da palavra, servia à diminuição da angústia por meio da ampliação do saber, hoje se atingiu um ponto no qual o Esclarecimento confluiu para aquilo que tinha a princípio procurado impedir, a ampliação da angústia. O sinistro, que deveria ser afastado, vem à tona uma vez mais, agora a partir do meio de proteção.

O Esclarecimento desdobra-se sob a forma de um treinamento coletivo de desconfiança de dimensões epocais. Racionalismo e desconfiança são impulsos geminados, os dois estreitamente ligados com a dinâmica social da burguesia ascendente e do Estado moderno. Na luta entre sujeitos e Estados adversários e concorrentes pela autoconservação e pela hegemonia, é produzida uma nova forma de realismo — uma forma cujo motor consiste no cuidado para não se tornar vítima de ilusão e de dominação. Tudo o que "aparece" para nós poderia ser uma manobra ilusória de um inimigo imponente, mau. Em sua demonstração pela dúvida, Descartes chega até a ponderação monstruosa de que todo o mundo fenomênico talvez fosse apenas uma fantasmagoria de um *genius malignus*, calculada para produzir em nós ilusões. O surgimento da visão iluminista e desveladora da realidade efetiva não pode ser compreendida sem o resfriamento da relação intelectual eu-mundo, sem uma profunda infiltração de suspeita e medo em virtude da necessidade de autoconservação até as raízes pulsionais do querer saber moderno.

Um cuidado imponente com a certeza e uma expectativa igualmente irresistível de ilusão impelem a moderna teoria do conhecimento a investigar a todo custo as fontes absolutas e inabaláveis da certeza —

como se o que estivesse em questão para ela fosse superar uma dúvida francamente aniquiladora do mundo. O Esclarecimento possui em seu cerne um realismo polêmico, que declara guerra aos fenômenos: só devem continuar valendo as verdades *nuas e cruas*, os fatos *nus e crus*. Pois as ilusões, com as quais o iluminista conta, são, com efeito, manobras refinadas, mas, de qualquer modo, vislumbráveis criticamente, passíveis de serem expostas. *Verum et fictum convertuntur*.[120] É possível desvelar as ilusões, porque elas são feitas por si mesmas. Aquilo que se compreende neste mundo por si mesmo são coisas marcadas pelo engodo, pela ameaça, pelo perigo, não pela abertura, pela oferta, pela segurança. A verdade, portanto, nunca pode ser alcançada "simplesmente assim", mas apenas em uma segunda investida, como produto da crítica, que destrói aquilo que anteriormente parecia ser o caso. Verdade não é "descoberta" de maneira inofensiva e sem luta, mas conquistada em uma vitória cansativa sobre seus antecessores, que são seu mascaramento e seu contrário. O mundo arrebenta suas costuras de tantos problemas, perigos, ilusões e abismos, logo que o olhar da investigação desconfiada o penetra. No universo do saber moderno preponderam os bastidores, os solos duplos, os panoramas, as imagens ilusórias, as caretas encobridoras, os sentimentos secretos, os motivos velados, os corpos encobertos, que dificultam o acesso à "realidade efetiva mesma", justamente porque essa realidade se compõe com uma complexidade crescente de ações e sinais multissignificativas, realizadas e pensadas. Isso obriga com maior razão a manter mutuamente afastados o patente e o velado. Sou iludido, logo sou. E: eu desvendo ilusões, eu mesmo iludo, ou seja, eu me conservo. Também se pode traduzir assim o *cogito, ergo sum* cartesiano.

Nós seguimos, *grosso modo*, a série dos Cinismos Cardinais, a fim de tratar em seis passos das manifestações e dimensões essenciais do "Esclarecimento" como empiria polêmica: guerra e espionagem; polícia e Esclarecimento na luta de classes; sexualidade e auto-hostilização; medicina e suspeita de doença; morte e metafísica; ciência natural e técnica de armas. Não é casual o fato de essa fenomenologia polêmica adentrar o círculo que vai do saber sobre a guerra à ciência natural da arma; preparamos aqui a "polêmica transcendental" da próxima seção; ela descreve como, por trás de uma série de curiosidades, atua a compulsão à luta, que dirige

---

120. Sloterdijk altera nesta passagem a célebre sentença latina *verum et factum convertuntur* (a verdade e o fato são convertíveis) em *verum et fictum convertuntur* (a verdade e a ilusão são convertíveis). [N.T.]

o "interesse cognitivo". Nessa fenomenologia realizamos os movimentos táteis característicos de uma "modernidade plena", que ainda busca a si mesma e que aprende a duvidar da produtividade da dúvida cartesiana e a desconfiar dos excessos da desconfiança esclarecedora.

1. Saber bélico e espionagem

> ... ao invés disso, ele enviou em maio de 1869 o seu homem de confiança, Theo von Bernardi, para Madri, um historiador e economista político que Bismarck e Moltke já tinham utilizado com frequência sob a máscara do cientista em missões secretas...
> Isso, porém, necessitava de grandes capacidades em observação, conhecimento humano, combinação e disfarce; sim, em geral, astúcia e refinamento...
>
> Wilhelm J. C. E. Stieber, *Spion des Kanzlers*
> [Espião do chanceler], Munique, 1981.

Para todo e qualquer general vale a questão: o que o inimigo está fazendo? O que ele está planejando? Em que disposição se encontra? Como descobrir isso? Comunicação direta segrega. Perguntar ao próprio inimigo permanece em última instância impossível ou ao menos sem sentido, uma vez que ele nunca nos dará senão respostas enganadoras.

Por essa razão, precisa-se de um serviço de informação excepcional, cujo chefe necessita ser um homem extraordinariamente inteligente, mas não necessariamente um combatente. Ele deve, claro, poder pensar, a fim de cindir o essencial da massa do casual, que está por toda parte presente, onde se trata dos problemas do adversário.[121]

Com a inimizade, está dada *a priori* a probabilidade, sim, a certeza de ser iludido. O inimigo colocar-se-á como mais forte ou mais fraco do que ele é, a fim de provocar ou de atemorizar. Assumirá posições aparentes

---

121. Bernard Law Montgomery, 1º visconde Montgomery de Alamein, *Weltgeschichte der Schlachten und Kriegszüge* [História mundial das batalhas e expedições militares], vol. 1, Munique, 1975, p. 17. Aqui temos também esse esboço de uma tática da empatia entre guerreiros: "Um comandante precisa poder entrar na cabeça de seu adversário ou ao menos tentar fazer isso. Por essa razão, durante a guerra contra Hitler, sempre tive uma foto de meu opositor em meu carro de comando. No deserto e então uma vez mais na Normandia, Rommel foi meu adversário. Estudei incessantemente seu rosto e tentei imaginar como ele reagiria aos movimentos que eu quisesse introduzir. Estranhamente, isso se revelou útil."

e, de repente, atacará vindo de um lugar inesperado. Assim, faz parte da razão de sobrevivência de cada lado de uma díade de adversários vislumbrar criticamente, minar por meio do Esclarecimento, no sentido de espionagem, a manobra de ilusão do adversário ou exceder por meio dos desvendamentos críticos contrailusões e medidas operativas. Por isso, a espionagem é estabelecida da maneira mais imediata possível como ciência da sobrevivência. O realismo polêmico do "Esclarecimento" quer ser reconhecido da maneira mais clara possível em seu exemplo. Esclarecimento como espionagem é investigação do inimigo — acúmulo de saber sobre um objeto, com o qual não me ligo de boa vontade, tampouco por meio de uma neutralidade desinteressada, mas a partir de uma tensão direta e hostil, eficaz como ameaça. A espionagem se nutre de um querer-saber de um tipo particular e torna necessária uma série de métodos de investigação "indiretos": dissimulação, ocultamento, conquista de posições de confiança, exploração de amizades. A espionagem exercita a arte de levar os outros a falar, trabalha com vigilâncias e buscas, espreita âmbitos secretos e íntimos alheios, procura os pontos de partida das chantagens, investiga as posições vulneráveis e o elo fraco na cadeia adversária. Ele aposta na prontidão para a traição nos membros do outro lado. Tudo isso faz parte da doutrina do método da espionagem. Diante de uma realidade hostil, ou seja, diante da realidade como inimigo, o espião, o "sujeito do conhecimento", entra em cena com uma máscara.

Vê-se imediatamente como é que a abordagem do Esclarecimento como espionagem acerca da verdade se distingue da abordagem da ciência e, com maior razão, da abordagem da filosofia. Pois as verdades, que o espião reúne, se dão a conhecer desde o princípio como apaixonadamente "interessadas" e particulares. Guerra das potências, guerra das consciências. A viandança dos conhecimentos, do sujeito A para o sujeito B, já é parte de uma luta ou de um armamento. Esse direcionamento amoral da pesquisa reporta-se consequentemente de maneira aberta ao direito de guerra e à ética de exceção, uma ética que diz que tudo seria permitido, contanto que sirva à autoconservação. Não interessa para esse saber o grande gesto do desinteresse e da objetividade contemplativa, ao qual com frequência à ciência apraz. O espião parece se achar mais perto do homem de guerra do que o filósofo ou o pesquisador. Quando quer saber algo, o desinteresse exposto é, em *todo* caso, apenas aparência; permanece a ser comprovado em que casos as coisas lhe são diferentes em relação aos pesquisadores e aos filósofos.

Ora, mas como é que o guerreiro e o filósofo se colocam em relação ao espião? Durante a maior parte do tempo, eles o puniram com desprezo; e isso com boa razão, pois o trabalho de pesquisa dos espiões se choca nos dois lados contra as normas éticas do metiê. Por um lado, foram os generais que desde sempre digeriram mal a necessidade de lidar em seus negócios "heroicos, honestos, viris, corajosos" com pessoas que, justamente por questões profissionais, não poderiam reter nada disso. Para os espiões vale naturalmente outra moral, apesar de lutarem a mesma luta. O herói não gostaria de ter o corrupto como correligionário, ele se sentiria maculado. Estratégia e tática, que conhecem inteiramente também ilusões e fintas, pertencem de maneira ambivalente ao lado heroico-masculino; o espião, em contrapartida, aparece meramente como astuto e malandro no sentido baixo. Ele *seduz* mais do que o fato de levar a termo rupturas frontais. Napoleão, contudo, foi sincero o bastante para admitir que, por trás de suas grandes vitórias em batalhas, não se encontrava apenas o seu gênio militar, mas também a arte diplomática da ilusão empreendida por seu espião mestre Karl Schulmeister, que contribuiu decisivamente para a indução em erro dos austríacos, indução que conduziu os austríacos às derrotas de Ulm e de Austerlitz. Diz-se que o general Von Moltke, o braço direito de Bismarck, não gostava em geral de espiões, e, em particular, não suportava aquele Wilhelm Stieber que, desde 1863, era o mais graduado espião de Bismarck ("O chefe supremo dos chefes de segurança" era a sua alcunha), e, sob o disfarce de um escritório de imprensa, ou seja, de uma espécie de agência de notícias, construiu a rede internacional da polícia secreta prussiana. Lendo as memórias de Stieber publicadas há pouco, é possível medir o significado de modernos sistemas de notícias para a "política real". Stieber não apenas livrou muitas vezes Bismarck e o imperador Guilherme I de atentados, mas também estabeleceu com os seus reconhecimentos, organizados mediante novos princípios do sistema militar austríaco, as bases para o plano de campanha prussiano de 1866 na "guerra de irmãos" contra a Áustria. Coube-lhe também levar a termo a preparação e a vigilância do terreno como comandante do serviço secreto, terreno esse no qual acabou transcorrendo a campanha contra a França em 1870-71. Todavia, quanto mais condecorações recebia por conta de sua atividade extremamente exitosa, tanto mais foi sendo alijado da casta de oficiais prussianos. Os heróis não toleravam que seu ingênuo (?) *éthos* de soldados tivesse algo em comum com o amoralismo sistematicamente premeditado.[122] Quanto mais elevados os ensejos, tanto maiores as compulsões à mentira. As pessoas ignoravam por completo o realismo de Maquiavel: "Na condução da guerra, o engodo é celebrável." (*Discorsi*, Livro III, 40)

Cientistas e filósofos, contudo, que não se dignam de maneira alguma a olhar para o espião e para o fenômeno da espionagem, procedem praticamente da mesma maneira que os espiões. Pois suas mãos estão sujas, e a partir delas fala: um interesse claro demais, particular demais, "pequeno" demais. Os altos descobridores da verdade, em contrapartida, colocam todas as fichas em não se assemelhar ao espião; o que mais gostam é de não admitir a presença de interesse algum e de não se colocarem à disposição como instrumento de nenhuma "meta". Se o filósofo verdadeiro já desprezava o erudito profissional (Cf. as *Preleções sobre o estudo da história universal* de Schiller), então o espião se encontrava ainda com maior razão sob o foco crítico. Ora, mas o que aconteceria se o espião se mostrasse na verdade como sombra e como sósia obscuro do filósofo do Esclarecimento?

Naturalmente, quase não é mais possível pensar em uma oposição maior do que a existente entre o espião, que se engaja de maneira totalmente interessada em favor de um partido particular, de uma nação, de uma mera fração da humanidade, e o pesquisador da verdade, que só olha para o todo e serve ao bem geral da humanidade, se não à "verdade pura" em geral. Demorou até o século XX para que a ciência e a filosofia do Esclarecimento se conscientizassem quanto à própria parcialidade limitada e às suas vinculações polêmicas e pragmáticas mais restritas. Na era das lutas de classe no final do século XIX, os preservadores do selo do conhecimento elevado precisaram sentir pela primeira vez o seu solo vacilar: anunciou-se uma suspeita antipática de que eles, os cientistas burgueses, pudessem ser agentes de um domínio burguês de classes — auxiliadores ofuscados de um sistema político que traziam à luz verdades "universais" ingênuas e idealistas, que, em sua na aplicação, serviam preponderantemente aos interesses particulares das classes dominantes. Quando em augusto de 1914 "irrompeu" a Primeira Guerra Mundial, muitos daqueles "prospectores" profissionais da "verdade" deixaram a máscara cair. A onda das "ideias de 1914" os arrastou consigo e só os encontrou por demais prontos para assumir

---

122. O que particularmente magoava Stieber; suas memórias contêm uma porção de justificação, mas também uma dose de revanche contra os adversários, que tinham "estigmatizado seu caráter como 'não liberal, inumano, e, sim, cínico'". Stieber, p. 176.

conscientemente o papel do "ideólogo", do senhor de armas na batalha popular. Permanece irrepresentável aquilo que foi colocado no papel "teoricamente" nos anos entre 1914-1918, quanta nacionalização cultural e chauvinista da "verdade pura" se tornou repentinamente possível.

Nas próximas décadas, as ciências como um todo tiveram uma diminuição enorme de seu *páthos* da verdade. Além disso, elas passaram a ter de viver com uma suspeita crônica vinda de agentes que queriam e querem ainda desmascará-las como ajudantes dos poderosos. Não parecem mais totalmente despropositadas desde então associações, que colocam o espião ao lado do filósofo, os agentes secretos ao lado dos pesquisadores. Na mesma época em que os militares se deseroicizaram, a consciência dos pesquisadores se pragmatizou. A partir de agora, conhecimento e interesse podiam, ou melhor, deviam ter algo inteiramente em comum um com o outro. Só seria preciso acolher em si os interesses de demonstrar sua legitimidade. Nietzsche tinha começado a minar toda a vontade de ciência por meio da suspeita da vontade de poder. Quem estuda a história da Primeira Guerra Mundial não consegue deixar de considerar os papéis reconhecidos que foram desempenhados pela espionagem e pelo "Esclarecimento" belicoso — condução cognitiva da guerra, condução psicológica da guerra, traição, propaganda. Depois da Guerra dos Seis Dias entre os israelenses e os árabes, o general Moshe Dayan declarou por fim, de coração aberto e misteriosamente, que os serviços de informação tinham desempenhado um papel tão importante quanto a força aérea e as unidades de tanques. O tabu parece quebrado. As coisas não se acham de outro modo em relação a inúmeros cientistas em todo mundo, que trabalham evidentemente sem escrúpulo ético-profissional em projetos de armas e em potenciais de aniquilação. Ainda que a ciência precise ganhar o seu pão, ao menos uma parte dela descobre a guerra por vir como uma fonte empregadora.[123]

Esclarecimento militar como provocação do esclarecimento filosófico? Como as coisas se encontram no que diz respeito à submissão do conhecimento a interesses e quão genericamente, quão particularmente esses interesses têm de ser? Toda reunião de "verdades", de conhecimentos e de intelecções está ligada a sujeitos (aqui a Estados) polêmicos, agressivo-defensivos? Com certeza, a espionagem está o mais distante possível da ilusão do interesse "universal". Por isso, ela coloca enfaticamente sob

---

123. Abdico aqui da diferenciação empiricamente importante de conceitos e funções diversos de *inteligência, pesquisa, ciência, filosofia, crítica*. Nossas reflexões não pertencem à sociologia da inteligência, mas ao campo prévio de uma teoria polêmica do conhecimento.

sigilo os seus conhecimentos. Cientistas, em contrapartida, são categoricamente marcados por um afã de publicação, e algumas metateorias produzem até mesmo uma conexão fundamental entre universalidade, verdade e caráter público de afirmações. Enquanto a ciência se vangloria, os serviços secretos sabem que um "conhecimento" só serve para algo enquanto nem todos souberem o que eles sabem.

A partir daqui se mostra uma conexão entre teoria do conhecimento e serviço de reconhecimento: os dois projetam posturas de "objetividade" e as transformam em objeto de conhecimento, posturas de "objetividade" essas que permaneceriam incompreensíveis sem a influência da posição do inimigo em relação ao objeto. O que está em questão para os dois é cindir o patente do velado. Os dois conhecem o cuidado em relação ao fato de que erro e ilusão estão por toda parte, à espreita. Nos dois, a ilusão rivaliza com a suspeita. Ter um inimigo significa, portanto, definir um objeto de pesquisa (a inversão da sentença só vale limitadamente). A guerra canaliza a curiosidade no veio polêmico e equipara o desconhecido no adversário com a sua periculosidade. Reconhecê-lo já é metade do caminho andado para mantê-lo em xeque. A partir da inimizade formam-se regiões especializadas de curiosidade, campos de pesquisa e interesses de conhecimento: do buraco da fechadura aos fatos nus e crus. Sem hostilização e sem um encobrimento correspondente não há nenhum desnudamento; sem obscurecimento, não há nenhuma verdade nua e crua. A aspiração do "Esclarecimento" à verdade encoberta obedece a um princípio dialético: somente por meio de uma cobertura específica, polemicamente imposta, surge o espaço "aí por trás" — os "fatos nus e crus". O nu e cru é o anteriormente secreto: o inimigo, que se espreita em seu espaço privado; o poder velado aqui, a conspiração lá; as mulheres nuas, as genitálias que se tornam visíveis; as confissões do amoral; as verdadeiras intenções, os motivos efetivamente reais, os números duros, os valores de medida inexoráveis. Quem esclarece não se abandona àquilo que "se diz"; os fatos nus e crus sempre serão diversos do que "se diz". O inimigo está por toda parte: *forças da natureza*, que são poderosas demais, perigosas demais, para que pudéssemos nos fiar nelas; *rivais*, que em um caso sério não conhecerão nenhuma misericórdia e já nos visam como a cadáveres, sobre os quais, decididos a "sobreviver", passarão em caso de emergência; *tradições*, que inebriam nossas cabeças e que nos fazem "acreditar nisso", mas nos impedem de saber o que efetivamente "é o caso".

Se uma postura secreta é uma característica destacada na teoria do conhecimento própria aos serviços de reconhecimento, então se mostra aqui uma bifurcação do Esclarecimento em direções ingênuas e refletidas, de boa fé e refinadas. As ingênuas partem do pressuposto de que elas mesmas não seriam *a priori* inimigas de ninguém e não deixariam que nada as obrigasse a se tornar inimigas de alguém. Se esclarecedores desse tipo "sabem algo", acham automaticamente que poderiam deixar também que qualquer outro o soubesse. Formas mais refletidas de esclarecimento, por exemplo, a maçonaria mais antiga, sempre se compreenderam neste ponto de uma maneira diversa: elas aceitavam os fatos inerentes à (ainda que sempre apenas relativa) hostilização e contavam conscientemente com a obrigação do segredo; acolhiam a necessidade de pensar também a partir da lógica do combate em conflitos inevitáveis. Elas sabiam que o saber precisa ser conduzido como uma arma, da melhor forma possível, como armas secretas. O outro não precisa saber o que nós sabemos. Onde isso mais salta aos olhos é junto ao espião: conquistar saber, sem deixar que se saiba que se sabe. Por isso, na espionagem também temos com frequência um teatro de máscaras fascinante e romanesco. Agentes são treinados para ver sem serem vistos, para conhecer sem serem reconhecidos. Wilhelm Stieber não era apenas um organizador esperto, mas também um ator de talento — que chegou até mesmo a visitar Karl Marx em seu exílio londrino e a lhe simular, ao que parece, de maneira exitosa, a comédia de um médico que tinha fugido da Alemanha por causa de seu modo de pensar revolucionário; Stieber notou em suas memórias de maneira suficiente o fato de o senhor Marx não ter procurado se informar de maneira alguma sobre os seus destinos revolucionários e sobre a sua situação na Alemanha, mas ter apenas interrogado o doutor Schmidt sobre uma receita contra hemorroida.[124] Também como pintor de paisagem, Stieber apareceu por vezes em espetáculos agitados; e parece que chegou mesmo a se disfarçar de trapeiro, carregando em seu carro objetos religiosos e cartões-postais pornográficos — com uma dessas duas coisas era sempre possível levar os soldados a um diálogo íntimo. Também se ouviu acerca de como os seguidores atuais de Stieber agora o fazem: em cursos de Casanovas psicológicos, os agentes da Alemanha Oriental devem estudar a arte de determinar como se cura as neuroses de final de semana das

---

124. Stieber acabou fornecendo com isso um material incriminador, que desempenhou um papel no processo de Colônia contra os comunistas.

primeiras-secretárias de Bonn de uma maneira tão terna que mesmo o serviço de segurança do Estado de Berlim Oriental possa desfrutar disso.

Será que estamos arrombando portas abertas? O público alemão deve saber de tais conexões entre ciência e espionagem há muito tempo, ao menos desde que um padrão de linguagem do serviço secreto se imiscuiu na consciência geral. "Fatos conhecidos": é assim que são denominadas aquelas informações reunidas com meios legais e ilegais, que se acham "presentes" e são usadas "contra" uma pessoa ou um grupo. A suspeita dirige o acúmulo dos "fatos conhecidos", constitui o procedimento de averiguação. O que é descoberto pela desconfiança se apresenta como "fato conhecido", quando chega a hora de tomar "medidas". Não se tem aqui nenhum lapso semântico, nenhuma contingência conceitual. Em uma visão amplamente abrangente, esse modo de falar de "fatos conhecidos" é apenas uma de muitas explicitações da conexão *primária* entre conhecimento e interesse (polêmico). O inglês utiliza nesse ponto a palavra compacta: *intelligence*. "Compreende-se por esta palavra em particular a reunião, o julgamento e a transmissão de notícias (publicamente acessíveis ou mantidas secretamente), (informações) em agências (*agencies* ou *services*) para fins de condução militar e política (estado maior e governo)."[125] Os "fatos nus e crus", que são rastreados pela *intelligence*, constituem a primeira camada sólida de uma empiria cínica. Eles precisam ser nus e crus, porque devem ajudar a manter em vista o objeto em sua animosidade perigosa. Assim, os sujeitos precisam se disfarçar, a fim de espreitar os objetos ("nus e crus"). O disfarce do sujeito é o denominador comum de espionagem e filosofia moderna.

2. Polícia e ótica da luta de classes

Com certeza, minha bela senhorita, a polícia quer saber de tudo, e, em particular, de segredos.

Lessing, *Minna von Barnhelm*

Essa consideração pode ser transposta de início sem qualquer violência para inimizades, temores e lutas características de política interna. Em boa parte, o Esclarecimento se escreve em termos "psico-históricos"

---

125. Max Gunzenhäuser, *Geschichte des geheimen Nachrichtendienstes* [História do serviço secreto de informações], Frankfurt, 1968, p. 11.

como história do temor político e de seus derivados afetivos e estratégico-práticos: suspeita e desconfiança, controle e subversão, vigilância e segredo, criminalização e indignação. Quem levanta suspeita pode se transformar em coletor de uma empiria negra (em sentido múltiplo: secreta; polêmica; anárquica; dirigida para o terrível). Do lado dos detentores do poder: governantes, administração, polícia, espião, denunciante; do lado dos críticos do poder: revolucionários, revoltosos, divergentes, "dissidentes". Em cada um dos dois lados (em verdade, eles não são meros "lados", como seria o caso em uma relação simétrica, mas *classes*, de cima e de baixo, senhor e escravo, dominante e oprimido; essa assimetria desempenharia um grande papel em uma avaliação moral; porém, não é isso que está em questão neste caso), o adversário considera as coisas por meio de lentes desconfiadas. Órgãos públicos e representantes dos poderes hegemônicos estão à espreita de forças subversivas, oposicionistas, divergentes no âmbito dos seus súditos, impelidos pela preocupação de que poderia estar se formando uma "conspiração", cuja expressão seria uma vontade de transformação. Os poderes contrários, em contrapartida, secretariam o imoralismo da violência dominante, de seus atos arbitrários, de suas violações da lei, corrupções e decadência. Em tempos de uma tensão polêmica aberta, uma curiosidade investigativa mútua pode ser impelida pelo elemento da hostilização, que se atém inexoravelmente (mas de maneira mais ou menos manifesta) a todo e qualquer domínio; os dois, ainda que de maneira assimétrica, são movidos por um querer-saber específico, que quer desmascarar o adversário político em sua nudez.

Sabe-se que Luís XIV manteve em Versalhes uma rede complexa de espionagem palaciana, cujos espiões denunciavam para ele todo e qualquer passo que chamasse a atenção, toda e qualquer frase dita secretamente e todas as intenções reservadas de seus cortesãos — prestando informações em particular sobre os movimentos dos pares, dos grandes do reino, ou seja, de rivais em potencial e de aspirantes ao poder. Desde então, os detentores do poder ampliaram e refinaram infinitamente os sistemas de vigilância dos outros candidatos ao poder e participantes do poder. Sociedades modernas são capilarizadas por órgãos que estão à espreita de si mesmas. Na época de Napoleão I, a polícia de Fouché instituiu dossiês sobre todas as pessoas que possuíam um significado político factual ou virtual; a rede da polícia secreta russa abrangia no século XIX não apenas o próprio país, mas todos os países nos quais viviam emigrantes russos. Hoje, as checagens se tornaram uma obviedade e a elas se submetem os membros dos serviços públicos. Aparatos de poder como um todo deduzem do princípio de autoconservação[126] o direito do combate à corrupção. "Penso compreensivelmente na 'segurança interna', na proteção de nosso Estado ante a subversão, pelo que compreendo a infiltração por meio de inimigos da constituição".[127] Naturalmente, o estilo secreto desse ato de estar à espreita, em termos de política interna, abriga certo risco de paranoia que, em princípio juntamente com uma perturbação da relação alternante, depende do ver e do ser visto. Ser visto sem ver está entre os temas padrões da mania (de perseguição), assim como o ver sem ser visto, inversamente, pode escorregar para o âmbito da "visão de fantasmas".[128]

A autovigilância política de sociedades modernas não equivale exatamente ao conceito atual e à esfera de tarefas da polícia de hoje, mas antes ao conceito e à esfera de tarefas da polícia dos séculos XVII e XVIII (que eram amplamente concebidos). Isso tem algo em comum *também* com a mudança estrutural da oposição social. Desde o desaparecimento do absolutismo feudal e a ascensão de partidos políticos, a oposição política foi em parte descriminalizada: nem *todo* adversário precisa ser colocado a partir daí sob suspeita como ameaça. Com o despontar do sistema partidário no século XIX surgiu uma situação, na qual "constituições" e parlamentos ofereceram um palco para a autoapresentação de muitos grupos de poder concorrentes. Por meio do erigir público da "oposição" como contraparte dos governos foi destituída em certa medida uma dimensão da espreita intersocial. O adversário assume nesse sistema uma parte do trabalho, que de outro modo caberia a espiões (sem que estes ficassem desempregados, o âmbito secreto muda de lugar). Agora, ele precisa dizer por si mesmo o que pensa, o que planeja, quais são seus meios e o quão forte são seus sequazes. Sistemas parlamentares têm de fato a vantagem de servirem à repressão de uma paranoia política por meio de contatos cotidianos com os adversários; integração por meio da atuação conjunta; confiança por meio de divisão de poder e transparência.[129] Naturalmente,

---

126. Com isso, eles antecipam cronicamente a ética do estilo livre do estado de exceção ("nós ou eles"); para eles, a guerra nunca passa.
127. Günther Nollau, *Wie sicher ist die Bundesrepublik?* [Quão segura é a República Federal da Alemanha?], Munique, 1976, p. 9.
128. Stieber menciona muitas vezes que Bismarck lhe teria dito: "O senhor está vendo fantasmas!".
129. Daí surge a hipótese: sistemas pluripartidários são menos ameaçados pela paranoia do que sistemas marcados por partidos únicos.

essa repressão só atua parcialmente, porque o problema da subversão se transpõe para outro lugar em meio à oposição legal: o temor político gira agora em torno da possibilidade de que "transformações do sistema" pudessem acontecer na ponta dos pés e sob a proteção da legalidade ou, pior ainda, na esfera extraparlamentar, fora das hostilidades oficiais transparentes; por isso, mesmo Estados pluripartidários também têm de maneira bem frequente algo em comum com a paranoia política (Efeitos McCarthy).

A empiria negra também conhece a perspectiva inversa. Ela vê minuciosamente os poderosos. Com uma desconfiança com frequência justificada, inverte o princípio da legitimação. Não apenas pergunta: a que princípios, a que direito apela o poder? O que se encontra por trás de seu exercício do poder? O que se acha por trás do véu da legitimação?[130] O motor dessa curiosidade política é um trauma político: ter sido entregue de maneira indefeso à violência "legitimada", mas brutal, dolorosa, opressora dos outros: violência dos pais, violência disciplinar, violência política (militar, policial, executiva), violência sexual. O trauma dá à luz o criticismo. Seu *a priori*: nunca mais ser derrotado; nunca mais aceitar ofensas sem apresentar objeções; nunca mais, se possível, admitir que um poder hegemônico nos violente. Esse criticismo é originariamente aparentado com o cinismo judaico em relação à arrogância dos mais poderosos: eles podem se vangloriar, podem entrar em cena como uma força legítima, no cerne de seu exercício de poder sempre se encontra de qualquer modo a "violência nua e crua", em parte de modo híbrido, em parte de modo hipócrita. Essa crítica tende a arrancar dos poderes dominantes *confissões* de sua violência e imoralidade. Ela se encaminha para uma inversão da polícia e da espionagem: antipolícia, espionagem social, espreita na caverna do leão, desmascaramento dos lobos em pele de cordeiro por parte dos "humilhados e ofendidos". Desde o século XVIII há na Europa uma corrente poderosa de tal empiria crítica do poder, sobretudo sob a forma de uma vigilância literária dos poderosos. Já bem cedo, o Esclarecimento começou a denunciar os humores sexuais divergentes dos déspotas, a acusar em público a inescrupulosidade dos cortesãos e dos ministros, que asseguram suas carreiras, servindo-se do bárbaro princípio do prazer dos dominantes; pensemos no cínico cortesão Marinelli no romance *Emilia Galotti* de Lessing, a obra-prima plástica de uma psicologia

---

130. "Direito como ideologia"; a crítica encontra cernes de violência em alguns fenômenos, que são percebidos em geral sob a ficção da liberdade; no "contrato de casamento" em geral.

SEÇÃO PRINCIPAL LÓGICA

Olaf Gulbransson, *Polícia secreta russa*, 1909.

política alemã no século XVIII. Tal crítica apresenta de fato "verdades nuas e cruas", mostra os detentores do poder em sua feiura, refinamento, egocentrismo, cio, prodigalidade, ausência de consciência moral, irrazão, avidez pelo lucro, desprezo pelo homem, falsidade... O *kynikos* religioso, ascético, lançou anteriormente esse olhar sobre a vida mundana híbrida de seu tempo; em seguida, a inteligência burguesa lançou-o sobre a aristocracia mórbida; mais tarde, a parte moral-agressiva do movimento dos trabalhadores lançou o olhar sobre a "burguesia imperialista balofa"; por fim, o anarquismo e os movimentos autoritários lançaram o olhar pura e simplesmente para o Estado e a avidez pelo poder. É possível mostrar a dinâmica de tais impulsos de pesquisa ainda nas ciências sociais modernas; nelas, governantes e governados, detentores do poder e poderes contrários se observam reciprocamente, a fim de objetivar sua desconfiança política de maneira "racional".

3. *Sexualidade: o inimigo encontra-se dentro-abaixo*

Ao nos depararmos com a palavra Esclarecimento pela primeira vez, essa se mostra regularmente como uma palavra indecente. Em algum momento chegou alguém à ideia de que estaríamos agora suficientemente velhos para experimentarmos o seguinte: a vida provém da foda. Isso veio à tona. Também se pode aproximar disso de maneira tateante e inofensiva, começando de início com a abelha e a florzinha, indo para a gata e o gato, a vaca e o boi, e, por fim, chegando a papai e mamãe, que se amam nesse caso de uma forma muito legal. Silencia-se quanto a isso antes, silencia-se quanto a isso depois. Entre um silêncio e outro há uma lacuna: Esclarecimento.

Onde se vela assim de maneira tão intensa, as coisas ficam ardentemente nuas e cruas sob o véu. "Nu" se encontra entre as palavras que continuam designando sempre algo sexualmente irrequieto; pensemos na atmosfera de bordel, em pele e segredo. Um fato "nu e cru" se assemelha de algum modo a uma mulher sem roupa. O nu é raro, cobiçado e magnético, e continua sendo a exceção, a utopia. A antiga economia sexual baseava-se no jogo velar-desnudar e recusar-atrair; ela criou uma falta e por meio dela gerou um valor. Por isso, é apenas em uma parcela certamente menor que a história das relações sexuais consiste na história do "erotismo"; a parcela maior é coberta pela história das lutas entre os sexos. Por isso, no velamento, também é apenas a parte menor que emerge para o jogo erótico; a parte maior, em contrapartida, é voltada para a luta e para a repressão. Não se pode falar realisticamente de sexualidade sem tratar de hostilidade e polêmica. Em uma sociedade como a nossa, a atração entre os sexos parece desde o princípio ligada às lutas de poder entre o "próprio e o alheio"[131], com duelos em torno do em-cima e do embaixo, com compensações de prazer contra segurança, com compromissos entre

---

131. Esse é o tema preponderante dos escritos de Otto Gross, aluno de Freud que desapareceu durante muito tempo, e tornou-se finalmente acessível na coletânea: Otto Gross, *Von geschlechtlicher Not zur sozialen Katastrophe, mit einem Textanhang von Franz Jung* [Da indigência sexual à catástrofe social, com um texto anexo de Franz Jung], Kurt Kreiler (org.), Frankfurt, 1980, p. 27 et seq. Em particular também: *Über Konflikt und Beziehung* [Sobre conflito e relação], Idem, p. 71 et seq.

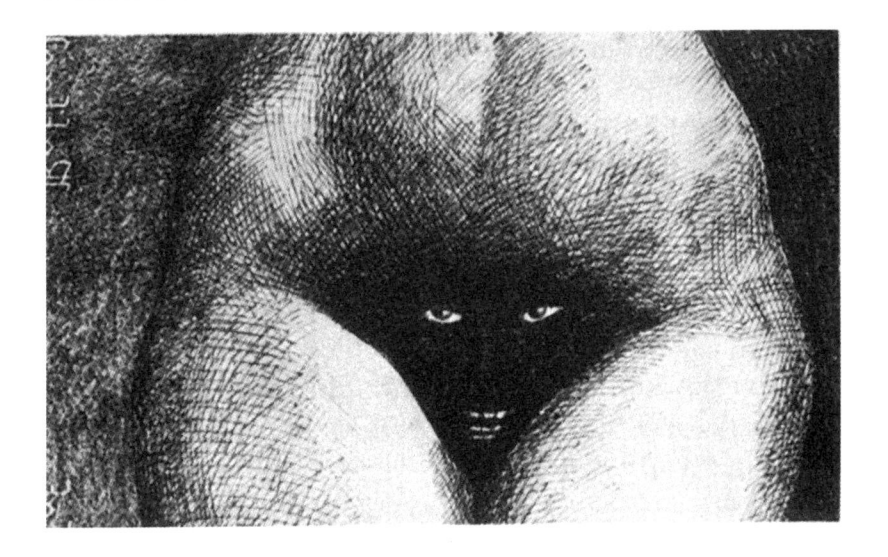

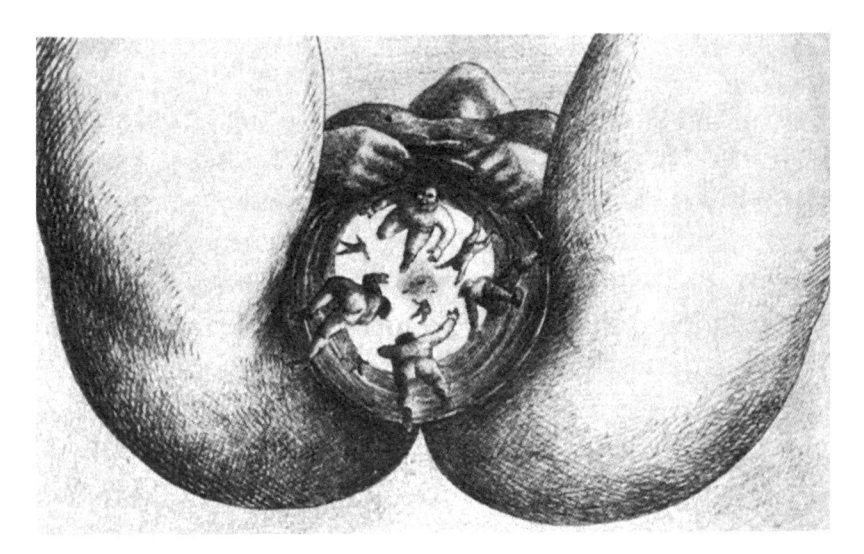

Topor, Vaginas perigosas.

temor e entrega. Entrementes, a palavra relação se tornou praticamente um sinônimo de conflito.

A empiria negra da sexualidade observa seus objetos pelo buraco da fechadura, ávida, temerosa, preocupada. Como os fatos eróticos em seu conjunto foram cobertos pela assim chamada revolução sexual e tratados como perigos e segredos, todo acesso a eles passou a ter, voluntária ou involuntariamente, um caráter conflituoso. Quem buscava uma experiência sexual a encontrou quase como se tivesse encontrado uma aventura militar. Não por acaso, nossa tradição erótica utiliza uma profusão de metáforas de luta — ataque, defesa, cerco, tempestade, conquista, submissão, etc. O corpo sexual, portanto, não era de maneira alguma uma obviedade; como se tornou tão difícil para ele conceber a si mesmo como sorte e felicidade, ele se tornou antes uma maldição e uma desgraça. A pulsão sexual, acumulada na própria pele, transformou-se em torturante "ferrão na pele". Assim, a economia sexual mais antiga legou esse caráter até à nossa puberdade. Sim, esse foi propriamente o tempo, no qual a infelicidade de ter essa pulsão tem início. Ajudou pouco nesse caso o fato de ela ser "esclarecida", pois não há nenhum sentido em fazer algumas coisas segundo o esquema: o pior em síntese. Ser esclarecido significava ter travado conhecimento com um novo inimigo interior. Aprender a lidar com seus estímulos era a oferta estratégica do momento. A sexualidade mostrava-se sob essa perspectiva como uma gigantesca zona de perigo; trata-se do plano sexual, no qual todo o tipo possível de infelicidade pode acontecer com você: a catástrofe de uma gravidez indesejada; a vergonha de uma sedução fora do tempo; a miséria de infecções insidiosas; a humilhação por meio de uma pulsão prematura, desprovida de perspectivas, solitária; o risco de se descobrir como um monstro, que porta em si tendências homossexuais ou perversas em suas vísceras; para não falar da queda na prostituição, etc. Esses riscos aproximavam-se com o começo da maturidade sexual de maneira ameaçadora. Assim, é compreensível que a ideia da *prevenção* não se relacione inicialmente de maneira alguma com a gestação, mas como o contato sexual, com a experiência erótica em geral; abstraindo-se de algumas finezas liberais, essa é a posição católica até hoje — prevenção por omissão. O homem inexperiente, era o que se achava, só muito com muita dificuldade pode chegar a se mostrar suficientemente maduro para enfrentar o perigo sexual. Somente o casamento oferece a proteção necessária, uma vez que guia a sexualidade com todos os seus riscos, colocando-o em trilhos seguros. Nele, o proibido torna-se permitido, a vergonha torna-se um dever, o pecado, necessidade, o risco da gestação, felicidade dos pais.

Não está em debate se esse regime passou completamente. Agora como antes, a sexualidade é vista em nossa civilização em um aspecto primariamente pornográfico — como se sempre houvesse algo a ser espionado, descoberto e comprovado em sua culpabilidade. O nu e cru torna-se símbolo para o bem supremo. Nossos mundos de imagens

Salvador Dalí, *O enigma dos desejos, Ma mère, ma mère, ma mère*, 1928.

pululam de corpos nus, que constroem meio-ambientes florescentes para o *voyeurismo* e para a sensibilidade cerebral da sociedade do desejo capitalista. O nu distante, mas visível, no mundo onde se têm "contatos" sem se tocar, permanece sendo a quintessência do propriamente desejável. Como a sociedade das mercadorias só pode funcionar com base na descorporificação, seus membros são devorados pela fome por imagens corporais, inclusive a imagem do próprio corpo. Tem-se com frequência a impressão de que as imagens já estão entre si, à busca de uma imagem oposta, que complete a própria imagem. Só em grupos marginais e em partes da inteligência vive ainda um tipo de homens que se sabem diversos das imagens — um saber que não raramente é pago com indisposições, depressões e neuroses relativas à questão sobre quem sou eu.

A busca por imagens e a empiria sexual negra não precisariam cessar de uma vez, tão logo os encobrimentos fossem suspensos e a prevenção da experiência sexual em geral tivesse terminado? De fato, proibição e velamento são motores de mecanismos de desejo que sempre aspiram aquilo que é dado a outrem. Nudismo e promiscuidade sexual possuem ambos um componente subversivo digno de investigação. Eles destroem os bastidores nos quais se movimentam os desejos em sua aparição. Onde todos se desarmam desde o princípio, se seduzem e se tornam acessíveis, as fantasias geradoras de desejos ligadas à interdição, à obscuridade e às metas distantes correm no vazio. Quem experimentou tais circulações no vazio vivencia, de qualquer maneira, se não propriamente a liberdade, um crescimento de possibilidades, entre as quais a liberdade pode escolher. Na medida em que segue o rastro de sua função desejante, alguém pode se reconhecer no papel do produtor de seus desejos; não são os objetos que são responsáveis pelo desejo que lhe é dirigido, mas o desejar pinta os objetos com sua nostalgia, como se eles fossem não eles mesmos, mas ao mesmo tempo o outro distante, que inflama os desejos.

4. *Medicina e suspeição corporal*

Mesmo o médico, pelo menos o médico marcado pela medicina moderna científico-natural, exerce uma atividade de um tipo polêmico: o que é praticado sob oponto de vista positivo como "medicina" vem à tona em uma perspectiva pragmática como *combate* às doenças. Curar (totalizar) e combater são dois aspectos da mesma coisa.[132] Enquanto, porém, o corpo nu é para o *voyeur* a imagem buscada, o médico parte hoje do corpo nu, a fim de descobrir em seu *interior* as fontes de perigos. As analogias entre a diagnóstica médica moderna e as maquinações dos serviços secretos saltam (até o nível do detalhe linguístico) fortemente aos olhos; o médico empreende em certa medida uma espionagem somática. O corpo é o portador secreto, vigiado por o tempo necessário para que se conheça tanto as suas circunstâncias internas quanto as "medidas" a serem tomadas. Como na diplomacia secreta e na espionagem, na medicina também se "sonda", se ausculta e se observa muito. "Faz-se entrar clandestinamente" nos corpos aparelhos auxiliares médicos tais como agentes, sondas, câmeras, peças de junção, cateteres, lâmpadas e canalizações. Em meio a auscultações, o médico observa o corpo como alguém que escuta com o ouvido colado à parede. Reflexos são anotados, segredos (*secrets*) são arrancados, tensões medidas, valores orgânicos enumerados. Enunciados

---

132. Poder-se-ia imaginar com certeza uma tipologia médica, que avaliasse esses aspectos de maneira fortemente recíproca: medicina de integração, que *não* trata a doença como inimiga do doente; medicina de combate, que se relaciona com a doença exclusivamente como com um adversário.

quantitativos, seja por meio de números de produção, contingente de tropas, valores urinários ou pontos de diabete são avaliados aqui e ali de maneira particular por causa de sua "objetividade material". Para o médico, assim como para o agente, também não resta com frequência outro caminho senão revolver em secreções e dejetos[133], porque as investigações precisam acontecer regularmente de maneira indireta, sem perturbar o funcionamento normal do corpo ou da corporeidade espreitada. Só métodos refinados e com frequência também famigerados levam a elucidações sobre os âmbitos secretos e difíceis de serem penetrados. Com certeza, o estar à espreita mais recente da interioridade do corpo não se atemoriza e dá cada vez menos passos atrás diante dos impulsos diretos e agressivos; por vezes, apaga-se o limite entre diagnóstico e intervenção: matérias-primas estranhas são infiltradas sub-repticiamente no corpo. Em meio a essas espreitas e radioscopias do corpo, não são apenas as entradas e saídas naturais que auxiliam como açudes. Com frequência, o corpo é até mesmo cortado diretamente e o cofre, esvaziado, desnudado. E assim como os agentes, os médicos também projetam uma grande ambição na decodificação de suas informações, para que o "objeto" não saiba o que se sabe sobre ele. O blefe erudito e a dissimulação visada por "razões terapêuticas" cindem mutuamente o saber médico e a consciência dos pacientes. A codificação e a manutenção do segredo caracterizam o estilo médico próprio ao serviço secreto; os dois exercem formalmente práticas de *intelligence* análogas.

Se as comparações entre a ótica médica e a ótica própria ao serviço secreto se impõem para a medicina diagnóstica, então analogias polêmicas ainda mais claras se encontram vigentes no caso da medicina operativa. A cirurgia tem em comum com o militarismo o conceito de "operação"; por outro lado, conceitos como o de corpos estranhos, bubões, focos purulentos, envenenamento, podridão, etc. estabelecem uma ponte entre os mundos da representação da medicina e da polícia. O combate aos crimes usa há muito tempo um jargão médico. O mal, que encontra na medicina, na polícia e no exército os seus combatentes, não aparece apenas nas diversas manifestações de doença, criminalidade e adversários de guerra, mas essas manifestações também podem facilmente se transformar passando de uma forma a outra. Isso também coloca as disciplinas "teóricas" polêmicas — ciências de guerra,

---

133. Uma *lata de lixo* não desempenhava um papel no início do caso Dreyfus?

serviços de notícias, polícias, medicina[134] — umas em relação às outras, em uma proximidade parcialmente material, e ainda mais metodológica. Todas elas seguem a lógica da desconfiança, que impele à frente a formação de estratégias e de um saber inimigo prático e teórico. Mesmo a medicina moderna é, mais ainda do que qualquer uma de suas antecessoras, uma empiria negra. Ela finca pé na condição *a priori*, segundo a qual entre o sujeito e sua doença não poderia existir nenhuma outra relação senão a de inimizade; "ajudar" o sujeito significa, por conseguinte, auxiliá-lo a alcançar uma vitória sobre o agressor "doença". A doença aparece a partir dessa ótica de hostilização necessariamente como uma invasão, e é por si mesmo compreensível o fato de não haver com ela nenhuma outra lida senão a lida polêmica, defensiva e agressiva — não uma lida integrante ou compreensiva. A representação a partir da qual a doença — como toda e qualquer hostilização — também poderia ser uma autoexpressão originária e, em certo sentido, "verdadeira" do "sujeito", é excluída a partir do ponto de partida do procedimento médico moderno. Na práxis, é mal vista a ideia de que a doença, em um dado tempo, poderia ser uma relação necessária e verdadeira de um indivíduo consigo mesmo e uma expressão de sua existência. A doença precisa ser pensada como o outro e o estranho, e esse elemento polemicamente alijado é tratado pela medicina com isolamento e objetivação, de maneira em nada diversa da que os órgãos de segurança interna tratam os suspeitos e as instâncias de interdição moral tratam as pulsões sexuais.

A medicina de uma sociedade latentemente paranoica no fundo pensa o corpo como um risco de subversão. Nele, o risco de doença faz tique-taque como uma bomba-relógio; é suspeito como o assassino presuntivamente futuro da pessoa que mora nele. O corpo é meu autor de um atentado. Se na época das primeiras assepsias, os bacilos e vírus, de maneira demoniacamente ultraestilizada, se tornaram o símbolo para tudo aquilo que desperta o mal — até um ponto em que políticos passaram a identificar seus adversários como bacilos (a retórica fascista, de maneira semelhante à comunista, nos fornece exemplos disso: uma profusão de bacilos judaicos, marcados por raças estrangeiras, revisionistas, anarquistas, decompositores), hoje, na era da segunda assepsia, não é apenas o "corpo estranho" (o agente patogênico), mas também o próprio corpo que é concebido como

---

134. Attali, levando adiante as análises de Foucault, afirma que uma grande parte da história social mais recente da medicina, particularmente dos séculos XVII e XVIII, não é dominada pelos médicos, mas pelos policiais; uma grande parte do sofrimento não é curado, mas internalizado. Cf. *L'Ordre cannibale*, Paris, 1979.

um inimigo presuntivo. Como ele *poderia* se tornar doente, ele é a criança problemática da segurança interior. Essa suspeita cria o corpo "medicinal" — ou seja, o corpo como campo de batalha da medicina preventiva e operativa. Segundo alguns estatísticos, a maior parte de todas as intervenções cirúrgicas é constituída por operações preventivas e de segurança, por medidas nascidas da desconfiança, cujo caráter supérfluo é velado por meio do alívio oriundo do fato de os receios não terem se confirmado. Podemos denominar esse procedimento de pessimismo metódico. O segredo de seu *procedere* reside no fato de ele com uma das mãos pintar na parede o diabo e com a outra operá-lo. Assim como todos os sistemas de segurança, tais medidas de precaução também vivem da expansão do âmbito do temor. Se podemos dizer que as sociedades manifestam em suas medicinas os seus sentimentos vitais, então a nossa sociedade revela: a vida é perigosa demais para que possamos vivê-la. Por outro lado, porém, ela é deliciosa demais, para que a joguemos fora. Entre a delícia e o perigo, busca-se o meio-termo seguro. Quanto mais, por um lado, a vida se assegura, tanto mais por outro lado ela é virtualizada, expulsa e alijada; transforma-se em mero potencial, que não quer se colocar em jogo e se concretizar, pois a entrada em ação não pode acontecer sem risco. A medicina preventiva, operativa, protética e sedativa mantém diante de nossa sociedade o espelho: nele se apresentam, sob uma forma modernizada, mas impelindo-nos arcaicamente, os temores existenciais de uma civilização, na qual todos precisam temer, seja de uma maneira patente ou em segredo, a morte violenta.

Esses temores se reorganizaram com o esmaecimento[135] da metafísica europeia cristã. Com isso, a existência é coberta por ideologias de seguridade e de sanitarismo, e, assim como pensamento policial e a higiene passaram suavemente um para o lado do outro, o chefe da sessão de polícia judiciária, Dr. Herold, expressou algo digno de reflexão, ao ver surgirem para a polícia do futuro tarefas de "sanitarismo social".[136] A ideia sanitária não significava outra coisa senão reverência e prevenção. Por detrás da vontade iluminista de saber descobrimos, portanto, sempre ainda, sim, em formas refinadamente desencadeadas, temores arcaicos de contato e desejos

---

135. Na discussão sobre o niilismo, que gosta de se servir de um vocabulário cru, fala-se antes de "colapso", de "queda" da metafísica; acredito que essas imagens não tocam na coisa mesma, ao menos não mais. Metafísicas não "caem", mas amarelecem, se veem infiltradas, estagnadas, tornam-se entediantes, enfadonhas, desimportantes e improváveis.

136. Quanto a esse ponto, é possível encontrar reflexões prévias fascinantes no policial chefe do guilhermismo, Wilhelm Stieber. Ele já praticou conscientemente um saneamento municipal policial, por exemplo, no quesito prostituição, dissimulação entre outros.

Michael von Zichy (1827-1906).

de eliminação. Eles dão para as disciplinas polêmicas a energia necessária acumularão acúmulo de saberes e práticas para a finalidade aspirada. Prognóstico científico e prevenção polêmica encontram-se, no que concerne à coisa em questão, na mesma linha. Impedir, evitar, alijar, combater: são esses os *a prioris* pragmáticos das polêmicas ciências preventivas. Neles se organizou o esclarecimento completamente como um saber combativo.

Exprimir isso significa ao mesmo tempo descrever a tarefa de uma filosofia interpretativa, a saber, retornar a um ponto que se encontra aquém do ponto de partida polêmico dessas disciplinas e "ciências", descobrindo a lógica da hostilização. Em meio a esse retorno vêm à tona os temores e os empenhos volitivos, que se acham antes da hostilização e da prevenção: trata-se dos motivos cegos da autoconservação.

5. *O nada e a metafísica da autoconservação nua e crua*

Todas as primeiras hostilidades são dedutíveis do afastamento da morte em relação à vida. Uma vez que nenhum pensamento moderno, pós-metafísico, cientificista, é capaz de conceber uma morte como a sua *própria*, resultam daí dois posicionamentos evidentemente universais: a morte não pertence à vida, mas se mostra como irreconciliável com ela, e, sim, mais ainda, ela se acha perante a vida como uma aniquilação absoluta e sem qualquer conexão com ela; e, como não há nenhuma morte, para a qual possa dizer que ela é a "minha", o pensamento na morte própria, que permanece pensável como morte objetiva, continua sendo a morte do outro. Ou seja, "viva e deixe morrer" (*live and let die*), tal como temos o título de um filme de James Bond. De acordo com essa regra geral — o cinismo de agente secreto também goza da liberdade de expressá-la abertamente —, o *a priori* da autoconservação funciona. Como o sujeito moderno não pode pensar na "própria morte" por razões psicológicas, ideológicas e metafísicas (a filosofia de Heidegger parece se mostrar, em contrapartida, como um corretivo impotente em relação a esse ponto), ele cai sob o peso da lei de que é preciso evitar a morte literalmente com *todos* os meios. Em certo aspecto, todos os meios são meios para não morrer. Consequentemente, obtém-se a partir daí um instrumentalismo total[137], que engole tudo o que não se revela como o eu e que gostaria de sobreviver. Esse instrumentalismo fornece a base técnico-lógica para o cinismo dominante moderno da "razão instrumental" (Horkheimer). Se o sujeito é *a priori* aquilo que não pode morrer, então ele transforma rigorosamente o mundo em areal de suas lutas por sobrevivência. O que me impede é o meu inimigo; quem é meu inimigo precisa ser impedido de me impedir. Em última instância, essa vontade de prevenção significa a prontidão para aniquilar o outro homem ou "o outro". Em meio à alternativa "nós ou eles", a escolha cai imediatamente sobre a morte dos outros, uma vez que ela é, no caso conflitante, a condição significativa, necessária e suficiente de minha sobrevivência.

O não poder morrer submete o mundo, tanto em seus âmbitos visíveis quanto invisíveis, a uma transformação radical. Se o mundo se torna por um lado o palco do espetáculo das lutas humanas por autoconservação, ao mesmo tempo ele se trivializa e se transforma em bastidor material, por

---

137. Conferir quanto a isso no Gabinete dos Cínicos os capítulos sobre o Grande Inquisidor de Dostoiévski e sobre o impessoal de Heidegger.

trás do qual não é possível supor senão a presença do assim chamado nada. O que constituía outrora o saber do sacerdote, do xamã e do místico — intelecções e perspectivas do que se encontra para além daqui, na esfera dos espíritos, dos anjos, dos demônios, das potências, dos deuses — torna-se agora impossível; e isso já pelo fato de não podermos mais assumir nenhum posicionamento ao qual estivesse subordinado um tal além de seres plenos.[138] Somente um eu que pode "morrer" e ultrapassar a si mesmo, somente um eu que se experimenta como ser no interior de um cosmos metafísico ampliado, estaria efetivamente em condições de se comunicar com os espaços e ocorrências além da morte, do corpo empírico e do entendimento cotidiano. Todavia, o eu da autoconservação moderna, que gera a si mesmo por meio de desconfiança, crítica, racionalidade e controle (por meio de universalidade), se define desde o início contra tal "trânsito" individual metafísico, contra voos espirituais, viagens noturnas e transgressões de limites. O eu a-metafísico anuncia-se, em verdade, cognitivamente, na medida em que comprova (kantianamente) o fato de que e o até que ponto nós não podemos falar nada sobre tais coisas. Não obstante, exatamente por meio disso, ele cai em uma autoexpansão explosiva, porque se encontra contraposto por essa negação ao universo de maneira absolutamente solitária. Somente com isso, o moderno eu da autoconservação e do saber conquista formato mundial. Eu e mundo tornam-se idênticos em termos de extensão; onde se afirma um mundo, o eu preciso ser indicado, o eu que tem o mundo como o seu objeto.

É somente com o eu não metafísico que o diagnóstico nietzschiano da "vontade de poder" se confirma, não antes disso. Pois o sujeito do saber moderno é explicitamente gigantomaníaco — não no sentido de uma confusão e de uma superestimação individual, mas no sentido de um projeto coletivo, ontologicamente real de uma práxis (técnica). Aquilo que foi produzido pelas ciências naturais e técnicas modernas aponta para as realizações palpáveis de ideias que outrora só eram possíveis como ideias mágicas, metafísicas ou ocultas; voos para o espaço, mergulhos no mar profundo, tráfego mundial, telecomunicação, robótica, máquinas pensantes, a poção encantada do rejuvenescimento, genética, psicofarmacologia, energia nuclear, recepção de raios vindos do universo, etc. Tudo isso

---

138. Só se tem a escolha entre dois tipos de além, um vazio (niilismo) e um cheio (espiritismo).

se mostra como condensados da metafísica mais antiga que, contudo, só se tornam efetivamente reais por meio de sua retração e por meio da anulação de seu rastro psíquico mais importante: a anulação da consciência de "minha" mortalidade, que me coloca inexoravelmente em ligação com o oculto e com o além. A morte, no entanto, não é para o pensamento moderno a porta para algum lugar, mas antes uma pura quebra, um lugar de costura entre ser e nada, não entre aquém e além. Desde a desintegração da morte, tudo que é um não-eu precisa se transformar potencialmente em uma realidade efetiva hostil, e as disciplinas polêmicas são convocadas a voltá-la de maneira controladora para o corpo. Desde que o homem não conseguiu mais se pensar como parceiro de um além, obscureceu-se sua visão do mundo dado. Todo e qualquer tipo de *dotação* de sentido precisou se mostrar por si mesma de maneira mais sombria — por isso, o choque niilista, quando se reconhece que não *há* nenhum sentido, mas nós é que *imaginamos* um sentido e, então, o "consumimos" por nós mesmos. Se as coisas chegaram a esse ponto, então a última conclusão da sabedoria, em meio ao sem-sentido, parece ser a autoconservação cega.

Todavia, isso não basta. No momento em que imagens tradicionais da transcendência foram apagadas, brotaram do solo, em meio ao processo do Esclarecimento, cem *transcendências substitutivas*, e todas essas transcendências juntas não significavam, de maneira alguma, como Gundolf falou dos espiritistas, um mero ato de "pescar no além". O conceito de uma transcendência substitutiva poderia fundamentar uma fenomenologia da modernidade e organizar inúmeras aparições em contextos assombrosos: o *inconsciente* como um além imanente individual e coletivo; a *história* como esfera das origens obscuras, do futuro claro, da riqueza perdida ou da profusão prometida, como aquilo que nos dá e ao mesmo tempo toma a nossa identidade; a *viagem espacial* como psicodélica infantil-tecnológica e militar; o *erotismo* como o labirinto, no qual os "eus" buscam os vocês, para os quais eles poderiam "passar"; as *drogas* como rompimentos com a continuidade banal e como viagens para mundos internos e externos; as *artes* como as disciplinas, nas quais os sujeitos podem ser elevados criativamente ao nível de algo que "ainda não" eram, das figuras, das fantasias e expressões; o *esporte de competição* como tentativa de suspender os limites cotidianos de uma realização e de um movimento corporal; o *turismo* como ampliação do mundo da experiência, etc.

Ao lado de tais transformações da transcendência — poder-se-ia dizer: em uma humanidade ampliada — na modernidade também tem lugar, porém, uma vingança formal do oculto. Justamente porque, no conceito de mundo do Esclarecimento, não foi deixado nenhum espaço livre para o além (isto é, justamente porque não há nenhum enigma, mas apenas "problemas", nenhum mistério, mas apenas "questões formuladas de maneira falsa"), a consciência, deixada na mão, buscou mil caminhos escondidos em meio à obscuridade. O ocultismo que entra em cena seriamente é um típico produto do Esclarecimento, e seus representantes são paródias do cientista, que tentam defender contra o mundo cético o além que para eles é um fato certo, e isso com os meios justamente do ceticismo científico, que só faz valer fatos. Isso não pode naturalmente terminar bem. No entanto, a tentativa de uma tal defesa demonstra ao menos um ímpeto talvez até mesmo bastante justificado. Com demasiada frequência, o ocultismo é a legítima defesa, dissimulada e desprovida de humor, do sentido metafísico em relação às suposições de uma ontologia materialista de bastidores e de uma repressão da própria "morte" em favor de um eu falsamente ampliado e falsamente modesto: metafísica negra, trânsito de fronteiras entre a galáxia psicológica e a espiritual, empiria negra no além da empiria. Pode-se pressupor que essas tendências neomíticas crescerão. São elas propriamente que desafiam hoje aquilo que a tradição denominou Esclarecimento. O Esclarecimento precisa ser esclarecido quanto àquilo que ele erige. Aos seus "processos de aprendizado" triunfais se seguem processos de desaprendizado catastróficos como uma sombra.[139] Como o Esclarecimento, com seu direcionamento irresistivelmente antimetafísico do impulso, conduziu a uma separação polêmica da morte na primeira pessoa, seria preciso junto a ele hoje entrar na escola do adversário e aprender aquilo que se encontra em jogo, quando os viventes se experimentam em ligação com "poderes" que impelem sua essência para além do eu, que é estreito e, ao mesmo tempo, insuflado a um domínio mundial.

---

139. E sempre uma vez mais, quando achamos que estaríamos meditando de uma maneira nova sobre "experiências novas", descobrimos que a meditação *kynikē* esteve presente antes de nós. Diógenes Laércio (VI, 7) nos apresenta um relato sobre o primeiro *kynikos*, Antístenes: "À pergunta sobre o que seria mais necessário que se aprendesse, ele retrucou: se curvar ante o *desaprender.*"

6. *Espionagem da natureza, lógica de artilharia e metalurgia política*

> Priorizamos na Europa os metais e nossas artes metálicas foram elevadas ao máximo. Transformamos primeiro ferro em aço e cobre em latão; inventamos o processo de passagem do ferro para o estanho e descobrimos muitas outras ciências úteis, de tal modo que, com isso, nossos artistas se tornaram mestres na química nobre e nos minerais de todo o mundo...
> G. W. Leibniz, *Advertência aos alemães para exercitar melhor seu entendimento e sua linguagem...*

Se se chega a descobrir algum dia uma declaração de inimizade latente ou aberta do cognoscente contra os objetos, em inúmeras ciências, ou melhor, em inúmeras disciplinas do saber, então os conceitos da teoria do conhecimento tradicional — *sujeito*, *objeto* — aparecem sob uma nova iluminação. Sujeito designa o submetido; em outras línguas, por isso, ele é o homônimo de *súdito* (*sujet*, *subject*); na retórica, o *tema*, na linguagem policial, o *suspeito*. Se esse *sujeito* ascende, então, ao ponto central das teorias do conhecimento modernas, então não se trata de uma mera alteração vocabular. O que se encontra por trás disso é uma revolução legítima. A subjetividade aspira à soberania, e o submetido quer submeter o que ele poderia submeter. Observamos uma inversão completa — também com vistas à suspeita: o suspeito (sujeito) torna-se o suspeitado. O submetido submete o mundo circundante e o transforma em uma quintessência de "dados", de dações — dado para quem? Para o sujeito disponibilizador. Os dados se lhes entregam nas mãos, sem que ele precise se devolver para eles. A partir do submetido, o regente se eleva sobre o dado.

Essa inversão, cuja forma latente é com certeza relativamente antiga, e a forma moderna, um fenômeno moderno, constitui o *a priori* da polêmica transcendental. A guerra entre os sujeitos, que se transformam respectivamente um ao outro em objeto, em adversário ou em coisa, gera pela primeira vez o pano de fundo para a objetividade polêmica das disciplinas "científicas" iluministas. A coisa, que se encontra *contraposta* a mim, transforma-se em objeto. Cada objeto, caso o tomemos como um em-si, é um rebelde em potencial, um contra-eu ou um meio ofensivo na luta contra mim, exatamente como o eu só se torna sujeito, no sentido filosófico, à medida que se assume como aquele que se rebela contra o que me subjuga. Na vontade de saber, tocam-se sempre interesses, que não se esgotam no saber enquanto tal, mas que servem ao armamento dos sujeitos contra os objetos. "Saber objetivo" nesse sentido possui um caráter *armamentista*: o conceito de arma se mostra para mim em uma posição hierárquica mais elevada do que o conceito de instrumento; por isso, uma mera crítica da razão instrumental não apreende suficientemente o âmbito do polêmico.

Tudo isso deve ser válido também para as ciências-padrão da racionalidade moderna, para as ciências naturais? É possível defender, afinal, a afirmação de que essas ciências consideravam a natureza, seu objeto, primariamente de uma maneira hostil e hostil-neutra? Justamente nas ciências naturais, e, com ainda maior razão, na axiomática biológica e física, parece predominar, tanto hoje como ontem, uma autocompreensão relativamente "pacífica". Todavia, as aparências enganam. Em verdade, todas as ciências possuem também uma asa contemplativa, mas não é com ela que encetam voo. O que as desperta para a vida são imperativos da práxis — da concorrência da produção, da política, da guerra. Entre as realizações filosóficas da ecologia está a demonstração de que, sem levar em conta como elas se compreendem, as ciências naturais modernas, enquanto ciências fundamentais da técnica industrial, estão enredadas em um processo que, fazendo jus aos fatos, agora só pode ser designado como guerra de exploração e de aniquilação das civilizações avançadas contra a biosfera. De resto, foi um filósofo judeu alemão, Theodor Lessing, cujo efetividade — se é que se pode falar de algo desse gênero — se deu durante a época da República de Weimar, que criou as bases para uma crítica ecológico-filosófica da indústria de consumo.[140] Até o topo, na teoria do conhecimento, é possível seguir os rastros do superanimal de rapina: olhar do vitimador, vagueia tanto através da natureza orgânica quanto da inorgânica. Percebe-se hoje cada vez mais o quão vãs são todas essas tentativas de neutralizar, uma vez mais contemplativamente, os resultados da pesquisa da natureza, como se eles fossem conquistados para apoiar uma "imagem de mundo científico-natural". São claras demais as complicações políticas, econômicas e militares das ciências naturais. Elas formavam a patrulha de reconhecimento que nossa civilização ávida por

---

140. Theodor Lessing, *Untergang der Erde am Geist (Europa und Asien)* [O caso da terra em termos de espírito — Europa e Ásia], Hannover, 1924. Trata-se de uma síntese de dois livros anteriores do autor: *Europa und Asien* [Europa e Ásia] e *Die verfluchte Kultur* [A cultura maldita], 1921. Em particular o capítulo 11: "Der sterbende Pan" [O pan moribundo]. O fato de esse livro significativo, apesar de todas as peculiaridades, ter sido mal compreendido de maneira tão tosca como sendo irracionalista faz parte da traumática história da recepção de Lessing.

conquista enviou para os mundos anteriormente fechados das verdades naturais. Aquilo que essa tropa de reconhecimento e esses pioneiros das ciências naturais investigaram e inventaram traz à tona a soma daquilo que ameaça, em seu conjunto, a consistência do objeto de pesquisa natureza.

Será que falo assim apenas metaforicamente? De maneira alguma. Gostaria de apresentar o caráter polêmico de uma empiria científico-natural junto ao "objeto" terra, para o qual todas as ciências naturais, inclusive a astronomia, efetivamente remetem e que permanece a quintessência de nossos "interesses pela natureza". É possível expor de maneira relativamente simples como as "ciências da terra" foram impelidas por interesses prático-polêmicos. A saber, a observação das superfícies terrestres, assim como a sondagem do interior da terra obedecem em muitos casos a interesses políticos e militares: a geografia está subordinada anteriormente ao âmbito da estratégia e da arte de dominação, e a geologia, ao âmbito da tecnologia de armamentos.

O primeiro acúmulo de um saber geográfico ocorre certamente nas cabeças dos monarcas, dos conquistadores e dos generais — apesar de não precisarem ser necessariamente os portadores do trabalho empírico de "pesquisa". Como sujeitos políticos violentos, contudo, eles têm interesse em reunir consigo o geossaber de outros homens, sejam eles caçadores, comerciantes ou filósofos. A unidade constituída entre o comerciante, o cliente e o espião é há muito conhecida. Bem no início da tradição europeia da geografia, encontramos um episódio digno de reflexão. A respeito do filósofo da natureza milesiano Anaximandro nos foi legada pela tradição a história de que, por volta do ano 500 a.C. (um pouco antes do começo do levante jônico e antes da entrada da Grécia nos anos decisivos da guerra contra a Pérsia), ele teria construído uma "escultura filosófica" (Nebel): "Uma placa de ferro... na qual foram inseridos toda a esfera terrestre, todos os mares e rios" (Heródoto). O tirano de Mileto levou consigo esse modelo terrestre aos espartanos por ocasião de uma visita, na qual queria solicitar o apoio bélico da cidade-Estado do Peloponeso. "Foi só o mapa que permitiu aos espartanos perceber outrora a grandeza e os meios do império persa, tomando consciência de seu caráter minúsculo e assim afastando-se da guerra."[141] Já no primeiro instante, a fagulha entre

---

141. Cf. Gerhard Nebel, *Die Geburt der Philosophie* [O nascimento da filosofia], Stuttgart, 1967, pp. 37-38.

geografia e cálculo estratégico já tinha saltado, e se cabe ao filósofo dessa vez uma vantagem cognitiva ante o estrategista, então essa relação logo se inverterá; o geossaber estará junto aos reis e aos generais, e só muito pouco junto aos filósofos. Os itinerários imperiais medievais (livros de viagens dos monarcas) mostram como outrora o "eu político" de um sistema, isto é, seu dominador, precisava estar literalmente "à procura de seus súditos"; em tempos pré-centrais, todos os membros dispersos de um espaço político não olhavam para um meio de poder soberano inequivocamente localizado ("capital", residência, castelo absolutista à moda do Escorial, do Louvre ou de Versalhes); como um membro móvel do sistema, o soberano precisava fazer valer seu poder por meio da presença nos diversos lugares. Somente com a construção posterior de sistemas de representação com gabinetes administrativos e polícias torna-se possível uma violência central sedentária, que torna transparente o espaço político, o "território" público para olhares e medidas administrativas.[142] O interesse político-militar institui um foco, no qual "conhecimentos" geográficos, etnográficos, demográficos podem se unir em um tesouro do saber. Sob presságios imperialistas (descoberta, conquista, ação missionária, colonização, comércio mundial), a geografia moderna assume sobre si, por fim, o interesse geral nas camadas culturais dos Estados civilizados capitalistas. Com isso, ela apenas dá prosseguimento de maneira ainda mais intensa à antiga perspectiva estratégica. De resto, é o acaso da guerra que institui pela primeira vez um novo interesse pelo conhecimento. Por falta de trabalhos prévios próprios, passíveis de serem utilizados, a marinha dos Estados Unidos, antes do desembarque das tropas americanas no Norte da África, precisou procurar em meio à população civil fotos privadas, filmes de férias ou conhecimentos individuais sobre a natureza da costa.[143] Na era dos satélites estratégicos e da informática militar, tais métodos arcaicos se tornaram supérfluos.

No que diz respeito à sondagem interna da terra, seu ápice é constituído pela *metalurgia*. No "ventre da terra" repousam os minérios, com frequência duplamente inacessíveis por meio da profundeza dos depósitos

---

142. Estímulos para uma história do olhar político podem ser encontrados em Erik Grawert-May, *Zur Geschichte von Polizei und Liebekunst. Verusch einer anderen Geschichte des Auges* [Para a história da arte policial e da arte de amar. Tentativa de uma outra história do olhar], Tübingen, 1980.
143. Essa pequena história faz parte da pré-história do surgimento do serviço secreto americano moderno.

e das difíceis fixações nas rochas. Por detrás da descoberta, da disponibilização e da difusão desses materiais espinhosos precisou haver um interesse verdadeiramente descomunal, assim como um valor de uso predominante, que compensasse os esforços do trabalho no metal. A metalurgia constitui a ciência técnica central da história da guerra; com bronze e ferro começa a fase quente da evolução cultural, assim como a escalada da arte das armas e da guerra. Com a irrupção da era da artilharia, a metalurgia alcança finalmente os seus últimos desdobramentos exagerados. No que diz respeito à coisa em si, todos os gêneros de armas e sistemas de luta modernos decisivos — unidades de tanques, força aérea, base de mísseis, sistemas de apoio marítimo — não passam de excrescências do modo como a artilharia faz uso de metais e explosivos: sistemas de artilharia flutuantes, aéreos, móveis.[144] Uma teoria política do saber acerca do metal pode demonstrar a conexão originária entre essa ciência central e a polêmica. O saber sobre a natureza e sobre a guerra estão ligados mutuamente por uma cadeia pragmática de interesses. Antes de as armas de ferro terem sido empregadas contra um inimigo, uma campanha militar precisou ter ocorrido contra a crosta terrestre, um processo penoso e perigoso, dotado de muitos elos. Depósitos precisam ser escavados; os minérios precisam ser processados; as partes transportadas para a fundição precisam ser refundidas; transformam-se sob a violência do fogo em algo fluido; as substâncias se separam, são endurecidas por novas ligas, misturas, resfriamentos, uma vez mais são inflamadas, forjadas, formadas, lapidadas. Somente a vontade bélica está em condições de submeter substâncias naturais a transformações de uma violência sem par, tal como a que é exigida pela técnica de fundição e de forja. Na metalurgia, o homem que pensa na guerra abre o seu grande ataque contra as estruturas previamente encontradas da matéria; o que ele inflige aos metais não é outra coisa senão uma antecipação daquilo que ele infligirá com os metais ao inimigo. Se a "Era do ferro" (Ovídio) começa com o despontar da guerra, representada em espada e lança, isto é, nas armas metálicas de golpear e perfurar, então a época anterior ao advento das armas de *fogo* é de qualquer modo a era de ouro da guerra. Com a artilharia, por sua vez, realiza-se na civilização algo assim como uma segunda invenção do fogo. Todavia, não se trata do fogo solar prometeico de outrora, mas de um

---

144. *De re metallica* (Georgius Agricola, 1556) seria um bom título para uma história social e da ciência das civilizações do metal. *Res publica*: o Estado; *res metallica*: a guerra.

moderno fogo vulcânico do submundo. À invenção da artilharia *grosso modo* corresponde o desenvolvimento da violência política central e a perspectiva espacial no começo da modernidade. Pela primeira vez, ela permite uma "dominação" do adversário a distância. E aqui se funda o seu parentesco funcional com a administração moderna e com a vigilância. Há uma correspondência entre o olhar do soberano e as resoluções de uma administração central.[145]

Desde a Revolução Industrial, que se irradiou a partir das regiões mineradoras inglesas, a metalização da sociedade ganhou uma vez mais novas dimensões. Ao mesmo tempo, a espionagem do interior da terra avançou retroativamente. A partir desse momento surgem minas gigantescas, que se agarram de maneira devoradora, descendo até as profundezas mais negras das vísceras da terra. Mineiros transformam-se em exércitos fantasmas da civilização industrial — exploradores explorados; os trabalhadores das siderúrgicas avançaram e se tornaram a tropa de elite do ataque capitalista à crosta "avarenta" da terra. Por fim, a forma econômica moderna capitalizou todos os tesouros do solo e, com invasões que acontecem milhões de vezes, com perfurações e extrações, levou adiante a guerra mineralógica contra a crosta terrestre, a fim de incinerar os tesouros levantados ou processá-los, transformando-os em aparelhos ou sistemas armamentistas. Diariamente são pronunciados pelas civilizações industrias penas de morte contra muitos milhões de seres vivos e contra milhões de toneladas de substâncias. Neles se consuma a relação dominador-roubo que é própria das culturas ocidentais em sua ligação com a terra.

Precisamos tomar cuidado para não considerarmos a tecnologia nuclear de nossos dias como um fenômeno excepcional. Em verdade, ela não é outra coisa senão o prosseguimento consequente do ataque mineralógico-metalúrgico às estruturas existentes da matéria, a mais pura elevação da teoria polêmica. Não há aqui *nenhuma* descontinuidade. O quadro polêmico-transcendental de nossa técnica abarca tanto a espada de bronze, quanto a bomba de nêutron. Em todo caso, a passagem da época do metal para a época nuclear significa um novo nível tecnológico no interior da estrutura polêmica e uma nova ordem de grandeza para os meios de combate que visam à autoconservação. Para manter a

---

145. É possível pensar em ligações encantadoras entre balística, administração, diplomacia, sistema de mensagens (antecessores dos correios) e gráfica: funções telecausais que formam um novo ego.

sua guerra contra o outro, os eus da concorrência e da pesquisa modernas se apossaram das formas de construção e das fontes de energia da matéria até aqui mais secretas, sim, eles ultrapassaram, indo além da explosão das jazidas naturais (minérios, etc.), até mesmo o umbral das estruturas substanciais naturais, a fim de alcançar o espaço em que as forças cósmicas até aqui mais enigmáticas estavam associadas. Mesmo no nível nuclear, porém, o abuso da matéria antecipa simplesmente o abuso do adversário — ele projeta a pressão de hostilização entre as sociedades rivalizadoras (para além do estágio intermediário "relativamente autônomo" da ciência natural) para a matéria radioativa. Aquilo que se está disposto a fazer com o inimigo em caso de necessidade é o que estabelece de antemão o critério de medida para os instrumentos de aniquilação que são retirados da natureza. Aquilo que se imaginou para o inimigo — aniquilação de grandes superfícies por meio da queima, da contaminação e da atomização — precisa ser anteriormente adicionado à arma. No fundo, a arma é apenas nossa *mensageira* para o adversário, ela comunica nossas intenções com ele. Por isto, armas são os representantes do inimigo em nosso próprio arsenal. Quem *forja* uma arma deixa claro para o seu inimigo que será tão impiedoso em relação a ele quanto em relação ao porrete, ao bloco de ferro, à granada e ao explosivo. A arma já é o adversário mal tratado; ela é a *coisa-para-ti*. Quem se arma já está sempre em guerra. Essa guerra realiza-se *de facto* continuamente em intervalos entre fases quentes e frias, sendo que se denomina erroneamente essas fases frias como paz. Paz significa, visto no ciclo polêmico, tempo de armamento, isto é, adiamento das hostilidades com vistas aos metais; guerra, por conseguinte, significa entrada em ação e consumo dos produtos do armamento, realização das armas junto ao adversário.

No nível mais elevado da tecnologia polêmica, nosso processo de Esclarecimento alcança o ponto no qual se despede de uma tradição metafísica dualista milenar: a oposição entre *res cogitans* e *res extensa* torna-se simplesmente caduca na era cibernética. Ao contrário, na medida em que a *res* (substância) que pensa pode ser apresentada e produzida de fato como máquina, desaparece a oposição em relação à *res* que existe no espaço (extensivamente). Nesse ínterim, passa a haver sistemas de armas de artilharia modernos, que são chamados no jargão estratégico de "munição inteligente" ou "tiros espertos", ou seja, mísseis que desempenham no voo funções clássicas de pensamento (percepção, decisão) e que se comportam "subjetivamente" em relação à meta adversária. A existência

Artilharia luminosa, do livro de Felix Auerbach *Die Physik in Kriege* [A física na guerra], 3ª edição, Jena, 1916.

desses sistemas significa uma declaração juramentada de insolvência de nossa civilização: nós nos tornamos de fato em nossa maior parte sujeitos que apreendem a si mesmos como "coisas pensantes" e são essas coisas pensantes que se atacam mutuamente na guerra moderna. Entre o herói e sua arma desaparece a diferença: os eus gigantomaníacos da autoconservação de nossa cultura expuseram a própria existência como arma. Se os pilotos camicases prontos para a morte foram os últimos a assumirem ainda *in persona* a função do sistema de controle (*res cogitans*), então essa subjetividade heroica passou nas armas mais desenvolvidas do presente para uma subjetividade eletrônica: o bombardeiro tripulado ainda pressupunha um piloto, que precisava estar preparado para a sua morte irremediável e demonstrava, com isso, uma capacidade de morrer de uma qualidade filosófica francamente antiga. Na munição inteligente, esse fator humano desapareceu completamente; uma outra desconstrução da metafísica com vistas à paranoia se realizou; "viver e deixar morrer" não significa, por conseguinte, apenas a palavra de ordem de agentes secretos, mas também o princípio da guerra moderna, construída sobre a artilharia e suas ampliações. No "projétil capaz de pensar", chegamos à estação final da *dissimulação do sujeito* moderno, pois aquilo que se chama sujeito na modernidade não é, em verdade, senão aquele eu da autoconservação, que se retrai passo a passo do âmbito do vivente até o ápice paranoico. Recolhimento, distanciamento, autodissimulação impelem adiante esse tipo de subjetividade. A artilharia é apenas uma de suas manifestações e o é, sobretudo, sob a forma de uma munição atômica eletrônica e inteligente, de uma derradeira excrescência da autoconservação e do domínio do mundo à distância. O eu distante moderno quer se manter, sem se reconhecer em sua própria arma; por isso, ela precisa permanecer separada dele o mais amplamente possível. A munição inteligente realiza essa necessidade. Desde que há munição inteligente, a estrutura esquizoide (o sujeito com a forma de Estado e o ego da autoconservação polêmica) se aproxima de sua consumação. A próxima grande guerra verá apenas esquizofrênicos e máquinas como combatentes. Homúnculos sustentando o Estado, administradores lemurianamente divididos das forças destrutivas apertarão, se "tiver de ser", os botões decisivos, e robôs heroicos, assim como máquinas infernais capazes de pensar se precipitarão uns sobre os outros — o *experimentum mundi* terá chegado ao fim; o homem foi um malogro. O Esclarecimento não pode fazer senão um resumo: o homem não pode ser esclarecido, porque *ele mesmo* era a premissa falsa do Esclarecimento. O homem não é suficiente. Ele porta em si mesmo o princípio obscurecedor da dissimulação, e onde quer que seu eu apareça, não pode brilhar aquilo que foi prometido pelo Esclarecimento: a luz da razão.

B. Polêmica transcendental.
Meditações heracliteanas

> A guerra é o pai de todas as coisas.
> Heráclito

Com as seguintes reflexões, gostaria de produzir algo como uma mudança de eixo no pragmatismo crítico dominante hoje na teoria do conhecimento (Charles Sanders Peirce, Jürgen Habermas, Karl-Otto Apel). Se o mérito dessa teoria do conhecimento pragmática foi ter apresentado de maneira fundamentalmente plausível as conexões entre conhecimento e interesse, teoria e práxis, sem hipotecas metafísicas, ela ainda está presa, assim eu penso, à fraqueza de um conceito de práxis por demais esquemático. As reflexões precedentes devem ter deixado claro em que medida não se pode estar satisfeito com uma teoria do conhecimento que supõe, por um lado, apenas um interesse apriorístico do tipo *trabalho*, e, por outro lado, um segundo interesse do tipo *comunicação* (interação). Pois a dimensão polêmico-estratégica aqui elaborada (assim como a dimensão contraposta do interesse erótico e do interesse reconciliador) pode ser, em todo caso, concomitantemente pensada de maneira implícita em meio a essa tentativa de fundamentar o pragmatismo. A consequência disso é um déficit de realismo e de concretude. A polêmica transcendental (assim como o erotismo, que eu não *apresentei* nesse livro) introduz dimensões adicionais na rede dos interesses "aprioristicos", que dirigem e formam o conhecimento. Na guerra, vem ao nosso encontro uma combinação de motivos em termos de trabalho e interação, que não tem como ser corretamente concebida com o esquematismo até aqui. Afirmo que o agir e o pensar polêmico-estratégicos, introduzidos pelos autores citados de maneira apenas incidental e adicional em suas reflexões, forma em verdade uma dimensão que *abarca* tanto o agir no trabalho quanto no governo. Nem as teorias críticas mais antigas, nem as mais novas levam em conta isso. Nem uma crítica da razão instrumental, nem uma crítica da razão funcionalista descobre a conexão entre estratégia e cinismo, que apresentamos como a assinatura filosófica da modernidade.

Trabalho e interação são desde o início atravessados pela guerra e por Eros, por hostilizações e reconciliações, aniquilações e criações. O que quer que deva ser reconhecido no interesse de trabalho e interação já sempre obtém desde o princípio uma "forma teórica" marcada concomitantemente a partir do elemento polêmico ou do elemento erótico; que tipo de "objetividade" se escolhe não é justamente uma alternativa inocente; também não faz nenhuma diferença categórica qual tipo de exatidão a que defendemos, a do polêmico ou a do amante[146]; se essa de fato é uma alternativa apriorística, então precisaria haver uma dupla ciência de todas as coisas (e não *uma* teoria em si neutra, que só em seguida teria se tornado secundária, ou, tal como se diz: empregada para fins bons e ruins). Enquanto o pragmatismo conta formalmente com uma "comunidade de pesquisadores" homogênea, a visão polêmico-transcendental permite investigar a "guerra dos pesquisadores" como condição daquilo que eles elaboram como verdades. De maneira análoga, a pesquisa significa nesse contexto menos um meio para a iluminação neutra da realidade efetiva e mais uma corrida armamentista sob formas teóricas. Os conhecimentos aparecem, então, não tanto como instrumentos espirituais a serviço de trabalho e entendimento, mas antes como armas, formando em sua soma não um tesouro intelectual, uma enciclopédia, mas um arsenal, um depósito de munições (projéteis inteligentes). Se quiséssemos nos satisfazer com interesses apriorísticos como "trabalho" e "interação", então precisaríamos abdicar de inquirir esse "trabalho" e essa "interação" com vistas a saber a que luta eles servem e que reconciliações eles possibilitam, ou, expresso de outra forma, se o eu-pesquisador se contrapõe ao "objeto" sob a postura da generalização, do distanciamento e da dominação ou sob a postura da individualização, da proximidade e da entrega. Segundo essa visão, a distinção entre as "duas culturas"[147] reconquista aqui um sentido. Na "primeira cultura" (que possui a hegemonia), observamos um primado do método, do procedimento, do procedimento de pesquisa sobre os objetos; só pode ser considerado objeto aqui aquilo que incide sob o âmbito apreendido pelos métodos e modelos. Se atribuirmos

---

146. Quem não compreende isso a tempo acaba incorrendo no caminho errado em muitas ciências. Quantos pesquisadores, por exemplo historiadores da arte e da literatura, começaram a estudá-las como amantes efetivos dos "objetos", como professores, e, em seguida, só continuaram agindo a partir do ódio em relação a elas? Isso porque, por meio da escolha do tipo errado de exatidão, acabaram recaindo na postura da polêmica, da não entrega.

147. Há uma longa tradição de tentativas de confrontar a cada vez dois tipos de ciências e de formas de saber: ciências compreensivas ou explicativas; exatas ou inexatas; ciências do universal ou do particular; ciências dos objetos do espírito ou dos objetos da natureza; *scientiae* ou *artes*. Essas oposições possuem, em verdade, algo "plausível", mas a história da ciência mostra que elas acabam se apagando; a moda conduz à ciência da unidade (do tipo de uma objetivação polêmica).

"Assim que terminei meu livro, que devia matá-lo cientificamente, não é que ele morre de verdade?!" *Meggendorfer Blätter*, 1916.

tudo aquilo que é metodológico ao sujeito, então poderemos falar de um tipo de ciência, que provém da elevação daqueles que conhecem a uma posição superior em relação àquilo que é conhecido: *primado do sujeito* (o fato de isso ser curiosamente válido para as disciplinas exatas e "objetivas", ou melhor, objetivistas, é esclarecido pela conexão entre constatação do objeto e representação do sujeito). Esse exagero é o preço da "objetividade"; esta é comprada ao mesmo tempo com um apaziguamento ou com uma normatização metodológica daquilo que o sujeito pode ou não pode junto ao "conhecimento". A representação de que todas as ciências efetivamente reais só terão por fim uma única teoria em relação a um determinado problema pressupõe ao mesmo tempo a expectativa de que a assim chamada comunidade de pesquisadores cresça conjuntamente e se transforme *in the long run* em um exército homogêneo de sujeitos que serão todos marcados pela mesma di-ssimulação metodológica em face das "coisas". Somente se os sujeitos forem uniformizados epistemologicamente (com o mesmo "interesse", mesmos conceitos, mesmos métodos), as proposições sobre os objetos também alcançarão a sua forma derradeira, e, em verdade (no sentido dessas suposições), correta. Uma coisa não poderá ser alcançada sem a outra. Onde muitas hipóteses se encontram justapostas uma ao lado das outras, revela-se uma fraqueza da parte dos sujeitos — e essa fraqueza subjetiva dá às coisas uma chance de se mostrarem em sua plurissignificância. Dito de maneira acentuada, isso significa: quanto mais fracos são os nossos métodos, tanto melhor para as "coisas". Enquanto houver uma pluralidade de "interpretações", as coisas estarão em segurança diante da loucura dos seres cognoscentes de supor que teriam fixado de uma vez por todas os objetos — como conhecidos. Enquanto se continua "interpretando", mantém-se viva a lembrança do fato de que as coisas também são algo "em si", que não tem nada em comum com o ser conhecido por nós.

Se perseguirmos essas ideias em seu extremo, então nos aproximaremos do polo oposto às formas de conhecimento. Aqui vale o que Adorno denominou o *primado do objeto*. Se for preciso surgir junto ao primado do sujeito necessariamente uma *teoria agonal*, então crescerá e virá à tona, a partir de uma lida com as coisas capaz de reconhecer o primado do objeto, algo que pode portar o nome de *teoria erótica*. Onde quer que Eros esteja em jogo, aí e apenas aí vive a "segunda cultura"; e, onde quer que esteja viva, ela sempre assume antes a figura de uma arte do que a figura de uma técnica. O artista e o erótico vivem sob a impressão de que são antes as coisas que querem algo deles do que eles delas, e de que são elas que os enredam na aventura da experiência. Eles dirigem-se para elas, se entregam à sua impressão e se sentem, como verdadeiros pesquisadores, sob o seu encanto.[148] Elas são para eles o rio, no qual ninguém pode, segundo Heráclito, se banhar duas vezes, porque, apesar de permanecerem as mesmas, são novas a cada instante, continuando a fluir para o interior de uma nova relação. Se o amor é a cada manhã novo, os objetos do amor, junto com ele, também o são. Neles, nada é "conhecido", mas, em todo caso, tudo é apenas familiar; não há com eles nenhuma "objetividade", mas apenas intimidade; se o cognoscente se aproxima deles, então ele não o faz como o senhor pesquisador, mas como vizinho, como amigo, como atraído por esses objetos. Para eles, as coisas são belas, e eles sabem que a "relação" acabou quando um dia tudo se dá como se tivesse sido sempre o *mesmo*, constante, cotidiano, idêntico, passível de prognóstico. Onde cessa o sentido para a beleza, começam a guerra, a in-diferença ou a morte; com razão, os filósofos ensinaram que a dimensão do estético seria constitutiva do conteúdo de verdade dos conhecimentos. O que se tem em vista são naturalmente conhecimentos, que se submeteram ao primado do objeto. Foi o Esclarecimento, contudo, que nos instigou a desconfiar de tal primado da maneira mais profunda possível. Pois, para o Esclarecimento, quando esse primado não se corrige constantemente a partir da experiência erótica (estética), os objetos são efetivamente a quintessência daquilo em que *não* se deve confiar e ao que *não* se deve entregar, porque os dois, confiança e entrega, constituem posturas que nos desviam das imposições de luta da vida e do realismo esclarecido. Primado do objeto significaria: viver com um poder *sobre* nós; e como nós praticamente identificamos de maneira automática aquilo que está acima de nós com aquilo que nos oprime, só pode haver, então, em contrapartida, no sentido desse Esclarecimento não esclarecido, uma postura de distância polêmica. Todavia, existe um outro tipo de primado, que não se baseia em sujeição; o primado de que o objeto desfruta na compreensão simpatética não exige de nós que nos satisfaçamos com uma inferioridade e com uma posição alienada; seu modelo é o amor. A capacidade de arranjar um primado para o objeto equivaleria à capacidade de viver *e* deixar viver (ao invés de *live and let die*), e em última consequência

---

148. Assim, justamente as gigantescas rejeições, que irromperam hoje na pesquisa de bases físico--cosmológico-biológicas, não surgem de maneira alguma de reflexões *metodológicas* quaisquer, mas resultam do fato de o pesquisador ser arrebatado e arrastado para o interior da tenacidade fascinante das "próprias coisas".

também a capacidade de morrer e deixar viver (ao invés do impulso por seguir arrastando tudo consigo para baixo na morte). Somente por meio do Eros sentimo-nos capazes de admitir um primado para o "objeto". E mesmo que eu não seja mais nada, o Eros continuará querendo que algo permaneça.[149]

1. Polêmica contra o id *ou pensar o diabo*

Onde estava o *id*, o eu deve vir a ser.
Sigmund Freud

Os esboços dos cinismos cardinais contêm o material para uma teoria do diálogo e da interação ampliado até o âmbito do polêmico. Eles descrevem posições e oposições na consciência militar, política, sexual, médica, religiosa e teórica, que destroem o conceito tradicional de ideologia. Nessas oposições, não são a consciência verdadeira e a consciência falsa que se encontram contrapostas, mas consciências combatentes, que se encontram em oposições recíprocas *inevitáveis* com base em posições mundanas e situações vitais diversas. Se em meio à descrição das posições *kynikē* e cínicas com suas reflexões e contrarreflexões vimos retornar o modo de expressão segundo o qual "palcos" teriam sido abertos para ofensivas e contraofensivas, então o que se tinha em vista com isso eram os palcos de conflitos, ou seja, os cenários dos conflitos armados ruidosos e silenciosos de uma consciência incontornavelmente polêmica.

Como surge um palco? Com certeza, não apenas por meio de uma oposição entre dois "princípios". Um dualismo não seria de início mais do que uma algo de pensamento, e, enquanto tal, não possui nenhuma força dramática. O dualismo seria "em si" inofensivo ou desinteressante, se não fosse encenado na própria realidade. Onde um dualismo emerge, deparamo-nos, por isso, normalmente com uma hostilização, com uma interrupção entre nós e eles, assim como com a produção do predomínio

---

149. O conflito típico do Esclarecimento entre intelecto e sentimento deriva-se, em parte, da contenda das duas tendências: distanciamento e entrega, primado do sujeito e primado do objeto. Todos os filósofos da distância, de Descartes a Sartre, discutiram, por isso, de maneira séria a questão, tão monstruosa quanto característica, de saber como o eu poderia ser em geral fixado, se também há no âmbito do não-eu outros eus. Ou seja, a problemática da "subjetividade alheia".

de um princípio sobre o contraposto: em cima — embaixo; bom — mau; eu — *id*. Surgem assim uma luta efetiva e um palco real. Nesse palco se apresenta, então, de início, uma posição espiritual de dominação, uma teoria "elevada" e afirmativa, que se expõe de maneira séria, rigorosa e inspirada, como se fosse conquistada a partir de fontes de fato mais elevadas. A essa teoria responde, na segunda apresentação, invariavelmente uma antítese realista (*kynikē*), que contrapõe polemicamente os modos de ver e as experiências da posição inferior, assim chamada de má, transposta para o *id* (para a matéria). No *kynismos*, portanto, aparece um eu que assume para si a tarefa de ser aquilo que os idealistas do *nomos* desaprovam, excluem e desprezam. Com isso, a partir da perspectiva plebeia, o *kynismos* explode o sistema valorativo instalado de cima, sem cessar por meio daí completamente de se referir a esse sistema. Isso lhe dá também o seu lado evidentemente agressivo e crítico-cultural. Com o *kynismos*, um elemento cáustico penetra na cultura — a primeira decomposição do *esprit de sérieux*, com o qual se envolve desde tempos imemoriais aquilo que quer dominar. Ao mesmo tempo, ele aparece agora aos que estão em cima como o sinistro e o sujo, e, quanto mais a consciência dominante procura se retirar para alturas puras, tanto mais demoniacamente o *não* se alça em seu horizonte *kynikos*. A partir daí, é preciso que se mostre como enojante o fato de esse mero *id* inferior se confessar em favor de si mesmo e colocar um eu de um tipo próprio contra o meu eu. Esse anti-eu, que explode em risos a partir da resistência *kynikē* contra o idealismo metafísico das teorias dominantes, também constitui com certeza o cerne daquilo que nossa tradição denomina o diabólico. A transposição conceitual provocada pelo cristianismo e por sua metafísica, a transposição de *kynismos* para cinismo (como a mentalidade dos niilistas ou dos adoradores do diabo) não acontece por acaso. Pois quando o eu metafísico se identifica com o que está em cima e com o bem, se abate sobre ele como um choque o fato de que mesmo no *id*-inferior-mau se move um eu; o *id* não se satisfaz evidentemente em ser mera matéria muda, inferior, preguiçosa. O fato de esse *id* mau também poder ser um por-si: esse é o escândalo propriamente metafísico, que é discutido desde a Alta Idade Média sob a forma de inúmeras análises do diabo. Nada aparece para a consciência dualista, isto é, para a consciência parcial e identificada com a metade melhor, de modo ao mesmo tempo tão aflitivo e fascinante quanto o pressentimento de que também poderia viver no assim chamado mal e inferior uma autoconsciência elevada e poderosamente combativa. Quando

Platão declara que Diógenes é raivoso, essa declaração revela uma medida de autoproteção ao lado do desprezo; todavia, isso pode passar de maneira relativamente inofensiva, uma vez que Diógenes, como as anedotas nos contam, sabia virar muito bem a ponta da lança, de tal modo que, por fim, não fica completamente claro quem era realmente o louco. No cristianismo, o antagonismo se tensiona de maneira essencialmente mais dramática. A consciência cristã, que se entendia como uma consciência dotada de verdade absoluta por meio da revelação, precisava conjurar a possibilidade de um eu não cristão na imagem do anticristo — e recaía por meio daí ao mesmo tempo em uma preocupação permanente de que o "mal" poderia ocorrer também em nós mesmos, *quaerens quem devoret* (à procura de alguém para devorar — I Pedro 5: 8).

Precisamos aqui falar uma vez mais do Fausto, do diabo e do cinismo do satã. A história do Fausto pode ser compreendida como a inquietação do dualismo metafísico mais antigo por meio da nova empiria (sendo que aqui também é assimilado à empiria a experiência sexual). A arte entre a Idade Média e a época moderna faz justamente um experimento com a possível existência de uma subjetividade má "também para nós" — e chega mesmo a testar em narrativas ilustrativas, moralmente dissimuladas, como seria se encontrar em tal pele "má" — e que tipo de experiências estimulantes ocorreriam com alguém por meio daí. A partir do pacto diabólico goethiano, já descrevi isso. Fausto sonda o vasto mundo ("para que tu, agora desprovido das amarras, livre/ experimentes o que a vida é") como parceiro do diabo; portanto, em provação enquanto diabo. O mundo da experiência acha-se aberto pela primeira vez de maneira irrestrita para esse diabo. Mesmo o livro popular não deixa, assim como Goethe, de descrever expressamente o contato do diabo em meio à provação (Fausto) com o mal sexual:

> Quando o Doutor Fausto viu que os anos de sua promessa se encaminhavam dia a dia para o fim, começou a levar uma vida sórdida e epicurista, e evocou para si sete *súcubas* demoníacas, com todas as quais dormiu... Pois viajou para muitos impérios com o seu espírito, para que pudesse ver todas as imagens femininas. Dessas, conseguiu conquistar sete, duas holandesas, uma húngara, uma inglesa, duas suábias e uma franca, que eram cada qualum exemplar da terra. Com as mesmas mulheres diabólicas, realizou coisas despudoradas até o seu fim (*Deutsche Volksbücher* [Livros populares alemães], C. O. Conrady (org.), Hamburgo, 1968, p. 133).

De acordo com esse relato, não há nenhuma dúvida de que o "ser mau" ou o viver de maneira sórdida e epicurista (em termos de sentido, isso significa naturalmente o mesmo que "viver *kynicamente*") valem a pena, quando se consegue vivenciar aquilo que se teria gostado há muito tempo de experimentar, mas para o que não se tinha coragem; quem é que se mete tão facilmente a andar com o diabo? Quase sem censura, o Livro Popular sonda o prazer do Doutor Fausto em se aventurar por si mesmo com o diabo; em termos metafísicos, um processo dramático, porque somente assim, inicialmente de maneira virtual, e, em seguida, de maneira atual, torna-se possível a integração do outro lado, dito de maneira diversa, o fim do dualismo.[150] É segundo esse esquema moral que operam muitas obras narrativas do início da modernidade. O Livro Popular realiza o experimento estimulante de emprestar ao mal "propriamente dito" um eu de nosso eu; ele exercita o salto experimental da fantasia no ego do diabo. Naturalmente, essas histórias precisam terminar mal, e o diabo, que coloca à prova e que toma todas as liberdades que os cristãos de resto não devem tomar (no campo mágico, culinário, sexual, turístico e teórico), precisa ser, por fim, punido de maneira exemplar. "Portanto, morre quem faz algo mau." Uma passagem classicamente cínica encontra-se no livro sobre Fausto, onde o diabo mantém uma interlocução satírica e maliciosa com o pobre doutor, antes de os maus espíritos chegarem para dilacerá-lo:

> Por isso, meu caro Fausto, não é bom comer cerejas com o grande Senhor e com o diabo, elas jogam a haste na face, como tu agora vês; por causa delas, terias certamente ido para muito longe daí, isso teria sido bom para a Suze. Teu rossio cortês te derrubou, porém...
>
> ... vê, tu foste uma criatura criada de maneira bela, mas as rosas, quando as tomamos nas mãos e as cheiramos, não duram. Do pão, tu comeste, da cançãozinha tu precisas cantar. Aguardando até a Sexta-Feira Santa, logo virá a Páscoa; o que prometeste não aconteceu sem causa alguma; uma salsicha grelhada tem duas pontas; não é bom se meter com o gelo do diabo. Tiveste um modo de ser mau; o que é de uma espécie não abandona a espécie. Por isso, o gato não larga o rato. Avançar agudamente abre grandes fulcros;

---

150. Heinrich Heine coloca o ponto de vista da superação do dualismo à base de sua exposição filosófico-popular: *Zur Geschichte der Religion und Philosphie in Deutschland* [Para a história da religião e da filosofia na Alemanha], 1835.

como a colher é nova, o cozinheiro a utiliza; mais tarde, quando fica velha, ele caga em cima dela: assim, coma e se esbalde com ela. Não foi também desse modo que as coisas se passaram contigo? Já que eras uma nova colher de pau do diabo... Com isso, deixe que minha doutrina e minha lembrança entrem no seu coração que, contudo, está quase perdido. Não deverias ter te tornado tão íntimo do diabo: como macaco de Deus, ele é um mentiroso e um assassino... abrigar o diabo é algo que requer um hospedeiro astuto. É preciso mais do que um par de sapatos vermelhos para se dançar. Se tivesses mantido Deus diante de teus olhos, e tivesses te contentado com os dons que lhe tinham sido conferidos, então tu não terias o direito de dançar essa ária, nem deverias ter se afeiçoado tão facilmente ao diabo e acreditado nele; pois quem acredita de maneira leviana, logo é enganado. Agora, o diabo lambe os beiços e vai embora: você se fez à mesa dos convivas com o teu próprio sangue; assim, deve-se enforcar os convivas. Tu deixaste que tudo isso entrasse por um ouvido e saísse pelo outro (pp. 137-138).

Um exercício textual francamente voltado para uma anedota cínica. Em ditados, o entendimento humano conservador esfrega as mãos. Pois ao menos isso entendemos de imediato: não se trata aí do diabo; nenhum espírito soberano falaria assim; mas o espírito humano se tornou irrequieto e, ao final de sua excursão fáustica, tenta humilhar a si mesmo uma vez mais com sarcasmos grandiosamente luminosos, degradando-se até o ponto de vista da moral pequeno-burguesa. Comicamente, o diabo posa aqui de moralista, criticando o pobre doutor Fausto e lhe apontando o modo como deveria propriamente ter agido, de maneira corajosa, conformada, agradável a Deus. A principal repreensão, de maneira extremamente significativa, diz que Fausto deveria ter sido *mais desconfiado*. Nesse ponto culmina a pregação moral, na qual "o espírito mau se aproxima do triste Fausto com gracejos e ditados sarcásticos". Essa interpelação é cínica no sentido moderno, porque contém uma reprodução rancorosa da moral por parte daquele que, de qualquer modo, rompe com ela por princípio. Esse discurso do diabo talvez seja a primeira amostra do cinismo senhorial moderno em geral; esses senhores, com os quais não é bom comer cerejas, em verdade jogam os caules em nosso rosto. De acordo com o nosso experimento faustiano, libera-se aqui a estrutura da moral imperativa que se desmente a si mesma: a moral *é* engodo. Apesar disso, porém, é preciso que haja moral, não é verdade? Por isso, precisamos cuidar para que a coisa não termine mal. No livro popular, o doutor é dilacerado por espíritos bestiais, seu cérebro e seu sangue são colados nas paredes e seu cadáver esfarrapado, jogado no lixo. (Trabalho do diabo com psicopatas, fascistas e perversos juntos?) Tudo dá a impressão de que Fausto seria punido cem vezes, de que teria pecado. Paga um preço terrível por ter vivido efetivamente por 24 anos — essa foi a duração do pacto — para além do bem e do mal, em um mundo no qual o dualismo tinha sido suspenso e tudo o que era vivo era permitido.[151] É apenas no colapso que o dualismo metafísico antigo revela toda a sua energia patogênica.

A visão do diabólico, que entra nos homens, toca, portanto, o fenômeno *kynikos* estreitamente. Não é a cisão dualista entre bem e mal, luz e trevas *enquanto tal*, que institui a grande tensão, por meio da qual o diabo se torna forte; ao contrário, é preciso acrescentar a experiência de que o "lado mau" é preenchido por uma intensidade subjetiva, ou seja, por intenção, consciência e plano. O *id* já é propriamente um eu. Essa é uma descoberta de longo alcance. Pois permite combinar a descrição filosófica de uma forma de consciência metafísica com a descrição psicológica da paranoia. A crise é desencadeada pelo fato de o mal se tornar paulatinamente pensável como o *próprio* eu; a diferença começa a desaparecer.[152] Há a ameaça de uma implosão. E é só sob tal ameaça que a tensão do solo-inferior-do-*id*, que possui um eu, se transforma em uma explosão violenta. É só a partir desse momento que, pela primeira vez, o conceito do diabo pode ser aplicado a homens que vivem entre nós, mas que, de qualquer modo, são "diversos" (bruxos, mágicos, homossexuais, judeus, mulheres inteligentes...). A resistência quente pressupõe que aquele que resiste é minado pela ideia de poder ser "como aqueles lá". É sobre esse mecanismo que se baseia a observação de Pascal, segundo a qual homens que procuram se fazer passar por anjos facilmente se transformam no diabo, ou, dito de maneira mais exata, facilmente se transformam em um diabo que declara o fato de o adversário ser o diabo, a fim de exterminá-lo

---

151. O mito de Fausto se toca nesse ponto como o mito igualmente fascinante de Don Juan. Os dois podem viver de maneira dissoluta, pois neles se vê o que acontece. Por fim, a pena é o inferno.

152. Os panteístas também não foram considerados durante muito tempo como veneradores do diabo? "...será que é possível encontrar entre aqueles que contrataram o próprio diabo para a aniquilação de todo direito divino e humano alguém que seja mais ativo do que esse... enganador na obra da destruição?, pergunta o professor de teologia de Iena Musaeus em relação a Espinosa! Um outro propagandista cristão acha uma obra de Espinosa "cheia de sacrilégios e ateísmo, verdadeiramente digna de ser lançada de volta às trevas do inferno, das quais ele infelizmente e vergonhosamente veio à luz..." Citado segundo W. Weischedel, *Die philosophische Hintertreppe, 34 grosse Philosophen im Alltag und Denken* [A escada dos fundos filosófica, 34 grandes filósofos no cotidiano e no pensamento], Munique, 1981, p. 159.

com fundamentações boas demais. O drama, portanto, não transcorre apenas entre um bom eu e um mau *id*. Ao contrário, recai em sua fase explosiva o fato de o bom eu vir ao encontro de um adversário, que por sua vez aceita de maneira consciente e disposta a expiação de ser aquilo que o dualismo discriminou como a metade má, ou seja, como o "mal patente", o mal *kynikos* ("é assim justamente que eu sou, e isso conscientemente"), portanto, ao mesmo tempo um mal que, considerado exatamente, talvez não seja mal algum. (Por isso, algumas revoluções morais começam com fases de uma polêmica *kynikē*, na qual os "amorais" se confessam abertamente como partidários daquilo que para os outros é o escândalo: Diógenes se masturbando na praça; mulheres dizendo: *nós abortamos*; homens: *gay is beautiful*; médicos: *nós auxiliamos a eutanásia*, etc.[153] Se, com isso, o mal pode ter um eu, e somente então a suspeita começa a arar inteiramente a própria consciência moral. Pois o eu, que se encontra no *id* mau, uma vez que se mostra como eu, poderia naturalmente ser também o meu eu; a repressão dessa possibilidade gera pela primeira vez a energia da projeção paranoica. Com ela, a suspeita se infla de uma maneira imensurável. Ela quer banir necessariamente o mal uma vez mais para o não-eu. Quer implodir a relação eu-tu, inexoravelmente dada, tão logo o assim chamado mal entra em cena como um eu diverso. O diabólico, portanto, se apresenta sempre que um eu procura defender a todo custo um dualismo que se tornou insustentável. O diabo é um efeito reflexivo; ele surge quando algo que já é um eu deve ser uma vez mais transformado em *id*. Para todo eu, todo eu diverso pode ser um espelho; quem não quer se ver precisa cuidar para que o outro não ascenda efetivamente ao nível hierárquico do eu. Quanto mais inequivocamente, porém, o outro eu já se mostra como fato vital, tanto mais intensamente surge no eu denegador o ímpeto para destruir o espelho; apesar de se encontrarem em planos diversos, paranoia e antirreflexão possuem a mesma estrutura. O fato de essa estrutura ascender no curso da história ocidental multiplamente ao nível da realidade ideológica dominante — na época das cruzadas, nas inquisições de bruxos e bruxas, nos anos do "terror" durante a Revolução Francesa, nos fascismos, no antissemitismo, no stalinismo — é algo demonstrado pelo caráter explosivo dessa estrutura, nos antagonismos belicosos, nos dualismos metafísicos e nos mecanismos paranoicos. Por isso, ao que me parece, a compreensão do *kynismos* — como encarnação consciente do negado, excluído, rebaixado e

---

153. Precisamos levar em conta o fato de a época em que o assim chamado antissemitismo mais ter se expandido tenha sido também a época na qual, por meio do movimento sionista, o judaísmo conquistou uma autoconfissão ofensiva; isso pode ser naturalmente invertido.

declarado como o mau (*id*) — contém uma chave para a bestialidade *cínica*, com a qual se distinguiram desde sempre tão estranhamente em nossa cultura os combatentes fanáticos do assim chamado bem. E, com o auxílio da doutrina que representa ao menos uma "teoria" de todas as filosofias, talvez seja possível também conquistar mais elucidação sobre a tradição filosófica que lhe era contraposta, tradição essa que começou com Platão e que se apresentou como forma extrema possível de teoria: a dialética. Pois ela, poder-se-ia pensar, precisaria permanecer imune em relação às tentações dualistas-paranoicas. Ela não parte daquilo que a consciência anteriormente descrita não gostaria de perceber: a contenda entre as posições e os princípios? Seu pensamento fundamental não é o de que se precisaria levantar uma antítese contra toda e qualquer tese e de que isso que se mostra para o outro como horrível seria em verdade bom e correto — em virtude da síntese e da verdade "mais elevadas", que nasceram da luta?

Antes de perseguirmos essas referências, é preciso elucidar o emprego que o *id* encontrou na psicanálise. Com as suas duas assim chamadas topografias, isto é, com as suas duas descrições dos limites e âmbitos do "mapa das almas", Sigmund Freud se arriscou a avançar até uma região que tinha caído durante muito tempo sob a competência única da filosofia. Não obstante, não há nenhuma dúvida quanto à postura fundamental antimetafísica da análise freudiana. O que aconteceu, portanto, com a filosofia do sujeito para que um psicólogo do tipo de Freud tenha podido falar sobre a pessoa humana? O eu de Freud não é o eu da filosofia da subjetividade. Dito por meio de uma fórmula: a análise freudiana pressupõe o fato de o dogma metafísico da unidade da pessoa em seu eu ter se explodido; aqui não se acha em debate como isso ocorreu; certo é apenas o fato de Freud *ter encontrado previamente dada* essa explosão, não tendo sido responsável por sua realização. Essa é a sua situação histórico-espiritual. A partir daí, nas ruínas deixadas para trás pela explosão, é possível delimitar muitos setores — por um lado, o âmbito consciente e o inconsciente; por outro lado, quase estabelecido sobre ele, o âmbito do *superego*, nos quais residem as leis, as normas, os critérios da consciência moral, os ideais, o âmbito do *eu*, onde têm seu espaço o saber cotidiano, as qualificações, as competências cotidianas, lembranças e planos, e, por fim, o âmbito do *id*, do qual emergem as energias vitais, as pulsões e os sonhos. É somente por meio daí, naturalmente, que a unidade da pessoa, instituída pelo regime metafísico, recebe da psicologia passe livre para falar à sua maneira de outra unidade da pessoa; ele não vê essa unidade como algo dado, mas como tarefa: o que é dado é a paisagem em ruínas, marcada pelos grandes pedaços implodidos e transformados no inconsciente, atravessada pelas fissuras sob as quais borbulham as antigas violentações e dores. Por isso, Freud pode dizer: "onde estava o *id*, deve surgir o eu"; ele pensa no ressecamento do mar inconsciente, no erigir do controle do eu sobre o não-eu (*id*) até aqui interior. O que precisa ser acentuado neste ponto não é tanto a função do domínio do eu ou do controle: em verdade, a "suspensão" do *id* no eu é de início o contrário do domínio do eu: a saber, reconhecimento radical e sem reservas. Em tratamentos analíticos, que são frutíferos (como se sabe, também há outros), chega-se inexoravelmente ao emergir do *id*, até que o eu possa ser claramente arrastado e levado embora pelas forças anteriormente cindidas. Por esse motivo, não há como deixar de ver por mais tempo que o "*id*" me pertence, ainda que não no sentido de meu antigo eu, caracterizado pelo controle e pela repressão; um novo eu — movimentado de maneira mais ampla, viva, dinâmica, a partir do espaço do eu agora descoberto — é chamado à vida, um eu que aprende a viver com toda a sua história, com seu fardo traumático e com suas loucuras.[154] A cura pressupõe o reconhecimento do *id* como uma vantagem e como um fundamento vital para o eu adulto. Onde esse movimento acontece, a estrutura paranoica, o polemizar com o *id*, acabam terminando por si mesmos. Assim, na terminologia freudiana, também é preciso descobrir claramente uma boa ação filosófica: o *id* é pensado desde o princípio como o *próprio* e projetado *a priori* como algo ainda inconsciente com vistas à capacidade de meu eu de lançar algum dia luz sobre a escuridão. Não discutamos a questão de saber se essa postura seria um racionalismo reprimido ou um hegelianismo velado. O que importa não é o fato de o eu se tornar agora completamente o "senhor na própria casa"; ao contrário, o foco reside no fato de os "espíritos da casa"[155] aprenderem a viver juntos sob um mesmo teto.

---

154. Por isso, a célebre comparação freudiana com o ressecamento do lago Zuider [nos Países Baixos] é propriamente equivocada. Ela é ainda por demais marcada por uma perspectiva de engenheiro e pensada demasiadamente no sentido da medicina polêmica (doença como inimigo). O mar do *id* nunca se resseca completamente — mas já não é muito, quando se aprende a navegar nele?

155. Alusão ao primeiro dos três volumes das memórias do escritor e ideólogo conservador de Munique Oskar A. H. Schmitz, *Die Geister des Hauses. Jugenderinnerungen* [Os espíritos da casa. Memórias de juventude], Munique, 1925. Relato notável sobretudo em razão da circunstância de Schmitz ter feito um tratamento psicanalítico com Abraham, aluno de Freud, e buscado integrar experiências de sua análise (fracassada) na construção de sua autobiografia. Alguns comentários sobre Schmitz podem ser encontrados em meu livro *Literatur und Lebenserfahrung. Autobiographien der 20er Jahre* [Literatura e experiência de vida. Autobiografias dos anos de 1920], Munique, 1978, p. 229 et seq.

2. Metapolêmica para a fundamentação das dialéticas europeias entre polêmica e rítmica

> Até onde ele pode, o autor coloca as cartas sobre a mesa; isso não significa de maneira alguma o mesmo que o jogo.
>
> Theodor W. Adorno, *Introdução* à *Dialética negativa*

> Todos os bons princípios estão em circulação no mundo; apenas se deixa de realizá-los.
>
> Blaise Pascal, *Pensamentos*

A dialética é derivada de uma tradição polêmica, que se iniciou com os filósofos gregos anteriores à geração de Sócrates. Na sofística, surgiu pela primeira vez uma arte do combate de opiniões e da retórica de dominação lógica, tal como praticamente não voltou mais a existir. A única exceção é a época da escolástica, na qual floresceu do mesmo modo uma arte da disputa refinada. Portanto, se o "dialético" devesse ser o nome dado a alguém que realiza algo acima da média na arte de manter a razão, então a filosofia, assim como a realidade efetiva política, teria um problema a menos. Nesse caso, a dialética seria apenas uma palavra mais bonita para a retórica e para a sofística no sentido negativo, para a mania de ter razão, para a lida inescrupulosa com a lógica e para a linguagem cuja finalidade é provocar surpresa.

De fato, muitos homens, filósofos e não filósofos, devem ter feito experiências com a dialética ou com o que quer que se tenha denominado assim; pois desde alguns desprezadores antigos da sofística — passando por Schopenhauer (que declarou ser Hegel um desvairado charlatão) até chegar à filosofia analítica moderna (de acordo com a qual um dialético em sentido estrito é alguém que não sabe o que diz) e, indo além, aos refugiados do Bloco Oriental, no qual um assim chamado materialismo dialético se transformou em ideologia de Estado — há toda uma série de vozes que se exprimiram como vítimas, opositores e críticos da "dialética". Portanto, se ela devesse se mostrar como uma mera arte de manter a razão, então precisaria haver de qualquer modo razões para o fato de alguns homens permanecerem imunes a essa forma de ter razão. Se só se trata de uma arte do convencimento, então essa arte não pode ser nenhuma arte imperativa, porque ainda há muitas pessoas não convencidas — e isso desde sempre! Por isso, se o dialético é alguém que tenta impor um *sim* à sua verdade, então inúmeros homens se colocaram contra essa tentativa, na medida em que lhe contrapuseram o seu *não* de maneira inequívoca. É assim que a situação se apresenta para a consideração externa; essa consideração é externa porque não se preocupa com conteúdos, mas se mantém apenas no âmbito formal: por um lado, há pensadores que confiam em uma determinada técnica de combate, que sempre deve fomentar por fim a verdade; e, por outro lado, há também pensadores sobre os quais essa técnica não exerce um efeito no sentido dos dialéticos, ou seja, pensadores que dispõem evidentemente de uma arte oposta, que eles tornam imune a toda "sedução" dialética.

Se denominarmos "lógica dialética" a arte do dialético e "lógica analítica" a arte daquele que resiste a ela, chegando mesmo a refutá-la, então teremos designado de maneira rudimentar a confrontação que faz com que dois estilos filosóficos rivais venham se chocando desde tempos imemoriais.

Esse resultado, porém, não é mais de modo algum tão completamente extrínseco. O extrínseco contém uma vez mais a "própria coisa". Há evidentemente uma *contenda em torno da dialética*, na qual duas "escolas" rivalizam, dialéticos (antianalíticos) e analíticos (antidialéticos), na qual essas duas escolas se acham em combate uma contra a outra. E isso parece corresponder exatamente àquilo que é afirmado na posição dialética: caso a "verdade" devesse ser gerada a partir da luta entre as duas escolas, então isso seria *ipso facto* uma "verdade" conquistada a partir da contenda das opiniões. Todavia, a dialética não pode, caso também receba aqui um desagravo, querer se arrogar uma vitória completa ou uma manutenção exclusiva do direito ante a análise, pois senão não seria preciso nenhuma contenda, e ela teria podido dizer desde o princípio e sem nenhuma contrapartida, por si mesma, "como as coisas são". Portanto, na verdade que é produzida na contenda entre dialética e análise, esta última precisa alcançar devidamente o seu direito; se a análise fosse totalmente vencida, a dialética não teria razão: inversamente, a análise também não pode chegar a uma vitória total, uma vez que ela não pode contestar a competência da dialética nas questões relativas à contenda.

Portanto, se algo mais elevado do que a verdade, algo que "suspende" os "momentos veritativos" tanto de uma quanto da outra, devesse surgir na contenda entre dialética e análise — de acordo com os três passos conhecidos —, então esse algo mais elevado precisaria ter superado aqueles aspectos da dialética que provocaram manifestamente desde tempos imemoriais o levante de uma posição oposta. Ao mesmo tempo, logo que a dialética se sedimenta em uma posição que é combatida, há nela um momento falso — se não fosse assim, a polêmica crônica da análise contra a dialética não seria possível. A natureza desse "momento falso" na dialética é no fundo o único problema filosófico que, depois do alijamento das incompreensões, resta da herança da dialética.

A questão, com isso, é: o que está errado com a dialética?[156] Por que essa doutrina da contenda precisa ser contestada? O que faz com que ela desperte tanta resistência contra uma "teoria" que — poder-se-ia pensar extremamente realista — trata de experiências como conflito, contradição, história, desenvolvimento, devir? A abertura de tais "temas" para a filosofia não é, em todo caso, um ganho imprescindível que, uma vez alcançado, poderia fornecer um critério de ratificação para toda e qualquer teoria da concorrência séria? Não precisa ser avaliado como mérito, quando uma teoria do real chega a não apenas querelar com outras teorias em torno da verdade, mas também a pensar ainda a contenda enquanto tal — como um pressuposto inevitável da descoberta da verdade?

Todavia, justamente aqui começa o dilema da dialética. A réplica analítica dirá justamente: vós falais de contenda, muito bem; mas como é que se tem essa contenda em vista? Vossa dialética visa à arte de conduzir uma contenda intelectual e cresce a partir da experiência de que, de fato, intelecções são por vezes alcançadas a partir de uma discussão antitética enérgica, intelecções que se encontram em uma posição mais elevada do que as teses trazidas para o diálogo inicialmente pelos contraentes. Se é isso que se tem em vista, todos nós somos dialéticos, ao menos com vistas àquelas coisas sobre as quais se *pode* em geral querelar.[157] Em verdade, porém, sua dialética visa de qualquer modo a algo essencialmente mais

---

156. Não: "O que é dialética?" Pois quem pergunta dessa forma não começa onde ele realmente se encontra em termos espirituais, a saber, especificamente na percepção de que ele participa na querela sobre a dialética, isto é, se move na dialética da dialética. Quem pergunta dessa forma provavelmente ficará sentado em cima de sua pergunta.

157. A dialética estaria nesse caso limitada ao grupo de proposições passíveis de antítese, ou seja, a proposições "problemáticas" com conteúdos metafísicos ou normativos, junto aos quais se pode de fato aduzir inicialmente também razões constantes para *essa* visão tanto quanto para *aquelas*. Ao lado disso, há um outro grupo de proposições que não comportam antítese, que não são problemáticas, mas que podem/precisam ser decididas de maneira inequívoca de um modo ou de outro; essas seriam proposições sem conteúdo metafísico ou normativo, ou seja, afirmações puramente empíricas ou puramente lógicas. Não se discute isso. Conclusão: onde se discute, a metafísica ou a ética estão em jogo. A dialética transcendental kantiana descreve a esfera de afirmações que comportam antíteses como uma esfera da *ilusão* metafísica: por conseguinte, Kant é o modelo do pensador que pensa ao mesmo tempo de maneira dialética e não dialética.

desafiador do que uma doutrina da logicização produtiva. Vós não quereis falar do modo como *nós* trabalhamos e abrimos caminho para nós mesmos como teóricos briguentos, por meio do equilíbrio de nossas oposições contrárias extremas em direção a melhores intelecções. A comichão dialética só começa lá onde se tenta falar da contenda e da contradição das "coisas" na realidade e como realidade. O solo esquenta sob os nossos pés quando a dialética não é compreendida como diálogo, mas como ontologia. Mas onde se perde o limite? O diálogo querelante não é de modo algum apenas uma oposição imaginária entre duas proposições que se encontram no "espaço lógico". Ao contrário, para que as proposições contraditórias possam "trabalhar umas com as outras", será necessário de antemão e ao mesmo tempo que nós dois, tu e eu, "duelemos" corporalmente e conduzamos nossas opiniões como armas afiadas um contra o outro; a antitética das proposições por si só ainda não institui nenhuma insatisfação; é preciso que se apresentem sujeitos que se combatam mutuamente com essas proposições, e, em verdade, efetivamente com uma presença pessoal e com uma intensidade psicossomática. Portanto, a contenda, apesar de lançar em campo proposições contra proposições, não pertence simplesmente à esfera do "espiritual", mas significa ela mesma uma parte da realidade. E, com isso, começa o dilema da dialética. Quem começa a refletir sobre a contenda de ideias recai inexoravelmente em um ponto no qual o elemento lógico "passa" (o que quer que isso possa significar) para o plano ontológico. Na contenda, não se pensa apenas uma contradição, mas se encena mesmo *em realidade* uma contradição. Com isso, a dialética colocou um pé na ontologia; a análise, portanto, não pode mais bater a porta totalmente no nosso nariz. A dialética colocou de maneira intensa demais o seu pé na porta: processos de contenda são partes daquilo que efetivamente é, e a lógica da contenda produtiva se estende inconfundivelmente até o âmbito ontológico. Aqui tem lugar, a partir de então, o que se pode chamar de o golpe ontológico da dialética; porque penetrou agora inegavelmente no âmbito ontológico, ela tenta se apossar com um gesto violento de *todo* o ente como o seu domínio. Com isso, ela transforma o cosmos em um "processo dialético" que a tudo abarca — como se ele não fosse outra coisa senão um fenômeno da contenda, que aspira a seguir em frente incessantemente em seu movimento próprio dramático-agonal.

Hegel levou a termo essa visão com uma consequência fulminante e com um radicalismo genial com vistas a quase todos os fenômenos do ser. Para ele, a história do mundo é um diálogo querelante e sangrento, envolto em gritos, que culmina no autorreconhecimento brilhante do autoconhecimento, um diálogo do espírito do mundo que, através de uma violenta cadeia de autodivisões e superações, na busca pelo conceito de si mesmo, vai ao encontro do instante em que ele, em Hegel, não busca mais apenas, senão encontra, não impele mais para frente, senão conflui para o instante concreto do "saber absoluto". Aqui, a dialética passou completamente da doutrina do diálogo para uma doutrina do mundo, de uma lógica para uma ontologia, e o modo como, tudo dominando, o princípio dialético veio a ser revela-se no ousado empreendimento de Hegel, no empreendimento de erigir de maneira nova a partir do seu fundamento até mesmo a "ciência da lógica" sob o espírito da dialética.

Com esse inflar-se ontológico da dialética e com a sua transformação no maior edifício sistêmico da história da filosofia europeia alcançou-se um ponto a partir do qual um revés era inevitável. Os destinos do sistema hegeliano, que aparece à distância para nós nesse ínterim como uma ruína fantasmagórica[158] da metafísica idealista, designam de maneira suficientemente clara a virada que se tornou necessária. Mesmo o sistema dialético inaudito de Hegel não escapa ao destino de encolher uma vez mais e de se transformar em uma mera posição, contra a qual se construíram oposições poderosas e exitosas. O que tinha pretendido ser o todo decaiu na posição de um "momento" e de um mero polo de oposição. Contra as presunções de uma especulação autocrática, um espírito sólido e tímido da *empiria* despertou para uma autoconsciência enérgica; contra o idealismo impelido ao extremo levantou-se a reação *materialista*; contra a grandiosidade transformada em sistema articulou-se uma consciência *existencial*, que prestou contas sobre a nossa relatividade e fragilidade; e, sobretudo, opõe-se, então, ao predomínio da teoria, uma corrente que com decisão se prescreveu o primado da *práxis*. Pois se Hegel alcançou uma grande visão dos processos histórico-mundiais, lá onde o espírito se acreditava satisfeito na unidade do racional como efetivo, as gerações pós-hegelianas não souberam e não sentiram nada de maneira tão intensa quanto o fato de o efetivo e o racional se cindirem mutuamente aos gritos e, se o fosso tivesse um dia de ser fechado, esta teria de ser a tarefa de uma práxis *transformadora* da realidade efetiva, de uma práxis produtora de razão.

---

158. A ruína de Hegel vem atraindo cada vez mais o interesse de posseiros críticos; perseguem-lhes regularmente ordens positivistas de evacuação.

Essa "quíntupla" antítese ao sistema da dialética (empirismo, materialismo, existencialismo, primado da práxis, o elemento racional como um ainda-não) caracteriza até hoje a situação com a qual toda teoria filosófica posterior, seja ela dialética ou analítica, tinha de se confrontar, ou em meio à qual tinha de firmar pé. Todavia, a partir daí, o que estava efetivamente em questão não eram com ainda maior razão meras convicções antidialéticas. Pois o que quer que possa se seguir depois e contra Hegel, cairá, quer queira ou não, na "dialética da dialética" — expresso de outro modo: no conflito da razão subjetiva com o sistema destruído, que uma razão objetiva integral do conflito tinha querido indicar.

Esse conflito começa com um brusco não à absolutização da dialética. Não há como seguir o sonho de uma contradição produtiva, que impele a sínteses mais elevadas inteiramente por meio de tese e antítese. Não se pode pensar o ser real, precisamente quando se observa esse ser em seus movimentos, desenvolvimentos e lutas, segundo o modelo de uma contenda discursiva gigantesca, que almeja alcançar a verdade através dos extremos. Se dissermos *não* a esta possibilidade, então não exigiremos outra coisa senão uma repressão da dialética da ontologia. Expeli-la completamente não é permitido, porque ela, como expressamos acima, tem já como uma teoria contestável da contenda o "pé na porta". Depois de Hegel, consequentemente, o que precisa estar em questão na filosofia é tornar retroativo o golpe ontológico da dialética, sem oprimir o seu âmbito de validade. Isso não exige nada mais nada menos do que uma reprodução racional (analítica) da dialética sob a figura de uma *polêmica universal*.[159] No que a tradição dialética era grande era em: pensar a contenda de maneira querelante; pensar a contradição em movimentos contraditórios — isso precisa ser "suspenso" por uma teoria racional da contenda; naturalmente, essa suspensão, medida a partir da pretensão hegeliana, uma redução, dito de maneira positiva, uma ligação à terra, uma ancoragem realista e elucidativa desta polêmica universal em argumentos universalmente reconstruíveis.

"Quando dois brigam, o terceiro se alegra." Com a interpretação deste ditado popular alemão, é possível conceber o sentido polêmico da

---

159. Por isso, a tese de H. G. Gadamer de que a dialética precisaria ser "retomada" na dialógica e na hermenêutica é uma tese encurtada a partir de um belo espírito. O polêmico ultrapassa em muito o dialógico. Quem pensa em uma "hermenêutica da guerra"? Em uma teoria da "argumentação armada"? Em uma "dialógica" das rupturas dialógicas? Para não falar dos absurdos de uma "hermenêutica do capital" e de uma "dialógica da administração".

dialética. Na luta mútua, o primeiro e o segundo consomem suas forças — quando os dois fazem mais ou menos frente um ao outro —, de tal modo que um terceiro adicionado poderia submeter os dois a si com pouco esforço. No diálogo dialético, contudo, não encontramos nenhum terceiro, mas apenas dois contraentes que se esfalfam, da melhor forma que lhes cabe, um junto ao outro. Se os dois realizam de maneira igualmente boa a sua coisa mesma, então seria possível prognosticar uma luta não decidida. Se os dois forem polemistas habilidosos, então não é impossível para eles não apenas defender uma posição por um lado bem pensada e elaborada, mas deixar até mesmo avançar ofensivamente contra a posição contrária. De uma única vez, contudo, transforma-se a imagem, quando o primeiro não entra no campo de batalha apenas como polemista hábil, mas procura ser ao mesmo tempo *polemicus* e *arbiter* (árbitro). Exatamente isso é o dialético. Enquanto tal, ele emerge da posição do contraente que possui o mesmo nível hierárquico e que salta para o interior do terceiro superior. Com tal terceiro, ele se vale da posição do segundo em seu papel duplo como primeiro-e-terceiro. Combate com astúcia a astúcia, mas cuida para que permaneça o mais astuto. Acolhe os "movimentos da verdade" do lado oposto, como se diz, e se apropria deles como subordinados a partir de um "plano mais elevado". Isso só é legítimo, porém, se o segundo, por sua vez, não se declara por sua parte meramente surpreso, mas convencido pelo terceiro; com isso, ele mesmo se volta uma vez mais por concordância para junto do adversário, com o qual ele teria se tornado unido em um plano comum mais elevado. Nós teríamos, então, dois "terceiros", que poderiam se alegrar os dois com a contenda do primeiro e do segundo, porque os dois proviriam daí com um ganho.[160] Isso significa, contudo, falar metaforicamente; não há com efeito nenhum terceiro na contenda entre os dois. Enquanto eles mantêm o equilíbrio, não se pode falar de dialética, mas é preciso chamar a coisa, tanto agora quanto antes, pelo nome que lhe concerne: diálogo ou contenda dialógica.

A miséria da dialética concentra-se na tão famigerada função da síntese. No conflito das forças, ela ensina, nasce o novo e o mais elevado. Todavia, encontra-se à espreita uma perfídia nesse reconhecimento do conflito. Pois ele é realizado por aquele que se pensa como vitorioso na contenda, não como perdedor. Pode ser que nossas dialéticas europeias

---

160. Cf. a Segunda Consideração Prévia na Primeira Parte.

depois de Heráclito, estruturalmente, sejam todas juntas *fantasias de vencedor*, que tentam concluir na assim chamada síntese algo como um tratado de paz, com certeza um tratado do tipo da paz ditada, na qual o inferior deve se arranjar e se vincular à nova ordem. No jargão da dialética, isto significa: produzir algo universal por sobre uma oposição. O que acontece nesse caso, em verdade, é a reinterpretação da polêmica na dialética, ou seja, o resumo de uma contenda por meio do vencedor. Esse vencedor estiliza a história da luta como desenvolvimento e progresso em direção a si. A consciência do vencido não fala mais concomitantemente no resumo do vencedor, mas só continua falando como um "momento" subordinado; sua contribuição é "suspensa", ele mesmo permanece embaixo. O vencedor, portanto, é visto estruturalmente como um duplo-eu, a saber, como o primeiro e o terceiro, e, na função de terceiro, ele absorve os argumentos, as forças e os direitos do segundo eu.[161] O espírito do mundo hegeliano processa como um canibal, que devora consciências adversárias e conquista sua soberania a partir de sua digestão. Essa dialética "positiva" funciona como opressão do segundo; sim, tomado de maneira exata, até mesmo como segunda opressão daquilo que já se insurgiu um dia contra uma primeira opressão. (Pois a segunda posição, a antítese, não emerge na realidade efetiva como um parceiro de duelo ou como um polo oposto congênere, mas emerge, sim, como revolta contra um predomínio já estabelecido.)

A dialética positiva, portanto, não abandona o espaço da polêmica, mas termina a contenda por meio de um ditado do vencedor; com isso, ela intervém no acontecimento polêmico — e isso regularmente por parte do predomínio e da consciência dominante; ela fortalece as estruturas de embaixo e em cima, bom e mal, eu e *isso* a partir da posição de domínio e às custas do "lado" inferior. Com isso, obtém-se um resultado fortemente irônico. Dialéticas positivas, de Platão a Lenin, atuam na práxis como obstáculos e falsificações daquilo que elas transformaram em seus temas: a contenda produtiva e o equilíbrio das forças.

Foi nessa experiência que se baseou a inversão ousada empreendida por Theodor W. Adorno das tradições dialéticas. Ela desconfia da ideologia do vencedor acerca das sínteses mais elevadas. Em verdade, a vitória do "universal" não traz consigo nenhuma distensão; a negação, assim,

---

161. Em Hegel, que se imiscuiu de maneira incomparável na esquizofrenia desse eu duplo, há até mesmo reflexos gramaticais desta estrutura: frases em que o sujeito se encontra na primeira pessoa e o predicado na terceira.

mantém-se tão improdutiva quanto a negação da negação. As "suspensões" são mendazes, nada melhor vem depois delas. Quanto mais "dialeticamente" partidos, blocos, ideologias se levantam uns contra os outros, tanto mais triunfa, sob a capa de uma produção e de um armamento pesado, o espírito da trégua, do domínio e da cristalização. Cada vez mais, algo vivo se torna arma e instrumento. Na medida em que, direta ou indiretamente, tudo se transforma em luta e negócio, guerra e troca, arma e mercadoria, morre o vivente, para cujo desenvolvimento e elevação seria necessário, segundo a representação dialética, o conflito. Por fim, a dialética não é mais nem mesmo aparentemente a forma de movimento da razão nos conflitos históricos, mas se transforma — pensemos na manipulação stalinista da dialética — em um instrumento de uma paranoia calculatória refinada. A guerra não é de maneira alguma o pai de todas as coisas, mas seu obstaculizador e aniquilador. A correção adorniana da teoria dialética tem início de maneira consequente na "síntese" dúbia:

> A formulação dialética negativa se choca contra a tradição. Já em Platão, a dialética quer que, pelos meios de pensamento da negação, algo de positivo seja produzido; a figura de uma negação da negação denominou este fato mais tarde de maneira marcante. O livro gostaria de libertar a dialética de tal essência afirmativa... (*Negative Dialektik*, Frankfurt s/ o Meno, 1966, p. 7)

A dialética negativamente concebida trabalha ao encontro de uma polêmica universal, sem expressá-la. Se o primeiro é o "idealismo" das potencias hegemônicas e o segundo o "materialismo" dos oprimidos, então o terceiro que emerge da contenda é no fundo uma vez mais o primeiro, mas pior. O erigir de um universal sobre as oposições representa sempre uma vez mais o mesmo; com certeza, algo se "movimenta" aí, mas *plus ça change, plus c'est la même chose*[162]: a virada negativa de Adorno contra a dialética tradicional significa um *não* em relação àquilo que, na doutrina "dialética" hoje predominante, o marxismo-leninismo, é mera mentira. Por mais poderoso e produtivo que possa ser o seu lado realista (ele tem efetivamente em si todos os motivos da antítese quíntupla acima citada de Hegel, ou seja, tudo aquilo que nós hoje tomamos por "realista" — o motivo existencialista, porém, com certeza apenas sob a forma desfigurada), ele não foi suficientemente realista em um ponto decisivo: ele *não*

---

162. Em francês no original: *quanto mais isto muda, mais permanece o mesmo*. [N.T.]

levou a cabo o recuo da dialética e sua saída da ontologia de uma forma satisfatória, racionalmente bem ordenada.

Esse recuo precisa, é o que dissemos, conduzir justamente a uma polêmica universal, que penetra a contenda em sua dinâmica socialista e em sua função evolutiva. A teoria não precisa realizar nada mais e nada menos do que aquilo que, depois de Hegel, pode ser denominado uma teoria dialética. Marx *deu o primeiro passo* para tanto. Expôs uma filosofia da história que só faz sentido se a compreendermos como tentativa de uma primeira polêmica universal racional. A sentença nuclear de sua doutrina, a afirmação de que toda a história humana até aqui seria uma história das *lutas* de classes, comprova a tentativa de Marx de libertar a dialética da herança idealista e de fundamentá-la de maneira realista e empírica como teoria da realidade efetiva, e isso justamente como polêmica universal. Não obstante, repetiu-se em Marx o mesmo o dilema da dialética; ele não oferece apenas uma polêmica universal, mas ao mesmo tempo, no interior dessa polêmica, uma prova falsa de em que medida sua posição precisaria ser a vitoriosa. Mesmo Marx produziu uma fantasia de vitória (de antemão), ou seja, falsificou uma vez mais a polêmica, transformando-a em dialética. A expropriação dos expropriadores procura instituir algo universal sobre a oposição dos explorados e dos exploradores, a saber, a justa distribuição das riquezas; o meio para tanto, porém, não é nenhum meio universal, mas uma nova polêmica, a opressão dos opressores, a assim chamada ditadura do proletariado. O pensamento marxista afirma, de maneira mesmo ditatorial, essa ditadura. A dialética também serve para Marx como artifício "positivo" para ser ao mesmo tempo partido e juiz, primeiro e terceiro. Por mais realista que Marx tenha sido como inaugurador de uma polêmica universal, ele permaneceu não realista com vistas às metas e aos resultados das lutas por ele postuladas. O que temos hoje diante dos olhos como sendo um assim chamado sistema de partido único são abortos deste realismo parcial: partidos que se extraviaram em meio à sua fantasia de vencedor, segundo a qual eles teriam agora integrado a segunda posição e suspenso essa segunda posição em uma síntese única, mais elevada. O partido como o todo. O polo como o integral. O momento como totalidade. Exatamente isso é o esquema no qual, segundo as próprias palavras de Marx, "a merda toda" precisa começar "uma vez mais do início".

O que começou como tentativa de escapar do risco dualista da paranoia por meio de um reconhecimento dialético do um *e* do outro se transforma no último instante em uma nova unilateralidade que impõe dualismos.

A tentativa marxista de fundamentar uma polêmica racional universal precisa ser considerada como fracassada, na realidade efetiva tanto quanto na teoria; *a realização duradoura reside na própria tentativa*. Não temos nenhuma outra escolha senão prossegui-la racionalmente. De fato, a história humana *também* é uma história de lutas, como acentua Marx, só que é mais do que questionável dizer se ele tinha razão ao identificar as lutas históricas como as lutas de *classe*. A polêmica mundial, que vemos diante de nós como história do mundo, mostra muito mais a imagem de conflitos interétnicos, internacionais e interimperiais descomunais, naturalmente impostos e sobrepostos pelo fato de que os sujeitos do conflito são em si na maioria das vezes sociedades de classes — ao menos no tempo histórico, que identificamos em geral com a história do Estado, isto é, com a história de sociedades imperiais hierárquicas. No entanto, nenhuma sofística estará um dia em condições de apresentar de tal modo a história humana da guerra de modo que ela viesse a se mostrar como equivalente à história das lutas de classe. A sociedade de classes também é o produto da guerra, tanto quanto a guerra é o produto da sociedade de classes. Aqui contam os fatos históricos, e, inversamente, como em Hegel, sempre se dirá no conflito entre fato e teoria o seguinte: tanto pior para a teoria. A guerra é mais antiga do que a sociedade de classes, e lutas entre sociedades de classes não são *per se* lutas de classes. Diferentemente do marxismo, uma polêmica universal goza do primado de poder se dar desde o início ao luxo dessas distinções. Pode empreender tais distinções, porque não quer ser nenhuma fantasia de vencedor e não tem nenhum interesse em demonstrar o triunfo necessário e historicamente "passível de ser vencido" de um partido. Ela já não se encontra mais de maneira alguma sob a compulsão de não construir empiricamente sujeitos de conflitos previamente encontráveis, tal como o marxismo o faz, ao postular um proletariado combativo como o parceiro histórico mundial da burguesia no conflito. A polêmica universal pode até mesmo seguir um paço adiante na descrição histórica em relação ao materialismo histórico: a saber, ela pode investigar o estilo polêmico dos dialéticos como um dos fenômenos mais importantes na história dos conflitos modernos; ela mostra o que acontece, quando um partido coloca à base de suas lutas uma teoria "dialética".

A dialética positiva permanece, por sua vez, ainda um objeto para a polêmica universal.[163]

A grande intervenção de Adorno refere-se a esse ponto. Só uma dialética negativa deixaria de ser a ideologia de legitimação de um partido, que sonha consigo mesmo como vencedor *e* como o todo. Só com isso é possível pensar em uma superação do abuso da dialética. Se seu cerne racional é trazido à tona como polêmica geral, então o lado mendaz nela pode e precisa desaparecer. Assim, ela nunca mais poderá prestar serviços a ninguém a partir de uma presunção de que sempre tem razão. Ela não será mais nenhuma arma, nenhuma ideologia, nenhum instrumento de propaganda, mas tornar-se-á tal como ela se entendia a si mesma, por mais que sem razão: um instrumento para a descrição da realidade efetiva, da história e dos conflitos de consciência. Quando Adorno, como disse, colocou as cartas abertas na mesa, levou a termo o gesto que tinha se tornado caduco na tradição dialética demasiado madura. Como dialética negativa, a dialética abdicou abertamente da tentativa de manter compulsivamente a razão e de festejar a violência dos vencedores como sínteses mais elevadas. A Teoria Crítica foi a tentativa de se apoderar da herança da dialética, sem tramar fantasias de vencedor. Nela ganha voz o legado dos violentados e vencidos. Ela desdobrou pela primeira vez de maneira consequente a exigência de escrever a história da humanidade de tal modo que os infelizes, que sucumbiram nela como vítimas, não apareçam apenas como "estrume" (cf. o capítulo sobre O Grande Inquisidor) e que a historiografia não repita a violência e a injustiça acontecidas em lutas passadas por meio de seu modo de consideração.

Isso é tudo? Podemos nos dar por satisfeitos no momento em que a dialética é repelida da ontologia e lançada para a região da polêmica universal? Será que *só* essa polêmica forma o seu cerne racional e todo o resto teria sido mero tilintar de palavras e arrogância? Resta mostrar que aquilo que chamamos de dialética tem uma segunda raiz que permanece firmemente ancorada, mesmo quando arrancamos a primeira. Encontramos a segunda raiz quando auscultamos algo das pretensões ontológicas e filosófico-naturais da dialética. Mais dia menos dia virá à tona irremediavelmente na autoapresentação da dialética a afirmação de que ela seria

---

163. Cf. Segundo Cinismo Cardinal, capítulo sobre o Grande Inquisidor; Terceiro Cinismo Secundário; "Crítica à superestrutura idealista", em Os Oito Desmascaramentos; "Elegia marxista", em Depois dos Desmascaramentos; assim como Seção Principal Histórica, capítulo 15.

de fato a ciência do "devir" e de que o devir, por sua vez, seria a "grande lei" da realidade efetiva. E, então, veremos surgir logo o exemplo ingênuo e comovente da planta, que germina a partir da semente, por mais que a semente desapareça e se transforme na planta que brota a partir dela; essa planta produz, por sua parte, a semente que a abandona, que é levada adiante e floresce novamente, enquanto a planta que envelheceu perece, tal como em geral o desaparecimento é o reverso do devir. Será que passamos sem perceber da polêmica social para a doutrina da natureza e para a biologia? Com certeza, mudamos o terreno, mas não foi sem o termos notado. Pois a assim chamada dialética da natureza sempre foi desde o princípio o calcanhar de Aquiles dessa corrente. Em particular desde Hegel, é possível se divertir com afirmações como estas, segundo as quais o brotar seria a *antítese* do rebento, ao passo que o "fruto (então) declara a florescência como uma falsa existência da planta" (*Fenomenologia do espírito*). Magia conceitual? Burla retórica? A análise não tem aqui efetivamente dificuldade de comprovar um abuso da linguagem. O escárnio dos críticos é natural e justificado. Não obstante, não deve nos deixar cegos para a grande referência que foi dada com tal exemplo. Por mais ingênuo que soe, ele aponta para uma camada fundamental ingênua e originária do filosofar, que não pode ser completamente dissolvida por nenhum refinamento dialético ou analítico, por mais que esse refinamento amplamente seja levado adiante. Pois esse exemplo olha para o ciclo da vida e para a grande e universal transformação dos fenômenos entre devir, existência e perecimento. A antiga tradição da sabedoria — a tradição pré-científica — tem esses fenômenos constantemente diante dos olhos: ela vê a mudança das estações do ano, o ritmo de dia e noite, a contrapartida de despertar e adormecer, a inspiração e a expiração, a alternância entre luz e sombras. No centro desses fenômenos polares, ela encontra o jogo dos sexos — que fornece ao mesmo tempo o modelo para a ampliação das díades polares nas tríades dialéticas. Pois no encontro do masculino e do feminino surge a criança, a "síntese" de pai e mãe, óvulo e sêmen, amor e lei, etc.

Ou seja, essas considerações ingênuas mostram em que a dialética procurou se apoiar em seu lado positivo. A saber, retirou durante muito tempo os seus princípios ontológicos de uma filosofia da vida originária, que tem diante dos olhos o jogo do mundo e as dualidades antagônicas. O que se denomina dialética é, em verdade, uma *rítmica* ou uma filosofia da polaridade. Considerada de maneira pura, essa filosofia tenta conceber a vida e o cosmos como uma mudança incansável de fases e estados do ser, que estão indo e vindo — como o baixo-mar e a enchente, os ciclos dos astros, a alegria e a tristeza, a vida e a morte. Essa grande rítmica compreende todos os fenômenos sem exceção como pulsações, fases, compassos. Ela não reconhece neles outra coisa senão o movimento oscilante do uno, do princípio cósmico em suas viradas naturais e inevitáveis. O fato de tudo no mundo ter o seu contrário, o fato de os estados se moverem em um fluxo e em um movimento circular eternos e de os extremos se transformarem uns nos outros: essas são as visões grandes e inabaláveis às quais chega essa rítmica. A "dialética" heracliteana — a primeira e com certeza também a única europeia a se mostrar como uma pura filosofia da polaridade, sem se transformar em polêmica, e que, por isso, também é contemplativa e obscura, não se dispondo a convencer e sem ser pensada para o diálogo querelante — corresponde completamente a este tipo de doutrina da sabedoria:

> O oposto aspira à unificação, do diverso surge a mais bela harmonia, e tudo surge com base na discórdia.
> Ligação: todo e não todo, consonante e dissonante, ressoar como mesmo e como diverso, e de tudo um e de um tudo.
> Duas coisas estão sempre em nós: o vivente e o morto, o desperto e o que dorme, jovem e velho. O primeiro torna-se por transformação o outro e, em uma nova mudança, este se torna uma vez mais aquele.
> Nós entramos nas mesmas águas e não entramos; nós somos e não somos.
> (Seleção de citações: *Antike Geisteswelt* [Mundo espiritual antigo — Uma coletânea de textos clássicos], W. Rüegg (org.), Frankfurt, 1980, pp. 92-3)

Tal visão do todo do mundo possui ainda a ousadia e a grandeza características de uma filosofia primeira; ela tem um sentido contemplativo, não argumentativo. Ela é ensinada para todos e para nenhum, não é convincente, mas, em todo caso, se revela como demonstrativa; ela também poderia permanecer totalmente sem ser dita e não quer de maneira alguma ser "defendida" como uma visão, como uma opinião. Seu discurso é como uma consonância com o cosmos rítmico, pulsante. O mundo possui, sim, um curso e uma respiração próprios, e essa filosofia da polaridade maximamente primeva foi apenas um respirar conjuntamente com a inspiração e a expiração do mundo. Entre a "lei mundial" das polaridades e sua compreensão pelos filósofos não se abre nenhuma lacuna.

O pensador, muito mais "vidente", não assume nenhuma posição "própria" e não se destaca como sujeito cognoscente dos fenômenos conhecidos. No grande mundo dessas pulsações e dessas reviravoltas polares, ele não ocorre como um eu que se destacaria desse mundo e que poderia decair em erro em meio a esse destaque. Tudo o que ele diz também o atravessa e as coisas seriam em todo caso assim, quer ele o dissesse ou não. Em última consequência, precisar-se-ia denominar uma tal doutrina da polaridade como sendo uma filosofia sem sujeito. Onde impera essa visão, só há fundamentalmente os ritmos, somente a oscilação das energias e dos polos opostos, não resta nenhuma esfera própria para o eu separado do homem. Na relação com esses ritmos, só há para o homem uma postura válida: a entrega. Compreender significa estar de acordo. Quem vê que o mundo é harmonia em esgarçamentos não lutará contra isso. Onde reina intelecção, o sujeito da luta já sempre passou. Mas se a dialética pode ser chamada efetivamente de "teoria suprema" nesse sentido, então ela vem à tona *argumentativamente* de maneira absolutamente indefesa; em sua contemplação desprendida, ela se normalizou e se transformou na mais serena indemonstrabilidade. Tal doutrina da sabedoria, por isso, não é de maneira alguma polêmica, mas consonância e ritmação.

Se é efetivamente correto denominar de dialética uma tal filosofia da polaridade[164], então trata-se em todo caso de uma teoria cosmológico-contemplativa, e nela não há nada que nos lembre a relação "dialética" mais moderna entre sujeito e objeto. Frente às polaridades, não resta ao homem nenhuma oposição "própria"; ele não se encontra diante delas como sujeito em relação a uma coisa; em todos os casos, ele mesmo pode ser polo, sujeito entre sujeitos, força entre forças — sem resistência e ao mesmo tempo ativamente inserido naquilo que acontece. Não lhe cabe se contrapor como o outro autocrático e autárquico (sujeito) ao ser. Isso justamente só se dá quando o mundo dos homens se autonomiza, quando o princípio polêmico se tensiona e aquece com os graus mais elevados da civilização e da sociabilização, quando opressão, violência, hostilização, domínio, guerra, ideologia, arte das armas, estratégia, etc. começam a formar sujeitos polêmicos correspondentes. Esses sujeitos empreendem intensivamente a separação do outro "polo", fazendo dele um "objeto". Isso corresponde, por exemplo, à polemização do *id*, tratada anteriormente. Não estamos

---

164. Por falta de intenções filológicas, não a pressenti em um filósofo específico, mas a construí de maneira ideal-típica; com certeza, porém, nesse aspecto reluzem mais figuras de pensamento asiáticas do que europeias — até o ponto em que estou em condições de dizer algo sobre isso.

mais então lidando meramente com ritmos e polos opostos, mas com hostilizações militares, políticas, sociais, ideológicas. O princípio do inimigo cobre inteiramente o polo outrora neutro; a partir da relação entre força e força surge a relação eu-*id*, sujeito-objeto. Desde então, o respectivamente negativo não deve mais de maneira alguma vir à tona. Na polêmica, o contragolpe do outro lado deve ser efetivamente aplacado. Com isso, porém, o mundo da rítmica é destruído. A dialética polêmica procura manter, em verdade, ainda um resto de polaridade, na medida em que acentua o fato de a travessia pelo polo oposto ser necessária; em verdade, porém, ela afirma e conduz a polêmica, porque se julga capaz da *vitória* sobre o princípio oposto. As reconciliações que a dialética tinha imaginado eram segundos domínios, e as sínteses de pensamento tinham a função de retirar as armas do segundo elemento, subordinando-o. É apenas no interior da lógica que a "negação da negação" soa neutra e justa. Só aqui pode parecer que se teria feito completamente justiça à antítese logo que a negação da negação produziu uma síntese. O que está em verdade em questão é uma negação preventiva da negação — dito de outro modo: o sufocar da antítese em germe. A antítese não se desdobra e se transforma em seu polo oposto, mas permanece um mero "potencial", uma negação sufocada e dormitante. Por isso, Adorno não designa a dialética negativa um "desfiguração tardia", mas um traço fundamental da dialética.

A dialética negativa reconhece finalmente a dialética do obstáculo. O obstáculo é justamente o único ingrediente que pode ser inserido pelos "sujeitos" no mundo dos ritmos. Onde os homens têm sucesso em suas vidas, isso não acontece tanto por meio de autoenrigecimentos combativos, mas sim por meio do fato de eles desenvolverem culturas, nas quais figuras rítmicas podem desenrolar seu jogo sem a nossa intromissão. Uma vida criativa floresce onde quer que abdiquemos de nossa capacidade de produzir obstruções. Assim, não há certamente nenhum gênio obstaculizado, mas antes gênios da obstaculização.

O "sujeito", nascido do puro impedimento e da pura ameaça a si mesmo, nunca pode se imiscuir senão como obstrutor, combatente e gerador de "objetos". Ele surge na sociedade a partir de milhares de limitações, negações, definições, hostilidades, obstruções e definições alheias, grandes e pequenas, que se reúnem e formam a sua "identidade". Atacá-lo significa em si impeli-lo sempre mais à frente.

De forma exótica, só reconhecemos isso desde que o armamento total de sujeitos políticos modernos colocou a destruição global do mundo em

René Magritte, *As férias de Hegel*, 1959.

um alcance prático. A abstração aparentemente mais simples chamada "luta", "que expressa uma relação antiquíssima e válida para todas as sociedades" (Marx)[165], só se tornou, por isso, verdadeira para nós homens de hoje. Só no ápice da modernidade se revela para nós a identidade entre subjetividade e armamento. Somente aqui temos algo em comum com a "luta em geral", com a "luta *sans phrase*". O que as grandes doutrinas esotéricas deste mundo trouxeram através dos milênios por meio de sua excessiva obscuridade como sendo o seu perigoso segredo vem agora à luz de uma reflexão desencantada, na qual podemos dizer com um tom sereno o que significa nosso caráter defensivo. Somente na modernidade a vida foi a tal ponto congelada para a defesa dos sujeitos que nosso pensamento, tarde, mas não em vão, pode finalmente conquistar o conceito universal verdadeiro para tal subjetividade. Como a vida realmente

---

165. Esta formulação refere-se em Marx (na introdução aos *Grundrisse*) ao conceito abstrato de *trabalho* conquistado por Adam Smith; ironicamente, porém, o dialético Marx permaneceu em débito para conosco no que concerne ao conceito geral mais simples do elemento polêmico. Ele só teria podido fornecê-lo se não tivesse apenas "continuado a se desenvolver", da filosofia em direção à crítica da economia política, mas se tivesse também retornado, a partir de tal crítica, à filosofia. Nessa lacuna, o terrorismo principal de Lenin pôde se difundir.

poderia ser é algo a todo dia esquecido de maneira cada vez mais profunda no sistema desdobrado dos impedimentos. Todavia, a única coisa que poderia nos ajudar seria aquilo que nos auxiliasse a nos desarmar enquanto sujeitos — em todo plano, em todo sentido.

Na medida, porém, em que a fluidificação dos sujeitos, que estava constantemente em questão no pensamento inspirado, continua sendo a tarefa da razão prática, a filosofia enquanto teoria da razão também conquista aqui a sua norma derradeira. Uma racionalidade que se colocou a serviço de enrijecimentos subjetivos já não é mais racional. Uma razão que nos mantinha, sem nos ampliar, não era razão alguma. Assim, uma racionalidade madura não pode escapar do devir "dialético". Por fim, o mais rigoroso pensamento precisa se lançar para além de si como mero pensamento de um sujeito. Se se aposta aí em termos de uma filosofia da consciência em autorreflexão; em termos de uma filosofia da linguagem em um "agir comunicativo"; em termos metarreligiosos de uma fusão meditativa; ou em termos estéticos, relativos a uma transcendência jocosa: a decisão quanto a isso será deduzida compulsivamente por uma razão racional, ou seja, fisionômico-simpatética, a partir das inclinações de nosso corpo.

IV.
Seção principal histórica

O sintoma de Weimar.
Modelos de consciência da modernidade alemã

> Lemos o todo de maneira angustiada, e, em verdade, menos por causa dos horrores do que por causa da completa segurança com a qual o contrato secreto, que existe entre os homens, foi quebrado. A impressão é mais ou menos a que se teria se alguém no quarto levantasse a voz e dissesse: "Agora que nós animais estamos juntos entre nós..."
>
> Ernst Jünger, *Grausame Bücher* [Livros terríveis].
> In: *Das abenteuerliche Herz* [O coração aventureiro]

O cinismo, como mostramos, forma uma figura fundamental da revogação valorativa no processo histórico de consciências combatentes. Nele despertam as "ideologias" para si mesmas. De maneira ostensiva, elas reluzem em uma pérfida inevitabilidade. Emergem no curso da história tempos dispostos de maneira particularmente cínica ou, dito em termos marxistas, tempos de um domínio decrescente de classes — épocas de uma ideologia que se tornou reflexiva, nas quais as normas e os dogmas da cultura, mobilizados de maneira autoirônica, começaram a brincar com suas contradições internas. Na história da humanidade até aqui, o fato de disposições de consciência falsas e más tornarem-se reflexivas sempre foi um sintoma de patologia cultural — expressão de que camadas dominantes tinham entrado em um estágio mórbido, inclinado para a selvageria e para a desinibição. No que diz respeito a esse ponto, Oswald Spengler, independentemente de como o considerem, emitiu enunciados de uma precisão fisionômica espantosa. Trata-se de tempos epígonos, quando forças originárias, ingenuidades estáveis em termos valorativos e tensões volitivas primitivas em uma camada culturalmente dominante se consumiram por meio de processos de aprendizado estratégicos. Por isso, tempos de gestos vazios e de uma fraseologia tramada de maneira refinada, nos quais reservas privadas, contramundos e ironias se escondem sob toda palavra oficial e nos quais fluem submonólogos mudos sob as elocuções públicas, dos quais só o iniciado, o parceiro de corrupção, o concomitantemente decadente e irônico sabe, são tempos cínicos.

Meu ensaio sobre a República de Weimar evita conscientemente tanto o vocabulário patográfico da crítica cultural quanto a saúde fingida daquelas filosofias da história por demais seguras de si, que logo falam de decadência e de corrupção, quando os indivíduos entram em cena de maneira mais reflexiva, mais sensível, mais pensativa e mais consciente de seus problemas. O fenômeno da ideologia reflexiva não é de fato completamente idêntico à decadência. Se diminuem as ingenuidades e a sobriedade aumenta, isso não precisa significar a decadência do Ocidente. Com moralismo e com metáforas pantanosas, não se chega em todo caso a este ponto. Mesmo Ernst Bloch, que também escreveu algo mais sutil sobre esse problema em geral e sobre o "sintoma weimariano" em particular, em *Erbschaft dieser Zeit* [Herança deste tempo], por vezes fala a partir desta perspectiva, algo seguro demais, "saudável" demais: "ideologias podres nos tempos de declínio de uma sociedade de classes... uma consciência já sabida como falsa, e, ao mesmo tempo, um engodo." (Das Prinzip Hoffnung I [*O princípio esperança I*], p. 169) Esse modo de ver supõe uma estrutura psicológica, na qual só se precisaria de um pulo da descoberta da "burla", ou seja, da conscientização da "podre ideologia", para se chegar à verdade nuclear. As relações atuais estão muito longe disso, tanto em termos psicológicos quanto sociológicos, e quase ninguém imaginaria hoje que seria possível ter uma relação firme com a verdade. Um estádio pré ou pós-mórbido se expande em direção a uma nova normalidade. Depois de cem anos de crises, a palavra "crise" se acha tão gasta quanto os indivíduos, que deveriam outrora despertá-la. As estruturas modernas, reflexivamente cínicas, sobrevivem evidentemente para além das fases coloridas da decadência: mesmo os terríveis cinismos da materialidade moderna são sempre ainda cinismos, mesmo que eles não tenham mais há muito tempo nada em si da grande pose da morbidez aristocrática, do esteticismo, dos dândis e do modo de vida engenhosamente depravado de individualidades tardo-burguesas supercultivadas. Vivemos hoje em um cinismo do qual não floresce absolutamente nenhuma flor do mal, nenhum grande olhar frio e fogos de artifício junto ao abismo. Ao invés disso, temos cidades de concreto, democracias de escritórios, apatia, infinita mediocridade, administração de inconvenientes, um falatório lamentável sobre responsabilidade, um pessimismo sarapintado e ironias insípidas. Pode ser que se tenha de suportar ainda por muito tempo este "espírito". Não se trata mais nem mesmo de uma mentalidade decadente. Essa mentalidade não pode ser decadente, porque ela não foi precedida por nenhum apogeu, do qual ela tivesse decaído. O que hoje é cínico vem resvalando há muito tempo ao léu com este estilo.

À ideologia reflexiva não corresponde mais, como dissemos, nenhum "desvendamento". Não surgiu nenhuma crítica do realismo gelatinoso, pois a crítica não pode criar para si validade, se ela não se contrapor a uma ignorância. Na consciência cínico-difusa não impera de fato nenhuma ignorância propriamente dita, mas apenas um esfacelamento interno inalcançável por todo e qualquer esclarecimento e uma semiobscuridade consciente, que sempre encontra em seu turvamento, sabe lá Deus como, a força para continuar em frente. Até mesmo uma crítica que se torna ela mesma cínica, a fim de derrubar o cinismo reinante, recua. É assim que se poderia resumir de maneira breve a crítica na República de Weimar.

A República de Weimar faz parte dos fenômenos históricos junto aos quais é possível estudar da melhor forma possível como a modernização de uma sociedade procura ser paga. Trocam-se conquistas técnicas enormes pelo mal-estar crescente na não cultura; alívios civilizatórios pelo sentimento da ausência de sentido. Empreendimentos gigantescos atiram para o alto, mas à meia-luz resta a questão: para que tudo isso e o que isso me importa? No caso da inteligência que acompanha conscientemente a realização do processo, não há mais em parte alguma uma "consciência falsa" em sentido simples, mas por toda parte uma consciência desesperada. Como nada mais é "sagrado" para ela, ela se torna ávida. Sua avidez amorfa e inexata coloca-se aos pés de um mundo de instrumentos, junto aos quais ela não encontra mais de qualquer modo nenhum prazer propriamente dito.

Na cultura weimariana — eu o aludi na Primeira Consideração Prévia —, o cinismo ainda encontra uma linguagem mais perfilada do que hoje. Ele era mordaz e produtivo, ao passo que o cinismo atual só se manifesta no estilo do "não, obrigado", de maneira rabugenta ou burocrática. Pois nos ápices da cultura de Weimar ainda se revela, apesar de tudo o que tinha acontecido, uma grande proximidade com as altitudes valorativas e com os ideais das tradições metafísicas, cujo colapso é expresso agora de maneira grandiosa em mil desilusões e desmontagens ousadas e vivamente agressivas. Encontramos elementos *kynikoi* e cínicos em quase todas as estéticas progressivas do tempo, para não falar dos fenômenos de desinibição pequeno-burgueses no plano político da soldadesca (fascismo). Entre os espíritos produtivos do tempo, não são poucos aqueles que tomam sobre si a tarefa de dar voz às suas desilusões, ao seu escárnio, à sua nova e grande frieza sob as formas artísticas de ataque. Eles criam uma linguagem expressiva, na qual negatividade e modernidade, infelicidade e contemporaneidade consciente se tornam quase idênticas. Dessa esfera provêm grandes poses da resistência individual em uma realidade efetiva gritantemente desesperada. A Primeira Guerra Mundial ainda pode ser concebida aqui como um evento histórico-metafísico — em certa medida, como o comentário militar à sentença nietzschiana "Deus está morto". O eu depois da guerra é uma herança sem testamento e se acha quase irrevogavelmente condenado ao cinismo. Uma vez mais, ele se lança em grandes posturas expressivas: autonomia estética no esfacelamento; codestruição na destruição geral; caretas refletidas mesmo no dilaceramento; afirmação fria de relações que dizem *não* ao nosso sonho de vida; a frieza do mundo superada pela frieza da arte. Os especialistas na arte do cinismo de Weimar exercitam-se em desempenhar o papel de senhores da situação, quando tudo se mostra em uma grande confusão e não resta mais nenhuma soberania possível. Exercitam a projeção petulante para além do absurdo, do inconcebível, contudo, há muito deslumbrado. Colocam de maneira desrespeitosa as suas poses contra o caráter fatídico do tempo, caráter esse tão sobrepujante quanto ordinário: deixar-se levar cinicamente, urra, estamos vivos! Modernização da consciência infeliz.

1. Cristalização weimariana.
Transição de um tempo da memória para a história

> Três quartos de vossa literatura e de toda a vossa filosofia são expressão do desgosto.
>
> Bruno Frank, *Politische Novelle*, 1928

No decorrer da década, na qual me ocupei com a cultura de Weimar, desenvolvi uma desconfiança de início bem branda contra a pesquisa voltada para Weimar, desconfiança essa que se transformou gradualmente em uma dúvida teoricamente fundada. Quanto mais continuava a ler, tanto menos me encontrava certo de, em geral, estarmos em condições de dizer algo significativo sobre a cultura e a consciência daqueles anos de 1918 a 1933. Quanto mais pesquisa se adiciona, tanto mais clara se torna essa dúvida. A existência de uma série de análises e exposições científicas primorosas não altera nada nessa situação. Minha dúvida não se refere propriamente à possibilidade de prestar contas de modo histórico-crítico sobre este ou aquele aspecto da vida cultural dessa época, mas antes à nossa capacidade de assumir uma postura significativa em relação à nossa continuidade e descontinuidade com Weimar. Pode-se entender isso como expressão de uma inquietação "histórico-filosófica".

Há duas abordagens levemente distinguíveis a Weimar: uma nostálgico-arqueológico e uma político-apologética. O primeiro conduz para o campo da literatura das memórias, para o campo da tradição oral dos mais antigos e da curiosidade projetiva de grupos políticos marginais de hoje. De acordo com esse primeiro modo de acesso, houve na Alemanha um tempo no qual a vida ainda era "interessante", no qual política e cultura transcorriam de maneira dramática, vital, tumultuosa, cheia de prosperidade e de declínio, como se a teatralidade tivesse sido o denominador comum de todas as manifestações sociais da vida, do Expressionismo até as pernas espetaculares de Marlene Dietrich em *O anjo azul*, da comédia sangrenta do golpe de Hitler em 1923 até a *Ópera dos três vinténs*, do enterro imponente de Rathenau em 1922 até a patifaria do incêndio do Parlamento em 1933. A crise permanente, da qual todos falavam, revelou-se como um bom diretor, que sabia empregar os efeitos mais marcantes. Ao lado da nostalgia dos que lembram, também é possível observar uma violenta saudade das esquerdas em relação à terra natal que foi a República de Weimar, um campo no qual havia um espectro extremamente notável de cultura política — do liberalismo de esquerda de Tucholsky, Ossietzky, Kästner, Heinrich Mann, etc., passando pelos simpatizantes da social-democracia e do comunismo, até chegar aos radicais de esquerda, aos anarquistas e aos marxistas independentes como Benjamin, Korsch, Brecht e aos primórdios da Teoria Crítica... A República de Weimar tornou-se algo como uma modalidade de jogo para o historicismo de esquerda, um campo de exercício para tomadas de partido e engajamentos com efeito retroativo, como se fosse útil ao menos saber ulteriormente de que lado se teria aberto uma brecha. Como o contato com as ideias e os potenciais da cultura de Weimar tinha sido rompido por meio do Terceiro Reich e da restauração do tempo de Adenauer, a nova esquerda precisou abrir um acesso quase arqueológico às camadas soterradas da cultura política alemã. Arquivar, folhear, ler: o que veio à tona aí foi impressionante. Uma tradição interrompida precisou em certa medida exumar a si mesma e constatou espantada que tudo já tinha havido um dia — toda a nossa "identidade" intelectual sob os escombros.

O segundo acesso a Weimar escolhe o fascismo, o domínio nacional-socialista, como ponto de vista. Aqui, o interesse é quase inteiramente apologético e didático: por que este e aquele partido ou pessoa *precisam* se comportar assim? Por que o fascismo nacional-socialista se mostrou irresistível ou como teria sido possível impedi-lo? Por que tudo foi tão terrível quanto foi? Weimar aparece sob este ângulo como um pré-fascismo temporal, o tempo antes de Hitler. Essa literatura voltada para o "como-foi-possível" agora enche bibliotecas. Weimar funciona nesse ponto como o portento da ética política — o que prospera para alguém quando falta um meio termo democrático, quando forças não liberais se tornam fortes demais, quando os partidos dos trabalhadores se dilaceram, quando o capital monopolista não sabe mais como seguir em frente, etc. Uma linha de autores sabia "já outrora" o correto, mas infelizmente não conseguiu entrar em ação; outra linha "se equivocou", em verdade, outrora, mas hoje sabe o que é correto em relação a isso. Assim, sob todos os aspectos, Weimar serve como a hora histórica político-moral, da qual todos aprenderam sua lição. República Democrática Alemã e República Federal da Alemanha competem na postura daqueles que aprenderam com os erros do passado. Como hoje a geração das testemunhas oculares se acha envelhecida e vai desaparecendo, nada mais se encontra no caminho de uma pedagogização política daqueles anos — quando muito a academização...

Há dúvidas em relação às duas abordagens. Não seria possível que só tivesse surgido delas até aqui uma pesquisa no "estágio especular", pesquisa essa que permanece sob o domínio de relações ingênuas de "interesses" com o "objeto"? Projeções, apologética, superação, nostalgia, salvação: tudo isso não passa de posições e imagens em uma casa de espelhos histórica. "O que chamais o espírito dos tempos/ É dos senhores o próprio espírito/ No qual os tempos se refletem" (*Fausto I*). O "objeto Weimar" já se acha efetivamente visível para nós? Podemos colocar à prova já outros modos de ver, diversos dos apenas nostálgicos, projetivos, apologéticos e didáticos?

Acho que as formas específicas de consciência da cultura de Weimar começam a se tornar uma vez mais visíveis para nós por meio do prisma do cinismo de nosso tempo, um cinismo que está chegando a si mesmo. Quanto mais clara se torna para nós a estrutura cínica moderna, tanto mais conquistamos a ótica que pertence da maneira mais íntima possível a esse tema. Vemos, então, a cultura de Weimar como o "tempo de fundação" essencial dessa estrutura cínica em sua dimensão cultural dominante. Foi somente outrora que os imoralistas estratégicos passaram do meio antes hermeticamente fechado para a consciência coletiva, e o que tinha sido calculado outrora sob o domínio dos segredos de funcionamento da política real, da diplomacia, dos estados-maiores, dos serviços secretos, da criminalidade organizada, da prostituição e da direção empresarial, foi agora acometido de uma viva fúria por verdade e colocado irrevogavelmente no lusco-fusco dos "segredos patentes".

Enquanto não apreendermos explicitamente o cinismo, o essencial na cultura de Weimar acabará nos escapando. Nossa autorreflexão tem, por isso, o primado diante da historiografia. Como historiografia ingênua, essa historiografia já se deparou certamente com um limite. Só uma autorreflexão precisa torna uma vez mais possível uma experiência histórica aprofundada — caso se a considere, então, necessária. Em contrapartida, porém, é preciso ter se consumido em longos estudos sobre o elevado gosto dos weimarianos e do cinismo fascista, de modo a reconhecer que atuam neles estruturas que continuam vigentes e que nos ligam com o passado. Não há simplesmente objetos históricos — eles emergem por meio do desenvolvimento do olhar.

Outra dúvida em relação às exposições usuais sobre Weimar é um puro reflexo do estudo das fontes. Em meio à leitura dos documentos produz-se justamente a impressão de que muitos textos de outrora são escritos em um nível muito mais elevado de reflexão, intelecção e expressão do que é o caso nas histórias culturais posteriores "sobre" eles; essas histórias se nutrem com frequência apenas da transposição do ponto temporal, e o seu único modo de ser mais inteligente emerge da perspectiva do período posterior. Essa, porém, é a perfídia do objeto weimariano. Não se pode simplesmente falar sobre esse tempo como se seus contemporâneos não tivessem dito coisas suficientes sobre si mesmos. Em suas realizações articuladas de ponta encontra-se a cultura de Weimar, apesar de muitos contraexemplos, como a mais desperta época da história antes de nós, como uma era extremamente reflexiva, meditativa, imaginativa e forte em termos expressivos, que foi inteiramente arada pelas autoconsiderações e pelas autoanálises mais multifacetadas possíveis. Se falarmos simplesmente "sobre ela", então já nos enredaremos fácil demais em suas malhas. Nosso comentário corre o risco de glosar coisas que ultrapassam sua compreensão, porque a autocompreensão ascendeu com frequência a tais píncaros nos textos, que um tempo posterior não pode partir automaticamente da suposição de que suas forças de compreensão poderiam reelaborar para si os ápices anteriores. (Isso naturalmente não é válido apenas para a cultura desses anos, mas é válido para ela em particular). Acredito poder mostrar como foi alcançada nas diversas regiões da cultura de Weimar uma crista de estruturas cínicas que, somente agora, a partir do espírito do tempo do final dos anos de 1970 e do início dos anos de 1980, espírito esse desiludido, *kynikos*-cínico e consciente do seu caráter de crise, começa a poder ser visto. Os tempos compreendem-se mutuamente há mais de cinquenta anos a partir de uma proximidade em termos de experiência reproduzida. No que concerne às indisposições que pensam inteiramente em si mesmas, os maus humores astutos e as desmoralizações refletidas, eles se tornaram uma vez mais agradáveis um para o outro. Isso é expresso positivamente, mas abrange um fenômeno ameaçador. Trabalhamos aqui com uma hipótese, que achamos correta, mas da qual esperamos venha a suspender a si mesma como uma profecia autodestrutiva — a saber, com a hipótese de que tais estruturas enunciem algo típico sobre os tempos do entreguerras, nos quais não há nenhuma inteligência e nenhuma boa vontade que seja suficiente para barrar as tendências catastrofais do sistema.

O método da exposição é associativo e ao mesmo tempo construtivo. Para ele, *citações* detalhadas são fundamentais. Gostaria de comunicar ao leitor algo do espanto que pode ser evocado por meio da pura leitura

— com certeza em contextos preparatórios. Os temas são relativamente multifacetados, nunca perseguidos até o fim. Cada capítulo precisa permanecer uma insinuação. Na soma obtém-se um labirinto minuciosamente pensado, como se se pudesse conquistar um conhecimento das épocas, na medida em que se atravessa textos daquele tempo como se fossem paredes de espelho de uma casa de diversões. Com isso, gostaria de tornar compreensível um objeto, o que quase não tem como ser feito de outro modo, mostrando como ele, em sua própria pluralidade e reflexão internas, ultrapassa as nossas forças normais de compreensão. O que precisamos é de um "cubismo" lógico e histórico, de um pensamento e de uma visão simultâneos. Não somos cotidianamente tresloucados o suficiente para vislumbrarmos de maneira correta a loucura transformada em normalidade de nosso cotidiano e de nossa história. Portanto, pode-se ler o "sintoma weimariano" como aventura metodológica: como uma viagem através do desvario do qual viemos.

2. Caotologia dadaísta.
Cinismos semânticos

1º Move-se vertiginosamente em torno de uma bola de fogo uma bola de merda, na qual meias para mulheres são vendidas e Gauguins apreciados...
78º Um pé na bunda do cosmos! *Vive Dada*!!!!
                Walter Serner, *Letzte Lockerung* [Última distração], 1918-20

Temos o direito a todo divertimento, seja com palavras, com formas, com cores, com barulhos; tudo isso, porém, não passa de uma divina tolice, que amamos conscientemente e fabricamos — uma descomunal ironia, tal como a própria vida; a técnica exata do disparate derradeiramente percebido como sentido do mundo.
    Raoul Baader, *Der deutsche Spiesser ärgert sich* [O burguês alemão se irrita]

Hinderdorf, Ludenburg não são nomes históricos. Só há um nome histórico: Baader.
                Johannes Baader, *Reklame für mich* [Propaganda para mim]

Tudo deve viver — mas uma coisa precisa cessar — o burguês...
                Richard Hülsenbeck

Com o Dada, o primeiro neo-*kynismos* do século XX entra em cena. Seu golpe volta-se contra tudo aquilo que se leva a "sério" — seja no âmbito da cultura e das artes, seja na política e na vida burguesa. Nada em nosso século XX destruiu de maneira tão furiosa o *esprit de sérieux* quanto a escaramuça dadaísta. Em seu cerne, o Dada não é nem um movimento artístico, nem um movimento antiarte, mas uma "ação filosófica" radical. Ele pratica a arte de uma ironia militante.[166]

Da "instituição" burguesa "arte" (Peter Bürger), o Dada só requisita o tema que tinha dado às artes no século burguês o seu momento filosófico: o tema da liberdade de expressão. Há muito tempo, porém, a arte não era mais aquilo que tinha sido em seu centro e em sua fase fundacional neo-*kynikē*, isto é, no *Sturm und Drang* (tempestade e ímpeto) burguês — um meio de expressão da "verdade". O que os dadaístas viram diante de si

---

[166]. Otto Flake, 1923: "Dada é o mesmo que outrora a célebre e pouco compreendida ironia romântica — uma *suspensão*. O que é suspenso é a seriedade, não apenas da vida..." *Das Logbuch*, Gütersloh, 1970, p. 295.

foi uma arte de um tipo estetizante, uma arte de artistas, que se levava a sério de maneira sangrenta e festiva, uma religião substitutiva e um meio de embelezamento da "realidade efetiva capitalista burguesa". Por isso, os dadaístas não fizeram outra coisa senão reproduzir o impulso filosófico das artes — sua vontade de verdade — em reação ao seu total soterramento levado a cabo por meio da cultura artística, do refinamento e de vaidades alienadas da vida. Com um gesto violento, equipararam as artes àquilo que se denominava outrora com desdém "arte aplicada" — aquela domesticadora arte do embelezamento, que ia ao encontro da necessidade dos "burgueses", por divertimento e distração da realidade efetiva. Para os sustentadores da vanguarda, em contrapartida, o efetivamente real tinha o gosto da mais crua negatividade, e, assim, podia ser que as pessoas ligadas ao Dada pacíficos e antimilitares de Zurique em 1916 (quase sem exceção imigrantes dos países em guerra) contassem, dentre seus adversários, até mesmo com os pacifistas, uma vez que esses pacifistas, vergonhosamente não realistas, apresentavam apenas um mero *ideal* de paz perante a realidade. Aqui vem à tona pela primeira vez a escrita da modernidade *kynikē*: dizer *sim* à realidade efetiva como tal, a fim de poder bater no rosto de tudo aquilo que não passa de "belo pensamento".

> Os artistas aplicados de toda Zurique começaram uma batalha campal coesa contra nós. Isso foi o mais belo: agora sabemos com quem estávamos lidando. Éramos contra os pacifistas, porque a guerra tinha nos dado a possibilidade de existir em geral em toda a nossa glória. E, outrora, os pacifistas ainda eram mais decentes do que agora, quando qualquer jovem estúpido, contra o tempo, se dispõe com seus livros a se aproveitar da conjuntura. Éramos a favor da guerra e o Dadaísmo ainda é hoje a favor da guerra. As coisas precisam de impulsos: as coisas ainda estão longe de uma situação suficientemente terrível.

Essas foram as palavras proferidas da melhor forma possível por Richard Hülsenbeck em seu primeiro discurso Dada na Alemanha, de fevereiro de 1918, em Berlim. Com certeza, nunca conseguiremos nos haver moralmente com tal texto, assim como também quase não conseguiremos chegar a ele psicologicamente. É preciso primeiro conquistar uma experiência com modos de expressão irônico-polêmicos, para que se possa conceber o procedimento de Hülsenbeck. Ele coloca a nova tática à prova em meio a um tema imensuravelmente espinhoso: na arte de se declarar de acordo de uma maneira irônica e sórdida com o que há de mais terrível. Com discursos cínicos, ele gera um eu para além de bem e mal, que quer ser como a sua época desvairada.

Nesse instante, a guerra ainda brama nos fronts. Os "valores" do Ocidente estão em "colapso" — do mesmo modo que o front ocidental alemão nesta época e, para além dele, toda uma era que será chamada de era burguesa, o século XIX que envelheceu. Nas batalhas materiais da Guerra Mundial, a Europa vivenciou o "retorno do reprimido" — o retorno da besta a partir da falsa paz de uma pequena-burguesia imperialista; o que havia sido durante muito tempo negado lhe responde com terríveis explosões. Depois de Nietzsche, os dadaístas foram os primeiros a tentar acolher o retorno do reprimido a partir de um lado positivo. Nesse caso, deram uma nova aplicação ao direito artístico à expressão desinibidamente "livre". Entre a mentalidade dos generais, que eram seriamente a favor disso, e a mentalidade dos pacifistas, que eram seriamente contra, os dadaístas erigiram uma terceira posição "livre" de todos os escrúpulos, que soava de maneira pérfida: ser a favor disso de maneira nada séria.

O Dada retira uma parte de sua força impulsionadora do sentimento de ver as coisas no mundo de maneira imbativelmente mais sóbria. Em geral se assumimos gestos pateticamente positivistas. Cindimos de maneira inexorável "fatos nus e crus" de frases, mera cultura da dura realidade.

> Não propagamos nenhuma ética, que sempre permanece um (engodo) ideal... Desejamos ordenar de maneira racional a economia e a sexualidade, e não estamos nem aí para a cultura, que não se mostra como algo palpável. Desejamos o seu fim... Desejamos o mundo movido e móvel, inquietude ao invés de quietude — ao diabo com todas as cadeiras, fora com os sentimentos e os gestos nobres...
>
> Hausmann, *Der deutsche Spiesser ärgert sich*
> [O pequeno-burguês alemão se irrita]

Consta no *Manifesto dadaísta*:

> A palavra Dada simboliza a relação mais primitiva possível com a realidade efetiva à nossa volta. Com o Dadaísmo, entra em cena uma nova realidade em seu direito. A vida aparece como uma confusão simultânea de barulhos, cores e ritmos espirituais, que é assumida pela arte dadaísta com todos os seus gritos e febres sensacionais, com a sua *psyché* cotidiana ousada e com toda a sua realidade brutal conjunta...

No Dadaísmo, os indivíduos realizam pela primeira vez conscientemente a inversão padrão para toda a subjetividade contemporânea da relação eu-mundo moderna: o indivíduo *kynikos* põe um fim na pose do criador artístico baseado em si (gênio), do empreendedor que se resgata; deixa-se impelir muito mais pelo dado. Se aquilo que nos impele for brutal, nós também o somos. O Dada não olha para o cosmos ordenado. O que está em questão para ele é o presente do espírito no caos. Seria sem sentido manter toda pose grandiloquente em meio ao tumulto assassino, tal como era usual nas filosofias da vida pacatamente excitadas do tempo. O Dada exige da existência uma coetaneidade absoluta com as tendências do próprio tempo — vanguarda existencial. Só o mais avançado vive em uma linha temporal: guerra como mobilização e como autodesinibição; os mais adiantados procedimentos destrutivos até o cerne das artes; antipsicologia, antiburguesia. O *páthos* da verdade dessa corrente é ter o tempo nos nervos e pensá-lo e vivê-lo em seu ritmo.[167]

Um eco filosófico vem aqui à tona: o Dada antecipa propriamente o tema da ontologia fundamental heideggeriana, que critica por sua parte em um nível conceitual extremo a mentira "sujeito" característica da filosofia europeia dominante. O eu não é o senhor do mundo, mas vive no mundo sob o sinal do *caráter de jogado*; em todos os casos, fazemos "projetos", mas mesmo esses projetos são, por sua vez, "projetos jogados", de tal modo que vige primariamente uma estrutura ontológica passiva. Escutemos então:

> Ser dadaísta significa *deixar-se jogar pelas coisas*, ser contra toda e qualquer formação de sedimentos, sentar-se por um momento em uma cadeira significa colocar a vida em perigo...
> (*Manifesto dadaísta*, panfleto, 1918)

Poder-se-ia chegar a pensar que a existência seria um acolhimento acadêmico da "dadasofia" ou da "dadalogia" — sendo que Martin Heidegger teria contestado com um sucesso enorme o lugar do mestre Johannes Baader como sumo Dada. O segredo de seu sucesso toca no ponto que

---

167. Este parece ser um fator fundamental da moral de esquerda. Cf. a sentença de Gustav Regler: "Quem não participa de seu tempo é pobre. Esta tornou-se uma lei não escrita. Em seguida, uma pressão. Por fim, uma chantagem." *Das Ohr des Malchus* [A orelha do Malco], Frankfurt s/ o Meno, 1975, p. 161.

constitui o "fracasso" do Dada: a seriedade. Ao invés das produções que cintilam de maneira nada séria, própria dos artistas da vida "jogados" dadaisticamente e de suas sátiras politizantes, o caráter de jogado participou da corrida em sua variante séria.

O ataque Dada possui dois aspectos: um *kynikos* e outro cínico. A atmosfera do primeiro aspecto é brincalhona e produtiva, pueril e infantil, sábia, generosa, irônica, soberana, inatacavelmente realista; o segundo aspecto mostra fortes tensões destrutivas, ódio e reações de defesa arrogantes contra o fetiche burguês interiorizado, muita projeção e uma dinâmica afetiva marcada por desprezo e desilusão, autoenrijecimento e perda da ironia. Não é simples cindir esses dois aspectos; eles transformam o fenômeno Dada como um todo em um complexo brilhante, que se subtrai a simples avaliações e a simples relações sentimentais. O Dada também se relaciona de maneira ambivalente com o fascismo: com os seus elementos *kynikoi*, o Dada pertence incondicionadamente ao antifascismo e à lógica e à "estética da resistência"; com seu aspecto cínico, porém, ele tende à estética pré-fascista da aniquilação, que gostaria de dar vazão à embriaguez do esmagamento. O Dada combate certamente a "seriedade sangrenta" que, contudo, se encontra profundamente vigente nele mesmo por meio de seus aspectos agressivos. O dadaísta não consegue de maneira alguma chegar a uma ironização completa de seus próprios motivos: em suas poses irônicas permaneceu preso a ele muita destrutividade desprovida de liberdade, e em seu modo de se deixar impelir seria possível demonstrar a presença de muita resistência e autoenrijecimento.

A Dadasofia desenvolve aqui e acolá visões místicas e irônicas, que festejam a vida em sua plenitude indivisa, com um acento em todo caso exageradamente desesperado no tom, tal como na proclamação do sumo Dada Johannes Baader:

> Um dadaísta é um homem que ama a vida em todas as suas figuras inabarcáveis e que sabe e diz: não apenas aqui, mas também lá, lá, lá está a vida! Portanto, o verdadeiro dadaísta também domina (?) todo o índice (!) das manifestações vitais humanas, iniciando com a grotesca sátira de si e indo até a mais sagrada palavra do culto devotado à esfera terrestre que amadureceu e que pertence a todos os homens.

Mesmo em tais hinos gigantomaníacos do chefe de campanha Baader, que se deixou proclamar presidente do universo, se mostram as tentativas típicas de um dizer *sim* mais abrangente, no qual a ironia Dada se coaduna bem com o aspecto *kynikos* da religião (conferir a recepção da mística entre dadaístas, em particular em Hugo Ball).

No dadaísmo, busca-se encontrar uma filosofia provisória do sim, que se relacionasse sobretudo com a energia concreta, instantânea, jovial e criativa do indivíduo Dada. O sim é voltado para o estado do mundo, que é ironizado, mas mais ainda ao instante vivido, no qual se realiza o milagre de um presente eternamente fugidio e o paradoxo existencialista da "duração" interna ao mesmo tempo inundada e intocada.[168] Para que esse elemento dinâmico-vital possa ganhar o primeiro plano, a superestrutura cultural precisa ser aniquilada. Assim, mesmo no Expressionismo, os dadaístas não veem com frequência outra coisa senão um prosseguimento do idealismo alemão: "obscurecimento nojento das coisas, é isso que é denominado Expressionismo".

> O primeiro impressionista, um homem que inventou a "liberdade interior", foi um saxão comilão e bêbado, Martinho Lutero. Ele produziu a virada protestante do alemão para uma "interioridade" inexplicável que não passava de mendacidade, um equilibrismo com um sofrimento imaginado, com abismos da "alma" e com o seu poder ao lado de uma flexibilidade serviçal ante a violência autoritária. Ele é o pai de Kant, de Schopenhauer e da tolice artística atual, que passa pelo mundo de olhos cravados e que acredita com isso tê-lo superado.

É o realismo *kynikos* de Nietzsche que ressoa aqui — com os mesmos componentes de um ódio antiprotestante. O sim dadaísta à realidade efetiva e à realização não se preocupa com a opinião dos especialistas, dos conhecedores, dos esnobes e dos críticos. Pode-se compreender o dadaísmo como prelúdio para uma emancipação dos diletantes, que parte da premissa de que as alegrias junto a uma produção são mais importantes do que o resultado alcançado. Ter podido é apenas um adendo à autenticidade; não são as obras permanentes que contam, mas o instante de sua realização intensiva.

---

168. É possível compreender o Dada essencialmente como uma escola do positivismo "subjetivo" — diferentemente do positivismo "objetivo" do empirismo lógico. Os dois positivismos tocam-se em seu cinismo semântico radical. O Dada fala sobre *disparate* em um ponto de vista existencial; os positivistas lógicos de *ausência de sentido*, com vistas a enunciados (por exemplo, metafísicos).

Outro tema nietzschiano — o retorno do mesmo — vem à tona na dadasofia. Em um esquete brilhante intitulado *Durch Dada erledigt. Ein Trialog zwischen menschlichen Wesen* [Resolvido pelo Dada. Um triálogo entre seres humanos], amplas dimensões históricas são revistas.

... sempre houve o Dada, tanto no antigo Egito quanto na Europa ou no México. O dadaísta, meu caro doutor Smartney, é independente do tempo...
... ele renasce constantemente, ele se perpetua por meio da cadeia de gerações. Dada é uma ocasião eminentemente metafísica... Dada é o grande teste para os rins e o grande aprisionador de moralistas...
O senhor o considera a intuição religiosa de uma seita do antigo Egito. Mas o Dada também se fez presente na Índia. Os siwaitas da mão esquerda o cultivaram. Na epopeia de Gilgamesh dos antigos assírios, o senhor encontra uma alusão ao fato de que o Dada é idêntico ao nascimento do mundo. O senhor tem o Dada nos mistérios de Dionísio, assim como nas sentenças oraculares dos sacerdotes de Dodona...
Dada é a grande ironia, entra em cena como direção e não é nenhuma direção...
O criminoso sexual Alton foi dadaísta, no momento em que escreveu em seu diário: *Killed today a young girl, it was fine and hot...*
Manolesco foi dadaísta, quando apareceu como príncipe e se imiscuiu na corte imperial, sem saber pelo que ele pagaria a conta. Dada é o lado americano do budismo...
Documentos dadaístas são sempre falsificados... (pp. 110-113)

O fato de o pensamento dadaísta não se deixar resumir e sintetizar em uma fórmula baseia-se em sua estrutura momentânea. Ele movimenta-se completamente em processos, saltos, acentos, que não são por essência sintetizáveis. A coisa mesma é sua execução, um tema que, de resto, domina a filosofia da reflexão, em particular a de Fichte e Hegel. Falar "sobre" a consciência Dada significa quase automaticamente se colocar sob o seu plano. Se tentarmos, contudo, dizer algo geral *sobre ele*, então é preciso que o façamos com a referência ao fato de que o objeto não são os documentos Dada, mas o método Dada.

Gostaria de denominá-los um procedimento da *negação reflexiva*. Dito de outro modo: uma técnica da perturbação do sentido, um procedimento do *non-sens*. Onde quer que "valores" dotados de um significado mais elevado e de um sentido mais profundo tenham entrado em cena, o Dada procura estabelecer uma perturbação de sentido. O Dada fornece uma técnica explícita da desilusão do sentido — e, com isso, encontra-se em um espectro mais amplo de *cinismos semânticos*, com os quais a desmitologização do mundo e da consciência metafísica alcança um estádio final radical. Dadaísmo e positivismo lógico[169] são partes de um processo que subtrai o solo a todas as crenças em conceitos universais[170], em fórmulas valorativas e em totalizações. Os dois trabalham como um transporte de lixo na superestrutura de ideias europeias decadentes. Para os dadaístas, que pouco antes ainda se encontravam ajoelhados com uma veneração derradeira diante de tudo o que se denominava arte, obra de arte, cultura e gênio, teve início com isso a princípio uma grande purificação da própria cabeça, no próprio passado. Eles negam, como renegados da antiga crença na arte, a sua forma de vida até aqui e a tradição, na qual não podiam mais estar: estabelecimento de sentido por meio da arte e elevação do habitual em meio ao maximamente significativo. O Dada encontra palavras mordazes em reação a esta forma de vida decadente, em particular quando ele se remete contra a "última" corrente artística vigente, a corrente expressionista:

> Não, meus senhores, a arte não é um perigo — pois a arte não existe mais. Ela está morta. Ela foi o desenvolvimento de todas as coisas, ela envolveu até mesmo o nariz de batata e os lábios de porco de Sebastian Müller com beleza, ela foi uma bela aparência, partindo de um sentimento de vida sereno e solar (!) — e nada mais nos eleva agora, nada mais!... A absoluta incapacidade... isto é Expressionismo... O pequeno-burguês na escrita ou na pintura pôde se mostrar para si nesse caso de maneira propriamente sagrada, cresceu finalmente de algum modo para além de si, em meio ao burburinho indeterminado e geral do mundo — ó Expressionismo, tu, ponto de virada do mundo da mendacidade romântica...
>
> Hausmann, *Der deutsche Spiesser ärgert sich*
> [O pequeno-burguês alemão se irrita]

---

169. Eles constituem apenas os fenômenos mais proeminentes na área do cinismo semântico. Conferir também o texto *Scheinprobleme* [Pseudoproblemas], de Carnap; *Geschichte als Sinngebung des Sinnlosen* [História como doação de sentido do sem-sentido], de Theodor Lessing; *Sprachkritik* [Crítica à linguagem], de Mauthner; e o *Tractatus*, de Wittgenstein.

170. Se Michael Rutschky pôde escrever em seu ensaio sobre os anos de 1970 intitulado *Erfahrungshunger* [Fome de experiência], Colônia, 1980, que esse foi um tempo no qual a "utopia dos conceitos universais" se dissolveu, então ele denomina algo comum à República Federal da Alemanha e a Weimar. Na República Federal da Alemanha, o que estava em questão eram os conceitos generalizados da sociologia de esquerda; Weimar combateu mais os fantasmas valorativos. As duas apostam no positivismo subjetivo: sensibilidade ao invés de sentido.

Não foi por acaso que a pose artística tempestuosa por volta de 1968 teve uma vez mais o seu grande tempo, quando o Dada da nova esquerda se "recriou" em meio ao ativismo, ao *happening*, ao *go-in, love-in, shit-in* — todos os dadaísmos corporais de uma consciência *kynikē* renovada.

O Dada não se revolta contra a "instituição" burguesa chamada "arte".[171] O Dada se volta contra a arte como técnica de dotação de sentido. Dada é antissemântico. Ele recusa o "estilo" como uma simulação de sentido, assim como o "embelezamento" mendaz das coisas... Como antissemântica, o Dadaísmo perturba sistematicamente — não a metafísica, mas o discurso sobre ela: a região metafísica é liberada como lugar fixo; nela tudo é permitido, menos que se tenha uma "opinião". A "ironia da vida" (Hausmann) deve ser resgatada pela ironia dadaísta. Mesmo Dadaísmo como estilo já seria uma recaída — e foi justamente nesse sentido que a história da arte o confiscou, inserindo-o no museu das correntes artísticas. Prevendo isso, Hausmann disse que ele seria propriamente antidadaísta. Como o Dada é um procedimento, ele não pode se "sentar na cadeira"; todo estilo é uma cadeira. Nesse sentido, o Dada compreende-se mesmo como uma "técnica exata" — diz sempre e metodicamente *não* quando entra em cena um "sentido do mundo" que não se confesse como um disparate. Todo visar, toda idealização é suspensa no movimento espiritual — montagem e desmontagem, improvisação e revogação.

O mais intenso aguçamento dado ao cinismo semântico dadaísta foi empreendido pelo escritor Walter Serner, que Theodor Lessing denominou um "Maupassant alemão". Que ele tenha sido redescoberto em nossos dias é algo que expressa bem o fato de, mesmo na República Federal da Alemanha, ter se formado um público cujo sentido para o cinismo cresceu, e que pode ler um autor como esse porque, em seu imoralismo afiado, revela-se um sentido hoje muito compreensível para crueldades extremamente conscientes, "infelizmente necessárias". É de Serner que provêm quarenta páginas de uma prosa exemplar, *Letzte Lockerung* [Último relaxamento], prosa essa escrita no último ano de guerra e lançada em 1920 por Paul Stegmann

---

171. Isso como nota de rodapé em relação ao muito discutido livro de Peter Bürger *Theorie der Avantgarde* [Teoria da vanguarda]. A meu ver, ele aborda o problema de maneira falsa, a saber, a partir de seu aspecto sociológico. Esse aspecto, contudo, não se encontra aqui em debate. Para os dadaístas, a arte não é nenhuma "instituição". A arte é uma máquina significativa — que deve ser perturbada ou destruída em seu funcionamento. Por isso, cinismo semântico. Ela é um setor do *superego*, um pedaço de autoridade: isso deve desaparecer. Daí o gesto anarquista. O ímpeto para a vida, para a suspensão na realização, em contrapartida, é uma antiga herança: o neo-*kynismos* do século XVIII. Nesse sentido, a arte burguesa significativa é "vanguarda", desde que ela existe: pioneira da verdade, pioneira da vitalidade da sociedade moderna.

SEÇÃO PRINCIPAL HISTÓRICA

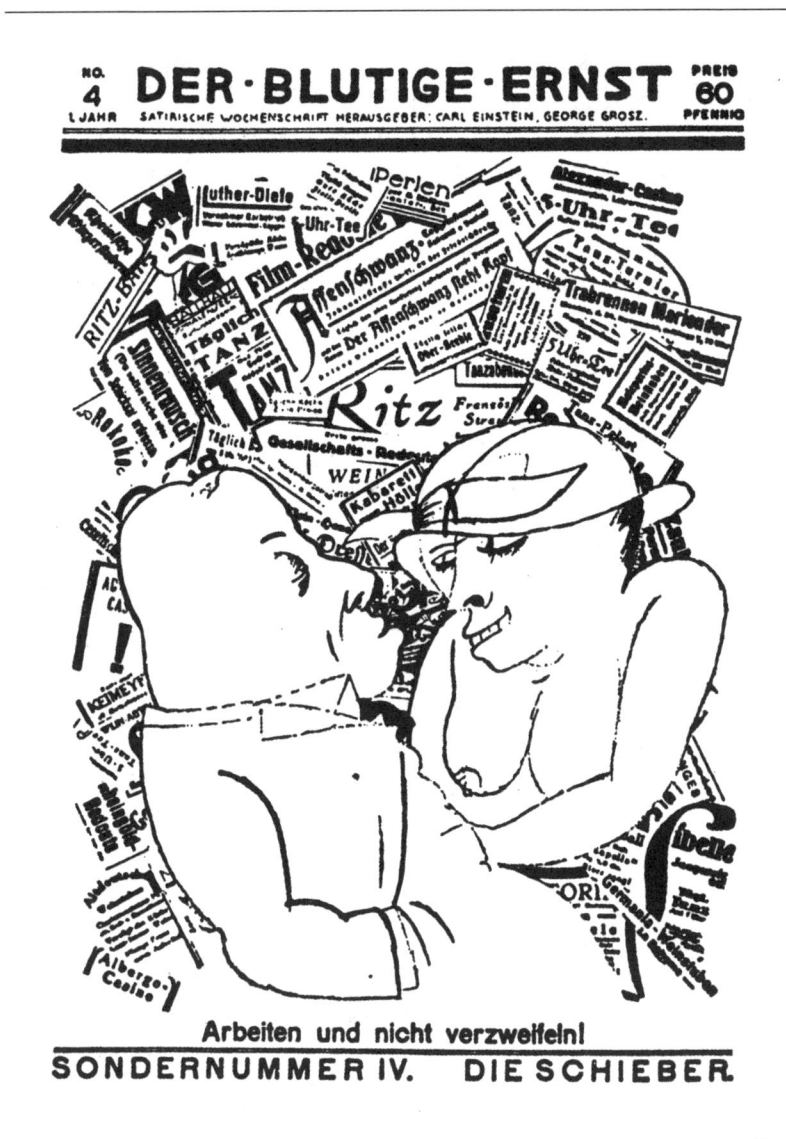

Der Blutige Ernst — Preço 60 centavos — "Trabalhar e não desesperar!" — Número especial IV. Os ferrolhos.

em Hannover na coletânea *Die Silbergäule* [Os cavalos de prata], uma série de miniaturas poético-filosóficas, misturas de crítica cultural e de cianeto de potássio. Nenhum outro lugar permite estudar tão agudamente o que significa "suspensão" — uma ruptura violenta e ao mesmo tempo brincalhona com todas as semânticas culturais, com todas as dotações de sentido, filosofias e exercícios artísticos. De maneira brutal e elegante, essa prosa dá pancadas para todos os lados. Serner apresenta uma teoria dos jogos de linguagem, ao lado da qual a wittgensteiniana se mostra como um exercício para os dedos de sérios "doutores-anjos" (p. 4).[172]

Nesse "relaxamento" revela-se também a desinibição de uma certa tendência suicida; a agressividade intelectual não se volta apenas para fora e não traz à tona apenas um desafogo espetacular de crítica à civilização. Serner, o mais reflexivo entre os dadaístas, prestou contas a si mesmo sobre o fato de o ódio-Dada em relação à cultura se voltar, de acordo com o seu sentido, para dentro, contra a cultura-em-mim, contra a cultura que se "possuía" um dia e que agora não serve mais para nada:

> Sugestão proveitosa: imaginar antes de dormir com o máximo de clareza o estado psíquico final de um suicida que quer finalmente sondar a consciência por meio de uma bala... (p. 8)

Onde todos os elementos de conteúdo não contam mais, só resta um instante de uma intensidade desesperada, uma autoconsciência suicida, que já deixou "tudo para trás". Existência como ser-para-a-morte. Depois disso, não há mais nenhuma dúvida de que o dadaísmo e a ontologia existencial heideggeriana cultivam mutuamente de maneira subterrânea uma comunidade de inspiração.

No ponto zero do sentido, só continua se movendo um desprezo patético pelo sentido — uma náusea que a tudo penetra ante o "positivo": "Visões de mundo são misturas de vocábulos" (p. 5).[173] Serner olha para o interior de sua cabeça de maneira bem positivista e encontra palavras e sentenças que não produzem nenhum nexo. Projeta essa ausência de nexo para o mundo, que não pode ser mais correspondentemente nenhum "cosmos". A antissemântica dadaísta transforma-se consequentemente em uma anticosmologia. A partir de agora ela vigia de perto o homem na colagem de visões de mundo e de representações de ordem. No início havia o caos, no qual o homem sonhou um cosmos — por fraqueza e avidez por sentido:

---

172. Há acima um jogo de linguagem impossível de ser reproduzido completamente na tradução. O termo alemão *Habilitanten* (doutorandos) permite a separação da palavra por hífen em *Habili-Tanten*. Nessa separação surge o substantivo *Tanten* (tias). Para seguir minimamente os intuitos do original, optamos pela tradução por *doutor-anjo* ao invés de *doutorandos*. [N.T.]

173. Weimar/RFA: é possível observar no desenvolvimento de Peter Handke quais estágios o positivismo subjetivo pode percorrer: crítica à linguagem, ações de jogos de linguagem, logicização da náusea; em seguida, da ausência de sentido para a sensibilidade tímida, para novas narrativas; envolvimento do primeiro "sentimento verdadeiro"; trabalho de lembrança. Náusea e significado não podem coexistir a longo prazo. Na medida em que percebe isso, Handke se acha a caminho de se tornar um escritor significativo.

Verter sobre este caos de sujeira e enigma um céu redentor!!! Pondo tudo em ordem, cheirar inteiramente o esterco humano!!! Agradeço... É por isto... que filosofias e romances são molhados de suor, imagens são maquiadas, sinfonias são corroídas e religiões iniciadas! Que ambição comovente — sobretudo quando essas burrices vãs fracassam fundamentalmente (de maneira particularmente fundamental no distrito alemão). Tudo um disparate!!! (p. 5-6)

Aqui vem à luz uma das ingenuidades do positivismo mais antigo: o fato justamente de ele conceber o mundo como um formigueiro de "fatos", que se agitam uns através dos outros como as proposições na cabeça do positivista lógico. Não obstante, não suportam — de maneira diversa da de Serner, que procura exceder o insuportável por meio da afirmação — esse caos de proposições não coordenadas. Por isso, fazem com que corsários lógico-formais passem ao largo de seus "fatos". Em princípio, todos são caotólogos. Contam todos com o primado do desorganizado, do hipercomplexo, do sem sentido e do que exige demais de nós; a semântica cínica (até Luhmann) não consegue agir de outro modo senão impondo ordem às custas do arbítrio cultural ou da compulsão ao sistema.

Em Serner, vemos como a dadasofia, que no mais é serena, se transforma em um romantismo frio e mal-humorado. Trata-se de um romantismo da completa ausência de ingenuidade. Nele atua o cuidado de se deixar surpreender em meio a um gesto ingênuo ou a uma entrega. É isso que a reflexão pérfida empreende até o cerne de sua própria carne enrijecida. Não se contrapõe à infelicidade geral do tempo nenhuma busca por uma vida melhor, mas temos antes a tentativa de contrapor à infelicidade dada a miséria "elevada" autodesejada como um trunfo soberano. Assim se porta uma consciência que não apenas é desesperada, mas também eleva o querer-ser rígido ao nível do ponto de partida de sua autoestilização. Em sua autorreflexão incurável, Serner exercita-se em ultrapassar e sobre-edificar todas as ideias "positivistas" de maneira desconfiada e iracunda com objeções, distanciamentos e comentários que sempre se excedem mutuamente. Experiência de si e autodestruição tornam-se uma e a mesma coisa. Tudo se mostra como fúria que, em verdade, se exprime, mas não se descarrega de maneira libertária:

O furioso, portanto, seria a própria vida? Em verdade, com certeza: a fúria é o que mais contém probidade: todos os outros estados só podem ser suportados pelo fato de a fúria permanecer velada ou de o senhor se disfarçar... Não obstante: a ausência de sentido, tendo chegado ao seu ponto mais elevado, é fúria, fúria, fúria, e está longe de ser um sentido... (p. 42).

Nesse sentido, uma linha subterrânea atravessa a cultura do ódio de nosso tempo — desde o Dada até o movimento punk e o gestual automático necrofílico da *new wave*. Aqui se anuncia um maneirismo da fúria, que dá ao grande eu morto um pedestal, a partir do qual ele olha de cima para baixo com desprezo para o mundo nojento e incompreensível.

É urgente descrever esses espaços reflexivos da moderna consciência infeliz, porque são eles os espaços nos quais mesmo o fenômeno fascista, porquanto ele é um niilismo militante, se constrói. Até mesmo na burrice patente da ideologia nacional-socialista escondia-se estruturalmente uma certa "dimensão refinada". Na medida em que o Dada apresenta um show cínico, ele conduziu uma luta da consciência infeliz pela soberania, apesar do sentimento de iniquidade, uma luta pela grande pose, apesar do esvaziamento interior. O cinismo semântico não é acompanhado apenas pelas tendências suicidas, mas também pelo risco da reação histérica, algo que é possível acompanhar na "sensibilidade" paradoxal do fascismo, que trouxe consigo uma ressurreição do "sentido totalmente grandioso" no espetáculo político, com o qual o nada, há muito tempo sentido, se disfarçou. Na histeria atua uma vontade de romper com o autocontrole do eu cotidiano sem vida. O que a impele, segundo o cruel aforismo de Lacan, é a busca por um senhor, a fim de poder tiranizá-lo. Na medida em que era efetiva no Dada uma centelha de histeria política, essa histeria ainda tinha uma parcela real forte; pois o senhor, que o Dada buscava a fim de espancá-lo, existia, mesmo fora da consciência Dada, na realidade efetiva, e, como senhor da guerra nessa batalha mundial imperialista e burguesa, ele era objetivamente pior do que todo e qualquer gracejo, por mais terrível que o possamos imaginar. A histeria fascista, em contrapartida, inventou até mesmo o senhor que ela queria tiranizar, e pintou para si mesma na parede um complô judaico mundial, a fim de extinguir um povo, cuja existência não era certamente nenhuma ficção.

O *Letzte Lockerung* [Último relaxamento] de Serner permaneceu, portanto, um antipenúltimo relaxamento. Até onde sabemos, ele não deixou cair durante toda a sua vida a máscara do *gentleman*. Em verdade, viu o mundo "caído na miséria como um cão sem dono", mas temeu o "caminho diante do cão" (Kästner). Mesmo as suas histórias criminais refinadas e vulgares para cachorro mantiveram uma escrita que tem mais do senhor do que do cão.

O dadásofo Raoul Hausmann manteve-se mais próximo do segredo do desejo *kynikos* de contenda, que pode atacar, sem decair em uma autodestruição. Ele se orienta conscientemente pelas formas saudáveis da destrutividade simbólica, pelo "caráter desperto do riso, da ironia e do inútil", pelo "júbilo com o disparate órfico" (p. 50). É assim que ladram os cães de Diógenes. "Este Cristo amaldiçoado disse: vede os lírios do campo. Eu digo: vede os cães na rua" (*Subliterel*, 1919, p. 53).[174]

Excurso 1: O crepúsculo do blefe

> Sei muito bem o que as pessoas querem: o mundo é colorido, sem sentido, pretensioso e intelectualmente abalofado. É disso que elas querem escarnecer, é isso que elas pretendem acusar, negar, destruir. É preciso falar inteiramente sobre isso... Quem odeia do fundo do peito precisa ter amado um dia. Quem quer negar o mundo precisa ter abraçado o que ele agora incendeia.
>
> Kurt Tucholsky, *Dada*, 20 de julho de 1920

Em Tucholsky, os dadaístas encontraram seu primeiro psicólogo capaz aparentemente de pensar com total clareza. Como um explicador popular, ele tentou descascar e trazer à tona, por meio disso, o bem e o mal, a fim de, com isso, ao mesmo tempo justificá-los e trivializá-los. Tucholsky retraduz a suspensão dadaísta em uma língua maximamente séria — é isso que ele denomina "compreender esta gente". Tratam-se, como acontece com todos nós, dos desiludidos pelo mundo mau, que apenas desabafam de maneira mais intensa do que nós. Os fenômenos do Dada berlinense, dos quais se está falando aqui, são interpretados por Tucholsky como sintomas de uma grande perda de amor, por meio da qual o *sim* teria sido transformado em *não* e o amor em ódio. Por meio da explicação de seu mecanismo psicológico, a coisa parece ter voltado a

---

[174]. O conjunto das citações dadaístas que não são designadas de maneira mais detida provêm da coletânea facilmente encontrável editada pela Reclam: *Dada Berlin: Texte Manifeste Aktionen* [Dada Berlim: Textos, manifestos, ações], H. Bergius e Karl Riha (orgs.), Stuttgart, 1977.

entrar nos eixos. Se o negativo é efetivamente apenas a inversão do positivo, então é preciso saber disso, e, desse modo, é preciso "falar disso completamente". Assim, o jornalista psicológico fixa o modo como seria necessário lidar com a negatividade. Em verdade, ele mesmo conhece a ironia bem demais, mas seu modo de deduzir das coisas o seu peso segue o caminho melancólico. Ele não leva em consideração uma ironia agressiva. Com isso, não podia deixar de acontecer de ele apequenar melancolicamente com a sua "compreensão" a coisa a ser explicada: "Quando se deduz o que nessa associação é blefe, então não resta realmente muita coisa" (p. 125). Mas quem foi que disse, afinal, que se deveria "deduzir" o blefe? Com essa formulação, Tucholsky contraria a sua séria incompreensão. Para o procedimento Dada, o blefe é fundamental; blefe e estupefação se copertencem e geram um efeito provocante capaz de nos despertar. O Dada constrói-se por assim dizer sobre um realismo de blefe e demonstra uma técnica da ilusão, da desilusão e da autodesilusão. Como metodologia do blefe (da simulação do sentido e da perturbação de sentido), o Dada mostra ironicamente como é que funciona a ideologia moderna; apresentar valores e agir como se se acreditasse nesses valores, e, em seguida, mostrar que não se pensa de maneira alguma em acreditar neles. Com essa autossuspensão da visão de mundo ("mistura de vocábulos"), o Dada revela o *modus operandi* da consciência moderna com todos os seus notórios engodos de sentido. Tucholsky ou não pode ou talvez não queira ver isso. Ele mesmo postula ainda um "sentido" objetivo. Por meio dele, desvaloriza o objeto que gostaria de explicar. Não vê que os métodos da publicidade, da propaganda política, das visões de mundo ativistas e neoconservadoras, da indústria das canções populares e da diversão, etc. foram difundidas como uma caixa de ferramentas, ou melhor, como em meio a uma gramática, diante de nosso entendimento. Pois o Dada contém uma teoria do blefe em ação. Sem uma doutrina do blefe, do show, da sedução e da ilusão, porém, não é possível compreender corretamente estruturas de consciência da contemporaneidade. Se nos detivermos por um momento e refletirmos, pode ser verdade dizer que Tucholsky considerou o fascismo nacional-socialista emergente, até bem pouco tempo antes da tomada de poder, a partir do ponto de vista de sua "ironia séria" e que ele fala cheio de desprezo sobre a burrice, o enrijecimento espasmódico, o blefe, a pose, a fanfarronice, etc. dos nazistas. Até o último minuto, esse continua sendo o tenor dos folhetins antifascistas de Tucholsky que, de resto, não deixam nada a desejar em termos de incisividade e agudeza. Mas falta a agudeza da compreensão real e efetiva. Como todos os outros combatentes da seriedade melancólica, ele não pôde desenvolver nenhuma relação penetrante com a "ideologia reflexiva" e com os fenômenos do blefe e da opinião imprópria. (As coisas se mostram de maneira completamente diversa com Brecht, que estava fundamentalmente em condições de pensar nas formas de pensamento do adversário: de "manobrar", tatear, desinibir-se e ao mesmo tempo controlar-se.)

O moralismo político de Tucholsky expressa-se da forma mais clara possível em suas anotações sobre o processo Dada diante da câmara penal do tribunal da Comarca II em Berlim, no ano de 1921. O caso aí tratado naquela época teve por base uma acusação penal de representantes do Ministério da Defesa imperial contra os desenhos de George Grosz intitulados *Deus conosco*, "nos quais se podia ver caretas (de soldados) de... uma brutalidade inaudita" (p. 127). Os cinco acusados: Baader, Grosz, Herzfelde, Schlichter e Burchardt (o galerista) decepcionaram a expectativa dos observadores de esquerda do processo; ao invés de apresentarem confissões, eles procuraram se livrar das acusações, rebaixando-se.

> Cinco seres vivos no banco dos réus, e, entre eles, um homem: Wieland Herzfelde. Ele foi o único que disse aqui o necessário e não se intimidou... Nenhum dos jovens havia sido responsável pela quebra do vidro da janela... No que concerne a Grosz, não sei se a frouxidão de sua defesa remonta ao fato de ele não poder falar... Seu defensor salvou o pescoço de Grosz e foi aniquilador para ele e para seus amigos. É assim que se apresenta a sua defesa! Vós não tínheis pensado as coisas assim? (pp. 128-129)

Tucholsky não segue aqui uma psicologia moral envelhecida? Manter a coerência até a prisão e os caracteres políticos bem suculentos? Mais "identidade", mais confissão, privações de liberdade mais longas? Ele não vê que a ideologia dominante quer exatamente o mesmo — a saber, isolar agentes de opinião? O homem de atitude não tem uma função propagandística para o adversário político? Em todo caso, continua sendo uma curiosidade o fato de a exigência de Tucholsky por "caráter"[175] se ligar a pessoas, que estavam mais ou menos conscientes da necessidade de

---

175. Seria preciso escrever uma história da ideologia da luta entre ironia e identidade, talento e caráter (conferir o texto de Heinrich Heine: *Ärger mit dem deutschen charakterpublikum* [Irritação com o público alemão dotado de caráter], etc.). Cf. também Excurso 8: "Atores e personagens".

desenvolver uma estratégia irônica. Ao invés de se nutrir da nova arte da "suspensão", Tucholsky apostava na gravidade melancólica. Nesse caso, perdeu a oportunidade de ter uma experiência que lhe teria poupado certas surpresas em 1933. Quem trata de fenômenos de blefe como algo do que se deve "abstrair" acaba se tornando cego para o fascismo, mesmo que ele seja, por fim, o mais corajoso antifascista do mundo.

Foi com uma visão um pouco mais clara que Klaus Mann apreendeu a problemática do blefe. Mas mesmo ele considera a coisa defensivamente:

> Nós gostaríamos de nos distinguir dos nazistas, para os quais tudo, desde o seu "nacionalismo" até o seu "socialismo", não passa de tática (ou seja, blefe, truque e engodo), pelo fato de levarmos a sério o que dizemos; pelo fato de efetivamente termos em vista as palavras e as ideias com as quais buscamos fazer propaganda em nome de nossa causa (Klaus Mann, *Heimsuchung des europäischen Geistes* [A busca da terra natal do espírito europeu], artigos, Munique, 1973, p. 49).

Klaus Mann foi um dos primeiros a ter visto de maneira totalmente clara os componentes cínicos da "ideologia" fascista. Ele desenvolveu francamente o parentesco do ator com o político fascista a partir do espírito do blefe (conferir o romance *Mefisto*).[176] Permanece questionável, de qualquer modo, se, por sua vez, ele pôde ter efetivamente em vista de maneira séria a antípoda do "levar isto a sério". O que é um antifascismo e um antiniilismo senão aquele que, de maneira mais segura do que é possível, baseia-se propriamente e em essência no fato de instituir "valores contrários" e se arrogar sério, só para não ser cínico como os outros? O próprio antiniilismo não é apenas um niilismo impedido?

Grosz, que tinha se livrado de tudo aquilo que havia nele de ódio por meio de sua obra de juventude, descreveu muito tempo mais tarde o nexo entre niilismo e engajamento (como antiniilismo) como se segue:

> Nós exigimos mais. Não sabíamos dizer ao certo o que era o mais: mas eu e muitos de meus amigos não encontrávamos nenhuma solução no negativo, na *ira do ter sido enganado* e na negação de todos os valores até aqui. E, assim, continuamos nos movendo cada vez mais para a esquerda.

---

176. Klaus Mann, *Mephisto. Roman einer Karriere*, Amsterdã, 1936. [Ed. bras.: *Mefisto. Romance de uma carreira*, São Paulo, Estação Liberdade, 2000.]

Logo estava com o pescoço e a cabeça nas águas navegáveis da política. Fiz discursos, não por alguma convicção, mas porque por toda parte e a qualquer hora do dia litigantes se encontravam à nossa volta e eu ainda não tinha aprendido nada com a minha experiência. Meus discursos não passavam de um falatório estúpido e repetido sobre o esclarecimento. No entanto, quando se conseguia tirar da boca alguém como Honigsheim, era possível agir como se se estivesse comovido. E, com frequência, a própria balela nos comovia efetivamente, puramente por meio do barulho, do assovio, do chilrado e do rugido, que eram emitidos por alguém!

Nunca acompanhei a idolatria das massas, nem mesmo nos tempos em que eu ainda supunha acreditar em certas teorias políticas...

George Grosz, *Ein kleines Ja und ein grosses Nein* [Um pequeno sim e um grande não], Hamburgo 1974, p. 115, 111

Porém, com isso é preciso que se diga: é um outro Grosz que fala, um Grosz que, dito em termos dadaístas, tinha se sentado "na cadeira" interna e externamente em meio ao exílio americano. O significativo desse testemunho continua sendo o fato de ele provir de alguém que tinha atravessado todo o decurso do negativismo, do engajamento político e da retirada de tal engajamento e que pôde documentá-lo como sobrevivente. Quando Grosz escreveu suas lembranças, os dois críticos do blefe, Tucholsky e Mann, já tinham se matado havia muito tempo.

Excurso 2: Os cães do gelo. Sobre a psicanálise do cínico

Em cada um ladram os cães do gelo.
Ernst Toller, *Hopla, wir leben* [Opa, estamos vivos], 1927

Há uma coincidência digna de reflexão: quando o nacional-socialismo ascendeu ao poder, no dia 30 de janeiro de 1930, acabara de sair o número de janeiro/fevereiro da revista *Psychoanalytische Bewegung* [Movimento psicanalítico], no qual um aluno de Freud se confrontava pela primeira vez[177] com o fenômeno do cinismo de maneira mais abrangente:

---

177. Sem levarmos em conta algumas observações de Freud e de Reik, entre outros.

Edmund Bergler, *Zur Psychologie des Zynikers I* [Para a psicologia do cínico I]; a segunda parte sairia no número seguinte.

Ao lado dessa estranha constelação temporal é preciso reter outra observação antes picante: o fato de um autor se expressar aqui sobre um tema, que se encontra em uma relação completamente bombástica com a sua profissão. Pois o psicanalista, que se exprime sobre o cinismo, fala sobre um tema que está em uma íntima correspondência com a psicanálise. No ano de 1933, era inteiramente possível que acontecesse de um analista se achar exposto à crítica de que estaria favorecendo uma imagem pornográfica e cínica do homem (duas expressões que podiam se fundir de uma maneira quase fatal com o predicado "judeu"). Aqui, portanto, um psicólogo ousou entrar na caverna do leão. Bergler tenta colocar fora de ação o "cinismo" da análise por meio de uma análise do cinismo. Em uma passagem, chega até a revelar por si mesmo uma enérgica mordedura *kynikē*; e isso justamente onde ele se protege da acusação de que a psicanálise, com o seu desvelamento dos mecanismos psíquicos, seria suspeita de cinismo. De qualquer modo, a psicanálise seria, segundo ele, uma "ciência séria", e a ciência não é nenhuma "garantia de vida para ilusões" (p. 141). De resto, o interesse de Bergler gira em torno de personalidades, nas quais chamam a atenção tendências cínicas, tais como os seus estudos de psicologia profunda sobre Napoleão, Talleyrand, Grabbe entre outros o demonstram. É natural que suas reflexões sejam motivadas por questões totalmente atuais — o que se mostra efetivamente pelo fato de ele introduzir entre seus exemplos textos e eventos do período maximamente recente — por exemplo, o romance de Erich Kästner *Fabian* de 1931[178], entre outras coisas. Por fim, com bases em alguns exemplos, o estudo de Bergler revela que ele acreditava ter constatado em alguns pacientes traços de cinismo, que se manifestavam normalmente sob a forma de agressões contra ele, o analista. Nessa medida, ele está justificado a dizer que esta manifestação psicanalítica em relação ao cinismo surgiu em um feixe espesso de temas e estímulos atuais, que vinculam o texto de maneira precisa ao momento histórico (1932-33) e à situação profissional do autor. Ele se defende em favor de seu *métier* e contra a acusação de cinismo; apresenta para alguns pacientes, que o atacam, o diagnóstico de cinismo

---

178. Cf. Capítulo 11: "Hora lúcida", onde eu cito a mesma passagem que Bergler introduz como exemplo de um "cínico por alegria com a própria mesquinharia" (Karl Kraus).

Man muß Kautschukmann sein!

Ja, Kautschukmann sein — eventuell den Kopf zwischen die Beine stecken oder durchs Faß springen — und spiralig in die Luft schnellen! sieh, ein Paragraph rempelt Dich an,
eine Affiche,
ein Flohzirkus . . .
. . . .
(sämtliche Flöhe liegen an Schlingen — desertieren ausgeschlossen — Springen von Flöhen auf Kommando, Paradermarsch der Flöhe
. . . .)
Immerhin wichtig ist, das Gleichgewicht zu behalten! Wo vordem die gotische Kirche, messelt sich heute das Warenhaus hoch — !

EIN „MARSIAS" INTERESSENT

— Die Fahrstühle sausen . . . Eisenbahnunglücks, Explosionskatastrophen . . . .
— quer durchrast der Balkanzug Mitteleuropa, doch gibts auch Baumblüte und Edelmarmeladenrationierung . . . .
Wie gesagt, Kautschukmann sein
beweglich in allen Knochen
nicht blos im Dichter-Sessel dösen
oder vor der Staffelei schön getönte Bildchen pinseln.

Den Bequemen gilts zu stören
beim Verdauungsschläfchen
ihm den pazifistischen Popo zu kitzeln,
rumort! explodiert! zerplatzt! — oder hängt euch
ans Fensterkreuz . . . .
Laßt euren Kadaver in die Branntweingasse baumeln!
Ja! Wieder elastisch werden, nach allen Seiten höchst federnd — sich verbiegen — anboxen! Kinn- oder Herzgrubenhieb!

Ladies and gentlemen!!
jeder hat Zutritt!

Nur nähertreten!! . . . nur nähertreten!! . . .
Schon beulen sie den Weihrauchkessel ein.
Nervös rutscht das weiche Gesäß hin und her!
. . . .
Ja! Wenn nicht sämtliche Flöhe an Schlingen lägen! . . . .

Em: *Neue Jugend*, junho de 1917, Editora Malik

(*insanidade moral*). Portanto, está fora de questão o fato de estarmos aqui em meio *à* coisa — ainda que falemos "materialmente" *sobre* ela.

O que salta aos olhos é a ênfase extraordinária com a qual o analista proclama o cinismo, ou melhor, os "mecanismos cínicos", como uma manifestação do *inconsciente* e do *infantil* que prossegue no homem adulto. Todo o âmbito dos fenômenos cínicos é monopolizado com um grande gesto pela psicopatologia. Bergler só deixa quatro das 64 formas e variantes do cinismo vigorarem como "conscientes", e mesmo por trás dessas formas e variantes, na medida em que elas não são desqualificadas desde o princípio como "chãs" e "sem valor", é possível pressupor a existência de "fortes neuroses".

Cinismo, diz Bergler, é uma das formas segundo as quais homens com ambivalências afetivas muito fortes (ódios-amores; venerar-odiar, etc.) criam para si uma possibilidade de transporte psíquico; a "solução" cínica encontra-se, por conseguinte, no mesmo nível hierárquico dos mecanismos neuróticos clássicos como as defesas histéricas, melancólicas, compulsivas, paranoicas e criminais (!). No cinismo, o lado negativo e agressivo da ambivalência pode ser expresso. Todavia, sozinho, ele não caracteriza a "solução cínica". É preciso que se acrescente uma "necessidade inconsciente" extremamente intensa de "punição" — com tendências masoquistas e exibicionistas (apesar de cínicos verbais viris serem, em termos corporais, estranhamente envergonhados). Nos discursos cínicos atua uma psicodinâmica aparentada com a da compulsão à confissão (Reik) — saber que se está chocando contra os mandamentos do "superego" rigoroso, mas que não se consegue de qualquer modo evitar o choque, e que, para a resolução do assim criado conflito interno, entra em cena a fuga para o interior da verdade, que é abandonada, então, com uma nota agressiva. O cínico ataca o mundo exterior, na medida em que busca solucionar um "conflito interno". "Ele bate nos outros, mas tem em vista sua consciência moral" (p. 36).

Cinismo, porém, por meio de seu lado jocoso agressivo, é ao mesmo tempo um método de conquista do prazer; e isso por sete aspectos: porque o cínico se livra temporariamente do sentimento de culpa por meio de uma observação pertinente; porque a fúria dos outros lhe diverte[179]; porque ele pode desfrutar de sua própria tendência exibicionista; porque

---

179. Pode-se verificar esta tese no texto de capa do *Dicionário cínico*, organizado por J. Drews, Zurique, 1978.

cinismo é um método de distanciamento; porque pode entrar em cena um prazer narcisista, na medida em que se descobre admiração pelas manifestações engenhosas; porque piadas são em si engraçadas; e, em último lugar, porque o cínico pode descarregar com isso suas tendências infantis — e, assim, são visadas fantasias de grandeza da primeira infância, inclinações "anais" e uma fúria primeva cínico-sexual contra a prostituta na mãe, ou, dito mais universalmente, as cicatrizes do antigo conflito de Édipo.

O eixo dessa interpretação do cinismo é a teoria psicanalista mais antiga sobre o superego, que pensa o homem como um ser que se acocora constantemente sob as ordens e ameaças de um superego elevado, rigoroso, "supraterreno". Todavia, é curioso o fato de um analista, que se ocupa com a relatividade cultural do assim chamado *superego* (relatividade essa que se expressa no cinismo), não ousar pensar mais além este conceito de *superego* — como se sua inteligência se acocorasse sob a autoridade do superpai Freud. Isso é curioso, porque Bergler comenta fenômenos junto aos quais o *superego* manifestamente *não* consegue alcançar validade para si em meio ao comportamento dos cínicos. Será que o *superego* também não deveria ser mais o que um dia fora?

Parece que Bergler começa a prestar contas sobre isso contra a sua vontade. Cinismo é mesmo um fenômeno que pertence à "dialética da cultura", e na medida em que a psicanálise, entendida como teoria dos processos psíquicos, é incontornavelmente uma teoria da cultura, ela não pode a longo prazo agir como se fenômenos culturais como os cinismos pudessem ser tratados de maneira puramente psicodinâmica. Em verdade, temos aqui exatamente o mesmo tema por meio do qual a própria psicanálise suspende a si mesma. É preciso, por um lado, conceber minimamente o psíquico-individual a partir da cultura, exatamente como é preciso, por outro lado, conceber a cultura a partir do psíquico-individual. O *superego* universal, supratemporal, rigoroso é uma ficção analítica ultrapassada. Na maioria dos exemplos dados por Bergler — e há alguns belíssimos dentre eles, e eles por si só tornam a leitura proveitosa — é só violentamente que se pode falar de algo como a permanência velada para o cínico do mecanismo de suas declarações. Eles sabem o que dizem, e eles o dizem menos com base em mecanismos "inconscientes" e mais porque eles passaram a prestar atenção nas contradições reais. Com isso, eles expressam com frequência *kynicamente* uma contradição ou cinicamente um das quatro formas de má fé. O inconsciente quase não precisa se esforçar. A participação consciente do eu nos imoralismos objetivos e a fragmentação evidente das morais explicam a coisa de maneira muito mais efetiva do que a teoria da psicologia profunda. É somente em uma passagem que o analista amplia o seu campo de visão:

> A inundação de toda a cultura com o medo da consciência leva a que, mesmo onde o homem busca se libertar de seus grilhões *pelo pensamento*, tal como no *cinismo*, não chegue a termo outra coisa senão (!) um compromisso com o *superego*. Portanto, as pessoas não se distanciam tanto da realidade, quando enunciam que os cinismos seriam *também* reverências ao *superego* e compromissos com a voz interior da consciência. "Nem todos aqueles que escarnecem de suas correntes são livres", ensina-nos um filósofo poeta. O fato, porém, de os homens prestarem tributo ao *superego mesmo em um escárnio* é grotesco. (p. 166)

Não é possível formular isto melhor: "as pessoas *não* se distanciam *tanto* da realidade...", mas, de qualquer modo, se distanciam em boa parte. Bergler vê que o que está em questão em muitas formas de cinismo é desfazer-se de *correntes* — ao mesmo tempo, que o cinismo faz parte da dinâmica das lutas de libertação cultural e da dialética valorativa social, e está entre os métodos mais importantes para difundir plurissignificância na cultura. A expressão "compromisso" aponta mesmo nessa direção. Com algo que se encontre "sobre" mim não seria possível firmar nenhum compromisso; nesse caso teria antes que: obedecer.

O compromisso é firmado com uma instância que não possui nenhuma força imperativa penetrante — com um superego fraco e uma consciência moral que apenas nos importuna, mas não consegue mais comandar. Bergler mostra involuntariamente que o analista e o cínico são em certa medida os últimos moralistas efetivamente reais. Eles fazem sempre com que lembremos uma vez mais dos mandamentos da consciência moral e da moral, ainda que apenas por ocasião do conflito entre realidade e moral. No resto do mundo, a moral não é nunca e em lugar algum quebrada com tais obviedades, mas apenas dividida, de tal modo que não se pressente mais nem mesmo o "conflito interno" com ela. Com a sua teoria do superego, a psicanálise dá aos "moralistas dos últimos dias" um meio no qual eles podem se expressar. Todavia, a decomposição coletiva do superego é sempre um passo além do que os moralistas acreditam. O cinismo objetivo tem uma vantagem em relação ao cinismo subjetivo, uma vantagem que nunca pode ser resgatada. Se os cínicos contam piadas de mau gosto; se dão de ombros para a moral; se mostram uma frieza de aço, com a qual se anestesiam contra o amoralismo do mundo, sim, se procuram suplantar esse amoralismo: então a frieza subjetiva contra a moral reflete uma gelificação social geral. A piada, que provém da frieza, lembra ao menos em sua agressividade uma vida mais vital. Os "cães do gelo" têm ainda a força de latir e possuem ainda mordedura suficiente para querer deixar as coisas claras. A psicanálise, que "não é justamente nenhuma garantia de vida para ilusões", também tem na piada a sua melhor metade. O disfarce científico não pode nos iludir e nos levar a desconsiderar o fato de que o Esclarecimento, como Kant e muitos outros acentuaram, é tanto uma questão de coragem quanto de inteligência, e quem queira dizer a verdade não consegue contornar conflitos.

Descrevemos o ano de 1933. A psicanálise reflete sobre o cinismo. Ela logo precisará emigrar. O tempo da interpretação analítica do cinismo passou. Vem à tona o fato: o que deveria ser a solução do problema foi dominado pelo problema.

3. A república do faz de conta.
Cinismos políticos I: a luta prossegue

> Embuste! Evidente embuste! Eles têm todos as suas cores nacionais. Eles vão tomar cuidado para não se cobrirem de vermelho. Nem mesmo em sonho eles pensam nisto. Prestem atenção no que virá depois! Eu vos direi... Em seguida vêm os quatorze ponto de Wilson![180] Os senhores vão nos colocar quatorze vezes quatorze vezes na merda!
>
> Franz Schauwecker, *Aufbruch der Nation*
> [Irrupção da nação], 1928, p. 372

Foi justamente George Grosz quem forneceu a palavra chave da época: "raiva por ter sido enganado". Decepção, desilusão, propósitos de não se deixar mais enganar: estes são os motivos fundamentais psicopolíticos da República de Weimar. Eles elevam a disposição cínico-reflexiva da sociedade até as raias do agressivo e manifesto.

Por toda parte havia no ar em meio ao recomeço o sentimento amargo de ter sido enganado. A guerra tinha acabado, mas o Estado não conseguiu realizar a sua desmobilização. A paz de Weimar transformou-se em um prosseguimento da guerra com outros meios.

Os pesquisadores estão hoje de acordo quanto ao fato de que o Tratado de Paz de Versalhes de 1919 representa a falência diplomática do século XX, uma falência que marcou época. Nele ficou claro pela primeira vez que, sob as premissas imperialistas e capitalistas modernas, a relação entre guerra e paz tinha se transformado em uma relação diversa daquela que tinha vigorado na história (europeia até aqui). Se a Primeira Guerra Mundial já tinha trazido consigo uma nova qualidade de condução internacional da guerra, insinua-se no Tratado de Versalhes uma qualidade "aguçada" de tipos de paz. As potências vencedoras tinham vencido uma "guerra" em princípio já "total", sem, contudo, demonstrarem o seu sucesso por meio de uma "vitória total" (invasão, ocupação, administração estrangeira, etc.). A capitulação alemã chegou um pouco antes do colapso do front ocidental e da invasão da Alemanha por parte dos aliados

---

180. Um programa de paz anunciado pelo presidente americano Wilson no dia 8 de janeiro de 1918, que previa a evacuação de regiões ocupadas, a restrição ao armamento, liberdade dos mares e do comércio mundial, direito à autodeterminação dos povos e a fundação de associações entre os povos. A linha idealista de Wilson não conseguiu se impor nas negociações que conduziram ao Tratado de Versalhes (janeiro-maio de 1919).

ocidentais. Assim, a vitória dos aliados foi, em verdade, uma vitória inequívoca, mas não uma vitória alcançada pela luta levada a termo até a última consequência militar. A capitulação alemã aconteceu, como se sabe, a partir de numerosas fontes, amplamente sob a expectativa de uma paz contratual — uma expectativa que foi rompida abruptamente no início do verão de 1919, quando as determinações do Tratado de Versalhes se tornaram conhecidas. Aqui se revelou o fato de que os vencedores não tinham em mente nenhum gesto cavalheiresco de honra ante os vencidos e de que eles estavam pensando em transformar por meios diplomáticos a guerra total também em uma vitória total. A partir desse instante, a derrocada dos vencidos, que até então tinham permanecido em sua grande maioria pensativos e estavam prontos a deliberar sobre um recomeço plenamente com sentido[181], começou a se dissolver em meio a uma recusa indignada. O Tratado de Versalhes exerceu sobre os perdedores um efeito tal, como se os vencedores tivessem quebrado o cessar fogo "propriamente dito". A partir daí, os impulsos abafados por negar o que tinha acontecido receberam o seu cerne de cristalização exterior. Desde então, a erupção em uma insatisfação agressiva se tornou objetivamente possível.

Em *Minha luta*, de Hitler (1925), encontramos passagens nas quais a dinâmica de tal denegação se deixa apreender de maneira cristalina. Hitler descreve como ele, enquanto perdedor, procurou ditar aos vencedores sob que condições ele teria preferido perder a guerra; em todo caso, não assim.

> Será que uma derrota militar precisa conduzir a um colapso tão absoluto de uma nação ou de um Estado? Desde quando este é o resultado de uma guerra infeliz? (edição de 1937, pp. 275-76. Tausend, p. 250)

Hitler parte de experiências históricas, que ainda não conheciam o fenômeno da guerra total e da derrota total. Hitler procurou reduzir este novo elemento histórico a uma grandeza conhecida. Especula que o grande "colapso" se compôs de dois fatores: derrota militar *e* traição "interior". O primeiro fator sozinho, pensa ele, as pessoas teriam suportado:

---

[181]. A Assembleia Nacional de Weimar, eleita em janeiro de 1919, ainda era composta em sua grande maioria por políticos pró-democráticos. O primeiro Parlamento de 1920 já foi claramente dominado pelo espírito antidemocrático.

> ... pois se o front enquanto tal tivesse efetivamente fracassado e se tivesse sido evocado por meio de sua infelicidade (!) o destino fatídico da pátria, o povo alemão teria recebido a derrota de maneira totalmente diversa. Nesse caso, ter-se-ia suportado a infelicidade que se seguiu com os dentes cerrados... Mesmo a capitulação, porém, teria sido apenas assinada com o entendimento, enquanto o coração já teria decretado o levante vindouro. (p. 251)

Agora, porém, segue o mito da "decomposição interior":

> Infelizmente, a derrota militar do povo alemão não foi uma catástrofe imerecida, mas um castigo merecido por uma retaliação eterna. Nós mais do que merecemos essa derrota. (p. 250)

Hitler traduz o desastre político-militar do guilhermismo e a queda do capitalismo feudal alemão na linguagem moral do crime e do castigo. Pois não aconteceu nada, segundo ele, de que nós mesmos não tivéssemos culpa. Nosso crime consistiu no fato de não termos impedido o fortalecimento de elementos socialistas, pacifistas, liberais, democratas e "judaicos" na sociedade. O colapso foi, segundo Hitler, uma "consequência de um envenenamento ético e moral, de uma atenuação do impulso de autoconservação" (p. 152). Só assim se tornou possível, por volta do fim da guerra, que se chegasse a motins de tropas, greves de munição, etc. O front no campo de batalha estava intacto (*sic*); foi apenas o front da terra natal que fracassou e que traiu "aqueles que se achavam fora". Assim, Hitler desloca o front para o interior; fora, a guerra pode ter acabado; aqui, no interior, porém, ela prossegue — como batalha contra os democratas, pacifistas, etc., que precisavam da derrota militar para a vitória de suas convicções.

Com isso, Hitler projeta de maneira inequívoca uma situação de guerra civil: no lado adversário, ele vê os judeus e sua "organização marxista de luta", assim como todo o bando dos democratas e socialistas entre outros.

> As pessoas não tinham manifestado em muitos círculos francamente uma alegria quanto à infelicidade da pátria? (p. 250)

Hitler acredita ter observado até mesmo em seus contemporâneos pessoas que teriam "dançado e rido" com o final da guerra, que teriam "se vangloriado da própria covardia" e "glorificado a derrota" (cf. a anedota do hospital de campanha contada por Beelitzer e presente em nosso Capítulo 7). Hitler projeta aí sua própria estrutura catastrofal sobre o adversário. Pois o vencedor propriamente dito da catástrofe tinha sido claramente *ele* — que descobriu nela sua profissão. Ao mesmo tempo, ele concebe em sua problemática partes da realidade efetiva. Muitos súditos despertos para a consciência política por meio da guerra se sentiram de fato aliviados, uma vez que o regime guilhermino dos *junkers*, regime esse que tinha se tornado insuportável, pôde ser perseguido e eliminado; outros grupos saudaram a revolução como a irrupção de uma nova era da humanidade; e outros, por sua vez, expressaram de maneira explícita que sua causa só poderia ter sucesso por meio da catástrofe da nação (capitalista). Algo dessa atmosfera ressoa concomitantemente no tom das "diretrizes da Central do Partido Comunista Alemão sobre a paz, de 19 de maio de 1919":

1. As condições para a paz da *Entente* para com a Alemanha são a balança entre o interior e o exterior... A situação da Alemanha depois de quatro anos e meio de uma guerra imperialista perdida... (iiihh?)...
III. As condições da paz da *Entente* exploram sistematicamente esta bancarrota em termos de política interna e externa...
VI. A situação é absolutamente desesperançosa para o governo do imperialismo falido, por mais que se a coloque como quiser...
Dokumente zur deutschen Geschichte: 1919-1923 [Documentos sobre a história da Alemanha: 1919-1923], Wolfgang Ruge e Wolfgang Schumann (orgs.), Frankfurt, 1977, pp. 17-18.

O partido comunista recusou, por isso, *as duas coisas*, tanto a aceitação do tratado, quanto a sua recusa; as duas opções eram igualmente terríveis para o proletariado alemão. Mas qual seria a alternativa — ou a alternativa para a alternativa? Havia uma terceira via? Sim, uma ditadura do proletariado, e só essa ditadura poderia, então, aceitar ou recusar, sem que isso fosse "igualmente fatídico para o proletariado". É assim que soa a linguagem de um hiper-realismo cínico que parte do fato de que a catástrofe emerge da "natureza das coisas" e de que quem sabe disso pode falar sobre ela, como se não fosse tocado por ela, mas como se estivesse em uma aliança com ela.

Hitler tenta do mesmo modo se meter no papel do grande diagnosticador. Para ele também, a catástrofe era uma necessidade e mostra enquanto tal um lado que aponta para o futuro:

> Para o povo alemão, deve-se considerar quase uma grande sorte o fato de o tempo de seu adoecimento sorrateiro ter sido encurtado abruptamente por uma catástrofe tão terrível, pois de outro modo a nação teria certamente perecido mais lentamente, mas tanto mais seguramente...
>
> Trata-se, então, de uma sorte — naturalmente, de uma *sorte amarga* — quando o destino se decide a intervir nesse lento processo de degradação e coloca diante dos olhos com uma pancada repentina o fim da doença para aquele que tinha sido pego por ela... Pois, em seguida, uma tal catástrofe frequentemente vem mais do que uma vez à tona. Ela pode se tornar, com isso, facilmente a causa de uma cura que se estabelece com uma extrema decisão. (pp. 243-254)

"Sorte amarga": essa é expressão mais aguda da dialética populista. Sadismo político em metáforas medicinais? Cinismo patológico em metáforas medicinais? Já no momento do nascimento primordial da república, os cirurgiões políticos foram totalmente para a direita e totalmente para a esquerda em sua posição e afiaram-se as lâminas ideológicas, com as quais se queria extirpar o câncer do paciente alemão. Tanto a esquerda quanto a direita tinham muito pouco interesse pelo estado atual da Alemanha. Todos olhavam para o futuro e sonhavam com o dia no qual poderia ocorrer a grande operação.

A luta, portanto, prossegue. O espírito amedrontado do recomeço — como quer que ele possa ter se mostrado em sua aparência —, que tinha tido a sua pequena chance nos sete meses entre a capitulação em novembro de 1918 e o Tratado de Versalhes em maio de 1919, foi a partir daí triturado entre puros realismos, refinamentos, posturas resignadas e ideias de futuro com um solo duplo: "... o que importa é a tática, meu amor". É isso que Ernst Toller deixa que nos diga um dos homens que tinha participado da revolução de 1918, para se exercitar dez anos depois na "política real". (*Opa, estamos vivos!*)

4. O front e o nada.
Cinismos políticos II: dialética populista e dissolução do front

> Todos eram odiados: os judeus, os capitalistas, os comunistas, o militar, o proprietário, o trabalhador, o desempregado, as forças de defesas imperiais em seus uniformes negros, as comissões de controle, os políticos, as lojas e uma vez mais os judeus. Havia uma orgia de incitação e a república estava fraca, pouquíssimo crédivel... Tratava-se de um mundo negativo, com uma espuma colorida na superfície...
>
> G. Grosz, *Ein kleines Ja und ein grosses Nein*
> [Um pequeno sim e um grande não], Hamburgo, 1974, p. 143.

A partir do fim da guerra, foram precisos mais ou menos dez anos até que irrompesse na República de Weimar uma nostalgia militar propriamente dita. A palavra "front" transformou-se na palavra mágica para a inequivocidade em questões políticas. Deste lado nós; do outro, eles. Os aprendizes da democracia, frustrados pela política, começaram a ansiar pelas "claras condições" da guerra. Por volta do final da década de 1920, os horrores das batalhas também pareciam estar tão amplamente integrados ou tão alijados para bem longe e tão reinterpretados, que muitos autores ousaram se aproximar de uma exposição da guerra: Remarque, Renn, Glaeser, Zweig, Van der Vring, Goebbels, Schauwecker, Beumelburg, etc.

Entre as pessoas de direita, há a presença de dois motivos inconfundíveis: elas gostariam de ter de volta a vivência da camaradagem conquistada no front — sobretudo como antítese em relação ao estado de dissensão total entre as correntes políticas e os partidos de direita; e elas tinham uma nostalgia do "front" como aquela linha, onde ainda se sabia "quem se era". Mesmo os conservadores e os jovens nacionalistas tinham entrementes compreendido que guerra e política interna são duas coisas diversas. Eles conceitualizaram essa experiência em termos de uma nostalgia militar: soldados aparecem de maneira heroica, clara, dura, corajosa, grandiosa na suportação, na obediência, no servir e no resistir; em uma palavra, eles se mostram como viris. A política, ao contrário, é maleável, cheia de manobras, volúvel como o vento, tática, covarde, comprometida, pequena, obscura, ambígua, fraca, em suma, ela não é viril. A nostalgia militar representou entre outras coisas uma restauração da masculinidade, e, mais ainda, porém, a restauração de um tipo sociopolítico decadente, a restauração do "caráter inequívoco". Ter lutado no front dava aos nacionalistas soldadescos uma lembrança do modo como as coisas eram, quando as pessoas ainda se sentiam protegidas pela couraça psíquica da própria "identidade". Já em meio à dissolução dos regimentos no conturbado novembro e na sombria paz weimariana, os soldados com frequência não sabiam mais plenamente para que mundo deveriam voltar — depois de tudo o que tinha acontecido. A república era para eles o lugar no qual tinham perdido aquilo que tomavam como sendo a sua "identidade". Retroativamente cresceu neles o sonho do front, onde tudo ainda parecera ser tão claro.

No ano de 1929, Franz Schauwecker, dentre os autores populistas um dos mais inteligentes, descreve uma cena elucidativa: uma despedida de soldados em um momento de paz, na qual não há praticamente ninguém alegre. O autor supõe para os seus personagens uma consciência, mais própria ao ano de 1929 do que ao novembro de 1928. Empresta-se à grande infelicidade, então, tal como em Hitler, retrospectivamente, um sentido igualmente grande. Aqui também se nega o fim da "guerra" propriamente dita:

> Mas os senhores sabem como tudo isto me parece?! O correto só se inicia agora, assim como o que é próprio, sabem? As coisas não se revelam mais agora; agora, tudo ocorre silenciosamente. É preciso ter nervos de aço. (p. 375)

> *Agora começamos a notar o quão difíceis são as coisas...* Até aqui, sempre obedecemos no front... O dever não se decide por si mesmo, mas é antes decidido. Tu vês — e no fundo é extremamente fácil seguir um dever no front —... E eis que temos diante de nós a grande lenda alemã de hoje, a mística alemã no simples soldado. *Sabendo, eles precisavam fazer algo, que era praticamente desprovido por completo de finalidade*! E o fizeram. Tu tens aí a grandeza e a tragédia do soldado alemão no front. (p. 378)

Schauwecker apreende o ponto que os populistas de resto negam: as vítimas de guerra alemãs foram *sem sentido*. Todavia, essa ausência de sentido *precisa* ser superada, porque se quer. É possível superá-la, exigindo e afirmando que é preciso haver um sentido — ainda que seja preciso produzi-lo pessoalmente com violência. *Antiniilismo niilista*. Schauwecker constrói uma nova positividade em meio ao colapso. Até mesmo a revolução alemã, que foi para as pessoas de direita apenas um horror, recebe aí a cunhagem de um sentido paralelo niilista:

> Ela é lastimável, mesquinha, ávida por dinheiro, vingativa, invejosa e animada apenas por um ódio doentio, ela é uma questão miserável própria a insetos. Totalmente *en passant*, porém, ela fez alguma coisa, que não tinha de maneira alguma em vista... Ela afastou todos os obstáculos até nós mesmos, desconstruiu uma grande confusão. Isso é o que há nela de melhor. Limpou a sujeira dos nossos olhos... (p. 381).
> ... Mas tu vês: este é o mistério — que se tornou há muito tempo claro para mim em minha caixola. Presta bem atenção: nós não tínhamos mais conteúdo algum! Este é todo o mistério! Pois bem, que assim seja!... O mistério consiste no fato de que não há nada aí! Por isto não acontecia nada! Por isto, as pessoas desistiam por toda parte".

A nova filosofia do front substitui a antiga moral. Ela não fala em imagens medicinais como Hitler, mas em conceitos morais e psicológicos. Do ativismo dos homens com a consciência do front deve surgir uma revolução populista. Os soldados voltam para casa, mas não para a paz. Ao contrário, eles se mudam da guerra perdida "por nada" para o novo front, para o front propriamente dito da consciência moral. "Só precisamos dizer de fato uma palavra, e, então, nos compreendemos no sangue: front!" (p. 381)

> Não se pode dizer isso em voz alta hoje, pois isso não é para qualquer um. Não acredito que se trate de uma grande desgraça sem sentido e sem culpa... Precisamos descobrir algum dia por que perdemos a guerra. Porque nós fomos em nós mesmos culpados, pelo vazio, a arrogância, o poder externo...
> Nós precisamos perder a guerra para ganharmos a nação. (p. 382)

Em 1928, Georg van der Vring também projetou de volta, em seu *Soldat Suhren* [Soldado Suhren], o sentimento weimariano da dissolução do front para o cerne do monólogo interior de um jovem soldado que se arrasta no movimento noturno na frente de combate — em sua primeira entrada em ação:

> E esbarro em um nó em minha teia, que se chama: o front. Esta é a expressão militar, com a qual os jornais e os comunicados oficiais de guerra lidam à vontade como se se tratasse de um objeto facilmente concebível.

Pois naquele front, que os comunicados oficiais mencionam, luta o bem contra o bem, o mal contra o mal, o bem contra o mal e o mal contra o bem. Assim, temos um front confuso, torcido de mil maneiras, cuja figura ninguém conhece.

Mas há um front claro, inequívoco e reto, e eu o encontro em um lugar secreto — eu o encontro em minha consciência. Ele é o front dos bons pensamentos e dos atos humanamente dignos, dos apertos de mão e da fé fiel. (p. 59)

De maneira invisível, o front paira sobre as nações, os partidos, os blocos, os indivíduos e os fronts externos. Ele se mantém em uma linha mística — irracional e interna. "A consciência! Esta é a palavra que hoje reluz." (Schauwecker, p. 379) Assim, os populistas se conclamam e se entregam àquela instância que a psicanálise tinha começado a investigar sob o conceito do superego — e, com maior razão, com a sua observação do superego fraco e incessantemente carente de tributos dos cínicos. Em verdade, porém, essa consciência já se achava, por sua vez, esvaziada e desorientada; bem e mal podem naturalmente aparecer retorcidos. A consciência deveria ser a instância que sustenta o front desde dentro — tomado por si, porém, ela já estava há muito tempo esvaziada e indeterminada (ou o retorno do antigo, em relação ao qual valia a afirmação de que ele teria apodrecido e se tornado sem substância).

Exatamente nesse ponto, a análise heideggeriana epocal da consciência em *Ser e tempo* (1927), §§ 55-69 (cf. também Gabinete dos Cínicos, Capítulo 5: "O impessoal"). Ele concebe a consciência como "clamor do cuidado".

> O que a consciência clama para aquele que é chamado? Considerando de maneira rigorosa — nada. O chamado não enuncia nada, não dá nenhuma informação sobre eventos do mundo... Ao si mesmo invocado, "nada" é a-clamado, mas ele é *conclamado* a si mesmo, ou seja, ao seu poder-ser mais próprio... (*Sein und Zeit* [Ser e tempo], p. 273)

Observa-se na dialética populista uma figura comparável de pensamento: o retorno ao "poder-ser mais próprio" da nação por intermédio do nada da grande catástrofe. Heidegger explicita o vazio da consciência na práxis social "avançada". Sua análise soa como um eco dos movimentos de pensamento do niilismo-antiniilismo populista. Karl Jaspers, porém, toca ainda mais exatamente no problema em seu escrito *A situação espiritual do tempo* (1932). Ele eleva a problemática do front a uma característica geral da vida "na ordem moderna da existência". Ele constata que a função do front — dizer aos homens em nome do que e contra o que eles devem lutar, com quem eles devem se aliar contra quem e o quê — se perdeu. Na era da tática, tudo pode se inverter repentinamente. O front dilui-se; no subtítulo: "A luta sem front", Jaspers escreve:

> Uma luta, na qual se sabe com que se tem de lidar, é uma luta aberta. Na ordem moderna da existência, contudo, se é afetado a cada clareza instantânea pela *confusão dos fronts de luta*. O que até bem pouco se mostrava como adversário agora é aliado. O que precisaria ser adversário de acordo com a objetividade do que se deseja se mantém junto; o que se mostra como antagônico abdica da luta; o que parecia um front uniforme se volta contra si mesmo. E, em verdade, tudo em uma confusão e em uma mudança turbulentas. Estamos em uma situação na qual posso me tornar adversário daquele que se acha aparentemente mais próximo de mim, assim como posso me aliar a quem se acha mais distante. (Berlim/Nova York, 1979, p. 163)

Para muitos contemporâneos, em face das relações políticas, mesmo o esquema esquerda/direita precisaria perder sua função esclarecedora. O que significam, afinal, conceitos como progresso e retrocesso, socialismo e capitalismo, etc., se vivemos em um tempo no qual um partido se designou de maneira extremamente engenhosa "nacional-socialista"; no qual se chegou a uma aliança tática entre fascistas e comunistas; no qual dois grandes partidos de trabalhadores não conseguem formar nenhuma frente conjunta contra aquele outro partido que também se denominava "partido dos trabalhadores" e que soube se ligar ao partido do grande capital (Partido Popular Nacional Alemão) e aos militares em um front — o famigerado front de Harzburg de 1931, do qual conduz então uma linha bem direta até o front oriental de 1943 — sem que a ridícula "frente de ferro" dos democratas de 1932 tivesse alterado algo aí? (Cf. Capítulo 15)

Em 1920, o dadaísta George Grosz ansiava se inserir no front das massas proletárias.

> Ainda virá um tempo no qual o artista não será mais aquele anarquista boêmio, abalofado — mas um trabalhador luminoso e saudável na sociedade

coletivista. Enquanto essa meta da massa trabalhadora ainda não tiver sido efetivamente realizada, *o intelectual oscilará de maneira incrível e cínica de um lado para o outro...*

George Grosz, *Manifeste, Manifeste 1905-1933. Schriften deutscher Künstler des zwanzigsten Jahrhunderts* [Manifestos, manifestos 1905-1933. Escritos de artistas alemães do século XX], vol. 1, Dieter Schmidt (org.), Dresden, 1965, p. 261.

Na autobiografia de Grosz, porém, encontramos a seguinte formulação:

> Nós éramos como barcos a vela ao sabor do vento, com velas brancas, negras e vermelhas. Alguns barcos portavam flâmulas, sobre elas viam-se três raios ou um martelo com uma foice ou uma suástica no capacete de aço — a distância, todos esses sinais pareciam semelhantes entre si. Tínhamos pouco controle sobre os barcos e precisávamos manobrar com esforço... A tempestade bramava constantemente, mas continuávamos velejando; não entendíamos sua melodia, pois nossos ouvidos estavam surdos por termos ficado muito tempo prestando atenção. Só sabíamos que soprava um vento do leste e outro do oeste — e que a tempestade estava castigando toda a terra...

George Grosz, *Ein kleines Ja und ein grosses Nein* [Um pequeno sim e um grande não], Hamburgo, 1974, p. 143.

5. Mortos sem testamento. Cinismos políticos III: preocupações com os túmulos de guerra no interior vazio

> Sabe, irmã... estou completamente sóbrio... mas minha mais íntima convicção é a de que realmente ninguém mais voltará para casa.
>
> Hermann Broch, *Die Schlafwandler*
> [*Os sonâmbulos*], 1931-32.

> O quão sem sentido é tudo o que já foi escrito, feito e pensado, se algo assim é possível! Tudo não pode ter passado senão de uma mentira, se a cultura de milênios não pôde nem ao mesmo impedir que esses rios de sangue fossem derramados...
>
> E. M. Remarque, *Im Westen nichts Neues*
> [*Nada de novo no front*], 1928.

Nos sobreviventes da Guerra Mundial, os seus mortos não conseguiam descansar. Uma mudança de qualidade da aspiração tinha tocado sua consciência: só o front ocidental do ano de 1916 — em cujo centro se encontrava o forte fantasmagórico de Verdun — "contabilizou" mais de um milhão de mortos. Pela primeira vez na história humana realizou-se um estado de fato que é designado por uma expressão da estratégia nuclear americana atual com a noção de *megacorpse* (megacadáver, igual a um milhão de mortos). Com a tática de artilharia e de guerra de trincheiras, a morte em batalha deixou de ser uma morte em movimento — tal como ainda o experimentaram os entusiastas das tomadas de assalto de Langemarck — e se transformou em uma morte em posição fixa. No fogo retumbante da Tempestade de aço surgiu uma morte em camadas contingente — uma relação estatística e fatalista do guerreiro com a granada, que ou não o acerta, ou o transforma em matéria.

No dinamismo, no vitalismo e na embriaguês do movimento da cultura de Weimar, ressoa de maneira invisível e onipresente aquele trauma de 1915-16: permanecer escondido na lama; o ataque atolando nas trincheiras; o choque da imobilização; um estar entregue fatalista; dissolução dos corpos na lama das covas.[182] Esse é o grande não

---

182. Bernd Weyergraf apontou particularmente para esses contextos a partir do exemplo de alguns quadros de Otto Dix; cf. Bernd Weyergraf, *Catálogo para a exposição na casa junto ao Waldsee, Berlim 1919, Otto Dix — zwischen den Kriegen* [Otto Dix — entre guerras], H. v. Heppe, T. Kempas e B. Weyergraf (orgs.), em particular p. 14 et seq.

dito (ou quase não dito) do tempo, mas de qualquer modo efetivo por toda parte como mito praticado. Ele trabalha no protesto dos combatentes no front em seu retorno para casa contra a desmobilização (não mergulhar na lama civil); no culto da agressividade, da rapidez e do movimento contínuo, que os contemporâneos de Weimar tinham prescrito a si mesmos; no prazer com a automobilização, que começa de maneira elitista e logo se imiscui em meio às corridas, com os célebres flechas-de-prata da Mercedes, nos sonhos populares, para chegar plenamente a si no programa da Volkswagen — do carro que trocava a alegria pela força. Na Alemanha, o sonho da nação motorizada foi a princípio um sonho fascista.

A intangibilidade e a indignidade tecnizadas da morte na moderna guerra de artilharia implodiu todas as categorias de dotação tradicional de sentido. O absurdo elevou-se ao nível do fenômeno-em-si, ao fato nu e impassível de alcançar significado, que dominava o pensamento com o seu "assim-é-que-são-as-coisas" brutal. O poder desse absurdo também pode ser mensurado pelas tentativas onipresentes de superar a experiência de sem sentido com as posturas antiabsurdas (de esquerda e de direita).

> Eles não denominavam isso "batalha" ou "luta", eles diziam apenas "avançar" e só falavam de si mesmos como se estivessem falando de "nós aí fora". Assim, eles oscilaram durante meses entre as mãos da morte de um lado para o outro e se tornaram iguais entre si, até só restar o soldado alemão do front, que suportava sobre si petrificado o dia e a fome, o esgotamento e a sujeira, a chuva e o fogo, sangue, horror e morte. (Schauwecker, p. 228)
>
> ... eles morriam em meio à explosão e à fumaça, ao gás, à lama e à chuva. Morriam soterrados e sufocados nos túneis. Eles morriam devorados pelo gás. Eles morriam com a brasa em suas feridas. Eles morriam por toda parte, sobre a terra, embaixo da terra, nos ares, em florestas mortas, em colinas e em trincheiras.
>
> A *única coisa que eles possuíam era isto: eles sabiam quem eles eram.* (Schauwecker, p. 353)

Esse existencialismo dos combatentes do front já é uma dotação de sentido tardia e ulterior oriunda da perspectiva populista, tal como ela foi esclarecida em milhares de romances e tratados. Esse saber-quem--eles-eram foi transladado pelos sobreviventes da guerra para os tempos de paz de Weimar ou, dito de maneira mais exata, inventado retroativamente nesses tempos. Trata-se da figura fundamental de todas as dotações de sentido da direita: troca-se um absurdo pela identidade; conquistam-se sentimentos egoicos por meio da negação de uma experiência crítica. "Postura". Os neoconservadores não fazem outra coisa até hoje.

Quando o regimento descrito por Schauwecker bateu em retirada para o solo alemão, ele precisou, seguindo ordens superiores, aniquilar todo o material de guerra restante, atirando a esmo ou afundando-o em um riacho. Albrecht, o herói da história, vê aí literalmente uma autocastração. "Aqui, com uma orientação segura de sua meta, a nação arrancou os seus órgãos genitais..." (p. 369). Na luz bengalesa das últimas balas luminosas, emerge diante de seus olhos um antigo túmulo de guerra — uma cruz alinhavada com uma inscrição entalhada:

> Mosqueteiro Fritz Bredenstoll
> Regimento de infantaria No. 162, 4ª companhia

> Tombou no dia 26 de agosto de 1914 por sua pátria. Sentiu um pouco de vertigem. Sentiu repentinamente seus joelhos se enfraquecerem... uma luz irrepreensivelmente patriótica sobre o túmulo de Franz Bredenstoll que, de acordo com o que se achava escrito, tinha preferido tombar em 1914 por sua pátria e se entregar a esse túmulo, enquanto outros acharam melhor atirar para o alto fogos de sinalização, jogando fora sua munição ou organizando alguma revolução e roubando aquilo que conseguiam arranjar.
> Ele tremeu. Sentiu frio. Pois muito bem — o que poderia observar ainda — não sei mais — tudo me enoja a tal ponto — tudo me é tão repulsivo — pro diabo — deixai-me em paz — tudo é tão terrivelmente idiota e infantil... (p. 370-371)

O tom aflito e sarcástico de Schauwecker revela o esforço por exceder o cinismo objetivo da morte na guerra por meio de um cinismo subjetivo do nojo. Seu herói volta para casa — com uma imagem da revolução na cabeça, que não seria outra coisa senão a superação do absurdo por meio da grande política: ele sonha com uma "revolução do front", na qual os sobreviventes se levantem em favor dos mortos.

De maneira semelhante, o "líder" dessa revolução motivou a sua missão política. Hitler estava no hospital de campanha Pasewalk na Pomerânia, quando começou na Alemanha a outra revolução. Em meio às "bombas de gás no front ao sul de Ypern", de acordo com a sua afirmação, a cruz amarela tinha feito com que ele perdesse a visão na metade de outubro. Uma interpretação psicológica mais recente, por outro lado, diz que o problema que Hitler teve nos olhos nesses dias não passara de uma cegueira histérica, com a qual ele encenou somaticamente a resolução de "não olhar para o que estava acontecendo". Como quer que seja, Hitler informa que, no dia 10 de novembro, soube pelo pastor do hospital de campanha a verdade sobre o "que estava ocorrendo lá fora" (capitulação ocidental no front e revolução em Berlim):

> Quando minha visão escureceu uma vez mais, tateei e cambaleei de volta para o quarto de dormir, joguei-me em minha cama e afundei a cabeça ardendo na coberta e no travesseiro.
> Desde o dia em que estive ao lado do túmulo de minha mãe, não tinha mais chorado... agora, porém, não podia mais fazer outra coisa. Tudo tinha sido, portanto, em vão... inútil a morte de dois milhões que pereceram aí. Os túmulos de todas as centenas de milhares de pessoas que tinham saído de casa movidos pela fé na pátria não precisavam se abrir... Eles não precisavam se abrir e enviar os heróis mudos, cobertos de lama e sangue como espíritos de vingança para a terra natal, que os tinha enganado tão desdenhosamente no que concerne ao sacrifício mais extremo que o homem pode fazer neste mundo por seu povo? Eles morreram por isto... foi por isto que estes rapazes de dezessete anos caíram na terra flamenga... foi por isto que eles tinham estado no inferno do canhoneio e na febre da luta contra o gás...
> Nestas noites cresceu em mim o ódio, o ódio contra os autores deste ato.
> Nos dias que se seguiram, meu destino também se tornou consciente para mim. Agora, precisava *rir* (!) ao pensar em meu próprio futuro, que ainda tinha se mostrado para mim há pouco tempo como tão amargo. Não era para *rir* querer construir casas sobre um tal solo...
> Não há nenhum pacto com o judeu, mas apenas o lapidar esse ou aquele. Eu, porém, resolvi me tornar político. (*Minha luta*, pp. 223-225)

Nessas imagens fala o mito que foi vivido na República de Weimar: a política transforma-se em cuidado com os túmulos de guerra por parte dos sobreviventes; aqueles que escaparam firmam um pacto com os mortos. Hitler redige um testamento imaginário dos que tombaram, na medida em que se lhes impõe como testamenteiro. Aqueles que afundaram na terra e na lama ressuscitam *nele* e retornam como espíritos de vingança para o seu povo; saindo da lama, eles voltam para a terra natal, para a pureza dos ideais; ao invés de afundar na terra flamenga, eles se precipitam tempestuosamente para frente em movimentos populistas. O conceito hitlerista de guerra-relâmpago, que ele concretizou a partir de 1939, aponta para encenações dessa imagem dos túmulos que se abrem, para transformar aqueles que tinham caído nesses túmulos em tropas de ataque. Visto psicologicamente, o líder era um tal homem de ataque, um emissário dos túmulos de guerra.[183] A política das direitas, inspirada na soldadesca e nos fascistas, baseava-se em um tema do ressurgimento — tal como Brecht tinha ilustrado em sua *Balada do soldado morto* (cf. também Beumelburg, *Stimme aus dem Grabe* [Voz do túmulo], etc.).

A aliança dos mortos é o dínamo psicológico do verdadeiro fascista. No instante em que ele entra em ação como o testamenteiro dos que foram enterrados na lama ("eu, porém, resolvi..."), sua neurose privada entra em um contato mágico com a neurose nacional. Aquilo que não passava até este momento de uma estrutura individual — Hitler como emissário e vingador das mães mortas (cf. os novos Miller) — é agora politicamente universalizado; Hitler como emissário de uma ordem mais elevada. Ele acha que quem o envia são os mortos da guerra mundial; eles não têm como se voltar contra um tal deputado que lhes incorpora. Em 1930, milhares de pessoas vivas estão com ele, os mortos da guerra mundial do futuro, que deram sua voz ao ressurgente; e só nesse momento, também passaram a estar com ele aqueles milhões que a indústria alemã empregou fomentada por Hitler. (Cf. a imagem conhecida da montagem de John Heartfield: "Lema: milhões estão comigo": Hitler levanta a mão para o "cumprimento alemão"; um financista corpulento e capaz de grande sobrevivência estabelece uma aliança com uma nota de mil

---

183. É preciso ver a partir daí o túmulo ao soldado desconhecido. As realizações tradicionais mostram pináculos heroicos, estátuas de Roland, pirâmides mortuárias, tremular de bandeiras ao céu, obeliscos, etc. O monumento de Munique para o soldado desconhecido (no pátio da residência destinada ao museu do exército) traduziu a nova experiência. O soldado encontra-se em uma espécie de cripta; ele é aquele que afundou; sua estada é meio santuário, meio abrigo de artilharia. À sua volta, entradas para o monumento foram deixadas abertas. Precisa-se descer até lá para prestar honras aos mortos. Mais ainda: ele encontra-se de tal modo, que pode voltar a subir uma vez mais em um tempo determinado. Cf. C. Stölzl, *Die zwanziger Jahre im München* [Os anos 1920 em Munique]. Catálogo para a exposição no museu municipal de Munique], maio a setembro de 1979, C. Stölzl (org.), p. 469.

marcos; Heartfield denomina a montagem "o sentido do cumprimento de Hitler".)[184]

Erich Kästner formulou em seu poema *Vozes do túmulo das massas* um outro testamento destes milhões de mortos:

> Temos sujeira na boca. Precisamos nos silenciar.
> E gostaríamos de gritar, até o túmulo partir!
> E gostaríamos de, gritando, do túmulo levantar!
> Temos sujeira na boca. Vós não conseguis nos ouvir.
> [...]
> Aqui estamos nós, a boca dos mortos cheia de sujeira.
> E tudo foi diverso do que pensávamos ao morrer.
> Nós morremos. Mas morremos sem finalidade derradeira.
> Vós vos deixais amanhã, como ontem, abater.

---

184. Cf. Eckard Siepmann, *Montage: John Heartfield, Vom Club Dada zur Arbeiter-Illustrierter Zeitung. Dokumente, Analysen, Berichte* [Montagem: John Heartfield, do clube Dada ao "Jornal Ilustrado dos Trabalhadores". Documentos, análises e relatos], Berlim, 1977, p. 240 et seq, "A montagem dos milhões".

6. Conspiradores e simuladores. Cinismos políticos IV: mentalidade como desinibição

Na Alemanha, depois da guerra não houve nenhuma revolução, mas antes uma contrarrevolução. Aquilo que é designado simplesmente como revolução é apenas o fato de que, no dia 9 de novembro de 1918, todos os monarcas se puseram a correr com medo de uma revolução. Quando reconheceram a real situação, já era tarde demais para manter a ficção de que ainda seriam monarcas. No vácuo que surgiu entrou em cena como suporte dos poderes oficiais o exército, representado por comissões de soldados. Elas delegaram o seu poder à Assembleia Nacional e cometerem, com isso, suicídio.

Os monarquistas fizeram-se de mortos depois do 9 de novembro e afirmaram que só queriam defender a paz e a ordem. Por isso, apoiaram o governo social-democrata na luta por ele desejada contra a esquerda. Assim, os politicamente neutros e os adversários decididos da república conquistaram uma vez mais o poder. *Logo se mostrou a ditadura dos meios.* O governo de 1919 não conseguiu mais se livrar dos fantasmas que ele tinha invocado. Os militares afastaram as comissões de soldados, eles afastaram os líderes da república, literalmente, na medida em que fizeram com que eles fossem assassinados.

E. J. Gumbel, *Verschwörer* [Conspiradores], p. 13. Cf. E. J. Gumbel, *Verschwörer, Zur Geschichte und Soziologie der deutschen nationalistischen Geheimbünde 1918-1924* [Conspiradores, Sobre a história e a sociologia das associações secretas nacionalistas alemãs 1918-1924], reimpresso na editora Wunderhorn, Heidelberg, 1979. Cf. também, pela mesma editora, a nova edição de *Vier Jahre politischer Mord* [Quatro anos de assassinato político, 1922], 1980).

Com uma mão segura, professor de estatística em Heidelberg, Emil Julius Gumbel, pacifista, democrata radical e pessoa dedicada à documentação da injustiça corrente em seu tempo, traçou um esboço da revolução alemã de 1918-1919. O seu curso foi dominado pela conjunção da social-democracia com os reacionários, os neutros e os membros dos partidos cor de sangue. O que se expôs como a nova ordem política na Alemanha foi uma grave ação conjunta de forças parlamentares oficiais com organizações antidemocráticas e secretas. Nessas organizações reuniu-se tudo aquilo que uma política do *não* gostaria de empreender. As organizações oficiais deixaram-se levar para uma situação na qual se viram obrigadas a morder a maçã podre dos dados: capitulação, assembleia nacional weimariana, aprovação extorquida do Tratado de Versalhes.

A social-democracia tinha permitido que os seus adversários políticos fizessem pouco caso de si ou tinha mesmo se oferecido como bobo da corte e bode expiatório. Ela assumiu a posse da herança política de seu adversário, sem verificar se ele estava realmente morto. Enquanto os responsáveis pela guerra e pela derrota tinham se afastado no estrangeiro ou submergido na oposição nacional falastrona, os social-democratas arriscaram-se a se apresentar em uma situação de ambiguidade revolucionária e contrarrevolucionária extrema como o poder ordenador. Deixaram-se levar pela necessidade de executar o trabalho da reação. Uma complexa composição de atitudes social-democratas mais antigas parecia vir à tona aqui uma vez mais. Já em 1914, a social-democracia tinha demonstrado que estava pronta para oscilar na linha patriótica, quando o que estava em questão era liberar o caminho para a guerra mundial. Assim, ela quis demonstrar em 1919 o quão capaz de governar ela era, quando o que estava em questão era administrar a catástrofe dos outros. No intervalo de quatro anos, por duas vezes, com os dentes cerrados, ela disse *sim* àquilo pelo que não se podia responsabilizar. Nas duas vezes, ela mostrou-se como o partido do realismo trágico na Alemanha. Para se mostrar efetivamente de maneira correta como plenamente responsável e consciente da realidade, assumiu a responsabilidade pelos erros e os crimes de outros, tornou-se colaboradora do guilhermismo, e, então, depois da guerra, sócia da reação militar, burguesa e populista. Com seu comportamento, ela demonstrou *ad absurdum* a oposição apresentada por Max Weber entre ética de atitude ("linha pura") e ética de responsabilidade ("olhar voltado para o que é dado"). Pois ela praticou uma atitude da responsabilidade, da prontidão para a responsabilidade como o substitutivo da atitude, um realismo formal como o substitutivo para um agir construtivo, ligado à situação. Não quis compreender que uma mera reforma efetiva já precisa de um cerne revolucionário, e, com isso, enforcou as forças democráticas dispostas à transformação na Alemanha depois de 1918. Ela queria empreender reformas sem intervenções efetivas e alcançou, com isso, o grau mais elevado possível de conservação, sim, de restauração.

Aqui reflete-se um traço fundamental das mentalidades de Weimar: realismo ilusório, falsa sobriedade, autoengodo sob o augúrio da grande visão, atitude positiva sobre a mais íntima desorientação, antiniilismo niilista, prontidão irresponsável para a responsabilidade. Os ingênuos assumiam ares de homens sérios e de pessoas desprovidas de ilusões.

Depois da pausa para reflexão até maio de 1919, na qual fracassaram também os experimentos alemães com repúblicas assembleístas, os homens da reação conceberam mais claramente a meta de sua ação: pôr um fim aos bastidores da república. Pelas cabeças do campo nacional e soldadesco já passeavam há algum tempo, antes mesmo do primeiro caso sério antirrevolucionário, o golpe de março de 1920, sonhos de uma grande *ataque*:

> Extrato de um memorial do general Von Lossow
> Ela divide-se em uma parte puramente militar e em uma outra civil-político-econômica. Tarefa das duas partes é a preparação de todo o povo para o *ataque* e o *posicionamento* do povo para o trabalho, para o espírito em direção ao ataque guiado.
>
> I. Parte militar
> ... um aprimoramento das relações só pode se apoiar nas armas.
> A arma conduz o primeiro ataque, purifica o ar, afasta rápida e impiedosamente tudo aquilo que, em termos de fraqueza e de criminalidade, corta o ar do povo. É de acordo com o ataque guiado que a parte armada do povo forma as forças principais para o assim chamado ditador civil e econômico...
>
> 3. Preparações
> a) Mobilização da defesa imperial e das corporações estudantis (!)...
> b) Mobilização da burguesia...
> [...]
> d) Exposição de listas negras
>
> II. A parte civil
> [...]
> Imprensa
>
> Certos acenos e avisos, com frequência *indicações* totalmente *inofensivas*, logo que se apressam sempre uma vez mais através das páginas da imprensa (!), resolvem concomitantemente em grande medida a tarefa da educação popular...
>
> Gumbel, *Verschwörer* [Conspiradores], pp. 28-30.

A direita soldadesca encontrou o caminho para a sua verdadeira linguagem no exercício do segredo. A conjuração suspende em seu íntimo a compulsão à dissimulação. Por fora, ela se mostra inofensiva. Por dentro, temos o cinismo como tom normal. Um certo tenente Mayerl escreveu de Würzburg no dia 11 de fevereiro de 1920 ao chefe da divisão Berthold, uma brigada de milícias que andava às voltas em 1919/20 com planos de um grande "ataque", o seguinte:

> Espero que o ditador vindouro não se esqueça de declarar os judeus fora-da-lei. — Uma noite é suficiente para extirpar esses *cães*. Já estabeleci aqui uma lista negra, para que as "pessoas corretas" também sejam mortas... Porque mesmo alguns não judeus o merecem...
> Gumbel, *Verschwörer* [Conspiradores], p. 23

Os conspiradores alemães exercitam desde o início o jogo de máscaras. Só quem pode se mostrar inofensivo estará em condições de atacar, quando o instante for propício. O cinismo pequeno-burguês, tal como o memorial de Lossow o revela, pressupõe para a sua ditadura dos meios uma propaganda da atitude pura; assim, a preparação civil do "ataque" é necessariamente séria e público-idealista, dando a impressão de ser inofensiva. "A tarefa é um trabalho público sob o rótulo da 'liga antibolchevista'" (Gumbel, p. 30).[185] Quanto melhores as metas públicas, tanto mais secretos os meios cínicos.

Os documentos sobre a mais espetacular ação dos "idealistas" populistas — o assassinato do ministro alemão das relações exteriores Walther Rathenau em Berlim em 24 de junho de 1922 — revela o quão intensamente foram impostos os padrões de ação e de pensamento da direita alemã.

> Quando Rathenau... saiu de sua casa em Grunewald para ir ao ministério, seu carro foi fechado por outro, dirigido pelo estudante Ernst Werner Techow e no qual se encontravam ainda o primeiro-tenente reformado

---

185. Isso refere-se com certeza ao conhecido estabelecimento ideológico deste nome por Eduard Stadtler. Em relação a algo mais minucioso sobre isto, cf.: Joachim Petzold, *Wegbreiter des deutschen Faschismus. Die Jungkonservativen in der Weimarer Republik* [Difusores do fascismo alemão. Os jovens conservadores na República de Weimar], Colônia, 1978, p. 52 et seq.

Erwin Kern e Hermann Fischer. Kern e Fischer atiraram com uma pistola automática em Rathenau e jogaram uma granada contra ele. Rathenau morreu instantaneamente...

...Depois do ato, Techow contou: "A coisa teve sucesso. Rathenau tombou. Nós o fizemos, para impelir os vermelhos à ação. *Nosso dinheiro estava acabando*...

Gumbel, *Verschwörer* [Conspiradores], p. 48

Os autores do crime foram recrutados na antiga brigada Ehrhardt, mais tarde chamada de organização C, assim como de outras associações populistas, conspiradoras e antirrepublicanas. Fischer comete suicídio; Kern, o principal autor[186], morreu em uma troca de tiros quando de sua prisão. No caso de Gunther — em relação ao qual havia o maior risco de que ele pudesse se portar de maneira indiscreta — tentou-se um envenenamento com bombons rechados de arsênico, que fracassou.

A personalidade mais interessante aqui é Willy Günther (que foi coautor do plano/ P. Slot.). Na guerra, ele destacou-se como desertor e como falsificador de documentos, fez-se passar por um tenente turco, foi descoberto e condenado por deserção...[187] Ele participou do golpe de Estado Kapp e fez contato por meio daí com o tenente Bauer e Ludendorff. Ele foi membro da Liga dos Íntegros, da Liga Alemã, da Associação de Oficiais Alemães, da Liga da Lealdade, da Associação de Proteção, da Associação de Desafios e da Liga Juvenil Nacional-alemã. Em um 'encontro noturno' dessa liga, ele foi festejado como o assassino de Rathenau. Em sua posse foram encontradas cartas de Helfferich, Ludendorff... Uma das dez cartas de Ludendorff começava com 'Caro Günther' e terminava com 'Saudações cordiais'. (Gumbel, p. 49)

Em sua defesa, Techow, que foi apresentado como um "idealista populista", fez valer o fato de que não se tratava senão de um *ensaio* no dia 24 de junho, quando se deu o atentado. Kern o "impeliu a ajudar" por meio de *ameaças*. Ele agiu por uma *situação de emergência* subjetiva. Mesmo o jovem Ernst von Salomon, que tinha se enredado nos preparativos do assassinato, informou que tinha acreditado que o intuito seria

---

186. Erich Fromm oferece um psicograma de Kern em seu livro *Anatomia da destrutividade humana*, Capítulo 11.

187. Estes detalhes tornam-se significantes em conexão com o Capítulo 12: "Sobre a república alemã dos vigaristas".

"libertar um prisioneiro". O teor da defesa era: em verdade, eles tiveram a "atitude nobre que é suficiente para o assassinato político", mas as coisas "não foram pensadas assim" no detalhe. Techow gozou na esfera pública de uma forte simpatia; na escola técnica superior de Berlim, realizou-se uma assembleia pública em seu favor.

A arte da simulação política embebeu os padrões de pensamento dos conspiradores de direita. Como eles se consideravam enganados, dito de outro modo, como eles tomavam o ter sido enganado como mentira de base para o seu agir, eles exigiram para si o direito de declarar uma guerra secreta à realidade. Como queriam salvar ilusões populistas, privilégios tradicionais e grandes fantasias patrióticas, eles declararam a astúcia como a moral propriamente dita. Com um hiper-realismo astucioso, eles procuraram defender suas ilusões. Esse hiper-realismo trouxe consigo projetos estratégicos notáveis. Gumbel observa que a organização C também se envolveu com "fantasias políticas" como as que se seguem:

> Pertence à organização C, aliás, todo um sistema de fantasias políticas. O melhor exemplo disto é um livro já lançado em 1920, do antigo major Solf, intitulado:
>
> *1934, Ressurreição da Alemanha.* Oberst Bauer, que estava sendo perseguido e tinha um mando de prisão em seu nome, escreveu um prefácio ao livro. Aqui, afirma-se como meio para a ressurreição da Alemanha tudo aquilo que os adversários da Alemanha de hoje lhe censuram como demonstração da vontade de guerra.
>
> Temos aí de início um *clube dos inofensivos*. Ele tem pessoas *de confiança* por todo o país e sua meta é a guerra pela vingança contra a França. Seu comando superior não possui nenhum nome, tem-se apenas o general. (Exatamente como na associação nacional, Ludendorff foi designado como ditador e Ehrhardt apenas como "cônsul"). Jovens oficiais mais antigos servem como pessoas de confiança junto ao operariado. Para os oficiais, são confeccionadas listas de mobilização. Um célebre físico inventa o novo meio de guerra, um *tipo de radiação* que permite explodir toda munição em uma determinada esfera. *Disfarçados* como aparelhos de cinema, as diversas peças são produzidas em fábricas (exatamente como agora, em meio a mudanças, armas são declaradas como máquinas)... No dia decisivo, o general faz um discurso: "Nós vamos nos livrar de elementos indesejáveis sem muito remorso..." A tempestade está rebentando. A assembleia imperial, que é nacional até a medula dos ossos, recebe o general. O presidente do governo

imperial renuncia, o general recebe poderes plenos e incondicionais (Lei de concessão de poderes e estado de exceção). Os grupos de ocupação hostis são derrotados por toda parte. Em 1921, 10.000 exemplares deste livro já tinham sido vendidos. (Gumbel, pp. 80-81)

Os fantasistas de 1920 revelaram-se os realistas de 1933. O cenário do major Solf apreende a política da inofensividade assassina em seu cerne. Os partidários ilusórios, repletos de truques e extremamente engenhosos do clube dos inofensivos projetam o espírito da simulação para tudo aquilo que lhes cerca — em particular o adversário político, mesmo que ele já se encontre na prisão. Da famigerada fortaleza bávara para os "políticos" (Toller, Mühsam, etc.), de Niederschönenfeld, relata-se o seguinte:

Hagemeister, membro do parlamento bávaro, sofreu de uma maneira indizível. Sofria do coração. O médico de ofício, porém, o condenou como simulador, como alguém que aspirava a ser transferido para um hospital, a fim de poder fugir. Em meados de janeiro de 1922, ele apresentou febre alta. O médico de ofício disse: "Senhor Hagemeister, o senhor está tão saudável que, se o senhor fosse meu paciente privado, eu vos solicitaria que abdicasse de um tratamento ulterior, porque eu gostaria de vos poupar este custo." No dia seguinte, Hagemeister foi encontrado morto em sua cela. (Gumbel, p. 123)

Excurso 3: O cão sanguinário racional. Uma elegia social-democrata

> Alguém precisava se tornar o cão sanguinário,
> Não tenho medo da responsabilidade.
>
> Gustav Noske[188]

No dia 9 de novembro de 1918, o chefe de governo do imperador Guilherme II, príncipe Max de Baden, soube que a situação era desesperadora para os hohenzollerianos. Não podemos mais derrotar a revolução, mas apenas sufocá-la. Sufocar a revolução significa: chancelar-lhe uma pseudovitória, deixar-lhe uma posição arrumada, previamente arranjada para

---

188. A revolução alemã de 1918-1919 quase não cunhou palavras aladas; esta é uma das poucas e ela é cínica como nenhuma outra. Noske a declara por ocasião da posse de comando das tropas, que acabariam derrotando a revolução em Berlim; isto ocorreu em 9 de janeiro de 1919. No dia 10, ele deu a ordem para o ataque à Berlim revolucionária.

a ocupação, a fim de aprisioná-la em uma posição de reserva preparada. Dito concretamente: o imperador precisa renunciar ao trono, o governo semissocial-democrata precisaria se tornar totalmente social-democrata, e o cônsul imperial precisaria se chamar Friedrich Ebert. Cabia a Ebert, então, mandar para casa a revolução aparentemente vitoriosa, espantada com a sua própria vitória fácil demais, perplexa, restabelecendo a ordem — com as palavras do príncipe Max: *grosso modo*, fazer o que Noske já tinha feito em escala menor em Kiel.

Ebert estava mesmo completamente preparado para tanto e o príncipe Max sabia disso; o general Groener o suspeitava ao menos. No mais tardar desde a manhã do dia 9 de novembro (!), os três homens passaram a lutar pela mesma causa.[189]

Os dias fatídicos da revolução alemã duraram de 9 até 12 de janeiro de 1919. Por ordem de Ebert, a revolução berlinense, determinante para o desenvolvimento alemão, foi nestes dias e noites completamente aniquilada. Depois do "Natal de sangue de Ebert" (já na noite de Natal de 1918 tinha havido lutas pesadas entre oficiais reacionários da defesa imperial e tropas revolucionárias da marinha, lutas essas que terminaram com a vitória da marinha), teve lugar agora a decisão sangrenta. Será que a nova ordem na Alemanha deveria acontecer com o auxílio das forças que queriam algo novo ou será que não deveria ser produzida senão uma "ordem" provisória, que se encaminhasse para a conservação de antigos inconvenientes? Ebert tinha se decidido por colocar o lema "paz e ordem" em um lugar mais elevado do que a reconfiguração revolucionária das condições alemães, uma reconfiguração rica em perspectivas.

A lenda diz que as lutas entre o dia 9 e o dia 12 de janeiro de 1919 teriam sido um "levante comunista". Ele entrou na história como "levante espartaquista". Todavia, não se pode falar nem de uma coisa, nem da outra. As coisas não se deram de tal modo que Ebert e Noske teriam reunido as milícias reacionárias, para que elas atirassem nos "comunistas". Essas associações de direita, que agiam em nome da chancelaria imperial, não tinham que atirar em grupos de conspiradores de extrema esquerda. Ao contrário, tratava-se aí em sua grande maioria de massas de trabalhadores social-democratas, para as quais parecia óbvio que,

---

189. Sebastian Haffner, *Die verratene Revolution, Deutschland 1918-1919* [A revolução traída, Alemanha 1918-19], Berna-Viena-Munique, 1969, p. 77.

depois da falência do Estado feudal e burguês hohenzolleriano, deveria surgir uma nova ordem social democrática que servisse aos interesses do povo. Eles não tinham a menor compreensão com a oscilação semiconservadora do governo de Ebert. Ebert, Scheidemann, Noske — esses homens não eram mais, aos olhos da massa, autênticos social-democratas. Pois essas massas eram, no que concerne à base popular e não aos oficiais, a favor de relações claras e de um corte revolucionário com os antigos poderes.

No dia 11 de janeiro, a milícia policial de Maercker ("finalmente verdadeiros soldados de novo") marchou em uma passeata através dos bairros burgueses do oeste de Berlim. No comando, um civil, alto, de óculos: Gustav Noske, "social-democrata". Era assim que ele se apresentava e era isto que ele denominava "portar-se com responsabilidade": colocar-se à frente de uma tropa irresponsável, politicamente incapaz de pensar, emocionalmente reativa e reacionária. Alguns dias depois, os assassinos social-democraticamente protegidos da divisão de guarda da cavalaria assassinaram as melhores cabeças da revolução: Rosa Luxemburgo e Karl Liebknecht.

O nome Noske tornou-se a partir daí a marca registrada do pseudorrealismo social-democrata. "A era de Noske" é uma expressão que lembra milhares assassinatos voltados para a paz e a ordem. Ela designa os meses sangrentos de janeiro a maio de 1919, nos quais um governo social-democrata na Alemanha "sufocou" um movimento de massas essencialmente social-democrata de tendências reformistas, como havia sido previsto pelo príncipe Max.

Por meio de seu papel, Noske qualificou-se como um cínico no sentido mais grosseiro possível. Seu conceito de "responsabilidade" tinha a tonalidade de uma desinibição cínica, que se fortaleceu por meio do fato de ele se confessar partidário de sua própria brutalidade "infelizmente necessária". "Alguém precisa se transformar no cão sanguinário..." Este lema da contrarrevolução social-democrática já respira o espírito fascista; esse espírito equipara responsabilidade com alegria pela decisão, essa alegria pela decisão desinibe o responsável e o impele na direção brutal, de tal modo que a brutalidade reflete-se ainda uma vez em si mesma, na medida em que se exprime e diz que não apenas é assim, mas também "precisa" e quer ser assim. O tom cínico constitui agora a música social-democrática. Depois que Noske instituiu as tropas, ou seja, depois que ele passou a ter um órgão executivo de grande calibre nas mãos, que adorava se arremeter

Die Pleite. Saúde, Noske! — o proletariado foi desarmado!

contra as comissões e as juntas revolucionárias locais, ele começou a gozar o seu triunfo. Noske escreveu no dia 19 de janeiro de 1919:

> É preciso que seja criada autoridade para o governo por meio da configuração de um fator de poder. No curso de uma semana criou-se uma tropa de 22 mil homens. *Por isto, o tom no contato com as comissões dos soldados alterou-se.* Anteriormente, as comissões de soldados eram o fator do poder; agora, *nós* nos tornamos o fator do poder.
> Citado de acordo com: Haffner, op. cit., p. 170

Nós somos os social-democratas aliados aos nossos próprios inimigos mortais, os homens neutros que criaram uma oportunidade para que o cão sanguinário se habituasse em matar e assassinar no campo legal. É incrível com que desleixo Ebert e Noske sabiam se haver com a existência das milícias, das quais somente 68 eram oficialmente reconhecidas (quando elas somavam, segundo estimativas, quase meio milhão de homens). Das cabeças dos líderes das milícias saíam o tempo inteiro "fantasias políticas" (Gumbel) do tipo das citadas acima, e um deles, um capitão de nome Gengler, escreveu no mesmo dia 21 de janeiro de 1919 em seu diário: "Chegará o dia em que acertarei as contas com este governo e *arrancarei a máscara* de todo o seu fardo deprimente e lastimável." (Citado segundo Haffner, p. 172) Aqui, um pré-fascista fala como esclarecedor, que gostaria de desmascarar os social-democratas que ele reconhece como dissimulados. Até mesmo os populistas vislumbraram o pseudorrealismo pequeno-burguês de Ebert, que estava disposto a "salvar" como atitude responsável, restrita e ao mesmo tempo desinibida a Alemanha da indigência. O complexo de notoriedade de Ebert seduziu-o a assumir o ponto de vista de que a razão não poderia ser outra coisa senão algo que se encontra no ponto médio entre os extremos. Ele não compreendeu que só pode haver um ponto médio entre direita e esquerda, lá onde o princípio da esquerda se desdobrou de maneira suficiente para poder ser equilibrado. Ebert já aspirava preventivamente a um caminho intermediário. Foi assim que aconteceu, por déficit da ala esquerda, de o ponto médio entre as forças pender sempre bastante para a direita. Assim, ocorreu de o "racional", em um hora lúcida e cínica, se ver diante da ocasião para se declarar um cão sanguinário. Este é o nó trágico na história alemã do século XX. A social-democracia destruiu e impediu com a sua falsa racionalidade aquilo que buscava acontecer na Alemanha daqueles meses: a revolução social-democrata.

7. Despersonalização e alienação. Cinismos funcionalistas I

> Pare! Não faças nada em meu nome. Um nome é algo inseguro. Tu não podes construir nada sobre ele!
>
> Bertold Brecht, *Um homem é um homem*

A guerra mundial tinha infiltrado o pensamento dos ideólogos, que queriam glorificar o guerreiro. Não foi o herói militar que se revelou como o seu sujeito propriamente dito, mas a grande maquinaria militar. De mil formas, os sobreviventes deram expressão a esta experiência. Ela constitui o núcleo duro em meio ao mal-estar moderno com os modos de pensar da dicotomia sujeito-objeto. O sujeito particular aparece agora de maneira inabarcável com o olhar como o apreendido, inserido, uniformizado, disponível — sujeito no sentido originário da palavra, o sujeito como o submisso. A guerra vomita o novo sujeito do tempo: o "front", o povo em armas; este transforma-se no megassujeito do pensamento marcado pela guerra. As pessoas o chamarão pouco tempo depois de "comunidade popular"; nela, os membros da nação são impelidos a se reunir em uma unidade de luta aparentemente homogênea. Como alternativa histórica a essa comunidade popular apresentaram-se outrora partes do movimento dos trabalhadores, que se rebelaram contra o megassujeito "classe dos trabalhadores" e começaram a refletir sobre o seu interesse vital efetivo. O tempo parecia pertencer às grandes coletividades; o véu individualista da cultura burguesa se desfez.

Tanto somática quanto psicologicamente, a guerra tinha consumido os "guerreiros". O "homem" mergulhou nas covas de lama, foi feito em pedaços ou mutilado por granadas. Aqui um sonho burguês de "totalidade" e de personalidade chegou a um terrível fim. Com frequência, os que se lembram citam castrações por tiros no front. Uma quantidade enorme de pessoas experimenta a derrota como castração social e psicológica. A guerra já tinha reduzido o heroísmo a uma objetividade da luta; agora, a derrota ainda fez dessa objetividade uma neutralidade. É assim, penso, que a tão famigerada "objetividade" weimariana não diz respeito de início senão a um estado de fato psicológico militar. Esse estado de fato infiltra-se nos próximos anos na estilização cultural: o guerreiro como um engenheiro que funciona de maneira fria. Os ataques tempestuosos transformam-se nos atos heroicos do material — "tempestade de aço".

Por fim, na guerra de artilharia moderna, também se afrouxa o último nexo entre heroísmo e sobrevivência. "Substancial" é o laço entre o soldado e o sistema de armas; o uniformizado precisa aprender a considerar a si mesmo como "fator humano" da guerra das máquinas e entrar em ação de maneira correspondente. O palavrório de estado-maior sobre o "material humano" impõe de maneira crescente a forma moderna da experiência de si e da lida consigo. Quem sobrevive precisa ter aprendido a tomar a si mesmo e ao seu corpo, sua moral, sua vontade como coisas. Condição corporal e postura moral não se revelam mais junto aos soldados senão como aspectos do armamento e da equipagem de luta. Nesse ponto, a guerra deu a toda filosofia moral uma aula intuitiva drástica: denomina-se moral o fato psíquico da máquina de luta.

No entanto, a objetividade militar, da qual a cultura de Weimar tanto herdará, está enredada, por sua vez, em um processo amplo, para o qual Walter Rathenau, assassinado em 1922, tinha encontrado uma fórmula expressiva: *a mecanização do mundo*. O escrito, que desdobra essa ideia, é ainda hoje digno de leitura; e isso não apenas porque o autor traz à tona um estilo sensacionalmente brilhante para um político. O livro de Rathenau *Zur Kritik der Zeit* [Para uma crítica do tempo] de 1912 é a tentativa soberana de um político burguês, que era ao mesmo tempo um empreendedor de sucesso e filósofo de nível respeitável, de interpretar para si e para os seus contemporâneos a essência da sociedade moderna. Seu ponto de partida para descrever a mecanização do mundo, porém, não era o exército, mas a grande cidade:

> Em sua estrutura e mecânica, todas as grandes cidades do mundo branco são iguais. No ponto central de uma teia de aranha suportada por trilhos, elas atiram os seus fios de ruas petrificadas sobre a terra. Redes visíveis e invisíveis de um tráfego rolante atravessam e minam as gargantas das ruas, bombeando duas vezes por dia corpos humanos dos membros para o coração. Uma segunda, terceira e quarta rede distribui umidade, calor e força, um feixe nervoso suporta as oscilações do espírito... células de favo de mel, cobertas com material flexível, papel, madeira, couro, tecidos, organizam-se serialmente; apoiadas para fora por ferros, pedra, vidro, cimento... Somente no antigo interior das cidades... mantêm-se ainda restos de particularidades fisionômicas, sem levar em conta se o campo mundial se estende na direção de oficinas, de casas ou de jazigos.
> W. Rathenau, *Obras completas*, vol. II, 1977, p. 22

C. van Eestern e L. G. Pineau, *Cidade de trânsito*, 1926.

Rathenau volta a sua atenção de início para o processo de construção — para a forma preponderante do armazenamento de bens no mundo moderno. A circulação de bens, diz ele, está desaparecendo ao lado dos resultados petrificados da produção de bens. A humanidade constrói casas, palácios e cidades; constrói fábricas e centros comerciais; constrói estradas, pontes, trens, bondes, navios e canais; hidroelétricas, usinas de gás e usinas elétricas, linhas de telégrafo, guias de alta tensão e cabos; máquinas e altos-fornos...

As novas construções das cidades alemãs podem, por exemplo, alcançar a cada cinco anos um valor, que equivaleria em termos de dispêndio mecânico ao valor construtivo de toda a Roma imperial.

Para que servem, então, estas construções inauditas? — Em grande parte, elas servem diretamente à produção. Em parte, elas servem ao tráfego e ao comércio; com isto, indiretamente à produção. Em parte, elas servem à administração, à habitação e aos serviços sanitários; com isso, preponderantemente à produção. Em parte, elas servem à ciência, à arte, à técnica, à instrução, ao descanso; com isto, indiretamente... ainda sempre à produção (p. 51).

Há muito tempo, a produção mecânica se lança muito para além das metas elementares de alimentação, vestimenta, autoconservação e proteção da vida; em círculos ampliados de produção e consumo, ela cria novos "desejos", uma "fome de mercadorias" desmedida, que se dirige de maneira crescente rumo a artificialidades. A mecanização apossa-se, com isso, até mesmo dos desejos "na irrealidade, na ausência de vida e no caráter sombrio de seus produtos e modas" (p. 50). As conclusões de Rathenau acertam precisamente o alvo ao tocarem na quintessência de teorias sociológicas da alienação: "A produção mecânica elevou-se ao nível de fim em si mesmo." (p. 52).

Este é o cenário intelectual, no qual se determina o lugar do humano. Rathenau busca esse lugar no centro produtivo mesmo, no mundo do trabalho.

O trabalho não é mais um empreendimento da vida, não é mais uma adequação do corpo e da alma às forças naturais, mas muito mais um empreendimento alheio aos fins ligados à vida, uma adequação do corpo e da alma ao mecanismo... (p. 67)

O trabalho não é mais apenas uma luta contra a natureza, ele é uma *luta contra homens*. A luta, porém, é uma *luta de política privada*; o negócio mais fatídico que foi exercitado e guardado há menos de dois mil anos por um punhado de políticos, a arte de adivinhar interesses alheios e de torná-los

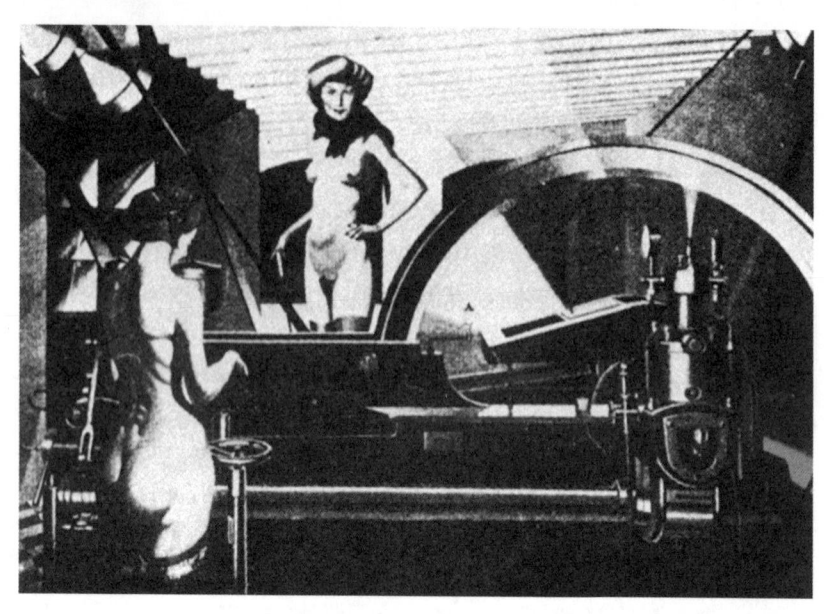

Georg Scholz, *Carne e ferro*, 1923.

úteis para o seu próprio interesse, de vislumbrar panoramicamente situações como um todo, de interpretar a vontade do tempo, de negociar, associar, isolar e bater: essa arte não é hoje própria apenas ao homem de finanças, mas ela é imprescindível em uma relação clara para o merceeiro. *A profissão mecanizada educa para político...* (p. 68)

Por conseguinte, a antropologia de Rathenau do homem trabalhador possui dois aspectos: por um lado, o eu trabalhador transforma-se em epifenômeno dos aparatos de produção; por outro, aquele que "egoicamente" ainda persegue "interesses próprios" se enreda inevitavelmente em uma espécie de guerra, enreda-se no negócio diplomático, polêmico e político. Onde quer que um eu entre em cena no mundo da economia moderna, lá ele precisa entrar em cena como político, estrategista, enganador, calculista e diplomata. A tática política sobe à cabeça de todo contemporâneo; ao mesmo tempo, esse "negócio insidioso" da tática desce até o último merceeiro. É provável que as coisas não sejam apresentadas em lugar algum em um espaço tão estreito como capazes de nos desarmar tão claramente. Onde o eu não se dispõe a se tornar *apenas* a rodinha de uma máquina enorme alienada, ele precisa se estender para o outro lado e aprender a arte, que só se encontrava antigamente nos grandes políticos; ele precisa percorrer anos de aprendizado do cinismo político.

As coisas dificilmente poderiam ser melhores para as nossas forças intelectuais e psíquicas:

> O espírito, tremendo pelos estímulos do dia, exige que se persista em movimento e que se vivencie uma nova corrida das impressões, só que essas impressões devem ser mais ardentes e corrosivas do que as superadas... surgem diversões de um tipo sensacional, apressadas, banais, luxuosas, não verdadeiras e envenenadas. Estas alegrias beiram o desespero... Um símbolo de uma consideração degenerada da natureza é a caça aos quilômetros do automóvel...
> Mas mesmo nestas sandices e superexcitações há algo de maquinal. O homem, no mecanismo conjunto do condutor da máquina e de máquina ao mesmo tempo, forneceu sob tensão e aquecimento crescentes a sua quantidade de energia para o grau de definhamento do funcionamento mundial... (p. 69)

Com grande força fisionômica, Rathenau esboça a psicologia do homem produtivo e consumidor. Ele descobre a banalidade enigmática da "ambição abstrata", que forma uma unidade pulsional com a fome de mercadorias igualmente desencadeada.

> A cobiça abstrata é enigmática, porque toda a admiração vale para a máscara e nenhum laço interno conduz da máscara para o seu portador... (p. 74)

Entre máscaras ávidas constitui-se uma rede tecida por meio de atos de compra, na qual substitutivos e substitutivos de substitutivos passeiam pelas mãos dos consumidores. Nas administrações domésticas burguesas ocorre a inflação dos objetos, em cujo consumo parece se esgotar a existência.

Henry Ford responde dez anos depois a essa ideia em seu livro de sucesso *Minha vida e minha obra*, publicada em alemão em 1923. Nesse livro, mesmo ele confunde o olhar do capitão econômico com o do etnólogo e observa as coisas como um Papalagui do capitalismo:

> Os progressos do mundo até aqui foram acompanhados por uma ampliação intensa dos objetos de uso cotidiano. No pátio de uma casa americana encontram-se em média hoje mais aparelhos... do que em toda a região de

um imperador africano. Um menino de escola americano é envolvido em geral por mais coisas do que toda uma comunidade de esquimós. O inventário da cozinha, da sala de jantar e do porão onde se guarda o carvão apresenta uma lista que espantaria até mesmo o mais luxuoso dos potentados há quinhentos anos atrás. (p. 93)

A consumação de conteúdos tradicionais de fé não pode vir senão reativamente ao encontro do caráter consumidor; esse caráter quer se manter preso a crenças e valores, sem poder ser aquele para quem eles ainda se mostram efetivamente como válidos:

> ... agora, ele aspira a reconquistar com astúcia o que foi perdido e planta pequenos santuários em seu mundo mecanizado, tal como se erigem estufas em edifícios de fábricas. A partir do inventário dos tempos, um culto à natureza é aqui buscado e trazido à tona: lá uma superstição, uma vida comunitária, uma *ingenuidade artificial*, uma falsa serenidade, um ideal de força, uma arte do futuro, um cristianismo purificado, um classicismo, uma estilização. *De maneira meio crente, meio mendaz*, institui-se por um tempo a devoção até que a moda e o tédio a destruam. (p. 93)

Essa estrutura da moderna crença nos valores, que é uma crença-como-se em valores restaurados de maneira arbitrária e desesperada, transcreve de maneira excelente a mentalidade daqueles grupos ativistas populistas que estavam sendo impelidos a se movimentar por meio de um antiniilismo niilista. Esses grupos já conduziam a grande palavra pouco depois do fracasso da revolução alemã. De um desses grupos também proveio Kern, o assassino de Rathenau. Oito meses antes do assassinato do ministro das relações exteriores alemão, em outubro de 1921, durante uma conferência pública em Berlim, houve um encontro entre o mais tarde assassino e sua vítima. Ernst von Salomon fixou a cena em seu romance *Die Geächteten* [Os proscritos, 1930]. Enquanto Rathenau fala, Kern se aproxima do púlpito e obriga o ministro a se voltar para o campo de influência de seus olhos odiosamente frios:

> Vi em seus olhos escuros um brilho metalicamente verde, vi a palidez de sua face. O ministro, porém, voltou-se hesitante e olhou a princípio de maneira fugidia. Em seguida, perturbado, olhou para aquela coluna, vacilou por um

instante, aprumou-se, então, e limpou do rosto cuidadosamente com a mão aquilo que lhe tinha sido lançado. Mas ele continuou, então, falando apenas para Kern. Quase em súplica, ele dirigiu suas palavras para o homem naquela coluna e foi ficando lentamente cansado, uma vez que ele não mudava sua postura...

Quando nos precipitamos pela porta de saída, Kern conseguiu se aproximar bastante do ministro. Rathenau... olhou-o questionadoramente. Mas Kern afastou-se dele hesitante e seu rosto parecia não ter olhos.

Ernst von Salomon, *Die Geächteten*, Gutersloh, 1930, p. 315

Algo do espírito de toda uma época encontra-se nessa confrontação. O olhar do niilista da ação não quer ver aquilo que estava vivo em termos de espírito, de bem-querer e de prontidão para a responsabilidade no que se achava contraposto a ele. Rathenau deve ter sentido que Kern não queria escutar.

Hermann Rauschning também se articula com intelecções tais como as antecipadas por Rathenau. Em seu livro *Masken und Metamorphosen des Nihilismus* [Máscaras e metamorfoses do niilismo], publicado em Viena em 1954, o antigo parceiro de diálogo de Hitler traça esboços de uma teoria filosófica do fascismo. Os espíritos mobilizados contra a modernidade, assim ele nos mostra, tendem a se suspender na crise exatamente junto àquilo de que o niilismo tinha tomado o ponto de partida: junto às grandes instituições sociais, o Estado, a economia e as forças armadas. São eles principalmente, na sua grande promessa de sentido, que

> difundem o niilismo inconsciente por trás de uma fachada de ordem aparente e de disciplina imposta. (p. 121)

O que é chamado pelos volúveis de salvação é em verdade a fonte do mal. As instituições, às quais os antiniilistas conservadores se atrelam com simpatias sombrias, são os "agentes" reais "do niilismo".

O niilismo, de acordo com Rauschning, avança de duas maneiras: valores e verdades são tomados por um "desmascaramento progressivo", tornam-se vislumbráveis como substitutivos e são desvelados como mentiras funcionais das grandes instituições de todo e qualquer tipo de validade mais elevada: ao mesmo tempo, porém, as instituições sociais se libertam da disponibilização humana sobre elas como meios e se elevam ao nível de fins em si mesmos, fins esses aos quais a existência humana individual tanto quanto a coletiva têm que se submeter.

> Um escritor contemporâneo, que se privou de todo órgão para a especulação metafísica, enunciou este... processo em uma única sentença precisa: "Quando o homem se emancipou de Deus, é bem possível que ele não tenha imaginado que, logicamente, um dia as coisas iriam se emancipar dele."
>
> Ernst von Salomon, *Der Fragebogen* [O questionário]

> ... O homem transforma-se em material do processo econômico, em mero meio do Estado..."
>
> Rauschning, p. 123

> As instituições, as ordens, os aparatos das ordens comunitárias, os órgãos da cultura ocidental não são mais auxílios para o homem em sua autoafirmação. Eles são meios e instrumentos do niilismo. Não são eles que pairam no ar, mas é muito mais toda a existência humana que paira sem um fundamento de sustentação e se suspende junto aos meios da existência que se tornaram fins em si mesmos como a única coisa palpável em meio ao redemoinho da ausência de essência.
>
> Rauschning, p. 130

Aquilo que os políticos filosofantes expuseram aqui confirma-se nas obras dos escritores contemporâneos. Entre eles, Bertold Brecht possui uma posição de destaque. Pois como quase nenhum outro ele expôs criticamente e pensou experimentalmente de maneira plena em suas obras a inversão mal-afamada como niilismo da relação egoica burguesa e individualista. Ele é o real virtuoso da "estrutura cínica". De fato, ele a concebe como possibilidade de procedimento e como oportunidade poética. Como quer que se possa avaliar a sua participação no cinismo subjetivo, ele conseguiu fazer dele um meio para a apresentação da realidade efetiva. Em sua época, ele se transformou em um mestre da entonação cínica e solidificou quase com cada uma de suas peças, do *Baal* até *A medida*, a sua fama como um poeta que dominava uma língua na qual o "próprio tempo" ganhou voz.

Também em Brecht retorna uma vez mais a postura que encontramos pela primeira vez na ironia dadaísta: um jogar-se e um deixar-se-impelir pelo dado, ao qual não se opõe mais nenhuma postura marcada por um falatório em relação a ideias e à noção de caráter. Mais importante do que autopreservação, é uma intelecção daquilo que chega efetivamente até nós. A "objetividade" funciona como uma forma de acompanhamento, de ser-no-tempo: não seguir coxeante, não se deixar tomar por ressentimento, não cultivar nenhum valor antigo, mas observar aquilo que é agora o caso e que se precisa fazer. *Do bom e velho* não podemos viver; é melhor, então, começar pelo *ruim e novo*.

Evidentemente, faz-se valer aqui uma nova qualidade de ironia e uma forma não afirmativa de afirmação. Nessa ironia, não se mostra um sujeito "que permaneceu limpo", que procura salvar seu caráter incólume distanciadamente, para além dos frontes e da *mêlée*, da turba. Trata-se muito mais da ironia de um eu espancado, que cai nas engrenagens na máquina (cf. Charlie Chaplin em *Tempos modernos*), que fica com as mãos tão sujas quanto são sujas as situações, e que, em meio aos acontecimentos, só procura gerar de maneira presente ao espírito aquilo que vem ao seu encontro. Em Brecht, também se anuncia a ironia combativa que se acha de acordo com a modernidade, a ironia *kynikē*. Ela não resiste ao real e efetivo por meio de "fantasias", mas exerce uma resistência sob a forma da adaptação sem resistências.

Sua peça magistral alcançou seu ápice no célebre entredito da peça satírica: *Um homem é um homem. A transformação do empacotador Galy Gay no quartel militar de Kilkoa no ano de 1925.*

Entredito
O senhor Bertold Brecht afirma: um homem é um homem.
E isto é algo que qualquer um pode demonstrar.
Mas o senhor Bertold Brecht também demonstra, então,
Que se pode fazer o que se quiser com um homem.
Aqui, um homem será hoje à noite desmontado como um automóvel
Sem que ele perca aí coisa alguma.
Do homem nos aproximaremos humanamente
Pede-se a ele, sem desgosto
Que se adapte já ao curso do mundo
E que deixe sua pesca privada nadar em paz.
E qualquer que seja a finalidade de reconstruí-lo
Nele, nós não nos equivocamos.
Pode-se, se não o vigiarmos
Transformá-lo para nós em um carniceiro.
O senhor Bertold Brecht espera que os senhores vejam o solo, sobre o qual vos encontrais

Se esvair sob os seus pés como neve
E os senhores já notarão junto ao empacotador Galy Gay
Que a vida na terra é perigosa.

Para o realista *kynikos*, a ideia da individualidade humana não é mais nenhuma "hipótese terrível" em tempos nos quais as maquinarias de guerra, os fluxos de tráfego nas grandes cidades e os aparatos de produção desencadeados consomem o particular como o seu "material". Tentemos explicar isso do outro polo final, livres da metafísica da individualidade e sem qualquer nostalgia humanista. "Um homem é um homem." Que arranjo cênico não precisa ser alcançado, para checar esse princípio de identidade cínico-crítico? Em sua experiência de palco, Brecht faz com que um homem de família terno se transforme em um lutador sanguinário, "animado" pelo "Desejo de cravar meus dentes/ Na garganta do inimigo, (pelo) impulso originário de, em nome das famílias/ Chacinar o responsável pelo sustento/ Realizando a missão." (p. 293) Para além de "si mesmo", cada um também pode ser ainda funcionalmente o outro, que é reequipado com poucos manejos e transformado em "máquina de combate humana". Brecht sobrepuja as queixas de alienação aplicadas retroativamente por meio de uma dura confissão de funcionalismo psicológico. O acento recai sobre o fato de que ele não quer apresentar nenhuma redução do homem civilizado ao animal selvagem, mas antes pretende levar a termo uma *reconstrução*, tranquilamente denominada assim, do cidadão civil em soldado, ou seja, não uma regressão, mas um mero deslocamento, no qual "nada é perdido". A única reverência ante o indivíduo acontece indiretamente: na medida em que o escritor de peças teatrais se volta para a inteligência do espectador e o provoca a nadar livremente, para além dos obstáculos conservadores, por meio do abandono da "pesca privada" da burguesia cultural, imergindo em um presente tão feio quanto vitalmente bramante.

8. Próteses — Do espírito da técnica. Cinismos funcionalistas II

Goethe intervém

De início, foram os sobreviventes incólumes que deram o tom para o canto de queixa neo-humanista acerca da alienação moderna e da mutilação do indivíduo. Do lado oposto, vitalistas *kynikoi* (como o jovem Brecht, os grupos dadaístas entre muitos outros) procuraram suplantar por meio de seu sarcasmo a desvalorização do indivíduo que ficou clara com a ordem social moderna. Eles fizeram a acusação ou exercitaram a afirmação da existência mecanicizada como figura de pensamento.

Tais formas de expressão permaneceram antes estranhas para os corporeamente alienados, mutilados e remontados nas duas direções. Faz uma diferença saber se se reflete ou vivencia a perda da individualidade de maneira crítico-cultural ou se a guerra (ou o trabalho) arranca de alguém do próprio corpo (indivisível) um pedaço. Uma estatística de guerra dizia: "Treze milhões de mortos, onze milhões de aleijados... seis bilhões de tiros e cinquenta bilhões de metros cúbicos de gás em quatro anos..."[190] Como é que andavam as coisas em relação aos exércitos de aleijados, que estavam retornando em fluxo para as suas pátrias? Alguns, em todo caso, não tinham como se manifestar sobre a desmontagem do homem na modernidade; eles não tinham mais bocas.

> ... homens com rostos terríveis, sem nariz, sem bocas, enfermeiras que não fugiam diante de nada instilavam alimentos para estas criaturas desfiguradas, por meio de finos tubos de vidro, que elas enfiavam lá em buracos de cicatrizes pululantes, onde anteriormente tinha estado uma boca.
> Erich Kästner, *Fabian*, 1931, p. 49

O que Kästner descreve refere-se ao ano de 1931; quinze anos depois da guerra, suas vítimas ainda se encontravam em meio a agonias sem fim. As pessoas escondiam essas "criaturas" em casas abandonadas pelo mundo circundante que há muito já estava se reaparelhando.

---

190. H. Goetz, *Erwin Piscator in Selbstzeugnissen und Bilddokumenten* [Erwin Piscator em auto-testemunhos e documentos de imagem], Hamburgo, 1974, pp. 18-19.

"Sabotagem de defesa pintada — do pintor Otto Dix" — Comentário nacional-socialista sobre a "marcha dos aleijados", na exposição de "arte degenerada", em Munique, 1937.

Para aqueles que tinham sido consumidos pela guerra, a guerra não podia efetivamente acabar — mesmo que eles não estivessem entre os desfigurados, que precisavam ser alimentados por meio de tubos de vidro. O porta-voz dos mutilados era o jornal *Associação Imperial, órgão da Associação Imperial dos Inválidos e Enlutados de Guerra*, que saía regularmente desde 1922. Deve se mostrar para nós hoje como uma trágica picardia o fato de também ganharem voz nesse jornal pessoas que advogavam em favor de uma guerra de revanche contra a França que deveria acontecer o mais rápido possível. De maneira duplamente amarga, os mutilados de guerra e os que tinham perdido entes queridos vivenciaram o modo como a crise econômica de 1929 reduziu as já magras indenizações estatais ou mesmo ameaçou suprimi-las. A situação tornou-se particularmente delicada quando, em 1931, os decretos-lei de emergência levaram a reduções radicais dos gastos do tesouro nacional, que confrontaram a federação imperial com intensos protestos. Devemo-nos perguntar quantos votos de mutilados estiveram presentes, quando o partido de Hitler soube tirar atrair para si em 1932 uma gigantesca votação capitalizando a crise.

Duas coisas foram ensinadas pelos respectivos manuais psicotécnicos aos sobreviventes mutilados: uma vontade de viver *de aço*; além disso, a educação do corpo na lida com as próteses. O otimismo, com o qual os mestres dos inválidos de outrora incutiam nos que se encontravam sob sua proteção e seu comando uma postura positiva e uma alegria de viver em meio à continuidade do trabalho, mostra-se hoje como sátira. Com uma seriedade mortal, médicos patriotas dotados de questionável humor dirigiam-se aos aleijados: mesmo no futuro, a pátria precisará de vossos serviços; mesmo pessoas com um braço só, uma perna só e portadores de próteses podem continuar lutando no front da produção. A grande máquina não pergunta se os que estão aqui em atividade para ela são "indivíduos" ou unidades-de-prótese-humana. Homem é homem. Nos manuais de mutilados e nos escritos da indústria técnico-médica surge uma imagem de homem extremamente contemporânea: o *homo protheticus*, que deve dizer um sim selvagemente sereno a tudo aquilo que diz não à "individualidade" dos "indivíduos".

Cito uma passagem de uma cartilha para pessoas com um só braço de 1915 que, em face do aumento de pessoas que perderam um braço por causa da guerra, precisou ser reeditado no prazo de um mês — na qual o editor observa satisfeito que o afluxo de pessoas com braço único vindas do front dá novos impulsos aos "antigos homens de um braço só". O professor Künzberg escreve:

> A mais antiga canção heroica alemã, a Canção a Walter, decanta um duelo entre o herói e Hagen, no qual Walter perde a mão direita. Ele a corta fora, coloca o cotoco na alça do escudo e continua lutando tranquilamente (!) com a mão esquerda. Uma pequena reportagem de jornal do início de junho de 1915 mostra como tal sentido heroico ainda está vivo hoje em nossos exércitos. No primeiro ataque da frota austríaca à costa italiana, o navio-torpedeiro 80 foi atingido por uma granada na sala dos oficiais. Essa granada arrancou completamente o antebraço de um marinheiro, reservista, pescador por profissão. Ele amarrou o cotoco com uma correia e continuou operando com a mão esquerda a bomba, para controlar a entrada de água, sem emitir um único som de queixa. Há inúmeros homens corajosos como este entre nossos militares e entre nossos jovens solteiros... Quem com dois

Página do jornal do órgão da Associação Imperial dos Inválidos e Enlutados de Guerra. "Carta aberta ao primeiro-ministro do Império".

braços saudáveis se portou no campo como homem ante o inimigo (!), conseguirá domar seu destino e a si mesmo com um braço só...

O presente livrinho... poderia mostrar-lhe... que ter um braço só não é nem de longe algo tão terrível assim.

... o quão favorável não se encontra a situação para o ferido de guerra neste caso! *O honorário* o protege de uma vez por todas de toda penúria efetiva. Ora, mas que existência triste não lhe aguardaria, se ele não conseguisse encontrar o caminho de volta ao trabalho. Ócio é de todo vício o início... Trabalho também é um dever civil, serviço para a pátria... A mão de trabalho *particular* não pode ser prescindida... (p. 1-2)

... Alguns destes, portanto, encontraram com o ferimento, depois de uma frequência aplicada à escola, meios melhores do que os que eles tinham anteriormente, quando ainda não tinham se ferido.

... tu não tens nada a esconder. Nós não vivemos mais naquele tempo em que se podia supor no maneta um perjurado ou um ladrão. Tu não perdeste tua mão sob o machado do carrasco, mas na luta sagrada. Tu podes estar sempre e por toda parte orgulhoso, olhar para qualquer um diretamente nos olhos e, então, levar o fraco e o indiscreto a ruborescerem. A maioria dos homens veem o ferido de guerra como um monumento vivo (!) de nossos tempos difíceis, como alguém a quem eles pagam silenciosamente (!) agradecimento.

Conquistar autonomia a todo custo seria o primeiro mandamento, a meta suprema do homem com um braço só. *Nunca deixar que os outros o ajudem*! Não deve haver nenhuma atividade diante da qual ele se sinta intimidado... por meio de... um exercício constante, ele se torna mestre. O fato de só ter um braço se torna para ele autoevidente, ele perde o medo da perda insuperável. É comum ouvir de algumas pessoas com longa experiência de ter um braço só que elas não saberiam o que fazer com um segundo braço, se o segundo braço lhe fosse restituído repentinamente por meio de um milagre.

... Olha à sua volta e veja se entre teus conhecidos não há alguém que já se acha há mais tempo na condição de ter um só braço... Talvez haja em todas as cidades alguns. Eles só não te chamaram até aqui a atenção... (p. 5)

Em uma nota de pé de página de Künzenberg, encontramos, além disso, a seguinte formulação:

... também se deve observar o gaiteiro em feiras anuais, que bate com o cotovelo o tambor e com o pé um outro instrumento; ou o tocador de timbale trotante, que conduz com os pés os freios, etc. Mesmo em meio à observação dos animais se aprenderá algumas coisas.

Parada de cadeirantes diante do Führer, 1934.

O cinismo alegre da medicina patriótica não toca apenas nos "casos difíceis"; sua forma de pensamento não se refere somente aos estados de exceção existenciais. As próteses medicinais e a mentalidade com elas oferecida do robô robusto não trazem à luz senão um padrão de pensamento universalmente difundido. A guerra soltou a língua do cinismo latente dominante, medicinal e militar. Sob sua influência, os aparatos militares e os aparatos de produção confessaram sua reivindicação de consumir a vida dos indivíduos a seu serviço. O corpo humano na sociedade do trabalho e da luta já se mostrava há muito tempo como prótese, antes de se ter precisado substituir partes faltantes por partes técnicas funcionais.

Nos anos de Weimar, a técnica aproximou-se provocativamente do antigo humanismo. Nessa época, a associação conceitual "o homem e a técnica" transformou-se em uma ligação compulsiva, que abrangia desde os cumes da filosofia burguesa até os bancos de escola. O esquema de pensamento diz: a técnica assume o "controle"; ela "ameaça" degradar o homem; ela quer nos transformar em robôs. Mas se nós prestarmos bem atenção e mantivermos nossa alma em marcha, nada nos acontecerá. Pois: a técnica está presente em última instância para o homem e não o homem para a técnica. A imagem, por exemplo, é a de uma gangorra. Em uma ponta se senta o ameaçador, o estranho, a técnica; na outra ponta se espraia o humano; e sempre de acordo com se é o alheio ou o próprio que assumem um peso maior, o eixo do balanço pende para um lado ou para o outro. Quanto mais escolástico o pensamento, tanto mais graves se mostram os pesos na ponta humana. Com essa fraseologia, a filosofia da técnica burguesa erigiu um cartel praticamente omniabrangente dos cérebros. As cabeças são rapidamente ocupadas com próteses de pensamento sobre a técnica. Com pernas de metal leve, elegantes e fáceis de cuidar ("um modelo puramente alemão"), o pensamento coxeia atrás da realidade, e, nesse caso, a personalidade e a alma são mantidas como de hábito em movimento. A filosofia da técnica burguesa respira inteiramente o espírito do manual do sem braço. Personalidade amputada? Não há de quê — nós temos uma nova para o senhor no depósito.

> Minhas senhoras e meus senhores, vós vedes naturalmente que médicos e manipuladores de ataduras, engenheiros e fabricantes, postos militares e responsáveis pela nosso atendimento de acidentes, todos estão se esforçando *da mesma maneira* por colocar as suas experiências a serviço da causa e por compensar, para aqueles que lutaram e sofreram pela subsistência e pela grandeza da terra natal... a perda de mãos e braços... E para os feridos vale a sentença do poeta:
> Quem quer que se empenhe ambiciosamente
> Pode ser por nós redimido.
> *Beiträge zur Frage der Ausrüstung armverletzter Kriegsbeschädigter für das Erwerbleben* [Contribuição para a questão do equipamento de feridos de guerra com problemas nos braços para a vida profissional], 1915, p. 127.

Traduzindo em uma fórmula, o tema da filosofia da técnica burguesa dos anos de 1920 e 1930 é: "Goethe com máquinas." Ou, em todo caso: "Zaratustra e a indústria". Mesmo os privilegiados deparam-se agora com o problema da "alienação" ou, como Hans Freyer diz de maneira drástica, com "a insurreição dos escravos dos meios contra os fins". Os autores mais reflexivos não querem mais deixar que a coisa permaneça junto a um mero *não* conservador em relação à técnica.

Manual do sem braço: manual, antologia e livro de imagens para pessoas com um braço só — organizado pelo professor Eberhard Frnb. V. Künzenberg e pelos mestres da escola heidelberguiana para pessoas com um braço só (agora em Ettingen junto a Karlsruhe) — segunda edição ampliada.

Afastando-se do caráter contrafeito outrora próprio aos espíritos estéticos, a reflexão burguesa sobre a técnica volta-se para um zelo excessivo francamente masoquista. A filosofia da nova materialidade, até o ponto em que ela é uma filosofia de engenheiros, coloca à prova um *sim* violento à nova monstruosidade.

Hans Freyer, por exemplo, pressente a presença de conexões profundas entre técnica e "essência humana". Não são apenas a cidade antiga, o vilarejo tradicional, a paisagem cultural pré-industrial europeia que cresceu que foram submetidas a intervenções agressivas por meio do tecnicamente novo; até mesmo uma imagem humana ou um modelo de alma mais antigos caem aqui por terra. Freyer está longe de ser o único a denominar a relação humana e senhorial do técnico europeu com a terra como a base "psíquica" de nossa "técnica". No entanto, só no presente, onde o descomunal "sistema dos meios" passou a penetrar todos os processos de realização da vida, o europeu não consegue mais se desviar de sua experiência de si como "dominador":

> Interrogação violenta da natureza, a fim de aprender a dirigir suas forças, reflexão total sobre a terra, a fim de dominá-la e configurá-la — essa vontade vive bem cedo no espírito europeu. E foi ela que, desde o final do século XVIII, garantiu à técnica fundada definitivamente na ciência a constância de seus sucessos.
> H. Freyer, *Zur Philosophie der Technik* [Para a filosofia da técnica], em: *Blätter für Deutsche Philosophie*, vol. 3, Berlim 1929/30, p. 200

O que Freyer enuncia soa meditativo no tom e afirmativo no conteúdo: portanto, somos sujeitos imperiais e, enquanto tais, enquanto europeus, desde sempre fomos assim. Onde cessa a mendacidade conservadora, começa a fuga neomaterial para frente, em direção à confissão programática.

Aquilo que Hans Freyer ainda mantém engenhosamente em suspenso entra em solo firme com o filósofo da brutalidade Theodor Lüddecke. Ele transforma o fresco cinismo em autor de seu contrato. Em 1931, ele lança seu livro sobre a técnica: *Meisterung der Maschinenwelt. Menschentum und Möglichkeit* [Dominação do mundo das máquinas. Humanidade e possibilidade]. O ideal de Lüddecke é a "cultura orgânica" — e na palavra "orgânico" ressoa nele todo um conjunto de semitons — desde as formas originárias goethianas até os órgãos de poder e a organização da comunidade militar popular.

> A primeira condição de uma cultura orgânica é a aplicação do "princípio do discípulo" na educação, tal como Henry Ford o denominou. O homem jovem precisa crescer desde a juventude em uma relação estreita com as realidades. (p. 240)

O que é pernicioso no sistema educacional existente seria, segundo ele, sobretudo o fato de ele tornar os homens jovens "sensíveis demais"; o esporte oferece, em contrapartida, um equilíbrio não mais do que insuficiente.

Em particular para os estudantes citadinos faltam os conceitos orgânicos de vida e trabalho.

Precisamos educar pessoas com nervos fortes e *ágeis*, que se sintam efetivamente em casa em seu tempo.

Dessa forma, chegaremos a uma nova aristocracia, que se compõe de combatentes sinceros e heroicos... Essa ideia de cultivo também deveria se encontrar no primeiro plano do dever próprio ao serviço militar. (p. 242)

Portanto: é preciso enviar estudantes de economia por quatro semanas para uma mina, para que eles "desenvolvam *in loco* as capacidades de um mineiro decente..." (p. 248); é preciso levar estudantes para os bancos, antes de explicar-lhes teorias monetárias; o trabalhador intelectual precisa ir para o "front de produção" para se familiarizar com os fatos duros. É preciso ler várias vezes algumas coisas em Lüddecke, para que nos asseguremos de que ele efetivamente está argumentando de uma maneira própria à "direita". O seu antiacademicismo alegremente disposto poderia ser facilmente confundido com uma gaia ciência, com um cansaço de toda teoria e com uma fome de intuição características de uma inteligência de esquerda de hoje; poderia, caso o autor não tomasse cuidado em fornecer as palavras apropriadas para sinalizar uma ordenação mais clara:

O intelectual sabe pouco demais sobre os homens, que lutam *como soldados do front na batalha da produção*. O campo de batalha espiritual, no qual ele se movimenta, é uma etapa burguesa. Uma coisa gostaríamos de exaltar nos socialistas: eles nos fizeram ter nojo do conceito de "burguês". Para a jovem geração, burguês significa o mesmo que desprovido de heroísmo, fraco, atemorizado. Um tipo de homem duro e esportivamente viril não é mais burguês.... (*sic*) (p. 248)

... Com o auxílio do modo de pensar tipicamente acadêmico, nunca se ganhará uma "batalha por grãos" como o fez Mussolini. O pensamento dos grandes ativistas é sempre reto e simples... (p. 249)

No ginásio e na imaginação da juventude vive como um tipo entusiasmante o homem combativo, *superior à situação*. Na existência comercial cotidiana desta civilização, porém, domina o burguês *que calcula de maneira refinada*, que entra em cena na ponta dos pés e que nega tudo aquilo que se mostra de modo imediatamente heroico. (p. 215-216)

Isto é socialismo! Socialismo é um novo impulso vital, uma nova filosofia do trabalho, uma transposição de princípios esportivos para a atividade profissional, um novo tom de companheirismo nuclear. (p. 215)

A "revolução marxista": ela é sobretudo uma questão acerca do ter ou não ter. Nossa revolução, contudo, é uma questão do ser e do querer ser melhor! (p. 217)

Nosso evangelho é precisamente o pensamento rápido e a realização rápida de todo pensamento. (p. 217)

Lüddecke desenvolve uma filosofia da prótese entusiasmada, que experimenta seu "ser" na embriaguês do movimento. O texto é, por conta de suas usurpações do discurso "progressista", subversivo — a leitura precisa ser tanto mais. Em sua linguagem vêm à tona temas existenciais da esquerda, encenados por um eu correto: o *homo protheticus* como "atacante" alegre com a prática, como explorador de si mesmo. Nesse escrito, reluz como um fogo-fátuo por meio da teoria de Lüddecke um potencial diagnóstico, que programa temas anticapitalistas em um ego capitalista de soldado. No que concerne ao lado de ética do trabalho, o seu otimismo prescrito mistura-se com as morais das lideranças empresariais no Ocidente atual, assim como a posição-de-dever no "socialismo realmente existente". Como elemento especificamente fascista não resta nada em termos de conteúdo; a ideologia do *fitness* é hoje, desnazificada, tão aguda quanto outrora, enquanto a ética do ser, agora como antes, é colocada contra a ética do ter; permanecem fascistas a composição e o gesto dinâmico, com o qual tudo, confusamente misturado, é limitado e degradado por um sujeito "hábil" com um tom fresco e cínico do nazista simpático. O filósofo nazista é o que mistura a linguagem de maneira ágil como o vento, o baterista do funcionalismo, para o qual tudo aquilo que "dá certo" o auxilia e que deixa as pessoas na sua cola bem alegres. Nesse tom reside um segredo de sucesso do fascismo; ele utiliza a verdade como simulacro e a simpatia como ardil. No foco de sua agitação encontra-se a cumplicidade interna com os instintos de autoafirmação das massas confusas. Sua revolução promete ao sujeito protético esportivo a plena "superioridade"; o fascismo aparece aqui como a rebelião dos "eus" das próteses contra a civilização "liberal", em cuja "desordem" eles ainda teriam, contudo, uma pequena chance de ser eles "mesmos". Em uma fuga violenta para frente, eles sobrepujam o sistema, do qual eles emergem. O segredo de sua autoconservação esconde-se na eliminação total de tudo aquilo que lembrava algum dia um si-mesmo. O nacional-socialismo estabelece-se como nacional-funcionalismo.

A prótese ativa do novo Estado precisava de cuidados e de distensão. As duas coisas deveriam ser encontradas nas férias fascistas. Desde tempos imemoriais, o mar sempre se mostrou favorável a ideias edificantes, mesmo para grandezas nacional-socialistas que estavam buscando descanso. Na praia, é tão bom refletir uma vez mais sobre o Goethe das máquinas! Cito algumas linhas do livro de Kurt Schuder de 1940: *Granit und Herz. Die Strassen Adolf Hitlers — ein Dombau unserer Zeit* [Granito e coração. As estradas de Adolf Hitler — as catedrais de nosso tempo — Westermann, Braunschweig].

> No verão de 1938, estive em Westerland. É preciso imaginar Westerland de tal modo que haja praticamente tudo aquilo que se procura: descanso, tranquilidade, o ar aromático do mar do norte... e, igualmente aromáticas e asperamente bondosas as ondas no mar do norte..., que... desenvolvem aquela célebre arrebatação que se mostra como um presente tão bem vindo a todos os hóspedes do mar do norte.
>
> Entre eles encontram-se homens significativos e espiritualmente de liderança, vindos de toda a Alemanha...; eles sabem que o escasso tempo de repouso que se encontra à sua disposição é empregado da melhor maneira possível junto ao mar, que se revela no campo da saúde cada vez mais como *uma instância que nos poupa tempo*... (p. 7)

Lá, Schuder encontrou um "homem de liderança" com o qual ele chegou a conversar sobre "dois grandes espetáculos culturais do povo": "técnica e indústria", assim como "vida espiritual". O "homem de liderança" tinha sobre estes temas "pontos de vista criativos", dos quais o autor tenta fazer um resumo.

> A ação é o elemento primeiro e último. A ação é o único conteúdo vital verdadeiro. A ação também é naturalmente o que há de mais difícil; pois ela exige coragem... (p. 8)

Nós técnicos, que começamos junto à matéria-prima, precisamos casar nosso espírito com as matérias-primas... De resto, Goethe foi um dos maiores técnicos de todos os tempos (Grötaz), caso se parta desta base espiritual da técnica... ele já imaginara antecipadamente a televisão... (p. 9)

... ao invés de vencermos a batalha juntos, como ainda o fez Goethe, nós marchamos separadamente. Daí surgiram os estranhos construtos do mero-espírito e da mera-técnica, para denominar as coisas de maneira bastante breve. (p. 10)

... E sem este *companheirismo das máquinas*, nenhum homem, para não falar de um povo, poderia hoje viver... ela serve e serve de novo. Nela, temos de honrar a ideia do servir em geral. Esse serviço, porém, é a ideia e o ato ético supremo, e, assim, o companheirismo da máquina converte essa ideia em ato...(!)

Naturalmente, o ferro é duro e a máquina não é de açúcar. Mas a lei da vida é o aço e não o açúcar, não o mingau e o purê. E é só o *coração e a alma de aço* que conquistam a vida... (p. 12)

Por isto, a máquina é algo inteiramente consonante com o homem, algo correspondente à sua essência; somente se produzirmos essa ligação interna, teremos superado a maldição do mundo, o materialismo. , concomitantemente, isto fez parte das grandes realizações da nova Alemanha: *a inserção da técnica na alma*... o fato de ela não precisar mais ficar lá fora tremendo de frio...

O técnico falou durante muito tempo e de maneira penetrante...

E revigorado como que por um banho de aço, vou à praia, respiro feliz o ar marinho, que revigora os pulmões do mesmo modo que o aço... (p. 14)

Com uma expressividade inaudita aconselha-se aqui a transformação da autoexperiência humana sob a imagem diretriz do nexo funcional das máquinas como o caminho fascista para a modernidade. Essa auto-"reflexão" do vivente no aço e do "sentimento" na rigidez forma ao mesmo tempo a base para a prontidão cínica à confissão desses filósofos da dureza. Eles agora dizem *tudo*, mas não o fazem para com isso corrigirem a si mesmos, não o fazem para se tornarem "maleáveis" e reformular seu pensamento. Eles parecem não ouvir o fato de que negam a si mesmos em quase cada uma de suas palavras. Falam como se estivessem prestando uma confissão, mas sem uma centelha de intelecção. Admitem tudo, para não cederem em nada. Querem se tornar exatamente como a camarada máquina já é: homens de aço. Se imagens podem falar algo

> Beton und Stein sind materielle Dinge, der Mensch gibt ihnen Form und Geist. Nationalsozialistische Technik besitzt bei aller materiellen Leistung ideellen Inhalt.
>
> *Berlin, Januar 1940*
>
> Generalinspektor für das deutsche Straßenwesen

"Concreto e pedra são coisas materiais, o homem lhes dá forma e espírito. A técnica nacional-socialista possui um conteúdo ideal junto a toda realização material." Berlim, janeiro de 1940 — Inspetor geral da Autoridade Alemã de Tráfego.

sobre posturas de vida e sobre estilo político, então as expressões que Alfred Hugenberg, suporte de estribo de Hitler, escolheu em 1928, revelam tudo sobre o que estava por vir.

> Aquilo de que precisamos não é um mingau, mas um bloco de concreto. No mingau sucumbiremos; no bloco de concreto, vitória e reconstrução são um detalhe... Nós seremos um bloco de concreto, quando o gancho de ferro da visão de mundo nos reunir e fizer com que tudo aquilo que é mole e fluido se coagule e se amalgame como rocha. O que poderia me impedir no caminho até lá precisa se afastar ou se deixar amalgamar.
>
> *Berliner Lokalanzeiger*, 26 e 28 de agosto de 1928.

Excurso 4: O quarto império — antes do terceiro

No ano de 1927, Friedrich Dessauer, professor de filosofia em Frankfurt, apresentou um livro que tinha por título *Philosophie der Technik. Das Problem der Realisierung* [Filosofia da técnica. O problema da concretização], no qual prometeu empreender uma "metafísica crítica" da técnica. Volta-se contra aqueles que atacam a técnica e que veem, em meio a uma recusa meramente extrínseca, a técnica como um novo-rico de nossa civilização. Dessauer empreende a transição, que atravessa a época como um tema diretriz, da resistência à afirmação, do ressentimento "à compreensão positiva".

A afirmação forma ela mesma o cerne do conhecimento técnico:

> O homem pode voar, mas não, por exemplo, porque nega ou suspende a gravitação, mas na medida em que a penetra no processo espiritual e, dito de maneira imagética, chega ao outro lado da coisa. Por um lado, ele é seu escravo, por outro, seu senhor. (p. 40) Com isso, supera-se a gravitação, mas a gravitação não é, por exemplo, negada... Afirmação plena de tudo o que é legalmente natural e uma permanência inalterável no quadro do que é legalmente natural cunham os meios. (p. 41)

A afirmação das assim chamadas leis naturais serve ao interesse de dominá-las; se as dominamos, elas se colocam a serviço dos fins humanos. Quando Dessauer conclama à afirmação do elemento técnico, o que ele tem em vista é o seguinte: afirmação da afirmação — domínio sobre os meios de domínio. No *sim* duplo movimenta-se o sujeito de aço do futuro; ele é inseparável de um domínio elevado deste sujeito sobre si mesmo: por isso, a teoria autoritária daquele tempo fala incessantemente sobre o elemento heroico. Isso não significa outra coisa senão autocoerção intensificada; a retórica da coragem significa aqui ousar um grau mais elevado de autodesertificação.

A máquina, por sua vez, envia para o seu inventor um *sim*, logo que ele vê: "dá"! No momento em que ela "entra na existência", ela possui uma qualidade ôntica particular: ela existe, porém, porque o espírito inventor a construiu — como uma nova figura da criação. "Nós estamos no meio de um dia criador." (p. 52)

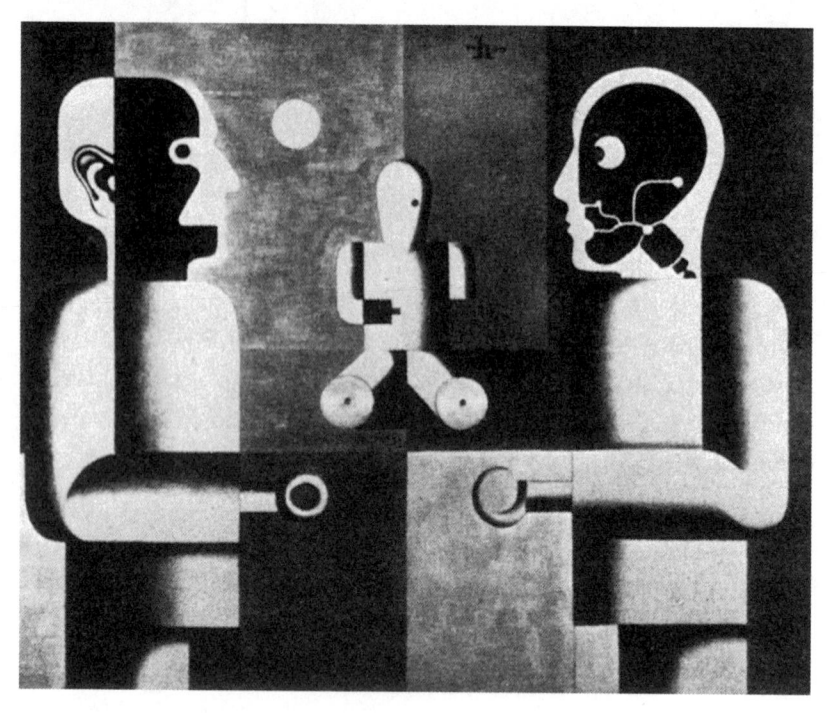

Heinrich Hoerle, *Monumento à prótese desconhecida*, 1930.

O que significa o quarto império?[191]

Kant, consciente de uma visão conjunta do mundo, distinguiu três reinos entre si. O primeiro é o reino da ciência natural; ele denomina a obra voltada para esse reino *Crítica da razão pura*... Como é que a ciência natural é possível?, essa é a questão chave, que barrava até então o acesso. Ele dá a resposta: por meio das formas intuitivas do tempo e do espaço... e por meio das formas igualmente *a priori* do entendimento... as categorias, por meio das quais o entendimento elabora a experiência. (p. 54) Com base nessa dotação, a ciência natural é possível enquanto conhecimento dos fenômenos...

Ele descobre o segundo reino da vivência da lei moral, daquele imperativo de todo violento e incondicionado (categórico), que dá à vontade a sua

---

191. Há aqui uma ambiguidade que não tem como ser completamente resolvida na tradução. Em verdade, o termo alemão *Reich* significa tanto *reino* quanto *império*. Na passagem citada por Sloterdijk, o que está em jogo é antes o reino do teórico, do ético e do estético. No entanto, ao falar de um quarto *Reich*, ele está se referindo nitidamente ao *terceiro império* (*der dritte Reich*) de Hitler. Exatamente por isto, oscilamos a tradução e, na presente nota, chamamos a atenção do leitor para o fato de que as palavras *reino* e *império* se referem aqui ao mesmo vocábulo no original. [N.T.]

direção... A razão teórica do primeiro reino não pode entrar nesse segundo reino. Aqui impera a razão mais elevada, a razão prática, que descerra o suprassensível para a vida da vontade... (p. 55)

Na ordem kantiana, as fronteiras bloqueiam completamente o primeiro reino do segundo. Ora, mas será que tal cisão é suportável? Kant mesmo quebrou um portão. No terceiro reino trata-se do "sentimento", da subordinação dos objetos da experiência à finalidade, graças à faculdade do juízo. Trata-se do reino do estético e do que é conforme..." (p. 56)

Seria em vão, porém, querer tentar conquistar em Kant um esclarecimento sobre aquela dimensão que produz um corte incisivo na vida do presente. "Entramos no quarto reino (no quarto império) em uma nova terra, que abre o advento da técnica." O quarto império é o império do inventado, do que é trazido para a existência pelo homem, o potencial imensurável do que é ainda inventável e concretizável. Técnica não significa, segundo Dessauer, outra coisa senão conclamar à realidade por meio das invenções as figuras dormitantes do quarto império. Tudo dá-se como se a técnica se transpusesse e interviesse na esfera que, segundo Kant, nos era inacessível, na esfera da *coisa em si*, para, a partir dela e por meio do trabalho, trazer à tona objetos da experiência novos e não presentes anteriormente, ou seja, máquinas. A máquina, contudo, não é nenhuma coisa em si, nenhuma criatura "fora, de cujo poder-ser nenhum entendimento poderia se aproximar, mas ela existe *por meio de nós*. Ao mesmo tempo, aquilo que nela 'funciona', não é apenas nosso; há nela um poder que não é meu.'" (p. 60) Um poder capaz de produzir uma reviravolta no mundo pode ser intrínseco às invenções. Dessauer remete, por exemplo, ao enigma ontológico dos raios X que, apesar de se mostrarem como um fenômeno natural material, só podem ser produzidos por meio da intervenção humana; eles constituem uma nova forma de energia, que não existia anteriormente desse modo. Invenções dessa qualidade são enriquecimentos ontológicos da consistência de ser — com o que passa a caber ao homem o papel de um Minotauro em meio ao ente. Amplia-se por seu intermédio a criação. A natureza oferece apenas a matéria-prima para a elevação humana do que se acha previamente dado em uma supernatureza técnica.

Tudo aquilo que é inventado e construído pelo homem, contudo, vem ao encontro dele de fora como uma força natural —

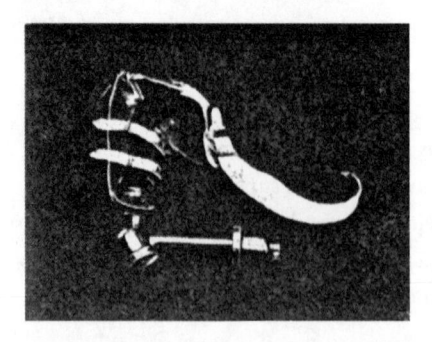

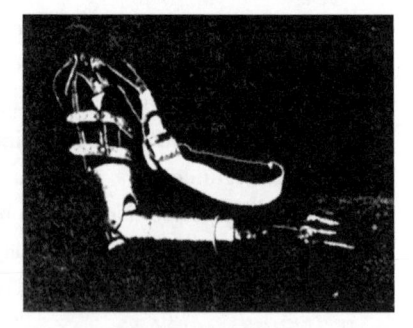

Notícia favorável vinda do quarto império: "O braço mecânico Rota (do engenheiro Meyer das indústrias Rota de Aachen) é um pouco mais leve e maleável do que o braço mecânico de Jagenberg. Em sua maleabilidade, ele excede significativamente a do braço humano..." Aqui, o braço dos dias de semana com a sua gana de trabalho móvel é contraposto ao braço de domingo com uma imitação da mão atraente.

como montanhas, a corrente do golfo... Os homens precisam reagir. Quem mora nas montanhas vive de maneira adequada às montanhas... É assim que é constituído o poder da técnica. (p. 65)

... o poder das novas formas criadas da técnica possui no fundo a mesma autonomia que a criação de uma montanha, de um rio, de um período glacial ou de um planeta. Daí provém de maneira mais intensa o espectro comovente desse fato característico do prosseguimento da criação, fato esse que testemunhamos, ou melhor: no qual atuamos. Trata-se de um destino descomunal tomar parte ativamente na criação, de tal modo que aquilo que é por nós assim criado continua atuando com uma violência irrepresentavelmente autônoma no mundo visível: *a maior vivência terrena do mortal.* (p. 66)

Essa filosofia da técnica apresenta-se como heroica e otimista, pois compreende o homem como aquele que prossegue a criação do cosmos. Ela jamais poderia se resignar diante da miséria preponderante, mas a partir daquele quarto império precisa ultrapassar cada vez mais figuras novas, nas quais as soluções de todas as penúrias já se encontravam desde sempre dormitantes e só "aguardavam" a descoberta. Assim, criado pelo homem, cresce ao lado da natureza um "metacosmos dinâmico e pulsante".

Será que é preciso chamar a atenção para os aspectos absurdos desta filosofia? Seu engodo reside — uma vez mais — no conceito de sujeito. Seu heroísmo não é outra coisa senão a recusa em conceber como "próprios" qualquer indigência e qualquer sofrimento. O eu torna-se heroico, porque ele é covarde demais, fraco demais. Ele "se sacrifica", porque espera ganhar. Por isso, a técnica mostra-se como a promessa da resolução total do problema. Um dia, pensa o filósofo implicitamente, ela conseguirá aliviar toda miséria. De maneira aflitivamente míope, ele deixa de ver o aspecto destrutivo da "invenção". O sujeito combativo que age por heroísmo e aço precisa ser cego para a sua própria destrutividade. Quanto mais ele se vê ameaçado de ser estilhaçado pelos puros sofrimentos junto ao mundo técnico e autoritário, de maneira tanto mais otimista ele simula a poesia heroica; no coração dessa teoria encontra-se um sujeito que não consegue mais sofrer, por ter se transformado totalmente numa prótese.

Excurso 5: Protética total e surrealismo técnico

Uma história espiritual diagnóstica deve muito àquela loquacidade cínica de personalidades históricas, das quais o impulso interior e a compulsão exterior para crises arrancam declarações que nunca passam pelos lábios de indivíduos mais controlados. Há com frequência corujas que preferem falar quando pessoas assim chamadas normais achariam mais prudente se calar. Um destes falantes compulsivos, que revelam de maneira petulante o que ninguém conseguiria de outro modo desvendar, é Adrian Turel, "filósofo expressionista" (Scholem) que, em 1934, sob o signo do espírito neogermânico, publicou um escrito algo bizarro intitulado *Technokratie, Autarkie, Genetokratie* [Tecnocracia, autarquia e genetocracia], no qual um curioso conhecimento de detalhes se liga a perspectivas megalomaníacas e espaçosas em uma especulação misteriosa e obtusa.

Não é possível aplicar a esse texto nenhuma designação tradicional de gênero, nem tratado, nem ensaio, nem teorema, nem manifesto. Como documento singular de um surrealismo teórico, ele subtrai-se à classificação; seu tom é sério e hierático e ao mesmo tempo coloquial em sua inclinação aparentemente jocosa para combinar um com o outro o que há de mais remoto. Frases sobre uma existência nomádica e jardineira transformam-se como que em uma brincadeira em pensamentos sobre o industrialismo, a metalurgia e a teoria quântica, a climatologia e a filosofia do tempo, a física de baixas temperaturas e a astronomia — do homem de Aurignac até a matematização de estruturas de poder geopolíticas. Nesse mercado anual de uma grande inteligência confusa, no qual Turel apregoa suas intelecções como um Achternbusch da história da filosofia, encontram-se "pérolas" raras — ligações entre teorias sobre as próteses e a filosofia da técnica, que merecem ser escutadas.

> Técnica é apenas prótese, o trabalho que devotamos à técnica não é jamais outra coisa senão um grande resgate da compulsão por abandonar nossa essência propriamente dita, a fim de concomitantemente apreender as zonas e os desejos de essencialidades de um outro tipo, sem precisar já, por isto, abandonar nossa humanidade, nosso germanismo (p. 34).

Turel sonha, de maneira desvairadamente realista, com um novo nível de tecnocracia ocidental que assegurasse para ela, "como um nível de generais, como um estado de liderança", um domínio total sobre as aspirações de controle das zonas mundiais restantes — em particular do Japão, que já tinha roubado o modelo de pensamento europeu, as próteses e as técnicas. Só isso se mostraria como a "psicologia social de nosso tempo vindouro". A própria filosofia, aprofundando modelos de pensamento, eleva-se

> a um sistema de próteses grandioso e futuramente indispensável, que precisa ser colocado no lugar do sistema de próteses do avião, do submarino, do automóvel etc. como tendo no mínimo o mesmo valor de nascença. (p. 34)

Se é um fato que não poderemos mais proteger a patente coletiva de nosso sistema de próteses técnico e científico ante o ataque da segunda zona e, em um futuro abarcável, também ante a terceira zona (hoje se diria Segundo e Terceiro Mundo, P. Slot.), de maneira totalmente independente de se nós mesmos traímos os métodos de fabricação junto a essas zonas... então não se pode, por outro lado, esquecer que geramos, criamos a partir de nós mesmos no mínimo uma nova elevação violenta do estilo de prótese maquinal até aqui, elevação essa que pode ser resumidamente designada como *prótese total de tipo técnico...*

Este sistema de próteses técnico, que é um tipo de realização tipicamente masculina, só pode ser comparado com o estar completamente preso antes do nascimento no corpo de sua mãe.

Todos os homens, quaisquer que sejam suas raças (!), estiveram presos em um primeiro momento, estiveram presos na sua primeira fase pré-nascimento no grande modelo de toda paisagem alimentícia, de toda esfera de proteção, mesmo de toda prisão: no corpo de uma mãe. A contrapartida masculina para tanto é o desenvolvimento das próteses tecnocráticas, do poder, do poder financeiro e dos aparatos técnicos em um sistema completo de cápsulas, no qual os homens particulares à sua mercê parecem ser envolvidos ...

Quando os ingleses sobrevoam as montanhas do Himalaia com as próteses totais de seus aviões de guerra, e isso de maneira completamente sistemática com todas as suas esquadrilhas, não se trata de nenhum recorde de loucura, nem de dinheiro jogado pela janela, mas, para toda a Índia, o que temos aí é um símbolo da violência superior das próteses da Inglaterra e da Europa... (pp. 59-60)

O quão confuso um pensador não precisa ser para conseguir ver as coisas de maneira assim tão clara? O método é totalmente vislumbrado pela loucura. De resto, quem não consegue seguir Turel, consola-se com o exemplo de Gershom Scholem, que conhecia pessoalmente o autor e já "não entendia" literalmente "uma palavra" de suas declarações nos anos de 1920.

9. Algodiceia política.
Cosmologias cínicas e ausência de dor

> O que significa todo este barulho de construções, navios, minas e livros visto do espaço estelar: um nada diante da crosta terrestre!
>
> Oswald Spengler, *Urfragen*
> [Questões originárias], Munique, 1965.

Se mesmo os fortes sujeitos esportivos nazistas anunciavam sob a máscara do vitalismo as suas simpatias pela vida protética e, dessa maneira, buscavam se haver com a dor por meio da denegação, então mesmo eles não podiam escapar da questão acerca de sua significação. Nada faz com que o sentido metafísico venha à tona mais do que a dor, que pode anunciar a morte. Esse sentido quer saber o que significa o sofrimento deste século XX, um sofrimento que se tornou desmedido, quer saber de quem é a responsabilidade e em nome de que totalidade ele poderia funcionar como uma contribuição.

O entendimento cotidiano, que se sente seguro diante de pensamentos profundos por meio da rotina, não se deixa enredar em discussões sobre isso. Deste modo, ele permanece protegido ante o cinismo expresso. Na maioria das vezes, ele não diz mais do que: "Assim é a vida." Ora, mas quem se interessa pela questão e arrisca mesmo ter uma "opinião" em relação ao sofrimento vê que essa questão atrai para uma região na qual ou bem se precisa estar muito seguro de seus pontos de vista metafísicos, ou bem se acaba caindo nas malhas do cinismo.

Algodiceia significa uma interpretação metafísica doadora de sentido para a dor. Ela entra em cena na modernidade no lugar da teodiceia, e como a sua inversão. O que está em jogo na teodiceia é: como é possível compatibilizar o mal, a dor, o sofrimento e a injustiça com a existência de Deus? Agora, a questão é: se não há nenhum Deus e nenhum nexo de sentido mais elevado, como é que ainda conseguimos suportar a dor? Imediatamente se mostra a função da política como um substitutivo da teologia. Os nacionalistas não hesitaram na maioria das vezes um instante em afirmar que os imensos sofrimentos de guerra teriam sido significativos como sacrifícios em nome da pátria; o ímpeto de tais afirmações só foi barrado pelo fato de a guerra perdida e de o ditame de guerra tanto quanto a revolução desanimadora terem colocado em questão a dotação de sentido nacionalista. Pode-se ponderar se a tão citada lenda da punhalada não teria sido uma tentativa desesperada de salvação para a algodiceia política dos homens de direita; pois o fato de que a Alemanha perderia a guerra era algo que seria possível de imputar como passível de reconhecimento pelo mais estulto dos nacionalistas. No entanto, admitir que "tudo" tinha sido "em vão" e que as aflições imensuráveis não tinham em geral sentido algum: isto era insuportável demais para muitos contemporâneos. A lenda da punhalada não era nenhum mito ingênuo, mas uma autoilusão desejada pelos homens de direita. A "sorte amarga" de Hitler também atesta o seu empenho.

Quem perguntou por sentido em face dos sofrimentos da guerra mundial, viu-se arrastado por sua pergunta para o interior da região na qual se encontram política, filosofia da natureza e cinismo médico. Não há quase um orador que prescinda naqueles anos de metáforas medicinais: doença, mal do câncer, operação e cura por meio da crise. Hitler falou em *Minha luta* da violenta catástrofe que seria preferível à tuberculose política sub-reptícia. As metáforas medicinais dos homens de direita procuravam eliminar a doença como o inimigo no interior com "aço e raio". A esquerda registra, contudo, o risco duplo da doença:

> Mas se o proletariado revolucionário quiser ser o médico que tem de empreender a operação reconhecida como incontornável, então ele não tem o direito de sujar constantemente as mãos com os focos purulentos da doença, senão o próprio cirurgião inseriria uma vez mais na operação a toxina no corpo do paciente, toxina essa que teria sido sua tarefa afastar".
> Erich Mühsam, *Wahrhaftigkeit* [Veracidade], em: *Fanal 2*, 1928.

O olhar do filósofo da natureza é superior ao bem-intencionado olhar frio do médico: o filósofo da natureza insere as agruras humanas em um nexo funcional cósmico. Diante dos olhos do biólogo e, com maior razão, do astrônomo, fundem-se as pequenas convulsões humanas — como se elas fossem apenas ornamentos no jogo descomunal de vir-a-ser e perecer. Em seus poemas *Stolz und Trauer* [Orgulho e luto], 1922, Rudolf G. Binding tentou se apropriar de um tal "grande olhar" biológico:

> Heróis tombam
> e filhos afastam-se de suas mães.
> Trata-se em tudo isto
> de leis simples.
> ...
> Respiração e bater das pálpebras
> de um descomunal acontecimento. (Choro)

Também encontramos aqui a quintessência de um endurecimento heroico, dizer sim, "orgulho", um bloco-eu, que se transforma na máquina-por-si heroicamente racional.

As algodiceias políticas procedem segundo um esquema elementar: retorno a partir da compaixão para a pura frieza contemplativa. Nesse exercício, foi em particular Ernst Jünger quem alcançou um virtuosismo pleno. Ele está entre aqueles transeuntes limítrofes entre o fascismo e o humanismo estoico, que se subtraem a etiquetagens simples. De qualquer modo, de maneira inconfundível, Jünger é um dos mestres pensadores do cinismo moderno, no qual a pose fria e a percepção sensível não se excluem mutuamente. Em um aspecto ideológico, ele pratica uma biologia política estetizante, uma filosofia de cupins sutilmente funcionalista. Também ele está entre os entusiastas do sujeito duro, que suporta a tempestade de aço. Sua frieza é o preço que ele paga por permanecer em vigília em meio ao horror. Ela o qualifica como uma testemunha precisa daquilo que aconteceu em nosso século XX em termos de modernização do terror. Enterrar Jünger sob a suspeita de um fascismo por demais superficial seria, por isso, uma posição improdutiva em relação à sua obra. Se há um autor para o qual cabe a fórmula benjaminiana do "agente secreto" em nosso século, então esse autor é Ernst Jünger, que ocupou como quase nenhum outro postos de guarda avançada em meio às estruturas de pensamento e de sentimento fascistas. Sua rigidez contemplativa liga-se a uma prontidão marcante para se exprimir como testemunha de sua própria experiência. Se Jünger confessa por um lado tendências pré-fascistas, ele traz à luz por outro, com sua "avidez por experiências", uma propriedade na qual de resto nenhum fascista se distinguiu e que em geral se encontra a favor de um espírito de pura abertura para o mundo e de liberalidade, com o qual hoje procura se identificar antes uma nova esquerda.

Nos esboços em prosa de *Abenteuerliches Herz* [Coração aventureiro], encontra-se uma passagem que elucida a algodiceia biológica de Jünger:

> Das peças na praia, 2 — Zinnowitz
> Na vegetação rasteira por trás da duna, em meio a exuberantes canaviais, capturei em minha caminhada habitual uma imagem feliz: a folha grande de um choupo tremedor, na qual tinha se formado um buraco circular. Na beira do corte parecia estar pendurada uma franja verde escura que, ao olhar mais detidamente, se revelou como uma composição constituída a partir de uma série de minúsculas lagartas que se agarravam com suas bocarras na marca da folha. Ovos de borboleta deviam ter sido colocados ali há pouco tempo; os germes jovens tinham se alastrado como um fogo sobre o seu solo alimentício.
> O caráter raro desta visão consistia na ausência de dor da destruição, que ela refletia. Assim, as franjas davam a impressão de fios pendentes da própria folha, na qual absolutamente nada parecia ter se perdido em termos de substância. Aqui estava se mostrando de maneira totalmente evidente como a dupla contabilidade da vida se equilibra; precisei pensar no consolo que Condé tinha dado a Mazarin ao vê-lo chorando pelos seis mil homens que tombaram na batalha em Freiburg: "Barbaridade, uma única noite em Paris traz mais homens à vida do que custou esta ação."[192]
> Esta postura do líder de batalha, que vê por trás da queimada a transformação, sempre me comoveu como um sinal de uma saúde vital elevada, que não se atemoriza diante do corte sanguíneo. Assim, senti prazer ao pensar na sentença tão irritante para Chateaubriand acerca da *consumption* forte, acerca da forte consumação, que Napoleão costumava por vezes murmurar naqueles instantes de batalha nos quais o general se mantém inativo, nos quais todas as reservas estão em marcha, enquanto o front se desfaz, sob o ataque das unidades de cavalaria e sob o fogo da artilharia colocada à frente, como uma rebentação de aço e fogo. Estas são palavras das quais não se poderia prescindir, pedaços de autoconversações junto ao forno de fundição, que ardem e tremem, enquanto no sangue fumegante o espírito se destila na essência de um novo século.
> À base desta linguagem encontra-se a confiança na vida, que não conhece espaços vazios. A visão de sua plenitude faz com que esqueçamos o sinal secreto da dor, que cinde os dois lados da equação — tal como acontece aqui com o trabalho roedor da bocarra, que cinde a lagarta e a folha.
> Ernst Jünger, *Das abendteuerliche Herz* [O coração aventureiro], 2ª edição, pp. 61-62

---

192. Conta-se que Napoleão também apresentou este cinismo gaulês depois da batalha de Eylau.

Ernst Jünger, 1930, erótico do aço — "... Quanto mais tempo a guerra durava, tanto mais intensamente ela marcava o amor sexual em sua forma... O espírito da batalha material... gerou homens tal como o mundo nunca tinha visto até aqui... naturezas de aço, dispostas na luta em sua forma mais terrível... Passavam em revista aí em longas séries uma feminilidade pronta, a flor de lótus do asfalto, Bruxelas... Só um modo de ser de aço podia subsistir sem ser limado no vórtice. Estes corpos aplicados ao amor não passavam de pura função..." *Der Kampf als inneres* Erlebnis [A luta como vivência interior], 1933, pp. 33-34.

Mesmo o olhar de general de Jünger equivale ao olhar de um biólogo. Por isso, com a sua sensibilidade política imiscui-se algo do reconhecimento da grande pulsação do vivente entre a procriação e a morte. Ele ignora, porém, o limiar que cinde a morte natural da morte política violenta. Assim, transporta intuições biológicas para os grandes "organismos" que realizam guerras, que se combatem mutuamente em lutas por hegemonia e sobrevivência. Jünger apaga com toda consciência os limites entre zoologia e sociologia. A guerra é de fato um fenômeno do "reino animal espiritual". Assim, Jünger nos provoca como cientistas políticos dedicados a insetos. Seu artifício psicológico consiste em assumir o ponto de vista do inseto e do pesquisador; ele pensa a si mesmo tanto na lagarta devoradora, quanto na folha devorada; com seus órgãos sensoriais, ele segue para o front, que está derretendo sob o fogo; com os frios órgãos do pensamento, contudo, ele se encontra ao mesmo tempo na base de comando, de onde a batalha se oferece como espetáculo estético. Esse duplo eu corresponde ao esquizofrênico político. "O medo consome as almas." Os horrores da guerra devoraram e esvaziaram a sua alma, a casca se salva em uma estrela fria, da qual o eu morto observa sua própria sobrevivência.

O olhar para as estrelas foi uma forma típica das algodiceias de Weimar. Seu autor principal, hoje quase esquecido, é o astrônomo muito popular em sua época Bruno H. Buergel, observador do céu número 1 de Weimar, um filósofo dominical, que tinha reunido em torno de si, com considerações humoristicamente melancólicas sobre o homem no espaço, uma comunidade de centenas de milhares de leitores. Em um aspecto político, ele era um autor da "reconciliação de classes", do equilíbrio entre trabalho e empreendorismo. Durante décadas, ele praticou sua astronomia como uma espécie de assistência psicológica para a pequena burguesia confusa. "Sua observação do céu", que chegou até mesmo a ser recentemente reimpressa, alcançou cifras editoriais fantásticas. Mesmo a sua autobiografia *Vom Arbeiter zum Astronomen* [De trabalhador a astrônomo — 1919] já tinha vendido no início dos anos de 1930 com certeza no mínimo algo em torno de 100.000 exemplares.[193]

Em seu livro *Du und das Weltall, Ein Weltbild von Bruno H. Buergel* [Tu e o espaço, Uma imagem de mundo de Bruno H. Buergel, 1930], encontramos em uma determinada seção a confissão em termos filosóficos da natureza do autor. A seção é intitulada "A grande lei". Na grande amplitude (como se queira) esmagadora ou sublime dos modos de pensar astronômicos, as tensões político-morais da "micropolítica" weimariana se distendem. O deserto interior, contudo, cresce incessantemente. Será que Buergel não está exigindo no tom humorístico de conversa fiada a autogelificação dos sujeitos? O que Buergel trata como a "grande lei"

---

193. Quanto a Buergel, cf. meu livro *Literatur und Lebenserfahrung. Autobiographien der 20er Jahre* [Literatura e experiência de vida. Autobiografias dos anos de 1920], Munique, 1978, p. 67 et seq.

é o fenômeno das ondas, que ele procura acompanhar desde as vibrações elétricas e acústicas até a mudança das culturas humanas.

> Incessantemente se seguem o bojo e o vale. Agora em cima para, em seguida, descer até a profundeza e aspirar uma vez mais ascender; de novo no vale, e, por fim, escorrendo silenciosamente na areia. A folha cai, ela mergulha cá para baixo para a grande camada de húmus, a partir da qual surgirá a nova vida... (p. 48)
> Todo acontecimento vibra à nossa volta em ondas. Em mil forças, ele oscila para baixo e para cima. Ondas sonoras penetram aqui em cima a partir da torre do sino da pequena Igreja dos marinheiros... ondas luminosas vibram com asas velozes como o pensamento de distantes estrelas até aqui em baixo, para a pequena esfera terrestre; ondas elétricas surgem em torno de mim, tomando seu caminho a partir de altos mastros, anunciado, para além das terras e dos mares, o ridículo humano e a tolice humana, até os Estados mais distantes da civilização. (p. 49-50)
> Ondas cheias de um milagre misterioso invadem a nós mesmos. Elas trazem a efeito a grande lei no pequeno eu...
> À sua (ou seja, de W. Fliess) investigação incansável revelou-se a lei maravilhosa, segundo a qual estas duas substâncias vitais diversas, estas células femininas e masculinas, possuem uma duração de vida diversa: o fato de que é peculiar à substância masculina um período de 23 dias de atividade, enquanto à substância feminina é peculiar um período de 28 dias. É possível sentir esta pulsação da energia vital alternante em nós... (p. 50)
> E a partir dos dias se faz o ano. Esta também uma onda poderosa no acontecimento terrestre!... Mas dia e ano se escoam, ondas ínfimas no mar da eternidade... (p. 51)
> Mesmo culturas que impuseram à esfera terrestre uma marca são movimentos ondulatórios na humanidade. As antigas culturas dos chineses, dos indianos, dos egípcios vieram e soçobraram há milênios atrás... A velha mãe terra viu muitas ondas culturais passarem por ela e desaparecerem, elas vieram e foram embora como o verão e o inverno... Parece... que a cultura de nosso tempo, a cultura do Ocidente, está começando a afundar." (p. 53)[194]

Buergel acentua que mesmo as "estrelas eternas" não representam nenhuma exceção em relação a esta lei do devir e do perecimento. Mesmo o

---

194. Aqui se segue uma referência bibliográfica de rodapé à "obra mais significativa" de Oswald Spengler.

nosso sol apagar-se-á, "de tal modo que tudo mergulhará em noite e gelo nesta pequenina estrela terra, no silêncio da morte eterna" (p. 65).

Na amplitude espacial melancólica das observações astronômicas reflete-se uma camada profunda do sentimento vital weimariano. Os sujeitos colaboram instintivamente com aquilo que os aniquila e torna insignificantes. Eles exercitam-se em perspectivas desumanas; fogem em direção ao frio e à grandiosidade. Suas afirmações dirigem-se para tudo aquilo que eles "mesmos" não são, mas que auxilia o eu congelado a se esquecer de si no todo grandioso.

Quem resiste a este treinamento no autoesquecimento? A esquerda weimariana soube deter o impulso da cosmologia cínica e da biologia política? O historiador encontra-se ainda hoje perplexo diante da aporia das palavras de ordem de esquerda de outrora. Mesmo a esquerda, até onde fosse possível, aspirava a se transformar em um "bloco". Aqui também dominavam a "linha", o "caráter", a "vontade férrea". Walter Benjamin foi um (dos poucos) que buscou metodologicamente o contato com experiências, matérias-primas, padrões de pensamento e modos de reação próprios ao "outro lado". Como quase nenhum outro, ele dominava a arte do repensar — a salvação da experiência ante o monopólio do falatório reacionário. A obra de mestre de tais atividades de revolução do pensamento encontra-se no fim de seu livro *Einbahnstrasse* [*Rua de mão única*] (1928), no qual ele ousou entrar na caverna do leão para falar de coisas que tinham sido de resto confiscadas pelos direitos soldadescos — pela vivência da guerra e pelos casamentos de sangue da técnica humana com o cosmos. Com uma pequena virada, ele consegue descobrir o não espírito da filosofia da técnica burguesa: não é a dominação da *natureza* que é o sentido da técnica, mas o domínio inteligente da *relação* entre homem e natureza.

> *Sobre o planetário*
> Caso se tivesse de exprimir a doutrina dos antigos com toda a brevidade, como Hillel fez outrora com a doutrina judaica, apoiando-se em uma perna, a sentença precisaria ser formulada assim: "A terra não pertencerá senão àqueles que vivem das forças do cosmos." Nada distingue tanto o homem antigo do homem moderno quanto a entrega do homem antigo a uma experiência cósmica, que o homem posterior quase não conhece. Seu afundar-se anuncia-se já no florescimento da astronomia no começo da Idade Moderna... A lida antiga com o cosmos realizou-se de maneira diversa: na embriaguez. Ora,

mas a embriaguez é a experiência, na qual apenas nós nos asseguramos do que há de mais próximo e do que há de mais distante, e nunca de um sem o outro. Mas isso quer dizer que o homem, embriagado com o cosmos, só pode ter uma vivência de compartilhamento na comunidade. O descaminho ameaçador da modernidade é considerar essa experiência como insignificante, como alijável, entregando-a ao parecer do particular como um entusiasmo exagerado em belas noites estreladas. Não, ela se torna de tempos em tempos novamente resgatável e, então, os povos e as gerações não conseguem minimamente se afastar dela, tal como se manifestou da maneira mais terrível possível na última guerra, que foi uma tentativa de um novo casamento, nunca antes vislumbrado, com as forças cósmicas. Massas humanas, gases, forças elétricas foram lançados no campo livre, correntes de alta frequência atravessaram a paisagem, novos astros despontaram no céu, espaço aéreo e profundezas dos mares rugiram por meio de hélices, e poços cheios de vítimas foram cavados por toda parte na mãe terra. Esse grande engajamento em torno do cosmos realizou-se pela primeira vez com um critério de medida planetário, a saber, com o espírito da técnica. Como, porém, a avidez de lucro da classe dominante pensou expiar nela sua vontade, a técnica traiu a humanidade e transformou o leito nupcial em um mar de sangue. Domínio da natureza, é assim que nos ensinam os imperialistas, é o sentido de toda técnica. Quem poderia confiar em um mestre da pancada, que declarasse o domínio das crianças pelos adultos como o sentido da educação?... O espectador de uma autêntica experiência cósmica não está ligado àquele ínfimo fragmento da natureza, que estamos acostumados a denominar "natureza". Nas noites de aniquilação da última guerra abalou o edifício articulado da humanidade um sentimento que se assemelhava à felicidade dos epiléticos. E as revoltas que se seguiram a ele foram a primeira tentativa de colocar sob seu poder o novo corpo. O poder do proletariado é a escala de seu convalescimento. Se sua disciplina não se apossar dele até a medula, então nenhum raciocínio pacifista o salvará. O vivente só supera a vertigem da aniquilação em meio à embriaguez da criação. (p. 123-126)

Benjamin consegue algo em que nenhum mero pensador da luta, estrategista ou ideólogo da rigidez teve sucesso. No curso de sua meditação destaca-se uma parcela das câimbras produzidas pelo enrijecimento do sujeito. A embriaguez, a dissolução do eu, é reconhecida como pressuposto de uma comunicação cósmica; ao mesmo tempo, ela torna possível pressentir a reconciliação entre homem e homem. Todavia, a ambiguidade do tema não deixa nem mesmo Benjamin livre. Ele fala de disciplina proletária, que precisaria se apossar do corpo social "até a medula". Toda a contradição encontra-se patente *in nuce*. Nenhum caminho conduz tão facilmente da embriaguez com a procriação para a disciplina rígida. O fascismo reuniu embriaguez e disciplina, na medida em que mobilizou o delírio de poder e a embriaguez destrutiva. Ele não organizou apenas os interesses do grande capital, mas também uma parcela da mística política. O jogo de ideias de Benjamin procura rivalizar com a ameaça fascista, na medida em que ele remete a esquerda para a necessidade de arrancar do fascismo as suas armas ideológicas e o seu princípio psicológico.

Entre os poucos filósofos do tempo que não buscaram a salvação do indivíduo em calcificações, resfriamentos e formações de blocos, um peso particular cai sobre Max Scheler — ele também um grande ambíguo, um "agente duplo" e um burguês que se alegrava bastante em confessá-lo. A Primeira Guerra Mundial também tinha virado bastante a sua cabeça e o mobilizou para exercícios de pensamento monstruosamente afirmadores da guerra e entusiastas dos alemães (*Der Genius des Krieges und der Deutsche Krieg* [O gênio da guerra e a guerra alemã], Leipzig, 1915). Mais tarde, ele foi um dos poucos a afastar-se expressamente dos "serviços militares com a pena", segundo a expressão de Thomas Mann sobre algo que lhe era pertinente. Em 1921, em seu protesto contra o espírito pestilento alemão do "cumprimento do dever a todo custo", ele fala em uma linguagem que não é mais há muito tempo a linguagem marcial, "da traição da alegria". De antemão, ele fornece argumentos psicológicos e morais para uma crítica aniquiladora do eudaimonismo nazista posterior, ou seja, daquela mendaz filosofia da força por meio da alegria, com a qual o trabalho obrigatório popular se assegurava do domínio sobre os ânimos infelizes. Os nazistas sabiam mobilizar a fome por algo positivo, que impeliu indivíduos infelizes e desorientados a se "engajar" e entrar nas fileiras do movimento, a atuar concomitantemente em uma "construção". Scheler vê que tudo podia dar em nada. Os infelizes difundem, quando "constroem" e se engajam, ainda mais sua infelicidade. "Só homens felizes são bons", disse certa vez corretamente Marie Ebner-Eschenbach (*Liebe und Erkenntnis* [Amor e conhecimento], 1970, p. 172).

Ao espírito do tempo de Weimar pertence, como mostramos, uma afirmação particularmente irônica ou cinicamente dura de males como realidades efetivas válidas e incontornáveis. No *sim*, vem à tona uma tendência defensiva: uma blindagem do eu contra o seu sofrimento, um não àquilo que seria a verdade subjetiva, não à ferida interna, à fraqueza e à penúria. Começa-se a ver claramente isso, quando se contrapõe a ele o escrito de algodiceia mais significativo de Scheler, um texto de 1916 intitulado *Vom Sinn des Leidens* [Do sentido do sofrimento], como meio de contraste. Nesse texto, Scheler reúne elementos de outra ética e política; não enrijecimento contra o sofrimento, mas expansão do *sim* e do reconhecimento também para a nossa dor. Isso, porém, só seria possível para uma vida religiosamente fundada, que se sentisse protegida nas camadas psíquicas mais profundas como indestrutível no ser. Scheler circunscreve isto com a palavra *bem-aventurança*. O segredo de tal poder sofrer não reside, portanto, no enrijecimento do eu, não nas algodiceias políticas do tipo do bloco, da força por meio da alegria, do front de ferro, do ombro a ombro, do eu de aço ou do eu estrutural, mas no princípio cristão soterrado, que Tolstói tinha renovado: não resisti ao mal.

> Um relaxamento violento, que precisaria atuar já em si como uma redenção, um relaxamento por meio do puro e simples *reconhecimento*, por meio da expressão ingênua de dor e sofrimento. Não mais uma soberba antiga em relação ao sofrimento, que se vanglorie do sofrer, porque sua grandeza mensura a própria força... Mas também nenhum orgulho por esconder a si mesmo e aos outros sob a aparência da equanimidade ou sob a retórica dos "modos" de sofrer e de morrer. O grito há tanto tempo retido da criatura que sofre ressoa uma vez mais livremente e atravessa asperamente o todo. O sofrimento mais profundo, o sentimento de que Deus está longe declara que Jesus está *livre* da cruz. "Por que tu me abandonaste?" E de maneira alguma mais reinterpretação: dor é dor, é mal, prazer é prazer; e a *bem-aventurança* positiva, e não a mera "paz" ou a "redenção do coração" de Buda, é que é o bem dos bens. Também nenhum embotamento, mas um *sofrer integral* que amoleça a alma, um sofrer integral o sofrimento em meio a uma paixão própria e a uma compaixão! (pp. 64-65)

Toda subjetividade polêmica emerge em última instância das lutas de denegação dos eus contra a dor, que os diz respeito incontornavelmente como viventes. Eles empreendem uma "estruturação", uma equipagem, a construção de um muro, cercamento, demarcação e autoenrijecimento, para se protegerem. No entanto, *neles* prossegue incessantemente a efervescência. Quem constrói e se equipa terá um dia que desconstruir e atacar.

10. Pedindo um Napoleão que venha de dentro. Cinismos políticos V: treino para homens de fatos

> Nós alemães não conseguiremos produzir um outro Goethe, mas com certeza produziremos um César.
> Oswald Spengler, *Pessimismus?*

> Para nós, começou a era dos Estados combatendo contra Napoleão e contra a violência de suas medidas. Foi em sua cabeça que se tornou pela primeira fez efetiva a ideia de um domínio do mundo ao mesmo tempo militar e popular... este século é o século dos gigantescos exércitos parados e do serviço militar obrigatório universal... Desde Napoleão, centenas de milhares, até milhões, de homens se acham prontos para marchar, poderosas frotas, renovadas a cada dez anos, encontram-se nos portos. Trata-se de uma *guerra sem guerra, de uma guerra do sobrepujamento com equipamentos e prontidão, uma guerra de números, do ritmo, da técnica...* Quanto mais a descarga é adiada, tanto mais gigantescos se tornam os meios, tanto mais insuportavelmente cresce a tensão... Os grandes centros cosmopolitas de poder disporão dos Estados menores, de sua região, de sua economia e de suas pessoas como bem quiserem; tudo isto não é mais agora do que província, objeto, meio para fim; seu destino é sem significado para o grande curso das coisas. *Aprendemos em poucos anos a quase não atentar mais para eventos que teriam paralisado o mundo de espanto antes da guerra. Quem pensa hoje ainda seriamente nos milhões que morrem na Rússia?*
> Oswald Spengler, *Der Untergang des Abendlandes* [*A decadência do Ocidente*], Munique, 1922 e 1929, pp. 1097-98

O napoleonismo da República de Weimar revela as reviravoltas e as crises, com as quais homens pequeno-burgueses e burgueses culturais estavam entrando outrora no século da estratégia. Hoje denomina-se esse estado de coisas, com frequência com um acento totalmente falso, de "politização da inteligência" ou "a politização das massas". Em verdade, a guerra mundial foi o politizador das massas. Durante anos, ela tinha transformado as consciências de todo o continente em consciências de observadores do front. Tendo sido formados como correspondentes de guerra, a visão do general despertou em cada particular; em cada um cresceu um sentimento para o fato de que ele mesmo, se ele não fosse general, só podia ser uma engrenagenzinha ínfima na máquina de guerra. Durante quatro anos, a correspondência de guerra bombardeou a consciência pública. Aqui aconteceu pela primeira vez aquela socialização da atenção imponente que é característica da contemporaneidade — e o que despertou como "consciência política" nos indivíduos e grupos foi a ótica do observador de catástrofes, do voyeur de guerra.

A assim chamada politização parte de uma militarização mais intensiva e de uma mobilização estratégica das consciências; e isso não apenas no primeiro plano. Ela penetra profundamente até o cerne das posturas corporais e das formas de percepção. Em 1912, Walther Rathenau a tinha designado como "educação para político", quando os padrões de pensamento do tatear, do avaliar as situações conjuntas, etc.[195] despencaram até o nível do "comerciante". A partir de então, não se passou senão pouco tempo, para que a politização — como um acompanhamento pensante de grandes catástrofes — se tornasse consciência geral. Foi apenas aí que se chegou à realidade das massas no caos da essência da visão de mundo e dos partidos de Weimar. Ao mesmo tempo, porém, a consciência coletiva mostrou uma inclinação para resistir a este tipo de politização. Nojo político pertencia às correntes psicopolíticas mais fortes daqueles anos. Valiam-se dele em particular o lado populista, que se sentia menos como "partido" do que como "movimento".

Assim como o eu político aspira por rigidez e agilidade, seus olhos são instruídos pelo modo de ver de generais e diplomatas: sondar o terreno, contar com os dados de maneira "fria como o gelo"; contemplar panoramicamente os números; manobrar, enquanto for necessário; atacar, logo que tenha chegado a hora para tanto.[196] A retórica comunista denominou essas formas de cálculo enfaticamente "pensar em contextos" e afirmou que isto seria o reconhecimento "dialético" do todo (cf. minha crítica na Seção Principal Lógica). Os contextos são aqueles que Spengler designou com uma expressão chocante como a "guerra sem guerra". Nesse frio romantismo dos grandes olhares estratégicos, os campos políticos de esquerda e de direita estão bem próximos uns dos outros. Esses padrões de pensamento "político-reais" avançam até o homem da rua; nas cabeças mesmo dos homens mais impotentes trabalha de maneira afetada esse pensamento

---

195. No mesmo ano, Ludwig Rubiner escreve seu célebre ensaio *Der Dichter greift in die Politik* [O poeta intervém na política]. Conferir a coletânea com o mesmo nome dos escritos de Rubiner de 1908-1919, Leipzig 1976, p. 251 et seq. *Der Dichter als Sprengmeister, Vitalisator, Erzeuger von Erschütterungen* [O poeta como mestre em explosivos, como vitalizador, como gerador de abalos]: "Há agora o movimento. A intensidade e a vontade de catástrofe."

196. Isso diz respeito ao aspecto principal espetacular da política. O fato de a política ter se transformado cada vez mais no mesmo momento em administração permaneceu amplamente distante dos políticos marcados pelo padrão militar. Eles apostam em "movimento de massas" e eles preferem formar uma "frente" do que uma "coalizão". Também preferem dar ordens do que leis. E preferem ir para a rua do que para o parlamento e para os ministérios.

"disponibilizante", essa ótica velada de estadista e esta atitude de general. O modelo diretor psicopolítico das próximas décadas é a engrenagenzinha "co-pensante" no funcionamento da máquina. Quem está contaminado pela fria embriaguez do "pensar em contextos" ficará mais facilmente preparado para se deixar transformar no instrumento político do futuro.

O culto a Napoleão na República de Weimar faz parte desses quadros. Ele marca uma fase da colonização política interior. Com ele, o masoquismo político galga um novo nível; o pequeno eu aprende a arder concomitantemente de febre em meio aos cursos de pensamento do cérebro de um grande estrategista, que dispõe dele. O que Ernst Jünger tinha demonstrado com um nível ensaístico elevado — a saber, o truque da ilusão de ser ao mesmo tempo general e vítima, lagarta e folha — é algo traduzido pelas inúmeras biografias, peças de teatro e ensaios sobre Napoleão (e outros "homens de ação" como Cecil Rhodes, Warren Hastings, etc.) em um plano mediano. Aqui, o sadomasoquismo cotidiano erudito e " semierudito" encontra a sua própria língua. A folha sonha para si o eu-senhoril da lagarta. O elemento comum entre aquele que devora e o que é devorado surge por meio da empatia da folha com a alma sofredora da lagarta; as pessoas mostram Napoleão como um homem impelido demoniacamente, como um sofredor que precisa deixar sofrer. Goethe já tinha visto Napoleão como uma figura de Prometeu.[197] As biografias de Weimar intensificam esse acento. Napoleão atravessa como um "meteoro" (Kircheissen) sua via desvanecente; na medida em que vai se apagando, ele ilumina as pesadas indigências vitais de indivíduos medíocres, que sonham ser "grandes homens".

Para Spengler, que nos dois volumes de *A decadência do Ocidente* (1918-22) menciona cerca de quarenta vezes Napoleão I, o corso é uma figura diretriz do destino europeu; sua aparição designa um momento preciso na curva biográfica da cultura ocidental.

> Com isso, realiza-se a entrada na época das lutas gigantescas, na qual nós nos encontramos hoje. Trata-se da passagem do napoleonismo para o cesarismo, um estágio geral de desenvolvimento de abrangência no mínimo de dois séculos, que pode ser comprovado em todas as culturas.
> Oswald Spengler, *A decadência do Ocidente*, p. 1081

---

197. Cf. Hans Blumenberg, *Arbeit am Mythos* [Trabalho sobre o mito], Frankfurt s/ o Meno, 1979, p. 504 et seq.

No estilo de Spengler encontramos o ápice da botânica política que, de maneira ainda mais radical do que Ernst Jünger, junta a visão do pesquisador de plantas com a visão do político, do historiador e do estrategista em uma unidade sadomasoquista:

> ... culturas, seres-vivos do nível mais elevado, crescem em uma ausência de metas sublime como as flores no campo...
> Oswald Spengler, *A decadência do Ocidente*, p. 29

> Mas o que é política? — A arte do possível; esta é uma afirmação antiga e, com ela, praticamente tudo está dito... O grande político é o jardineiro do povo.
> Oswald Spengler, *A decadência do Ocidente*, p. 1116

O político, tal como o foi Napoleão, é o "homem de ação" *par excellence*.

> O homem de ação nunca chega a empreender uma política de risco, uma política sentimental e programática. Ele não acredita nas grandes palavras. Ele tem constantemente nos lábios a questão de Pilatos — verdades — o político nato está para além de verdadeiro e falso.
> Oswald Spengler, *A decadência do Ocidente*, p. 1112

Foi em cores semelhantes, imbuído por tons liberais, individualistas e psicologizantes, que mesmo o mais célebre biógrafo de Napoleão nos anos de Weimar, Emil Ludwig, pintou a imagem de seu herói. Essa biografia está entre os livros mais lidos de sua década.[198] Ela narra — no presente — a epopeia heroica do homem de ação da modernidade, que deu asas a um "cinismo heroico" (p. 414). A partir de um impulso interior, ele consumiu sua força vital em campanhas militares e ações políticas que eram como fogos de artifício — genial, sóbrio, fantástico, positivista, despótico, influenciável, cheio de coragem e cálculo e pleno da "ausência de atitudes produtivas" do jogador e do realizador natos, que se senta chamado a dar vazão a sua "força amoral para a ação".

---

198. Lançado pela editora Rowohlt em 1925. Em 1931, a editora publicou uma edição especial de 100.000 exemplares.

... a felicidade de vida deste homem se realizou em obras que não desfrutaram de nada senão do ato consumado. (p. 645)

Só a "nova objetividade" do período pós-guerra tornou os historiadores e os biógrafos capazes de ver os cinismos napoleônicos, sua sóbria atitude de sucesso, cuja ambição nada ambiciosa parecia estar preenchida retrospectivamente com o sentimento vital de Weimar; nele vê-se refletido como as pessoas mesmas viviam, em uma autoafirmação que se deixava portar e impelir de qualquer modo ao mesmo tempo pelas ocasiões e pelos dados — vivia aqui um sujeito que estava parcialmente no controle e que era parcialmente um instrumento que servia ao "destino" histórico. É exatamente esse presente espiritual retratado por Ludwig por meio do deixar-se-levar pela corrente do possível que coloca o eu napoleônico em uma coetaneidade com os afetos, as autorreflexões, os sonhos e projetos do sentimento de vida de Weimar: cavalgar ondas no duro espírito do tempo, presença estratégica, um sim cínico a todas as "crueldades necessárias" da política e dos negócios. Sobre o novíssimo tenente Bonaparte na guarnição de Valence junto ao Rhône, Ludwig escreve o seguinte:

> Diante de sua objetividade decidida, diante deste olhar realista, desfaz-se o autor mais popular daqueles anos, Rousseau; os excertos sobre a origem do gênero humano de Rousseau são interrompidos constantemente pelas palavras resolutamente repetidas: de tudo isto, não acredito em uma palavra... (pp. 19-20)

O biógrafo consegue fazer uma alusão interessante em sua descrição do célebre encontro de Napoleão com Goethe, no qual o imperador disse o seguinte em face do poeta:

> *Voilà un homme!!*
> ... Tudo se dá como se dois demônios se reconhecessem no ar... foi um instante no curso dos milênios, tal como só se conhece um semelhante na lenda do encontro de Diógenes com Alexandre.[199] (p. 325)

Mas é particularmente na infelicidade que a natureza aventureira e irônica do realismo napoleônico se mostra — aquela capacidade de "eus"

---

199. O paralelo entre Goethe e Diógenes é tão ousado quanto pertinente. Cf. minha referência ao papel de Goethe no neo-*kynismos* do *Sturm und Drang*.

fortes de sobreviver ao fracasso de seus planos e esperanças. Por fim, só restam uma energia aplicável e desprovida de ilusões e uma vontade de sobreviver. Ludwig faz com que Napoleão, na fuga de Moscou pela Polônia, depois de a sua campanha na Rússia ter arruinado meio milhão de vidas humanas, diga o seguinte:

> "... temos aqui um grande espetáculo político! Quem não ousa nada não ganha nada. Há apenas um passo entre o sublime e o ridículo...! Quem podia contar com o incêndio de Moscou...!" Napoleão torna-se um aventureiro. Ele simula a presença de um exército diante dos poloneses, um exército que há muito já tinha sucumbido... Entrementes, ele faz reluzirem comparações históricas universais, toma aquilo que está agora mesmo transcorrendo já como história, reporta-se à providência e repete quatro vezes a frase cinicamente grandiosa sobre o sublime e o ridículo, que antecipa toda crítica. O mundo e o que ele faz com o mundo começa a se tornar espetáculo para o grande realista e, assim, Napoleão, em meio a um sucesso declinante, galga lentamente os degraus da ironia elevada. (pp. 416-17)

Com esboços psicológicos como este, Emil Ludwig se mostra muito superior ao realismo brutal de Spengler. No ponto mais elevado do realismo vem à tona o quanto um duro sentido para fatos resvala lentamente para o campo do fictício, do teatral, para o cerne do blefe e da ironia. Com isso, Ludwig toca na mancha negra na consciência do filósofo da história que foi Oswald Spengler, que era tão orgulhoso de sua pose de inflexibilidade e de sua ética prussiana e romana, com a qual ele procura encobrir o quanto de feridas, de brandura e infelicidade, o quanto de lágrimas e ressentimentos reprimidos tinha havido precisamente em sua vida.

Neste ponto, ele tinha razão em se sentir como um seguidor "congenial" de Nietzsche. Spengler impeliu as coisas para os braços dos justos, porque ele mesmo reprimiu em si com violência, depois do sucesso, a autoexperiência da dúvida e da fraqueza que tinha sido extraordinária nele, antes de sua grande irrupção de 1918.[200] O "literato" Ludwig compreendeu no homem de ação Napoleão uma série de traços, que escaparam aos olhos de Spengler — justamente o elemento de engodo, os fatores de sedução e encenação, de diplomacia e de fuga cínica para uma falsa

---

200. Cf. A. M. Koktanek, *Oswald Spengler in seiner Zeit* [Oswald Spengler em seu tempo], Munique, 1968.

abertura. Spengler teria tido todas as razões para atentar mais para tais fenômenos. Sua auto-observação fracassou no momento em que ele começou a desempenhar o papel de grande teórico e de amigo dos poderosos. Essa mentira na lida consigo mesmo influenciou sua teoria do cesarismo. Com um pouco mais de sinceridade em relação à sua própria estrutura psíquica, Spengler teria podido simplesmente saber que justo os alemães não produziriam um César, mas apenas um ator doente e chorão, que na melhor das hipóteses se tornaria, sob o aplauso de massas confusas, um mero número cesariano suicida.[201]

Na modernidade, só um psicólogo ou um dramaturgo tem a chance de permanecer realistas. O prognóstico de Nietzsche sobre o surgimento do tipo teatral degrada as formas "sérias" de realismo, transformando-as em visões de mundo positivistas e unidimensionais de um tipo pré-moderno. Quem não vê a teatralidade da realidade, também não vê a realidade. Emil Ludwig, em todo caso, estava no rastro da realidade quando descreve a cena da morte de Napoleão em Santa Helena.

> O "humor" de Napoleão oscila entre o *páthos* e a ironia. Quando um servo anunciou um cometa, o imperador disse: "Este foi o sinal antes da morte de César!" Quando o médico afirmou, porém, que ele não estava vendo nada, o doente disse: "Também dá sem cometas." (pp. 649-650)

Nós escrevemos sobre o ano de 1925. Trata-se do ano da morte do presidente do Império, Friedrich Ebert, ao nome de quem o pseudorrealismo social-democrata permaneceu ligado para sempre na República de Weimar. Trata-se do ano em que Hindenburg, "o vitorioso de Tannenberg", foi eleito como sucessor de Ebert. Permanece questionável saber se o velho oficial chegou efetivamente a compreender algum dia em que tempo e em meio a que realidades ele vivia. Trata-se do ano em que os comunistas, na medida em que apresentaram um candidato próprio simbólico sem qualquer chance de vitória (Thälmann), levaram o reacionário senil Hindenburg para a presidência, uma vez que retiraram seus votos do anticandidato que efetivamente tinha boas perspectivas de vitória, um político de centro de nome Marx.[202] Eles perseguiam, porém, uma

---

201. Thomas Mann denominou Spengler um "parodista detestável de Nietzsche"; T. Mann, *Briefe 1889-1936* [Cartas 1889-1936], Frankfurt s/ o Meno, 1962, p. 321.

202. Com isso, não se deve minimizar o caráter lastimável da política do Partido Social-Democrata nesta eleição.

"grande" estratégia de traços hiperrealistas, que os impediu de compreender corretamente seu papel em fenômenos de "superfície" de tal modo pequenos.

Também Heinrich Mann encontra-se em ligação com esta data; ele também foi chamado por certos grupos de esquerda e por alguns intelectuais para desempenhar o papel de candidato simbólico à presidência. Nesse ano, Mann escreveu um ensaio sobre as memórias de Napoleão. Para ele, Napoleão corporifica uma dimensão utópica: o corso era uma figura de projeção para sonhos liberais de esquerda ligados a uma "política real", na qual o que normalmente seria pouquíssimo pensável aconteceria: o espírito e a ação, as ideias e os cânones encontrariam um caminho de convergências. O olhar de Heinrich Mann passa decididamente ao largo do "cinismo produtivo" e dos traços misantrópicos do imperador. Mesmo o fato de Napoleão ter desprezado os "intelectuais" não constitui mais para ele nenhum impedimento. Ao olhar para o imperador dos franceses, a inteligência liberal de Weimar — de modo algum tão distante da robustez de Jünger — teve a ideia de que o "corte sangrento" precisaria se afirmar, quando realizado por um homem desse calibre. Sob o signo de Napoleão, desenvolve-se a aversão liberal aos maquiavelismos, uma vez que esses só sabem se esconder por trás do recurso a grandes ideias e duras necessidades.

> O livro ao qual mais frequentemente retorno são as memórias de Napoleão. Ele as escreveu na terceira pessoa, o que dá a impressão, e assim deve ser, de uma impessoalidade divina. Ele não vangloriou tanto a si mesmo nessas memórias, mas honrou muito mais o destino, que quis algo tão grande dele e que o justificou em tudo. Ele mostrou em um espaço de espera, que é único e se chama Santa Helena, o devir e o consumar-se do grande homem.
>
> O grande homem, que este escritor conheceu, passou pelo mundo como uma bala no campo de batalha. Assim, ele foi enviado pela revolução. Ele esteve na vida em unidade com uma ideia, teve o mesmo corpo, o mesmo caminho...
>
> ... A ideia liberal morre, ela já não é mais. Mas Napoleão cresce incessantemente. A Europa alimenta-se finalmente de seus Estados unidos, algo que ele buscou... O gênio da Europa começa cem anos mais tarde a se aproximar do que lhe pertence...
>
> O gênio da Europa concebe agora aqui e acolá até mesmo a ditadura. Seus contemporâneos liberais apenas a suportaram, sem compreendê-la...

Ele representou a proteção dos que nada possuíam. O que ele deteve com sua ditadura foi justamente aquilo que se aproximava insidiosamente dele, o domínio do dinheiro...

A ditadura militar populista, erigida contra todos os poderes apenas materiais por um poder do espírito...

Ele mesmo é o líder de hoje, o intelectual, que se vale da violência. Onde quer que uma espécie de líder busque a sua sorte se lançando em direção ao futuro da humanidade, trata-se sempre desse tipo. Suas memórias são o nosso manual, nós nos entendemos com ele imediatamente.

Não há dúvida de que ele odiaria e revolveria aquilo que hoje se chama democracia e que ela apareceria para ele como uma desfiguração...

H. Mann, *Geist und Tat* [Espírito e ação], *Essays* [Ensaios], Munique, 1936, pp. 125-129

Traços de pensamento desse tipo são denominados mais tarde por Herbert Marcuse de "autossuspensão do liberalismo": por volta de 1925, mesmo espíritos liberais de nível elevado estavam prontos a lançar ao mar suas próprias tradições e ideias como ilusões.[203]

Spengler só conseguia ver diante de nós uma persistência prussiana no crepúsculo da civilização cristalizada. Heinrich Mann sonhava com um futuro luminoso. Quando em 1918 saiu o primeiro volume de *A decadência do Ocidente*, Heinrich Mann fez com que um revolucionário francês dissesse o seguinte em uma cena escrita naquela época:

... ele (o poder da razão), porém, cresce secretamente em todos nós. Catástrofes apenas aceleram seu crescimento. Catástrofes aproximam-nos, portanto, da desgraça. No fundo, não queremos as catástrofes por degradação, mas porque queremos a felicidade...

H. Mann, *Geist und Tat*, *Essays*, Munique, 1936, p. 137

---

203. Dez anos mais tarde, Hitler já estava no poder. Thomas Mann escreveu em uma carta (1935): "Mas será que ainda se pode objetar muita coisa hoje contra uma ditadura esclarecida?" T. Mann, *Cartas 1889 a 1936*.

11. A "hora lúcida".
Grandes confissões de uma consciência dividida

> Vives hoje? Não, não vives — vegetas. Foi raro até hoje encontrar um intelectual que não teria confessado isso em *uma hora lúcida*. Poucos foram aqueles que deixaram a ação seguir este reconhecimento. Eles continuaram vegetando, jogados de um lado para o outro, vítimas desamparadas de uma contradição indissolúvel.
>
> Johannes R. Becher, *Der Weg zur Masse*
> [O caminho para a massa], em: *Die Rote Fahne*
> [A bandeira vermelha], 4 de outubro de 1927

No lusco-fusco da estrutura cínica, confissões com frequência acontecem antes de descobertas possíveis. Elas são ritos de bravura de uma consciência nervosa, que busca vez por outra violentamente a "confissão" (Cf. T. Reik, *Geständniszwang* [Compulsão à confissão]), para conquistar uma desculpa, uma catarse e um equilíbrio interno da pressão. Quem é contemporâneo ao seu tempo tem no ouvido tais confissões cínicas — que também não alteram nada; talvez elas sejam o elemento mais marcante naquilo que se pode chamar hoje de espírito do tempo. Mesmo a consciência infeliz conhece suas excrescências típicas, que portam mais do que todo o resto a cor da década.

O fenômeno da "hora lúcida" salta aos olhos para o historiador que sabe ler os rastros. Weimar se configura em muitos aspectos como uma era nudista, uma era do desnudamento; política, sexual, esportiva, psicológica e moralmente. O ímpeto nudista e confessional cunha o reverso de todas as inocências refinadas, de todos os pseudoidealismos cansativos e de todas as ideologias artificialmente abertas. Os melhores autores já atuavam antigamente como fenomenólogos do cinismo — Brecht, Toller, Kästner, Roth, Döblin, Thomas Mann, Feuchtwanger, Von Horváth, Broch, entre outros. Nesse aspecto, eles afirmam uma vantagem ainda hoje não resgatada pela filosofia profissional.

A hora "de todas a mais lúcida" foi descrita por Erich Kästner em seu *Fabian* (1931). A cena se passa em Berlim, na redação de um jornal (cf. Cinismos Secundários: "Escola da arbitrariedade"). Kästner possuía um conhecimento íntimo do meio por experiência própria. Os envolvidos: Dr. Fabian, germanista, moralista; Münzer, o redator de política; Malmy, o redator de economia — os dois cínicos incorrigíveis; assim como o

Dr. Irrgang, voluntário, um homem jovem, frágil demais para o meio; mais tarde junta-se ao grupo Strom, o crítico de teatro. A cena começa com as pessoas procurando uma notícia que pudesse ser impressa no lugar de cinco linhas riscadas do discurso do chanceler imperial. Nas notícias já coletadas não havia nada apropriado. Irrgang acha que algo útil talvez ainda chegasse.

"O senhor deveria ter sido um santo de coluna", diz Münzer. "Ou então um prisioneiro preventivo ou, de resto, um homem com muito tempo. Quando se precisa de uma notícia e não se tem nenhuma, inventa-se uma. Presta atenção!" Ele sentou-se, escreveu rapidamente, sem refletir, um par de linhas e deu a folha ao jovem rapaz. "Pois bem, vá agora, meu caro escrivão. E se não for suficiente, espaço de um quarto nas entrelinhas".

O senhor Irrgang leu o que Münzer tinha escrito e disse bem baixinho: "Deus todo poderoso", e sentou-se na poltrona, como se estivesse repentinamente se sentindo mal, em meio a uma montanha resmalhante de jornais estrangeiros.

Fabian curvou-se sobre a folha de papel que tremia na mão de Irrgang e leu: "Em Calcutá ocorreram batalhas de rua entre maometanos e hindus. Apesar de a polícia ter controlado logo a situação, houve catorze mortos e vinte e dois feridos. A paz foi completamente restabelecida."

"...Mas em Calcutá não ocorreu nenhuma tumulto", retrucou Irrgang contrariado...

"Os tumultos não ocorreram?", perguntou Münzer irritado. "O senhor pode me provar isto? Em Calcutá sempre ocorrem tumultos. Será que devemos comunicar ao público que, no tranquilo oceano, a serpente do mar teria aparecido novamente? Observa bem o seguinte: notícias cuja falsidade não pode ser constatada ou só pode ser constatada em semanas, são verdadeiras. E, agora, afastai-vos daqui como um raio, ou vos mato e vos coloco na edição municipal."

O jovem foi embora.

"E uma coisa como esta quer ser jornalista", queixou-se Münzer... "O que se deve fazer?", disse ele. "De resto, para que compaixão com as pessoas? Elas vivem de qualquer modo, todos ao menos 36 anos, e vendem saúde. Acredita em mim, meu caro, aquilo que acrescentamos imaginativamente não é tão ruim quanto o que deixamos de fora." E, em seguida, ele retirou uma vez mais uma meia página do texto do discurso do chanceler...

"O senhor não o deve levar a mal", disse o redator comercial para Fabian. "Ele é jornalista há vinte anos e já acredita em suas mentiras..."

"O senhor desaprova a indolência de seu colega?", perguntou Fabian ao senhor Malmy. "O que o senhor faz além disto?"

O redator comercial riu, mas apenas com o canto da boca. "Também minto", retrucou ele. "Mas sei que minto. Sei que o sistema é falso. Em nosso caso, na economia, é algo que um cego consegue ver. Mas sirvo ao sistema falso com dedicação. Pois no quadro do sistema falso, ao qual coloco à disposição meu modesto talento, as medidas falsas são naturalmente corretas, e as corretas são compreensivelmente falsas. Sou um adepto da consequência férrea, e, além disto, sou..."

"Um cínico", objetou Münzer, sem levantar os olhos.

Malmy deu de ombros. "Queria dizer um covarde. Cínico é ainda mais pertinente. Meu caráter não está de maneira alguma à altura de meu entendimento. Lamento sinceramente, mas não faço nada mais contra isto."

(Em seguida, eles se sentaram em um pequeno bar)

"Ajudo a que se faça consequentemente o que está errado. Tudo o que assume formas gigantescas pode se impor, mesmo a burrice."

Münzer estava sentado no sofá e repentinamente começou a chorar. "Sou um porco", murmurou ele.

"Uma atmosfera evidentemente russa", constatou Strom. "Álcool, autoaflições, lágrimas em homens adultos." Ele estava comovido e acariciou a careca do redator de política.

"Sou um porco", murmurou o outro. Ele permaneceu neste ponto.

Malmy riu para Fabian. "O Estado apoia a grande propriedade não rentável. O Estado apoia a indústria pesada. Essa distribui seus produtos a preços desvantajosos no estrangeiro, mas os vende no interior de nossas fronteiras acima do nível do mercado mundial... o Estado acelera a diminuição do poder de compra das massas por meio dos impostos, que ele não ousa lançar como um fardo sobre os detentores do capital; o capital, além disto, escorre aos bilhões pelas fronteiras. Será que isto não é consequente? Será que a loucura não tem nenhum método? Aí, para qualquer gourmet, isto é de dar água na boca!"

"Sou um porco", murmurou Münzer e colheu as lágrimas com o lábio inferior estendido.

"O senhor se superestima, venerável", disse o redator comercial.

Excerto do Capítulo 3 de *Fabian*.

Esses eus cínicos são apêndices de sua consciência da realidade tomada pelo câncer, que segue sem resistência as regras de jogo do mundo capitalista. Nele, não há nenhuma miséria, que não se reflita, duplique e ironicamente projete em confissões aflitivas e em acordos agressivos. Os escritores significativos do tempo comportam-se em relação a esses fenômenos como protocolantes. Eles têm clareza quanto ao fato de aqueles em questão saberem o que fazem.[204] Sobretudo os jornalistas não podem se reportar a nenhuma forma de ignorância. O fato de um redator comercial prestar aquela confissão em relação ao capitalismo como sistema falso, ao qual ele serve com mentiras e dedicação, está entre os grandes instantes da verdade na cultura de Weimar. Sem intelecção da constituição reflexiva da estrutura cínica, um conceito de verdade não tem mais como ser definido para tais situações. Discretamente desobstruídas, são pessoas desse tipo que, até hoje, apreenderam a unidade entre loucura e método e deram expressão a essa unidade em círculos pequenos.[205]

Na "hora da clareza" caem as máscaras dos cínicos integrados. Se familiaridades privadas e álcool tinham antes ajudado, agora é a decomposição que penetra o espaço livre de maneira ameaçadoramente loquaz. O monólogo de um industrial em 1927 (presente no romance *Die Flucht ohne Ende* [*Fuga sem fim*], de Joseph Roth] toma o mesmo entalho. A cena desenrola-se em uma festa em uma cidade renana. Fala-se sobre moda, os últimos modelos de chapéus vindos da feira Femina, dos trabalhadores e do "declínio do marxismo", da política e da Liga Popular, da arte e de Max Reinhardt. O industrial, em diálogo com o herói do romance, Tunda, amarra o sapato de verniz, abre a gravata e se estica em um "largo sofá". Em associações livres, ele transforma seu face a face em testemunha de sua autoanálise.

> Eu vos compreendi anteriormente, senhor Tunda, de maneira totalmente exata... No que me diz respeito, formulei minhas questões por uma razão totalmente determinada, egoísta. Estava em alguma medida comprometido com isto. O senhor ainda não o entende. O senhor ainda precisa viver mais tempo entre nós. Então, o senhor também formulará determinadas questões e precisará dar determinadas respostas. Cada um vive aqui segundo

---

204. *Pois eles sabem o que fazem* — é assim que se chama o título de um romance de crítica à justiça de Ernst Oswald, 1931.

205. Outro documento primoroso é o romance de Erik Regers, *Union der festen Hand* [União da mão firme], também de 1931.

leis eternas e contra a sua vontade. Naturalmente, cada um teve um dia, quando começou... sua própria vontade. Ele estruturou sua vida, de maneira completamente livre, ninguém tinha nada para o que convencê-lo. Depois de um tempo, porém, por mais que ele não tenha notado nada de diferente, aquilo que ele tinha erigido por uma resolução livre, se tornou, em verdade, não uma lei escrita, mas uma lei eterna...

O senhor não tem a menor ideia do quão terrivelmente ele tem olhos abertos... pois bem, para mim, nem a profissão é uma coisa tão importante. Não é decisivo de que se vive. Mas importante é, por exemplo, o amor em relação a uma mulher e a uma criança. Se o senhor começou a ser um bom pai de família por vontade própria, então acredite em mim, o senhor jamais deixará de ser um bom pai?... Quando cheguei aqui, tinha muitas coisas para fazer, precisava arranjar dinheiro, construir uma fábrica... Assim, quando alguém se aproximava de mim com qualquer coisa talhada para ele, eu o afastava de uma maneira bruta. Tornei-me, portanto, um grosseiro e um homem de ação. As pessoas passaram a admirar minha energia. A lei apoderou-se de mim, ordenou-me a *grosseria*, uma ação despreocupada — preciso, o senhor entende, falar assim com o senhor, tal como a lei me ordena...

Tal como eu, mentem todos os homens. Todos dizem aquilo que a lei prescreve. A pequena atriz, a quem o senhor perguntou antes sobre um escritor russo, talvez se interesse mais por petróleo. Mas não, os papéis estão distribuídos para cada um. O crítico musical e seu irmão, por exemplo: os dois jogam na bolsa, eu sei. Do que eles falam? De coisas eruditas. O senhor pode, ao entrar em um quarto e ver as pessoas, saber imediatamente o que cada um dirá. Cada um tem seu papel. Assim é nossa cidade. A pele, sob a qual cada um se esconde, não é a sua própria. E tal como em nossa cidade, o mesmo acontece em todas, nas cem maiores cidades de nosso país".

J. Roth, *Die Flucht ohne Ende* [*Fuga sem fim*], 1927, pp. 76-79

Esse fabricante chega mesmo a pensar inteiramente a compulsão para tornar-se cínico (brutalismo) — sem, com certeza, penetrar na "compulsão" à adaptação a esta realidade enquanto tal. Trata-se de iluminações abruptas como um raio, depois das quais o lusco-fusco retorna. Sabe-se o que se faz. A qualquer momento poder-se-ia também dizer, caso alguém chegasse de fora e perguntasse, o que há de falso aí; se o denomina compulsão ao sistema, realismo. A vida recai em um único grande encontro, no qual se toma parte no jogo das insuficiências e apatias, nas quais a maioria se unificou. Sobre o país se abate uma neblina pseudorrealista

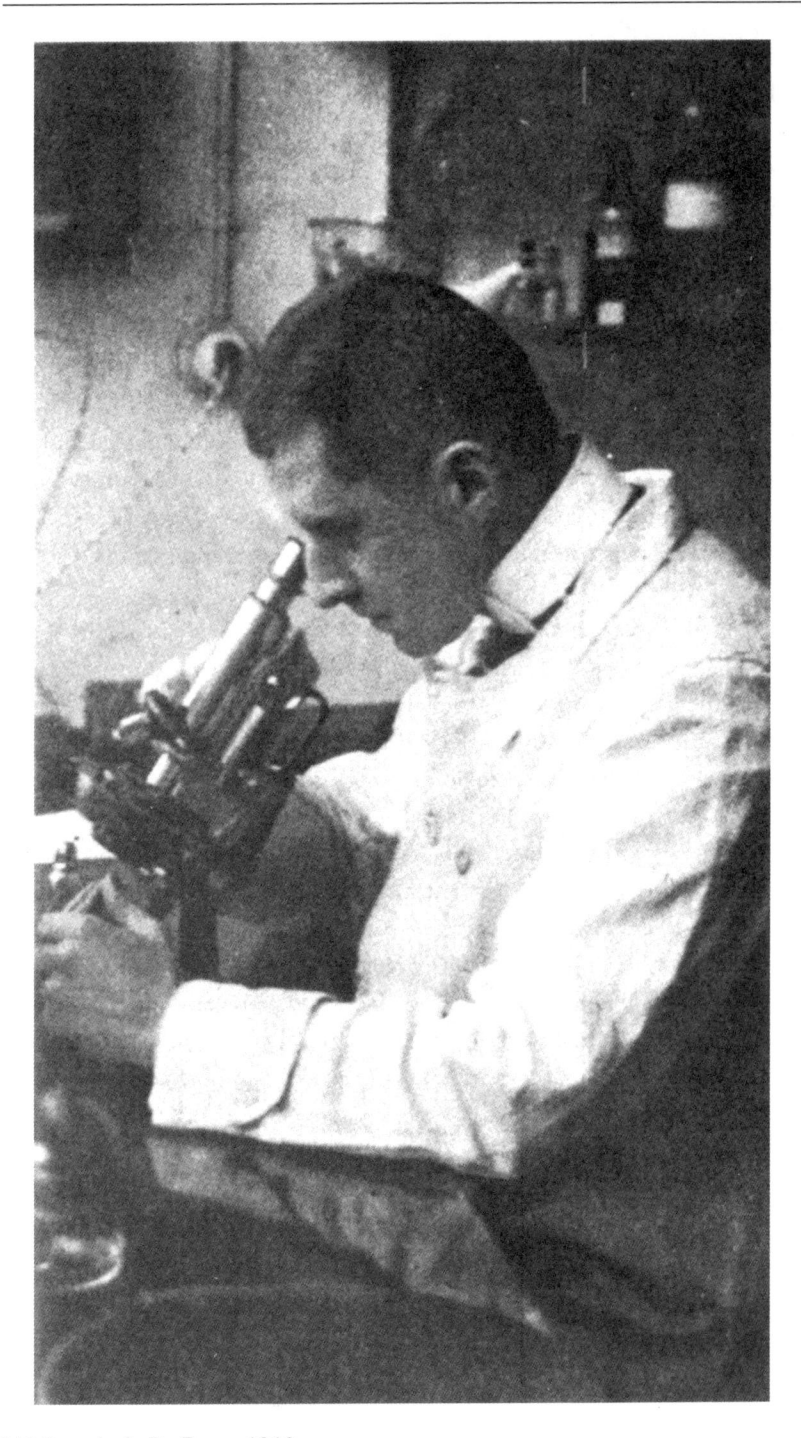

Médico-chefe Dr. Benn, 1916.

psicológica, uma semiobscuridade composta de enrijecimento e desmoralização, intelecção e resignação, impulso à autoconservação e cobiça. A consciência está desperta, mas sempre lança, para a sua própria anestesia, um olhar de soslaio para a "realidade incapaz de ser transformada". "Em cada um ladram os cães do gelo".

Não se permanece por toda parte em meio a um cinismo queixoso e momentâneo. Gottfried Benn tentou transformar a "pequena hora de lucidez" na "grande hora". Ele excede as esquizofrenias vulgares, na medida em que destila estados líricos de doenças alemãs modernas. Do *sim* próprio ao cínico podem surgir "flores do mal" particulares. Benn está entre os mais significativos "agentes secretos" de seu tempo, que tagarelam sobre o estado coletivo do espírito e fazem confissões de uma intensidade tão explícita que o entendimento cotidiano na maioria das vezes não as compreende, pois não tem a coragem de tomá-las literalmente.

> Vida dupla no sentido afirmado e praticamente realizado por mim é uma divisão consciente da personalidade, uma divisão sistemática, tendenciosa. Escutemos quanto a isso os "ptolomesianos"...
>
> Sofrer, o que é isso afinal? Tens congestões — abra tuas comportas; o tempo não te agrada —: coloca um cartaz sobre a tua escrivaninha, escrito em letras garrafais: não há nada além disto! Postura! Estás bem — fora ganhas teu dinheiro e, dentro, tu dás as costas para os teus macacos. Não há como haver mais, esta é a situação, reconheça-a, não exija o que é impossível! *Tomar pé e vez por outra olhar para a água,* diz ele ao final, mas isto também não significa nenhuma resignação. A resignação é ofuscada por seu motivo dionisíaco... Tudo isso junto faz com que se obtenha sempre uma vez mais a sua máxima principal: *conhece a situação* — ou seja, adapta-te à situação, dissimula-te, só não tenhas convicções... de resto, porém, toma parte tranquilamente em convicções, visões de mundo, sínteses em todas as direções da rosa dos ventos, caso institutos e escritórios o exijam; só faça uma coisa: *mantenha a cabeça livre...*
>
> G. Benn, *Doppelleben* [Vida dupla],
> Obra completa, vol. 8, pp. 2004-09

12. A república alemã dos vigaristas. Sobre a história natural da ilusão

Orge diz:
"É assim que eles pensam:
Os modestos vivem dos burros e os burros do trabalho."
B. Brecht, *Diários 1920-1922*

Caso se quisesse escrever uma história social da desconfiança na Alemanha, então seria antes de tudo a República de Weimar que atrairia a atenção para si. Engano e expectativa de engano tornaram-se nela epidêmicos. Revelou-se naqueles anos um risco existencial presente por toda parte: por trás de toda a sólida aparência, emerge o elemento inconsistente e caótico. Uma reviravolta realizou-se naquelas regiões profundas, nas quais a ontologia do cotidiano é projetada: um sentimento pesado de ausência de firmeza das coisas penetrou nas almas, um sentimento de falta de substância, de relatividade, de mudança acelerada e de flutuação involuntária de transição em transição.

Essa volatilização do sentimento para o confiável desemboca em uma fúria angustiada coletivamente difundida contra a modernidade. Pois modernidade é a suma conceitual de relações, nas quais tudo só aparece justamente "de maneira relativa" e aponta sempre para a mudança. A partir dessa fúria angustiada forma-se facilmente uma prontidão para se deslocar deste estado desconfortável do mundo e para transformar o ódio contra ele em um sim aos movimentos sociopolíticos e ideológicos, que prometem a maior simplificação e o retorno energético a relações "substanciais" e confiáveis. Vem ao nosso encontro aqui o problema da ideologia a partir de um aspecto psicoeconômico. Em uma boa parte o fascismo e suas correntes paralelas eram, dito em termos filosóficos, *movimentos de simplificação*. Mas o fato de precisamente os mercadores da nova simplicidade (bom-mau, amigo-inimigo, "front", "identidade", "laço") terem percorrido, por sua vez, a escola moderna e niilista do refinamento, do blefe e da ilusão — isso foi algo que só pôde ficar claro muito mais tarde para as massas. As "soluções" que soam tão simples, o "positivo", a *nova* "estabilidade", a *nova* essencialidade e segurança são, de qualquer modo, as estruturas que no subterrâneo são ainda mais complexas do que as complexidades da vida moderna, contra as quais elas se voltam. Pois elas são construtos defensivos e reativos — compostos a partir de experiências modernas e de negações dessas experiências. A antimodernidade é bem possivelmente mais complexa e paradoxalmente mais moderna do que aquilo que ela recusa; em todo caso, ela é mais turva, mais tosca, mais brutal e mais cínica.

Em um mundo tão "inseguro", o vigarista transformou-se no tipo temporal *par excellence*. Não foi apenas numericamente que aumentaram os casos de engodo, ilusão, desorientação, de aplicação do conto do casamento, de charlatanice, etc.; ao contrário, o vigarista tornou-se uma figura imprescindível, um modelo do tempo e um padrão místico mesmo no sentido do autoasseguramento coletivo. No que diz respeito ao vigarista, surgiu a necessidade de tornar para si plasticamente concreta essa vida ambígua, onde as coisas constantemente vêm à tona de maneira diversa da que tinha sido "pensada" — e na melhor das hipóteses diversa em relação ao seu cálculo. No vigarista encontrou-se o compromisso entre o sentimento do tempo de que tudo vem se tornando "complicado demais" e a necessidade de simplificação. Se já não se vislumbrava mais o "grande todo", nem este caos de dinheiro, interesses, partidos, ideologias, etc., então podia-se de qualquer modo contemplar no caso particular o jogo de fachada e pano de fundo. Caso se olhasse para o impostor em seu jogo de máscaras, então esse jogo reforçaria o sentimento de que a grande realidade também precisaria pertencer a esse tal jogo de papéis; e isso precisamente lá onde se conquista a menor visualização. Assim, o vigarista tornou-se o símbolo existencialmente mais importante e mais compreensível para a crise crônica de complexidade da consciência moderna.

Questionar fenômenos particulares seria objeto de um estudo à parte. Seria preciso neste caso falar do *Felix Krull* de Thomas Mann; de seu modelo concreto, do genial enganador, do sonâmbulo, grande senhor e ladrão de hotel Manolescu, um jovem romeno elegante que, com suas peças de bravura criminal e com suas vigarices cada vez mais ousadas, manteve a Europa sem fôlego e escreveu dois livros de memórias, nos quais a vigarice literária se casou com a criminal; seria preciso falar do inesquecível comandante von Köpenick, da comédia plebeia de vigaristas por excelência, cuja adaptação dramática fez Carl Zuckmayer triunfar em 1931 nos palcos weimarianos. O falso príncipe hohenzolleriano Harry Domela também tentou a sua sorte na mesma disciplina. Colocou à prova o servilismo nobiliário de esnobes reacionários prussianos e se eternizou da mesma forma em 1927 com as suas memórias.

Só a enumeração e a descrição dos mais importantes negócios envolvendo vigarices e engodos daquele tempo encheriam um livro grosso. Esse livro demonstraria que o engodo tinha se transformado em um ramo e em uma *expectativa de engodo* — no duplo sentido: como prontidão para se deixar enganar e como desconfiança de que alguém poderia ser iludido: ou seja, demonstraria que ele teria se tornado um estado de consciência geral. Esses foram os anos de um crepúsculo coletivo da ilusão, em cujo lusco-fusco alguns viram a chance de fazer carreira com engodos e promessas, enquanto outros deixaram sua prontidão para a ilusão se tornar tão fortemente visível que o lado ativo só precisava continuar fazendo o que o lado passivo esperava. A modernidade estabeleceu-se nas cabeças sob a forma de um treinamento permanente de sedução e de um treinamento concomitante em desconfiança.

No ano de 1923, a inflação na Alemanha chegou ao seu ápice. O Estado, que mantinha as suas máquinas de impressão de notas girando aquecidas, sem possuir lastro, foi pego ele mesmo no papel de um grande falsário, ainda que não tenha sido chamado à responsabilidade, uma vez que ninguém podia reclamar de perdas com a inflação. Nesse ano, apareceu em uma pequena editora de Leipzig um livrinho: *Die Psychologie des Hochstaplers* [A psicologia do vigarista]. Seu autor era o Dr. Erich Wulffen, outrora promotor em Dresden. Wulffen era um homem humanisticamente formado, interessado por muitos temas, que se dedicara à tarefa de levar adiante o combate científico ao crime (criminologia) até o cerne dos pressupostos psíquico-culturais do crime. Em suas divagações, uma nova ciência ganhou contornos: podemos denominá-la "criminologia cultural". Wulffen oferece uma psicopatologia do cotidiano para o uso doméstico de promotores e protetores da ordem. Ele mesmo se insere, com o predicado "psicólogo criminal", na linha de Lombroso e Gross. Seu pequeno livro, tão inofensivo e humorístico, pode ser lido como uma breve antropologia policial dos anos 1920. Aqui, falava alguém que tinha escola, uma vez que, por profissão, o engodo era para ele meia vida e, se levarmos em conta o exercício de desmascaramento, quase a vida toda.

As origens do engodo encontram-se, segundo Wulffen, na dotação pulsional do homem. A natureza deu ao homem um instinto originário de dissimulação e disfarce, que auxilia a pulsão de autoconservação. Mas é possível perseguir retroativamente até mesmo nos âmbitos mais pré-humanos os rastros do iludir; já ursos, macacos, cavalos entre outros animais foram pegos em dissimulações. Assim, já se encontra no cérebro animal os "momentos iniciais da psicologia do vigarista" (p. 7). No homem, tais momentos iniciais se desdobraram especificamente. Crianças são burladores natos. Seu impulso para a brincadeira, seu talento para a "mentira aparente", sua capacidade de imitação, sua inclinação para experimentar o inventado oferecem para o promotor a prova de seu "instinto dissimulador inato". Todos os crimes, assim ele o pretende saber como psicólogo, crescem a partir de "momentos iniciais totalmente modestos". O normal é a matriz do crime. "...uma criança também simula, para se distrair, a necessidade de ser retirada do berço, do carrinho ou da cadeira" (p. 8). Na necessidade de mudança repousam já os germes de uma desordem civil posterior, que com frequência não representa outra coisa senão o gozo pleno dos sonhos, gozo esse que desperta e veda ao mesmo tempo a vida nos indivíduos. Em meio à vigarice realiza-se a transição do impulso e do sonho para o crime, assim como se dá ao mesmo tempo uma transformação do mero crime em um fenômeno estético. Foi isso que fascinou de maneira tão perceptível o promotor em seu tema. Na medida em que empreende uma psicologia criminal, ele flerta com a cultura mais elevada: ele reconhece o crime do vigarista no fundo como uma obra de arte prática. Naturalmente, ele cita neste contexto Goethe, Nietzsche e Lombroso, toca sempre uma vez mais nas relações entre o dom para a vigarice e o dom artístico — e não apenas sob a perspectiva do plágio. Como a poesia e como a arte cênica, a vigarice encontra-se sob o domínio do princípio do prazer; ela obedece à magia do grande papel, do prazer com o jogo, à necessidade da autoelevação, do sentido para a improvisação. Os grandes vigaristas não constroem nada fora dos palcos para os seus papeis; com a riqueza e com os estímulos materiais, eles têm uma relação inquietantemente não civil — ilusionista. O dinheiro, que eles conquistam por meio de intrujices, não é reconhecido em lugar algum como capital, mas sempre apenas como um meio atmosférico, como parte dos bastidores, que pertencem à autorrepresentação criminal fantástica. Isso vale para os falsos condes, para os golpistas de gabarito que aplicam o golpe do casamento, para os falsos médicos-chefes não menos do que para os falsos banqueiros, para os alcoviteiros mundanos e as princesas, que não se encntram em Gotha. Wulffen sabe lidar habilmente com a ambivalência de seu tema. Como psicólogo, ele reconhece inteiramente o papel da educação no desenvolvimento do comportamento lúdico e fantasioso da criança. O "talento" inicialmente inocente especifica-se pela primeira vez em uma "certa atmosfera de mentira" dos educadores em relação ao "impulso consciente". Os próprios educadores envolvem com frequência as crianças em uma pseudorrealidade feita de mentiras e ameaças, fingimentos e moral dupla. Em tal clima, o salto para a "disposição posteriormente criminosa" não é grande. Mentir, exagerar, renomear, reinterpretar, bajular — estes são processos humanos bem conhecidos da psicologia geral, a partir dos quais se realiza facilmente a passagem para a disciplina vigarista. Também é conhecido o fato de que, na "crise da puberdade" (onde elas acontecem), podem surgir princípios de modos de comportamento, que conduzem por vezes a burlas habituais. Quem busca uma prova literária para um tal caso de amoralismo na puberdade e de vida dupla juvenil pode retraçar na primeira autobiografia de Klaus Mann *Kind dieser Zeit* [Filho deste tempo] como os meninos Mann "levavam a vida" outrora. O autor de 26 anos — o título o indica — oferece em sua autodescrição ao mesmo tempo palavras-chave para uma psicologia social do presente e uma espécie de filosofia da história para pecados juvenis próprios; ele reporta-se aos versos de Hofmannsthal: "Presta atenção, presta atenção, o tempo é peculiar/ E crianças peculiares são as que ele tem: nós."[206] Também da esfera erótica são conhecidos fenômenos que se estendem até o elemento próprio à vigarice — o sedutor como Don Juan como que aplica o golpe do casamento; a vida dupla de honestas pessoas casadas.

Vigaristas inventam variantes criminais para aquilo que se chama uma carreira oficial. Pois eles fazem carreira, mas de maneira diversa daquela dos integrados. Eles são movidos por motivações internas de "um tipo particular", comparável com as do jogador, com as daquele que faz turismo elevado, com as do caçador, tornando-se eles mesmos vítimas involuntárias de seus próprios talentos, dentre os quais chamam a atenção a habilidade, o dom para a fala, o charme, o dom da sedução, o tato para a situação, a presença de espírito e a fantasia. Os retóricos estão tão representados entre eles quanto as pantomimas. Eles estão com frequência submetidos a uma forte dinâmica própria dos "instrumentos de fala" e a um impulso para a realização que provém da capacidade de sentir fantasias próprias com um grau de probabilidade extremamente plausível e de tocar todas as coisas pelo lado da factibilidade. Com seu comportamento,

---

206. Meu livro *Literatur und Lebenserfahrung. Autobiographien der 20er Jahre* [Literatura e experiência de vida. Autobiografias do século XX], Munique, 1978, p. 145 et seq., p. 166 et seq., remete à autobriografia de Klaus Mann (*Auf dem Zauberberg der Pubertät* [Sobre a montanha mágica da puberdade], p. 275 et seq.)

eles apagam, de maneira extremamente exitosa, os limites ontológicos cotidianos entre o possível e o realmente efetivo. Eles são os inventores no âmbito existencial.

Wulffen recai, então, no lado espinhoso do tema: ele produz elos com fenômenos sociais e políticos. Seu procedimento desperta a impressão de que ele vê, em verdade, o decisivo, mas não está disposto a enunciá-lo. Assim, ele menciona *en passant* o aspecto enganador de toda a *propaganda* moderna e o aspecto "nada sério" do mundo social moderno puro e simples, no qual há pessoas em estado falimentar que, três dias antes de decretarem falência, "vestem ainda uma vez mulher e filha com veludo e seda" e continuam vivendo luxuosamente, até que a polícia aparece. Wulffen chega até mesmo a conceder à vigarice um certo valor de protesto político-social, porque não raramente são os filhos das pessoas pobres que preenchem para si assim o sonho de todo homem da ascensão para o grande mundo. Mas o autor evita olhar para a situação social atual e para o passado político mais recente. Ele não apenas silencia e não diz nada sobre a inflação com todas as suas consequências mentais; ele não apenas desconsidera a atmosfera inteiramente vigarista, improvisatória e nervosamente "imaginativa" do ano de 1923. O autor também deixa de falar sobre a aplicação política concreta de sua criminalística cultural. Em verdade, ele também aponta para Napoleão, que havia sido um aventureiro e um "tolo de sua felicidade", mas este era naquela época um exemplo sem inconvenientes para um alemão e pairava em geral simplesmente no ar. Todavia, a apresentação passa discretamente ao largo do imperador Guilherme II. Tais associações não eram permitidas, ao menos na esfera pública, a um promotor de outrora. Não obstante, o fato de este tema precisar estar concomitantemente em jogo enquanto não dito é algo que se compreende por si mesmo, quando se investiga seriamente as conexões entre vigarice e sociedade, teatro e política. A repercussão de sonhos e fantasias nos grandes gestos de Guilherme II tinha se tornado um elemento transparente generalizado na política alemã.[207] Em novembro de 1923, no golpe de Hitler e Ludendorff em Munique, uma associação de vigaristas populistas fez a sua primeira apresentação fracassada.

---

207. Em 1911, o espetáculo do "salto da pantera" para Agadir desencadeou a segunda crise do Marrocos, o prelúdio da Guerra Mundial "inevitável". Um encontro cheio de ilações: por meio da crise de Agadir, por meio da conscientização da grande guerra que se aproximava, Oswald Spengler entrou pela primeira vez definitivamente na via política com seus estudos de história da cultura.

Foi Thomas Mann — seu *Felix Krull*, uma sofisticada história de vigarista, tinha aparecido com oportuna precisão no ano de 1922 (na versão primeva) — quem vislumbrou também a dimensão político-simbólica do fenômeno da vigarice. Desde o romance italiano *Mario und der Zauberer* [Mário e o mágico] de 1930, as thomasmanníadas tradicionais do artista e do burguês, do especialista e do charlatão e da vida de artista representativa entre os honorários e os saltimbancos no "carro verde" ganharam uma nova dimensão. Sua visão estendeu-se, então, para o campo político e tornou passível de ser reconhecido o moderno demagogo, o hipnotizador e o conjurador das massas como um irmão gêmeo do ator e do artista. A narrativa de Thomas Mann significa a sonda até aqui mais ampla do diagnóstico literário do tempo[208]; ela tateou os âmbitos transitórios teatralmente charlatães entre o político e o estético, entre a ideologia e a charlatanice, entre a sedução e a criminalidade. Mais tarde, Mann chega até mesmo a escrever um esboço sob o provocante título *Irmão Hitler*.

Onde o limite ontológico cotidiano entre o jogo e a seriedade se desfaz e a distância segura entre fantasia e realidade é ao mesmo tempo fundida, afrouxa-se aí a relação entre o sério e o logrado. Cabe às personalidades cobiçosas e ávidas de publicidade a tarefa de demonstrar esse "relaxamento" (cf. o escrito de Serner, no Capítulo 2) diante da esfera pública. Mann denomina isto: sentido para a representação. Em tudo o que é representativo se aferroa desde sempre um aspecto de ilusionismo, de pose e de ilusão no serviço público. Representantes são perfis morais da ordem e se mostram com frequência em seus melhores exemplares — o comportamento de Thomas Mann permite computá-lo entre eles — como jogadores.

Onde intelecções deste tipo alvorecem, o cinismo não consegue mais existir. Manolescu, o vigarista do século, se viu por volta do final de sua breve vida às voltas com a ideia tão coquete quanto séria de que ele faria bem em legar seu cérebro único para a pesquisa científica, a fim de consumar totalmente sua existência no elemento representativo; como exemplo anatômico-psicológico, seu cérebro deveria entrar para o campo da antropologia. Nesse sentido, ele ofereceu seu casco mortal para o mundialmente famoso psicólogo criminal Lombroso para anatomia. Mas o pesquisador, cuja fama se baseava justamente na investigação "séria"

---

208. Cf. em todo caso a *Politische Novelle* [Romance político] de Bruno Frank, de 1928, onde também é descrito sob influência italiana o espetáculo cesariano do Duce fascista.

daquela ambiguidade entre genialidade e loucura, dom e crime, não tinha certamente nenhuma ambição de ver sua fama colocada em ligação com este vigarista. Ele respondeu ao mortalmente doente Manolescu em um cartão postal aberto: "Fique o senhor com o seu crânio!"

Adendo

O fato de não se falar mais tanto hoje sobre os vigaristas não demonstra senão o avanço da seriedade mesmo nesta área. Dos vigaristas sem formação de outrora surgiram os vigaristas especializados de hoje. O que atrai hoje não são os efeitos espetaculares, mas as fachadas sólidas, a seriedade. O que outrora se chamava vigarice é denominado hoje expertise. Trata-se de uma coisa relativa à economia social ou ao progresso técnico? Sem formação acadêmica, hoje não se pode mais ser nem mesmo embusteiro.

Excurso 6: O coueísmo político. Politização da mentira

Mas quando povos lutam por sua existência neste planeta e a questão do destino sobre ser e não ser se aproxima deles, todas as ponderações sobre humanidade ou estética desmoronam-se e se transformam em nada; pois todas essas ponderações não pairam no éter mundial, mas provêm da fantasia do homem e estão ligadas a ele...

... mas se estes pontos de vista de humanidade e beleza são a princípio alijados da luta, então eles também não encontram aplicação como critério para a propaganda... As armas mais terríveis seriam, então, humanas, caso elas condicionassem a vitória mais rápida. E só os métodos que ajudassem a assegurar à nação a dignidade da liberdade seriam belos...

A massa não está em condições ainda de distinguir onde termina a injustiça alheia e onde começa a própria. Ela torna-se em tal caso insegura e desconfiada...

A massa não toma consciência de que isso não é naturalmente pensado assim nas posições normativas. Em sua maioria esmagadora, o povo é... femininamente disposto...

... não há quanto a isto muitas diferenciações, mas um positivo ou um negativo, amor ou ódio; nunca, porém, meio assim e meio de outro modo ou parcialmente etc.

Adolf Hitler, *Minha luta*, excertos do Capítulo 6.

O que Hitler expõe aqui pode ser lido como programa de uma primitivização refinada da consciência. Em graus elevados da consciência ensina-se como é que a experiência pode ser extinta nos homens. Experiência exige justamente diferenciações, reflexões, dúvida e a tomada de consciência de uma plurissignificância. Isto deve se tornar retroativo no interesse da luta. No ano de 1925, um ano que marcou o destino de todos, Hitler publicou no *Minha luta* a gramática do emburrecimento; pode-se compreender isso como a grande ação de um esclarecimento involuntário.

Não obstante, ele não foi compreendido e Hitler sabia desde o início que ele não seria compreendido. "O fato de isso não ser concebido pelos nossos amigos superinteligentes prova apenas a sua preguiça para pensar ou a sua arrogância." (p. 198) Hitler reconheceu que a consciência do cínico possui toda uma dimensão a mais do que a dos intelectuais comuns, eruditos e "presunçosos". O *eu* da luta no cínico olha por cima do ombro do *eu* da experiência e do pensamento e seleciona as experiências em termos do que é útil e do que é inútil. Ele parte do fato de que as coisas precisam ser simplificadas. A receita de Hitler significa por isto: primeiro simplificar e, então, infinitamente repetir. É assim que surge um efeito. No entanto, só se pode simplificar aquilo que se concebeu anteriormente como algo duplo, múltiplo, plurissignificativo. Para que o político possa se perfilar diante da massa, ele precisa aprender a esconder aquilo que ele mesmo sabe a "mais" e não se identificar, ao se voltar para fora, com as suas próprias simplificações. Com o conceito da encenação teatral ainda não se apreende totalmente este processo. Thomas Mann tocou de maneira muito clara nesse ponto, na medida em que não apenas descreveu a variedade de tipos de caráter da sedução política, mas também acentuou mais ainda a parcela sugestiva e hipnótica nesses fenômenos. A sugestão, porém, começa com o próprio político, e sua própria consciência é o primeiro destinatário do convencimento sugestivo. No início, como se diz, o retórico precisa se "concentrar", ou seja, se embalar de maneira autossugestiva e se unificar com a pretensa simplicidade e unicidade de suas teses. Em linguagem popular, diz-se o seguinte sobre fenômenos deste tipo: a pessoa começa a acreditar em suas próprias mentiras. Hitler dispunha dessa capacidade autossugestiva em uma medida tão extraordinária que ele pôde se dar ao direito de trair suas receitas.

DIE MACHE IM WELTWAHN

SCHRIFTEN FÜR ECHTEN FRIEDEN

HERAUSGEGEBEN VON
FERDINAND AVENARIUS

DOPPELHEFT 1/2
PROPAGANDA UND WAHRHEIT
1. DIE PHOTOGRAPHISCHEN DOKUMENTE

A dissimulação no delírio mundial — Escritos para uma paz autêntica — Editado por Ferdinand Avenarius — 1º de 2 vols. — Propaganda e verdade — 1. Os documentos fotográficos.

Ele partia com razão do fato de que o refinado seria superior ao meramente "inteligente". O inteligente sabe fazer experiências e pensá-las de uma maneira diferenciada. O refinado sabe como é que se lança ao mar as diferenciações.

Nessa medida, a República de Weimar pode ser compreendida com uma era marcada por um crepúsculo geral da reflexão, uma vez que outrora tais táticas e teorias acerca do refinamento e da "simplicidade com um duplo solo" foram desenvolvidas em todos os planos; já falamos alusivamente acima sobre o Dada e sobre o positivismo lógico. Seria preciso falar mais sobre as psicologias profundas de Freud, Jung e Adler entre outros. Crítica à ideologia, sociologia do saber e psicotécnica abrem dimensões adicionais. Todos esses fenômenos são multissignificativos. Eles podem contribuir para a simplificação do complexo ou, então, para restituir ao aparentemente simples a sua complexidade real e efetiva. A consciência dos contemporâneos transforma-se em um campo de batalha, no qual lutam os meios da simplificação e os meios da complexificação entre si. Os dois podem se reportar ao "realismo", naturalmente a realismos diversos. Em geral, deveria vigorar o fato de que as simplificações possuem uma natureza polêmica e correspondem a um realismo de luta. As complicações possuem antes uma natureza integradora e reconciliadora e atestam um realismo terapêutico ou um "aprendizado"; elas também podem conduzir à confusão e à sobrecarga de complexidade.

Entre os métodos de sugestão terapêuticos do período de Weimar, a técnica de Coué é particularmente notável. Essa técnica foi outrora amplamente discutida e representa um instrumento muito simples e eficaz de influência positiva. Ela significa uma transformação radical e atenuação da hipnose em meio a um procedimento autossugestivo, e, enquanto tal, mereceu naqueles anos uma atenção pública extraordinária. Uma bibliografia enumera, apenas no tempo da República de Weimar, cerca de setecentas publicações científicas ou populares sobre os temas coueísmo, hipnose, auto-hipnose e sugestão. Esse enorme interesse demonstra uma contracorrente, gostaria de dizer, realista em relação à recepção em parte por demais contemplativa, em parte por demais excitada da psicanálise, com a qual era possível se retirar para o interior de uma "interpretação" bastante confortável de "símbolos" e passar o olhar ao largo da dinâmica efetivamente real de consciente e inconsciente.

Em uma passagem, Hitler chega mesmo a tentar a sua sorte como antropólogo:

O primeiro passo, que distanciou o homem de maneira manifestamente visível do animal, foi o passo da invenção. A *invenção* mesma *baseia-se na descoberta de artimanhas e fintas*, cuja aplicação simplifica a luta pela vida com outros seres... (p. 494)

O que Hitler gostaria de oferecer aqui não era, como no caso de Wulffen, uma antropologia criminal; *ele* quer ter uma antropologia da luta, e, por essa razão, acentua o caráter de luta da *invenção*; esta palavra precisa ser compreendida com o significado duplo de uma invenção técnica e de uma dissimulação subjetiva. O elemento prático e o elemento fantástico são neste caso desde o início uma e mesma coisa. Naturalmente, Hitler queria, além disso, que se elogiasse o "inventor" como o indivíduo excepcional, mais apto para a vida, justamente aristocrático. O líder (o Führer) tem uma teoria da elite em mente. No entanto, o que podemos ler literalmente é o seguinte: ser elite significa pertencer àqueles que descobrem "artimanhas e fintas" na luta pela existência. O aristocrata como "inventor" de artimanhas. O círculo da vigarice procura se fechar. Todavia, Hitler estabelece relações inequívocas entre política e autossugestão:

> Só a formação superior dos soldados alemães no tempo de guerra incute em todo o organismo gigantesco aquela crença sugestiva na própria superioridade com um tal abrangência, que mesmo nossos adversários não tinham considerado como possível...
>
> Precisamente nosso povo alemão... precisa daquela força sugestiva que reside na autoconfiança. Mas essa autoconfiança já precisa ser inculcada desde a infância nos jovens companheiros do povo. Toda a sua educação e formação precisa ser estabelecida com vistas a dar a eles a convicção de serem incondicionadamente superiores aos outros..." (p. 456)

Hitler exige com uma forma de expressão transparente e de modo único aquilo que caracteriza inteiramente os neoconservadores e os conservadores jovens: *autoconfiança sem autoexperiência: sugestão contra percepção*. Isso traz como resultado as identidades a partir dos alambiques primitivos refinados.

Cinco anos antes, o escritor Ferdinand Avenarius tinha apresentado uma documentação sobre "a propagando do terror" inglesa na Primeira Guerra Mundial e colocado para si como tarefa o desmascaramento de falsificações de imagens e textos por meio dos adversários de guerra de outrora. Como ele mesmo disse, ele pretendia contribuir com a paz por meio do desnudamento das mentiras de guerra. Isso, porém, só seria possível, se superássemos "a guerra dos sugestionadores e de seus venenos" e vislumbrássemos ao mesmo tempo a "loucura mundial". Avenarius tenta iluminar a sugestão tecnicamente. Ele dá inúmeros exemplos das "plantas venenosas" da sugestão — de pequenas intrujices e distorções até o grave crime de informações. Ele constata de maneira realista:

> Será certamente bom se tornarmos presente para nós mesmos uma vez mais o que é *sugestão*. A ocupação com questões psicológicas pode se tornar geral, ela pode entrar na "moda", caso haja aí um estímulo particular qualquer, uma "sensação". Foi assim que aconteceu com as análises dos sonhos feitas por Freud e por sua escola; foi assim que aconteceu anteriormente com as descobertas sobre sugestão hipnótica e pós-hipnótica. Para a vida dos povos, porém, é incomparavelmente mais importante aquilo que vigora por toda parte à luz do dia: a *sugestão da vigília*. Nós a inspiramos, nós a expiramos, como o ar, e, tal como o ar, não somos capazes de vê-la. O fato de nossa consciência não atentar para a sugestão possibilita para ela pela primeira vez atuar concomitantemente de maneira plena. A sugestão da vigília tem para o particular um valor biológico (?) poderoso, pois ela deduz dele muito do que há de mais estafante no mundo, muito da necessidade de se pensar. Naturalmente, ela também o torna um animal de rebanho. Mas ele não o nota, pois justo aí reside propriamente um dos efeitos mais importantes da sugestão, no fato de ela fazer com que o sugestionado acredite que aquilo que ele pensa foi retirado de sua própria cabeça e que aquilo que ele sente surgiu de seu próprio coração... (p. 24)

Em oposição à psicanálise freudiana, Avenarius não acentua os problemas do consciente e do inconsciente, mas sim da atenção e da desatenção. Por meio da sugestão tornam-se plausíveis para nós aquelas imagens da realidade que vêm ao encontro de nossas representações secretas. Fenômenos de sugestão tocam no âmbito da consciência automática, não no inconsciente enquanto tal. Ligam-se aí a desatenção da percepção do mundo com a desatenção da percepção de si mesmo. Assim, por meio da sedução sugestiva, são trazidos à luz preconceitos e inclinações latentes.

Excurso 7: Análise espectral da burrice

> Quanto mais estúpidos em nossas ações, menos ignorantes nós somos.
>
> Charles Richet, 1921

Com a emergência de ambivalências vigaristas na modernidade transforma-se a administração social da inteligência. De maneira quase imperceptível e, de qualquer modo, de forma dramática, desloca-se a relação entre inteligência e burrice. A burrice perde a sua aparente simplicidade, não se reconhece mais nela um estado primário de cabeças não esclarecidas, mas antes um fenômeno plurissignificativo, sim, franca e emocionantemente complicado. Logo que se empreendeu a psicologia social da ilusão, a "burrice" como o fenômeno complementar do iludir se vê inserida nas complicações dessas considerações. "Não há mais nada simples", nem mesmo a burrice. Este talvez tenha sido o triunfo mais triste do Esclarecimento.

À luz da reflexão, o fenômeno da burrice é arrancado do pensamento cotidiano e iluminado integralmente de maneira teórica. Nesse ponto ela mostra-se como um caso particular da submissão e da teimosia. A ilusão sozinha não seria nada sem uma prontidão extremamente explosiva da ilusão junto à assim chamada vítima. Já o texto do início da Idade Moderna, de Sebastian Brant (1494-1533), *Narrenspiegel* [Espelho de loucos] chama esta estrutura pelo nome: *mundus vult decipi, ergo decipiatur*. O mundo quer ser enganado, logo ele deve ser enganado. Assim, a teoria do tolo e do logrado reconhece neles desde o início um elemento autônomo e ativo (*vult*). A *stultia*[209] não é inocente, mas contém um aspecto de falsa ingenuidade, que se mantém preso àquele que se deixa tomar por tolo. Isso sedimenta-se no riso agressivo: ridicularizar é um fermento da tradição europeia da sátira.

No século XX, o contraste escandaloso entre as normas racionais do Esclarecimento e a irracionalidade de relações humanas exige fundamentações teóricas, que se estendem para além da doutrina satírica da sabedoria. Aqui, a psicanálise realizou sem dúvida algo grande, na medida em que penetrou no fenômeno da burrice de maneira psicogenética e psicodinâmica. Ela também continua tecendo e desdobrando

---

209. Em latim no original: *estultícia*. [N.T.]

o tema do querer-ser-enganado; ela descobre no ser burro um sentido subjetivo.

Um documento instrutivo sobre a teorização iniciante da burrice é o pequeno livro humorístico de Charles Richet (1850-1935), um fisiólogo e psicólogo mundialmente famoso, que também se destacou como escritor de fábulas e está, como ganhador do prêmio Nobel, entre os astros luminosos do mundo erudito francês. Escrito em 1921, seu tratado foi imediatamente traduzido para o alemão. *Der Mensch ist dumm. Satirische Bilder aus der Geschichte der menschlichen Dummheiten* [O homem é burro. Imagens satíricas oriundas da história das burrices humanas].[210] Richet é um dos representantes clássicos do tipo erudito burguês da Terceira República, um racionalista radical, um iluminista e um pedagogo dotado de um rigor cáustico e de uma dócil humanidade. Pode-se supor que ele queria expressar com esse escrito tardio o seu horror em relação às desertificações da humanidade, que foram mostradas pela Primeira Guerra Mundial. Ele é escrito em um estilo burguês de notabilidades, que arrisca de maneira bastante francesa passar pela situação periclitante entre a clareza e a platitude. Sob tais condições pululam cinismos de todos os tipos, a cujo entendimento contribui uma olhada de esguelha para o ramo do autor que era médico. Alia-se a isto o fato de Richet, ao final de sua carreira, não ter mais sentido a obrigação de ser mais engenhoso do que a ocasião exigia. O que Richet nos oferece de melhor em relação à Primeira Guerra Mundial soa tão cínico quanto inútil:

> Portanto, não é em virtude dos mortos e dos escombros que desprezo assim a guerra. Ora, os recém-nascidos substituem os mortos e, por meio deles, os escombros são uma vez mais reconstruídos! As árvores voltam a crescer e os frutos retornam. Mas há uma realidade sinistra, que não se deixa aplacar por nada pela eternidade dos tempos: o luto. (p. 48)
>
> Quinze milhões de mortos não são nenhuma grande desgraça — ao menos para os mortos — pois os mortos não sofrem mais... Quinze milhões de mortos são compensados por quinze milhões de nascimentos. Mas cem milhões de infelizes, cem milhões de mártires, para os quais a alegria está para sempre estragada (!): isto é algo.[211] (p. 51)

---

210. Op. cit., editora Neues Vaterland, 1922.
211. Richet alude aos que ficaram e não morreram.

O cinismo aparece aqui como uma forma do trabalho em torno do luto; ele reflete o horror de um brando racionalista quanto a uma sociedade humana, que era incapaz de conceber a guerra como uma burrice cardinal. Richet anuncia o fato de ele se sentir humilhado por pertencer a este gênero infame que é o gênero humano. Não há mais como falar de modo algum no *homo sapiens* do sistema lineico. Richet substitui a expressão *homo sapiens* por uma nova classificação antropológica: *homo stultus*. Os animais é que seriam, por outro lado, muito mais os seres inteligentes. Um macaco pode aprender a jogar críquete como um inglês; mas o homem não compreende "que a paz merece o primado em relação à guerra" (p. 62).

Com um sentimento de amargor, então, o velho homem desenrola o arco de imagens das burrices humanas: mutilação, circuncisão, castração, celibato, culto ao rei, bem-aventurança escrava, submissão, sociedade de classes, drogas, alcoolismo, tabaco, moda, joias, guerra e armamento, superstição, tourada, extinção das espécies animais, destruição das florestas, polícia de fronteira, doenças provocadas por incúria, etc. Escapam-lhe neste caso uma grande quantidade de futilidades poderosas no famigerado estilo iluminista do século XIX, contra o qual o outro lado não iniciou tão injustamente um combate denominando-o "iluminista"; para não falar de maneira alguma das tolices racistas quanto à burrice dos negros e à nulidade cultural das raças de pele vermelha e amarela.

É fascinante ver como vem à tona junto ao velho erudito a linguagem do antigo *kynismos*, logo que ele começa a falar sobre aquele tema que fornecera a pedra de toque para as doutrinas da sabedoria expostas pelos antigos: a relação do sábio com a morte. Tal como os antigos *kynikoi* e materialistas, Richet ensina uma soberana indiferença frente à própria morte, por mais que ele também reconheça a tristeza pela morte das pessoas amadas. Ele designa todo e qualquer culto à morte como burrice e como alienação supersticiosa. Ele não presta honra alguma ao corpo morto, a este "saco de vermes terrenos" (p. 125). De maneira clássica — como que inspirado pela fonte *kynikē* e estoica —, Richet ensina uma morte íntegra; festeja a morte de Sócrates como modelo de um fim digno do homem: esta seria, segundo ele, uma eutanásia serena, ao invés da distanásia aflitiva que os médicos de seu tempo tinham imposto aos moribundos. (p. 127)

Portanto, no que diz respeito ao meu próprio cadáver, declaro aqui de maneira totalmente festiva que as pessoas devem lançá-lo aos abrutes, incinerá-lo, enterrá-lo ou cortá-lo. Isto me é completamente indiferente; e peço insistentemente aos meus que não se preocupem de maneira alguma com isto. (p 125)

O modo de pensar antiarcaizante não esconde o fato de que o escrito de Richet também pertence ao alvorecer moderno da "burrice". Pois ele designa de maneira precisa a dependência do fenômeno da burrice em relação ao processo da inteligência; a burrice é um apesar de tudo, uma recusa, um não-querer-as-coisas-de-outro-modo, que progride paralelamente a Esclarecimento.

Onde nenhuma razão está efetivamente presente, não se pode ser evidentemente irracional! Quanto mais, porém, se é dotado de inteligência, tanto mais prontamente se tende a se afogar em um mar de tolices! (p. 13)

Dos aforismos do hoje quase esquecido romancista e psicanalista Ernst Weiss, *Von der Wollust der Dummheit* [Da volúpia da burrice, 1938], pode-se ouvir um eco enriquecido das teses de Richet. Onde Richet ainda cita classicamente o *mundus vult decipi*, Weiss fala, articulando-se com Nietzsche, de uma *vontade de noite* — como uma tendência regressiva geral ("para a extinção da luz, para a trivialização, para a burrice").

É essa burrice que o psicólogo das massas tem de levar em conta, caso queira falar sobre fascismo.

Aos olhos dos estultos, Deus é burro. O povo quer que Deus seja burro. Um Deus, que compreendesse química e física da relatividade, não seria o Deus de seu coração. Lutero disse certa vez: *Deus stultissimus*. A expressão poderia ser de Hitler, se esse soubesse latim.

Excurso 8: Atores e personagens

Trata-se efetivamente de uma festa de máscaras e não de uma realidade! Vós não tirais as fantasias!
Joseph Roth, *Fuga sem fim*, 1927

O movimento proletário revolucionário, que se organiza novamente depois da guerra, sente-se perturbado pelas metamorfoses irônicas da burguesia. Na cultura burguesa consuma-se atmosfericamente por toda parte a ascensão prevista por Nietzsche do tipo teatral. E tal como a burguesia na época de seu levante contra o feudalismo tinha colocado a sua moral firme em termos de caráter contra os cinismos aristocráticos, os porta-vozes do movimento revolucionário produzem uma vez mais a antítese entre personagem e ator.

Em seu ensaio *Die kulturelle Stellung des Schauspielers* [A posição cultural do ator, 1919], Ludwig Rubiner, um dos expoentes do ativismo expressionista, constata a ascensão burguesa do ator como grupo profissional. O desprezo burguês por essa classe deixou de existir. Mas não o desprezo puro e simples: são hoje as "classes combatentes" que continuam indo ao encontro do ator com um "menosprezo instintivo". Nisso se esconde algo que é pior do que o desprezo, a saber, a *desconfiança* contra o ator.

> Desconfiança em relação à sua confiabilidade, em relação ao seu caráter, em relação à avaliação do ator como companheiro e como combatente conjunto. Pois neste ponto não há mais hoje qualquer espaço para evasão: tu pertences à reação ou à revolução. Tudo depende de decidir. O ator ainda não se decidiu.
>
> Ludwig Rubiner, *Der Dichter greift in die Politik*
> [O poeta intervém na política], Leipzig, 1976, p. 318-19

Segundo Rubiner, os atores não são muito mais do que "animais de circo bem ou mal alimentados" da burguesia, agentes de uma distração dirigida das batalhas reais. Eles são "capões", escravos da diversão, loucos que se autoprostituem, condenados a uma "existência de homens inferiores" por meio de sua posição ambígua na cultura burguesa. Rubiner amaldiçoa o ator burguês, se reportando a uma nova sociabilidade, que acena para o futuro: a "nova comunidade", a nova humanidade. O ator que deixasse de ser apenas um "caçador de papéis" teria de se decidir por ela, e, com isso, ele mesmo se tornaria uma vez mais um companheiro próximo e um personagem pleno. O lema de Rubiner era: "O personagem passou uma vez mais a valer." (p. 323) Na nova comunidade desapareceria o ator, tal como o conhecemos até aqui, e, em seu lugar, entraria o "diletante" que se encontra espiritualmente em uma posição elevada, o "orador", com cujo surgimento chegaria ao fim a "época da prostituição do ator". O texto de Rubiner pode ser lido como um documento em favor do novo moralismo socialista, que teve o seu grande momento nos meses acalorados depois da queda do guilhermismo — e que tinha a jovem revolução russa ainda às costas.

É supérfluo comentar o texto de Rubiner; os próprios eventos assumiram sobre si essa tarefa e mostraram o fato de que a tendência da moda psicológico-social não tornou os atores uma vez mais personagens. Ao contrário, foram os personagens que se tornaram cada vez mais atores. Dos milhões de pequenas histórias que entreteceram e formaram a grande história, porém, gostaria de citar uma, que foi contada por Gustav Regler. Regler tira uma foto revelando o ambiente em meio aos comunistas proeminentes de Berlim, que ainda acreditam naquele momento poder resistir com mera retórica à marcha triunfal dos fascistas; nós estamos em 28 de janeiro de 1933, dois dias antes da data que mudaria nossos destinos.

O dia 28 de janeiro de 1933 foi um último dia grotesco em Berlim. Kantorowicz cozinhava a sua sopa grossa, enquanto eu o estava procurando, para ver o correio... Encontrei um convite para a Semana Verde, a exposição dos agricultores. "Pergunte ao Dewald", disse Kantorowicz, "ele esteve lá ontem".

Dewald, um ator desempregado, saiu da cozinha, soprando os biscoitos, estufou a barriga e grudou um monóculo no olho. "Um espetáculo absolutamente exuberante!", disse ele de maneira burlesca... "A besta está ficando impertinente. Produz legumes demais, come pouco pão. Logo tudo será diferente... Já se passaram quatorze anos de marxismo, não é verdade?" Dewald não falava mais como um *junker* vindo do leste da Prússia, ele estava imitando a voz de Hitler. Kantorowicz tocou em sua papa, da qual ele retirava todo dia a promessa de cura em relação ao veneno dos cigarros noturnos. Dewald afastou uma madeixa de cabelo para a testa. "Esperei tempo demais!", gritou ele. "Vou ser a mosca embaixo do nariz do chanceler. Todos os alemães devem ficar encantados com as minhas madeixas. Meus sacos de lágrimas devem se tornar o novo ideal de beleza... Os social-democratas se arrastarão em suas tocas. Os membros do Partido Comunista Alemão distribuirão um protesto impresso de casa em casa."

"Ah!", disse Kantorowicz e olhou um pouco preocupado para aquela figura irritante, que tinha algo de visionário em toda a sua brincadeira.

"Não tolero nenhuma objeção!", gritou Dewald no tom monótono e, contudo, histérico do "líder". "Não há nenhum proletariado, vou mandar o que há para Moscou. Só há o povo alemão, e esse me seguirá até a mais profunda miséria, uma vez que ele é fiel, reconhece seu líder e gosta de receber um pé na bunda. Este hipócrita já está há um mês e 24 dias no poder, no poder que me pertence... Mas já vou acabar com estas artimanhas e, antes da semana acabar, haverá um general a menos e um grande líder entrará na Wilhelmstrasse; e isto contanto que minha mosca ajude e minhas madeixas..."

O telefone tocou. Kantorowicz levantou o telefone do gancho, escutou com a sua cara de corvo a princípio sonolentamente, tamborilou com os dedos, então sua face demonstrou tensão, ele se inclinou muitas vezes e se pendurou para não cair. Sua face parecia ter ficado ainda mais velha, quando ele disse para Dewald com um olhar de soslaio: "O hipócrita renunciou. Hitler vai se tornar chanceler."

Dewald retirou rapidamente o cabelo da testa. Ele parecia estar com medo de que o matassem.

    Gustav Regler, *Das Ohr des Malchus* [O ouvido de Malco],
    Frankfurt s/ o Meno, 1958/1975, pp. 189-190

13. Opa — estamos nós vivos? Cinismos neo-objetivos e histórias da vida difícil

> Desde então se passaram dez anos. Onde víamos caminhos retos e estreitos, surgiu a realidade e os entortou completamente. Não obstante, seguimos em frente... Tudo depende da tática, meu caro.
> Ministro do Partido Social-Democrata em: Ernst Toller, *Hoppla, wir leben* [Opa, estamos vivos], 1927

> Cresce em mim um sentimentozinho contra a divisão (forte-fraco; grande--pequeno; feliz-infeliz; ideal-não ideal). Isto dá-se apenas porque as pessoas não conseguem pensar mais do que duas coisas. Mais não entra em uma cabeça oca. Mas o que há de mais saudável é de qualquer modo simples: diluir...
> B. Brecht, *Diários 1920-1922*

Se o período da revolução tinha sido um período do mais bruto contraste e das absolutas alternativas, no qual imperava o preto no branco, então passou a reinar dez anos depois um jogo complicado até as raias do enfadonho de nuances de tons de cinza. Em 1928, os homens do novembro de 1918 já tinham sido há muito capturados pelo turbilhão dos "fatos duros" e do "mal menor". Um relativismo tático e moral que a tudo penetra corroeu todas as imagens mais antigas de "identidade". O Expressionismo literário tinha sido um último empertigar-se da vontade de simplificação — um levante dos meios de expressão modernos contra as experiências modernas, contra a complexidade, a relatividade e o perspectivismo. O que parecia ser adequado à modernidade, em contrapartida, era a tendência pictórica cubista, que fazia jus à experiência de que as coisas parecem diversas a partir de perspectivas diversas.

Na era da tática, do *outdoor*, da propaganda, uma "mentalidade" cubista torna-se o estado de fato geral na inteligência. Com essa "mentalidade", desde então, modelos mais antigos de identidade e caráter parecem arcaicos ou folclóricos, quando não mesmo limitados. Sob tais condições, torna-se um problema existencial saber como é que aquilo que a tradição denominou o humano pode ser preservado ante um esvaziamento e uma destruição que não deixam restos. Para falar como Thomas Mann, o que designa o "sofrimento e a grandeza" da arte burguesa tardia é ter entrado na aflição de tais perguntas e das percepções psicopolíticas que impelem necessariamente para elas. Gostaria de tentar circunscrever algo dessas percepções e tornar compreensível com o seu auxílio o sentido e o caráter sofrido de tais perguntas acerca do humano no inumano. Neste contexto, trabalho de início com algumas abstrações bem amplas, que devem explicitar a abertura moderna de um fosso entre "sistemas" e "sensibilidades".

O "caráter social" de Weimar formou-se sob a pressão de um front triplo de complexidade. O *primeiro* front tocou imediatamente nos contemporâneos como uma confusão francamente deprimente das estruturas políticas e das relações de força. O que se investigou (Sontheimer entre outros) como "pensamento antidemocrático na República de Weimar" significa apenas a ponta de um iceberg em termos de ceticismo social e de reserva privada em relação ao político. Nisto havia uma parcela de racionalidade, que não tem até hoje como ser desconsiderada. Em tempo algum a transmissão de qualquer vontade política — "mandato" — para uma política de governo se deu de tal modo que teriam podido ser produzidas lealdades confiáveis entre os eleitores e os eleitos. A "politização" das massas foi desde o início acompanhada por uma antipolítica subliminar e estava sob o presságio da desilusão, da confusão, do ressentimento e da fúria angustiada, assim como de uma divisão mais profunda entre espírito liberal da constituição e aparato reacionário do Estado. Entre as extorsões em termos de política exterior e os radicalismos extraparlamentares, a república foi transposta para um estado de fraqueza e não respeitabilidade constantes. Grandes grupos sociais não queriam se dar conta em momento algum de algo relativo a uma "realização política" dos governos (apesar de Rathenau e de Stresemann, de Rapallo e Locarno). Esse estado frágil e não atraente causou uma polarização psicopolítica entre um tipo — neo-objetivo e um moral-arcaico. Onde o primeiro se flexibilizou em parte de maneira cínica e buscou em parte realisticamente, consciente de sua tarefa, fazer frente aos dados, o outro, uma ala muito mais poderosa, experimentou o levante das mentalidades contra os fatos, o golpe dos personagens contra as complicações. Já se estava falando neste caso do fascismo como um movimento de simplificação política sugestiva. Enquanto tal, porém, ele tem parte em umaproblemática psicopolítica global da modernidade. Pois a dor da modernização atravessa os sentimentos vitais de todos os grupos sociais, que se encontram submetidos ao *aggiornamento*[212] técnico e político. Uma tradição alemã particular também se faz notar aqui — aquela compulsão à fundamentação da vida e superelevação mesmo das questões práticas mais banais. No entrevero com o pragmatismo americano outrora fortemente influente, o sentido metafísico de membros da burguesia cultural politizante alemã foi impelido a experimentar as suas derradeiras intensificações. Depois de décadas de planejamento e de sobriedade, não se tem mais hoje a menor ideia da fumaça ideológica que sombreava nos anos de 1920 a superestrutura político-metafísica. Nela transcorreu, para nós hoje de maneira quase invisível, o drama sociopolítico propriamente dito da República de Weimar: ele desdobrou-se em um front subliminar e, de qualquer modo, extremamente efetivo entre aqueles que diziam *sim* e aqueles que diziam *não*, entre dissimuladores e personagens, cínicos e consequencionalistas, pragmáticos e idealistas. O segredo triunfal dos nazistas talvez tenha sido o fato de eles terem conseguido explodir este front psicopolítico e inventar um idealismo cínico, uma diluição consequente, um forma de nadar com a corrente cheio de personalidade e uma maneira niilista de dizer *sim*. O sucesso do niilismo populista se funda em última instância no truque sedutor de simular para a maioria dos rebeldes, dos infelizes e dos negadores a perspectiva segundo a qual eles seriam de qualquer modo os verdadeiros realistas e os coconfiguradores de um novo mundo, grandiosamente simplificado.

O *segundo* front de complicações, sob as quais se formou o eu temporal, foi o particularismo enervante e o sincretismo dos grupos políticos e ideológicos, que gritavam uns através dos outros na esfera pública. Sepultou-se hoje essa experiência sob uma placa de túmulo com o título "pluralismo". Todavia, outrora, quando as massas ainda não estavam de maneira alguma dirigidas para deixar tudo se fazer valer ou muito mais para considerar tudo com indiferença, o "pluralismo" ainda era algo que precisava magoar os seus contemporâneos; quem não está completamente escaldado, o presente ainda hoje. As contradições ainda estavam muito longe de se dissolver em meras diversidades. Ao contrário, elas eram sentidas com toda a dureza, e, ao mesmo tempo, já havia começado efetivamente a tendência igualadora de misturar em uma unidade múltipla tudo aquilo que se contrapunha

---

212. Em italiano no original: *atualização*. [N.T.]

como oposições. Também aqui os meios de comunicação desempenharam seu papel típico: desdialetizar a realidade (ver Excurso 9). Em relação ao estado espiritual do tempo, Musil falou de um "hospício babilônico" (*Das hilflose Europa* [A Europa desamparada]), de cujas janelas gritavam mil vozes. O pluralismo de Weimar também possui ele mesmo dois polos: um expansivo, nivelador, instaurador de visões panorâmicas; e um de pequena economia, atomístico, que vive em retirada. Enquanto os meios de comunicação de massa e os partidos de massa sincronizavam as consciências em dimensões gigantescas, inúmeros grupos pequenos se enterravam em espaços vitais desengatados, microideologias, sectos, subesferas públicas e províncias tanto culturais quanto regionais. Na maioria das vezes, os contemporâneos só experimentaram ulteriormente o espaço no qual eles tinham vivido por um tempo propriamente — e aquilo que havia concomitantemente vivido com eles; é possível estudar isto de maneira plena no modo de construção da literatura das memórias, que floresce nesta década de maneira particularmente frondosa. Ao mesmo tempo, o contemporâneo dessas realidades pluralistas é impelido para o papel de uma pessoa limítrofe, que vive tanto na província local e cultural, quanto se encontra com um pé no universal. Mentalidades anfíbias tornam-se a coisa própria a qualquer um. Os mitos da identidade se desfazem. E a polarização claramente pressentível a partir dos anos de 1920 entre as morais do trabalho e as morais do tempo livre, polarização essa com a qual o eu se fragmenta em duas metades articuladas, sobre as quais o "caráter" não pode senão tentar em vão erigir um governo do eu, realiza ainda uma coisa. Aqui, fica claro pela primeira vez como foi colocada a maleabilidade em relação à psicologização da sociedade.

O *terceiro* front faz limite diretamente aqui. Trata-se do front do consumismo e do realismo cosmético, que se forma junto às novas classes médias predestinadas para a nova necessidade e para a nova ventosidade. Pois com o despontar das civilizações de funcionários das grandes cdades — demonstra-se o caráter próprio a tais civilizações de maneira particularmente propícia na Berlim dos anos de 1920 — também começa de fato uma nova era sócio-psicológica. Inconfundivelmente, essa era porta traços do americanismo. Sua criação rica em consequências é o indivíduo voltado para o tempo livre, o homem do final de semana, que descobriu o caráter agradável da alienação e o conforto na vida dupla. O Ocidente aprende as primeiras palavras do americanês, dentre elas uma

Gretel Grow, gestern noch Berliner Sekretärin, heute Revuekünstlerin in Hollywood...

Gretel Grow, ontem ainda ainda secretária em Berlim, hoje artista de teatro de revista em Hollywood...

que significa para muita coisa o seu declínio: *weekend*. Já os *Comedian Harmonists*[213] festejam sua apoteose:

> Final de semana e brilho do sol
> E, então, na floresta estar contigo sozinho
> De mais nada preciso para ser feliz, benzinho
> Final de semana e brilho do sol
> Não preciso de carro ou de estrada (!)
> E ninguém em nossa proximidade.
> Bem no fundo da floresta só eu e tu, amada
> Deus pisca um olho por caridade...

Os novos temas são reunidos: retorno ao tempo livre, recusa moderna dos atributos da modernidade, vitalismo de final de semana e um halo de revolução sexual. O quão obviamente a transformação funcional da floresta em área de descanso não é pressuposta agora nas grandes cidades?! Imaginem: uma geração antes os alemães ainda tinham alimentado uma mística da floresta.[214] Seguros em termos instintivos, os *hits* de sucesso do tempo se servem de maneira ilusionista e irônica da mentalidade do tempo livre das novas classes médias urbanas. Para eles, o mundo deve parecer rosa, e, para tanto, não é apenas Deus que pisca um olho. Os *hits* pertencem a um sistema de diversão amplamente estendido, que se dedica com lucro e paixão à tarefa de atapetar os mundos do tempo livre com ilusões confortáveis e transparentes.

Os malfadados anos 1920 introduzem a era da cosmética de massas. Dessa era provém como um tipo diretriz psicológico o esquizoide risonho e divertido — o "homem legal" no pior sentido do termo. Kracauer, que estava no rastro deste fenômeno no instante de seu surgimento, escreveu em 1929:

> Extraordinariamente instrutiva é uma informação que obtive em uma famosa loja de mercadorias de Berlim. "Nós atentamos na contratação de pessoal de vendas e do administrativo", disse uma pessoa responsável do setor de pessoal, "preponderantemente para uma aparência agradável". O que ele entendia

---

213. Grupo de canto coral popular da década de 1930 na Alemanha, que desfrutou de uma popularidade enorme durante essa época e que precisou se desfazer com a ascensão do nazismo, uma vez que havia judeus em sua composição original. [N.T.]

214. Cf. quanto a este ponto Jean Améry, *Unmeisterliche Wanderjahre* [Anos de peregrinação não magistrais], Stuttgart, 1970.

por aparência agradável, perguntei; picante ou bonita? "Não precisamente bonita. Decisivo é muito mais a cor ser rosa-moral. O senhor sabe muito bem..."
S. Kracauer, *Schriften I* [Escritos I], Frankfurt s/ o Meno, 1971, p. 223[215]

Também Gustav Regler, ao qual devemos a cena teatral surreal acima, teve a oportunidade de experimentar a metamorfose do homem legal no mundo da mercadoria. Casado com a filha do dono de uma grande loja de mercadorias (que ele denominava o "lobo"), o jovem rapaz foi impelido de maneira benevolente pelo sogro a escolher uma profissão séria em seu empreendimento. Regler tornou-se aprendiz do setor têxtil, e, mais tarde, funcionário chefe:

> Fiz um curso de atendimento ao cliente. Aprendi a rir, mentir, calcular e tomar medidas, aparição suave e enérgica, humores da moda e psicologia de pessoal, piadas de representante e exigências sindicais, disposições governamentais e truques fiscais... (p. 134)
>
> Cada vez mais amplamente me voltei para o povo, ao qual tinha me oferecido cinco anos antes de maneira inquestionada, e cada vez mais amplamente me voltei para mim mesmo.
>
> Em meu sistema nervoso surgiu aquilo que mais tarde se denominou a "doença do empresário": a empresa tornou-se meu refúgio... Experimentei uma fuga para a atividade, uma circulação vazia da alma. Em torno dos feriados e das férias havia uma perigosa tranquilidade... (pp. 138-39)
>
> ... eu não era eu mesmo. Também faz parte da doença do empresário aquela consciência dividida que não permite mais nenhuma fixação no essencial. Precisava já acontecer um choque, para fundir uma vez mais as duas partes...
> Gustav Regler, *Das Ohr des Malchus*, Frankfurt s/ o Meno, 1975, p. 140.

Os anos 1920 foram os anos nos quais o design sócio-psicológico do "homem legal" e hábil foi transportado para as massas da classe média. Esse design criou a subestrutura psicológica da nova objetividade, isto é, daquele realismo adaptativo, com o qual as camadas culturais buscaram fornecer um primeiro eco positivo dos fatos inalteráveis e em parte bem-vindos da modernidade. Não é fácil dizer quando os contemporâneos registraram pela

---

215. Ernst Bloch diz quanto a isto de maneira precisa (1929): "Kracauer viajou para o cerne deste modo de não estar presente." *Erbschaft dieser Zeit* [Herança deste tempo], Frankfurt s/ o Meno, 1977, p. 33.

primeira vez a reviravolta do clima sociopsicológico. Certo é apenas o fato de que ele precisa ter se preparado tão amplamente entre 1921 e 1925, de que a partir do meio da década de 1920 pôde ter início uma reestilização consciente e até mesmo programática do funcionamento cultural e dos reflexos psíquicos na tendência "objetiva". Para os anos de alta inflação entre 1921-23, a bibliografia e a "história dos costumes" registram um primeiro recrudescimento de correntes neo-hedonistas crassas. Na província, os conceitos Berlim, prostituição e especulação ganharam uma firme ligação. No incremento econômico violento da inflação, que trouxe consigo uma violenta concentração de capital e um boom de exportações, um novo ilusionismo da classe média festejou, enquanto os zeros galopavam sobre as notas monetárias, um ensaio geral; o show tinha começado. Revistas americanas criaram pontos de infiltração nas expectativas do público alemão. Com pernas e seios nus triunfou o novo modo americano de ser "sem vergonha". Gritos de socorro vindos da Conferência Episcopal de Fulda, em contrapartida, não ajudaram em nada. A partir de 1923, a difusão pública de entretenimento pelo rádio também começou a cuidar para que se alcançasse um novo nível na socialização da atenção.

    Foram em particular os contemporâneos que, como presos, tinham sido durante anos cindidos do novo cotidiano da República de Weimar que pressentiram o fato de ter entrado em cena aí uma transformação climática em grande estilo. Chocados, eles vivenciaram, então, seu retorno para mundos que tinham se tornado estranhos. Mais intensamente do que os outros, eles registraram as suposições elevadas que apresentaram as exigências e cinismos da modernidade capitalista para a vontade de vida e a capacidade de afirmação dos indivíduos. Döblin narrou em seu romance berlinense de 1929 sobre Franz Biberkopf uma tal história de retorno. Essa começa com uma descrição impressionante da viagem de Biberkopf através da cidade que ele não via há muito tempo e na qual ele acaba sentindo vertigens. O romance dá prosseguimento a linhas medicinais e cínico-militares que provinham da Primeira Guerra: a luta também prossegue na cidade grande; Biberkopf perde um braço.[216] A cidade vem ao seu encontro como um front dissolvido, no qual

---

216. Temos uma passagem da recensão de Henny Jahnn (1929): "Em todo caso é horrível. E irrecusável. E só uma doutrina é gravada de maneira fanática: afirma a vida suja, pois, contudo, ela continua sendo a vida. E a morte chega de qualquer modo bem cedo. Ela chega efetivamente e nos é apresentada. Aqui é preciso dizer o que é o sofrimento. Tal como acontece com todo livro maior, também é preciso neste caso tomar algumas resoluções, porque se vivenciam algumas coisas, que não são de papelão." H. H. Jahnn, *Werke und Tagebücher* [Obras e diários], vol. 7, Hamburgo, 1974, p. 253.

SEÇÃO PRINCIPAL HISTÓRICA

„Walpurgisnacht auf Henkellsfeld"
Zeichnung von Th. Th. Heine.

"Noite de Valpurgis no campo do carrasco" — Desenho de C. C. Heine (maio de 1928).

aquele que gostaria de ser um "personagem", um "homem decente", precisa se perder. Em Biberkopf, temos a oportunidade de ver o desfile do fracasso da autoconservação. Por fim, quando ele se encontra à beira da morte em um sanatório psiquiátrico, sua morte lhe revela o que ele tinha feito de errado.

> ... tu te contraíste fortemente, e a tensão ainda não se atenuou, e nada adianta... Tu queres ser simplesmente forte... Só queixoso: "eu" e "eu" e a "injustiça que sofro" e o quão nobre eu sou, o quão fino, e não me deixam mostrar que tipo de pessoa eu sou... (pp. 388-391)

Max Hoelz, o mais famoso "terrorista" político dos anos de 1920, que foi anistiado em 1928 depois de oito anos de cárcere nas prisões alemãs, menciona em seu relato ainda hoje digno de ser lido sobre as suas vivências da juventude, da luta e do cárcere, *Vom Weissen Kreuz zur Roten Fahne* ([Da cruz branca à bandeira vermelha], Berlim, 1929), a impressão indescritível que deixaram sobre ele em seu retorno as novas imagens de ruas nas grandes cidades, os carros, as vitrines e os homens.[217]

As histórias mais significativas de retorno foram contadas por Ernst Toller. Depois de cinco anos de prisão na famigerada instituição prisional bávara Niederschönenfeld junto ao rio Lech (1919-1924), ele mesmo tinha vivenciado um retorno semelhante para a sociedade de Weimar, que havia sido reestruturada de maneira neo-objetiva. Quando foi libertado no ano de 1924, a República experimentou pela primeira vez desde a sua existência uma estabilização aparente. Nesses anos de "constrangimentos", de acordos e de um novo realismo, Toller deu prosseguimento ao seu processo de sobriedade político-moral. Ele inalou formalmente o espírito cínico do tempo, estudou e retratou-o com todos os meios. O resultado de suas observações foi uma das encenações mais impressionantes de sua década, realizada pela experiência do tempo e marcada pela dor do crescimento de um realismo muito amargo, mas lúcido: *Opa, estamos vivos*.[218] Erwin Piscator encenou essa peça em 1927 em Berlim em grande montagem.

---

217. Quanto a Hoelz, cf. meu livro *Literatur und Lebenserfahrung. Autobiographien der 20er Jahre*.

218. O quanto as intelecções de Toller estão ligadas "de maneira livre" com o seus processos de aprendizado e com as suas sensibilizações "imanentes à prisão" é algo que se experimenta quando se recorre aos seus escritos da prisão. Kurt Kreiler faz referência a eles na seção dedicada a Toller de sua excelente documentação: *"Sie machen uns langsam tot..." Zeugnisse politischer Gefangener in Deutschland 1780-1980* ["Vocês estão nos matando aos poucos..." Testemunhos de presos políticos na Alemanha de 1780-1980], K. Kreiler (org.); Neuwied, 1983. Os documentos deste volume podem ser lidos como uma história secreta do cinismo "sistêmico" a partir da perspectiva interior de suas vítimas.

Franz Biberkopf (Heinrich George) deixa a instituição prisional de Tegel. Cena do filme *Berlim, Alexanderplatz*, 1931.

"É preciso aprender a ver e não se deixar, contudo, dominar", diz Kroll, um trabalhador, no segundo ato da peça. Aquele que precisa aprender a ver é o revolucionário de 1918, Karl Thomas, o homem que retornou. Ele tinha estado encarcerado por 8 anos em uma instituição para doentes mentais. Com as ideias antigas na cabeça, ele se depara, então, com a nova realidade do ano de 1927. Ele não consegue entender o que tinha acontecido entrementes nas cabeças dos homens responsáveis, dos homens sinceros e dos combatentes de outrora. Misturaram-se para ele dois processos de desenvolvimento em um bolo assustador, que sobrecarregou os seus meios de compreensão: por um lado, a confrontação das antigas esquerdas radicais utópicas com os fatos dolorosos do cotidiano republicano; por outro lado, a transformação do clima das massas nas grandes cidades em favor de formas de vida consumistas, ilusionistas, cosméticas e dispersas. Liberto do manicômio, as coisas se lhe mostram como se só agora ele tivesse realmente entrado na "casa dos loucos". Não obstante, ele compreende rapidamente que a face risonha pertence ao novo estilo, totalmente no sentido da "cor da pele moral rosa", que era tão cara aos chefes de pessoal. Assim, ele se entrega à cosmética facial:

> Não se assuste, mãe Meller, você não precisa ficar com medo de que eu fique louco uma vez mais. Por toda parte, onde quer que eu tenha me candidatado a um emprego, os chefes sempre me perguntavam: "Meu amigo, que careta amarga é esta? O senhor mais parece um cadáver. Assim, o senhor afugenta nossos clientes. Em nosso tempo, *é preciso sorrir, sorrir sempre.*" Com isto, fui ter... com um artista da beleza. Eis aqui a nova fachada. Não dá vontade de morder?
> *Senhora Meller*: Claro, Karl. Você vai se impor às moças. A princípio, as coisas pareciam terríveis para mim... Todas estas coisas que eles exigem. Daqui a pouco, haverá um compromisso contratual dizendo que as pessoas precisam *rir durante dez horas no trabalho*... (3º ato, 2ª cena).

Por meio desta parte da embrulhada, Karl consegue se impor em certa medida com uma adaptação e com uma ironia fatalistas. As coisas mostram-se de maneira diversa no que concerne às transformações políticas, das quais Eva Berg, a antiga amante, diz:

> Os últimos oito anos... nos transformaram mais intensamente do que um século (2º ato, 1ª cena).

Em um socialismo "maduro" e tático que se tornou triste, fracassa a antiga linguagem moralista-revoltosa. Karl Thomas denomina a nova objetividade dos engajados de esquerda de "enrijecimento". Trata-se disso? Eva, que ainda se sabe inteiramente na tradição da luta socialista, fala de se tornar adulta.

Você já está usando outra vez mais conceitos que não fazem mais sentido. Não temos mais o direito de permanecer crianças. Não podemos mais empurrar para debaixo do tapete a lucidez, o saber, que cresceu em nós... (2º ato, 1ª cena).

A nova experiência tinha consumido o antigo moralismo político, assim como as novas relações sexuais tinham superado as antigas expectativas de fidelidade, posse da ligação e laço. Karl Thomas também sofre pelo fato de dormir com esta mulher não garantir nenhuma esperança de futuro com ela.

Os diversos aspectos da modernização se confundem para ele uns com os outros: entre emancipação e decadência, progresso e corrupção, sobriedade e niilismo formam-se zonas de transição alternantes. Sob o peso dessas inúmeras ambivalências, Thomas finalmente colapsa. Confuso e desesperado, ele se decide a saltar para fora do carrossel desta louca objetividade. Ele gostaria de cometer por fim ainda um "ato" e planeja atirar no ministro social-democrata Kilman, que tinha lhe explicado em vão que o cinismo do Partido Social-Democrata alemão seria marcado por uma objetividade e preferia os caminhos tortos. Thomas enforca-se, então, na cela na qual as pessoas o tinham colocado no lugar do real assassino. Em cenas densas, Toller projeta o panorama de um mundo metodicamente errado. De maneira cinicamente direta, os paradoxos se encastelam uns sobre os outros. O conde Lande, que tinha financiado o assassinato, retira o pano do monumento em homenagem ao assassinado; a filha do ministro, que confessa ter inclinações lésbicas, também dorme ao mesmo tempo com esse conde Lande, etc.

Caso nos perguntemos sobre a "tendência" desta peça, então nós certamente a encontraremos em uma exigência ao socialismo de que ele mantenha acesa a chama da utopia mesmo em meio às desilusões táticas — ao invés de se transformar em cinismo. A luta não deve transformar aquele que combate pela boa "meta" em uma fera. A chama socialista, diz Eva, não apagou, mas "ela arde de outra maneira, de modo não patético". De qualquer forma, como essa chama não está em condições de fornecer nenhuma iluminação inequívoca para as relações sociais, sua irradiação é tragada pelo lusco-fusco geral. Quem procura continuar se orientando por ela precisa defender o socialismo sob a postura de um existencialismo de esquerda (com uma pitada de sociologia) — ou o desespero o destrói, como acontece aqui com o herói. Toller mostra as duas saídas do drama

Traugott Müller, modelo de cenografia para *Opa, estamos vivos* de Ernst Toller. Direção de Erwin Piscator, 1927.

uma ao lado da outra. Enquanto uma metade de seu coração está ligada ao perecimento, a outra continua aprendendo, continua esperando. Mesmo a última das "visões de mundo perspectivistas" é dominada pela aparição irrevogável do "mundo a-perspectivístico" (Gebser). Esse mundo exige de nós uma visão livre, multifacetada e sempre nova. *Opa, estamos vivos* é um grande documento para o "cubismo político" na inteligência não dogmática de Weimar. A peça mostra ao espectador que quem está preocupado com uma relação inteligente com o seu tempo nunca mais poderá retornar para a simplicidade da relação entre um eu ingênuo e um mundo monoperspectivístico claramente articulado. O universo torna-se um multiverso e o indivíduo um multivíduo — algo multiplamente dividido.

Excurso 9: Cinismo dos meios de comunicação e treinamento na arbitrariedade

> Sim, disse Tunda, perde-se a distância. As pessoas estão tão próximas das coisas, que nada mais lhes importa.
>
> Joseph Roth, *Die Flucht ohne Ende*, 1927

> Sua cabeça estava uma esfera quente, na qual se jogavam muitas coisas, que começavam a sibilar e a fundir-se aí.
>
> Vicki Baum, *Menschen im Hotel* [Gente no hotel], 1931

Os meios de comunicação modernos cuidam para que se tenha uma climatização nova e artificial das consciências no espaço social. Quem se vê inserido em suas correntes experimenta como a sua "imagem de mundo" se transforma de maneira cada vez mais exclusiva em algo mediado, vendido, sacado de segunda mão. Notícias inundam a consciência televisiva com um material mundial marcado por partículas informativas; ao mesmo tempo, elas dissolvem o mundo em paisagens noticiárias fluorescentes, que cintilam nas telas do eu. De fato, os meios de comunicação de massa possuem a força para reorganizar ontologicamente a realidade efetiva como realidade efetiva em nossas cabeças.

Faz parte disso o fato de tudo começar de maneira totalmente inofensiva. Pessoas que leem jornal acreditam que estão apreendendo as coisas que as "interessam"; desde os anos de 1920, elas também ouvem rádio, correm através de ruas superpovoadas e cheias de propaganda e de vitrines com ofertas atraentes. Elas habitam cidades, que não são outra coisa senão meios construídos para as massas, superentretecidos pelas redes de trânsito e de sinais, que dirigem as marés humanas. A metrópole aparece como um aquecedor gigantesco do tráfego, que bombeia o plasma subjetivo através de seus sistemas de canais e sinais.[219] Em contrapartida, os "eus" também funcionam como aquecedores do tráfego, filtros e canais para as correntes de notícias, que chegam aos nossos aparatos sensoriais pelos mais diversos âmbitos de transmissão. Assim, eu e mundo recaem em um duplo estado de fluidificação, naquele balanço ontológico, que se sedimenta em mil e uma teorias sobre as "crises" modernas.

---

219. Cf. as metáforas de Rathenau no Capítulo 7: Despersonalização.

O fato de não se conseguir mais seguir adiante com "propriedades" e com o "caráter" em meio a um tal estado mundial é algo que nos mostram as inúmeras histórias de caráter e de moralistas, que não raramente terminam com o declínio do herói. A adaptação torna-se o mandamento psicopolítico da hora. Onde é que ele poderia ser melhor exercitado do que na lida com os meios de comunicação municipais? Eles alimentam a consciência com a sua dose diária de uma cruel multiplicidade, de uma colorida mesmice e de uma absurdidade normal, que sempre inculca novamente no eu reincidente em termos morais a tarefa de exercitar a "diluição" brechtiana. Da literatura contemporânea podemos dar exemplos de como indivíduos inteligentes lidam com as alusões do mundo dos meios de comunicação.

O extraordinário romance sobre esse tempo, *Fabian*, de Erich Kästner, começa, inevitavelmente, com um tal flagrante:

> Fabian estava sentado em um café de nome Spalteholz e lia as manchetes dos jornais noturnos: Avião inglês explode sobre Beauvais, Estriquinina encontrava-se ao lado das ervilhas, Menina de nove anos salta pela janela, Novamente uma eleição para primeiro-ministro sem sucesso, Assassinato no jardim zoológico de Lainzer, Escândalo no setor de abastecimento municipal, Voto artificial no bolso, A venda de carvão no Ruhr sofre uma diminuição, Os presentes para o diretor da rede ferroviária imperial Neumann, Os elefantes na calçada, Nervosismo nos mercados de café, Escândalo em torno de Clara Bow, Greve iminente de 140 mil metalúrgicos, Drama dos criminosos em Chicago, Negociações em Moscou sobre o *dumping* do setor madeireiro, Caçadores de Starhemberg rebelados. A dose diária. Nada de particular. (p. 7)

No enfileiramento linear do grande, pequeno, importante, desimportante, louco, sério, etc. desaparece o "particular" e o "propriamente real e efetivo". Os olhos de quem tem de viver cronicamente nestas falsas equivalências perdem, sob uma luz cada vez mais turva, a capacidade de reconhecer as coisas em sua individualidade e essencialidade; através de cada particular, eles veem apenas o tom fundamental, o cinza, a preocupação, a absurdidade. (Uma cena comparável com a acima citada pode ser encontrada no romance de Irmgard Keun escrito na mesma época, *Gilgi — eine von uns* [Gilgi — uma de nós], que também se passa em Berlim.)

Sobretudo aqueles que retornam veem esse mundo dos meios de comunicação de maneira muito clara; um deles é o capitão Tunda, sobre o qual nos conta o significativo romance de Joseph Roth *Die Flucht ohne Ende*, 1927. Tunda também possui os olhos daquele que vem de fora, que retorna das lutas da Revolução Russa na Sibéria para o oeste da Europa, a fim de encontrar diante de si um mundo, no qual não é mais possível um voltar para casa. O que ele traz consigo é a força do estranhamento.

> Ele viu os eventos e fatos improváveis, porque os eventos e fatos habituais também se mostravam para ele como estranhos... Ele possuía a capacidade ingente de conceber a loucura descomunalmente racional desta cidade... (p. 94)

Naturalmente, se está falando uma vez mais de Berlim, a "Chicago europeia" (M. Twain).

> Vimos em alguns dias: um louco homicida e uma procissão; a estreia de um filme, uma filmagem, o salto mortal de um artista sob as tílias, um assaltado, o abrigo para sem teto, uma cena de amor no jardim zoológico em plena luz do dia, colunas rolantes para cartazes, puxadas por burros, treze locais para casais homossexuais e lésbicas... um homem que cumpria pena porque tinha atravessado uma praça, ao invés de virar no ângulo correto, uma reunião dos sectos de comedores de cebolas e o exército da salvação...
> Tratava-se do tempo no qual os literatos, os atores, os diretores de cinema e os pintores tinham voltado a ganhar dinheiro. Tratava-se do tempo depois da estabilização da moeda alemã, tempo no qual foram abertas novas contas bancárias e até mesmo os jornais mais radicais tinham notícias bem pagas, assim como os escritores radicais nos suplementos literários dos veículos de comunicação burgueses ganhavam honorários. O mundo já se achava de tal modo consolidado, que os *feuilletons* tinham o direito de ser revolucionários... (p. 95-96)

Como garçom no Grande Hotel, o modelo do homem que retornava para a sua terra natal de Toller, Karl Thomas, descobriu, além disto, a nova realidade do rádio. Ele ausculta pela primeira vez a sincronização cínica de todos os eventos e textos no éter das notícias:

> **Karl Thomas**: Escuta-se realmente toda a Terra aqui?
> **Telegrafista**: Há algo de novo para o senhor nisto?
> **Karl Thomas**: Quem o senhor está escutando agora?

> **Telegrafista:** Nova York. Estão anunciando grandes enchentes no Mississipi.
> **Karl Thomas:** Quando?
> **Telegrafista:** Agora, nesta hora.
> **Karl Thomas:** Enquanto falamos?
> **Telegrafista:** Sim, enquanto falamos, está rompendo a barragem do Mississipi e as pessoas estão fugindo.
> ... Vou desligar. Essas são as últimas notícias de todo o mundo..
> **Alto-Falante:** Atenção! Atenção! Rebelião na Índia... Rebelião na China... Rebelião na África... Paris, Paris, Perfumes Houbigant, o perfume mundano, Bucareste, Bucareste, Estado de fome na Romênia... Berlim, Berlim, a senhora elegante prefere perucas verdes... Nova York, Nova York, Inventaram os maiores bombardeiros do mundo. Eles podem transformar em um segundo as capitais da Europa em ruínas... Atenção! Atenção! Paris, Londres, Berlim, Roma, Calcutá, Tóquio, Nova York, O verdadeiro cavalheiro bebe Mumm Extra Dry...

Ninguém formulou de maneira tão clara quanto Musil o fato de esta nova situação ontológica midiática ter dado um tiro de misericórdia na metafísica clássica. O capítulo 54 de *Der Mann ohne Eigenschaften* [*O homem sem qualidades*] (1930) constitui-se, em um plano maximamente irônico, como uma tentativa de jogar a nova ontologia descentrada dos meios de comunicação, por assim dizer desprovida de subjetividade, contra a antiga ontologia da totalidade. Neste caso dissolve-se o antigo conceito tradicional do indivíduo burguês, que queria ser um todo, algo indivisível. O ponto alto do diálogo entre Walter e Ulrich é:

> "É preciso apreciar, quando um homem hoje ainda possui a aspiração de ser algo total", disse Walter.
> "Não há mais algo assim", achava Ulrich. "Não é preciso para perceber isto mais do que olhar para o jornal. Ele está cheio de uma obscuridade imensurável. Fala-se aí de tantas coisas, que se excede até mesmo a capacidade de pensamento de um Leibniz. Mas as pessoas nem o notam; as pessoas se transformaram. Um homem todo não se encontra mais diante de um mundo todo, mas algo humano movimenta-se em um líquido alimentar geral."[220]
> Robert Musil, *Der Mann ohne Eigenschaften*, 1967, p. 217

---

220. Descrevo de maneira mais detida este texto em meu ensaio: *Die Krise des Individuums — studiert im Medien der Literatur* [A crise do indivíduo — estudado no âmbito da literatura], In: J. Schulte-Sasse (rg.), *Political Tendencies in the Literature of the Weimar Republic*, Minneapolis, 1982.

Excurso 10: Gente no hotel

> Neste hotel na terra
> A nata da sociedade se hospedava —
> Ela suportava com suaves gestos
> O duro peso da vida!
> ...
>
> Walter Mehring, *Opa, estamos vivos!*

Em um tempo que estendia em verdade o horizonte dos homens até o cerne do elemento cosmopolita, sem deixá-los participar efetivamente dos bens próprios à felicidade do grande mundo, o hotel acabou necessariamente por se transformar em um lugar mítico. Ele simbolizava um sonho de elevações sociais, nas quais a moderna fugacidade da existência ao menos se vingava com o brilho mundano e confortável. No hotel, o caos do mundo parecia se compor em um cosmos cintilante; como uma última forma orgânica, ele se opôs à mistura e à arbitrariedade dos eventos. Isto elevou o hotel ao nível de uma ideia estética central da modernidade[221]; como que por si mesmo ele vai ao encontro das formas de experiência magazinescas, politemáticas e simultâneas da grande cidade — e possui, porém, como fator de unidade, seu mito, o *genius loci*, e sua ordem interna.

Neste hotel que funciona como um teatro do mundo cruzam-se personalidades do tempo exóticas e típicas, madeira de arribação e a espuma branca da sociedade, todos bizarros e nostalgicamente individuais e todos também representativos e fosforescentes em um meio ambiente multissignificativo. Cada um representa uma espécie — como se o hotel fosse uma Arca de Noé das últimas individualidades. Oferece-se uma oportunidade aos autores para apresentarem ainda uma vez o grande bestiário dos tipos de caráter — recepcionistas, falsos barões, dançarinas mais velhas vindas da Rússia, ascensoristas de um só braço, lordes ingleses homossexuais, mulheres de industriais com predileções estranhas, banqueiros que, de suas mesas telefônicas, desenrolam transações de alcance mundial, filhos teatralmente talentosos de fabricantes de espumante, pensionistas e moribundos, que olham com o canto da boca caído e com olhos febris a mica

---

221. Cf. o romance "hoteleiro" de Vicki Baum; Joseph Roth, *Hotel Savoy*; Thomas Mann, *Felix Krull*; o sanatório de *A montanha mágica* como hotel para doentes. Christopher Isherwood, *Goodbye to Berlin*, etc.

do mundo, sabendo que tudo está chegando ao fim e que nem tudo o que reluz é ouro.

Um tal personagem interessantemente aborrecido é o doutor Otternschlag do romance de sucesso de Vicki Baum *Menschen im Hotel* [Gente no hotel, 1931]. Otternschlag é um homem destruído pela vida, que está convictamente certo de que a "vida propriamente dita" se encontra sempre apenas no futuro, no passado e em algum outro lugar, nunca pode ser apreendida e, por fim, diante de uma espera efetiva, acaba batendo asas e voando. Seus olhos não se deixam enganar pela magia do Grande Hotel, sobretudo em uma hora morta de seu funcionamento, na qual todo mundo segue seus vícios e negócios.

> As coisas encontravam-se à sua volta como simulacros. O que ele tinha na mão desfez-se em pó. O mundo era um lugar movediço, impassível de ser apreendido e de ser fixado. Caía-se de vazio em vazio. Levava-se por aí um saco cheio de trevas. Este doutor Otternschlag mora na mais profunda solidão, apesar de a Terra estar cheia de pessoas como ele...
>
> Nos jornais, ele não encontrava nada que o satisfizesse. Um tufão, um terremoto, uma guerra de dimensões medianas entre negros e brancos. Ateamento de fogo, assassinatos, lutas políticas. Nada. Muito pouca coisa. Escândalos, pânico na bolsa, perdas de fortunas gigantescas? O que isto lhe importava, o que ele experimentava de tudo isto? Voos oceânicos, recordes de velocidade, títulos sensacionalistas enormes. Uma folha gritava mais alto do que a outra, e, por fim, não se ouvia mais nenhuma delas. Tornamo-nos cegos, surdos e insensíveis por meio do puro funcionamento do século. Imagens de mulheres nuas, coxas, peitos, mãos, dentes, elas se oferecem aos claros borbotões...
>
> Vicki Baum, *Menschen im Hotel*, 1931, pp. 11-12

Otternschlag é o cínico melancólico de hotel de serviço, um realista triste que fornece conhecimentos para demolição:

> Quando o senhor viaja, chega um outro e se coloca em sua cama. Fim. Sente-se algum dia algumas horas no hall e olhe atentamente: ora, as pessoas não têm mais rosto! Elas não passam todas de simulacros, umas com as outras. Todas elas estão mortas e ainda não o sabem... Grande hotel, *bella vita*, que nada! Não. O principal é o fato de que se precisa arrumar a mala. (p. 36)

14. Crepúsculo pós-coito. Cinismo sexual e histórias de um difícil amor

> Com que direito o senhor denomina deflorações vivências?
> Arnolt Bronnen, *Exzesse*, 1923

> Estranhos animais são as mulheres, pensava Gaigern por trás de sua cortina. Elas são animais totalmente inusitados. O que ela vê afinal no espelho, que provoca nela um rosto tão terrível?
> Vicki Baum, *Menschen im Hotel* [Gente no hotel], 1931

> ... no sol com o animal! Pagar! À luz do dia com o amor!...
> Bertold Brecht, *Baal*, 1920

Em algumas cenas eróticas — normalmente, elas não são as mais felizes — expressa-se na literatura de Weimar algo do bater do coração de uma experiência que acabou de ser feita. Ao tornarmo-nos mais astutos, o prazer, a melancolia e a brutalidade se aproximam de maneira fronteiriça uns dos outros. O mesmo acontece quando autores descrevem pares amorosos que se separam pela manhã depois da união. Homem e mulher na sobriedade pós-coito, entregando-se a pensamentos, resumindo experiências, esclarecendo anseios. O tema não é o amor, mas aquilo que torna tão difícil e frágil o amor. De manhã, as antigas contradições de união e separação, desejo e estranheza, paixão e fluxo do tempo tornam-se uma vez mais visíveis.

Em seu romance sobre o capitão Tunda, Joseph Roth procurou fazer um retrato épico da Alemanha naquele tempo. Encontra-se aí uma anotação em um diário que protocola uma cena oriunda do cotidiano sexual neo-objetivo.

> ... toda a parte de baixo de seu corpo é terrena. Das mãos para cima, porém, eles não vivem mais nas camadas de ar terrenas. Cada um é composto de duas partes... Eles possuem duas vidas. Comer, beber e amar são atividades realizadas pelas partes inferiores, menos valorosas, enquanto sua profissão é realizada pelas partes de cima...

Dormi com uma mulher que me despertou depois de uma hora, para me perguntar se meu amor anímico por ela também correspondia à minha capacidade de desempenho corporal. Pois sem "algo anímico" ela se achava "enlameada". Precisei me vestir rapidamente, e, enquanto procurava o botão de minha camisa que havia caído embaixo da cama, expliquei para ela que minha alma morava sempre naquelas partes do corpo de que eu francamente precisava para o exercício de alguma atividade. Assim, quando saio para passear, ela se acha em meus pés, etc.

"Você é um cínico", disse a mulher.

Joseph Roth, *Die Flucht ohne Ende*
[*Fuga sem fim*], 1927/1978, pp. 88-89

Deparamo-nos com o homem em seu papel "ancestral" de cínico sexual, que postula ter o suficiente junto ao puro sexo e que foge, quando a mulher exige algo adicional. Nessa fuga anuncia-se um tema genuinamente neo-objetivo — aquele afastamento em direção ao *understatement*, que é tão típico por toda parte da estilização do erotismo nos anos de 1920. Também neste campo impõe-se o impulso do tempo para derrubar as superestruturas. A onda neo-objetiva — se é que o termo é bem colocado — lava o velho rebotalho sexual romântico e o joga na praia. Um novo espírito experimental, que é inspirado de maneira psicanalítica, higiênico-matrimonial e emancipatória, penetra, então, em um tratamento "mais objetivo" dessa área como um todo, tão revirada pelas tempestades de sonho e segredo, tensão e nostalgia. O fato de, como sempre acontece, o ilusionismo erótico triunfar na mesma hora nos meios de comunicação de massa, não altera nada na tendência. Em todo caso, a inteligência começa já a se orientar nas coisas amorosas de maneira existencialista — analítica, reflexiva, experimental, decisionista, melancólica e cínica. A peça teatral de Musil *Die Schwärmer* [Os visionários], de 1921, documenta de maneira inexcedível esse crescimento de uma reflexividade excitante. As pessoas começam a se despedir do culto da pura "vivência" e a perceber que, em nossas vivências, tem lugar uma espécie de gramática da vivência e do sentimento. Uma consciência adulta só pode ser uma consciência que toma conhecimento disso. Se colocarmos o idealismo erótico de lado, então tornam-se visíveis contornos mais duros nas transações pessoais. O negócio de troca erótica vem à tona mais claramente; o lado animalescamente arbitrário da energia sexual torna-se notável, as parcelas projetivas na paixão e as resignativas na fidelidade não têm mais

Otto Dix, *Melancolia*, 1930.

como ser a longo prazo desconsideradas. E, tal como acontece por toda parte, o cinismo não está distante, o cinismo que descarrega sua desilusão, empurrando aquilo que por si mesmo está caindo.

O jovem Brecht movimenta-se com um virtuosismo e uma consciência totalmente particulares nesse terreno. Descobre precisamente uma nova entonação para o cinismo desse tipo — uma lírica do ordinário e do brutal. Esta é a linguagem do sentimento de vida baaliano, que festeja uma masculinidade cinicamente vital. Para Baal — poeta, erótico, vagabundo, existencialista e sujeito lírico pulsional —, as mulheres, as jovens, não são outra coisa senão estímulos poéticos ou hormonais, nada além de um buraco, uma mancha na pele, cheiro, brinquedo, animal, coxas brancas. Com certeza, esse masculinismo é nele enobrecido liricamente — também este um lado *kynikos*, produtivo e não burguês. A natureza violenta dos homens elementares e geniais lembra a "vida alternativa", que não é emudecida por distribuições do tempo e prescrições, mas flui para frente na corrente dos afetos e das energias. Brecht faz com que sexualidade e poesia se convertam uma na outra em correntes imaginárias. Baal arrastou "uma mulher qualquer" da rua para cima, para o seu quarto, com a justificativa: "Ora, é primavera. Precisa haver algo branco neste maldito inferno. Uma nuvem!" — assim, ele não admite nenhuma resistência da mulher.

"Tu és uma mulher como qualquer outra. A cabeça é diversa. Os joelhos são todos fracos... é assim que as coisas são com os animais."

Enquanto o cinismo rothiano permanece irônica, educada e melancolicamente mascarado, Brecht utiliza a figura do gênio violento, de modo a passar abertamente ao ataque. Protegendo o vitalismo estético, o cinismo sexual começa liricamente a fuga para frente.

O sótão de Baal
I
Aurora. Baal e Joana estão sentados na beira da cama.
Joana: Ó, o que eu fiz! Sou má.
Baal: É melhor você se lavar!
[...]
Joana: Você não quer abrir a janela?
Baal: Adoro o cheiro. — O que você acha de uma nova edição? Passou, passou.
Joana: Como é que você consegue ser tão vil!
Baal, *preguiçoso na cama:* Branco e lavado pela inundação, Baal deixa seus pensamentos voarem, quase como pombos sobre as águas escuras.
Joana: Onde está minha camisola? Não posso...

Baal *estende a camisola para ela*: Eis aqui! O que é que você não pode, querida?

Joana: Ir para casa.

Deixa a camisola cair, mas se veste.

Baal *assovia*: Um zangão selvagem! Sinto cada um de meus ossos. Me dá um beijo!

Joana, *na mesa, no meio do quarto*: diz alguma coisa!

Baal *silencia*.

Joana: Você ainda me ama? Diz!

Baal *assovia*.

Joana: Você não consegue dizer?

Baal *olha para a colcha*: Estou farto até o pescoço.

Joana: O que foi que aconteceu hoje à noite então? E antes?

Baal: João está em condições de fazer e faz barulho. Emília também anda à volta da sala como um veleiro furado. Posso passar fome aqui. Vocês não movem um dedo por ninguém. Vocês só querem sempre uma coisa.

Joana *arruma confusa a mesa*: E você — você nunca agiu de outro modo comigo?

Baal: Você já se lavou? Nenhuma ideia de objetividade! Você não entendeu nada de tudo isto? Vai já para casa!...

Erich Kästner descreve uma outra manhã de amor destruída em seu *Fabian*. Cornélia, a amada de Fabian, já se tinha levantado para partir. Ela sabe o que a espera. Ela queria ser atriz de cinema, queria ter sucesso, não estar entre os que não têm perspectivas. Para tanto, ela se vende para um produtor. Ela acreditava que precisava se prostituir. Fabian só encontra sua carta tarde da noite.

"Caro Fabian... não é melhor que eu vá cedo demais do que tarde demais? Há bem pouco estava ao teu lado no sofá. Tu dormes, e continuas dormindo também agora, enquanto te escrevo. Gostaria de ficar, mas imagina o que aconteceria se eu ficasse! Ainda algumas semanas, e tu ficarias realmente infeliz. Tu não te sentes oprimido pelo peso da necessidade, mas pela ideia de que a necessidade pode se tornar tão importante. Enquanto tu estiveste sozinho, nada pôde acontecer contigo, por mais que tivesse acontecido. As coisas voltarão a ser como antes. Tu estás muito triste?

Eles querem me contratar para o próximo filme. Amanhã assinarei o contrato. Makart alugou dois quartos para mim. Não há como evitar. Ele falou como se se tratasse de um quintal de carvão. Ele tem cinquenta anos, e

Karl Hubbuch, *O amor-morte na Jägerstrasse*, 1922.

possui a aparência de um lutador de boxe aposentado muito bem vestido. Tenho a impressão de que me vendi para o setor de anatomia.

... Não perecerei. Vou imaginar que o médico está me examinando. Ele pode se ocupar comigo, tem de ser. Só conseguimos sair da lama se nos sujarmos. E nós queremos sair da lama!

Escrevo: nós. Tu me entendes. Vou para longe de ti, para poder permanecer contigo. Tu continuarás me amando?"

Fabian estava sentando totalmente em silêncio. Tudo foi ficando cada vez mais turvo. O coração doía. Ele mantinha a mão apertada sobre o braço da poltrona, como se estivesse se protegendo de figuras que queriam arrancá-lo dali. Ele se controlou. A carta estava no chão sobre o tapete e brilhava no escuro.

"Ora, eu queria mudar, Cornélia", disse Fabian. (p. 125)

15. As duplas resoluções de Weimar ou a objetividade em relação à morte

> Espectador total — tu foste completamente visto.
> Gustav Wangenheim, *Die Mausefalle* [A ratoeira], 1931

Nós estamos escrevendo sobre o ano de 1932. As cartas foram misturadas para o último lance. Para aqueles que são inteligentes está claro o fato de que o horizonte já tinha se fechado. As alternativas se empinam a partir de agora em uma fúria abafada ou em jogos desesperados de pensamentos, mas os acontecimentos não podem mais retroceder. 1932 foi um ano caótico, intangivelmente complicado; ele se mostra como a última parte do complexo de crise de 1930-1932, do qual Ludwig Marcuse disse com razão que de resto ele seria mais difícil de descrever do que um século inteiro. Esse ano engoliu três primeiros-ministros, depois que o gabinete do político centrista Brüning tinha ruído. Goebbels anota nesta época em seu diário:

> **3. 5. 32**
> ... Já está começando. Realmente dá alegria ver isto. Mas é preciso que se faça um silêncio de ferro no partido. Nós precisamos bancar os desinteressados...
>
> **13. 5. 32**
> ... A crise prossegue conforme programado...
>
> **30. 5. 32**
> A bomba explodiu. Brüning entregou por volta de 12 horas ao presidente a demissão conjunta do gabinete. O sistema encontra-se em decomposição...
> *Die ungeliebte Republik, Dokumente zur Innen und Aussenpolitik Weimars 1918-1933* [A república odiada, Documentos sobre política interna e política externa de Weimar de 1918 a 1933], W. Michalka e G. Niedhart (orgs.), Munique, 1980, pp. 327-328.

Em verdade, nos dois gabinetes seguintes ainda não havia nenhuma representação nazista. Em contrapartida, havia tanto mais políticos "desinteressados" e sem partido, que já levavam a sério a despolitização da política.

Entre Papen e Schleicher dominavam os "ministros tecnocratas", que tinham se libertado de vinculações partidárias mais estreitas, para desta maneira poderem administrar melhor o interesse do "todo" — naturalmente, em elo estreito com os nacionalistas alemães, que, se não representavam o interesse do todo, ao menos representavam o interesse de toda a indústria pesada nos governos. No decorrer do ano de 1932, por três vezes todo o eleitorado é chamado às urnas; em primeiro lugar, em abril, para eleger o presidente; em julho e em novembro para eleger o parlamento, que se mostrou cambaleante e incapaz de agir, em particular desde as eleições de julho, quando os nazistas se tornaram o partido mais forte. Nas eleições para a presidência, a alternativa era Hindenburg ou Hitler, e o resultado foi naturalmente, também com auxílio dos votos social-democratas que continuavam sempre "racionais", o "mal menor", que nove meses mais tarde apresentaria ao mal maior o certificado de nomeação.

No *Vorwärts*, órgão do partido, o primeiro-ministro social-democrata prussiano Otto Braun escrevia em 10 de março de 1932:

> Só resta uma alternativa para os eleitores: Hindenburg ou Hitler. Será que alguém pode achar difícil a escolha? Basta considerar os dois homens. Hitler, este protótipo do aventureiro político... Em contrapartida, Hindenburg. A encarnação da calma e da tenacidade, da fidelidade viril e do cumprimento abnegado do dever em nome da *totalidade* do povo... imbuído do sentimento kantiano do dever... Escolho Hindenburg e apelo aos milhões de eleitores... Façam o mesmo, derrotem Hitler, elejam Hindenburg.

O apelo de Braun é um paradigma para a tática weimariana tardia: duplo pensar, desempenho de duplo papel, resoluções duplas; simula-se a impressão de se ter pensado a situação até os últimos detalhes e vota-se, então, com todo o *páthos* de uma responsabilidade aparente pelo "mal" supostamente "menor". Ninguém analisou melhor a ambiguidade social-democrata do que o social-democrata Fritz Tarnow na convenção do Partido Social-Democrata em 1931:

> Agora encontramo-nos com certeza junto aos leitos de doentes do capitalismo não apenas como responsáveis pelos diagnósticos, mas também — sim, o que devo dizer? — como médicos, que procuram a cura, ou como os herdeiros felizes que não podem esperar pelo fim e que gostariam muito

de auxiliar ainda um pouco com algum veneno? Nesta imagem expressa-se toda a nossa situação.

Tarnow descreve de maneira exata a alternativa de esquerda desventurada entre seriedade trágica e cinismo. Entrementes, conhecemos bem demais essas metáforas medicinais. Hitler não tinha falado incessantemente sobre a "tuberculose" política, da qual o paciente não morre imediatamente e que, contudo, avança "sorrateira" e secretamente, se a "sorte amarga" da crise não impele a doença ao seu ápice? Erich Mühsam, em contrapartida, já tinha apontado para o papel duplo do médico, que opera o paciente e o arruína (cf. Capítulo 9). Agora, uma vez que a crise entrou em cena em sua forma mais violenta, o jogo duplo fica completamente claro mesmo para os agentes. Tarnow prossegue do seguinte modo:

> Ao que me parece, tanto estamos condenados a ser por um lado o médico, que procura seriamente curar, quanto, por outro lado, mantemos a sensação de que somos herdeiros que querem receber *todo* o legado do sistema capitalista antes hoje do que amanhã. Este *duplo papel, de médico e de herdeiro*, representa uma tarefa terrivelmente difícil. No partido, podemos nos poupar algumas confrontações, caso nos mantenhamos sempre conscientes desse duplo papel. Por vezes, uns acreditam que a situação de emergência daqueles que dependem de que o paciente se restabeleça exigiria fazer tudo para que se curasse o paciente (o capitalismo); outros acham que agora, porquanto ele já se encontra agonizando, seria correto desferir-lhe o golpe de misericórdia.

Pois bem, Tarnow dá, então, seu voto: ele defende o papel do médico e vota em favor da tática humanitária, séria e medicinal, ao invés de votar em favor do cinismo do herdeiro.

> Não é de maneira alguma o próprio paciente que nos inspira compaixão, mas as massas que se encontram por trás dele. Se o paciente está agonizando, as massas passam fome lá fora. Se sabemos disso e conhecemos um remédio, mesmo que não estejamos convencidos de que eles curem o paciente, mas apenas de que ele ao menos mitiga sua agonia, de tal modo que as massas lá fora recebem novamente mais para comer, então temos de dar a ele o remédio e não pensamos tanto por agora no fato de sermos de qualquer modo herdeiros e de esperarmos o seu fim iminente.

Setembro, 30° dia 38ª/39ª semana — *"Silêncio, silêncio, não façam barulho"* — *"A 'frente de ferro' entra em campo!"* — *"A juventude leninista e liebknechtiana está em marcha!"*

Cf. *Dokumente zur deutschen Geschichte, 1929-1933* [Documentos sobre a história alemã, 1929-1933], W. Ruge e W. Schumann (orgs.), Frankfurt s/ o Meno, 1977, p. 39

Estes táticos de cadeira de balanço social-democratas, estes atores desempenhando um duplo papel entram em cena, contudo, com uma retórica dura na aliança de resistência ao fascismo que se formou em 1932 sob o nome perigosamente tonitruante de "frente de ferro" e que deveria reunir o Partido Social-Democrata alemão, os sindicatos, a aliança Reichsbanner ("estandarte do império") e alguns grupos republicanos. Ossietzky já tinha exprimido outrora o fato de que essa frente só merecia ser chamado de frente de ferro em alguns setores, enquanto outros seriam "feitos de material flexível e alguns não seriam melhores do que massa para panqueca". (Idem, p. 52)

Em 1932, a taxa de desemprego tinha subido à casa de mais de seis milhões na Prússia, e havia quase meio milhão de desempregados apenas na capital do império. Os departamentos de previdência social tinham registrado em solo imperial sete milhões de pessoas necessitando auxílio de inverno. A crise criara o cenário em que era preciso atribuir para *um* entre todos os enganadores, estrategistas, atores desempenhando um papel de personagens duplos e aventureiros o papel do *salvador*.

> A capital do império está em febre. Todas as noites são entregues cadáveres à polícia. Ora portavam em suas saias sangrentas o sinal do estandarte republicano do Reich, ora a estrela soviética comunista, ora a suástica, ora, por fim, simplesmente o número da polícia de Estado. Mais frequentemente, porém, portaram apenas o sinal do desespero nos rostos, aquele verde suave, a cor que o gás lhes tinha dado, o gás que eles tinham inalado...
>
> É preciso ter visto bem de perto a miséria geral, para decair fácil demais nas garras de uma ideia revolucionária... Todas as visões foram *simplificadas* em uma sentença: as coisas não podem continuar assim! (p. 178-179)... Todo suicida levado para fora de seu apartamento cheirando adocicadamente a gás parecia estar se levantando ainda uma última vez da maca e apontando com o dedo para os que se encontravam à sua volta.
>
> Gustav Regler, *Das Ohr des Malchus* [A orelha de Malco], Frankfurt s/ o Meno, 1975, p. 182

Agora o grande "pensar conjunto" começou a dar frutos. Quem tinha aprendido a "pensar em contextos", quem tinha estudado a grande dialética, refletido até o fim sobre o exemplo de Napoleão e exercitado olhar para baixo a partir do posto de comando, encontrava-se agora na situação de uma folha que é arrastada de maneira febril pela embriaguez da "vontade de poder", que impele a lagarta a devorá-la. Mesmo a própria derrota aparece, então, como uma mera tática. Regler narra o caso de um funcionário de sindicato, que ele encontra em meados de janeiro de 1933: "Deixemo-lo chegar tranquilamente ao poder", disse ele, tendo em mente Hitler, "em oito meses, ele estará liquidado" (p. 189). É preciso pensar no seguinte complemento: e, então, entramos nós em cena. Padrões de pensamento semelhantes são imediatamente atestados no Partido Comunista. Em julho de 1932, o presidente do Partido Comunista Thälmann irrita-se com a questão formulada por funcionários do Partido Social-Democrata para a direção do Partido Comunista sobre se eles efetivamente *estavam levando a sério* a frente unitária antifascista.

> O grupo de oficiais e de bonzes hitleristas manifestou a sua disposição de exterminar, enforcar, decapitar e triturar... o movimento comunista. E, em face disso, em face do perigo ameaçador de que a Alemanha se torne um país de forca e estaca, não deveríamos nós levar realmente a sério a frente unitária antifascista, proletária...
> *Dokumente zur deutschen Geschichte, 1929-1933* [Documentos sobre a história alemã, 1929 a 1933], p. 65

Todavia, a questão tinha sido bem colocada e a resposta não estava isenta de hipocrisia; pois o questionador tanto quanto aquele que responde já falavam há muito tempo a língua do pensamento duplo e sabiam bem demais que todo político, ao lado daquilo que diz, calcula em segundo plano. A frente unitária era para muitos comunistas uma ficção séria, que eles mesmos tinham muito bem desvendado com um segundo olhar cínico. Mesmo seus protagonistas não "acreditavam" efetivamente nela. De acordo com o relato de Karl August Wittfogel, transcorreu no outono do ano de 1932 uma cena em Berlim, na qual o espírito do cinismo estratégico se desenhou de maneira tão nua e crua como não acontecera até aqui em nenhuma sátira, por mais ácida que ela fosse; nessa cena está contida toda a época: a elevação do elemento estratégico às raias do diabólico; a cristalização do pensamento duplo no cinismo consumado; a constante manutenção da razão por parte de manipuladores ao mesmo tempo férreos e ventosos presos a uma realidade efetiva, na qual as coisas sempre aconteciam de uma maneira diversa daquela que era pensada pelo grande estrategista.

> Estávamos diante de uma festa de 7 de novembro na embaixada [soviética] na avenida Unter den Linden. Tratava-se de uma festa de gala com caviar e vodca e todo o resto. Estava aí às voltas com Grosz, Piscator e Brecht — não sei mais, se eram eles ou pessoas do tipo deles. De repente, alguém

Olaf Gulbransson: "Lamento muito, meu senhor, os narizes puramente arianos já foram todos vendidos". *Simplicissimus*, 26 de fevereiro de 1933.

chegou e disse: Radek está aí. Deixei os outros parados e fui procurar Radek. Perguntei-lhe — nós nos conhecíamos de Malik —: "O senhor sabe o que está acontecendo aqui na Alemanha?" — "O que?" — "Se as coisas continuarem assim, Hitler chegará ao poder e tudo sucumbirá." — "Sim, mas o senhor precisa entender. É preciso que isto aconteça; os trabalhadores alemães terão de suportar dois anos de Hitler."

Citado a partir de: *Wasserzeichen der Despotie. Ein Portrait Von Karl August Wittfogel* [Marcas d'água do despotismo. Um retrato de Karl August Wittfogel], de Mathias Greffrath, In: *Transatlantik*, fevereiro de 1981, p. 37

Isso quer dizer: ao lado da propaganda superficial em favor do antifascismo, da frente unitária, etc., Moscou já tinha projetado um plano alternativo, que possibilitou ao supertático Radek colocar suas fichas em Hitler como quem aposta em uma catástrofe. Assim, poder-se-ia combatê-lo e, ao mesmo tempo, encontrar algo de bom em sua provável vitória: o fato de ele, como se pensava, estar particularmente talhado para produzir a bancarrota total do sistema. Essa forma de dupla estratégia empresta à retórica comunista em meio às crises no ano de 1932 um tom provocante — pois quanto pior as coisas se mostrarem para o "sistema", tanto melhor para aqueles que querem ser seus herdeiros. Nos "diagnósticos" comunistas mistura-se um espírito positivista de grande tática com uma maliciosa alegria e um franco desagravo catastrófico. É assim que escreve o *Rote Fahne* [Bandeira Vermelha] em 1º de janeiro de 1932:

> Ano tempestuoso de 1932!
> O mundo capitalista se despede do ano de 1931 com uma declaração de falência aniquiladora: com o relatório do conselho da comissão especial do Banco Internacional de Compensações... o qual... investigou a economia e a situação financeira da Alemanha. Não há nenhum documento que tenha saído de uma pena capitalista que constate com tal pessimismo direto a derrota do capitalismo e descreva com cores tão sombrias as suas contradições e fenômenos podres... Uma falência financeira da Alemanha, porém, repercutiria por sua vez sobre os países credores e provocaria o surgimento de novas catástrofes de amplitude mundial...
> Mas os ladrões imperialistas, que veem uma saída da crise em uma nova carnificina mundial, esquecem que, com as fúrias da guerra, eles desencadeiam ao mesmo tempo as forças da revolução...
> *Dokumente zur deutschen Geschichte, 1929-1933*, p. 49-50

Uma forma de pensamento masoquista transformou-se aqui em uma consciência estratégica; as folhas vão ao encontro da lagarta de maneira febril na esperança de que conquistem uma participação no eu-lagarta, contanto que se deixem devorar pacientemente. O que significam, afinal, "dois anos de Hitler", se *nós ascendermos* depois ao poder? Aquilo que Rathenau tinha descrito em 1912 de maneira visionária: manobras, ações diplomáticas, enganar descendo até o nível do "mascate", tudo isso se cumpria agora em grande estilo.

Em meio à crise, o carrossel dos estrategistas passa a girar cada vez mais

"O marechal e o braço direito — Lutem conosco pela paz e pela igualdade de direitos" — Novembro de 1933. Nova seriedade. O mal menor protege o mal maior.

rápido. Cada um dos que tomam parte na viagem projeta a partir de seu lugar no carrossel uma visão conjunta e, a partir dessa visão, desenvolve uma tática sobre como se poderia dominar o todo. A social-democracia apreende a cena conjunta como uma cena na qual o papel duplo de médico e de candidato a herdeiro está "condenado" a ser desempenhado no leito de doente do capitalismo. Os comunistas interpretam a situação como agonia do capitalismo, cuja morte não poderia ser senão uma questão de tempo; de tal modo que aquele que combate por um lado a magia curativa fascista, mas constrói ao mesmo tempo, por outro lado, sua base sobre o fato de que o fascismo incutirá no capitalismo a dose de veneno que dará ao "sistema" o resto e deixará para trás o Partido Comunista como herdeiro feliz, é justamente o agente que acelera o advento do colapso. Uns querem mitigar a crise, outros impeli-la ao ápice revolucionário.

Os dois não apenas fazem suas contas sem o dono da hospedagem, mas também sem os seus parasitas. Pois do lado oposto os fascistas e os burgueses, o instrumento e seu usuário, também induzem um ao outro em erro. Por um lado, grandes parcelas oriundas da direção da economia alemã se adéquam à linha nacional-socialista, porque acreditam que, para poderem manter o curso industrial e o curso do "interesse comum" ("tática de domesticação"), seria preciso agora seguir o curso ditado por Hitler. Este, por sua vez, sabe que precisa dar aos industriais a crença de que ele teria encontrado o instrumento que os levaria às *suas* metas políticas. Só se eles acreditassem nisto, ele poderia transformá-los, por sua vez, em instrumentos de sua visão global, fundindo a "economia" em seu "bloco" e em seu "corpo popular" duro como o aço; um corpo tão frequentemente evocado por ele que se levantará das sepulturas e dos sepultadores da Primeira Guerra Mundial, para rolar finalmente como vencedor radiante pelo país abruptamente subjugado. Em seguida, então, o tempo de fingimento de Hitler terá um fim: em seguida, ele poderá se tornar finalmente de maneira integral para o qual ele se sentia eleito pela "providência", o enviado dos mortos, dos ressuscitados, o espírito vingador. Ele, o "aventureiro" (Braun), o homem do tambor, o charlatão, em relação ao qual todos atestavam histeria e um talento para ator, revelou-se no carrossel dos táticos e semirrealistas como o único realista pleno, ou seja, como o único que soube perseguir suas metas não apenas como político, mas também como psicólogo e dramaturgo. Ele não praticava apenas a arte da ilusão, mas também via a necessidade de simular para aqueles que estavam prontos para a ilusão uma aparência de seriedade e idealismo. Sabia lidar com a vontade coletiva de ilusão, na medida em que arranjava os bastidores, nos quais cada um podia se deixar enganar à vontade: a aparência, na qual aquele que está pronto para o engodo pensa cair, lhe servirá, a ele o enganado, ao mesmo tempo como desculpa, e explicará, por fim, como é que tudo pôde no fim acontecer tal como aconteceu.

Epílogo
O choque pleural.
Sobre o arquétipo do riso de Weimar

> "Conheço a morte, sou um antigo empregado dela, as pessoas a superestimam, acredite em mim. Posso dizer ao senhor que não há quase nada aí... Viemos do escuro e retornamos ao escuro. Entre um ponto e outro há vivências, mas início e fim, nascimento e morte, não são vivenciados por nós, eles não possuem nenhum caráter subjetivo. Como processos, caem totalmente no campo do objetivo, e é assim que as coisas são."
> Este era o modo de o conselheiro consolar as pessoas...
> Thomas Mann, *A montanha mágica*

Fazem parte da imagem de Weimar estados espirituais que dizem respeito certamente ao sarcasmo e ao sentido irônico, mas não ao humor. Uma nação, que acabara de perder uma guerra e de ver tombarem nela dois milhões de homens, não consegue rir tão facilmente. O fato de uma das primeiras revistas satíricas depois da guerra, uma publicação Dada, ter podido se chamar *Der blutige Ernst* [A seriedade sangrenta], aponta a direção na qual seguirá a cultura do riso em Weimar. No riso desta década, a serenidade precisa passar por cima de cadáveres; e, por fim, as pessoas vão rir ao pensarem nos cadáveres *com esperança*. Quando Gustav Regler retornou a Berlim em 1929 de uma viagem para a França, ele ouviu pela primeira vez este novo riso, com o qual os senhores homens de 1933 se entregariam ao seu regime, aquele riso oriundo da força conquistada pela alegria, que retumbava dos sujeitos da luta e das próteses heroicas: Regler viu um corcunda, que carregava um tambor na frente da barriga, no qual ele martelava e cantava:

> Era uma vez um comunista
> que não sabia o que é um nazista,
> com isto ele entrou em uma casa marrom
> e saiu de lá sem os ossos! Hahahaha![222]

É muito difícil encontrar um riso público durante esses anos que não seja um riso ligado aos horrores e contra os inimigos, reais ou imaginários.

---

222. Regler, *Das Ohr des Malchus*, p. 158: "Vi, então, o que eu vendia: era o jornal redigido por Goebbels, *Der Angriff* [O ataque]. 'Assassinos à plena luz do sol', disse."

Ou era o riso das vítimas dispersas, que tentavam se elevar por meio dele a uma posição superior às ameaças, ou então daqueles que, à moda das pessoas que vendiam aos gritos os jornais nazistas, ridicularizavam de antemão as vítimas.[223]

Foi Thomas Mann que percebeu como nenhum outro o desafio ao humor que era apresentado pelas risadas cínicas. Já no início da República de Weimar, ele tentou penetrar no novo espírito do tempo depois do fim da era burguesa, oferecendo um conceito relativo ao que significava, afinal, viver em um mundo moderno e "acompanhar o tempo" sem se perder completamente em meio à adaptação à "novidade ruim". Nos ares das alturas de *A montanha mágica*, Thomas Mann levou a termo a sua confrontação com o espírito do tempo weimariano neocínico, não notado por muitos leitores, que acreditavam que essas conversas nas alturas de Davos não seriam outra coisa senão sagacidades derradeiras da burguesia cultural sem qualquer vínculo social. Em verdade, Thomas Mann debateu-se com a tarefa de apreender o espírito da adaptação, da colaboração e da afirmação, que caíra nessa década irresistivelmente nas águas navegáveis do cinismo, apresentando um "posicionamento positivo", que não se baseava na afirmação pseudossoberana dos dados mortalmente objetivos. De *A montanha mágica* emergem, como que pela última vez, imagens de uma humanidade que permanece engenhosa sem se tornar cínica. Uma última positividade se insinua, que ainda não é nenhum positivismo cínico. Trata-se de uma humanidade que não pode mais existir na "planície". A altitude de Davos corresponde à zona psíquica na qual se transcorre o drama da montanha mágica. Aqui, um humorista tenta novamente subir a um ponto mais elevado do que as mais altas elevações do cinismo, e qualquer um que escute nos discursos do grande cínico, do conselheiro Behren, o uivo dos cães da morte, se convencerá de suas elevações empolgantes. É ele que conduz o regimento e dá o tom nesse ar das alturas. Na montanha mágica impera o cinismo, e ele encontra-se antes de tudo nas engenhosas conexões da prosa de Thomas Mann, no fato de não se ter compreendido tão expressamente quão necessário foi esse livro, como a confrontação decisiva entre duas formas de "suspensão" e de ironia. Aqui, a tradição irônico-humorística mais antiga luta com a ironia moderna do "opa, estamos vivos!" Ao invés

---

223. Cf. O riso Dada, Capítulo 2; O riso de Hitler, Capítulo 5; O riso dos empregados, Capítulo 13.

O riso dos empregados, 1929.

do salto cínico na multidão, um irônico da escola antiga procura alcançar aqui a autoelevação acima da turba. Ele flerta, em verdade, com o moderno "caráter de lançado" e com o deixar-se impelir cínico, característico do espírito atual, pois mesmo o herói dessa história se entrega à sua aventura na montanha mágica e se deixa arrastar pela corrente do tempo nos ares das alturas; nele, porém, surge de qualquer modo algo que não é uma mera engrenagem sem travas, mas um pressentimento daquilo que se chamava antigamente "formação" — um halo de um si-mesmo mais elevado, de uma humanidade e de uma afirmação da vida em face de todas as tentações "dissolutas" da regressão e da morte.

Thomas Mann reteve ao menos três vezes a fisionomia dos risos de Weimar. E a cada vez o que está em jogo é uma risada, que se autonomiza e não pertence mais àquele que ri. Quando, como na montanha dos tuberculosos, o horrível e o risível se aproximam demais um do outro, irrompe uma risada, pela qual não somos mais responsáveis. Nós não rimos assim, enquanto ainda podemos responder por nós mesmos. Assim, algo ri em nós, quando repentinamente somos tomados por uma compreensão, que alcança uma dimensão mais profunda em nós do que pode perceber o nosso eu civilizado. É assim que ri, logo ao chegar, o herói da história, Hans Castorp, quando o seu primo lhe conta com a mais seca objetividade, como é que os cadáveres no inverno são transportados para a planície em um tobogã.

"Ora, escuta aqui!", disse Hans Castorp. E, de repente, começou a rir, a rir de maneira intensa e incontrolável, de uma maneira que abalou seu peito e transpôs seu rosto algo rígido por conta do vento frio em uma careta levemente dolorosa. "Em um tobogã! E tu me contas isto com toda a tranquilidade de espírito? Tu te tornaste completamente cínico nestes cinco meses!"

"De modo algum cínico", respondeu Joaquim dando de ombros. "Como assim. Tudo isto é indiferente para os cadáveres... Aliás, pode muito bem acontecer de uma pessoa se tornar cínica aqui entre nós. O próprio Behren é um velho cínico — um famoso pavão, dito *en passant*, um velho membro da sociedade de estudantes e um brilhante cirurgião. Ao que parece, ele vai te agradar. Mas há também Krokowski, o assistente — um sujeito muito arguto. No prospecto, há uma referência particular à sua atividade. Ele empreende justamente uma decomposição psíquica dos pacientes.

"O que ele faz? Decomposição psíquica? Isto é aviltante!", disse Hans Castorp, com a sua serenidade assumindo agora uma vez mais o controle. Ele não tinha mais nenhum domínio sobre ela. Depois de todo o resto, a decomposição psíquica teve este efeito sobre ele, e ele ria tanto que as lágrimas escorriam pelas mãos com as quais ele cobria os olhos... (p. 10-11)

Mais tarde, o tio James Tienappel, o cônsul, que apareceu na montanha mágica como visitante, também bufou de maneira semelhante, quando Hans Castorp contou a ele todos os elementos cotidianos da vida no sanatório, tais como tubérculos, pneumotomias, secções pulmonares e gangrena pulmonar. Ele pressente que se privavam as pessoas deste mundo de experimentar um estranhamento em relação a qualquer coisa.

O riso mais grandioso, mais assustador e mais tempestivo, contudo, é a risada obscena e diabólica de Anton Karlowitsch Ferge, uma risada causada por um *choque*. Essa risada quase lhe custou a vida, esse riso aviltante que irrompeu nele em meio a uma operação pulmonar. Tratava-se de um choque de pleura, tal como podem aparecer em intervenções deste tipo. Ouçamos o relato de Ferge sobre esta vivência "rabugenta", na qual aquele que ri não consegue mais se reconhecer em seu riso; como se um estranho precisamente estivesse quase morrendo de rir nele.

Os olhos cinzas benevolentes do senhor Ferge ampliaram-se e seu rosto ficou lívido. Isto acontecia todas as vezes que ele procurava falar sobre o que tinha ocorrido e que deve ter sido necessariamente horrível para ele. "Sem anestesia, meus senhores. Bem, alguém como nós não deveria suportar algo assim. Não é apropriado neste caso. A pessoa é capaz de conceber e de se encontrar como um ser racional em meio à questão. Mas o local não se estende a um ponto muito profundo, meus senhores, só a carne exterior o torna escuro. Quando se é aberto, só se sente uma pressão e um aperto. Encontrava-me com a face coberta, para que não visse nada, e o assistente estava me segurando pela direita, enquanto a enfermeira chefe fazia o mesmo pela esquerda. Tudo se deu como se eu estivesse sendo pressionado e apertado. A carne foi aberta e retida com pinças. Neste momento, porém, escuto o senhor conselheiro dizer: 'Assim!'; e, neste instante, meus senhores, ele começa a tatear a pleura com um instrumento obtuso — precisava ser obtuso, para que ele não furasse prematuramente: ele o tateou, para encontrar o lugar correto, no qual podia perfurar e deixar o gás entrar; e como ele o fez, como ele estava manuseando o instrumento em minha pleura — meus senhores, meus senhores! Isto estava acontecendo comigo, tudo estava no fim para mim... e tudo ocorreu para mim de um modo completamente indescritível. A pleura, meus senhores, não deve ser tocada, ela não pode e não quer ser tocada. Isto é tabu, ela está coberta com carne, isolada e inaproximável, de uma vez por todas. E, então, ele a descobre e a tateia. Meus senhores, neste momento, senti-me mal. Enojado, meus senhores — nunca tinha pensado que pudesse ter lugar um sentimento tão sete vezes atroz e vulgar como uma cadela no cio[224] sobre a terra, abstraindo-se apenas do inferno! Desfaleci — em três desfalecimentos de uma vez, um verde, um marrom e um violeta. Além disto, fedia nesta impotência. O choque de pleura jogou-me para o seio do sentido olfativo, meus senhores. Fedia de maneira absolutamente desmedida a ácido sulfúrico, tal como deve ser o cheiro do inferno. E em tudo isto eu me ouvia rir, enquanto eu sentia o cheiro. Eu não ria, porém, como um homem ri. Este foi o riso mais indecente e mais nojento que já ouvi em toda minha vida. Pois o ser tocado da pleura, meus senhores, fez com que eu sentisse cócegas da maneira mais infame, mais exagerada e mais desumana. É assim e não de outro modo que senti esta maldita vergonha e aflição, que é o choque de pleura. Que Deus amado vos poupe disto.

Thomas Mann, *A montanha mágica*,
Berlim, 1974, pp. 374-375

---

224. Peter Sloterdijk explicita no original o termo utilizado por Thomas Mann, o termo *Hundsfott*. Ele diz: "*Hundsfott* é um termo para designar a genitália da cadela; o adjetivo *hundsföttisch* significa: sem vergonha como cadela comum." Como não pudemos acompanhar inteiramente o original senão com uma locução explicativa, precisamos inserir o comentário de Sloterdijk em nossa nota de pé de página. [N.T.]

Conclusão
A caminho de uma crítica da razão subjetiva

O que hoje sucumbe cansado
Levanta-se amanhã renascido.
Algo permanece na noite perdido —
Toma cuidado, esteja atento e acordado.
J. F. v. Eichendorff, *Lusco-fusco*, 1815

Talvez seja apenas isto:
    meu coração atrai paulatinamente os abutres.
Para quem não vê mais país algum à esquerda,
    logo se apressa a terra a como um pneu gasto
girar em direção aos solos eternos do lixo —
Dudelidu! Só não vá logo correr
    para a mamãe com tuas devastações...
Peter Rühmkorf, *Autorretrato*, 1979

Logo no início da história da filosofia europeia, elevou-se um riso que negou o respeito ao pensamento sério. Diógenes Laércio narra-nos a história do protofilósofo Tales, o pai da filosofia da natureza jônica e o primeiro na série de homens que personificaram a razão ocidental em sua grandeza. Conta-nos como Tales deixou outrora sua casa em Mileto acompanhado por uma antiga serva, para se entregar ao estudo do céu. No meio do caminho, ele caiu em um buraco. "Neste momento, a mulher disse as seguintes palavras para aquele que a chamava: 'Tu não consegues nem mesmo ver o que se encontra embaixo de teus pés e te arrogas conhecer o que está no céu.'"

Essa brincadeira inaugura uma segunda dimensão da história da filosofia, amplamente invisível e subtraída à apreensão da história — a história da "suspensão" da filosofia. Trata-se mais de uma tradição de gestos fisionômico-eloquentes do que de uma tradição de textos. Não obstante, como tradição ela é tão densa e confiável quanto aquela, na qual foram escritas, repetidas e exercitadas as grandes doutrinas. Nessa tradição antes calada aparece uma quantidade de gestos firmes, que retornam através dos milênios com a força persistente do arquétipo e com a capacidade de transformação de motivos originários: um balançar cético da cabeça; uma risada maliciosa; um retorno dando de ombros às coisas que são naturais; um espanto realista quanto ao desamparo justamente daqueles que são mais engenhosos; uma insistência teimosa na seriedade da vida ante as guirlandas de palavras levianas da abstração. Aqui, aquilo que dá ao pensamento filosófico a sua grandeza é desvelado como expressão de uma fraqueza — como não-poder-ser-pequeno e como ausência do espírito do que há de mais manifesto.

No presente ensaio sobre a estrutura e a dinâmica dos fenômenos cínicos, contornos mais fixos foram dados a esta história. Contou-se como é que, no cinismo de Diógenes de Sínope, a risada sobre a filosofia se tornou filosófica. Gostaria de mostrar como, nas pantomimas e nos jogos com palavras do filósofo, nasceu do tonel a gaia ciência, que viu retornar a seriedade da vida falsa na seriedade falsa da filosofia. Com isso, começa a resistência satírica da existência conceitualmente ensinada contra o conceito arrogante e a aula abalofada, transformada em forma de vida. O Sócrates *mainomenos* corporifica em nossa tradição um impulsionador que denuncia a alienação idealista no instante de seu surgimento; chegou neste contexto ao ponto de inserir toda a sua existência como um argumento pantomímico contra as inversões filosóficas; não apenas reage de maneira extremamente sensível e grosseira aos absurdos morais da civilização mais elevada; também reconheceu pela primeira vez o perigo corporificado por Platão, o risco de que a escola venha a submeter a si a vida, de que a psicose artificial do "saber absoluto" venha a destruir o nexo vital entre percepção, movimento e compreensão e de que, na seriedade grandiosa do discurso idealista, não retorne outra coisa senão a seriedade, com a qual a vida mais desprovida de espírito se aferrola ao seu "cuidado", à sua "vontade de poder" e aos seus inimigos, "com os quais não se tem como brincar".

Nas brincadeiras antifilosóficas do filósofo Diógenes ganha forma uma variante arcaica de existencialismo, que Niehues-Pröbsting, com uma formulação muito feliz apoiada em Gigon, denominou o "impulso *kynikos*". Com ela, tem em vista a suspensão do filosofar na vida espiritual atual, vida esta orientada ao mesmo tempo pela natureza e pela razão. Dessa fonte emerge o existencialismo crítico da consciência satírica, que atravessa o espaço das filosofias europeias apresentadas de maneira séria como a sua diagonal secreta. Desde sempre, uma inteligência móvel e astuta em termos vitais já rivalizara com os discursos pesados dos teólogos, metafísicos, moralistas e ideólogos sérios.[225] Mesmo o dialeta violento em

---

225. Trata-se de uma inteligência "literária" no melhor e no mais amplo sentido. Na medida em

termos vocabulares Marx, que queria curar o mundo de seus equívocos, assim como o irônico desesperado Kierkegaard, que implodiu com o princípio da existência a falsa soberania do ter-compreendido-tudo — mesmo eles entraram como epígonos na tradição arcaico-originária da suspensão incessante da filosofia. Desde Marx, Kierkegaard e Nietzsche, somente aqueles esforços de pensamento que prometem estar à altura das suspensões irônicas, práticas e existenciais da filosofia têm ainda direito a uma escuta geral. Há mais de cem anos, a filosofia crítica não possui mais uma certeza de si suficiente, para continuar sem se deixar surpreender em suas ingenuidades sérias tradicionais. Por isso, desde então, ela está ocupada, por sua parte, em rivalizar com os realismos, dos quais ela tinha se queixado desde os dias da serva milesiana. O pensamento filosófico corporifica-se hoje em uma feira anual de autossuspensões e se volta em seu afã para a tentativa de fazer justiça aos realismos irônicos, pragmáticos e estratégicos. O risco de tais metamorfoses realistas é evidente: ele facilmente se transforma em uma tendência por substituir o ruim pelo ainda pior. É um caminho curto o que conduz da "suspensão" *kynikē* da filosofia para o autodesmentido cínico daquilo que a grande filosofia tinha corporificado em seus melhores aspectos.

Em contraposição à vida presa entre o mito e a cotidianidade encontrava-se outrora a filosofia como aquilo que, por meio de sua compreensão da "vida boa", de suas formas sociais e de suas premissas cósmicas, era inequivocamente o mais inteligente. Ela perdeu o seu prestígio, na medida em que perdeu a sua vantagem evidente em termos de astúcia em comparação com a "vida comum". Na transição das doutrinas arcaicas acerca da sabedoria para a filosofia argumentativa, esta mesma recaiu no lusco-fusco do alheamento em relação à vida. Ela precisou aceitar que as doutrinas autônomas sobre astúcia, próprias à pragmática, à economia, à estratégia e à política a excediam, até que ela se tornou infantil e acadêmica com as suas finezas lógicas e passou a se encontrar aí com as suas reminiscências de grandes ideais como a filosofia estúpida e utópica. A filosofia está hoje envolta por todos os lados por empirismos perfidamente astutos e por disciplinas realistas marcadas pela pretensão de saber melhor das coisas. Se essas disciplinas realmente soubessem o que é melhor, então talvez não se perdesse tanto com o declínio da filosofia. Como,

---

que a análise do cinismo *também* se mostra como filosofia da literatura, ela mede a distância entre as realizações da inteligência poético-literária e as discursivo-filosóficas.

porém, as disciplinas científicas atuais e as doutrinas relativas à astúcia se encontram todas sem exceção sob a suspeita de oferecerem um saber acerca do que torna tudo pior ao invés de um saber sobre o que torna tudo melhor, nosso interesse retorna para aquilo que não se legitimou até aqui da filosofia por meio de nenhuma suspensão. Em um mundo cheio de injustiça, exploração, guerra, ressentimento, isolamento e sofrimento cego, a "suspensão" da filosofia por meio das estratégias astutas de tal vida promove adicionalmente o surgimento de uma falta dolorosa de filosofia; essa falta é documentada entre outras coisas pela avidez neoconservadora por sentido do presente. A "vida falsa", que já se arrogava como tendo superado a filosofia e a metafísica, nunca compreendeu a contradição entre a filosofia e tal vida. Ela exige da vida aquilo que Tales tinha designado como "o que é difícil": conhecer a si mesmo.

Nesse ponto, invertem-se as ironias. A grande filosofia sempre levou a vida mais a sério do que a "seriedade da vida" levou a sério a filosofia. Sua postura fundamental em relação à vida sempre foi uma sobrecarga profundamente respeitosa: ela nos lembra capacidades imprevistas para a autoelevação. A distância firmemente estabelecida desde o "tempo axial" das culturas elevadas (ca. 500 a. C.) entre grandes e pequenos "espíritos" transformou-se no estímulo para os sistemas de exercício e as doutrinas de desenvolvimento filosófico-antropológicos. O clássico *conhece-te a ti mesmo* continha a suposição de uma autodelimitação disciplinar desconhecida até então, em uma ligação com uma elevação igualmente sem par de sua autocompreensão cósmica. A partir dessa altitude, a consciência cotidiana apareceu com os seus manejos práticos aprendidos, com sua convencionalidade asmática e com o seu desamparo ante os afetos como uma forma prévia nada séria e imatura da razão desenvolvida. A partir de então, a filosofia passou a lutar com a consciência cotidiana em torno de sua recusa parcialmente estulta, parcialmente astuta em se tornar *adulta* no sentido filosófico, ou seja, em se voltar conscientemente para "totalidades dotadas de sentido". Por isso, a filosofia clássica, centrada no *conhece-te a ti mesmo*, é, em essência, exercício e pedagogia. O mandamento do autoconhecimento visa a uma autoinserção de indivíduos reflexivos em totalidades sociais e naturais bem ordenadas — com a promessa inexpressa de que o homem pode se saber vinculado, mesmo onde as relações sociais aviltam todo e qualquer pensamento ligado a uma ordem racional, a um acontecimento racional mais profundo, cósmico-natural. Com o *conhece-te a ti mesmo*, a filosofia clássica prometia ao particular que ele descobriria no curso em direção ao interior um denominador comum para o mundo e para si mesmo. Dessa maneira, ela assegurou-se de uma obrigatoriedade inexcedível, que colocava de modo confiável o existir entre parênteses com o refletir. Por isso, em Tales, astronomia e autoinvestigação podiam seguir diretamente uma ao lado da outra. Enquanto a filosofia pôde acreditar em uma ressonância entre uma experiência do mundo e uma experiência de si, o *conhece-te a ti mesmo* pôde se entretecer e se transformar na enciclopédia do saber, assim como a enciclopédia pôde se reunir no *conhece-te a ti mesmo*. Os sistemas clássicos retiraram o seu *páthos* da certeza de que a experiência do mundo e a experiência de si precisavam convergir sob o signo do "absoluto". Elas puderam partir ainda do fato de que reflexão e vida, razão teórica e razão prática nunca poderiam se alienar totalmente uma da outra, porque todo conhecimento encontraria no autoconhecimento dos seres cognoscentes um último elemento regulativo.

Na modernidade colapsam os parênteses que no pensamento clássico mantinham juntas a reflexão e a vida. Fica cada vez mais claro para nós o fato de estarmos à beira de perder o denominador comum para a experiência de si e a experiência do mundo. Até mesmo o honroso postulado do autoconhecimento recai hoje sob a suspeita de ter sido ingênuo; e aquilo que se mostrou outrora como o ápice da reflexividade encontra-se hoje diante da impressão de não ter sido nada além de uma miragem surgida do abuso da metáfora da reflexão. De fato, boa parte dos conhecimentos objetivos atuais se destacou de toda ligação com um si-mesmo e se encontra em contraposição à nossa consciência naquela objetividade diferenciada, da qual nenhum caminho mais é "re"-fletido para uma subjetividade. No saber científico moderno, um *eu* não experimenta em parte alguma a si "mesmo", e onde esse eu ainda se curva sobre si, deixa para trás os elementos reais com a sua tendência manifesta para a interioridade desprovida de mundo. Assim, para o pensamento atual, interioridade e exterioridade, subjetividades e coisas se partiram e se transformaram em "mundos estranhos". Com isso, deixa de existir ao mesmo tempo a clássica premissa do filosofar. Os modernos passaram a compreender há muito tempo a sentença *conhece-te a ti mesmo* como um convite à egolatria de uma ignorância em fuga do mundo. A reflexão moderna recusa para si expressamente a competência, para assentar subjetividades sem quebras em mundos objetivos; o que se descortina é muito mais o abismo entre eles. O "si mesmo" sabe a si mesmo articulado de uma maneira misteriosa com o "mundo", sem que possa conhecer a si mesmo no sentido da cosmologia grega; e nenhuma instância "mediadora" como a psicologia social ou a neurofisiologia consegue alterar algo em relação a isso. A autorreflexão moderna não consegue mais, por isso, ir "para casa", apesar de todos os seus "revolvimentos". Os sujeitos não se sabem nem em "si", nem em seus mundos circundantes como estando "consigo em casa". Para o pensamento radical da modernidade desvela-se no polo-si-mesmo o vazio e, no polo-mundo, a estranheza; e, com a melhor das boas vontades, nossa razão não consegue imaginar como algo vazio deveria conhecer a si mesmo em algo estranho.

Movimenta-se aqui uma reflexividade por assim dizer não euclidiana, que não pode mais girar ela mesma em torno da mesmidade do si-mesmo. Se os movimentos de reflexão da filosofia clássica se deixaram retratar pela estrutura da odisseia homérica, na qual um herói, saindo a princípio de casa, retorna à casa depois de passar pelo desvio de mil descaminhos através de toda a esfera do mundo, a fim de ser *reconhecido* lá por sua mulher, ou seja, por sua "alma", como o mesmo, então as reflexões do pensamento moderno não encontram mais de maneira alguma uma "terra natal". Ou bem essas reflexões se movimentam agora em turbilhões desprovidos de essência e pobres de mundo que não saem do lugar, ou bem se projetam, como o judeu errante ou o holandês voador, sem esperança de chegar a um destino, em direção a um espaço cada vez mais alheio. O Odisseu de hoje já não encontra mais a sua Ítaca; sua Penélope já o esqueceu há muito tempo; e, se ela ainda desfizesse hoje o manto tecido durante o dia, por medo de que ele ficasse "pronto", então ela não impediria com isto a perda do rosto daquele ser "único", que poderia reaparecer em meio aos rostos de seus inúmeros pretendentes. Mesmo que Odisseu retornasse efetivamente para o lugar de onde saiu, não haveria nenhum reconhecimento, e o próprio ponto de partida precisaria se mostrar para ele como tão estranho quanto as outras regiões de sua odisseia. Para o sujeito, que modernamente "perambula como um vagabundo pela existência", não há mais nenhuma volta para casa, para o "idêntico". O que se nos mostrava como "próprio" e como "origem", quando nos voltamos sobre ele, desde sempre se tornou diverso e foi sempre perdido.

Em face desses desenvolvimentos, a pretensão da filosofia clássica de ser "mais séria" do que a mera vida não se sustenta. Desde que o pensamento moderno não teve mais confiança em realizar a tradução do autoconhecimento em conhecimento do mundo e da experiência do mundo em experiência de si, a filosofia precisou se retirar das teorias da "razão objetiva" para as teorias da "razão subjetiva". Com isso, retira-se a base do *páthos* arcaico da totalidade e a filosofia cai na insuficiência e na insustentabilidade aparentes do subjetivo. Em verdade, contudo, esse subjetivo fixou-se e desdobrou-se no processo de uma civilização moderna; e isso até o ponto em que podia conquistar em si mesmo tanto apoio quanto parecia necessário para a autoconservação. A "subjetividade" estendeu suas redes sobre os mundos dos "objetos" e transformou a primeira natureza superpotente em uma segunda natureza domesticada. Aqui reside a fonte da modernidade: a modernidade traz o desdobramento do "subjetivo" para o relativamente objetivo; do sem-apoio para aquilo que fornece o apoio para si mesmo; a transformação da selvageria do mundo naquilo que é feito e inteiramente pensado por nós. As filosofias modernas, que colocam para si a tarefa de conceber essas transformações, são aquelas que consideramos com razão as filosofias "racionais": filosofias sociais, filosofias científicas, filosofias do trabalho, filosofias técnicas, filosofias da linguagem; elas se articulam imediatamente com o produzir, agir, pensar e falar do subjetivo que se tornou seguro de si. Por isso, a filosofia, que não passa ao largo especulativamente das estruturas do mundo moderno, é, segundo as suas bases, filosofia prática. Enquanto tal, ela precisa equiparar o inteligível do mundo com o racionalmente factível, pensável, comprovável e dizível. Na teoria da razão subjetiva, o mundo é sintetizado e transformado no conteúdo de *nosso fazer*. A subjetividade virou-se completamente para a práxis.

A miséria evidente da moderna filosofia prática, que gostaria tanto de ter levado a termo algo plausível, sobretudo uma ética universalmente obrigatória e rigorosamente fundamentada (e que não o conseguiu por nada deste mundo), não é, porém, nenhuma outra senão a miséria da razão subjetiva em geral. Essa razão só encontra apoio em si mesma, na medida em que prossegue ininterruptamente o seu curso ativista e tempestuoso da "práxis". A razão moderna vê-se a si mesma amarrada nas costas do tigre da práxis. Enquanto esse tigre segue seu caminho calculável, a razão subjetiva permanece no equilíbrio relativo; mas ai de nós, quando ele recai em suas crises notórias e, em face de resistências ou de uma presa vantajosa, enlouquece. Assim, ele faz com que o cavaleiro da práxis perceba que não se coloca mais sob controle um animal de rapina dessa estirpe apenas com tranquilizantes éticos. A filosofia prática seriamente empenhada desenvolve-se, por isso, involuntariamente, e se transforma em um seminário para o gerenciamento moderno de tigres. Negocia-se a alternativa de saber se seria possível falar racionalmente com a besta ou se seria melhor fugir, ainda que se precisasse sacrificar à besta sistemática e ensimesmada alguns dos cavaleiros antes prescindíveis. Em meio a essas conversas de domesticação da razão subjetiva com o tigre da práxis, o cinismo está inexoravelmente em jogo; o cinismo que dá a entender, piscando o olho, em meio ao apelo à razão, que as coisas não tinham sido visadas de maneira tão séria assim. Além disso, a aparência fala em favor dessa visão; onde quer que o pensamento precise quebrar a cabeça, sobretudo quanto aos projetos da práxis desencadeados por ele mesmo, projetos esses que se tornaram autônomos, é neste ponto que a razão subjetiva também é ironizada enquanto razão e só continua se mostrando como suspeita e como uma subjetividade que se precipita em direção ao que está à sua frente. O filosofar moderno outrora tão certo de si encolhe-se em meio a um racionalismo circense, que se apresenta de maneira aflitivamente desamparada em seus esforços por alcançar a roupagem do tigre da práxis. Se os filósofos também se tornam com o tempo eles mesmos um pouco estranhos em meio a esse negócio, então não é de se espantar que isso aconteça, tendo em vista o estado das coisas. Para tornar plasticamente intuível o elemento curioso da filosofia, é preciso pensar em um episódio antigo. Certa vez, tendo recebido como presente dois elefantes de um marajá indiano, um príncipe diádoco grego mandou que levassem como retribuição ao marajá indiano dois filósofos muito racionais.

 Sob a meia-luz do Esclarecimento tardio, ganha em perfil a intelecção do fato de que nossa "práxis", a qual sempre tínhamos considerado como a filha mais legítima da *ratio*, em verdade representava o mito central da modernidade. A desmitologização da práxis, que se tornou assim realizável, impõe correções radicais na autocompreensão da filosofia prática. Essa filosofia precisa agora ter clareza sobre o quanto tinha caído sob o domínio do mito do ativo e o quão cegamente não se tinha entregado ao seu laço com o ativismo e o construtivismo racional. Nesse obnubilamento, a razão prática não conseguiu ver que o conceito mais elevado de comportamento não se chama *fazer*, mas *deixar de fazer*, e que ela não alcança o seu extremo quando reconstrói as estruturas de nosso *fazer*, mas quando penetra nas relações entre *fazer-e-deixar-de-fazer*. Todo agir ativo inscreve-se nas matrizes do passivo; todo agir disponibilizador permanece articulado com o elemento maciço estável próprio ao indisponível;

toda transformação é suportada concomitantemente pela persistência confiável do inalterado; e tudo o que é calculável baseia-se no calço imprescindível do incalculavelmente espontâneo.

Aqui, é preciso resgatar a mais moderna reflexão sobre o *conhece-te a ti mesmo* clássico. Em um movimento de pensamento quase neoclássico, ela nos conduz para o ponto no qual se torna reconhecível como é que nosso si-mesmo ativo, produtivo e reflexivo ainda é admitido em um si mesmo que deixa ser um si mesmo sobre o qual ele não pode dispor a partir de nenhum fazer. Todas as subjetividades, competências, ativismos e ilusões de agente ainda são suportados por esse elemento mais profundo; e por mais verdadeiramente que nosso ser ativo pertença à nossa essência, ele tem de qualquer modo no fundo a estrutura de um deixar-fazer-se. Desde a sua elaboração por meio do Esclarecimento, a intelecção de que a "factibilidade" se choca com limites estruturais perdeu o tom contraesclarecido e não desemboca de maneira alguma obrigatoriamente nas maliciosas filosofias da impotência, com as quais o conservadorismo eclesiástico empreende há muito os seus negócios. Agora, pode se mostrar o fato de que *ratio* e *práxis* não se copertencem exclusivamente, mas que em uma não práxis, em uma ação de inação, em um deixar acontecer e não intervir, podem se expressar qualidades intelectivas mais elevadas do que em todo e qualquer fazer, por mais inteiramente pensado que ele seja.

Uma última vez é preciso citar a nossa testemunha chave, Diógenes de Sínope, o *clochard* iluminado, o patético natural irônico e autossuficiente, que instituiu com a sua "sobriedade" um modelo daquelas virtudes da inação europeias arcaicas, das quais a modernidade se afastou com o seu *éthos* da autoafirmação maximamente ativa de maneira tão radical quanto possível. Entre as inúmeras anedotas que documentam o seu impulso doutrinal, reluz de maneira abissal e brilhante uma em particular:

> Ele louvava aqueles que queriam casar e não casavam, aqueles que queriam sair por aí velejando e não o faziam, aqueles que queriam ser ativos como políticos e deixam para lá, aqueles que queriam ensinar as crianças e não ensinavam, aqueles que se aprontavam para servir aos príncipes e se abstinham de fazê-lo. (Diógenes Laércio, VI/29)

Vem à tona aqui um componente enigmaticamente oriental, sim, asiático, no sentimento de mundo deste homem, um componente que tinha se transposto do canto distante do mar Negro para a metrópole ocidental de Atenas. Indica-se com ele o seguinte: onde não fazemos nada, não há nenhum tigre a caminho, das costas do qual seria tão difícil descer; quem consegue deixar de fazer não tem atrás de si nenhum projeto autonomizado; quem exercita a práxis da abstenção não recai em um automatismo do prosseguimento de ativismos desencadeados. Na medida em que Diógenes, como se encontra formulado, colocava "a natureza contra a lei", ele antecipou o princípio da autorregulação e restringiu as intervenções ativas a uma medida "consonante com a natureza"; imbuído pelo brotar espontâneo das estruturas, ele confiava na *entelekheia* e rejeitava os "projetos". No entanto, por mais que o *kynismos* antigo, com a sua convicção socrática da possibilidade de aprendizado da virtude, parecesse apostar no empenho do "sujeito", ele sabia muito bem que somente por meio do deixar de fazer e da serenidade a razão subjetiva se tornaria capaz de acolher em si uma razão "objetiva". O grande pensar dos antigos enraíza-se na experiência de uma serenidade entusiástica, quando, no ápice do ter pensado, o pensador dá um passo para o lado e se deixa penetrar pelo "mostrar-se" da verdade. A abertura humana para aquilo que nós hoje denominamos — ao mesmo tempo compassivos e nostálgicos — "razão objetiva" fundava-se para os antigos na "passividade cósmica" e na observação de como é que um pensamento radical pode resgatar seu atraso inevitável na relação com o mundo previamente dado e, por força da experiência do ser, alcançar a mesma altitude que o "todo". Isso desemboca nas temeridades clássicas da razão mundana ou do *logos* que, para falar com Heidegger, deixam que o ser mesmo "dê a pensar" o que é digno de pensamento.

O fato de a modernidade ter precisado se despedir de teorias da razão objetiva segue-se da ligação fundamentalmente transformada com o mundo que é própria do pensamento moderno. A razão subjetiva experimenta como uma presunção insuportável, quando as doutrinas do *logos* exigem de nós que abandonemos nossos "próprios interesses" e nos insiramos em um grande "todo" — por exemplo, tal como as partes de uma totalidade benevolente, que cuidaria de todos, teriam de se subordinar a essa totalidade. É impossível para nós continuar pensando na subjetividade em sua relação com o mundo segundo o paradigma da parte e do todo; o subjetivo compreende-se inexoravelmente como um "mundo por si", e mesmo que tenhamos precisado abandonar a ideia harmônica do indivíduo como um espelho microcósmico do macrocosmo, a subjetividade moderna continua sendo insigne como um microcaos obstinado em uma confusão de elementos impenetrável para conceitos racionais. Nós nos especializamos essencialmente na subjetividade porque, mesmo que quiséssemos, não poderíamos acreditar no sentido e no querer bem de um todo. Dito de maneira drástica, nós nos subjetivamos como sujeitos, porque experimentamos o todo como esgarçamento, a natureza como fonte de terríveis privações e o mundo social como guerra mundial. Foi isso que despertou na consciência moderna um ouvido desconfiadamente aguçado contra as doutrinas impertinentes da totalidade, com as quais a miséria do mundo deveria ser oferecida como harmonia e as requisições vitais individuais deveriam ser convencidas ao autossacrifício. As teorias tradicionais de uma razão objetiva estão comprometidas pelo fato de terem sido desvendadas como ardis a serviço das ordens dominantes. Elas deveriam persuadir os membros das sociedades à internalização de suas vítimas em favor das totalidades sociais que, de qualquer modo, permanecem por fim na maioria das vezes tão inexoravelmente contra os indivíduos que seria natural pensar que talvez não tivesse havido jamais suas vítimas. Não foi por acaso que o Esclarecimento começou com o ceticismo em relação à efetividade das vítimas religiosas e com o desmascaramento do engodo sacerdotal dos sacrifícios. Se tal suspeita chega algum dia a se calcificar, então os indivíduos não chegam mais a pensar em "se" sacrificar ou a sacrificar "algo" de si. Foi o Esclarecimento moderno que nos ensinou a retroagir passo a passo o processo de internalização das vítimas, até que nossas vidas venham à tona em uma singularização deslumbrante, não sacrificada, mas também não ligada com o "grande todo" impossível — como um agregado da pura vontade de vida nos equipamentos da razão subjetiva, que não se contenta mais com nada e exige tudo da existência.

Em sua desmontagem legítima das grandes pinturas do mundo da razão objetiva, o Esclarecimento corre o risco não apenas de destruir os subterfúgios ideológicos do engodo sacrificial, mas também a herança de uma consciência passiva; e isso sem que a razão prática possa ser nenhuma razão efetiva. Em seus melhores instantes, o pensamento clássico "logocêntrico" também soube que suas visões da razão "objetiva" do mundo não podiam ser impostas em uma ação consequente de pensamento, mas precisava cintilar como momentos de felicidade, quando "o possível é feito" e o nexo maior entre fazer e deixar de fazer se torna visível. Por isso, quando emerge seriamente o pensamento em totalidades inundadas racionalmente, o pensador atesta que conhece, para além de seus esforços ativos, a razão passiva de um deixar de fazer integrador. Portanto, a ideia de que o todo do mundo seria um processo sinfônico também pode ser lida como o índice da capacidade subjetiva para o relaxamento extremo em uma relação mundana não mais afinada pela hostilidade. Quem consegue se "deixar levar" em meio a uma estrutura cósmica como se estivesse em sua terra natal não se dispõe a uma automutilação em favor de um todo-*moloch*, mas a um fluir para o interior do possível e a um conservar--se e elevar-se livre da existência. A este movimento corresponde evidentemente também o interesse racional mais subjetivo.

Aqui se inicia o que não gostaria de chamar de dialética, mas de ironia do Esclarecimento. Com o seu curso ativista tempestuoso, próprio daquele que faz por si mesmo, daquele que planeja por si mesmo e pensa por si mesmo, o Esclarecimento foi durante dois séculos tão exitoso que quase não suporta mais entrementes o seu sucesso. Lá onde a razão subjetiva moderna cai na engrenagem dos interesses subjetivos, a razão vai ironicamente por água abaixo; por outro lado, lá onde a razão subjetiva promove algo racional, as subjetividades passam para o pano de fundo. A subjetividade *empírica* está no mínimo tão distante da *razão* subjetiva quanto esta razão subjetiva está distante de uma razão "objetiva". Vistas a partir da "mera vida", tanto uma quanto a outra são exageradas "idealisticamente". Na realidade social, a razão subjetiva é cobrada pela razão privada e puxada por sua bela universalidade para baixo, para o solo de mil cálculos particulares colocados caoticamente uns contra os outros. Torna-se patente hoje o fato de que as construções modernas de uma razão subjetiva não eram menos utópicas do que as visões antigas e medievais de uma razão objetiva. Pois a razão subjetiva não é outra coisa senão um sujeito universal coerente. De acordo com isso, vaga através do pensamento moderno o fantasma de um "sujeito conjunto", que portaria em si todo o potencial racional da espécie. O universalismo iluminista é nesse caso tão ambicioso quanto o podia ser um pensamento voltado para o todo. Ele vive da ideia da mediação comunicativa total, na qual todas as determinações privadas se fundiriam em um diálogo planetário. Sem o seu cerne comunicativo patético, a razão subjetiva não podia contrapor nada ao seu apequenamento sob a forma da razão privada a serviço de egoísmos individuais, de egoísmos de grupos e de sistemas. Somente com o recurso prévio a um entendimento universal, o Esclarecimento pôde abstrair-se da guerra dos cálculos particulares e se salvar no universal. Desde que dissolveu a comunicação social sob o signo do mito, o Esclarecimento precisou apostar no mito da comunicação. Nela, os cálculos particulares combativos foram tão amaciados e retidos para a distensão que passaram a poder fluir para o interior de acordos racionais. Surgiu, com isso, uma estrutura semelhante àquela que foi observada na relação entre indivíduo e razão objetiva. Somente por meio do vir-a-ser conscientemente passivo e sereno dos indivíduos é que o universal avança em relação ao particular, o objetivo em relação ao subjetivo, a experiência em relação à mera representação. Só aquele que levou a termo em uma passividade clássica e em uma flexibilidade profunda diante do universal o primado do processo de entendimento ante as motivações de seus participantes pode prometer para si algo racional da comunicação. Se não, por mais que houvesse entendimento, a única coisa que viria à tona seria o fato de que não é possível se entender. Se não-poder-se-submeter é um traço estrutural da autonomia do sujeito moderno, então a razão subjetiva precisa poder exigir ao menos que os sujeitos se submetam ao primado da comunicação em face daqueles que se comunicam e das experiências em face das "necessidades"; se não, ela seria carta fora do baralho como razão.

A crítica da razão cínica mostrou como é que os "sujeitos" que se revelaram ao mesmo tempo duros e flexíveis nas compulsões existenciais e sociais à luta deram em todos os tempos friamente de ombros para o universal e não hesitaram em revogar todos os ideais culturais elevados, quando o que estava em jogo eram as questões relativas à autoconservação. A "razão combativa" é desde o princípio uma razão ativista e desprovida de serenidade, que não se deixa por preço algum diluir e que nunca se submete em geral a um primado do comum, do universal e do abrangente. Sob tais condições, limites aflitivamente estreitos são estabelecidos para os esforços da filosofia prática. A razão prática, que tenta dirigir os impulsos das subjetividades, se choca como que em vão contra a insistência em si inamolecível de milhões de centros fragmentados da razão privada. Esses centros querem subordinar toda racionalidade a condições privadas e se estabelecem, como se o Esclarecimento não tivesse mais nada a procurar em certos lugares reservados, nos quais os cálculos comuns acontecem. A razão subjetiva que regrediu à condição de razão privada sempre porta em si uma *vontade de noite* (Ernst Weiss), um astuto não querer saber nada sobre contextos, um tornar-se inacessível para suposições gerais e um refinado endurecimento estratégico da vida contra todos os cantos de sereias da comunicação e da reconciliação. Sim, os cálculos particulares "sérios" podem se meter ocasionalmente em "negociações". No entanto, onde quer que os parceiros de diálogo olhem por cima dos ombros as estratégias internas, a "comunicação" também se acha aí estrategicamente pervertida. Uma comunicação produtiva se subtrai à factibilidade calculadora e tem, onde consegue se estabelecer, a estrutura de um deixar-se-comunicar. A análise do cinismo, em contrapartida, descreve as interações de subjetivismos não distendíveis, de centros extremamente equipados da razão privada, de conglomerados de poder armados até os dentes e de sistemas da hiperprodução apoiados cientificamente. Todos eles não pensam, nem mesmo em sonho, em se curvar a uma razão comunicativa. Ao contrário, eles querem submeter essa razão comunicativa por meio de simulações de comunicação às suas condições privadas.

Sob o peso do sofrimento das mais modernas crises, membros de nossa civilização se veem obrigados a repetir de maneira quase neoclássica o *conhece-te a ti mesmo* e descobrem aí a sua incapacidade sistemática para *a* comunicação, que poderia garantir uma verdadeira distensão. O subjetivo, que não consegue se "refletir" em nenhum "todo", encontra-se, contudo, uma vez mais em inúmeras subjetividades análogas que, de maneira semelhantemente desprovida de mundo e fechada, nunca perseguem senão o seu "próprio" e que, onde interagem com outras subjetividades, só estão ligadas entre si em uma "cooperação antagônica" de maneira frágil e revogável. O *conhece-te a ti mesmo* renovado produz uma imagem de autoconservação incurável, que é reintrojetada para todo e qualquer "si mesmo" por todos os outros de modo impiedoso. Portanto, é pelo fato de as lutas por autoconservação da razão subjetiva privatizada, internas e externas, tanto psicológicas quanto tecnológicas, tanto no âmbito próximo quanto nas esferas políticas, terem trazido à tona os mesmos isolamentos do sujeito, os mesmos congelamentos, os mesmos subjetivismos polêmico-estratégicos e o mesmo desmentido hábil dos ideais morais elevadamente culturais, que a experiência de mundo e a experiência de si, apesar de toda cisão, convergem na modernidade. Procurei desenvolver uma linguagem na qual se pudesse falar sobre as duas esferas com as mesmas expressões; na análise do cinismo, a linguagem da experiência de si está sincronizada uma vez mais diretamente com a linguagem da experiência do mundo — supondo que o que queríamos era dar voz de maneira extremamente honesta ao lado do si mesmo, e de maneira intransigentemente clara ao lado do mundo.

Ao menos o fato de a análise do cinismo ter por meta uma crítica da razão subjetiva, sem que quiséssemos retornar diretamente às ilusões perdidas de uma razão objetiva, deve ter ficado patente. Querer um tal retorno seria combater uma falsa seriedade com outra. Por isso, a crítica da "razão cínica" argumenta de maneira imanente e "dialética"; ela recapitula em uma visão panorâmica sobre o curso do Esclarecimento as contradições internas desse movimento, repetindo o "trabalho" irônico "junto ao superego", ou melhor, o "trabalho" combatente "junto ao ideal", trabalho esse que precisou acontecer inexoravelmente sob o predomínio de subjetividades estratégicas em sociedades de classes e em sociedades militares. Nesse caso, o que nos ocupa é a "luta cultural" em torno dos grandes ideais, cuja validade ou iniquidade decide quanto à consistência ou à decadência de uma integridade pessoal e coletiva: coragem heroica; legitimidade do poder; amor; medicina; elogio do vivente; verdade; autenticidade; obediência à experiência; justiça na troca. Nesta série, temos os diversos mundos valorativos com as suas quebras e lutas internas fenomenologicamente delineados. É preciso ter levado a sério algum dia esses ideais de maneira irrestrita, para poder reconstruir o drama de sua reclamação satírica por meio da resistência *kynikē* e da tragicomédia de seu autodesmentir por meio do mais sério cinismo da vontade de poder e de lucro. Quem nunca respeitou tais ideais e nunca se orientou, ele mesmo marcado pelo lusco-fusco, por sua ambiguidade, não vê sua atenção atraída para a necessidade das questões aqui levantadas: de onde emergem as ambiguidades e que experiências são essas que acabaram por turvar a luz do Esclarecimento que outrora "parecia" tão desprovida de problemas, transformando-a em um lusco-fusco superproblemático da modernidade tardia? Assim, a crítica da "razão" subjetiva como a crítica da razão estratégica, tanto da razão estratégica quanto da cínica, conduz através de uma Odisseia multifacetadamente tragada das ambivalências, cujas linhas se enredam, quanto mais nos aproximamos do presente, em uma complexidade cada vez mais ameaçadora.

"*Sapere aude*! Tem coragem de te servir de teu *próprio* entendimento! Este é, portanto, o lema do Esclarecimento" — foi assim que Immanuel Kant formulou em seu célebre ensaio *O que é Esclarecimento?*, de 1784, o lema da doutrina da razão subjetiva moderna ainda segura de si. Com um otimismo cético, ele se arroga a capacidade de fazer frente por meio de esforços subjetivos às tendências do mundo que "ainda" não obedecem aos critérios de medida da razão. O poder saber por si mesmo, ao qual Kant nos conclama, apoia-se na qualidade vital de uma coragem, para a qual é estranho o desespero moderno em relação às "condições". Quando Kant também nos proíbe de pensar em "finalidades objetivas" na natureza, seu filosofar não se orienta, em verdade, por uma razão do mundo superordenada, mas pela confiança de que a razão pode ser inserida por nós nas relações mundanas. Secretamente, o Esclarecimento clássico também conta com o fato de a "natureza das coisas", tal como se ela estivesse preparada para obedecer às nossas finalidades, já ter percorrido a maior parte do caminho ao ir ao encontro dos esforços da razão subjetiva. Na medida em que liga o uso da razão estreitamente à confiança corajosa, Kant revela que — apesar de a razão dever ser restrita de maneira crítica e discreta às realizações da subjetividade — confia em um grande e silencioso "vir ao encontro" da razão por parte da natureza, apesar de sua postura pessoal crítica com relação ao mundo. A coragem é que torna possível considerar o pensamento do Esclarecimento a partir da condução racional das relações mundanas. Ele aponta para o *deixar*, no qual mesmo o *fazer* do Esclarecimento precisa se saber estruturalmente assentado. Onde o Esclarecimento promete para si *sucesso*, ele tem a estrutura de um deixar-se-pensar-e-fazer espontâneo e corajoso, que confia no fato de que nosso conhecimento e nosso fazer não se precipitam de maneira cegamente subjetiva sobre todas as tendências do real, mas estão antes ligados de modo criativo e objetivamente obediente às ambições e às forças do mundo, para finalmente "fazer mais", no sentido de uma finalidade racional.

Em face das catástrofes mundiais ocorridas e ainda ameaçadoras, o atual sentimento vital historicamente frustrado pode não acreditar mais propriamente nisso. Com frequência, mostra-se extremamente desagradável se "servir do próprio entendimento". Como perderam amplamente a sua coragem racional, os herdeiros do Esclarecimento estão hoje nervosos, duvidam de tudo e se mostram forçosamente desprovidos de ilusões no caminho que leva ao cinismo global; somente sob a forma do escárnio e da revogação, alusões aos ideais da cultura humana parecem ainda suportáveis. O cinismo, como uma *falsa consciência esclarecida*, tornou-se uma astúcia dura e turva que cindiu a coragem em si mesma, que considera *a priori* toda positividade um engodo e que procura apenas seguir adiante de algum modo. Quem ri por último, ri como no choque da pleura. A consciência cínica retira a soma das "experiências ruins" de todos os tempos e só deixa ainda vigorar a unidade sem perspectivas dos fatos nus e crus. O cinismo moderno é o novelo no qual se entretecem todos os "movimentos de serpente de uma doutrina imoral da astúcia" (Kant, *À paz perpétua*). Na atitude neocínica consumam-se processos de aprendizado histórico-mundiais da amargura. Eles cunharam em nossas consciências doentes de tantas experiências os rastros da frieza de troca, das guerras mundiais e do autodesmentir dos ideais. Opa, estamos vivos; opa, nos vendemos; opa, nos armamos; quem morre mais cedo economiza benefícios de aposentadoria. Assim, o cinismo garante a reprodução ampliada do passado no mais novo nível do respectivamente pior. Por isso profecias de um autoproduzido declínio do mundo a curto prazo têm uma conjuntura tão grande; "tem coragem de te servir de tua própria bomba". O realismo cinicamente desencadeado diz a verdade como que com febre e com advertências para nós. Em momentos angustiados e macabros de embriaguez, os subjetivismos marcados pelo pânico atravessam os meios de comunicação e falam do final dos tempos: "Nota bem, nota bem, o tempo é estranho/ E estranhos filhos ele tem: nós." Nós não nos tornamos como Descartes nos concebeu? A *res cogitans* nos mísseis inteligentes? A coisa para ti cindida em meio aos seus iguais? Nós somos o eu-metal, o eu-nêutron, nós somos os cidadãos do abrigo antibombas, os sujeitos-da-artilharia, os aposentados-dos-mísseis, os acionistas-dos-canhões, os cavaleiros do apocalipse da compulsão objetiva e os pacifistas fantasmas, que fazem propaganda com a ética do estilo livre em nome da coisa melhor. Só a mais elevada sem-vergonhice tem ainda palavras para a realidade. Só a negligência anárquica encontra ainda uma expressão para a normalidade contemporânea. Tal como acontece desde os tempos de Diógenes, os suportes do sistema perderam sua autoconsciência para os aparentemente loucos. Eles parecem agora só ter a escolha entre a falsa autoexperiência do suicídio coletivo e o suicídio da falsa subjetividade na experiência real de si.

Sapere aude! Este continua sendo o lema de um Esclarecimento que também resiste em meio ao lusco-fusco dos mais modernos perigos da intimidação por meio do catastrófico. É só a partir de sua coragem que pode se desenvolver ainda um futuro que seja mais do que a reprodução ampliada do pior dos passados. Tal coragem nutre-se das correntes que se tornaram tão tênues da lembrança de um poder-estar-em-ordem espontâneo da vida que não tenha sido feito por ninguém. Com um intuito terapêutico, onde as antigas doutrinas tentaram falar de uma "razão objetiva", elas também queriam nos lembrar de que, em um mundo inteiramente "alienado" desde o começo da era da cultura elevada, as coisas talvez possam voltar a fluir e a alcançar a sua ordem, se nós nos desarmarmos como sujeitos e abandonarmos os ativismos destrutivos e travestidos de seriedade em proveito do deixar-ser.

Será que ainda se pode efetivamente dizer algo assim hoje em dia? O laço de nossa racionalidade com o "realismo" e o cinismo já não está secretamente tão solidificado que a racionalidade não quer mais saber de razão nenhuma que não a ativista? Com esta questão, nossa investigação enquanto investigação crítica chega a seu fim. O que seria preciso ainda acrescentar? Entrariam agora experiências em jogo para as quais só podemos apontar obscuramente, sem que provas nos auxiliem; sobre aquilo que não se pode argumentar, dever-se-ia narrar em uma melhor ocasião. Trata-se de experiências para as quais não consigo encontrar nenhuma outra palavra senão a exaltada palavra sobre a vida bem-sucedida. Em nossos melhores instantes, quando diante de um grande sucesso, quando mesmo o *fazer* mais enérgico é absorvido no *deixar-ser* e a rítmica do vivente nos porta espontaneamente, pode ser que se anuncie de repente a coragem como uma clareza eufórica ou como uma seriedade maravilhosamente serena em si. Essa seriedade desperta em nós o presente. Nele se eleva a lucidez de uma vez só ao nível do ser. Destemido e com clareza, cada instante toma seu espaço; tu não és diverso dessa clareza, desse frescor, desse júbilo. Experiências ruins se retraem diante das novas ocasiões. Nenhuma história te torna velho. As indelicadezas de ontem não obrigam a nada. Sob a luz de tal presença do espírito, rompe-se a via das repetições. Cada segundo consciente aplaca o que se deu de maneira desesperançada e se torna o primeiro passo de uma outra história.

Referência bibliográfica e agradecimentos

Como devo a uma obra sobre o problema do cinismo mais do que uma mera nota de pé de página, gostaria de apontar particularmente para o melhor estudo de história das ideias que existe sobre este tema: o livro de Heinrich Niehues-Pröbsting, *Der Kynismus des Diogenes und der Begriff des Zynismus* [O *kynismos* de Diógenes e o conceito de cinismo], Munique, 1979; ele oferece, além disso, orientações bibliográficas de grande valor. De resto, os traços fundamentais das teses dispersas no presente livro podem ser consultados a partir de um artigo do mesmo autor voltado para uma nova interpretação de Nietzsche: H. N. P., *Der "Kurze Weg": Nietzsches "Cynismus"* [O "caminho curto": o *cinismo* de Nietzsche], In: *Archiv für Begriffsgeschichte*, vol. XXIV, caderno 1, Bonn, 1980, p. 103 et seq.

Ao professor Jochen Schulte-Sasse (Minneapolis) devo estímulos valiosos para a compreensão de estruturas relativas às formações ideológicas neoconservadoras nos Estados Unidos da América, estímulos que entraram de maneira mediada em minhas construções do conceito de cinismo e na figura de pensamento do autodesmentir. O prof. Karl-August Wirth (Munique) auxiliou-me da maneira mais afetuosa possível na escolha de algumas ilustrações.

Por fim, gostaria de agradecer aos meus amigos que, com suas concordâncias e discordâncias, com seu apoio e suas críticas, estão presentes nas linhas e entrelinhas desta obra.

Créditos das ilustrações

p. 41: Franz Wilhelm Seiwert; Städtisches Kunstmuseum, Bonn; p. 48: Ullstein Bilderdienst, Berlim; p. 65: Espólio Heinrich Hoerle; Museum Ludwig, Colônia; p. 80: Diözesanmuseum, Estrasburgo; p. 83: Liebighaus, Frankfurt; p. 108: Ullstein Bilderdienst, Berlim; p. 120: Palazzo Poggi, Bolonha; 131: Elisabeth Scholz, Waldkirch; Von der Heydt Museum, Wuppertal; p. 148: Ullstein Bilderdienst, Berlim; p. 168: VG Bild-Kunst, Bonn; Städtische Galerie im Lenbachhaus, Munique; p. 172: Ullstein Bilderdienst, Berlim; p. 190: Gertrud Heartfield, Berlim; p. 202: Ullstein Fernsehdienst, Berlim; p. 206: Süddeutscher Verlag Bilderdienst, Munique; p. 208: A.D.A.G.P., Paris e COSMOPRESS, Genebra; p. 227: Ullstein Bilderdienst, Berlim; p. 229: Süddeutscher Verlag Bilderdienst, Munique; p. 231: Staatliche Graphische Sammlung, Munique; p. 246: Ullstein Bilderdienst, Berlim; p. 259: Ullstein Bilderdienst, Berlim; p. 274: SIAE, Roma; p. 276: Société Civile Man Ray, Paris; p. 281: VG Bild-Kunst, Bonn; p. 311: Rudolf Schlichter; p. 352: United Artists; p. 367: VG Bild-Kunst, Bonn; Museum of Modern Art, Nova York; p. 375: SPADEM, Paris; p. 404: Dagni Gulbransson, Tegernsee; p. 455: Dagni Gulbransson, Tegernsee; p. 457: Diogenes Verlag, Zurique; p. 459: SPADEM, Paris; p. 508: A.D.A.G.P., Paris e COSMO-PRESS, Genebra; p. 531: VG Bild-Kunst, Bonn; p. 572: VG Bild-Kunst, Bonn; p. 578: Elisabeth Scholz, Waldkirch; p. 586: Espólio Otto Dix, Baden/Suíça; p. 600: Espólio Heinrich Hoerle; Von der Heydt Museum, Wuppertal; p. 657: Ullstein Bilderdienst, Berlim; p. 661: VG Bild-Kunst, Bonn; p. 666: Institut für Theaterwissenschaft, Universität Köln; p. 675: Espólio Otto Dix, Baden/Suíça; p. 678: Ellen Hubbuch, Karlsruhe; p. 683: Gertrud Heartfield, Berlim; p. 686: Dagni Gulbransson, Tegernsee.

ESTE LIVRO FOI COMPOSTO EM GARAMOND
PREMIER PRO, CORPO 11/14.34, E IMPRESSO
SOBRE PAPEL OFF-SET 75 g/m² NAS OFICI-
NAS DA ASSAHI GRÁFICA, SÃO BERNARDO DO
CAMPO — SP, EM SETEMBRO DE 2020